SchicksalsSchläge
und Bewältigung

Roman von
Axel P. Müller

Axel P. Müller wurde 1947 in Köln geboren und hat Betriebswirtschaft studiert. Zu seiner beruflichen Tätigkeit im Marketing der Energiewirtschaft gehörten etliche Reisen innerhalb und außerhalb Europas. Seit 2012 ist er pensioniert.
Sein erster Roman „Perfidie" handelt von der Reaktorhavarie in Tschernobyl. Danach erschienen „Rachegold", „Henker & Sohn" und „Orientalische Vision". Mittlerweile arbeitet er an seinem siebten Roman.

SchicksalsSchläge
und Bewältigung

Axel P. Müller

Ich habe dich verloren,
obwohl du bei mir bist.
Du berührst mich zärtlich,
doch ich spüre dich nicht.
Du stehst so nah bei mir,
obwohl du unendlich weit weg bist.
Du sagst mir etwas,
aber nur Fetzen dringen in mein Ohr.

Schnüffelei

Pucki, ein ziemlich dämlicher Name für einen Hund, sie hatte den Dackel von einem Züchter erworben als er bereits auf seinen Namen hörte. Pucki, Welfe von Radewald hatte ihr nie gefallen, sie wollte ihn aber nicht umtaufen, da der Rufname bereits in den Züchtungsurkunden vermerkt war und sie den lästigen Papierkram der Namensänderung scheute wie der Teufel das Weihwasser. Außerdem hatte sie damals keine Idee gehabt, wie sie ihn nennen sollte, die gängigen Hundenamen waren entweder zu häufig, nicht wohlklingend oder zu konstruiert, wenn, hätte sie wahrscheinlich einen Politikernamen gewählt, wie es neuerdings in Mode gekommen war. Am liebsten hätte sie dann noch einen Namen wie Adenauer, Assat oder Honecker, vielleicht sogar einen russischen Chruschtschow oder Medvedev gewählt, das wäre zumindest originell und lustig gewesen. Pucki war eigentlich ein Name für Wellensittiche gewesen, auf einen Rüden passte das niemals, jedoch gefiel ihr die Namensgebung immer noch besser als der Allerwelts Dackelname Waldi. Sie wusste nicht einmal, ob Pucki normalerweise mit einem i oder mit einem y am Schluss geschrieben wurde, sie hatte sich dann auch in diesem Fall für die Version der Züchtungsurkunde entschieden, in der Pucki bis zu seinem Tod mit dem Buchstaben i festgeschrieben stand.

Pucki der rostbraune Langhaardackel mit schmutzig weißen Brusthaaren lag in freudiger Erwartung auf dem Rücken, mit seiner langhaarigen Rute kehrte er unermüdlich Haare lassend über den beigen Kokosteppich, Ikea Ware, der vor dem gläsernen Wohnzimmertisch lag. Er streckte genüsslich seinen rosarötlichen Penis aus dem spärlich behaarten Unterbauch Gabriele entgegen, die seine pinke Knospe sanft streichelte bis er eine transparent weißliche Flüssigkeit absonderte. Gabriele wischte den Hundebauch mit einem Papiertaschentuch trocken, ging ins Bad, wusch sich das klebrige Zeug von den Händen und Pucki schmiegte sich derweil dankbar an ihre unbestrumpften Beine, wie er es in dieser Situation gerne tat, als wolle er damit diesen Liebesdienst entgelten und sie mit seinem Körperkontakt zu zukünftigen Streicheleinheiten animieren.

Wie immer, wenn sie mit ihrem Schoßhündchen ausgehen wollte, rubbelte sie ihn vorher zum Erguss. Sie vertrat die Theorie, dass alle, ausnahmslos alle männlichen Wesen Schwanzgesteuert seien und wenn ihr Rüde, übertragbar auch auf ihren langjährigen Lebensgefährten, oder auch zukünftigen Ehemann, vor dem Verlassen des Hauses eine Druckentlastung erhielt, würde er weniger aggressiv sein, die anderen Rüden nicht verbellen und die Hündinnen auch mehr oder weniger in Ruhe ließe. Sie störte bei den mehrmaligen täglichen Spaziergängen mit dem Hund das ewige Rumgeschnüffel an allen Hundegenitalien und sonstigen Körperöffnungen. Sie fragte sich auch, ob ein Bulle oder ein Stier das gleiche empfand, wenn er den Euter einer Kuh sah, wie ein Mann, der einer Frau in das Dekolletee stierte. Sie hatte sich aber mal von einem Tierarzt belehren lassen, dass das männliche Rindvieh durch den Geruch der Kuh erregt würde und nicht von dem Anblick eines prallen Euters. Somit gehörte der männliche Trieb, die charakteristische Reizentfaltung einer Frau mit der Nase zu erforschen, zu den natürlichsten Vorgängen in der Natur und sie sollte deshalb seltener dieses männliche Bedürfnis abfällig belächeln. Auch Frauen beurteilen einen Mann eher nach dem Geruch als nach dem Aussehen, andere Merkmale kamen noch hinzu, wenn aber ein männliches Wesen einen Körpergeruch hat, der einer Frau nicht behagt, kann er um sie werben, wie er will, er wird nie zum Zuge kommen.

Gabrieles Erfahrung zeigte, dass diese Neugierde nach hündischem Informations-Austausch wesentlich geringer war, wenn vor dem Gassi gehen eine ordentliche Druckentlastung stattgefunden hatte und dies zur wesentlichen Beschleunigung des Spazierganges beitrug. Das Schnüffeln konzentrierte sich dann hauptsächlich auf Grasbüschel, Baumstämme oder andere Pflanzen am Straßenrand, natürlich schreckte Puckis Schnüffeltrieb nicht vor bepinkelten Litfaßsäulen, Laternen, Verkehrsschildern und Häuserwänden zurück.

Interessanterweise hatten es ihm insbesondere die Regenabwasserleitungen an den Hausfassaden und nicht, wie man vermuten könnte, Bäume angetan. Ob dies von dem Wasserrauschen in den Rohren stammte oder ob diese Rohre die meisten Hunde bevorzugten, entzog sich ihrer Kenntnis.

Sie erinnerte sich an ihren eigenen Harndrang, wenn sie plätscherndes Wasser von einem Brunnen oder einer Wasserleitung vernahm, wenn sie an einem Wildbach entlangkam und das fließende Gewässer wahrnahm, verspürte sie schlagartig einen Druck auf ihrer Blase, so dass sie innerhalb kürzester Zeit diesem Freiheitswillen des Harns nachgeben musste, und sei es im nächsten Gebüsch. Besonders stark und häufig war dieser Druck am Meer, das Geräusch der leckenden Wellen am Strand, insbesondere am felsigen Ufer, zwang sie derart häufig sich urinlassend zu hocken, dass sie schon überlegt hatte, sich nur noch zwischen Felsen oder in den schützenden Dünen aufzuhalten, um sich jederzeit blickgeschützt entleeren zu können. Das Rauschen der Brandung aus einiger Entfernung war bei weitem anders zu bewerten, der Effekt hatte wesentlich weniger animierende Folgen, wahrscheinlich identifizierte das Gehirn dieses Rauschen nicht als Wasserplätschern und es spielte sich auch dies nur in ihrem Kopf ab und hatte keine organischen Ursachen.

Ohne dieses Bedürfnis auf Basis des Blasendrucks hatte Pucki aber, wie alle Hunde das Verlangen nach jedem Schnüffeln, eine Duftmarke in Form von ein paar Spritzern Urin auf die bereits vorhandenen Duftmarken der Vorgänger zu setzen, dabei stützte er den Baum oder das Regenfallrohr mit einem erhobenen Bein ab, man wusste ja nie wie zerstörerisch ein Wasserstrahl sein konnte und wie stabil das Gebäude gebaut war, und zirkelte seine verfügbaren Tropfen Markierungspisse sehr gezielt auf den Vorgängerduft, um dann den Weg fortzusetzen, ohne sich nochmals um die Hinterlassenschaft zu kümmern. Was Gabriele immer erstaunte, bei nächster Gelegenheit wurde die gleiche Zeremonie an genau der gleichen Stelle wiederholt, vermutlich hatte mal wieder ein anderer Vierbeiner den Duft Puckis überdeckt.

Gabriele fragte sich schon seit geraumer Zeit, warum die unermüdliche Schnüffelei an allen Ecken und architektonisch hervorragenden Gegenständen sein musste, ein berühmter Zoologe hatte einmal die Theorie vertreten, das Schnüffeln sei für den Hund etwas Ähnliches wie für den Menschen das Zeitunglesen und hatte aufgezählt, was ein Hund, insbesondere ein Rüde alles aus den Duftmarken des Vorpissers herausriechen oder lesen konnte. Nicht nur das Geschlecht, das Alter, die Rasse des oder der Vorpinkler, sondern sogar den Gesundheitszustand und die Paarungswilligkeit. Diese Fähigkeit der Geruchs- und Geschmacksdiagnose sollten sich die heutigen Mediziner zu Eigen machen, im Mittelalter hatten die Bader diese Diagnosemöglichkeit genutzt.

Gabriele fragte sich, nachdem sie die Reportage gehört hatte, woher der Zoologe als Hundekenner das alles wusste, vielleicht hatte er das selbst ausprobiert und entsprechende Erfahrungen gesammelt. Sie musste dann innerlich grinsen, sie stellte sich einen seriösen Mann um die fünfzig Jahre vor, der versuchte an dem unteren Ende der Laternenpfähle mit seinem Riechorgan die Duftmarken von Hundegenerationen zu analysieren. Vielleicht hatte der Tierexperte aber auch Proben genommen, die er dann in einem Labor untersuchen ließ, sie konnte sich nicht vorstellen, dass der Geruchssinn des Menschen zu solch einer aussagefähigen Analyse fähig war.

Wenn man sich vorstellte, was die Mediziner alles mit Hilfe eines Labors aus menschlichem Urin herauslesen konnten, war das gar nicht so abwegig. Sie musste sich jedoch schütteln, als sie an die Bader des Mittelalters dachte, die mit ihren Geruchs- und Geschmackssinnen Krankheiten bestimmen konnten, indem sie kleine Schlucke des Körpersaftes beschnüffelten und dann auf der Zunge zergehen ließen, wahrscheinlich aber die Flüssigkeit wieder ausspuckten. Bei einem Menschen, den man liebt, konnte sie das noch akzeptieren, bei einem Wildfremden versagte aber ihre Vorstellungskraft und Akzeptanz des Vorgangs.

Sie für ihren Teil konnte sich auch nicht vorstellen und wäre nie auf die Idee gekommen an den Bäumen oder Laternen zu riechen. Nicht, dass sie die Kommentare der Leute und Passanten scheute, aber das Hinknien und Schnüffeln als solches wäre für sie abartig gewesen, sie roch ja schließlich auch nicht an den Toilettenschüsseln der öffentlichen Bedürfnisanstalten, die sie wegen der mangelnden Sauberkeit und dem Gestank so ungerne aufsuchte. Frauentoiletten waren viel zu oft versifft, was wohl an der Schwierigkeit des genauen Zielens liegen musste, denn Männer hatten es in dieser Beziehung wesentlich einfacher, die konnten sogar ihren Namen in den Schnee pinkeln, wie ihr Lebensgefährte Harald ihr einmal auf ihre Bitte hin demonstriert hatte.

Es war ihr peinlich, wenn Pucki in der Wohnung eines ihrer Wäschestücke beschnupperte, sie wusste eigentlich nicht warum ihr das unangenehm war, hatte sie doch schließlich keinen Gesichtsverlust in den Augen des Dackels zu befürchten. Jedoch die Tatsache als solche konnte sie nicht ertragen, der Gedanke, dass ein Hund wegen ihr möglicherweise sexuelle Gelüste verspürte, war nun mal unerträglich. Sodomie produzierte in ihrem Hinterkopf Ekelgefühle, die Entladung ihres Dackels hatte für sie allerdings nicht das Geringste mit Sodomie zu tun, da sie keinerlei sexuellen Gefühle oder Vorstellungen damit verband.

Wenn ihr jeweiliger Sexualpartner an dem Zwickel ihres Höschens schnupperte, war das schon etwas Anderes, das war dann der normale Sexualtrieb, den sie verstehen, wenn auch nicht teilen konnte. Auch hier wäre sie nie auf die Idee gekommen, um einen Lustgewinn zu erreichen an der Unterhose eines ihrer Lebensabschnittsgefährten zu riechen. Zugegeben, sie hatte das schon ein paarmal getan, allerdings um zu prüfen, ob Parfümreste erschnupperbar waren und er möglicherweise mit einer anderen Dame etwas angestellt hatte, was sie nicht wissen sollte. Jedoch wurde sie dabei nicht im Geringsten erregt, obwohl eine Geruchsspur von Körperflüssigkeiten erkennbar war. Sie hatte ihre männlichen Partner des Öfteren dabei beobachtet, wie sie sich ihr Höschen unter die Nase hielten und dabei offensichtlich angeregt wurden. Die Geruchstests ihrer eigenen Wäsche hatten meist für sie selbst keinen charakteristischen Duft verströmt, na ja, man riecht sein eigenes Parfüm nach einiger Zeit auch nicht mehr, man hat sich an das Aroma gewöhnt, obwohl, sollte das denn auch heißen, dass sie immer einen Geruch ihrer eigenen Säfte und Schmierstoffe verströmte? Jedenfalls hatte sie bisher niemand darauf aufmerksam gemacht, dass sie Unangenehmes ausdünstete oder in ihrer Unterhose hinterließ. Nicht einmal während ihrer Menstruation hatte sie einen besonderen Geruch bemerkt, allerdings duschte oder badete sie während dieser Tage öfter als einmal täglich, damit zumindest kein abgestandener Duft erkennbar war, wie er bei läufigen Hündinnen entstand, den die Rüden aber offensichtlich liebten.

Als Fazit blieb sie bei ihrer Meinung, dass die männlichen Wesen sich abartig oder zumindest sonderbar gebärdeten, deren Gefühlswelt sich den Frauen verschloss. Obwohl, wenn sie ehrlich war, auch die Weiblichkeit einige Macken hatte, die sich den Männern als nicht nachvollziehbar darstellte. Diese Sonderlichkeiten beschränkten sich nicht nur auf ihre weibliche Konsumleidenschaft, ihr zwanghaftes Kaufverhalten oder das ewige narzisstische vor dem Spiegel stehen, um objektiv nicht vorhandene Schönheitsmängel zu entdecken.

War das schon alles, was Männer fühlten, war die Gefühlswelt der Herren wirklich ausschließlich auf den Unterkörper beschränkt, die aus dem Paarungswillen mutiert war? War männliche Liebe ausschließlich auf das Bett und dessen Inhalt bezogen? Nein, soweit wollte sie denn doch nicht gehen, wenn dem so wäre, könnten sich die Männer irgendeine Frau suchen, die ständig zu allen Schandtaten bereit wäre und schon hätten die Kerle die ideale Frau gefunden. Nein so war es zum Glück nicht, die Gedankenwelt kreiste beim Mann sehr viel öfter um den Unterkörper als bei einer Frau, aber liebensfähig und liebenswürdig waren sie trotzdem. Wenn ihr Unterleib mal kein Bedürfnis nach Entlastung haben sollte, konnte man sich ganz nett mit denen unterhalten. Dafür hatte sie bereits zu oft für sie überraschende unerotische Emotionen von der anderen Bevölkerungshälfte erlebt.

Man musste nun mal mit dem anderen Geschlecht leben und es auch lieben. Neben den unverständlichen Absonderlichkeiten hatten die Männer schließlich auch Vorzüge, auf die man als Frau nicht verzichten wollte, auch wenn die Ratio viel zu häufig nur Fragezeichen gebar. Sie liebte die Männer, wie geborgen fühlte Gabriele sich, wenn sie in deren Arme gekuschelt, versuchen wollte den Ärger oder Stress des Tages hinter sich zu lassen, versuchen wollte an nichts zu denken und dann vorzugsweise von ihnen gekrault wurde. Das war für sie der vielbeschworene Himmel auf Erden.

In den meisten Fällen wurde dann von dem männlichen Teil der Partnerschaft mehr als das Kraulen gefordert, aber damit konnte sich Gabriele als der weibliche Partner abfinden. Je nach Laune konnte jede Frau das Sexualbedürfnis der Männer leicht steuern, deshalb verstand sie das Lamento einiger ihrer Freundinnen nicht, die nicht damit einverstanden waren, dass ihre Männer ewig Sex wollten und dann auch noch auf die verschiedensten, in deren Augen, abartigsten Arten und Weisen, wobei das Wort abartig schon immer sehr dehnungsfähig war. Zu Beginn der Kolonialisierung galt die so genannte Missionarsstellung als abartig, deshalb wurde diese Stellung von primitiven Völkern so verspottet, zumindest, wenn man dem Sexualforscher, Herrn Kinsey, glauben darf. Gabriele entschied sich dann, ähnlich wie bei Pucki, die manuelle Therapie anzuwenden, orale Befriedigung zu bevorzugen oder sich in eine zum Koitus geeignete Stellung zu begeben. Die paar Minuten Zeit musste man seinem Partner schon opfern können, um ihn bei Laune zu halten, im Allgemeinen bekam man dieses Entgegenkommen vielschichtig vergütet. Oft geschah dies in Form eines Geschenks oder auch nur, dass im Haushalt einige zusätzliche Handgriffe erledigt wurden oder durch ein besonderes Abendessen, wobei das größte aber seltenere Geschenk immer noch war, dass sie einen ordentlichen Orgasmus bekam. Stand Gabrieles Lustampel auf Grün, so war sie zu jeder Art von Sexualpraktik, die sie sich angelesen, von ihren Freundinnen erläutert bekommen und gerne hatte, bereit und der männliche Partner war schnell zu überzeugen, allen ihren Forderungen und Wünschen zu entsprechen. Das einzig Lästige an der

Geschichte, die dann folgte, war immer die Frage der Initiative, die musste immer von der Frau ausgehen, wenn sie auf ihre Kosten kommen wollte. Überließ sie die Steuerung des Geschehens dem Mann, lief es doch nur immer auf ein kurzes Kaninchenrammeln hinaus, das in wenigen Minuten zur männlichen Ejakulation führte und die Frau lustfeucht mit ihren Wünschen alleine ließ.

Gabriele konnte sich über einen Mangel an ein- oder zweideutigen Offerten aus ihrem Bekanntenkreis nicht beklagen, sie war nicht sehr groß aber schlank und ihre weiblichen Rundungen waren alles andere als vernachlässigenswert. Ihre halblange dunkelbraune Pagenfrisur umrahmte ihr stets leicht braun getöntes Gesicht mit hohen Wangenknochen und ihre vollen Lippen entblößten zwei blütenweiße Zahnreihen, wenn sie lachte und sie lachte gerne und oft.

Sie hatte seit ein paar Jahren häufiger darüber nachgedacht, Harald Wagener zu heiraten, es gab kein Argument gegen diese Verbindung, sondern im Wesen nur gute Gründe für eine Eheschließung. Sie würde endlich ein eigenes Zuhause haben. Sie würde endlich den Makel ihres ungeliebten Nachnamens Rosenzweig ablegen können, der sie sofort als Jüdin oder zumindest als Frau mit jüdischen Wurzeln identifizierte, wenn sie ihn irgendwo nannte. Vater war Sohn jüdischer Eltern, der nach seiner eigenen Aussage Atheist war. Mutter war getaufte Katholikin, aber mittlerweile konfessionslos. Mutter strebte aber auch in keine religiöse Richtung, sie glaubte zwar in ihrem Hinterkopf an einen Gott, war aber der Überzeugung, dass dieses „Höhere Wesen" keiner von Menschen geschaffenen und erdachten bestimmten religiösen Richtung zuzuordnen sei, dieser Gott könnte in jeder Art angesprochen werden, ohne ein bestimmtes Ritual zu befolgen. Sie war ganz schlicht der Meinung, dass ein Indianer, der Manitu anbetet genauso ein Gehör bei einem Gott, wenn es ihn denn geben sollte, finden würde wie ein Christ, Buddhist, Hindu, Jude oder Mohammedaner und was es sonst noch so gab. Sie hatte auch nie erwogen, zum Judentum zu konvertieren, nicht, weil sie etwas dagegen gehabt hätte, aber sie hatte auch kein Argument dafür gefunden und da es ihrem nicht praktizierenden Ehemann einfach egal war, beließ sie es bei dem offenen Status.

Jeder, der Gabrieles Nachnamen hörte, sprach sie darauf an, ob sie Jüdin sei, oder hob zumindest erstaunt die Augenbrauen. Am unangenehmsten war ihr dann ein verständnisvolles Nicken oder Schulterklopfen. Nicht, dass es dann abwertende Kommentare gab, dafür waren die Deutschen durch ihre jüngere Vergangenheit zu stark vorbelastet oder auch komplexbehaftet, aber einige zogen sich dann doch lieber zurück, nachdem sie adamsapfelhüpfend geschluckt hatten. Gut, Haralds Nachname Wagener war auch nicht gerade das große Los, aber der Name war neutral und keiner stellte dumme Fragen. Sie würde endlich in ihren Papieren dokumentiert haben, dass sie mit Harald, den sie seit etlichen Jahren liebte, vor dem Gesetz verbunden war. Das war ein anderer Status als die „wilde Ehe", in der sie gegenwärtig noch mit ihm lebte.

Nicht zuletzt hatte ihr Vater eine aufwendige Hochzeitsfeier und eine Traumreise (Gabriele bevorzugte ein paar Wochen auf den Malediven.) als Hochzeitsgeschenk versprochen. Als kleine Zugabe, sozusagen als monetäre Sicherheit, wie er es nannte, hatte er angekündigt seiner geliebten Tochter eine kleine Eigentumswohnung in Köln-Braunsfeld zu überschreiben.

Vor ein paar Jahren, als sie zwar ungeplant aber nicht unwillkommenerweise schwanger geworden war, hatte sich das Paar fest entschlossen, kurzfristig zu heiraten. Das Aufgebot war bestellt gewesen, die Hochzeitsgäste waren bereits über den Termin informiert worden, das Arrangement mit dem katholischen Pfarrer war besprochen worden sowohl Kirche als auch der Festsaal des Crest Hotels waren gebucht. Der Rabbi, obwohl sie nie als Erwachsene in der Synagoge gewesen war, hatte etliche Male versucht die katholische Trauung in eine traditionelle semitische Zeremonie umzuorganisieren, er wollte schließlich kein Gemeindemitglied verlieren, und hätte gerne noch ein kleines noch ungeborenes Lämmchen dazu gewonnen, da die Schäfchen seiner nicht gerade unübersichtlichen Gemeinde keine Nachwuchsschwemme verzeichnen konnte.

Harald war es egal und überließ ihr die Entscheidung, er war genau so wenig religiös wie sie. Gabriele wollte eine religiöse Trauung auch nur wegen des Hochzeitskleides und der feierlichen Zeremonie in einer festlich geschmückten Kirche. Eine Konversion zum Katholizismus war ihr recht, da in Köln die katholischen Kirchen wesentlich schöner und älter waren als die protestantischen oder die Synagogen. Sie musste sich zwar verpflichten, eine mehrwöchige Schulung zu absolvieren, was ihr die Sache aber wert war. Harald gehörte seinen Papieren nach immer noch zu den Katholiken, betonte aber bei jeder passenden und unpassenden Gelegenheit, dass er Atheist aus dem tiefsten seiner Seele sei. Wenn er dann nach seinem Studium einmal Steuer bezahlen müsste, würde er sicherlich aus der Kirche austreten, so hatte er zumindest verkündet. Gabriele glaubte auch nicht wirklich an einen Gott, hatte aber in einem Hinterstübchen ihres Gehirns doch noch leichte von ihrer Mutter eingepflanzte Zweifel. Zweifel, die immer dann bei ihr hochkamen, wenn die Naturwissenschaften für bestimmte Phänomene in der Entstehungsgeschichte des Weltalls keine plausible Erklärung, sondern nur unwahrscheinliche und widersprüchliche Theorien bereithielten.

Sie hatte sich eine weiße Hochzeit in einem langen Tüllkleid mit weit ausgestelltem Rock erträumt, wie sie es aus den Sissi Filmen kannte, die andauernd im Fernsehen wiederholt wurden. Falls der Rock dann doch zu ausladend sein sollte, könnte es vielleicht auch ein Kleid sein, das an die Südstaatenmode von vor mehr als hundert Jahren erinnern könnte, hier schwebte ihr als Vorstück eine Maskerade von Vivian Leigh aus dem Film „Vom Winde verweht" vor. Harald sollte dann in einem ebenfalls historischen Cut erscheinen, der würde ihm garantiert hervorragend stehen. Wichtig war ihr nur, dass es ein romantisches Fest werden sollte, Romantik pur.

Hinterher sollte es in einem ausgesuchten Waldschlösschen ein erlesenes Mittagessen geben. Der Abend würde dann im Festsaal des nahe gelegenen Crest Hotels mit einer Jazzbigband abgerundet wie bei der Vermählung ihres Bruders Bernhard Hubert, sie nannte gerne beide Vornamen, um ihn zu hänseln, da er den zweiten Namen nicht mochte und sich immer nur mit Bernd vorstellte. Die Band, Bigband war etwas übertrieben, da sie nur aus zehn studentischen Freizeitmusikern bestanden hatte, würde dann so lange spielen, bis keine Gäste mehr tanzen wollten oder konnten, das hatte sich bei Bernhard Huberts Hochzeitsfeier bis nach vier Uhr morgens hingezogen. Zu dem Repertoire der Band gehörten die leicht jazzigen Stücke der Neunzehnhundertvierziger Jahre bis hin zum Boogie-Woogie, aus dem später der Rock and Roll entstand. Vor dem Tanz und währenddessen würde es dann ein üppiges kaltes Buffet geben, das nichts zu wünschen übriggelassen hätte. Vater hatte damals alles bezahlt, weil das ihres Bruders erwünschtes Hochzeitsgeschenk war. Vater hatte zu seinem Wunsch und den erheblichen Kosten nur geäußert, hoffentlich sei das keine Fehlinvestition, da er genügend Paare kenne, die sich nach kurzer Zeit wieder getrennt hatten. Andererseits sei ihm egal was die Feier koste, es ginge eh von dem Erbe des Sohnes und der Tochter ab und das letzte Hemd habe ohnehin keine Taschen. Vater hatte in seinem Leben oft genug gesehen, dass ein dickes Bankkonto nicht das Lebensziel sein konnte, da monetärer Besitz sich sehr schnell verflüchtigen konnte, die Erinnerung an schöne Erlebnisse jedoch für ewig blieb, dies betraf sowohl Reisen, als auch einprägsame Gefühlsregungen, sowie besondere Feste oder Veranstaltungen.

Sie war im dritten Monat schwanger gewesen und freute sich unbändig auf das Kind, wie der Hase auf Ostern die Made auf den Apfel oder so ähnlich. Der Name stand bereits fest, ein Junge würde Patrick und mit zweitem Namen Wilhelm, nach seinem Opa, getauft werden und ein Mädchen Patrizia und Wilhelmine. Sie hatte schon auf einem Zeichenblock den Wandschmuck des Kinderzimmers entworfen, der das Baby erfreuen sollte, so würde eine Wiesenlandschaft mit stilisierten einheimischen Tieren großflächig eine Wand zieren. Sie hatte sich als Vorlage ein Buch von Walt Disney gekauft, in dem Hasen, Rehe und anderes Waldgetier abgebildet waren.

Es geschah kurz nach dem Umzug in die Dreizimmerwohnung an der Kitschburger Straße. Das Domizil hatte sie mit viel Liebe, Geschick, Zeiteinsatz und Vaters Geld eingerichtet, nun war sie nur noch, von ein paar Feinheiten abgesehen, wie die finale Herrichtung des Kinderzimmers, in freudiger Erwartung auf den Nachwuchs, der sich dann in ein paar Monaten einstellen sollte. Sie hatte noch rasch eine Besorgung zu machen, bevor Harald von seinem Referendar- Job am Kölner Amtsgericht nach Hause kam.

Die türkische Putzkolonne, bestehend aus zwei älteren schnauzbärtigen servilen Männern, reinigte gerade das Treppenhaus. Das Putzen ging sehr gründlich und offenbar mit viel Wasser und noch mehr Seife vonstatten. Gabriele eilte wie gewohnt auf dem Treppenpodest in Richtung der obersten Stufe als sie mit der ledernen Schuhsohle plötzlich keinen Halt mehr fand und sie schneller als ihr lieb war auf dem unteren Podest landete. Ihr instinktiver haltesuchender Griff nach dem Treppengeländer war fehlgeschlagen, sie war mit dem Steißbein aufgeschlagen und dann Stufe für Stufe auf Rückgrat und Po herunter gehoppelt, wobei sie einige Stufen ausließ, um dann mit doppelter Wucht, auf der übernächsten zu landen. Nach dem letzten Aufschlag hatte sie starke Schmerzen in Steiß und Wirbelsäule, sie konnte nicht aufstehen, für einen Tränenausbruch war der Schmerz zu grell, sie hatte nicht einmal genügend Kraft, um nach Hilfe zu rufen, sie brachte lediglich ein gequältes Stöhnen hervor. Die beiden dunkelhaarigen Putzteufel erschienen im Laufschritt, durch den Lärm aufgescheucht und versuchten sie aufzurichten, sie wehrte ab und bat nur noch um einen Arzt, sie verharrte in der Position und wartete auf fachmännische Hilfe. Die Putzmänner klingelten an den nächstliegenden Wohnungstüren und hatten erst nach mehreren Versuchen Erfolg, als ein junger Mann öffnete und sofort einen Notarztwagen alarmierte. Nach wenigen Minuten erschienen die Ersthelfer und verfrachteten sie in die naheliegende Notaufnahme der Uniklinik.

Die erste Diagnose bestätigte, dass nichts gebrochen war, sie aber Wirbelsäulenprellungen und eine schwere Stauchung des Steißbeins erlitten hatte. Die behandelnde Ärzteschaft bestand auf einer mehrtägigen stationären Behandlung des Rückens. Der Fötus hatte den Sturz nicht überstanden, sie hatte eine spontane Fehlgeburt gehabt.

Eine Gynäkologin des Klinikums wies sie darauf hin, dass sie auf Grund ihrer Neigung zu Myomen Glück gehabt habe, überhaupt schwanger geworden zu sein und eine zukünftige Empfängnis für Gabriele nicht ohne Komplikationen möglich sei. Da sie noch jung sei und das ganze Leben noch vor sich habe, solle sie aber die Hoffnung auf ein Kind nicht aufgeben, die erste Schwangerschaft hätte letztlich auch problemlos geklappt, trotz der gegenteiligen Indikation.

Als weitere Konsequenzen des Sturzes kamen hinzu, dass sie die Hochzeit absagen musste, die Dauer des Heilungsprozesses war nicht absehbar und sie konnte einen anstehenden Examenstermin ihres Volkswirtschaftsstudiums nicht wahrnehmen. Sie wollte nicht als Braut mit Krücken am Altar erscheinen, das ausgefallene Examen machte ihr allerdings weniger Sorgen.

Ihre Trauer war unermesslich, sie hatte sich so sehr auf das Baby gefreut und die ganze Familie wartete bereits ungeduldig auf den oder die neue Verwandte. Alles hatte so perfekt ausgesehen, bevor dieses Unglück ihre Träume zerstörte. Sie machte sich ständig Vorwürfe, warum sie nicht vorsichtiger die Treppe heruntergestiegen war oder wenigstens den Handlauf benutzt hatte. Sie hatte doch eindeutig wahrgenommen, dass die Treppe noch nass war und dass dann eine Rutschgefahr bestand, brauchte man ihr auch nicht zu sagen. Sie war einfach in ihrer

Unbekümmertheit über die Gefahrensignale, die an ihr Hirn signalisiert worden waren, hinweg gegangen, hatte sie wider besseres Wissen ignoriert. Schlimm empfand sie auch, dass weder ihre Eltern, noch Harald ihr Vorwürfe machten, sondern sie liebevoll umsorgten. Ihr wäre lieber gewesen, Harald hätte sie geschlagen, um ihren inneren Schmerz in einen äußeren zu verwandeln.
Ihre Zukunft war in rosigen Farben getaucht gewesen. Sie hatte keine finanziellen Sorgen, die Überweisungen ihres Vaters wurden pünktlich ihrem Konto gutgeschrieben und Harald hatte auch sein Referendaren Gehalt, wenn das auch nicht sehr üppig war. Sie hatte einen gutaussehenden gesunden charmanten intelligenten Bräutigam, den sie über alles liebte, der sie auf Händen trug und ihr jeden Wunsch von den Augen ablas. Sie und ihr Zukünftiger waren gesund, hatten Freude am Leben und wollten diesen Zustand möglichst lange erhalten.
Sie hatten einen intakten großen Freundeskreis, mit denen sie ihre häufige Freude und auch ihr dankenswerterweise seltenes Leid teilen konnte und die auch immer einen zumindest gut gemeinten Rat in petto hatten, wenn die Ratschläge auch nur selten von ihr befolgt wurden.
Wenn sie wenigstens gute Aussichten gehabt hätte, erneut schwanger zu werden, könnte sie die Fehlgeburt besser verkraften, es wäre viel leichter gewesen, den Schmerz zu verdrängen. Die Hoffnung war nicht aussichtslos, jedoch meinten die Ärzte, dass ihre zahlreichen Myome auf Grund ihrer Lage im und am Gebärmutterkanal möglicherweise eine Ursache für Sterilität sein könnten. Sie hatte drei Gynäkologen konsultiert, davon zwei der Uniklinik, ohne eine eindeutige Diagnose zu erhalten. Die Prognosen lauteten von wahrscheinlich können sie nicht mehr schwanger werden über möglicherweise sind sie noch empfängnisbereit bis zu durchaus möglich, dass sie nochmals schwanger werden, wenn wir die Myomatosus behandeln. Wahrscheinlich hätte sie noch ein paar unterschiedliche Meinungen gehört, wenn sie noch mehrere Mediziner aufgesucht hätte. Ähnlich wie bei Juristen, wenn man die um einen Rat bittet, kommt sofort die Antwort, „Es kommt darauf an", fragt man fünf Juristen erhält man zehn Meinungen präsentiert, die aber alle mit dem gleichen Satz beginnen: „Es kommt darauf an."
Im Vergleich zu dem Verlust des Fötus, waren die immanenten Schmerzen im Iliosakralgelenk aufgrund der Steißbeinprellungen verkraftbar, obwohl sie nur mit entsprechenden Schmerzmitteln erträglich waren. Die Anteilnahme an ihrem Leid war erdrückend, alle Verwandte und Freunde besuchten sie und gaben unqualifizierte Ratschläge, in der Hoffnung die Beschwerden zu lindern. Am zweiten Tag ihres Klinikaufenthaltes gaben sich die Trauernden die Türe in die Hand. Ein befreundeter Medizinstudent aus Bonn schließlich gab ihr den Rat, sich zu bewegen, damit der betroffene Teil des unteren Rückenbereichs besser durchblutet würde. Er bestand sogar darauf, sie zu untersuchen, was sie allerdings entschieden ablehnte, sie habe bereits ihr nacktes Hinterteil so vielen Medizinprofessoren und deren

Studenten entgegengestreckt, dass ganz Köln ihre intimsten Bereiche auswendig kenne und sie zukünftig in der Sauna alleine an ihrem Unterkörper erkannt würde. Nach diesem Besuch fasste sie den Entschluss, jeden, der mehr als fünf Minuten in ihrem Krankenzimmer verweilen wolle, die Tür zu weisen, ihr fielen die Leute, weniger oder mehr Anteil nehmend dermaßen auf den Geist, dass sie selbst zu Harald, der sie am späten Nachmittag besuchte, unfreundlich wurde, teils weil sie ihre Schmerzen nicht mehr ertrug, teils weil sie mit ihren Gedanken und ihrer Trauer alleine sein wollte. Harald schaffte es aber trotzdem ihre Laune etwas zu verbessern, da er sie halbwegs davon überzeugen konnte, nochmals schwanger zu werden und sie in ein paar Tagen wieder ohne Beschwerden sein könne. Er schwor, das sexuelle Zusammensein dermaßen zu steigern, dass sie gar keine Chance mehr habe unschwanger weiterzuleben.

Nach der Entlassung aus dem Krankenhaus saß sie hauptsächlich auf einer Pobacke, weil dabei die Schmerzen noch halbwegs erträglich waren. Auch Gehen, Stehen und sogar Liegen waren nicht schmerzfrei. Sie tröstete sich in erster Linie mit dem selbstgefundenen Argument, dass die Poblessuren ungefährlich seien, die Hämatome in kurzer Zeit abgeklungen sein werden und dann alles Weitere auf sie zukommen könne.

Sie fühlte sich ihrer Freiheit beraubt, da sie ihr Auto nicht selbst führen konnte, das senkrechte Sitzen war ihr unmöglich und sie konnte lediglich in halb liegender Position als Beifahrer eine kürzere Fahrt ertragen.

Trotz ihrer Beschwerden setzte sie sich zu Harald in den alten Volkswagen mit seinen unbequemen Sitzen und fuhren in den Westerwald, um sich in einer Dackelzucht ein Ersatzkind, wie Gabriele es nannte, zu beschaffen. Ihre Wahl fiel auf den winzigen reinrassigen Pucki, Welfe von Radewald, in dessen braune Rehaugen sie sich gleich verliebt hatte, er hatte sie herzerweichend traurig angesehen und wie eine alte Freundin beschnüffelt, wobei sein Schwanz unentwegt hin und her peitschte. Pucki war der einzige Rüde aus dem Wurf, auch der Einzige, der gleich auf sie zugeschlichen kam und seine kalte Nase in ihre Hand versenkt hatte. Es schien gegenseitige Liebe auf den ersten Blick gewesen zu sein, denn Gabriele entschied sich in der ihr typischen Spontaneität sofort für den braun-schwarzen Langhaardackel und Pucki folgte ihr ohne Zögern, als sie ihm ein Halsband angelegt hatte und ihn von seiner Mutter und seinen Schwestern weg von dem Hof der Züchtung führte. Der Kauf war schnell abgeschlossen und Pucki thronte auf dem Heimweg auf Gabrieles Schoß, reckte sich, die Vorderpfoten an die Beifahrertür unterhalb des Fensters gestemmt und beobachtete jede Bewegung anderer Autos, er schien alle Hunde zu kennen, sobald sie an einem vorbeifuhren, der von seinem Besitzer geführt wurde. Bei jedem Abbremsen oder Beschleunigen trippelte er auf Gabrieles Schoß und balancierte sein Gleichgewicht wieder aus, bis er wieder eine angenehme Position für seine Beobachtungen gefunden hatte. Nach einigen Kilometern kurvenreicher Fahrt auf der Landstraße entledigte sich der Dackel seines sauren übelriechenden Mageninhalts auf Gabrieles Rock, die Kurverei war wohl doch für das Tier zu ungewohnt gewesen und der dünne Schwall Erbrochenes schoss ohne Ankündigung aus seiner Schnauze. Harald öffnete sofort angewidert sein Wagenfenster und hielt bei nächster Gelegenheit auf der Bankette am Straßenrand an. Gabriele versuchte sich mit einem Päckchen Papiertaschentüchern notdürftig zu reinigen. Trotzdem haftete der süßliche Geruch der hündischen Magensäfte an ihr, sie zog ihren Rock aus, legte ein Kissen auf ihre Oberschenkel und gab Harald das stinkende Kleidungsstück, damit er es im Kofferraum verstauen konnte.

Harald hatte gemeint, sie könne öfter erotisierend ohne Rock neben ihm im Auto sitzen und bereute, dass ihre Dessous nicht befleckt waren und sie ihren winzigen Slip, der kaum etwas verdeckte und von dem nicht einmal eine Motte satt würde, anbehalten konnte. Sie hatte eine alte halblange Strickweste auf dem Rücksitz liegen, für alle Fälle und sie zog das Teil sich verrenkend während der Fahrt an, da sie nicht in Unterwäsche über die Straße gehen und die lüsternen Blicke der Passanten oder Nachbarn auf sich ziehen wollte. Pucki musste während dieses Kleiderwechsels widerstrebend im Fußraum Platz nehmen. Sie war froh als sie endlich zu Hause angekommen waren und sie sich auch der unbesudelten aber eingebildeterweise auch übelriechenden restlichen Kleider entledigen konnte. Pucki sah ihr schuldbewusst dabei zu, wie sie den Striptease hinlegte und sich unter die Dusche stellte, als wolle er ihr seine Hilfe anbieten. Nach der ausgiebigen Reinigungsprozedur setzte sie sich noch feucht von dem warmen Wasser auf Haralds Schoß, mit der Absicht, ein wenig zu schmusen. Pucki hatte mittlerweile Gabriele als seine angestammte Partnerin betrachtet und bellte eifersüchtig, er knurrte Harald an, schließlich befand sich der Rüde nun nicht mehr im Mittelpunkt. Gabriele verwies ihn auf seinen Weidenkorb, der mit einem braunen Reiseplaid als Kuscheldecke ausgelegt war, zeigte ihm seinen Wassernapf und das laut Werbung beste Hundefutter der Welt, aber der Hund ließ sich nicht von seinem Bedürfnis, auf ihrem Schoß zu sitzen, abbringen. Der Machtkampf begann und keiner der Streithähne war bereit, nachzugeben. Gabriele befand sich am längeren Hebel und sperrte Pucki kurzerhand in die Abstellkammer, nicht ohne seinen Korb ebenfalls dorthin verfrachtet zu haben, schloss alle Zwischentüren und ließ den Dackel beleidigt an der Holztür kratzen und jaulen.

An Schmusen mit Harald war jetzt auch nicht mehr zu denken, da ihre spontane Lust hierzu verflogen war. Sie zog sich eins von Haralds Oberhemden über, Harald liebte es unter den Hemden ihren Poansatz bewundern zu dürfen, und bereitete eine leichte Mahlzeit, ein paar Tomatenscheiben, einige Scheiben Büffelmozarella, wenig Schalottenscheiben, ein paar Blätter Basilikum oberdrauf und das Ganze mit etwas Balsamico Essig, Olivenöl, Pfeffer und Salz abgeschmeckt. Dazu gab es aufgewärmtes knuspriges Bauernbrot. Als das Essen auf dem Tisch stand, befreite sie den Dackel aus seinem dunklen Verlies, zögerlich stand er auf, verließ erhobenen Hauptes den Abstellraum, würdigte Gabriele keines Blickes. Er war tödlich beleidigt, dass seine Freundin ihm so etwas antun konnte, schlabberte eine Zunge Wasser in seinen trockenen Hals, schnüffelte an seinem Fressnapf, ohne einen Bissen anzurühren, legte sich in seinen Korb, der wieder an seinem angestammten Platz war und strafte Gabriele weiterhin mit Verachtung und Liebesentzug.

Nach dem Essen, auch Pucki hatte schließlich etwas von der ihm noch ungewohnten nach Fleisch riechenden körnigen Pampe gefressen, dem nach wie vor besten Hundefutter der Welt, beschlossen Harald und Gabriele einen Spaziergang in den nahen Stadtwald zu unternehmen und legten Pucki die Leine an. Widerstandslos trottete er vor ihnen her, vergewisserte sich nach jeweils drei Schritten, ob er noch von beiden begleitet wurde, begeisterte sich für die Duftmarken an den Bäumen und Sträuchern, überdeckte sie mit seinem eigenen Spritzer Urin und hatte nach ein paar hundert Metern bereits seine Wut auf Gabriele und den passiven Harald vergessen oder zumindest verdrängt. Er apportierte den kleinen Gummiball, den er immer devot zu Gabrieles Füssen legte und sie mit Blicken aufforderte den Ball erneut zu werfen. Er hatte sie wohl als Chefin anerkannt und knabberte nach jeder Ballrückgabe den kleinen dargebotenen Hundekeks genüsslich.

Sie passierten die Stelle, an der Gabriele die schrecklichste Erinnerung ihrer Kindheit erleben musste. Sie war mit ihrer Mutter an einem sonnigen Tag im September unterwegs durch den Park, Gabriele freute sich bereits auf das leckere Schokoladeneis, das ihre Mutter an dem mobilen Eisstand des freundlichen Italieners an der Friedrich-Schmidt-Straße erwerben würde. Völlig unvermittelt hörten sie eine Serie ohrenbetäubender sich überlappender Geräusche, das peitschende Knallen von Pistolen- oder Gewehrsalven, das durchdringende Quietschen von scharf abbremsenden und beschleunigenden Reifen, das Zerbersten von Glas und das Knacken knautschenden Blechs. Mutter hatte sich bei den ersten verdächtigen Geräuschen, in Gabrieles Erinnerung waren es Gewehrschüsse gewesen, auf die Wiese geworfen und ihre Tochter unter ihren Leib gezerrt. Die Schießerei erschien ihr endlos, nicht zuletzt wegen Mutters Gewicht, obwohl die ganze Gewaltorgie wohl nur ein paar Minuten oder auch bloß Sekunden gedauert hatte.

Es herrschte beunruhigende Stille als Mutter sie wieder freiließ und aufstand, in unmittelbarer Nähe sahen sie mehrere Autos kreuz und quer auf Straße und Bürgersteig stehen, einige Passanten kümmerten sich um blutüberströmte leblos in den Autos sitzende Männer. Gabriele hatte herzerweichend geweint und immer wieder gerufen, „Mama, was ist da passiert, warum machen die so etwas?" Ihre Mutter war total aufgelöst, die Tränen quollen ihr unablässig aus den Augen und sie versuchte verzweifelt das kleine Mädchen zu beruhigen, aber Gabrieles Tränenstrom schien ebenfalls unversiegbar. Binnen weniger Minuten trafen eine Unmenge von Rettungsfahrzeugen und Polizisten in Einsatzwagen ein, die alles absperrten, die

Augenzeugen und Gaffer zurückdrängten und zum Weitergehen aufforderten. Mutter wurde von einem Polizisten gefragt, ob sie etwas gesehen habe und ob sie einige Details zu den Ermittlungen beitragen könne, da sie in Sichtweite von dem Tatort entfernt gewesen sei. Sie verneinte, sie habe sich nur auf den Boden geworfen und ihr Kind geschützt, alles sei so schnell gegangen, als sie sich getraut habe ihren Blick in Richtung des Geschehens zu erheben, sei bereits alles zu Ende gewesen. Der Polizist notierte Mutters Adresse und Telefonnummer, wandte sich dem nächsten potentiellen Zeugen zu und entließ damit die beiden.

Am Abend zu Hause wartete die nächste Überraschung auf sie als sie ihrem Vater ihr sensationelles Erlebnis in kindlichen Worten berichtet hatte. Er hatte still zugehört, nur ab und zu genickt, zunächst war es für ihn nichts Neues mehr gewesen, er hatte die Meldungen bereits in den Nachrichten des Westdeutschen Rundfunks gehört. Die Entführung des Arbeitgeber Präsidenten war die Sensation des Tages gewesen. Als aber Gabriele von armen Leuten sprach, denen man so etwas angetan hatte, reagierte Vater anders als erwartet, er begann über den alten Nazi Schleyer zu schimpfen und ließ das Wort arme Leute nur für die Begleitpersonen wie Leibwächter und Chauffeur gelten. Hanns Martin Schleyer habe vor und während des zweiten Weltkriegs so viele Leute ins Unglück gestürzt, er habe dementsprechend ein schlimmes Schicksal verdient. Wenn die „Rote-Armee-Fraktion" das gleiche mit ihrer Geisel mache, wie er als SS-Offizier mit unschuldigen Menschen, müsse man ihn in Stücke reißen. Gabriele hatte ihren Vater nie so böse erlebt, klebte aber an seinen Lippen, sie verstand herzlich wenig von dem, was Vater von sich gab. Mutter unterbrach den Redeschwall ihres Mannes ärgerlich, er könne denken und sagen, was er wolle, solle aber gefälligst nicht die kleine Tochter mit der Last seiner Vorgeneration belasten, sie könne noch nicht einordnen, was er da von sich gab und er solle doch gefälligst endlich einmal die Vergangenheit ruhen lassen. Der Mann habe Vater persönlich überhaupt nichts getan.

Vater grummelte vor sich hin, mir persönlich nichts getan stimme, wenn man mal davon absehe, dass er beziehungsweise seine Eltern vor dieser blutrünstigen Meute nach Jahren in Angst und Schrecken geflohen seien und der engere Familienkreis lediglich erhebliche monetäre Verluste hinnehmen musste. Aber seine Verwandtschaft sei durch diesen sauberen Untersturmführer der SS Hanns Martin Schleyer und seine Konsorten erheblich dezimiert und seine so genannten Rassen- oder Glaubensbrüder wären zu Millionen vernichtet worden und insofern nehme er sich das Recht heraus diese SS-Schergen zu verurteilen und anzuklagen, wann immer es ihm beliebt. Er gebe zu, dass es wesentlich schlimmere Typen als diesen Schleyer gegeben habe, der bei Eintritt in die SS mal gerade volljährig geworden sei, sich aber nach Kriegsende nie von den Verbrechen oder Morden seiner Waffenbrüder distanziert habe. Was ihn besonders ärgerte, war die Karriere, die dieser Mann nach

dem Kriege geschafft habe, er hatte jede Menge Geld angehäuft und war zynischerweise dann noch zum Arbeitgeberpräsidenten gewählt worden.
Zum Abschluss seiner Philippika zitierte Vater seinen geliebten Goethe mit einem Satz aus der Iphigenie: „Der Handelnde ist immer gewissenlos, es hat niemand Gewissen als der Betrachtende."
Gabriele hatte damals weder etwas von dem Überfall auf den Arbeitgeberpräsidenten, noch von den komplizierten Erklärungsversuchen ihrer Mutter oder ihres Vaters verstanden. Das Ganze sollte oder konnte nicht von diesem Kinderhirn verarbeitet werden, dazu fehlten ihr Vorkenntnisse, Zuordnungen und auch das Basiswissen, sowie der Wortschatz. Die Entführung war damals für etliche Wochen das Medienereignis und sie bekam durch die Nachrichten, die sie bei jeder Gelegenheit aufsaugte oder durch die Schlagzeilen der Presse den neuesten Stand der Dinge regelrecht aufgezwungen, sie musste in diesem Fall jeweils kindlich aktuell informiert bleiben, denn sie war schließlich Augenzeugin gewesen. Der Chauffeur Schleyers und drei Sicherheitsleute waren erschossen und Schleyer selbst war entführt worden, erst einige Wochen später wurde er tot in Frankreich aufgefunden, da die Forderung der Entführer, nämlich die Freilassung der inhaftierten Mitglieder der Rote-Armee-Fraktion, verweigert wurde zu erfüllen. Dann hatten sich auch noch im Stuttgarter Gefängnis Stammheim einige Terroristen aus Protest gegen die damalige Bundesregierung und das System entleibt. Vorher hatte es noch die Entführung der Lufthansamaschine nach Mogadishu gegeben, wobei weitere Terroristen erschossen worden waren. Für ein kleines Kind im zweiten Schuljahr, die durch ihr Erlebnis zur Fastbeteiligten geworden war, entwickelte sie eine erstaunliche Neugier auf Nachrichten, denn sie wollte den Fortgang des Geschehens unbedingt verfolgen. Vater und Mutter versuchten ihr die Meldungen in kindgerechten Worten zu erklären, jedoch konnte sie nirgendwo vermeiden, die Schlagzeilen und Fotos auf den ersten Seiten der Regenbogenpresse wahrzunehmen. Sie war aber insgeheim stolz, ein in ihren Augen bedeutendes Mitglied der Geschichte geworden zu sein und prahlte auch gerne in Schule und Freundeskreis mit ihrem Erlebnis, wobei sie immer verschwieg, dass sie eigentlich von den Morden und der Entführung nichts gesehen hatte, weil sie unter dem relativ großen Körper ihrer Mutter vergraben war.
So war die ganze Angelegenheit für sie ein Trauma, die Entführung oder das, was sie davon gesehen hatte lief wie ein Film mit Endlosschleife vor ihrem geistigen Auge ab, sie wachte nachts schweißgebadet auf und kroch zu Mutter ins Bett, die dann versuchte sie von dem schrecklichen Erlebnis abzulenken, indem sie ihr ein Hauff oder Andersen Märchen erzählte, die oft ähnlich grausam und brutal waren wie die Entführung. Gabriele hatte dann, als ihre Albträume nicht aufhören wollten, etliche Sitzungen bei einem Kinderpsychiater, der es auch tatsächlich schaffte, ihre Gedanken und Träume in eine andere Richtung zu lenken. Trotz alledem wurde sie das beklemmende Gefühl nie los, das sie jedes Mal befiel, wenn sie diesen Bereich

des Stadtwaldes betrat, der an die Friedrich-Schmidt-Straße stieß, dann tauchte immer noch der Film in ihrem Hinterkopf auf und das Geschehen war wieder kaum verblasst präsent. Sie hatte den Straßenabschnitt jahrelang gemieden, sie war, falls möglich, bei jedem Wetter auf alternative Wege ausgewichen, sie sah immer noch die Absperrungen der Polizei, die Blutlachen auf dem Trottoir und der Fahrbahn, sie hatte das Gefühl, ihre Schuhsohlen würden das Blut aufsaugen und an die Füße weiterleiten. Sah sie von Ferne etwas blinken oder glitzern, glaubte sie das stamme noch von den Glassplittern, die damals Gehsteig und Straße bedeckt hatten.

Auch an diesem Tag mied sie die Stelle an der Mutter sie unter sich vergraben hatte, sie lenkte sich damit ab, dass sie Pucki den Ball wieder in eine andere Richtung warf und er vergeblich versuchte, das Wurfgeschoss im Flug zu fangen. Der Dackel hatte offensichtlich seinen Machtkampf mit Gabriele verloren und ergab sich in einer schmachlosen Kapitulation.

Von diesem Tag an brauchte Gabriele, wenn es denn sein musste, aus disziplinarischen Gründen nur Puckis Korb in den Abstellraum zu setzen, ohne ihn selbst in das kleine dunkle Verlies zu zerren und schon gab der sonst sture Dackel klein bei und fügte sich ohne beleidigtsein seinem Schicksal. Dann war er für einige Tage weder bockig, noch aufsässig und folgte getreulich den Anweisungen seiner trotz alledem geliebten Herrin.

Bei mancher Gelegenheit wünschte sich Gabriele, sie könne mit Harald ähnlich verfahren, was aber zu ihrem Bedauern nicht möglich war.

Harald

Gabriele kannte Harald bereits seit der gemeinsamen Schulzeit, sie hatte nie zusammen in einer Klasse gesessen, er war zwei Jahrgänge über ihr eingestuft. Er war ihr in erster Linie durch seine überlegene Art und sein gutes Aussehen aufgefallen. Er überragte körperlich fast alle seiner Mitschüler. Er war schlank, fast schlaksig zu nennen, führte einige Gesten und Bewegungen manchmal ungelenk aus, wobei unklar war, ob dies gewollt oder zufällig geschah. Jedenfalls sahen diese Gesten chic aus und wurden sogar von einigen Mitschülern imitiert. Er hatte einen leicht gebräunten Teint auch in der kalten Jahreszeit und ein Goldzahn, den er interessanterweise bereits im spätpubertären Alter aufgrund eines Sportunfalls eingesetzt bekommen hatte, blitzte bei seinem häufigen Lachen oder Lächeln in der Sonne und verlieh ihm zusammen mit der Bräune einen wertvollen Anstrich. Seine dunkelbraunen glatt glänzenden mittellangen Haare trug er gescheitelt und bei vielen Bewegungen fiel ihm eine Haarsträhne ins Gesicht die er mit einer eleganten Kopfbewegung wieder in geordnete Bahnen beförderte, um bei der nächsten Bewegung das Prozedere erneut durchzuführen.
Da Gabriele und Harald in der gleichen Gegend wohnten, gingen sie häufig gemeinsam den Weg ins Aposteln Gymnasium und wenn sie sich nach dem Unterricht zufällig trafen, auch gemeinsam nach Hause. Man konnte nicht behaupten, dass sie sich absichtlich trafen, obwohl sie immer beim Verlassen des Hauses nach ihm Ausschau hielt, auf der Suche eine freundliche Begleitung für den fünfzehn minütigen Fußweg zu finden. Manchmal, wenn sie etwas früher das Haus verlassen hatte, wartete sie auch ein paar Minuten, eine Beschäftigung vortäuschend, als wolle sie etwas suchen oder hätte etwas vergessen. Zu diesem Zweck hatte sie dann ihre schwere Ledertasche auf die Gartentüre gestellt und suchte krampfhaft in der Tasche nach einem kleinen Vokabelheft oder ihrem mit Tinte bemalten Schreibetui. Früher hatte sie den Schulweg oft mit dem Fahrrad bewältigt, seitdem sie aber eine Chance sah, Harald zu treffen, bevorzugte sie das zu Fuß gehen. Das einzig störende auf dem Weg war die schwere Schultasche, da die Lehrer verlangten, unabhängig vom Alter oder der Statur der Schüler, alle Bücher, die in den Lernfächern des Tages auch nur theoretisch benötigt werden konnten, griffbereit zu haben. Somit hieß es morgens und nachmittags Schleppen bis die Arme länger wurden und der Rücken schmerzte. In den amerikanischen Schulen, so wie sie es in Filmen gesehen hatte, gab es für jeden Schüler abschließbare Fächer, in denen man seine persönlichen Sachen und Lehrmittel aufbewahren konnte. Zu solch einer

organisatorischen Leistung hatten es die deutschen Schulbehörden und Lehrerschaften nicht gebracht, die bevorzugten das wirbelsäulenverkrümmende und Haltungsschäden verursachende Tragen von schweren Büchern, Heften und Schreibzeug. Ob die Nachteile des Schleppens durch die neunzig minütige Leibesübung pro Woche ausgeglichen werden konnten war mehr als fraglich, zumal das Schwänzen der Sportstunde aufgrund von vorgetäuschten Menstruationsbeschwerden bei Mädchen äußerst beliebt war. Hätte die Lehrerschaft eine Statistik geführt, wie oft die Mädchen ihre Menstruation hatten, wären sie zu dem Schluss gekommen, dass sich die Monatsblutung bei etlichen pubertierenden Schülerinnen mehrmals monatlich einstellte. Den Rekord in dieser Beziehung hielt immer noch ihre Sitznachbarin Irene, die es geschafft hatte sechs Wochen hintereinander ihre Monatsregel zu haben, ohne dass es der Sportlehrerin aufgefallen wäre, zumindest hatte sie nichts gesagt.

Oft nahm ihr Harald die große voll beladene Ledertasche ab und gab ihr stattdessen seine leichtere Fracht, da er in der Oberstufe als kräftiger Kerl nicht mehr so viele Lernmittel für den Unterricht benötigte und seine Wirbelsäule schon in früheren Jahren beschädigt wurde, wie bei den meisten Schülern des Landes. Dies, obwohl das Gesundheitsministerium ständig die Haltungsschäden der Jugendlichen anprangerte, aber das schien nicht zu den Kultusministerien der Länder durchzudringen. Harald vermutete ohnehin, dass die Verantwortlichen in den Länderparlamenten Dolmetscher für die verschiedenen Dialekte benötigten, oder lagen die Kommunikationsschwierigkeiten vielleicht, was nahelag, nur an der Debilität der Abgeordneten oder Verantwortlichen?

Das ungleiche Paar gewann im Laufe der Zeit allmählich ein gegenseitiges Vertrauen, obwohl Harald sie für eine Beziehung als zu jung erachtete, zwei Jahre im Leben eines Teenagers oder auch Twens, sind immerhin mehr als zehn Prozent des bisherigen Erdendaseins. Ihre Gespräche waren meist allgemeiner Art, jedoch teilweise schon sehr intim, drehten sich aber meist um Sport, Schule, Hobbies, Filme oder Literatur, aber auch um die pubertätsbedingten Probleme mit den Eltern. Insbesondere war die Lehrerschaft im Fokus ihres Gesprächs, häufig handelte die Unterhaltung von dem senilen Schuldirektor, der auf Vaters Frage nach dem Drogenkonsum auf dem Gymnasium anlässlich einer Schulveranstaltung behauptet hatte, es gäbe keine Drogen in der Schule und die Schüler seien absolut sauber. Vaters Nachfrage, es gebe Dealer, die am Schuleingang zum Schulhof regelmäßig stünden und wohl ein gutes Geschäft machten, wurde von dem Chefpädagogen vehement verneint. Er wurde sogar zornig und drohte mit einer Anzeige wegen übler Nachrede. Alle Schüler wussten, dass und wo gedealt wurde und wer Konsument von zumindest leichten Drogen war. Die Schülerschaft hatte laut gelacht als der Direktor seine weltfremde These vertreten hatte. Nach der Veranstaltung ging Vater zum Klassenleiter und wiederholte seine Behauptung und der Senile wollte daraufhin stante pede mit Vater zur Polizei gehen, um dessen Aussage aktenkundig zu machen und beharrte auf seinem Standpunkt, die Schule sei drogenfrei und er werden jeden anzeigen, der etwas Anderes behaupte.

Harald berichtete gerne über seine Passion des Fotografierens, er war begeistert von Naturaufnahmen, er liebte es stundenlang durch die Wälder zu streunen und Fotos von der Flora und Fauna zu machen, er hatte bereits ein umfangreiches Archiv mit Aufnahmen von seltenen Pflanzen, Insekten, Vögeln oder auch größerem Getier zu Hause in einem sperrigen Karteikartenschrank. Er behauptete nahezu jede einheimische Vogelart auf seinen Filmen verewigt zu haben, manchmal zeigte er Gabriele ein paar besonders gelungene Fotos, die sie mit gespieltem Interesse betrachtete, sie fand Vögel nicht besonders faszinierend, schöne Landschaftsaufnahmen entsprachen dann schon eher ihrem Geschmack.

Porträtaufnahmen waren eine weitere Spezialität von ihm, wobei er sich immer auf der Suche nach Charakterköpfen befand, die auf alten Schultern saßen. Er arbeitete auf seinen Bildern eine unglaubliche Tiefe heraus, man konnte jede Unebenheit der Haut, jede Pore, jede Falte oder Furche der zerklüfteten oft wettergegerbten Gesichter erkennen. Das Ergebnis stellte nicht in allen Fällen die Vorzüge des Fotografierten heraus, brachte höchstens die ungeschminkte Wahrheit ans Tageslicht. Die Porträts erschienen professionell gemacht, vorwiegend in schwarz-weiß und die Personen schienen auf mysteriöse Weise entblößt, der Betrachter konnte zu jedem Foto eine Geschichte aus den Gesichtszügen des Fotografierten ablesen.

Harald hatte bereits einige Ausstellungen der Fotos an den Wänden der Aula auf Einladung des Kunstlehrers, der von den Aufnahmen begeistert war, organisieren dürfen. Die Lehrerschaft war durchweg von den Bildern angetan und spendete vielfach überschwängliches Lob. Die Mitschüler konnten diese Begeisterung nicht teilen, denen war völlig egal, ob Harald in der Eifel oder im Westerwald einen alten Bauern dazu überreden konnte, ihm Modell zu sitzen. Die Bilder, die Harald in Kanada während eines Schüleraustauschprogramms geschossen hatte, fanden dann schon größeres Interesse, wenn auch letztlich die ähnlichen Ergebnisse verewigt worden waren. Es machte erstaunlicherweise für die jungen Leute einen riesigen Unterschied, wenn das Foto einen alten Indianer, einen Farmer aus dem Mittelwesten mit zerschlissenem Cowboyhut oder einen Eskimo zeigten, dann war das Porträt mit Exotik gewürzt, während der Eifelbauer meist kommentarlos übergangen wurde.

Für Harald waren diese Ausstellungen immer etwas Besonderes, ja eine Herausforderung der besonderen Art, er glaubte nicht wirklich, dass er sein Hobby eines Tages zu seinem Beruf machen könnte, dazu gab es zu viele Fotografen und zu wenig Nachfrage. Ihm war schon Anerkennung genug, wenn er in der örtlichen Presse gelegentlich mal eines seiner Bilder abgedruckt fand und dafür einen mageren Obolus erhielt, was zugegebener Weise selten genug vorkam. Letztlich betrachtete er die Fotografiererei als Selbstbefriedigung, er konnte sich an einer gelungenen Aufnahme ergötzen und sie lange betrachten, als wolle er sich in die Person hineinversetzen. Gabriele erkannte meist nicht, ob es sich bei den einzelnen Fotos um gelungene oder weniger gute Aufnahmen handelte, dann erklärte ihr Harald geduldig, warum er auf das Bild besonders stolz war oder warum der Lichteinfall nicht optimal die Gesichtszüge beleuchtete. Er erklärte ihr auch, worin der grundlegende Unterschied zwischen Landschaftsmotiven und Porträts bestand.

„Bei den Landschaften kommt es eher auf den Blickwinkel, den Lichteinfall und die Szenerie durch Nebel, Sonnenschein, Schnee Raureif oder Regen an, auf das alles hat man keinen Einfluss, man braucht Geduld und muss früh aufstehen, um das Morgenlicht einfangen zu können und letztlich gehört auch der Zufall dazu, damit du genau das Wetter und somit das Licht bekommst, was du dir vorstellst. Deshalb habe ich fast immer zumindest eine kleine Kamera dabei, damit ich mich bei einem tollen Motiv nicht ärgere und die Gelegenheit verpasse.

Bei den viel schwierigeren Charakterköpfen kommt es auf die Mimik, Schattenwurf, das Gefühl des Unbeobachtet seins des Motivs und Einstellung an. Du musst ein Auge für die Person haben, die du fotografieren willst, nicht jeder Kopf eignet sich für eine Aufnahme, auch wenn das Gesicht vielversprechend erscheint, ist das Ergebnis oft enttäuschend. Viele Leute verhalten sich vor der Kamera anders als ohne, das liegt in der Natur des Menschen, man versucht automatisch sich selbst ins beste Licht zu rücken, dann musst du die Leute ablenken, eine Geschichte erzählen, die den Leuten zu Herzen geht, die Kamera immer schussbereit und dann im richtigen Moment abdrücken. Wenn du die Leute allerdings beim Lachen erwischen willst, musst du immer ein paar gute Witze auf Lager haben. Und bei Tieraufnahmen ist alles ganz anders, da ist der Moment des Auslösens von übergreifender Wichtigkeit, dies seien eher Schnappschüsse, wenn zum Beispiel ein Greifvogel gerade eine Beute in die Fänge bekommt oder auf sein gesichtetes potentielles Opfer herabstößt. Einen Hasen musst du im Sprung erwischen, einen Hirsch beim Röhren oder beim Kämpfen um die Vormachtstellung als Platzhirsch in der Gruppe."

Um seine Kenntnisse von der Fotografie vertiefen zu können, half er seit ein paar Jahren unregelmäßig im Fotolabor Janowski aus. Es machte ihm unendliche Freude dort unter Anleitung des erfahrenen Janosch Janowski, Harald vermutete, dass es sich dabei um einen ersonnenen Künstlernamen handelte, Porträtaufnahmen von wildfremden Menschen zu schießen. Die Auswahl des Hintergrunds, die Einrichtung der Beleuchtung, die Empfehlung der Accessoires für die Anreicherung der Umgebung war seine Sache. Die Aufnahmen selbst machte in erster Linie der Chef selbst, bei Kindern, wenn man viel Geduld benötigte, für die dem Janowski der Nerv fehlte, durfte Harald häufig ran. Von den Ergebnissen war der Alte meist angetan und lobte ihn des Öfteren unverhohlen. Die unkünstlerischen und ungeliebten Passfotos erledigte jeder als Pflichtübung, dabei hatte man keinerlei Möglichkeit der künstlerischen Einflussnahme.

Gabriele lernte eine Menge über Fotografie von Harald und seine Passion übertrug sich teilweise auf sie wie ein Infekt. Sie lieh sich Vaters Leica und hatte wochenlang das Gerät schussbereit, jedoch waren die Ergebnisse recht mager, sie schaffte es nicht einmal, ein Foto zu schießen, das in ihren Augen an die Qualität der Haraldschen herankam. Sie zeigte ihm die Ergebnisse ihrer Bemühungen nicht oft, nach ein paar Wochen legte sie die Kamera wieder zurück in Vaters Schublade in der Erkenntnis, dass wohl doch eine gewisse Begabung und auch Geduld für diese Tätigkeit vonnöten war. Sie kam auch zu der Einsicht, dass wenn sie glaubte alle Ratschläge des Lehrmeisters befolgt zu haben, sie dann schließlich doch feststellen musste, die Hälfte der Lektionen nicht beachtet zu haben. Ihr mangelte es vorrangig an Geduld, sie wusste, dass Harald manchmal zehn oder noch mehr Aufnahmen von einem Motiv machte bis er zufrieden schien und dann doch alle Aufnahmen hinterher als nicht gut genug verwarf. Sie fertigte dagegen maximal drei Fotos an, war mit den Ergebnissen meist recht zufrieden und wenn sie schließlich die fertigen Fotos sah, musste sie feststellen, dass sie meilenweit von der Qualität des Bewunderten abwichen und sie konnte nicht anders als zu glauben, nie in seine Qualitätsklasse vorstoßen zu können.

Alles was Harald machte, machte er gut. Er war sorgfältig und aufmerksam in der Schule, nicht dass er ein Strebertyp war, nein, wenn ihn ein Fach oder eine Lektion nicht interessierte, tat er nur das Notwendigste, um eine akzeptable Zeugnisnote zu erhalten, wobei akzeptabel für ihn einer Note entsprach, die für Gabriele gut gewesen wäre. Er genoss das Privileg in Augen der Lehrerschaft, in einem Fach schlecht zu sein und trotzdem als generell guter Schüler eine gute Zensur zu erhalten, Harald konnte nach deren Meinung nicht versagen und wenn mal eine seiner Arbeiten nicht den Ansprüchen genügte, wurde dies einer schlechten Tagesform zugeschrieben und das Ergebnis ging nur bedingt in die Bewertung zum Jahresende ein.

Gabrieles Zensuren ließen zu wünschen übrig, insbesondere in den naturwissenschaftlichen Fächern, sie hatte große Mühe den Ausführungen des Mathematiklehrers zu folgen, während für sie die Stunden in Physik und Chemie eine Qual waren, der Lehrstoff bestand hier für sie ausschließlich aus böhmischen Dörfern. Hinzu kam, dass sie überhaupt keine Lust verspürte, wenigstens Verständnis für das Lehrpensum aufzubringen, sie verspürte einen inneren Widerwillen gegen die komplizierten Theorien. Die Lehrer in diesen Fächern hatten die hinterhältige Angewohnheit, sie an die Tafel zu bitten, wenn die chemischen Formeln oder physikalischen Berechnungen besonders kompliziert waren und sie als die Doofe vor der Klasse präsentiert werden sollte. Dieses perfide Vorgehen nahm ihr zusätzlich die Lust, dem Unterricht zu folgen und so war sie dazu übergegangen während der

Chemiestunden englische oder französische Vokabeln zu pauken, um wenigstens in den sprachlichen Fächern bessere Zensuren zu erreichen. Für sie war es selbstverständlich, diese ungeliebten Lehrbereiche schnellstmöglich abzuwählen. Ihr Dilemma bestand lediglich darin, keine Klasse wiederholen zu wollen und zusätzlich wenigstens akzeptable Zensuren vor der Abwahl zu erreichen, da sie für das Abiturzeugnis festgeschrieben würden.

Sie besprach ihren inneren Konflikt mit ihrem Vater und er kam auf die Idee, Harald zu fragen, ob er ihr wöchentlich ein paar Nachhilfestunden geben wolle, damit sie das Klassenziel erreichen konnte. Harald ging sofort gerne auf Herrn Rosenzweigs Vorschlag ein und auch über das Pekuniäre war man schnell einig.

Harald kam nun zweimal die Woche für jeweils eine Stunde zu ihr und versuchte ihr mit mäßigem Erfolg die geometrischen Formeln, bei denen sie grundsätzlich versagte, einzutrichtern und sie verstehen zu können. Ihr fehlte einfach die räumliche Vorstellungskraft für die Umsetzung der Formeln in ein graphisches Gebilde, also musste sie ihren Mangel durch Pauken kompensieren. Für einige Anwendungsmöglichkeiten kannte Harald hilfreiche Eselsbrücken, die denn doch manches leichter merken ließen. Sie war von diesen Stunden mit den nicht enden wollenden Übungen nicht begeistert, wollte aber ihren Eltern eine gefolgsame Tochter sein. Andererseits war sie nun ihrem Schwarm näher als auf dem Schulweg. Sie wollte aber auch auf keinen Fall in den Augen Haralds als die Debile erscheinen, denn er gefiel ihr in zunehmendem Maße. Ein weiterer Ansporn war für sie das Getuschel ihrer Mitschülerinnen, die gerne mit Harald gegangen wären, er war durch seine schlaksigen Bewegungen und seine unkomplizierte immer fröhliche Art einer der begehrtesten Schüler der Oberstufe.

Die Nachhilfestunden arteten in Arbeit aus, Harald kannte kein Pardon und verdiente sein Entgelt mühsam, er wollte auf jeden Fall einen Erfolg verbuchen können. So gab er ihr sogar Übungsaufgaben auf, die sie bis zur nächsten Stunde erledigen sollte. Gabriele versuchte bei jeder Gelegenheit ihren gestrengen Lehrer abzulenken. Sie bot ihm unvermittelt einen Kaffee oder Tee an, kam auf die eine oder andere Schulepisode zu sprechen oder wollte vorzeitig die Stunde beenden.

Hierbei setzte sie auch gerne ihre weiblichen Reize gekonnt ein. Mal trug sie einen atemberaubend kurzen Rock, mal hatte sie scheinbar unachtsam vergessen, ein paar Knöpfe ihrer Bluse zu schließen, mal trug sie einen fast völlig transparenten BH unter einer weißen Bluse, damit Harald durch die Kleidung die dunklen Brustwarzen erahnen konnte. Sie hätte nur zu gerne ihre ersten sexuellen Erfahrungen mit ihm gemacht, das bisherige Geknutsche auf der Parkbank mit Klassenkameraden war nicht zuletzt wegen der unerfahrenen Partner, aber auch weil sie nicht annähernd die Klasse von Harald erreichten, wenig bis überhaupt nicht befriedigend. Sie wollte unbedingt ihren lästigen Hymen loswerden. Wenn man den Klassenkameradinnen glauben durfte, war sie die letzte, die noch den unversehrten Unterleib einer Jungfrau hatte. Kürzlich hatte eine Freundin, oder wie man so etwas nennt, gesagt, sie habe wohl Spinnweben zwischen ihren Beinen, diese Aussage hatte ihr Bedürfnis nach Erfahrung mit männlichen Partnern nur noch gesteigert.

Sie platzierte sich immer direkt neben ihn über Eck, damit er ohne Schwierigkeiten und Umstände in ihren Ausschnitt schielen und ihr betörendes Parfüm, das sie ihrer Mutter entliehen hatte, einatmen konnte. Wenn sie sich zurücklehnte, um nachzudenken, hob sie meist leicht den Oberschenkel an, um ihm ihre Beine so weit zu zeigen, dass es noch nicht obszön wirkte, ihn aber anregen könnte. Sie betrachtete es als Kompliment, wenn Harald in ihren Ausschnitt oder unter ihren Rock lugte, er schien dann immer ertappt zu sein, obwohl sie mit Nonchalance darüber hinweg ging. Wenn ihr etwas auf den Boden gefallen war, wusste sie sich beim Bücken immer so zu bewegen, dass er einen erfolgreichen Blick auf ihre Dessous gewann. Sie versteckte also ihren Körper in keiner Weise, im Gegenteil, sie half ihm mehrmals pro Stunde eine kleine voyeuristische Besonderheit zu erleben. Trotz alledem zeigte Harald keinerlei offenes Interesse an ihr, konzentrierte sich auf die Arbeit und ließ auch keine Erregung erkennen. Gabriele war darüber nicht beunruhigt, schrieb dieses Desinteresse seinem Gefühl für Pflichterfüllung zu und entschloss sich, stärkeres Geschütz aufzufahren.

Als sie eine für ihre Verhältnisse äußerst komplizierte Mathematikaufgabe selbstständig richtig gelöst hatte, fiel sie ihm um den Hals und bedankte sich überschwänglich mit einem Kuss bei ihm, ohne ihn hätte sie das nie geschafft, vor ein paar Wochen noch, wäre das ein für sie unlösbares Rätsel gewesen. Sie machte Fortschritte, wenn auch nur langsam aber stetig. Harald meinte zu ihrem ansteigenden Leistungsbarometer, er habe gewusst, dass sie nicht dumm sei, dass sie nur keine Lust zu den geometrischen Kapriolen habe. Er sah den Schuldigen an ihrer Mathematikleistung und dem generell schlechten Abschneiden der Klasse im Lehrer, der nicht in der Lage sei die eigentlich spannende Mathematik nicht spannend, sondern zäh und langatmig zu vermitteln. Die Lehrer gingen den einfachsten Weg und ließen viele Schüler, die nicht auf Anhieb die Lösungswege durchschauten, links liegen und stempelten sie wider besseres Wissen als nicht intelligent genug ab.

Vater Rosenzweig hatte sich bei Harald erkundigt, ob und welche Fortschritte Gabriele seines Erachtens mache, als sie sich zufällig in der Diele trafen und der Nachhilfelehrer gab sich beeindruckt von den Fortschritten und betonte auch seine Einschätzung in Richtung Lehrerschaft und Stoffvermittlung. Der Vater war zufrieden und lobte sogar abends seine Tochter, was nicht oft vorkam, da er das Verständnis hatte, ein halbwegs intelligenter Mensch könne dem Unterricht ohne Weiteres folgen, wenn er nur ein wenig Interesse für den Unterrichtsstoff zeige. Außerdem sprach er gerne in Bezug auf das heutige Niveau der Schulen von Brettergymnasien oder Klippschulen, die Leistungsanforderungen seien in den letzten Jahren auf Betreiben der Sozialdemokraten dermaßen gesunken, dass heutzutage jeder Blödmann das Abitur bestehen könne. Er empfand das System ungerecht, da während des Studiums dann die Defizite aufträten, denn die Universitäten hätten das Leistungsniveau in den letzten Jahrzehnten halbwegs konstant gehalten. Als Beweis für seine Theorie führte er dann die überbordende Zahl von Studienabbrechern an. Wenn er sich dann in Rage geredet hatte, verglich er den Standard der Realschulen in den neunzehnhundertfünfziger Jahren mit dem der heutigen Gymnasien. Von der Abwahlmöglichkeit von verschiedenen Fächern, zu denen man keine Lust verspürte teilzunehmen, hielt er erst recht nichts, man könne mit Sport und Musik ein Abi machen, aber ansonsten ein Analphabet sein. Gabriele argumentierte zwar in eine andere Richtung, steckte aber nach dem Austausch von einigen Sätzen auf, sie wusste, dass der gutmütige Alte das nicht ganz so meinte, auch wenn seine provozierende These im Ansatz wohl stimmen könnte.

Harald und Gabriele kamen sich Stückchen für Stückchen näher, seine Blicke unter ihren Rock oder in ihren Ausschnitt, die er anfangs noch versuchte versteckt zu halten, hatten sich in unverhohlenes Erhaschen von ihren Reizen verwandelt. Sie trug immer seltener ein Unterhemd und freute sich, wenn er ihren Körper bewunderte oder ihr ein Kompliment machte.

Sie waren mittlerweile dazu übergegangen sich mit einem beidseitigen Wangenkuss zu begrüßen oder zu verabschieden. Trotzdem schien Harald seine Befangenheit nicht abgelegt zu haben, er wollte augenscheinlich ihre Naivität und Unbekümmertheit nicht ausnützen. Er war zwei lange Lebensjahre älter als sie, auch war ihre Beziehung zu wertvoll, als sie durch sexuelle Aktionen zu stören, seine Gefühle waren eher die eines liebenden Bruders, der seine Schwester erblühen sieht. Noch war sie eine ungeöffnete Knospe, die ihre zukünftige Schönheit nur erahnen ließ. Als sie einmal nicht wusste, welche Wange zuerst geküsst werden sollte, dabei zufällig seinen Mund streifte, glaubte sie einen Anflug von Erröten bei ihm zu erkennen. Ein Verdacht keimte in ihr auf, nein er reifte zum Bewusstsein heran, dass er noch eine männliche Jungfrau war. Sie musste unbedingt den Wahrheitsgehalt ihrer Vermutung herausfinden, der Gedanke raubte ihr den Schlaf, war es weibliche Neugier oder allgemeines Interesse an dem Menschen Harald Wagener? Die Vorstellung, dass der von vielen Mädchen begehrte Harald, der einen überlegenen, coolen Eindruck hinterließ noch unschuldig war, erregte sie. Sie träumte nachts davon, wie sie wild knutschten, sich streichelten und sexuell erregten, allerdings tauchte in ihren Träumen nie ein Koitus auf. Morgens war Gabriele immer noch geträumte Jungfrau, sie hatte nachts keine Gedanken an Defloration, Empfängnis oder sogar Schwangerschaft verschwendet.

Die Vertraulichkeiten zwischen beiden nahmen schrittweise etwas zu und sie tauschten scheu zurückhaltend Zärtlichkeiten aus, immer in der Erwartung, dass ihre Mutter oder ihr Vater auftauchten und nach dem Befinden Haralds fragen konnten, oder eine Erfrischung anboten. Eines Tages hatte Vater einen Geschäftstermin und nahm Mutter als fachkundige Begleiterin mit. Nach einigen Übungseinheiten lehnte sie sich in Ihrem Stuhl zurück und meinte, man habe genug gebüffelt und könne sich eine Pause gönnen. Sie stand auf, mixte im Wohnzimmer zwei Campari Orange mit viel Eis und wenig Alkohol gegen die schwüle Hitze, die über der Stadt lag wie eine Käseglocke.

Nach dem ersten erfrischenden Schuck schlang sie ihre Arme um ihn und küsste ihn mit ihren kühlen nassen Lippen voll auf den Mund und drängte nach dieser Eröffnung ihre Zunge zwischen seine Zähne. Sie küsste wie sie es von ihren Freundinnen erzählt bekommen hatte, Küssen und Sexualpraktiken waren Thema Nummer eins auf dem Schulhof, an der sich alle Mädchen beteiligten, unabhängig davon, ob sie praktische Erfahrungen gesammelt hatten oder nur angelesenes Wissen oder Erfahrungen ihrer älteren Schwestern weitergaben. Sie überraschte Harald mit ihrer gekonnten Anwendungstechnik, denn er hatte offensichtlich Mühe ihrer Technik Paroli zu bieten. Er war nicht der Mann, der über die Praxis verfügte, die man ihm auf Grund seines Aussehens, seines Auftretens und seines Alters zugetraut hätte. Er bewegte seine Zunge zunächst gar nicht und hielt sie nur bewegungslos hin, während sie seine ausgestreckte Zunge umkreiste. Schließlich begriff er wohl was von ihm erwartet wurde und ging zu einem Gleichmaß an kreisenden Bewegungen über. Als sie die Technik änderte und an seinen Lippen leicht zupfte und saugte, hatte er anfänglich die gleichen Probleme zu überwinden wie vorher. Aber er lernte auch das schnell, weil das gesteigerte Lustempfinden seine Aktivitäten beeinflusste. Während des Küssens hatte er begonnen ihre Brüste durch den Stoff ihrer Bluse zu streicheln, ihr gefielen diese Berührungen der Brustwarzen und Brusthöfe und sie wand sich lustvoll unter seinen Händen. Sie streifte flüchtig seinen steifen Penis durch den Jeansstoff und spielte endlich mit der Gürtelspange seiner Jeans. Ihre Freundinnen hatten ihr anvertraut, dass man einen Mann, wenn man ihn für sich gewinnen wolle, oral befriedigen solle, das würden die Jungs lieben. Außerdem seien die Männer durch das immer mehr fortschreitende Offenlegen der weiblichen Reize durch stoffsparende Textilien immer mehr abgestumpft und man müsse heutzutage zu massiveren Mitteln greifen, um Männer zu erregen und an sich zu binden. Vor hundert Jahren waren die Röcke noch bodenlang gewesen und laut Literatur hat der Anblick eines bloßgelegten Knöchels den Männern damals den Schaum auf die Lippen getrieben. Sie verstand die Argumentation ihrer Klassenkameradinnen nicht so richtig, vertraute einerseits zwar deren angeblicher Erfahrungen und Behauptungen. Andererseits wollte sie nicht so recht glauben, was von den Mädchen auf der Schwelle zur Frau schon so alles erlebt haben wollten. Was sie aber am meisten befremdete, war das Wort Liebe, das in keiner ihrer aufgeschnappten Berichte vorkam, die Bücher haben dem Leser oder der Leserin immer vorgegaukelt, dass man einen Menschen auch ohne körperlichen Kontakt an sich fesseln könne, alles aus Liebe. Sie wusste nicht, was sie nun glauben sollte, entschloss sich aber Harald zunächst keine orale Befriedigung zu verschaffen. Auch scheute sie sich das vermutlich riesige Ding, das sich vor ihr aufbäumen könnte, in den Mund zu nehmen. Während der Doktorspiele, die sie als Kinder gelegentlich genossen hatten, hatte sie zwar schon einige Male einen winzigen Zapfen prüfend zwischen den Lippen gehabt, aber die kleinen Dinger hatte sie eher als niedlich und anschmiegsam empfunden, waren aber nicht mit diesem ausladenden Kolben zu vergleichen, der sich nun in der Hose abzeichnete. Also beschied sie sich aufs Streicheln seines Oberkörpers.

Er hatte sie leidenschaftlich geküsst und sie war auch mit seinem Streicheln immer wilder geworden, trotzdem hatte sie außer einem angenehm warmen Gefühl in ihrem Unterleib nicht viel empfunden, das alles Überstrahlende in ihrem Inneren war jedoch die Zuneigung zu diesem Mann und der Glaube ihren Nachhilfelehrer wieder ein bisschen mehr für sich gewonnen zu haben. Sie war überzeugt, dass das was sie empfand Liebe war, unendliche Liebe, sie fühlte sich von einem extrem starken Magnetismus en angezogen.

Sie lehnte sich wieder zurück und beobachtete Harald, der sich schon wieder über das Mathematikbuch gebeugt hatte, nachdem er sein Glied in eine neutrale Position gerückt hatte und zur Tagesordnung übergehen wollte. Sie küsste ihn nochmals zärtlich auf die Lippen, während sie es sich wieder bequemer machen wollte, stellte er ihr abrupt eine Mathefrage. Gabriele verspürte aber immer noch eine befriedigende Erregung und konnte sich nicht so schnell auf den Unterrichtsstoff konzentrieren und antwortete ausweichend. Harald sah sie entgeistert an und schien ärgerlich, das habe man doch noch vor einer halben Stunde besprochen und sie müsse sich noch daran erinnern. Ihr fehlte jedes Verständnis, wie man so schnell die verliebte Knutscherei vergessen konnte und von ihr verlangte, dass sie sich einer schnellen Gehirnwäsche ähnlichen Kopfklärung unterziehen konnte und wieder dieses sterile Algebragesülze pauken musste.

Sie sagte ihm, ihre Konzentrationsfähigkeit sei nunmehr erschöpft und sie wolle doch lieber die Stunde vorzeitig beenden. Sie werde noch später etwas üben und ihm die Frage das nächste Mal beantworten. Sie hätte es gerne gehabt, wenn Harald sie zum Höhepunkt gebracht hätte, aber das, so vertröstete sie sich selbst, könne man anlässlich der nächsten Stunde nachholen, wenn ihre Eltern wieder auswärtige Termine hatten, was in Zukunft aufgrund einer neuen Geschäftsbeziehung des Vaters hoffentlich öfter sein würde. Sie freute sich schon auf die nächste Nachhilfestunde und die Abwesenheit der Eltern. Nach der Stunde brachte sie Harald wie gewöhnlich zur Türe, er küsste sie nochmals, streichelte ihr über den Hinterkopf und fragte, ob sie am späten Nachmittag mit ihm in die Eisdiele auf der Dürener Straße gehen wolle. Ihr Herz schlug bis zum Hals, das hatte sie kaum zu hoffen gewagt. Sie wollte auf jeden Fall vermeiden, dass ihre ansonsten liberalen und weltoffenen Eltern Verdacht schöpfen würden, für eine Liebelei oder einen festen

Freund war sie in deren Augen noch zu jung. Ansonsten wären möglicherweise die zukünftigen Nachhilfestunden mit Harald zu Ende und sie bekäme irgend solch eine verknöcherte Mathematiklehrerin, die in ihrem Schädel nichts als ein Thema hätte, wahrscheinlich beim Essen von jedem Bissen die Kalorien zählte und aufs ganze Jahr extrapolierte.

Also verabredete sie sich für 18:00 Uhr in der Eisdiele, sie wolle aber nicht von ihm abgeholt werden, sie müsse vorher noch etwas erledigen.

Ihren Eltern gab sie an, sie sei noch mit einer Freundin im Eiscafé verabredet und werde zum Abendessen zurück sein. Nicht, dass ihre Eltern etwas gegen eine Verabredung der Tochter gehabt hätten, aber Gabriele wollte zunächst noch intime Fragen vermeiden.

Harald wartete unter der alten Linde vor der Lokalität, er lehnte an dem Baum als müsse er ihn am Umstürzen hindern. Sie begrüßten sich wieder mit Küsschen und beim Betreten des Cafés erkannte Harald ein älteres Ehepaar, steuerte auf sie zu, da sie freundlich in seine Richtung winkten, begrüßte sie lächelnd und stellte Gabriele als seine Freundin vor. Gabriele stieg die Röte ins Gesicht, hatte sie es endlich geschafft, dass er sie seine Freundin nannte, vielleicht war diese Beziehung trotz ihres Alters noch entwicklungsfähig?

Ein Glücksgefühl überschwemmte sie. Sie setzten sich auf der Terrasse in eine Ecke, um ungestört reden zu können. Nachdem er einen Eiskaffee und sie eine Eisschokolade bestellt hatten, spielte Harald erst ein paar Minuten mit dem Zuckerstreuer sah ihr dann tief in die Augen, in seinem Gesicht ließ sich nicht einmal ein Anflug eines Lächelns erkennen. Ihre Spannung wuchs, solle das die Ouvertüre zu einer negativen Nachricht sein? Sie konnte kaum erwarten, bis er endlich zu Sprechen begann, fürchtete sich aber gleichzeitig vor der Eröffnung.

„Gabriele, ich muss mit **dir reden**", begann er.

Sie wusste, das bedeutet nichts Gutes, wollte ihn aber nicht unterbrechen und forderte ihn auf, „**Nur zu, deshalb sind wir ja wohl hier.**"

Er stierte auf den Zuckerstreuer, den er mittlerweile ununterbrochen auf dem kleinen Marmortisch drehte, „**Ich habe Gefühle für dich entwickelt,** die ich irgendwann nicht mehr unter Kontrolle halten kann. Ich fand unser Getändel heute Nachmittag unglaublich schön und ich möchte es am liebsten hier und jetzt fortführen."

Getändel nannte er ihr Liebesspiel, das konnte doch nicht wahr sein, jedoch unterbrach sie ihn nicht.

Er zögerte, suchte nach Worten. „Du bist noch so jung und ich möchte nicht unsere Zukunft gefährden, wir wissen nicht, was noch auf uns zukommt. Ich will studieren, weiß aber noch gar nicht, ob ich in Köln oder Bonn bleiben kann oder in eine andere Stadt muss. Ich habe mich bereits für ein Jurastudium angemeldet und werde auch aller Wahrscheinlichkeit nach, bald den zustimmenden Bescheid bekommen, ich habe als Wunschort zwar Köln angegeben, aber du weißt ja nie, was die Bürokraten dann daraus machen. Also, um es kurz zu machen, ich will dich nicht enttäuschen und wollte deshalb offen mit dir darüber reden."

Gabriele war erleichtert, das war ja denn doch nicht so schlimm, wie sie es befürchtet hatte, vielleicht konnte er also in Köln studieren, würde bleiben und alles wäre bestens. „Also ich fand es heute auch toll, ich spüre immer noch deine Lippen auf meinen, das hätten wir schon viel früher machen sollen. Ich bin mir auch sicher, dass sich in mir tiefe Gefühle für dich entwickeln. Aber ehrlich gesagt, ich verstehe dein Problem nicht ganz."

Er hatte aufgehört den Zuckerstreuer zu malträtieren und hielt ihn nun in der Hand wie einen Faustkeil. „Ich bin mir nicht sicher, ob eine Liebe wie ich sie für dich und du vielleicht für mich empfindest, alle Stürme einer solchen Trennung überstehen könnte. Ich möchte dir durch eine mögliche räumliche Trennung nicht wehtun und ich möchte auch selbst nicht leiden müssen, wenn etwas aus heutiger Sicht Unvorhergesehenes passiert. Bevor sich unsere Beziehung weiterentwickelt will ich, dass du weißt, was auf dich zukommt. Ich bin ehrgeizig und will Karriere machen, ich will Rechtsanwalt werden und irgendwann einmal eine gut laufende Kanzlei haben. Das ist mein angestrebtes Ziel hinter das ich alle anderen Wünsche zurückstelle. Die einzige Alternative wäre für mich ein Leben als bekannter Fotograf, das ist aber ein nachrangiger Lebenstraum, denn du hast als Solcher kaum eine Chance bekannt zu werden. Du sollst wissen, worauf du dich einlässt, wenn du mit mir zusammen sein willst, ich liebe es, mit offenen Karten zu spielen."

Gabriele sah ihn verstört an. „Soll das bedeuten, dass unsere Freundschaft immer zweitrangig sein wird und hinter deinem Beruf zurücksteht? Ich lebe in der Gegenwart und ich will dich und zwar jetzt. Ich mache mir keine Gedanken über die Zukunft, ich werde auch studieren und einen Beruf haben, aber die Familie wird bei mir immer im Mittelpunkt stehen. Kein Beruf, auch nicht mein Traumberuf kann so schön sein, dass er mich von einer glücklichen Ehe, vom Kinderkriegen oder einem erfüllten Familienleben abhält."

Der Zuckerstreuer war nun Nebensache geworden, stattdessen fuchtelte er mit dem langstieligen Löffel herum, sein Eiskaffee hatte sich mittlerweile in einen kalten Milchkaffee verwandelt. „Du darfst bitte nicht vergessen, du kommst aus einer wohlhabenden Familie, alles was meine Leute besitzen, haben sie sich mühsam erarbeitet."

Er schnaufte und blickte orientierungslos auf die Straße. „Mein Vater ist ein kleiner Postbeamter und meine Mutter verdient sich ein Almosen in einer Flickschneiderei in Köln-Ehrenfeld. Bei uns werden die Lebensmittel beim Discounter gekauft. Wir haben keine Haushaltshilfe wie ihr sie habt. Bei uns zu Hause wird zehnmal abgewogen, ob man sich ein gebrauchtes Auto kaufen kann oder lieber mit der Bahn fährt. Von meinen Eltern wurde jahrelang überlegt, ob man mich auf ein Gymnasium schicken könnte oder ob man es bei einem Hauptschulabschluss belässt und mich ein

Handwerk lernen lässt. Schlussendlich haben mir meine Eltern vertraut und mich auf die Studiumsschiene gesetzt, auch wenn dieser Weg für sie entbehrungsreich gewesen war. Ich will diese braven Leute nicht enttäuschen und werde mein Bestes geben um sie stolz auf mich zu machen. Ich will, dass meine Mutter eines Tages sagen kann, mein Sohn der Rechtsanwalt hat gestern den Prozess XY gewonnen. Und wenn das so sein sollte wie ich mir das vorstelle, sollte der Verteidigte, den ich mit einem Freispruch aus dem Prozess rausboxe ein Prominenter aus der ersten Reihe sein."

Gabriele grinste ihn an. „Also würdest du keinen Geringeren als Robert Redford oder Dustin Hoffman verteidigen wollen, sofern die überhaupt noch leben, wenn du mit deiner Ausbildung fertig sein wirst?"

Harald lachte über sich selbst und bleckte seine Zähne wie ein aufgeschreckter Schimpanse. „Gut, das sind natürlich nur Träume, man braucht eben ein Ziel und ich wette, dass ich an meinem Ziel ankommen werde, vielleicht verteidige ich dann auch nur Prominente aus der zweiten Riege, aber dass ich ein bekannter Anwalt werde, ist für mich so sicher wie das Amen in der Kirche."

Gabriele runzelte die Stirne und sah an ihm vorbei auf ein Aquarell oder war es ein Farbdruck einer toskanischen Landschaft, das im Eingangsbereich ihr gegenüber an der Wand hing. „Ich verstehe völlig, was du meinst, aber immer noch nicht so recht, wie ich in das Bild passe. Ich mag dich sehr und bin gerne mit dir zusammen, ich freue mich jeden Morgen, wenn wir zur Schule gehen und ich freue mich auf meinen Nachhilfelehrer, obwohl das ein unglaublich harter Knochen ist, der mir alles abverlangt. Ich bin nun mal nicht so ehrgeizig, was wahrscheinlich an meiner liberalen Erziehung liegt. Ich will das Leben genießen, ich will reisen und etwas von der Welt sehen. Ich will arbeiten, um zu leben und ich will nicht leben, um zu arbeiten."

Harald sah sie sinnierend an, wiegte den Kopf hin und her. „Natürlich will ich auch ein gutes Leben, ich träume auch von einem eigenen Boot und Haus an der Côte D'Azur mit Meerblick aber ich brauche mein berufliches Ziel, das ich erreichen will. Es ist doch alles eine Frage der Konzentration, ich glaube nicht, dass ich mehr arbeite als meine Mitschüler, ich arbeite nur konzentrierter, wenn ich mich in eine Lektion vertiefe, höre und sehe ich nichts Anderes um mich herum. Kürzlich las ich ein Buch über Fotografie und meine Mutter kam in mein Zimmer und sagte etwas zu mir, es war keine Frage von Unhöflichkeit oder Missachtung, ich habe sie nicht gesehen und nicht gehört, erst als sie mich laut anrief und ihre Frage wiederholte, wachte ich wie aus einem tiefen Schlaf auf und sah sie entgeistert an. Sie dachte, ich wollte mich lustig über sie machen, aber ich habe wirklich nichts mitbekommen. Um ihr zu beweisen, wie konzentriert ich war, habe ich ihr das Buch gegeben und konnte ihr die als letzte gelesene Seite fast wörtlich zitieren. Sie hatte mich nur bewundernd

und stirnrunzelnd angesehen, den Kopf geschüttelt und im Hinausgehen gemurmelt, von mir hat er das nicht und von seinem Vater erste recht nicht."
Gabriele schmunzelte, dann starrte sie ihn mit offenem Mund an. „Heißt das, du kannst eine Seite eines komplizierten Textes auswendig hersagen, wenn du sie nur einmal mit Konzentration gelesen hast?"
„Fast, ja, ich weiß, ich habe da wohl eine spezielle Begabung, aber ich bin auch davon überzeugt, wenn du ein paar Konzentrationsübungen machst, schaffst du das auch. Das hat mit besonderer Intelligenz nichts zu tun, das ist nur eine Frage, ob man seine Gedanken bündeln kann wie zum Beispiel einen Laserstrahl, der von nichts abgelenkt wird."
Gabriele fingerte eine Schachtel Filterzigaretten aus ihrer winzigen Rocktasche, es schien, die Packung sei größer als die Tasche. „Ich glaube das könnte ich nie, mir passiert es im Gegenteil oft, ich lese eine Seite und am Ende weiß ich gar nicht mehr, worum es ging, ich habe dann wohl die Wörter gelesen, aber sie sind nicht in mein Gehirn vorgedrungen. Lustigerweise ist es aber so, wenn ich sie dann ein zweites Mal lese, kommt mir der Text bekannt vor, befindet sich aber offenbar nur im Unterbewusstsein. Ich glaube, das hängt bei mir mit dem Interesse an dem Stoff zusammen. Wenn ich beispielsweise einen Artikel in einer Zeitung lese, der meine Neugier geweckt hat, kenne ich hinterher alle Fakten und Zahlen und die weiß ich dann auch noch Tage später. Wenn es aber um eine Lektion in Physik oder Chemie geht, kann ich mir die einfach nicht einprägen, auch nicht nach dreimaligem Lesen. Dieser Text fließt einfach an mir vorbei wie ein Gebirgsbach, wenn das Wasser vorübergeflossen ist, ist es aus meinem Gesichtskreis verschwunden und vergessen. Schwimmt aber auf dem Wasser ein Blatt, kann ich mich daran erinnern und ihm nachschauen, bis es hinter der nächsten Kurve verschwunden ist."
Gabriele ließ sich von einem jungen Mann am Nachbartisch Feuer geben und paffte die Zigarette viel zu hastig. Harald sah ihr dabei zu. „Ich wusste gar nicht, dass du rauchst."
„Ich rauche nicht viel, manche Wochen gar nicht, dann auf einer Party fünf oder sogar zehn Stück, ich bin ein typischer Launenraucher. Jetzt zum Beispiel hatte ich Lust darauf. Vielleicht ist das aber auch die letzte in dieser Woche."
Harald spielte jetzt mit der halbvollen Packung. „Kann ich mir auch eine anstecken? Ich glaube ich habe in diesem Jahr noch gar nicht geraucht. Ich habe noch nie eine Packung gekauft, das Zeug ist mir einfach zu teuer und wirklich schmecken tut´s mir auch nicht. Manchmal, wie du auch sagst qualme ich auf einer Fete, wenn mir jemand eine anbietet. Ich vermisse die Dinger aber auch nicht."
Harald nahm Gabrieles Stummel mit langer Glut, brannte seine Zigarette an und drückte ihren Rest sorgfältig im Aschenbecher aus. „Zurück zu der Konzentration auf Texte. Ich wollte dir noch sagen, dass man das üben kann, Joga ist auch eine Art Konzentrationsübung, wie jede Meditation. Du kannst dabei auch deine eigenen

Organe spüren und sogar heilen, wenn du krank bist und Joga wirklich gut beherrschst, habe ich mal irgendwo gelesen."

Gabriele lehnte sich zurück und sah ihn prüfend an. „Ich habe noch eine Frage zu unserer Beziehung, willst du die nicht intensivieren oder sogar beenden? Vielleicht habe ich dich aber falsch verstanden?"

Er schüttelte vehement den Kopf. „Das habe ich nicht gemeint, ich finde dich seit einer ganzen Zeit bereits unheimlich toll und bin gerne mit dir zusammen. Ich möchte das keinesfalls ändern, im Gegenteil, ich würde unsere Beziehung gerne vertiefen, jetzt wo du alt genug bist und kein Staatsanwalt mich mehr behelligen kann wegen Verführung Minderjähriger."

Sie lachte tonlos auf.

Harald fuhr unbeirrt fort: „Ich möchte dich nur vorwarnen, es kann sein, dass wir uns für Monate nicht sehen können, wenn ich in einer anderen Stadt studiere. Außerdem habe ich auch vor, ein paar Semester im Ausland zu studieren, das würde mich bestimmt enorm weiterbringen. Ich stelle mir vor in Amerika ein temporäres Stipendium zu beantragen, falls die ablehnen eventuell auch in Großbritannien oder Frankreich. Du kennst meine finanzielle Situation, ich würde dann in den Semesterferien einen Job annehmen und könnte nicht immer nach Hause kommen. Du wärst natürlich jederzeit dort willkommen, falls du mich besuchen möchtest."

Sie streichelte seine rechte Hand und er legte seinen linken Arm um sie. Beide schwiegen einige Minuten, sie hatte die Zeit um sich herum vergessen und die Welt existierte in diesem Moment nicht mehr für sie, sie war einfach nur glücklich und hätte ein Vermögen dafür gegeben, jetzt mit ihm irgendwo zu liegen und hemmungslos zu schmusen, oder was ihnen sonst noch eingefallen wäre.

Harald winkte die Kellnerin heran und wollte bezahlen, er versuchte umständlich sein Portemonnaie aus den engen Jeans fischen, aber Gabriele hielt seine Hand fest und legte einen Schein auf den Tisch. „Keine Widerrede, ich zahle, du brauchst das Geld für die Harvard University, du weißt schließlich, dass Boston ein ungeheuer teures Pflaster ist."

Er musste lachen, „so weit sind wir noch lange nicht, vergiss nicht, ich habe noch nicht einmal einen Studienplatz hier in Deutschland. Erst werde ich wohl hier ein paar Semester bis zum ersten Staatsexamen büffeln, dann sehen wir weiter. Was mir aber eigentlich wichtig ist, ich will auf jeden Fall, dass du dich nicht zu sehr emotional engagierst und deine Gefühle mir gegenüber unter Kontrolle hälst. Wir wissen nicht, was die Zukunft uns bringt. Wenn du während meiner Abwesenheit einen anderen Mann kennenlernst, würde ich das extrem bedauern, aber dann ist es halt so. Du solltest dich absolut frei fühlen und dich nicht auf Gedeih und Verderb an mich gebunden fühlen. Ich kann nicht von dir verlangen, dich für mich zu reservieren dann würde irgendwann deine Liebe zu mir langsam erlahmen. In der Literatur gibt es genügend Beispiele für Treueschwüre, die sich später in Luft auflösen."

„Soll das heißen, dass während du nicht im Lande bist jede Gelegenheit wahrnehmen würdest, ein Abenteuer zu suchen?"
„Genau das meine ich nicht. Ich kann dir versprechen, dass ich keine Affäre suchen werde, aber es kann sich etwas ergeben und ich würde dir gestehen, wenn sich etwas Unkontrolliertes entwickelt haben sollte. Das Gleiche erwarte ich von dir, lass uns die Sache locker angehen und wenn mal etwas passieren sollte, reden wir darüber. Das ist auch grundsätzlich so von mir gemeint, bevor ein Missverständnis entstehen kann, sollte geredet werden und zwar frühzeitig. Ich verspreche dir, dass ich frühzeitig so ehrlich wie möglich sein werde."
Gabriele sah ihn mit gemischten Gefühlen an, sie wusste nicht recht, was sie von dieser Aussage halten sollte und hegte den Verdacht, er wolle sich lediglich alle Türen offenhalten und so leben wie es ihm gefällt. Und das ohne Rücksichten auf die Gefühle einer verliebten Freundin, die zu Hause hinter dem Ofen sitzt und sehnsüchtig auf seine Heimreise wartet. Sie konnte sich aus der heutigen Situation überhaupt nicht vorstellen, dass sie Augen für ein anderes männliches Wesen haben würde, egal wie er aussähe oder wie charmant er auch sein sollte.
„Ich dachte immer, Ehrlichkeit könne man nicht einschränken. Entweder ist man ehrlich oder unehrlich, dazwischen gibt es nichts. Genau wie Lüge und Wahrheit, ein bisschen Wahrheit gibt es nicht. Wenn du etwas so ehrlich wie möglich beantworten willst, hälst du dir die Türe für Lügen offen."
Harald versenkte wieder seinen Blick in ihren tiefschwarzen feuchten Augen: „Ich habe das Einschränkende auf den Kenntnisstand zum Zeitpunkt X beziehen wollen. Wenn du eine Aussage triffst, von der du glaubst es sei die Wahrheit, bist du so ehrlich wie möglich. Wenn aber kurz darauf eine Information die Wahrheit kippt und die Tatsachen umkehrt, warst du immer noch so ehrlich wie möglich."
Gabriele wusste nicht so recht, was sie von seiner Aussage halten sollte, war das ein Ausstieg vor dem Einstieg, liebte er sie nicht? Jedenfalls waren ihre Gefühle vor dem Eisdielentreffen entflammter als jetzt, nach dem unkonkreten Gerede, das sie als eiskalte Dusche empfunden hatte.

Ist das Liebe?

Sie trafen sich nun immer öfter auch außerhalb der vereinbarten Nachhilfestunden, mal in Cafés, mal bei ihm, mal bei ihr und gehörten bald zur Szenerie Lindenthals als ein eingeschworenes unzertrennliches Liebespaar. Ihre Treffen verliefen in einer wachsenden Harmonie und wurden immer wieder, wenn sie unbeobachtet waren oder dies zumindest glaubten, von wilden Kusssequenzen unterbrochen.
Gabriele hatte sich den Rat ihrer Freundinnen zu Eigen gemacht und Harald gelernt händisch zu befriedigen, es machte ihr Freude zu sehen wie er raketenähnlich dabei abging, wie in Trance sagte er dann immer wieder, wie sehr er sie liebe oder begehre. Sie hatte sich ganz langsam herangetastet und ihn genau dabei beobachtet, sie wusste bald, was er bevorzugte und was ihn nicht sonderlich erregte. Er war eher der Typ für weiche und zärtliche Berührungen und nicht der Freund von harten ruckartigen Bewegungen. Im Gegenzug hatte sie Harald gezeigt welche Körperregionen sie bevorzugt liebkost haben wollte und wie sie gerne berührt und gestreichelt wurde. Beide hatten schnell gelernt und es gab kaum noch ein Treffen, bei dem sie nicht beide einen gewünschten mehr oder weniger ekstatischen Orgasmus erfahren durften. Beide hatten nicht das Gefühl etwas Verbotenes zu tun, oder gegen Sitte und Anstand zu verstoßen, sie war sehr liberal erzogen worden und die wenigen Lektionen des jüdischen Glaubens hatten ihr nicht geschafft, ein Schuldgefühl einzuimpfen. Obwohl er grundsätzlich katholisch erzogen worden war, hatte Harald sich von den aufoktroyierten Zwängen dieser Konfession befreit und hatte seinen Glauben an diesen imaginären alten weißhaarigen Mann abgelegt.
Verabredungsgemäß wurde zwischen beiden kein normaler Koitus ausgeübt. Gabriele hatte nicht die Möglichkeit an ein Verhütungsmittel außer Kondomen heranzukommen und ihre Mutter wollte sie nicht, oder besser noch nicht einweihen. Die Zeit war noch nicht reif hierfür und die Angst vor einer ungewollten Schwangerschaft war zu groß, als dass man ohne Verhütung miteinander schlief. Sie kannte sich selbst zu gut, ein Koitus interruptus käme für sie nie infrage, sie würde ihn garantiert in solch einem Moment ungerne oder gar nicht sich selbst überlassen wollen.
Die Tändelei, wie Harald es zunächst genannt hatte, war im Laufe der Wochen in Liebelei und die dann endlich im Laufe einiger Monate ohne weiteres Zutun der beiden in Liebe umgewandelt worden. Es gab keinen Moment in ihrem Tagesablauf, an dem sie nicht an ihn dachte oder ihn begehrte. Ihm ging es ähnlich, er wollte nicht von ihrer Seite weichen und suchte wo immer er konnte ihre Nähe. Alleine ihr

strahlendes Lachen, wenn sie ihn sah und auf ihn zuflog und ihm einen erfrischenden nassen Kuss auf den Mund drückte, den er gerne leidenschaftlich erwiderte, besserten seine Laune, falls sie denn wirklich mal schlecht war, schlagartig auf. Die Nachhilfestunden wurden unendlich ausgedehnt, weniger wegen der Problematik der naturwissenschaftlichen Fächer, als vielmehr durch das unerfüllbare Bedürfnis beider nach Streicheleinheiten und Zuneigung.

Mittlerweile war auch den Eltern bekannt, dass beide ein Paar waren. Sein Vater hatte ihn gefragt, ob sie nicht zu jung seien und vor allem, ob eine Verbindung zwischen beiden gut gehen könne, sie aus vermögenden Verhältnissen, er aus einer sehr einfachen aber, wie er betont hatte unbescholtenen sauberen und ehrlichen Familie. Die Wageners würden den Rosenzweigs nie Paroli bieten können, wenn es einmal zu einem Problem kommen sollte. Dies bezöge sich insbesondere auf Geschenke oder andere finanziellen Zuwendungen, die im Laufe des Lebens und im besonderen Fall einer möglichen Hochzeit aufzubringen sein würden.

Die größten Bedenken seiner Eltern schien aber in Richtung der Herkunft der Partnerin zu sein, sie entstammte einer jüdischen Familie, wie das denn zu der katholischen Familie passe in die sie heiraten wolle, ob sie sich dann konvertieren ließe, oder ob Harald vielleicht sogar auf den abwegigen Gedanken gekommen sei, den jüdischen Glauben anzunehmen.

Hitler und seine Schergen hatten vor etlichen Jahren wohl eindrucksvolle Arbeit geleistet, jeder der damals lebte und auch noch die Folgegeneration war irgendwo im Hinterkopf mehr oder weniger infiziert mit dem Virus der Bedenken gegen jeden, der jüdisch war. Das ging so weit, dass der Verdacht bei vielen Leuten aufkeimte, ob jener aus rassistischen oder religiösen Gründen dort anzusiedeln war, die Unkenntnis florierte. Harald lachte laut, als er die ernst gemeinten Sätze seines Vaters vernommen hatte. Als sein Lachen erstorben war, schwoll ihm dann doch der Kamm und er kam nicht umhin sich zu echauffieren.

„Was glaubst du eigentlich wo wir leben. Ich liebe einen Menschen und dieser Mensch liebt mich auch, das ist das Einzige, was für mich zählt. Mir ist scheißegal, welche Religion das Mädchen hat, mir ist völlig egal was ihr Vater von Beruf ist, es lässt mich absolut gleichgültig, ob da in deren Stammbaum irgendwann einmal jüdisches Blut gelandet ist. Ich weiß schließlich auch nicht, wie unvermischt euer und damit auch mein Blut ist. Wenn mein angelesenes Wissen mich nicht völlig täuscht, stammen wir mehr oder weniger alle von dem gleichen Ursprung ab. In deiner vielgeliebten Bibel steht doch auch, dass wir alle, ausnahmslos von Adam und Eva abstammen. Und die waren laut dem Alten Testament auch Juden gewesen. Lass doch bitte dieses ewige Nationalsozialistische Nachgeplappere, damit kannst du heutzutage keine Maus mehr hinter dem Ofen hervorlocken. Nebenbei bemerkt, ich kenne an der Familie nur ein jüdisches Merkmal und das ist der Nachname, ob die religiös sind oder wirklich rassisch jüdisch sind, weiß ich nicht einmal. Vielleicht hast du recht aber auch das ist mir völlig egal. Ich möchte nie mehr wieder über dieses Thema mit dir streiten."

Vater hatte sich offensichtlich unwohl gefühlt, er lockerte seine Krawatte und erwiderte: „Nicht, dass ich etwas gegen Juden hätte, aber sie sind nun einmal anders als unsereins. Sieh dir doch nur die religiösen antiquierten lächerlich wirkenden Riten an, die sie in ihrer Synagoge vollziehen. Wer besteht denn seit Urzeiten auf dem Unterschied, wer will denn separiert leben, wer werde denn von den Juden Goi genannt und damit bewusst ausgegrenzt. Das ist nicht auf meinem Mist und auch nicht auf dem Mist des Herrn Hitler gewachsen. Im Mittelalter haben sich die Juden schon separiert, das wurde doch dann nur von den Regenten und den Christen organisatorisch verstärkt. Ich bin mal gespannt, ob dieser Herr Rosenzweig nicht einen jüdischen Mann für seine Tochter vorgesehen hat."

Der alte Herr Wagener atmete schwer, der gelockerte Kragen schien für seinen Atembedarf noch nicht auszureichen. „Was meine Bibel betrifft, kann ich nur zitieren, dass die Juden den Jesus ans Kreuz geschlagen haben und deshalb von den Christen angefeindet wurden."

„Vater, wie kannst du so einen Schwachsinn verzapfen? Jesus wurde von den Römern ans Kreuz genagelt und nicht von den Juden und die Römer waren bekanntlich keine Juden und auch keine Christen, zumindest damals noch nicht. Was die katholischen Rituale betrifft, so sind sie meines Erachtens genauso antiquiert wie die der anderen Religionsrichtungen. Ich kann dir nur sagen, dass Gabriele völlig liberal erzogen worden ist und sie nicht religiös ist. Ich liebe dieses Mädchen und ich werde so lange mit ihr zusammen sein, wie wir uns lieben und wenn das ein Leben lang sein sollte, so wäre mir das auch mehr als recht. Ich mache mir keine Gedanken was in ein paar Jahren sein wird. Ich lebe jetzt und jetzt ist Gegenwart. Lass uns bitte nicht weiter streiten, ich bin nicht bereit, auch nicht unter Zwang, meine Meinung in diesem Belang zu ändern. Wenn du aber eine Aufklärung über die Familie Rosenzweig benötigst, wende dich doch einfach an den Senior, er wird dir sicherlich Auskunft über seine Gedankengänge und Pläne erteilen. Wenn es dich interessiert, ich weiß nicht, was die Rosenzweigs über uns denken und was sie für ihre Tochter planen, ich kann dir nur berichten, dass sie immer freundlich und zuvorkommend zu mir sind, ich kann nichts aber auch gar nichts Negatives über die Familie sagen. Wahrscheinlich ärgert dich auch nur dessen geschäftlicher Erfolg und dass die hier in Lindenthal einige Mehrfamilienhäuser besitzen und du nicht mal eine Eigentumswohnung."

Während des Disputs hatte seine Mutter, Hildegard Wagener, schweigend in der Ecke in der Wohnküche neben dem alten Hochschrank gesessen und ihre Reaktionen auf Stirnrunzeln und beruhigende Handbewegungen beschränkt. Jetzt, wo ein offener Streit wohl vermieden werden konnte, war sie beruhigt, konnte am Gasherd das Abendessen zubereiten und dabei das Streitgespräch nochmals in aller

Stille Revue passieren lassen. Insgeheim hatte sie mehr Verständnis für die Argumente ihres Sohnes als für die des Alten. Man sollte die Vorurteile der jüngeren Vergangenheit endlich mal ad Acta legen und versuchen mit den unbekümmert auftretenden Jungen zu sympathisieren. Deren Kopf war nicht dieser tausendjährigen Gehirnwäsche der Nationalsozialisten, die immerhin zwölf Jahre dauerte, unterzogen worden, die konnten heutzutage viel unbelasteter denken. Ihr Geist war nicht durch die stetigen rechtfertigenden Hasstiraden der Massenmörder verfälscht worden. Je mehr Unrecht man hatte, desto mehr musste man sich rechtfertigen und lauter werden, um andersartige Gedanken zu überbrüllen. Sie dachte an den Herrn Goebbels und auch an die sich überschlagende Stimme des Führers. Obwohl sie bei Kriegsende noch ein kleines Mädchen gewesen war, hatte die Vorgeneration doch das Gedankengut dieser braunen Horden an die Jugend weitergegeben, bewusst oder ungewollt. Wer waren denn die Lehrer und Erzieher gewesen, das waren doch die Leute, die aktiv an dem ganzen Schlamassel teilgenommen hatten. Unbeeinflusst war damals doch niemand, egal welche Schlüsse die Gehirngewaschenen für sich daraus gezogen hatten und was sie an die Folgegeneration weitergegeben haben.

Das Thema war in der Familie ein für allemal erledigt, keiner der streitbaren Kontrahenten schnitt dieses Thema nochmals an, die Meinungen waren ausgetauscht und Dauerstreit sollte vermieden werden. Für Harald war die Argumentation seines Vaters nichts Neues. Er liebte diesen Mann trotzdem in vieler Beziehung und manche Aspekte hasste er abgrundtief, manches Mal verstand er einfach nicht, was er meinte oder sagen wollte. Die Buchstaben des Gesagten summierten sich zu Wörtern, diese wiederum zu Sätzen, aber die Sätze standen im Raum, hatten keine Bewegung als wären es statische Schallwellen. Es gab in diesen Sätzen keine Energie, die die Sätze bis zu seinem Gehirn transportierten. Er verglich solche Sätze mit den Worthülsen, mit denen sich Politiker gerne umgeben, die aber nichts aussagen wollen. Diese Wortattrappen schwangen in der Luft und höchstens noch in seinem Ohr, das Gehirn weigerte sich aber konstant die Schallwellen zu verarbeiten. Sprache ist eine Bringschuld und keine Holschuld.

Harald erhielt einen Studienplatz in Münster zugewiesen. Münster diese etwas verschlafene temperamentlose westfälische Metropole. Dort gab es, wie die älteren Studenten meinten, mehr Fahrräder als Ratten, obwohl das niemals bewiesen wurde, niemand hatte das lästige Viehzeug gezählt. Zumindest gab es in der Stadt gefühlt mehr Fahrradwege als Fallen für die Nagetiere. Die Entfernung zu seiner Heimatstadt betrug neunzig Autominuten aber in Ermangelung eines eigenen Wagens oder einer Mitfahrgelegenheit summierten sich die Fahrtzeiten mit öffentlichen Verkehrsmitteln durch die Umsteigerei und das Warten auf die Bahnen, Busse und Züge auf einhundertfünfzig Minuten. Zuviel Zeitaufwand und zu teuer, um täglich zwischen Köln und Münster zu pendeln, also musste wegen des knappen Budgets und aus

Zeitersparnisgründen eine Studentenbude her. Die wiederum verursachte auf Grund der hohen Münsteraner Mietpreise die Suche nach einem möglichst lukrativen Job.

Harald hatte seinen Schlafsack gepackt und war mit dem Zug zu einem ehemaligen Schulfreund, Wolfgang Hansen, nach Münster gefahren, der ihm eine Ecke seiner Studentenbude für ein paar Nächte zur Verfügung gestellt hatte. Er wollte möglichst rasch seinen Umzug und seine Zukunft planen und alles für einen reibungslosen Ablauf arrangieren.

Dort angekommen bereute er sofort, die Entscheidung getroffen zu haben, bei Wolfgang zu wohnen und waren es auch nur ein paar Nächte. Das winzige Zimmerchen in einem Studentenheim starrte vor Dreck, in der ihm zugewiesenen Ecke lag ein dicker Teppich aus stinkenden, bei Luftbewegungen hin und her wuselnden Wollmäusen. Als Wolfgang ein paar Minuten Besorgungen machte, holte er sich einen Besen aus der Abstellkammer, der nach ein paar Kehrbewegungen auf dem Fußboden nicht mehr als Besen erkennbar war, die Borsten erinnerten eher in Größe und Farbe an einen Rauhaardackel. Unter dem Bett befanden sich verstaubte Glasscherben und verschimmelte Essensreste. Harald war sicher, dieser Dreck konnte sich unmöglich während des Jahres, das Wolfgang hier hauste, angesammelt haben, der üble Unrat musste von mehreren ebenso schlampigen studentischen Generationen stammen.

Die sanitären Anlagen hatten in allen Ecken ekelhaften schwarzen Schimmel, der fröhlich vor sich hin wucherte. Die Toilettendeckel waren sämtlich zerbrochen oder nur noch teilweise als Scharniere vorhanden und die schmutzig umbrafarbenen Klobürsten waren wohl jahrelang nicht mehr benutzt worden. Die Zellenwände waren mit den abstrusesten Sprüchen verziert, wovon einige wenigstens humorvoll waren. Ein Spruch, der die Wand kurz über dem Fußboden in kleiner Schrift schmückte besagte: *„Wenn du das lesen kannst, kackst du in neunzig Grad."*

Auch in der Gemeinschaftsküche zogen sich die Schimmelwucherungen der sanitären Anlagen an den Küchenwänden wolkenförmig entlang. Die Aufmerksamkeit beim Betreten der Küche zogen allerdings die immensen Geschirrberge auf sich, die einen üblen säuerlichen Geruch verbreiteten. Dieses traute Studentenheim hatte noch Zimmer frei und Harald hätte sofort ein Zimmer zu einem günstigen Preis beziehen können. In Anbetracht der hygienischen Zustände im Haus verzichtete er aber auf eine Anmietung. Jetzt wusste er wenigstens genau, was ihn erwarten konnte und was er keinesfalls mieten wollte.

Harald wälzte Zeitungen und sah sich die Aushänge im Juridicum an, er fand die Adresse einer privaten Unterkunft, die preislich noch gerade akzeptabel schien und wollte sich das Haus und das möblierte Zimmer am „Alter Fischmarkt" ansehen. Eine alte Dame öffnete ihm und bestätigte, dass das Zimmer noch zur Vermietung stand. Sie stellte sich als Waltraut Holbeck vor und musterte ihn mit ihren kleinen Augen, die hinter einer runden Hornbrille hervor lugten, aufs Genaueste. „Junger Mann", begann sie, „ich will keinen Lärm und keinen Schmutz in meiner Wohnung haben, ich muss dank der unfähigen Bundesregierung meine karge Rente etwas aufbessern, aber ich will die Mieteinnahmen für das Zimmer nicht gleich wieder für eine Reinigungskraft ausgeben. Dann verzichte ich lieber auf eine Untervermietung. Das ist eine saubere Adresse und ich will nicht, dass der Ruf des Hauses und nicht zuletzt mein Ruf leiden."

Nach dieser Klarstellung, die Harald aber weiter nicht abschreckte, sah er sich das Zimmer an und war gleich positiv eingestellt, die Größe des Zimmers entsprach seinen Vorstellungen und die Fensterfront eines Erkers ließ den Blick auf die alten Häuser und die Straße zu. Das Mobiliar bestand aus einem alten großen Schrank, einem verblichenen Sofa mit einem runden dunkelbraunen Tisch davor und drei einfachen Holzstühlen. Vor dem Fenster stand noch ein kleiner abgestoßener Mahagonischreibtisch mit grüner Lederauflage. In der dem Erkerfenster abgewandten Zimmerecke befand sich ein überraschend modernes Bett, das mit einer dunkelroten plüschigen Tagesdecke aufgeschönt worden war. Das Zimmer mit dem verschnörkelten Gardinenmuster und dazu passenden Tischdecken entsprach zwar nicht seinem Geschmack, ließ aber an Sauberkeit und Bewegungsfreiheit nichts zu wünschen offen. Er hätte moderne weiße Möbel mit glatten Oberflächen bevorzugt, aber mit dem vorgefundenen Mobiliar konnte er auch leben.

„Ich glaube, Frau Holbeck, ich habe genau das richtige Zimmer auf Anhieb gefunden, wenn Sie mir nur erlauben würden, das Landschaftsbild über dem Sofa durch eins nach meinem Geschmack zu ersetzen."

Die Alte grinste ihn an. „Ich weiß zwar nicht, was sie an dem Bild stört, aber diese Bedingung kann ich akzeptieren. Sie machen einen seriösen Eindruck, ich wäre auch einverstanden, es mit ihnen zu versuchen, wenn sie meine Hausordnung beachten. Dazu gehört:

Ich möchte keinen Besuch über Nacht, weder Damen noch Herren.

Das Bad wird nach jeder Benutzung so verlassen, wie Sie es vorgefunden haben, nämlich sauber.

Sie können in dem Kühlschrank ein paar Lebensmittel deponieren und auch in der Küche Tee oder Kaffee kochen, aber ein Fünfgängemenue bitte erst nach vorheriger Rücksprache.

Und selbstverständlich das Geschirr hinterher in die Spülmaschine einräumen.

Und wenn der Mülleimer voll ist, sollten Sie den auch mal ohne vorherige Aufforderung entleeren. Müll wird hier getrennt, das kennen Sie ja hoffentlich. Ihr Zimmer wird einmal wöchentlich von Ihnen gereinigt.

Wenn Sie Gäste haben, bitte ich übermäßigen Lärm zu vermeiden. Gegenseitige Rücksichtnahme sollte hier großgeschrieben werden. Sie können die Möbel umstellen, wenn ihnen das besser gefällt, aber auch dann bitte ich um Rücksprache."

Harald brauchte nicht lange zu überlegen, was die Wirtin verlangte war für ihn selbstverständlich, das hatte er auch zu Hause alles gemusst, hatte auch nie Probleme mit kleinen Haushaltsarbeiten gehabt, ihm war bewusst, wie viele Handreichungen seine Eltern für ihn schon ohne zu meckern erledigten, das hätte er niemals ausgleichen können. Er hatte nie verstanden, wie sich einige seiner Freunde geziert hatten, wenn deren Mutter gefragt hatte, ob sie beim Verlassen des Hauses den Müll mit zur Tonne nehmen könnten, oder wenn sie gebeten wurden Brot oder Salat zu kaufen, sie haben sogar oft genug gemault, wenn die Besorgung zu ihrem eigenen Nutzen war.

Da der Preis für die Unterkunft akzeptabel und sogar, ungewöhnlich genug, die Reinigung der Fenster und der mitbenutzten Räume, Strom und Wasserverbrauch im Mietpreis eingeschossen waren und günstigerweise das Juridicum fußläufig zu erreichen war, gab er spontan Frau Holbeck die Hand.

„Möchten sie einen offiziellen Mietvertrag abschließen und benötigen Sie eine Kaution?"

„Ich denke, ein Mietverhältnis ist ohnehin Vertrauenssache, ich muss nichts schriftlich haben, ein Handschlag und meine Menschenkenntnis genügen mir. Ein mündlicher Vertrag hat sogar mehr Vor- als Nachteile. Sollten Sie eines Tages über die Stränge schlagen und nach mehrmaliger Mahnung ihr Verhalten nicht ändern, könnte ich Sie ohne Kündigungsfrist vor die Türe setzen, was mit einem offiziellen Mietvertrag schwieriger wäre. Nein ich brauche auch keine Kaution, der Mietzins ist monatlich im Voraus zu entrichten, wobei mir willkommen wäre, wenn Sie den Betrag in bar statt per Überweisung begleichen. Ich habe keine große Lust den kompletten Betrag auch noch versteuern zu müssen."

Andreas legte ihr die Miete für den ersten Monat auf die flache Hand. Das Geld wurde ohne gezählt zu werden mit geübtem Griff einhändig gefaltet und verschwand mit nicht minder geübter Bewegung in ihrem faltigen Ausschnitt. Er fragte sich, ob das Dekolleté weniger faltig wäre, wenn sie keinen BH trüge und musste selbst über seine gedankliche Ausschweifung lächeln.

Als offizieller Einzugstermin wurde der nächste Monatserste verabredet, er könne aber bereits sofort das Zimmer belegen. So hatte Harald genügend Zeit sich auf das Studium vorzubereiten, das Organisatorische zu erledigen und einen Job zu suchen. Vielleicht konnte er sogar bereits irgendwo anfangen zu arbeiten, da er dadurch seine ohnehin kargen Ersparnisse schonen könnte. Ein Blick auf die Summe seines Sparbuches überzeugten ihn von der Notwendigkeit, Geld zu verdienen. Harald wollte so wenig wie irgend möglich von den Ersparnissen seiner Eltern abzapfen. Einiges würden die treuen Alten ihm ohnehin anlässlich der Besuche zustecken, immer nach dem gleichen Muster, Mutter würde ihm in einem unbeobachteten Moment ein paar Scheine in die Hand drücken mit den Worten, er solle Vater nichts davon sagen und Vater würde ihn auf den Balkon bitten, wenn er dort eine Zigarette raucht und ihm dann ein paar Scheine in die Hosentasche schieben mit den Worten, er solle Mutter nichts davon sagen. Am letzten Tag vor der Abreise würde dann noch zusätzlich ein gefülltes Couvert mit den Worten überreicht, er solle sich davon ein paar Extras erlauben und nicht so viel arbeiten, das Studium sei wichtiger. Beide Elternteile nickten ihm dann verstohlen zu, damit er keinesfalls das bereits erhaltene Geld erwähnte.

Am frühen Nachmittag machte er sich auf den Weg durch Münster auf der Suche nach einem halbwegs vernünftigen Job. Die Aushänge im Juridicum hatten nicht seinen Vorstellungen entsprochen, dort wurden in erster Linie Praktikanten, die sich dort die ersten Sporen verdienen wollten, ohne oder mit äußerst geringer Bezahlung von bettelarmen Anwaltssozietäten gesucht. Man konnte festhalten, je größer und namhafter die Kanzlei war, desto geringer war die Entlohnung angesetzt, dies war ein beliebtes Mittel, um ehrgeizige Jurastudenten auszubeuten. Die Anwälte wussten es zu nutzen, dass der in Studentenkreisen verbreitete Glaube, eine Bescheinigung über ein Praktikum bei einem berühmten Juristen bei späteren Bewerbungen, Türen öffnen könnte, aber hierbei handelte es sich nur um einen auch bei Studenten weit verbreiteten Irrglauben.

Harald besaß ausreichend Selbstbewusstsein, um auch ohne Praktikantenbescheinigung eine gute Anstellung in einem seriösen Anwaltsbüro finden zu können, vor seiner Referendar-Zeit wäre noch Gelegenheit genug hierzu, wenn er dann mit einem guten Ergebnis seiner ersten Staatsprüfung im Rücken, Bewerbungen abgeben würde. Harald streifte durch die Straßen der Innenstadt und suchte in den Fenstern der Studentenkneipen nach Aushängen für Aushilfstätigkeiten. Er wollte in möglichst kurzer Zeit möglichst viel Geld machen und dazu sollten die Lokale möglichst voll sein, Daumendrehen war nicht sein Ziel, er hatte sich erkundigt, dass die festen Stundenlöhne in der Gastronomie nicht seinen Ansprüchen genügen würden, also suchte er nach einer gut besuchten Lokalität mit studentischem Flair, die aber auch wohlbetuchte jüngere Leute anzog. Ihm war klar, dass er Abstriche im Vergleich zu Kölner Gaststätten machen musste, der Kölner betrachtet die Kneipe seit Generationen als das zweite Wohnzimmer, wo man sich traf, diskutierte, schwadronierte und amüsierte. Der Münsteraner war in dieser Beziehung wesentlich zurückhaltender und vermutlich auch weniger spendabel. Mit etwas Glück wurde Harald bald ganz in der Nähe seiner neuen Wohnstatt fündig. Er setzte sich im „Wildes Schwein", einer Kneipe mit Restauration an die Theke in die Nähe der Getränkeausgabe, eine ältere Dame zapfte die Biere sehr professionell und zwei blonde hübsche junge Frauen, ihrem Alter nach zu urteilen ebenfalls Studentinnen, mit bodenlangen schwarzen Schürzen bedienten die Gäste. Die beiden Mädchen servierten in einer hohen Geschwindigkeit, das Restaurant hatte einen Speisebereich und einen Kneipenbereich, was er aufgrund der unterschiedlichen Tischeindeckung abschätzen konnte. Er bestellte sich ein Pils und beobachtete das Geschehen aufmerksam. Als eine der Bedienungen, das Namensschildchen wies sie als Monika aus, zwei volle Tabletts zu tragen hatte und sie offensichtlich Schwierigkeiten hatte beide zu bewältigen, stand er kommentarlos auf, half ihr mit der Last und trug ihr eines hinterher. Sie bedankte sich freundlich mit einem bezaubernden Augenaufschlag und die Alte hinter dem Tresen fragte, ob er dies schon öfter gemacht habe. Harald erläuterte, dass er nur auf privaten Festen ein bisschen gekellnert habe, aber keine professionelle Erfahrung habe, er aber schnell lernen könne und auch keine Scheu habe, sich von jungen Damen anlernen zu lassen. Er fügte noch hinzu, dass er demnächst in Münster studiere und einen Job suche, den er möglichst während des kompletten Studiums von mindestens neun Semestern ausführen würde.

Die Alte stellte sich vor als Hannelore Preusser und sie sei die Frau des Wirtes, für geschickte Leute mit einem klaren Kopf habe sie immer eine Verwendung und wenn er sein Semester anfange, könne er gerne zunächst eine Probewoche als Aushilfskellner absolvieren. Sie notierte sich seinen Namen in ein dickes Kalendarium und Harald erkundigte sich nach den Konditionen und der möglichen Einsatzzeit. Frau Preusser war sofort davon angetan, dass er gerne fast täglich arbeiten würde, sie sei an einer Kontinuität interessiert und wenn er wolle, könne er jederzeit seine Probewoche beginnen.

Sie machte mit unbeweglichem Gesicht eine wegwerfende Bewegung in Richtung der beiden umher wuselnden Mädchen, die die Gäste versorgten. „Die Blonde kommt mehrmals wöchentlich, aber die anderen Bedienungen helfen nur jeweils einen Tag in der Woche und haben schnell vergessen, was in der Vorwoche verabredet worden war. Am meisten stört mich jedoch, dass oft genug eine Stunde vor Dienstantritt ein Anruf kommt, der dann die Arbeitsunfähigkeit des Mädels ankündigt und dann muss ich mich kurzfristig um einen Ersatz kümmern, was häufig äußerst problematisch ist. Ich bräuchte Leute, auf die man sich verlassen kann, die nicht wegen einer kleinen Unpässlichkeit auf Grund einer Menstruationsbeschwerde, oder noch schlimmer, wegen einer Verabredung mit einem Beschäler den Dienst absagen. Bei Ihnen erwarte ich keine Menstruationsbeschwerden, aber wenn Sie eine Verabredung haben sollten, bitte rechtzeitig absagen oder noch besser einen Ersatz präsentieren. Die Technik des Servierens kann man Ihnen in kürzester Zeit vermitteln, Sie scheinen sich gar nicht ungeschickt anzustellen, wie ich mich überzeugen konnte. Also, wenn Sie Ihren Umzug erledigt haben melden sie sich."

Harald versprach, sich in einigen Tagen bei der Wirtin einzufinden, bestellte noch ein Bier und zündete sich genüsslich eine Zigarette an. Er war zufrieden mit dem Tag, er hatte eine saubere Studentenbude gefunden und eine Finanzierungsmöglichkeit für ein bescheidenes aber akzeptables Leben in Aussicht. Jetzt galt es nur noch eine Nacht bei seinem Kumpel im Dreck zu verbringen und den Umzug seiner wenigen Habseligkeiten nach Münster zu organisieren, wobei ihm ein Freund helfen wollte, der einen Toyota Kombi besaß, in dem Harald alle seine Sachen bequem unterbringen könnte.

Gabriele war gar nicht so glücklich über die Lösungen, die sich ergeben hatten, sie würde ihm so nah und doch so fern sein. Er könnte nicht jedes Wochenende in Köln aufscheinen und ein Besuch in Münster würde für sie nur mit einer Hotelübernachtung möglich sein, sie war sich auch nicht klar darüber, ob ihr Vater ihr dieses Hotel oder auch nur eine preiswerte Pension und die Zugfahrt finanzieren würde. Ab und zu könnte sie das sicherlich von ihrem Taschengeld erlauben, sie wollte ihn aber, wenn schon nicht unter der Woche, so wenigstens samstags und sonntags sehen. Sie betrachtete sich als süchtig nach seinem Körper, nach seinen Gesprächen, seinem Duft, seinen Küssen und Liebkosungen, sie liebte jede Faser seines Daseins und glaubte, nicht mehr als ein paar Tage auf ihn verzichten zu können und das würde ihr schwer genug fallen.
Harald war in dieser Beziehung wesentlich rationaler, er behauptete auch sie mit Haut und Haar zu lieben, konnte aber seinen Ehrgeiz durchaus in den Vordergrund rücken. Er konnte auch nachdem sie Liebe gemacht hatten und sich über längere Zeit wollüstig zwischen Laken gewälzt hatten, nach einem Orgasmus unvermittelt aufstehen und sich mit etwas Anderem beschäftigen, während sie noch den Schwingungen in ihrem Körper nachhing. Mittlerweile schliefen sie regelmäßig miteinander, auch wenn Gabriele auf der Verwendung eines Kondoms bestand, um das für ihn allerdings attraktiver zu gestalten, sorgte sie immer dafür, dass sein Glied die nötige Festigkeit aufwies und dann den Gummiüberzug abrollte, als würde sie mit einer Barbiepuppe spielen und diese bekleiden.
Mittlerweile verstand sie auch, was Harald mit seiner verklausulierten Rede im Eiscafé gemeint hatte. Das Leben war kein Ponyhof, es bestand in vielerlei Hinsicht aus Entbehrungen.
Gabriele bat ihren Vater um ein Gespräch, was sie normalerweise nur tat, wenn sie schulische Probleme hatte oder gelegentlich aus pekuniären Gründen seine Geldbörse anzapfen musste. Der alte Rosenzweig war auch sofort mit einer unpräzisen Ahnung zu der Unterredung bereit und setzte sich mit ihr in sein Büro, wobei er sich wie seine Tochter vor den Schreibtisch setzte und nicht in seinen ledernen viel zu bequemen Drehsessel.
„Papa, ich bin sicher, du hast es bereits mitbekommen, ich bin unsterblich verliebt und würde alles tun, um diesem männlichen Geschöpf nahe zu sein."
Vater tat erstaunt. „Kenne ich den Mann?"
Gabriele konnte sich ein Lächeln nicht verkneifen. „Ja, du kennst ihn recht gut, es ist Harald Wagener."
Vater Rosenzweig spielte den Erstaunten mit einem ironischen Gesichtsausdruck. „Du meinst deinen Nachhilfelehrer?"

„Papa, jetzt tue doch nicht so als hättest du das nicht mitbekommen, du kennst die Eltern, du kennst ihn selbst bestens und hast auch immer positiv über ihn gesprochen. Ja es ist Harald der Nachhilfelehrer und ich liebe ihn seit Langem, übrigens nicht erst seit er zweimal wöchentlich ins Haus gekommen ist."

Ein angedeutetes Grinsen umspielte den Mund des alten Rosenzweig. „Ich hatte schon befürchtet, ich hätte da den Bock zum Gärtner gemacht. Nun einmal ernsthaft, das Verlieben ist nun der natürliche Lauf der Dinge und ich habe überhaupt nichts gegen den jungen Mann. Er macht einen seriösen Eindruck und scheint sogar strebsam zu sein, was vielen Jugendlichen heutzutage abgeht, dich eingeschlossen. Ich finde auch gut, dass du mich offen darauf ansprichst. So richtig habe ich aber noch nicht verstanden, was das eigentliche Problem ist, du bist doch hoffentlich nicht schon schwanger?"

„Dass ihr immer als erstes darauf kommen müsst. Nein, da kann ich dich beruhigen, ich bin nicht schwanger und kann es eigentlich auch gar nicht sein. Das Problem ist in Wirklichkeit ein ziemlich profanes, du weißt, dass Haralds Familie finanziell nicht auf Rosen gebettet ist und seine Eltern recht sparsam sein müssen, damit er studieren kann. Die Regelstudienzeit bis zur ersten Prüfung zum Diplom Juristen beträgt immerhin neun Semester und danach hat er noch mindestens zwei Jahre Referendariat vor sich. Du kannst dir sicher vorstellen, welche Klimmzüge seine Eltern machen müssen, um ihm das zu ermöglichen. Er studiert ab nächsten Monat in Münster, muss oder besser will aber sein Studium weitestgehend selbst finanzieren, deshalb hat er einen Job als Aushilfskellner angenommen und wird auch häufig am Wochenende arbeiten müssen und kann dann nicht nach Köln kommen und mich besuchen. Um die Sache zu verkomplizieren, hat er ein möbliertes Zimmer bei einer stockkonservativen alten Frau gemietet, da das sauberer war als die Räumlichkeiten in den Studentenheimen. Also, um es kurz zu machen, ich will ihn so oft wie möglich sehen und möchte an den Wochenenden nach Münster fahren, müsste dann aber in einem Hotel oder einer Pension schlafen, da er über Nacht keinen Besuch haben darf. Könntest du mir helfen und mir das Geld für die Übernachtungen und die Zugfahrt locker machen?"

Der Alte vergrub sein Kinn in der Faust. „Wir reden aber von einem nennenswerten monatlichen Betrag, um den ich dein Taschengeld aufstocken müsste. Ich unterstelle mal, dass wir nicht von einem fünf Sterne Laden sprechen, sondern eventuell von einer drei Sterne Pension."

Gabriele lachte auf. „Du kannst dir sicher denken, dass ich nicht diese Ansprüche stellen würde. Ich will nicht auf deine Kosten in Luxus schwelgen, ich will bei Harald sein und mit ihm die Freizeit genießen. Allein die Vorstellung, ihn wochenlang nicht sehen zu können, raubt mir den Schlaf. Ob du es mir glaubst oder nicht, mir macht es sogar Freude, ihm beim Lesen zu beobachten, was ich des Öfteren mache, wenn ich selbst lese und dann gelegentlich von meinem Buch aufsehe."

Der Rosenzweig Senior wurde ernst und sah sie eindringlich an. „Dich scheint es ziemlich erwischt zu haben. Ich kann das verstehen, als ich deine Mutter kennen gelernt habe, hatte ich auch nur ein Ziel, nämlich in ihren Armen zu liegen und mit ihr zu schmusen. Schlaft ihr eigentlich miteinander?"

Gabriele schien diese Frage nicht recht zu sein, sie druckste herum. „Na ja, das ergibt sich nun mal, wenn du verliebt bist, es hat lange gedauert, bis wir das erste Mal zusammen waren. Aber ich kann dich beruhigen, wir verhüten sorgfältig, wir wollen unsere Jugend nicht mit Windeln wechseln verbringen, an Kinder denken wir noch nicht, auch nicht an Heirat. In jedem Fall wollen wir unsere gemeinsame Zeit genießen und wenn er fertig mit seinem Studium ist, können wir immer noch an die weitere Zukunft denken."

Rosenzweig stand auf, goss einen alten Malt Whisky in einen überdimensionalen Tumbler, nippte im Gehen daran und setzte sich wieder neben seine Tochter. „Ich wäre bereit, dir entgegenzukommen, aber nichts ist umsonst, wie du weißt. Deine schulischen Leistungen dürfen nicht darunter leiden."

Er schmunzelte vor sich hin, strich sich über die Stirne als wolle er einen schweren Gedanken wegwischen. „Darüber hinaus erwarte ich von dir, du weißt ja, dass ich damit nicht einverstanden bin, dass du dir versuchst das Rauchen abzugewöhnen. Um irgendwo damit zu beginnen, rauchst du ab sofort nicht mehr zu Hause. Was du draußen machst, wenn ich dich nicht sehe, habe ich sowieso nicht unter Kontrolle, aber ich erwarte, dass du wenigstens versuchst und dich wirklich bemühst, nicht mehr zu rauchen."

Gabriele schreckte auf. „Soll das heißen, du streichst mir die Münster Fahrten, wenn du mich beim Rauchen erwischtest?"

„Du müsstest mich mittlerweile kennen. Ich halte nicht viel von Strafmaßnahmen, davon habe ich während des Hitler-Regimes genügend gesehen. Nein, ich verlange nicht mehr als dein Versprechen, es zu versuchen. Wenn du von dem unnützen Zeug wegkommst, wäre ich zufrieden, wenn nicht, habe ich es wenigstens versucht, dich vor Lungenkrebs zu schützen. Also, haben wir ein Abkommen, bist du mit meinen Bedingungen einverstanden?"

Gabriele beugte sich zu ihm hinüber und drückte ihm jeweils einen nicht ganz trockenen Kuss auf seine stacheligen Wangen und bedankte sich für sein finanzielles Engagement und sein Verständnis für ihre Situation.

„Dann wünsche ich dir viel Spaß und grüß mir mein Münster."

Gabriele sah ihn erstaunt an. „Kennst du denn Münster gut?"

„Ich hatte früher mal, eine nette Freundin in Münster, mit der ich dann eine Zeit lang regelmäßig das Theater oder das Kino besucht habe, was ganz Harmloses. Wir sind dann oft nach den Vorstellungen zum Pinkus Müller gegangen, das war damals ein

bekanntes Münsteraner Brauhaus, in dem man gut und preiswert essen konnte. Die hatten ein Bier, ein Altbier, obergärig, das hat uns damals unerhört gut geschmeckt. Da müsst ihr auch mal hingehen, das existiert meines Wissens immer noch, ich glaube die Gaststätte ist in der Kreuzstraße, das ist in der Innenstadt, ganz leicht zu finden. Wir haben auch gerne das Tanzparkett unsicher gemacht."
„Ich glaube du warst damals auch nicht ganz ohne, weiß eigentlich Mutter davon? Ich will mich schließlich nicht eines Tages verplappern."
Rosenzweig grinste von einem Ohr zum anderen. „Da kannst du unbesorgt sein, deine Mutter hatte mich damals aus Münster abgeworben. Im wahrsten Sinne des Wortes. Ich habe seinerzeit, als ich aus London nach Köln umsiedelte, ein Semester in Münster Betriebswirtschaft studiert, um die Feinheiten und Besonderheiten des deutschen Marktes besser zu verstehen. Ich wollte das nur, um mein bereits abgeschlossenes englisches Studium abzurunden. Deine Mutter kannte meine damalige Kommilitonin flüchtig und hatte über ein paar Ecken mitbekommen, dass die Münsteranerin weniger an mir interessiert gewesen war, sondern nur hinter dem Geld meines Vaters her war, sie hatte das zumindest mal vertraulich ihrer besten Freundin gegenüber gestanden. Und wie das bei Frauen so ist hat jene das wiederum allen ihren besten Freundinnen erzählt. Deine Mutter hat mich dann ins Vertrauen gezogen und mich gewarnt. Als Mann ist man ja unglaublich naiv, geradezu blind, ich habe dann die Augen offengehalten und hatte schließlich genügend Indizien, um deiner Mutter zu glauben und mit der Dame zu brechen. Ich glaube damals hat mir deine Mutter das Leben gerettet, oder zumindest mich vor einer weiblichen lebenslangen Belastung bewahrt, falls ich so blöde gewesen wäre, mit der Frau eine feste Bindung einzugehen. Ich möchte aber noch klarstellen, während der Zeit in Münster war ich bereits fest mit deiner Mutter zusammen und es war nichts Sexuelles mit der Dame dort gelaufen. Das war immer nur eine unterhaltsame Begleitung für mich gewesen. Ich war auch jedes Wochenende in Köln und deine Mutter hatte nur die grundlose Befürchtung, mich an diese Dame zu verlieren."
Wie auf Kommando, als seien parapsychologische Kräfte im Spiel erschien Mutter Roswita in der Türe und bat zum Abendessen, Gabriele grinste sie breit an und meinte sie habe soeben doch einige vertrauliche Tatsachen von Vater offenbart bekommen. Sie machte nur belustigt eine wegwerfende Handbewegung und meinte lapidar, wenn Vater etwas über mich erzählt hat, müsste das erst einmal auf den Wahrheitsgehalt überprüft werden, bevor man es glaube. Sie kenne schließlich ihren Ehemann seit einigen Jahren und wisse, wie er die Wahrheit beugen würde, damit sie in sein Weltbild passe.

Nach dem Abendessen klingelte Harald verabredungsgemäß an der Haustür, um Gabriele abzuholen, er hatte eine Überraschung für sie angekündigt und sie hatte keine Ahnung, was er wollte. Der alte Rosenzweig öffnete entgegen seiner Gewohnheit die Türe und bat Harald herein, führte ihn in den Salon und er bot dem Nachhilfelehrer einen Platz an. Er ging zu einem Sideboard, auf dem einige teuer aussehende Flaschen und Gläser standen, schüttete einen Finger hoch seinen geliebten Knockando, den einundzwanzig Jahre alten Single Malt Whisky in seinen Tumbler, bot Harald erst gar keinen an, sondern füllte auch für ihn ein Glas. Harald war kein Schnapstrinker, das Zeug war ihm normalerweise einfach zu scharf, er wagte aber nicht das Getränk abzulehnen und schließlich über den mild rauchigen Geschmack erstaunt.

Der Vater eröffnete das Gespräch. „Sie wollen also in Münster studieren, wie mir Gabriele offenbart hat. Sie wissen, das ist ein verschlafenes überschaubares Nest, in mancher Beziehung an der Schwelle zur Großstadt, aber gemütlich und alles ist leicht zu erreichen."

Harald nickte ihm zu und nippte an seinem kostbaren Whisky, der ihm in zunehmendem Maße schmeckte. „Nun, Münster war nicht meine erste Wahl gewesen, aus finanziellen Gesichtspunkten wäre sicherlich Köln als Studienplatz zu bevorzugen gewesen. Ich habe die Uni zugewiesen bekommen, aber es hätte auch wesentlich ungünstigere Lösungen geben können. Jetzt, wo ich eine Bleibe und einen Job in Aussicht habe, stehe ich der Stadt positiv gegenüber."

Rosenzweig änderte das Thema. „Ich habe eine Bitte an Sie. Gabriele wird von mir die Möglichkeit erhalten Sie in Münster zu besuchen. Sie wissen, es ist meine einzige Tochter und ich liebe sie, wie ein Vater seine Tochter nur lieben kann. Wenn es ein Problem geben sollte, bitte ich Sie mich zu verständigen, egal was es auch sein mag. Ich stehe grundsätzlich auf dem Standpunkt, Früherkennung ist nicht nur in der Medizin von Nutzen. Je früher man aufkommende Schwierigkeiten diagnostiziert, desto leichter kann man sie aus dem Weg räumen."

Harald stimmte zu und versprach sich daran zu halten. „Ich weiß zwar nicht, welche Schwierigkeiten, die ich nicht lösen könnte, uns erwarten sollten, aber vielen Dank für das Angebot, den guten Rat eines erfahrenen und weit gereisten Menschen kann man immer gebrauchen. Und wenn ich dann immer einen solch erlesenen Whisky angeboten bekommen sollte, werde ich Sie wahrscheinlich jede Woche mit konstruierten Problemen aufsuchen."

Gabrieles Vater lachte laut auf und meinte, den Whisky könne er sich auch ohne Ratschlag jederzeit bei ihm abholen. „Ich glaube, jetzt haben wir aber genug gequatscht, lassen wir meine kleine Gabriele nicht länger warten und amüsiert euch schön, ich nehme an, sie ist in ihrem Zimmer."

Harald klopfte an Gabrieles Zimmertür und eine Sekunde später, als hätte sie hinter der Tür gelauscht und auf ihn gewartet, wurde sie ruckartig geöffnet. Sie warf sich in seine Arme, küsste ihn leidenschaftlich auf den Mund bis beide kaum noch atmen konnten und flüsterte in sein Ohr, dass sie gute Nachrichten für ihn habe. „Mein Vater

finanziert mir die Reisen nach Münster, ich kann dich also so oft wir wollen besuchen, ist das nicht prima?"
Er runzelte die Stirn. „Du weißt, dass du nicht bei mir übernachten kannst, vielleicht später, wenn ich mit meiner Zimmerwirtin auf besserem Fuß stehe sollte und wir einiges geklärt haben."
Gabriele tat dieser Einwand keinen Abbruch ihrer Freude. „Mein Vater zahlt mir auch den Hotelaufenthalt, wenn ich in Münster übernachten möchte. Ich will so oft es geht bei dir sein, ich habe dir schon einmal gesagt, dass ich süchtig nach dir bin und ich brauche dich wie ein Fisch das Wasser."
Er zeigte sich begeistert von der Großzügigkeit ihres Vaters. „Dir ist aber auch klar, dass ich des Öfteren entweder samstags oder sonntags arbeiten muss?"
„Das macht mir überhaupt nichts aus, ich will nur in deiner Nähe sein. Wenn du arbeiten musst, kann ich doch mitkommen und für die Schule arbeiten oder sonst etwas lesen und wenn du nicht viel zu tun hast, können wir uns unterhalten."
„Also, wenn dir das nichts ausmacht, du bist Tag und Nacht bei mir willkommen, ich werde mich nach einem preiswerten Hotel in der Nähe meiner Unterkunft erkundigen, da sind eine ganze Menge Pensionen und auch Garni Hotels, die wahrscheinlich zu erschwinglichen Preisen ein sauberes Zimmer anbieten."
Gabriele fiel ihm abermals um den Hals, sie war am Ziel, ihre Ängste und Befürchtungen waren zerstoben wie Rauch im Wind.
Harald hielt sie eng umschlungen, lächelte vielsagend und hielt seine einen Kopf kleinere zierliche Freundin im Arm. „Ich habe eine Bitte, auch wenn du mich oft besuchen kannst, habe ich doch ziemlich leere Wände in meinem Zimmer und ich würde gerne ein paar Fotos von dir aufhängen, dann habe ich dich immer präsent und brauche nur den Blick zu heben, sehe meine Angebetete und kann von ihr träumen. Das wäre für meine Augen und meinen überstrapazierten Geist eine willkommene Abwechslung und Erfrischung von dem trockenen Lehrstoff, wärst du dazu bereit?"
Sie küsste ihn wieder und streichelte seinen Po. Hintergründig sah sie ihm in die Augen. „Du weißt doch, ich mache alles was du willst."
„Wirklich alles?"
„Ja, alles, du dürftest mich sogar umbringen, ohne dass ich mich dagegen wehren würde, wenn das dein Wunsch wäre, dann würde ich es ertragen."
Nun war es an ihm, sie leidenschaftlich zu küssen und seine Hand glitt ihr dankbar und zärtlich übers Haar. „Zieh dir bitte etwas Hübsches an, vielleicht das weite hellblaue Kleid mit dem Glockenrock, das ich so mag. Und bitte, keinen BH."
„Wieso keine Unterwäsche, was hast du vor du Lüstling? Wenn ich nichts drunter tragen darf, dann ist mir das hellblaue aber zu offenherzig, dann könnte ich mich ja gar nicht mehr bewegen, ich hätte ständig den Eindruck, mir gucken die Leute in den Ausschnitt."

„Komm schon tu mir den Gefallen, wir gehen nicht weit, ich erkläre dir später, warum ich das gerne hätte. Außerdem kannst du den Männern etwas gönnen. Ich bin absolut sicher, selbst wenn der Wind dein Kleid öffnen würde und den Blick auf deinen hübschen Busen für ein paar Männer freigäbe, würde keiner negativ über dich denken, die würden höchstens bereuen, dass ihre Frauen nicht mehr solch einen süßen knackigen Busen hätten wie du."

Sie öffnete ihren Kleiderschrank und er sah das erste Mal eine riesige unübersichtliche Auswahl an Kleidern, Schuhen, Pullovern, Röcken, Hosen und Accessoires, wie er sie sich nur in einer mittelgroßen Boutique vorstellen konnte. Verglichen mit dem Kleiderschrank seiner Mutter war das ein Warenhaus und der Kleiderschrank zu Hause war für drei Personen kleiner als der Gabrieles. Zögerlich zog sie ihren Rock, und ihre Bluse aus, legte beides sorgsam gefaltet über einen stillen Diener, hakte ihren BH auf und ihre festen Brüste kamen zum Vorschein, sie griff nach seinem Lieblingskleid, streifte es sich über und bat ihn, den Reißverschluss zu schließen. Das glockige taillenlose Kleid mit einem weniger züchtigen Ausschnitt ließ ihre Körperformen mehr erahnen als es sie betonte. Es stand ihr ausgezeichnet und da er assistierend hinter ihr stand, konnte er sich nicht verkneifen, ihre Brüste in beide Hände zu nehmen und die Form nachzuzeichnen, als seien seine Handschalen ein lebender Büstenhalter.

Sie zog die Lippen mit einem rosa Stift nach, fuhr sich mit einer Bürste durch die Haare und bestätigte mit einem triumphierenden „Voilà", dass sie fertig sei. Sie machte eine Pirouette und die Glockenform des Kleides kam voll zur Geltung. Die Vorstellung, dass sie unter diesem kurzen Kleid fast nackt war, erregte Harald und er nahm sie nochmals in die Arme und knetete mit einer Hand ihren Po, sie ließ sich die Streicheleinheit gerne gefallen und rieb ihren Unterkörper provozierend an seiner aufkommenden Erektion.

„Ich fürchte wir müssen jetzt gehen, bevor ich die Beherrschung verliere und dich auf der Stelle vernasche."

Gabriele machte ein unschuldiges Gesicht. „Ich verstehe überhaupt nicht, was du meinst, ich habe ein ganz normales Kleid an, das du tausendmal in der Stadt sehen kannst. Deshalb könnt ihr Männer doch nicht jedes Mal die Fassung verlieren, demnach müsste die Vielzahl der männlichen Passanten in ihren Hosen permanent steif sein. Die Gänge in den Warenhäusern müssten doppelt so breit sein, damit ihr nicht ewig an den Ständern aneckt."

„Also ich will dir das mal erklären. Erotik spielt sich im Kopf ab und nicht in der Hose. Wenn ein Mann ein hübsches Mädchen sieht, egal was sie anhat, und sei es nur ein Bikini, bekommt er höchst selten eine Erektion. Sagst du aber einem Mann, dass dieses hübsche Mädchen Lust auf ihn hat, wird er ziemlich sicher erregt. Sagst du einem Mann, dass dieses hübsche Mädchen keinen Schlüpfer anhat, wird ihm sein

Gehirn signalisieren, die Dame sei für ihn bereit, so hat das auch eine erotisierende Wirkung. Ich könnte etliche Beispiele hierfür anführen. Überrascht ein Mann eine Frau im Bad, ist das unerotisch, beobachtet er aber dieselbe beim Waschen, ist die Wirkung diametral anders. Da ich dich liebe, sendest du allerdings ununterbrochen erotische Signale in meine Richtung und ich nehme diese elektrischen Impulse auf, mein Kleinhirn verwertet sie als geballte Erotik und Paarungsbereitschaft deinerseits und schlagartig bin ich erregt."

„Wenn ich dich richtig verstehe wertet dein Kleinhirn meine Anwesenheit als Paarungsbereitschaft. Wieso hast du dann nicht permanent eine Erektion?"

„So viele Signale, wie du aussendest, kann mein Kleinhirn nicht verarbeiten, irgendwann ist die Kapazität erschöpft und das Hirn läuft über. Dann hilft nur noch eins, Sex muss als Überdruckventil neuen Platz im Kleinhirn schaffen, um nach der Entladung neue erotische und auch unerotische Signale aufnehmen zu können. Bei einer Erektion wird der Unterleib verstärkt mit Blut versorgt, dass zum Denken zu wenig Blut im Hirn ankommt. Die Evolution hat den Mann nun einmal so geschaffen. Das erste Ziel der Genese war nun mal die Erhaltung und Verbreitung der Rasse, daraus resultiert dann die ewige Paarungsbereitschaft der männlichen Säugetiere. Wenn du dir mal vor Augen führst, wie oft manche Tiere pro Tag bereit sind sich zu paaren, wärst du zufrieden mit deinem weiblichen Los. Außerdem habe ich nicht den Eindruck, dass man die meisten weiblichen Wesen zur Kopulation überreden muss. Ich kenne auch genügend Frauen, die versuchen oftmals mit ihren subtil angewandten Waffen die Männer zu verführen."

Gabriele lächelte ihn verführerisch an, streckte sinnlich ihre Lippen vor, wiegte ihre Hüften lasziv hin und her, ließ ihre Hände seitlich an ihren Brüsten entlang der Taille nach unten gleiten und hob ihren Rock unendlich langsam, bis ihr Schlüpfer sichtbar wurde. „Also müssten wir jetzt Sex haben, damit du meine Signale überhaupt noch erkennst. Was wäre denn, wenn ich dir hier und jetzt sagen würde, dass ich sofort paarungswillig bin, es kaum noch aushalten kann, bis ich dich in mir spüre und schon ganz nass wäre in Erwartung deiner Streicheleinheiten?"

„Dann würde ich mich und meine Manieren vergessen und würde auf der Stelle dafür sorgen, dass deine dringlichen Bedürfnisse nach Sex unmittelbar befriedigt würden. Wenn du mit deinen Erotischen Phantasien und konkreten Vorschlägen nicht aufhörst, ist wirklich alles zu spät. Lass uns bitte gehen, wir haben noch etwas vor, was ich noch heute erledigen will und muss."

Er führte sie um ein paar Straßenecken zur Dürener Straße, ließ sie aber über das Ziel zunächst im Unklaren. Nach ein paar hundert Metern hielt er vor dem Fotoatelier eines Herrn Janosch Janowski an, kramte einen Schlüssel aus seiner Hosentasche, schaltete damit die Alarmanlage unscharf und öffnete die metallene Tür zu dem Fotoladen.

Gabriele war erstaunt und sah sich in der ungewohnten Umgebung fragend um. „Was willst du denn hier und wieso hast du einen Schlüssel zu dem Geschäft, ist der Janowski nicht hier?"
„Du weißt doch, dass ich seit Jahren dem Herrn Janowski, aushelfe. Ich habe von ihm viel gelernt, er ist ein herausragender Fotograf und wir haben, soweit es der Altersunterschied zulässt, ein freundschaftliches Verhältnis zueinander. Ich habe ihn gefragt, ob ich ein paar private Fotos schießen kann, er hatte kein Problem damit, meinte nur, dass er heute Abend keine Zeit hätte und gefragt, ob ich ihn bräuchte, ich könne auch seinen Schlüssel haben und mich hier frei entfalten. Den Schlüssel könne ich ihm morgen zurückbringen."
Sie schaute ihn immer noch fragend an. „Was willst du denn für Fotos aufnehmen, ich sehe keine Charakterköpfe oder sonstigen attraktiven Motive, die sich lohnen würden, zu verewigen."
Harald konnte sich ein Lächeln nicht verkneifen. „Geh doch bitte mal zum Waschbecken in der Ecke und blicke in das silbrige Ding darüber, dann siehst du das süßeste und liebenswerteste Motiv der Welt. Wenn das sich nicht lohnt zu verewigen, dann kenne ich keine schönen Fotografien."
„Du meinst du willst Aufnahmen von mir machen?"
„Erraten. Manchmal dauert es doch ein bisschen länger, bis du etwas kapierst. Hier habe ich die idealen Bedingungen für die Fotos. Die Beleuchtung ist professionell, ich habe optimale farbige Hintergründe für die Bilder und hier stört uns auch kein Mensch, wir können uns also austoben."
„Ich habe aber überhaupt keine Schminksachen dabei, ich müsste mich wenigstens ein bisschen zurecht machen, damit die Aufnahmen auch etwas werden. Ich habe nicht einmal Lidschatten aufgetragen und auch keinen Lippenstift mitgenommen."
„Genau das will ich auch nicht, ich will eine natürliche Schönheit auf Zelluloid bannen und keine aufgemotzte Barbie Puppe. Ich will auch keine Farbfotos machen, somit wäre Lidschatten, Lippenstift, Kajal Stift oder wie das Zeug heißt, eh unnütz."
Harald zog ein hellgraues Rollo herunter, das den Hintergrund bilden sollte, stellte sie davor und ließ sie vielerlei Positionen einnehmen, mal mit verführerischem, mal mit sexy, mal mit laszivem Gesichtsausdruck. Dann sollte sie lachen danach ernst sein anschließend nur angedeutet lächeln. Er machte Aufnahmen von oben, damit sie ihn mit weit geöffneten Augen ansehen musste. Schließlich legte er sich mit der Kamera auf den Rücken vor sie, sie sollte von einem Hocker springen, wobei ihr Kleid sich wie ein Fallschirm aufbauschte und einen voyeuristischen Blick unter ihren Rock gestattete.
Gabriele bemängelte, dass immer vor dem gleichen grauen Hintergrund, nämlich dem grauen Karton fotografiert wurde und keine anderen Farben zur Anwendung kamen. Harald erläuterte nochmals, dass alle die Aufnahmen in schwarz-weiß sein

sollten, damit das Objekt besser zur Geltung käme, mit Farbaufnahmen würde zu sehr von ihr abgelenkt werden.
Nachdem etliche Fotos auf die Filme gebannt waren, legten sie eine Pause ein und erfrischten sich mit den kaltgestellten Getränken aus dem vollen Kühlschrank. Harald streifte den Reißverschluss ihres Kleides nach unten und ließ sie aus der Textilie steigen. Vom BH, den sie vor einer Stunde abgelegt hatte, waren noch blassrosa Streifen unterhalb der Brüste zu sehen, er versuchte durch Streicheln die Röte zu beseitigen, während er über die unbequeme Textilie schimpfte, holte schließlich eine Tube Make-up aus einem Schränkchen und überdeckte den störenden Streifen mit einem Hautton aus der Tube. Der Gummi ihres Höschens hatte keinerlei Spuren hinterlassen oder sie waren bereits verblasst.
Gabriele hatte, seitdem sie unbekleidet vor ihm stand, wortlos staunend über seine Aktivitäten versucht, sich alle frauenspezifischen Geschlechtsmerkmale mit den Händen zu bedecken, was allerdings ein quantitatives Problem darstellte, sie hatte eben nur zwei Hände.
Harald forderte sie auf, sich völlig natürlich zu bewegen, als wäre sie mit einem Bikini bekleidet am Strand in Italien, dort würde sie erst recht den Blicken wildfremder Menschen ausgesetzt sein. Erst als er sie wieder in die Arme nahm, küsste und streichelte, verlor sie etwas von ihrer unnötigen Schamhaftigkeit.
„Denk doch mal bitte, ich muss unbedingt Fotos von dir haben. Wenn ich alleine in meinem kargen Zimmer sitze und arbeite, brauche ich etwas, an dem ich mich erfreuen kann. Natürlich könnte ich mir einen Pirelli Kalender mit irgendwelchen nackten Modellen besorgen und an die Wand nageln, aber ich will mich an dir erfreuen. Immer wenn ich dich dann sehe, denke ich an dich und unsere schönen Stunden zusammen. Du wirst auch nicht jedes Wochenende nach Münster kommen können und wir werden uns das eine oder andere Mal über Wochen nicht sehen können, dann brauche ich etwas von dir, was mich aufheitert und von dem trockenen juristischen Text ablenkt. Gabriele sah ihn verunsichert an, sie hielt immer noch ihre Blößen bedeckt. „Brauchst du denn unbedingt Nacktfotos von mir, um dich zu erfreuen? Würden da nicht Fotos im bekleideten Zustand ausreichen? Ich erinnere mich auch ohne Foto an dich und deinen Körper, ich brauche erst recht kein Aktfoto von dir, um mich sexuell zu erregen."
Harald lachte trocken auf. „Wir Männer sind nun einmal etwas einfacher gestrickt als Frauen, ich sehe dich gerne, ich liebe das Bild, das du permanent vor meinem geistigen Auge darstellst, aber ich habe auch gerne meine Phantasie angeregt. Wenn ich ein Aktfoto von dir sehe, denke ich an das Liebemachen mit dir, wenn ich dagegen ein Porträtfoto sehe, denke ich an dein Lachen, den nettes Wesen, wie grazil du dich bewegst, deine Ausstrahlung und deine Küsse. Das ist auch ein gutes Stichwort, wie unterschiedlich kann ein Kuss ausfallen, es gibt die freundschaftlichen Küsse auf die Wange, es gibt die Familienküsse, harmlos trocken auf Mund und

Wange, es gibt die Abschieds und Begrüßungsküsse, kurz und trocken auf den Mund, es gibt die Knabberküsse zur Vorbereitung auf mehr, wenn man in die Lippe des Partners beißt oder einfach an der Lippe lutscht, und dann gibt es die leidenschaftlichen, verzehrenden Küsse, die vor und beim Sex unter Einbeziehung der Zungen eine große Rolle spielen. Ähnlich wie auf die verschiedenen Küsse reagiere ich beim Betrachten deiner Fotos, alles zu seiner Zeit. Das bedeutet für mich richtiges Genießen."
„Willst du damit sagen, dass wir Frauen nicht richtig genießen können und dass wir gefühlskalt wären?"
„Nein, überhaupt nicht, ich will damit nur zum Ausdruck bringen, dass es geschlechtsspezifische Empfindungsunterschiede gibt, die man aber auch nicht wegdiskutieren kann. Der Mann empfindet seit tausenden von Jahren viel schneller mit dem Unterkörper als die Frau, wie du weißt."
Ich habe den Spruch schon gehört, der Mann denke mit dem Schwanz."
Während dieser Konversation hatte Harald nicht aufgehört, sie zu streicheln, er saß auf einem hölzernen unbequemen Hocker und hatte sie auf seinen Schoß gezogen, sie küssten sich und an ihren steifen Brustwarzen las er ab, dass ihr diese Schmuserei gefiel.
Wie üblich, wenn er ein Ziel hatte, gewann er als erster die Beherrschung und bat sie sich auf den grauen Karton zu legen, der von der rückwärtigen Decke bis zur Mitte des Raumes reichte. Widerwillig aber sich an ihr Versprechen erinnernd, alles für ihn zu tun, legte sie sich schüchtern windend auf das kühle Papier und streckte sich wie eine ägyptische Mumie aus, die Beine geschlossen und die Arme auf der Brust verschränkt. Harald konnte sich eine scherzhafte Bemerkung über die antierotische Wirkung ihrer Mumienstellung nicht verkneifen. Er trat zu ihr, legte ihren linken Arm auf ihre Stirn, eine Haarsträhne zwischen Daumen und Zeigefinger, als würde sie die Haare zwirbeln, die rechte Hand lässig auf ihrer Hüfte, das linke Bein leicht angewinkelt, bis er zufrieden mit ihrer Position war. Er hatte nicht versäumt bei jedem Körperkontakt seine Hände liebkosend über ihre Lenden oder Brüste zu streicheln. Gabriele wurde immer lockerer und erwiderte seine Streicheleinheiten, bemerkte sogar, er solle sich auch ausziehen, dann würde sie völlig locker werden.
Harald ließ den Kameraverschluss etliche Male surrend sich öffnen und schließen, korrigierte ihre Position nochmals, veränderte die Beleuchtung, wechselte oftmals die Filter und Objektive. Er ließ sie ins Hohlkreuz gehen, wodurch ihre schlanke Taille noch besser zur Geltung kam. Er bat sie sich zu setzen, auf die Hände gestützt, den Kopf so weit wie möglich in den Nacken gelegt, das Licht schimmerte durch ihre Haare und ließ einen Lichthof um ihren Kopf erstrahlen. Er wechselte die Position und Gabriele schien immer mehr Gefallen an seiner Leidenschaft für ihren Körper zu bekommen. Selbst als er zu ihren Füssen kniete und sie von unten auf den Film

bannen wollte, protestierte sie nicht und öffnete ohne Aufforderung ihre Schenkel leicht.

Nach geraumer Zeit schmerzten Gabriele die Gelenke und der Rücken, sie bat das Posieren bald zu beenden. Harald war einverstanden, er hatte eine Unmenge von Aufnahmen geschossen und war mit seiner und ihrer Arbeit zufrieden, obwohl die Filme noch nicht entwickelt waren und somit das Ergebnis noch nicht bildlich vorlag. Am nächsten Tag würde er eigenhändig die Filme entwickeln und Abzüge von den Fotos anfertigen. Er stellte sich vor, eine oder zwei Aufnahmen in Lebensgröße in seinem Zimmer aufzuhängen, die etwas Sinnlicheren aber in einem Fotoalbum zu archivieren, um sie sich lustbringend von Zeit zu Zeit oder öfter anzusehen. Wenn er nicht schon in sie verliebt wäre, würde er sich auf der Stelle in ihren nach seinen Vorstellungen perfekt geformten Körper verlieben.

Sie gingen nach getaner Arbeit noch ein Eis essen und interessanterweise bemerkte er, dass sich Gabriele in ihrem Kleid ohne komplette Unterwäsche nun viel lockerer und freizügiger bewegte als noch auf dem Hinweg. In dem Eiscafé erwähnte Harald die erotisierende Vorstellung, dass sie kaum etwas unter dem Kleid anhabe und sie küsste ihn nur wortlos und führte seine Hand ihren Oberschenkel hinauf, die anderen Gäste wohl beobachtend, um zu gewährleisten, dass keiner sah was sie gerade vollführte. Gabriele lernte schnell, sehr schnell.

Harald wollte sich eine Zigarette anzünden, um sich von der Erotik abzulenken, die er leider in dieser Lokalität nicht ausleben konnte und bot ihr in gewohnter Manier ebenfalls eine an, die sie jedoch brüsk ablehnte, sie habe ihrem Vater versprochen, wenigstens zu versuchen, das Rauchen einzustellen. Das sei der Preis gewesen, um ihr die Möglichkeit zu bieten, Wochenends nach Münster zu fahren. Harald bedankte sich mit einem innigen Kuss für den schweren Verzicht, den sie bereit war ihm zuliebe einzugehen, die Alternativen waren Harald oder Tabak. Er steckte seine Zigarette zurück in die Schachtel.

Am nächsten Tag traf Harald vor Janosch Janowski in dem Fotoatelier ein, wenn es keine festen Termine mit Kunden gab, nahm sich der Chef die Freiheit, in Ruhe zu frühstücken und auf dem Weg zur Arbeit zu trödeln. Der Laden und das Atelier waren aufgeräumt und ließen keinen Raum für Beanstandungen, Harald hatte auf einem Zettel notiert, wie viele Filme er verbraucht hatte, sogar die Getränke hatte er notiert. Er verschwand dann auch gleich im Labor und begann die Früchte des Vorabends zu ernten. Von jeder Fotosession hatte er ein paar Aufnahmen, von denen er begeistert war.

Als seine Abzüge fertig waren und zum Trocknen an mehreren Leinen aufgeklemmt waren, trat der Chef neben ihn und betrachtete die gelungenen Akte, lobte die Qualität der Abzüge, sparte aber bei einigen nicht mit Kritik, da der Professionelle mit einer riesigen Erfahrung, doch einige Verbesserungsvorschläge für den Amateur bereit hatte. Begeistert war der Fotograf von einem künstlerisch bearbeiteten Abzug, in dem Schriftzeichen durchschienen, ähnlich eines Palimpsests. Janowski fragte erst gar nicht, wann und wie lange Harald seine hübsche Freundin fotografiert hatte, seine Phantasie reichte aus, um die Antwort Haralds vorauszuahnen.

Ein Kompliment musste der Alte aber trotzdem loswerden, „Wenn deine Freundin nur einen halb so guten Charakter hat, wie sie schön aussieht, halte sie fest bei dir bis zur diamantenen Hochzeit, solch ein Juwel findet man nicht so schnell wieder, die sind sehr dünn gesät."

An diesem Nachmittag trafen sich Harald und Gabriele in ihrem Zimmer. Sie war auf das Ergebnis der fotografischen Arbeit des Vortages neugierig und konnte es kaum erwarten, die Ergebnisse zu begutachten. Er hatte mehrere Packen mit verschiedenen Größen in seiner Tasche, wollte die Bilder aber nicht auf dem Tisch ausbreiten, es könnte zufällig jemand das Zimmer betreten und das Ergebnis seiner Leidenschaft entdecken.

Normalerweise klopften Gabrieles Eltern vor Betreten ihres Zimmers, aber so schnell wie der Zeitraum zwischen Klopfen und Türe öffnen verging, konnte man kaum die Fotos zusammenklauben. Obwohl sich ihre Eltern äußerst tolerant gaben, wollte er nicht austesten, wie weit diese Toleranz reichte. Jedenfalls wollte er der Tochter die mögliche Peinlichkeit der Entdeckung ersparen.

Gabriele war von den Schwarzweiß Abzügen angetan, verwundert fragte sie, ob sie das sei, sie erkenne sich gar nicht, oder ob er heimlich eine Andere fotografiert habe. Lachend und neckend meinte er dann, das sei gut möglich, dass er die Fotos vertauscht habe und die seiner Ex Freundin eingepackt habe. Sie knuffte ihn in die Seite und erwiderte, sie sei nicht eifersüchtig, aber wenn er eine so schöne Frau schon einmal abgelichtet habe, wäre er höchstwahrscheinlich bei dieser Dame geblieben und hätte Gabriele nie kennen gelernt.

Gabriele bestand darauf, einen kompletten Satz der Abzüge zu erhalten, Harald hatte sich das bereits gedacht und händigte ihr eine Papiertasche mit den Fotos in Postkartengröße aus, die etwas sinnlicheren Aufnahmen waren darin nicht enthalten, er kommentierte dies mit der Lüge, die Bilder seien verwackelt, da er zu aufgeregt war als er sie schoss.

Münster

*Und Gott sprach: „Es werde Licht."
Nur in zwei Orten blieb es finster,
in Paderborn und Münster.*
(Volksmund)

Am nächsten Freitag fuhr Harald mit dem Zug nach Münster, um sich häuslich einzurichten und insbesondere einigen lästigen Bürokratismus zu bewältigen, den eigentlichen Umzug wollte er zu einem späteren Zeitpunkt durchführen, wenn er einen Wagen zur Verfügung hätte. Somit hatte er den Plan entwickelt, zunächst das Notwendigste als Handgepäck am Mann zu haben. Sein Freund, der ihm angeboten hatte, ihn mit dem Auto in die Westfälische Metropole zu chauffieren, hatte kurzfristig aus fadenscheinigen Gründen abgesagt. Sei's drum.
Er hatte einiges zu schleppen, das ursprünglich leicht zu handhabende Handgepäck war gewachsen und gewachsen, er hatte geglaubt, noch eine zusätzliche Kleinigkeit würde das Gewicht kaum verändern. Alleine seine gebraucht erworbenen Gesetzeskommentare brachten schon einiges auf die Waage, er war davon überzeugt gewesen, das würde er sicherlich mühelos bewältigen, aber Papier ist bekanntermaßen schwer. Aus monetären Gründen verzichtete er für die kurze Strecke bis zu seinem Zimmer auf ein Taxi. Er hatte sich aber mit dem angewachsenen Gepäck absolut überschätzt, ein kleiner aber schwerer Koffer, eine Reisetasche, eine Umhängetasche und einen unhandlichen Karton zu bewältigen schien mittlerweile eine Sisiphos Aufgabe zu sein. Er hatte geglaubt, die paar Meter, er hatte nach einem Stadtplan circa tausend Meter abgeschätzt, mit dem bisschen Umzugsgut locker bewältigen zu können, aber alle hundert Meter musste er für einen kurzen oder auch längeren Moment den Koffer und den Karton abstellen und die eingeschnittenen Griffmale an den Fingern reiben, die leichtere Reisetasche trug er über der Schulter. Mittlerweile hatte er sich entgegen seines ursprünglichen Vorhabens entschlossen, ein Taxi zu nehmen. Keinesfalls wollte er mit dem Gepäck zurück zum Hauptbahnhof laufen, wo eine große Zahl von den cremeweißen Gefährten wartete, da er bereits einige hundert Meter hinter sich gebracht hatte, also blickte er sich häufig um, in der Absicht einen Mietwagen anzuhalten. In den Hollywood Filmen hielt immer sofort ein Wagen, hier in Münster nicht so schnell. Wenn man etwas benötigt und wie es in solchen Situationen üblicherweise stets geschieht, kam kein leeres Taxi an ihm vorbei, also stapfte er seines Weges vom

Berliner Platz vorbei am Stadtmuseum Richtung Lambertikirche. Von dort aus, so hatte er errechnet, wäre er sehr bald an seinem Ziel angekommen. Die normalerweise kurze Strecke zog sich wie Kaugummi unter seinen Schuhsohlen dahin, der Karton knallte bei jedem mühsamen Schritt gegen sein Knie. Er würde erst abends die blauen Flecken an seinen Beinen zählen.

Zu seiner unendlichen Begeisterung hatte sich die Sonne verdunkelt und es begann zaghaft zu tröpfeln, nicht lange und der Himmel öffnete seine Schleusen, innerhalb weniger Minuten rissen in den Gossen reißende Bäche das Blätterwerk und den Staub Richtung Gully. Er fröstelte in seiner rasend schnell durchnässten Kleidung. In diesem Moment verfluchte er Münster und als habe das ein höheres Wesen gehört, ging ein langanhaltender Blitz in der Nähe nieder und fast gleichzeitig betäubte ein Donner seine Ohren. Er nestelte eine gottlob noch trockene Zigarette aus seiner Brusttasche und beobachtete unter einem schützenden Vordach stehend die Auswirkungen der Naturgewalten. Er wischte den nassen Karton mit einigen Papiertaschentüchern halbwegs trocken, damit er auf den letzten Metern bis zu seinem Haus nicht aufplatzte und seinen Inhalt in den Gully entließ.

So schnell das Gewitter gekommen war, so schnell zogen die schwarzen Wolken weiter und tauchten das frisch gewaschene Münster in ein blendendes Sonnenlicht, das Pflaster reflektierte die Sonne vielfach, als solle das Gewitter die Strafe Gottes für seine Verfluchung des geheiligten Münsters sein. Missmutig legte er die letzten Meter zurück, vorbei am alten Stadtmuseum, für das er keine Augen hatte, er sah linker Hand bereits die Lambertikirche und bog rechts um die Ecke in seine neue Heimatstraße „Alter Fischmarkt" ein.

Er hatte seiner Wirtin Frau Waltraut Holbeck zwar Bescheid gegeben, dass er gerne am heutigen Freitag einziehen würde, aber auf sein Klingeln öffnete niemand. Er verfluchte erneut Münster und den schlechten Stern, unter dem sein Bonsaiumzug stand, guckte aber gleich zum Himmel, um sicher zu sein, dass der sich nicht wieder mit einem Gewitter rächte. Er hatte nicht einmal seine Zigarette zu Ende geraucht, als plötzlich Frau Holbeck vor ihm stand und meinte, er sei früh dran, sie habe noch nicht mit ihm gerechnet. Sie betrachtete verwundert sein Gepäck und erkundigte sich danach, wie er das denn alles alleine transportiert habe und bewunderte seine Zähigkeit, als er ihr die mühevolle Schlepperei berichtet hatte.

Frau Holbeck holte aus ihrem Wohnbereich einen übergroßen Schlüssel für die Wohnungstür und einen kleinen für die Haustür, damit er in Zukunft nicht mehr nass würde, denn Münster sei der Pisspott der Nation, es würde andauernd regnen. Harald antwortete, er käme somit wahrscheinlich vom Regen in die Traufe, denn bisher sei er der Meinung gewesen, Köln sei, was die Regenmenge und Häufigkeit beträfe, der deutsche Rekordhalter.

In seinem Zimmer stellte er einige Möbel um, den Schreibtisch rückte er vom Fenster weg, mit der Querseite vor die ungeliebten Gardinen, damit er erstens zur Linken die Fensterbank als Ablagefläche für Bücher oder Papiere entarten konnte und andererseits den Lichteinfall für links hatte, um von der Schreibhand keinen Schatten auf dem Papier zu haben. Nebenbei hatte diese Entscheidung den Vorteil, einen Blick aus dem Fenster werfen zu können, wenn er seinen Augen eine kurze Ruhepause gönnen wollte.

Das Bett war unter einer vorsintflutlichen weinroten Tagesdecke versteckt, die er lediglich als Staubfänger betrachtete, er faltete sie akkurat zusammen und legte sie auf einem Sessel für die Wirtin bereit. Er bevorzugte weißes Bettzeug, statt der alten Tagesdecke, ob sauber oder nicht, außerdem war ihm gleichgültig, ob ein Bett auf den ersten oder zweiten Blick als Bett erkennbar war. Die Vorhänge, so nahm er sich vor, wolle er auch bald abhängen, die Übergardinen passten zwar zu der Tagesdecke, machten aber das Zimmer dunkler, und Stores brauchte er erst recht nicht. Wenn ihm der oder die gegenüber wohnenden abends beim auskleiden auf seinen nackten Hintern sehen wollten, so konnte er nur „Viel Vergnügen" wünschen, das berührte ihn nicht, aber er bevorzugte ein möglichst helles Zimmer. Dann nahm er das antiquierte Bild von der Wand und stellte es zu der Tagesdecke an den Sessel. Hinter dem Bild war die hässliche Blümchentapete weniger nachgedunkelt als rundherum, er überlegte, wie er den hellen Fleck auf der Tapete abdunkeln konnte und versuchte an einer kleinen Ecke durch eine Graphitspur, die er durch den Abrieb eines Bleistifts gewann. Das Ergebnis war wenig befriedigend, also ließ er widerwillig alles beim Alten.

Er packte seinen Koffer aus, seine paar Hemden und Jeans nahmen nicht einmal ein Drittel des Platzes in dem ausladenden Vorkriegsschrank ein, der zwar wuchtig wirkte auf Grund der überbordenden Verzierung, aber innen nicht allzu geräumig war, das Möbelstück erinnerte ihn an die Müslipackungen vom Supermarkt, die auch vom Volumen her mehr versprachen als sie hielten.

Der aufgeweichte Karton, der mit viel Glück den Transport überstanden hatte, ohne zu reißen, enthielt hauptsächlich Bücher und Kopien von Mitschriften oder Ausarbeitungen ehemaliger Jurastudenten, die ihm hilfreich sein konnten. Das Wertvollste aber waren die Abzüge von Gabrieles Porträtaufnahmen.

Die Reisetasche enthielt lediglich Schuhe und Waschzeug, das letztere verfrachtete er in das Badezimmer an den ihm zugewiesenen Platz auf einer weißen Kommode neben dem Waschbecken. Verglichen mit den Mengen an Wasch- und Pflegeutensilien der Wirtin, nahmen seine Hygieneartikel vernachlässigbar wenig Fläche ein, er hätte bequem das Mehrfache dessen unterbringen können, als er benötigte. Die Zeit, die er für die häusliche Einrichtung verbraucht hatte, schätzte er auf weniger als eine Stunde, somit hatte er noch genug Muße, die schönsten Fotos Gabrieles zu bearbeiten. Er hatte sich vorgestellt, die Bilder am gleichen Abend, wenn sie mit dem

Zug ankommen würde, bereits fertig an den Wänden hängen zu haben. Sie brannte darauf seine neue Umgebung und sein Zimmer zu inspizieren.

Er hatte sich die Adresse eines Fotoateliers frühzeitig herausgesucht und machte sich auf den Weg dorthin, die Negative und Abzüge sorgfältig in Papier und Plastikfolie verpackt, ein Gewitter wie vormittags sollte ihn diesmal nicht unvorbereitet überraschen. Münster war dank des sommerlichen Sonneneinfalls wieder weitgehend von Pfützen befreit.

Auf dem Weg zum Fotogeschäft kam er an einem kleinen Hotel Garni vorbei und erkundigte sich dort nach einem freien Zimmer und dem Übernachtungspreis, es waren übers Wochenende noch einige Doppelzimmer zum Einzelzimmerpreis frei und der Tarif war akzeptabel, also buchte er zwei Nächte auf den Namen Rosenzweig.

Als er das auch noch erledigt hatte, musste er seine erste Enttäuschung in dem Atelier verbuchen. An ein sofortiges Aufkleben der Fotos auf Pressspanplatten war nicht zu denken, frühestens in zwei bis drei Wochen wären die Bilder fertig. Enttäuscht wollte er schon die Abzüge wieder einrollen, als der Inhaber meinte, er habe extrem gute Fotos geschossen, ob das Fotografieren sein Beruf wäre. Harald erklärte kurz seine Passion für die Fotografie und der aufgeschlossene Atelierinhaber machte ihm den Vorschlag die Abzüge selbst auf Platten zu kleben, dann würde nur das verbrauchte Material berechnet, er habe zwar einen Gehilfen, der aber momentan in Urlaub sei und deshalb habe er nicht Hände genug, um alle Aufträge zu erledigen. Harald war sofort von der Idee begeistert und durfte sich umgehend in einer Ecke des Ladens an die Arbeit machen.

Stolz kehrte er in seine Wohnung zurück, unter dem Arm ein paar Spanplatten sorgsam mit Seidenpapier umwickelt, er hatte genau den Himmel beobachtet, ob der Münsteraner Donnergott wieder seinen dunkelwolkigen Guss über der Stadt ausbreiten wollte und Haralds Stolz, den er unter der Achsel trug vernichtet hätte, aber irgendwer hoch oben hatte mittlerweile wohl doch eine Art Mitgefühl und verschonte die Bilder und ihn.

Zaghaft klopfte Harald an die Holbecksche Türe und ein wider Erwarten hellwaches „Herein" ertönte. „Nun junger Mann, sind sie fertig mit der Einrichtung ihres Refugiums?"

„Ich habe ein paar Sachen umgestellt, nicht viel verändert, wenn sie sich das ansehen möchten, können Sie jederzeit zu mir kommen. Ich wollte Sie aber nur fragen, ob Sie mir etwas Werkzeug borgen könnten, ich habe ein paar Bilder, die ich gerne aufhängen würde."

„In der Diele ist ein Wandschrank, unten rechts haben Sie Werkzeug und anderen Krempel wie Glühbirnen und Verlängerungskabel, dort können Sie sich bedienen, das gilt auch für die Zukunft. Haben Sie eigentlich handwerkliches Geschick? Ich muss für jede Kleinigkeit einen Handwerker rufen, der nur ungerne für eine wenig aufwändige Arbeit kommt, sich dann bei der Ausführung unendliche Zeit lässt und dann noch Unsummen von mir verlangt. Kürzlich habe ich eine Glühbirne nicht aus der Fassung gedreht bekommen, sie war im Lauf der Jahre in der Halterung festgebacken. Der Elektriker kam zwar recht bald, hat drei Minuten dafür gebraucht die Birne zu wechseln und dann sechzig Mark dafür verlangt. Sie kennen das ja, jeweils dreißig Minuten für An- und Abfahrt und darauf die Mehrwertsteuer und schon sind sie bei diesen wahnsinnigen Stundenlöhnen, und der Mann hat noch gönnerhaft auf die eigentliche Arbeitszeit verzichtet und mir einen Rabatt auf die Fahrtkosten berechnet, sonst hätte ich wahrscheinlich über hundert Mark für das Wechseln einer Glühbirne bezahlt und die Birne selbst war nicht im Preis inbegriffen. Das muss man sich einmal vorstellen."

„Nun ja, kleinere Sachen kann ich sicherlich problemlos erledigen, wenn auch nicht alles. Ich habe immer Respekt vor Klempnerarbeiten, ich habe vor einigen Jahren eine Waschmaschine angeschlossen, den Wasserzulauf aber nicht ganz vorschriftsmäßig abgedichtet und die Mieter unter uns hatten dann einen Wasserschaden, da lasse ich besser die Hände von weg, aber einen tropfenden Wasserhahn bekomme ich noch repariert oder auch einen Abfluss gereinigt. Wenn Sie Bedarf haben sollten, sagen Sie mir einfach Bescheid und ich werde sehen, was ich tun kann."

Harald ging mit dem Werkzeugkoffer in sein Zimmer und verdeckte zunächst den helleren Teil der Tapete mit einem hartweißen dünnen Karton, den er an etlichen Stellen auf der Wand mit Heftzwecken, die von dem Bild verdeckt würden, befestigte. Die Ecken klebte er vorsichtig mit doppelseitigem Klebeband auf die Tapete. Er hatte den Fotografen gefragt, wie er den großen hellen Fleck der Tapete wohl am besten chemisch nachdunkeln lassen könne, der Profi wusste keinen praktikablen Weg, er hatte spekuliert mit verdünnter Tusche die Stelle abzutupfen, hatte aber bei der größeren Fläche Bedenken und war sicher, dass man damit kaum den gleichen Ton treffen könne und es hinterher schlimmer als vorher aussehe. Somit entschloss sich Harald zu der Lösung mit dem Karton, den er wie ein Passepartout an allen vier Seiten des Fotos überstehen lassen wollte. Das Foto selbst war nur fünfzig Zentimeter hoch, aber fast einenmeterfünfzig lang und zeigte die nackte liegende Gabriele in einer zwar unnatürlichen aber enorm erotischen Haltung, sie hatte die linke Hand auf der Stirne, schaute über die Kamera ins Nirgendwo, hatte ein leichtes Hohlkreuz, ihr Becken war dem Betrachter leicht zugewandt und zeigte die Büschelspitzen ihrer Schambehaarung, in denen sich das Licht brach. Harald war begeistert von der Ausstrahlung des Bildes und hätte das Objekt liebend gerne genauso in Natura vor sich gehabt und in die Arme geschlossen.

Er hängte noch weitere Fotos von Gabriele auf aber den Mittelpunkt des Zimmers sollte der Akt über dem Sofa sein. Er war froh, sich für Schwarz-Weiß-Bilder entschieden zu haben, die Wirkung war um Einiges künstlerischer und versonnener

als die von Anderen oft bevorzugten Farbaufnahmen, mit denen man einige Filter oder Weichzeichner nicht beziehungsweise nur ineffektiv anwenden konnte.
Er brachte das Werkzeug zurück in den Dielenschrank und Frau Holbeck öffnete die Türe, ob er einen Kaffee wolle, sie habe soeben einen aufgesetzt, was er gerne annahm.
„Frau Holbeck, was soll ich mit dem Bild machen, das ich verabredungsgemäß abgehängt habe und auch die Tagesdecke möchte ich nicht auf meinem Bett haben. Beides würde ich gerne in einem Abstellraum verstauen."
Sie sah ihn mit gerunzelter Stirn an, offensichtlich verstand sie nicht, warum jemand auf die Tagesdecke verzichten wollte, kommentierte die Schrullen des neuen Mieters aber mit keinem Wort. „Legen Sie beides in die Diele, ich verstaue es dann später irgendwo. Sollen wir den Kaffee in Ihrem Zimmer trinken, damit könnten wir das **Mietverhältnis begießen."**
Harald war einverstanden und wenige Minuten später erschien die Holbeck mit einem Tablett, Tassen, Kaffeekanne und einer Gebäckschale, stellte alles auf den Tisch, hatte aber ihren Blick auf das Foto geheftet, das nun den optischen Mittelpunkt des Zimmers bildete. Sie sagte nichts, bewegte sich nur ein paar Schritte vor und zurück und dann seitwärts. Harald schwante schon Schlimmes, in Gedanken wurde er bereits gezwungen das pornografische Gebilde aus der Wohnung zu verbannen, kommentiert von den Worten, das sei ein anständiges Haus und so ein Schweinkram habe hier nichts zu suchen.
„**Das ist** eine wunderschöne ästhetische Aufnahme, ein bildhübsches Mädchen von einem echten Könner abgelichtet, das Bild gefällt mir außerordentlich gut, wo haben **Sie das her?"**
Harald zögerte und druckste herum. „Wissen Sie, die Fotografie ist mein Hobby, ich habe mir bei der Aufnahme besonders viel Mühe gegeben und glaube das Ergebnis ist nicht schlecht. Die anderen Porträts sind teilweise auch recht gut gelungen, obwohl mir der Akt wohl noch am besten gefällt."
„Recht gut gelungen ist eine miese Untertreibung, das ist doch nur fishing for compliments", protestierte die Zimmerwirtin, „das Foto ist professionell gemacht und sehr geschmackvoll. Die Kunst bei dieser Art von Aktfotos ist, geschmacklich nicht abzugleiten, nicht obszön zu werden. Wer ist denn die Dame, haben sie die engagiert?"
Wiederum zögerte er, er wollte auf keinen Fall, dass es nachher hieß, so ein Weib kommt mir nicht ins Haus, trotzdem bekannte er: „Das ist meine Freundin, die Sie noch kennenlernen werden. Sie wohnt in Köln und kommt mich heute besuchen, wir wollen erst einmal die Innenstadt von Münster explorieren, damit man weiß, was man wo unternehmen kann."
Die Holbeck schenkte den Kaffee endlich aus, blickte aber sofort wieder auf das Bild.
„Wissen Sie, **dass das** Zimmer mit den paar Veränderungen durch Sie schon ganz

anders wirkt? Ich finde, Sie haben das richtig gut gemacht. Was die Fotografie betrifft, muss ich zugeben, dass ich neugierig auf Ihre Freundin bin, das ist doch schon fast eine klassische Schönheit, die Sie sich da an Land gezogen haben, wie heißt die Dame?"

„Ihr Name ist Gabriele Rosenzweig, manche ihrer Freunde nennen sie Gabi, Riele oder kurz Gab, aber ich mag diese Kurznamen oder Verniedlichungen nicht, ich will auch nicht Harry genannt werden, auch wenn Harald nicht gerade ein besonders schöner Name ist. Übrigens ich hole heute Gabriele am Bahnhof ab, sie will mal sehen, wie und wo ich hause, sie wird auch öfter nach Münster kommen, wir lieben uns und wollen so viel Zeit zusammen verbringen wie möglich."

„Aber Gabriele ist ein schöner altmodischer Vorname, die Namen sind doch eine Modeware, die sind ein paar Jahre populär und dann verschwunden und aus unerfindlichen Gründen tauchen sie plötzlich wieder aus der Versenkung auf. Ich habe mich auch immer gewehrt, wenn Hannelore zu Hanni oder Lore verstümmelt wurde. Ich wette, dass die heutzutage so beliebten Namen wie Kevin, Sascha oder Yvonne in ein paar Jahren überhaupt nicht mehr modisch sein werden. Ist Ihre Freundin Jüdin, nach dem Familiennamen Rosenzweig zu schließen, unzweifelhaft?"

„Ja, sie ist zwar wohl offiziell Jüdin, ich weiß es noch nicht einmal genau, das ist mir aber auch völlig egal. Wenn dem so ist, so glaube ich, die Familie praktiziert die Religion nicht, als Indiz, dass sie Juden sind, kann ich nur anführen, dass ich gehört habe der Großvater sei während des Krieges nach England emigriert. Da er nach meinem Kenntnisstand unpolitisch ist, lässt das in Verbindung mit dem Nachnamen darauf schließen. Anderseits sind ausnahmslos alle mir bekannten Vornamen nicht jüdisch. Da tauchen solche Taufnamen auf wie Friederich, Wilhelm, Bernhard, Walther oder Roswita, das lässt mich darauf schließen, dass die Religion nicht gelebt oder praktiziert wird."

Frau Holbeck starrte wieder auf das große Foto. „Können Sie sich vorstellen, dass ich vor vielen Jahren auch Modell gesessen habe?"

Harald nickte anerkennend, wenn auch insgeheim belustigt, virtuell war ihm die Kinnlade heruntergefallen. Die Wirtin war nicht hässlich, ließ aber figürlich heutzutage doch einiges zu wünschen übrig. Er versuchte sich vorzustellen, wie sie wohl vor dreißig oder mehr Jahren ausgesehen haben mochte. Wenn ein paar Falten, ein paar Kilo wegretuschiert würden, die grauen Haare wieder dunkler und die Kleidung und Frisur etwas der gegenwärtigen Mode angepasst wären, könnte er sich schon eine gewisse Attraktivität seines Gegenübers vorstellen, obwohl ihm das nicht leichtfiel.

„Waren Sie Modell eines berühmten Fotografen?"

„Nein, überhaupt nicht, ich war damals als junges Mädchen aus monetären Gründen gelegentlich an der Kunstakademie als Malermodell engagiert. Der damalige

Professor hatte mich dazu überredet, es sei nichts Sexistisches dabei und die malenden oder zeichnenden Studenten wären lediglich an der Schönheit des weiblichen Körpers und den Herausforderungen bei der Arbeit interessiert und würden keinen Bezug zu der modellstehenden Person herstellen. Es gab gutes Geld dafür, aber Sie können sich gar nicht vorstellen, was mich das zunächst an Überwindung gekostet hat, mich nackt zu präsentieren, man hatte ständig das Gefühl, insbesondere die männlichen Kunststudenten würden ihre Blicke nur auf die spezifischen Geschlechtsmerkmale lenken. Je nach Thema des Seminars durfte ich damals nicht einmal mit der Hand meine Scham bedecken oder ein Tuch über einige Körperstellen legen. Manchmal musste ich sogar mit leicht gespreizten oder angewinkelten Beinen stehen oder liegen. Das war für mich eine enorme Kraftanstrengung trotzdem locker und unbekümmert zu wirken. Nach ein paar Wochen oder Monaten schließlich hatte ich mich derart an das Nacktposieren gewöhnt, dass ich dabei keinerlei Scham mehr zeigte. Aber diese Scham hatte ich auch nur in den Seminarräumen abgelegt, bei anderen Gelegenheiten war alles wie früher, ich war im normalen Leben nach wie vor peinlich darauf bedacht, Niemanden in meinen Ausschnitt oder unter meinen Rock sehen zu lassen. Das war nachher wie in einer Sauna, man ist nackt und findet sich damit ab, die Erotik ist in der Sauna nicht präsent, außerhalb gibt man sich normal bedeckt."
Harald hatte den Ausführungen der Alten gelauscht, ohne zu unterbrechen, nur ein gelegentliches zustimmendes oder verständnisvolles Kopfnicken hatte ihre Rede begleitet. „Wie lange haben Sie denn Modell gestanden?"
„Das waren schon einige Jahre, mein komplettes Studium über habe ich diesen Nebenverdienst gerne kassiert und nach meinem Studium habe ich noch ein paar Jahre drangehängt. Ich hatte damals erstaunlich große Probleme eine vernünftige Anstellung zu finden. Hier in Münster waren die Jobs für eine Chemikerin nicht allzu häufig und ich hatte seinerzeit keine Lust ins Rheinland oder nach Hessen umzusiedeln, wo das Jobangebot für mich sehr viel besser war. Ich hatte damals einen Freund, den ich dann später auch geheiratet hatte und ich wollte nicht weg von ihm. Der hat übrigens nie erfahren, dass ich Modell gestanden hatte, vielleicht hätte er das nicht gut gefunden, ich weiß es nicht. Jedenfalls ist er schon lange tot, er hatte mit vierzig Jahren einen Herzinfarkt erlitten und seitdem bin ich alleine, ich will auch gar keinen anderen mehr."
Sie zögerte, wog den Kopf leicht hin und her und blickte dabei ins Leere. „Vielleicht habe ich aber auch nur nicht den Richtigen mehr kennen gelernt. Dann wäre eventuell alles anders geworden. Was soll´s, jedenfalls bereue ich nichts.
Ich möchte aber noch erwähnen, dass das Interesse der Studenten sich nicht nur auf ihre Arbeit beschränkte, Sie glauben gar nicht wie viele eindeutige und auch zweideutige Angebote ich erhalten habe. Eine gewisse Minderheit der männlichen angehenden Maler waren davon ausgegangen, wenn sich die Frau vor Allen nackt

zeigt, wird sie das bestimmt auch gerne ohne Honorar für mich privat tun. Einige Angebote waren noch in die Frage nach privatem Modellstehen zu Übungszwecken verpackt, aber andere wollten offen mit mir ins Bett, da ich ja freizügig sei, keine Skrupel kenne und vom nacktsein nicht befriedigt sein könnte. Das wollten die dann aufopfernd besorgen. Die Angebote kamen aber nur von wenigen Studenten, die Mehrheit war höflich, freundlich und zuvorkommend. Es hat aber, das muss ich zur Ehrenrettung der Männer sagen, auch vereinzelt eindeutige Angebote von Frauen gegeben, die dann meinten, das Herumposieren in der sterilen Atmosphäre des Hörsaals solle doch ersetzt werden durch die heimelige Umgebung in ihren Schlafzimmern, dort könne man doch viel intimer zeichnen und auch nette Pausen einlegen, dann könne auch die Malerin unbekleidet sein. Ich wäre bestimmt auch an den „netten Pausen" interessiert gewesen. Nein, ich habe alle Offerten, auch von gutaussehenden Studenten und Studentinnen dankend abgelehnt, ich wollte mir meine Sexualpartner selber aussuchen."

Harald hatte ein gutes Gefühl, es sah sehr danach aus, als habe er alles richtig gemacht, die Zimmerwirtin schien in dieser kurzen Zeit bereits Vertrauen zu ihm zu haben, sonst hätte sie nicht diese intimen Dinge ihrer Jugend erzählt. Sie schien auch nichts gegen seine Freundin zu haben, zwar durfte sie offiziell nicht bei ihm schlafen – oder genauer, noch nicht. Sie schien auch ansonsten seine Art gut zu heißen und er konnte sich gut vorstellen, dass sie ein vertrautes freundschaftliches Verhältnis entwickeln könnten. Wenn er dann im Haus einige handwerkliche Handreichungen erledigen könnte, wäre sie sicherlich auch zu gewissen Zugeständnissen bereit. Sie hatte schließlich auch auf Gabrieles Fotos überraschend positiv reagiert, womit er niemals gerechnet hatte. Die Zeit würde es zeigen, oder wie er als Kölner sagen würde: „Et kütt, wie et kütt".

Er stand Pünktlich am Hauptbahnhof, Gleis drei und erwartete den Intercity-Zug aus Köln, mit dem Gabriele kommen wollte, natürlich wurde der IC dann doch entgegen des Fahrplans auf einem anderen Gleis erwartet. Auf die organisatorischen Mängel der Bundesbahn schimpfend begab er sich durch den Tunnel an das alternative Gleis. Er beeilte sich, da er mittlerweile bereits um einige Minuten in Verzug war. Am Bahnsteig angekommen, sah er auf der Anzeigentafel die verspätete Ankunftszeit von erwarteten fünfzehn Minuten, er ergänzte sein Schimpfen auf die Bundesbahn, hatte seine gedankliche Schimpfkanonade aber noch nicht abgeschossen als er den einfahrenden Zug bemerkte. Er änderte sein Schimpfen nun in eine andere Richtung, nämlich zurück in die organisatorische, die Deppen wissen zwei Minuten vor Ankunft des Zuges nicht einmal, dass das Gefährt zwei und nicht fünfzehn Minuten Verspätung hat. Aber was ist für einen Beamten schon Zeit: Gott hat die Zeit erfunden aber von Eile oder Pünktlichkeit hat er nie etwas verlauten lassen.

Gabriele traf also mit einer nicht erwähnenswerten Verspätung aus dem wenig gebuchten Zug ein und begrüßte ihn stürmisch als hätten sie sich Wochen nicht gesehen. Zu Haralds Begeisterung, trug Gabriele sein hellblaues Lieblingskleid und über dem Arm einen leichten Regenmantel. Eine handliche Reisetasche und kaum existente Sandaletten komplettierte ihr Erscheinungsbild, er fragte sie, ob sie diesmal etwas unter dem Kleid anhabe, was sie nicht beantwortete, sondern nur vieldeutig lächelte, das könne er ja wohl selbst herausfinden.

Sie spazierten Richtung Innenstadt und beide hatten einen Arm um den Partner gelegt, sie gingen so eng zusammen, als seien sie Siamesische Zwillinge. Der Weg kam ihm diesmal kurz vor, verglichen mit der mühsamen bepackten Vormittagsschlepperei. Sie brachten zunächst ihre Reisetasche aufs Hotelzimmer mit dem Gabriele zufrieden war, es war einfach mit einem Ahorn Imitat möbliert aber sauber, das war für sie das Wichtigste, es war zweckdienlich, was auch noch relevant war. Es gab noch einen Reiter auf dem winzigen Schreibtisch, dass man einen Fernseher kostenfrei aufs Zimmer bringen lassen konnte, sie verzichtete darauf. Gekühlte Getränke wie Bier, Limo oder Wasser konnten an einem Automaten auf dem Hotelflur gekauft werden. Frühstück gab es von sieben bis neun Uhr, sie wusste noch nicht, ob sie davon Gebrauch machen würde, aber immerhin gut zu wissen. Sie war zwar kein Frühstücksmensch aber eine frisch aufgebrühte Tasse Kaffee war morgens denn doch nicht zu verachten.

Als Gabriele alles begutachtet hatte und ihre wenigen Utensilien aus der Reisetasche befreit hatte, warf Harald sie aufs Bett und küsste sie vehement und leidenschaftlich. Sie war von diesem Angriff derart überrascht, dass sie nicht einmal versucht hatte, sich zu wehren, unabhängig davon, ob sie sich hätte wehren wollen oder nicht. In Windeseile hatte Harald ihr Kleid geöffnet und über ihren Kopf gezogen, sie trug einen winzigen weißen Schlüpfer, aber keinen BH, statt zu protestieren, nestelte sie an seiner Hose herum und entblößte seinen Unterleib in ähnlicher Geschwindigkeit, wie er es ihr mit dem Kleid vorgemacht hatte, nur das Freilegen seines Oberkörpers machte ihr dank etlicher Knöpfe mehr zu schaffen.

Er zögerte und wollte ein Präservativ aus seiner Hosentasche nesteln, sie unterbrach ihn, „Wir brauchen nicht mehr aufzupassen, meine Mutter hat mir die Pille besorgt. Sie hatte mir eine Packung zugesteckt, damit wir keine Vorsicht mehr walten lassen müssen, wie sie mir zuzwinkernd sagte."

Trotz der Vehemenz der Ouvertüre liebten sie sich in aller Ruhe und mit großer Einfühlsamkeit mehrmals und auch lautstark. Harald war froh, dass das Hotel um diese Tageszeit so gut wie leer war.

Sie lagen hinterher erschöpft, schweißnass und rauchend in dem Nichtraucherzimmer auf dem Bett, sie streichelten sich immer wieder und bliesen sich gegenseitig den Rauch in den Mund. Als Aschenbecher diente ein Bierdeckel, der an den Seiten hochgeknickt war.

Gabriele sah ihn an und strich seine Haare aus seinem Gesicht. „Ich habe Angst vor nächster Woche, ich will nicht ohne dich sein. Ich vermisse dich jetzt schon. Und

überhaupt, wer trägt zukünftig meine Tasche, wenn sie schwer von Büchern und sonstigem Krempel ist?"
Er lachte. „Wenn es dir nur um das Tragen der Tasche geht, kann ich dir ein Wägelchen besorgen oder so einen Einkaufstrolley, dann hättest du den idealen Ersatz für mich und bräuchtest mich nicht zu vermissen."
„Du Schuft, ich glaube, ich liebe dich gar nicht mehr. Wenn du so zynisch bist hasse ich dich geradezu. Wozu seid ihr Männer eigentlich zu gebrauchen? Tasche tragen, na ja, stark seid ihr ja, manchmal könnt ihr auch lustig sein, ansonsten – ich weiß nicht, was man mit euch anfangen soll."
Sie hatte das mit einem ironischen Unterton gesagt, dabei gelächelt, sich vor ihn gekniet und mit seinem Penis gespielt. „Und dieses Ding hier ist auch nie da, wenn man es braucht. Ich denke, ich sollte mir einen Dildo nach deinen Maßen anfertigen lassen und ihn den ganzen Tag in mir herumtragen, dann vermisse ich dich nie mehr und meinen Spaß habe ich dann auch so."
Harald liebkoste ihre Brüste, er mochte diese Art von Ironie nicht sonderlich. Entweder Lachen oder Lieben, aber keine Mischung aus beidem. Er wurde wieder erregt und Gabriele beschäftigte sich mit seinem Körper und küsste seine ansonsten versteckten Partien bis er sich wieder auf ihrer Hand ergoss, sie verteilte die weiße zähflüssige Brühe auf ihrem Bauch und meinte, das sei gut für die Haut, besser als Peeling oder eine Hautmaske. Harald bedeutete, dann solle sie sich das Zeug doch besser ins Gesicht schmieren, statt dieser teuren Chemischen Substanzen aus dem Drogeriemarkt.
Sie blieben noch eine Zeit zusammen liegen und schmusten bis die Dämmerung einsetzte, sie zogen sich an und merkten, dass sie nun doch hungrig waren. Harald wollte bei seinem zukünftigen Arbeitgeber zu Abend essen, man sollte schließlich wissen, welche Qualität man zukünftig servieren würde und was die Leute wohl meinten, wenn man sie fragte, ob es geschmeckt habe und das fast schon obligatorische: „Es hat geschmeckt", unabhängig von der Qualität des Essens geantwortet würde.
Zunächst wollte Gabriele gerne sein Zimmer sehen, er war sich nicht im Klaren darüber, wie die Reaktion der Witwe Holbeck sein würde, sie konnte ihm jedoch nicht verbieten, weiblichen Besuch zu empfangen, sofern der Gast nicht in ihrem Haus übernachtete, das hatten sie verabredet und das würde er bis auf weiteres einhalten, es sei denn sie würde die Absprache relativieren.
Weiter führte sie der Weg an der Lambertikirche vorbei, die sie sich kurz anschauten, in Richtung seines Zimmers, Gabriele war neugierig, was Harald bereits an Veränderungen vorgenommen hatte, obwohl sie wusste, dass er noch nicht allzu viel Zeit mit der Einrichtung und Aufhübschung der Studentenbude verbracht haben konnte.

Haralds Etage schien verlassen oder die Witwe Holbeck hatte sich mit etwas Ruhigem beschäftigt, einem Buch oder sie horchte ein Kopfkissen ab, jedenfalls herrschte eine Totenstille in der Wohnung. Als er die Zimmertüre geöffnet hatte und Gabriele eintrat war ihr Blick gleich an ihr Aktfoto geheftet, sie prüfte es aus verschiedenen Perspektiven, auch die anderen Bilder an der gegenüberliegenden Wand nahm sie genauestens unter die Lupe, sie ließ sich kein Detail entgehen.
„Nun, wie gefallen dir die Bilder?"
„Ich finde sie sehr schön, aber meines Erachtens doch sehr freizügig, das ist reine Pornographie, du kannst doch keinen Fremden in dein Zimmer lassen, ich muss mich ja zu Tode schämen, wenn die jemand sieht, den ich kenne."
Harald war total genervt und blickte sie verständnislos an. „Das ist doch Quatsch, du siehst unglaublich schön aus, die Bilder sind ästhetisch und kein bisschen anstößig. Man kann doch das, was du auf den Fotos zeigst in geringerer Qualität an jedem Kiosk kaufen. An der künstlerischen Seriosität der Aufnahmen, bei der ich mir größte Mühe gegeben habe, ist nicht zu zweifeln, du solltest stolz sein, dass du so eine makellose Figur hast. Wenn du das Pornographie nennst, hast du noch nie ein Pornoheft in der Hand gehabt."
Harald hatte die Zimmertüre noch nicht geschlossen, in der plötzlich Frau Holbeck stand und an die Zarge klopfte. „Entschuldigen Sie die Störung, ich habe gehört, dass sie weiblichen Besuch haben und ich wollte gerne die hübsche Dame von den Fotos kennen lernen. Mein Name ist Waltraut Holbeck."
Sie ging mit ausgestreckter Hand auf Gabriele zu und schüttelte ihre Hand länger als normal gewesen wäre.
„Sie sind in Natura noch hübscher als auf den Fotos. Die Aufnahmen gefallen mir ausgesprochen gut. Sie haben einen großen Künstler als Freund, zu dem ich Sie nur gratulieren kann."
„Ich bin Gabriele Rosenzweig, schön Sie kennen zu lernen. Ich gebe zu, dass die Aufnahmen sehr schön sind, aber einige sind so pornographisch, ich kann mich nicht mehr unter die Leute wagen, wenn die die Bilder gesehen haben."
„Aber Kindchen, das ist doch Unsinn. Die Aufnahmen sind ästhetisch und keineswegs pornographisch, betrachten Sie die Bilder als Kunstwerke und das sind sie wirklich, ich verstehe etwas davon. Außerdem sind sie auf dem Ganzkörperbild kaum zu erkennen, wenn ich das mit Ihnen vergleiche, so ist das eine Aufnahme, die in einem Museum oder in einer Galerie hängen könnte. Seien Sie froh, dass Sie eine solch tolle Figur haben und so hübsch sind, ich würde auch einen Abzug in meine Wohnung hängen, wenn ich einen hätte und behaupten, das sei ich in jungen Jahren, am besten mit dem berühmten Untertitel der 40er oder 50er Jahre: „Anmut und Schönheit". Glauben Sie mir, Sie brauchen nichts zu verstecken, seien Sie stolz, dass so außergewöhnlich gute Bilder von Ihnen existieren. Sie sind noch sehr jung, sie werden auch eines Tages begreifen, dass an einem menschlichen Körper nichts

ist, wessen man sich schämen müsste. Ich sage, die Fotos bleiben hängen, sie haben eine dezente erotische Botschaft, im positiven Sinn und überhaupt nichts Anstößiges."
Gabriele überlegte kurz, sie war noch nicht vollends überzeugt, die Rede der Zimmerwirtin hatte ihre Ablehnung aber doch erheblich gemildert. „Ich überlege mir das nochmals bis morgen, dann werde ich entscheiden, ob die Abzüge hängen bleiben dürfen, oder nicht."
Harald mischte sich ein. „Frau Holbeck hat absolut recht, ich habe dem eigentlich nichts mehr hinzuzufügen, möchte nur noch klarstellen, du hast gesagt, du würdest alles für mich tun und ich bitte dich, lass mir die Bilder, du würdest mir einen riesigen Gefallen damit erweisen. Und jetzt gehen wir was essen, sonst fallen wir vom Fleisch und erleben den nächsten Tag nicht mehr, dann hätte sich allerdings die unnötige Diskussion biologisch in Wohlgefallen aufgelöst und nur noch unsere Nachwelt könnte sich an der Abbildung deines wunderschönen erotischen Körpers in Schwarz-Weiß mit einem Braunstich ergötzen."
Harald nahm Gabriele in den Arm, drückte ihr einen Kuss auf die Schläfe und wandte sich zum Ausgang.
Frau Holbeck fasste Gabriele am Handgelenk. „Haben Sie schon eine Unterkunft für heute Nacht?"
„Sicher, ich habe in dem Hotel Garni in der Nähe der Lambertikirche ein Zimmer gebucht, es gab da einen Sonderpreis für das Wochenende und es macht einen sauberen Eindruck. Außerdem kann Harald auch dortbleiben, so lange er will."
Witwe Holbeck druckste herum. „Also, wenn Sie an einem der nächsten Besuche in Münster kein Zimmer haben, oder das Hotel Ihnen zu teuer sein sollte, können Sie auch hier bei Ihrem Freund übernachten, wenn sie das möchten, obwohl ich ihm bei der Vermietung etwas Anderes signalisiert habe, aber Sie sind mir sehr sympathisch und ich traue Ihnen nicht zu, dass Sie hier randalieren oder sonst wie den Ruf des Hauses ruinieren werden. Ansonsten wünsche ich ein schönes Wochenende und gleich guten Appetit."
Gabriele bedankte sich für das Angebot und meinte, sie würde sicherlich demnächst gerne davon Gebrauch machen.
Auf der Straße fragte Harald, welche Präferenz sie habe, er würde ganz gerne seinen eventuell zukünftigen Arbeitgeber näher kennenlernen, oder ob sie den Pinkus Müller in der Kreuzstraße bevorzuge. Da sie beide Lokalitäten nicht kannte, überließ sie ihm die Wahl, sie würden ohnehin noch in etlichen Gaststätten der Stadt einkehren und ob sie heute oder erst in ein paar Wochen das über westfälische Grenzen hin bekannte Brauhaus kennen lernen würde, war ihr einerlei.
Sie wählten einen kleinen Tisch in dem hinteren Bereich des Lokals und gleich kam die Bedienung, Monika, wie ihn das Schildchen auf ihrer linken Brust erinnerte, die er bereits bei seinem ersten Besuch getroffen hatte, um die Bestellung aufzunehmen.

Trotz der knöchellangen Schürze, die ihre Beinfreiheit beeinträchtigte eilte sie in einer Art Stechschritt durch die Tischreihen und nahm mit einem freundlichen Lächeln die Bestellungen auf. Sie erkannte Harald wieder und erinnerte sich an seine spontane Hilfe am Tag seines ersten Besuchs und fragte gleich, ob er wieder helfen wolle oder diesmal lediglich als Gast in diesem Etablissement erschienen sei, ihre Kollegin habe sie nämlich heute im Stich gelassen. Harald stellte Gabriele als seine Freundin vor und die beiden begrüßten sich zu seiner Überraschung recht kühl. Harald nahm Notiz von der in solchen Situationen üblichen Stutenbissigkeit. Gabriele hatte eine hübsche Blondine gesehen, wissend, dass Harald Blondinen durchaus erwägens- und liebenswert fand. Andererseits hatte Monika einen attraktiven zukünftigen Kollegen wahrgenommen, der in ihr Beuteschema zu passen schien und da sie gegenwärtig ohne feste Beziehung war, konnte man eine Liaison durchaus erwägen. Man hatte schließlich nach allen Seiten offen zu sein. Darüber hinaus war es gar nicht so einfach, einen soliden jungen Mann zu treffen, wenn man sich die Abende und manchmal auch die Nächte in einer Kneipe als Servicekraft totschlug und tagsüber einem alten neunmalklugen Professor an den Lippen hing, um etwas zu lernen oder sich zu langweilen. Sie hatte sich ohnehin abgewöhnt zu den meisten Vorlesungen zu gehen, die Mitschriften waren häufig identisch mit dem heruntergeleierten Stoff der Vorlesungen, in denen oft genug keinerlei Erläuterungen zu den Aufzeichnungen angemerkt wurden.

Jedenfalls ließ sich Monika nicht beirren und nahm lächelnd und überfreundlich die Bestellungen auf, vor allem behandelte sie Gabriele mit ausgesuchter aber auf Abstand bedachter und gespielter kühler Freundlichkeit, um ihre eingebildete Überlegenheit zu demonstrieren.

Gabriele ihrerseits erwiderte diese Freundlichkeit mit ihrem weiblichen Instinkt, versteckte ihre ausgefahrenen Krallen indem sie Monika sogar ein fadenscheiniges Kompliment wegen ihrer ausgesucht hübschen weißen Bluse machte. Harald fand nichts Besonderes an diesem einfachen leicht transparenten Kleidungsstück, das ihren blütenweißen BH zur Geltung brachte, da er weißer war als die Bluse selbst und entlarvte Gabrieles Kompliment gedanklich als Abwertung der Textilie, die die besten Zeiten wohl schon hinter sich hatte. Natürlich wurde das Kompliment mit blitzenden Augen aber einem Lächeln von Monika zurückgesandt, die Gabrieles toll geschnittene Frisur lobte, die durch den Wind leicht zerzaust war. Insgeheim lächelnd und trotz seiner vergeblichen Unterdrückungsversuche doch sichtlich amüsiert wertete Harald den Zwischenstand des Wortduells mit eins zu eins.

Beide hatten die empfohlenen Lammkoteletts mit Prinzessböhnchen und Bratkartoffeln bestellt und machten sich nach Erhalt und dem Wunsch, man solle es sich schmecken lassen, hungrig über das wohlschmeckende Gericht her. Harald bemerkte, dass ihm wohl alles geschmeckt hätte, so hungrig sei er gewesen.

Auf der Zielgeraden der Vertilgung des Lammfleischs öffnete sich die Schwingtüre der Lokalität und Wolfgang Hansen stand mit seinen ungekämmten bis ans Kinn reichenden aschblonden Haaren, einer abgetragenen schmuddeligen Jeans und einem verwaschenen ehemals grünen T-Shirt im Windfang und blickte sich um. Er steuerte gleich auf den Tisch seines Studienfreundes zu und begrüßte Harald mit einem kräftigen Schlag auf die Schulter. Harald stellte Gabriele vor und Wolfgang bedauerte gleich, dass sie nicht auch in Münster studiere, dann hätte er sie näher kennenlernen können. Harald war in diesem Moment froh, dass Gabriele noch in Köln auf das Apostelgymnasium ging und somit nicht in die Fänge des zukünftigen ungehobelten Kommilitonen geraten konnte. Unaufgefordert setzte er sich an den Tisch mit der Bemerkung, "Ich darf doch?" Monika steuerte missmutig auf ihn zu und er wählte ein großes Altbier.

Harald fragte gleich mit gerunzelter Stirne an Wolfgang gerichtet, wieso sie derart sachlich, fast unfreundlich zu ihm sei.

"Ach weißt du, wir waren mal ein paar Wochen zusammen, haben uns aber im Streit getrennt. Die ist ziemlich scharf, hat aber ansonsten nur ihr Studium und ihre Arbeit im Kopf. Als ich feststellen musste, dass sie nur Karriere, Sex und Geld kannte, habe ich ihr den Laufpass gegeben. Außerdem waren wir nicht wirklich fest zusammen, ich hatte die ganze Zeit eine andere Freundin parallel zu ihr, das hat sie auch irgendwie herausgefunden und ich hatte keine Lust auf ewige Streitereien oder Diskussionen und das wars dann. Aber im Bett, sage ich dir, war sie eine Granate, ich habe nie ein Mädchen gehabt, das so gut vögeln konnte wie sie. Aber wirklich, mit allen möglichen Schikanen, aus diesem Aspekt habe ich die Trennung schon bereut, aber das ist letztlich nicht das Einzige, was eine Partnerschaft ausmacht. Ich will Spaß haben und keine Probleme wälzen, davon gibt es eh genug."

Harald war nicht begeistert von der offenen Ausdrucksweise seines Gegenübers und Gabriele hatte kommentarlos die letzten Reste ihres schmackhaften Gerichts mit größter Konzentration vertilgt. Sie tat, als hebe sie überhaupt nicht mitbekommen, was Wolfgang in abwertender Weise über seine ehemalige Freundin berichtet hatte, das Gespräch war ihr offensichtlich unangenehm.

Harald wandte sich grinsend an seinen zukünftigen Kommilitonen. "Du solltest vielleicht einmal dein Zimmer putzen und aufräumen, anstatt die hiesige weibliche Studentenschaft auf ihre Bettfertigkeiten zu testen. Nur Sex, da gebe ich dir recht ist letztlich langweilig, wenn keine tiefergehenden Gefühle dabei sind ist das doch nur ein profaner Austausch von Körpersäften."

"Wieso, du hast doch kürzlich meine Bude gefegt, das dürfte zunächst für ein Jahr ausreichen. Aber zu euch, soll das etwa bedeuten, dass ihr beide ineinander verliebt seid? Für so etwas habe ich keine Zeit, für mich ist Sex nur ein Akt der Hygiene, der zugegebenermaßen ziemlich viel Spaß macht. Wenn ich ein Mädchen das erste Mal treffe, mache ich ihr immer zuerst klar, dass das nichts Festes ist, sondern nur eine temporäre Befriedigung von Lüsten für beide Partner sein soll. Die meisten Frauen sind damit einverstanden, obwohl ich auch schon das eine oder andere Mal erlebt habe, dass die Mädels versucht haben mich fester an sich zu binden. Aber dann habe ich schnell Adios gesagt und mich verzogen."

„Und darauf lassen sich die Mädchen ein? Ich kann mir kaum vorstellen, dass die Mehrheit der Damen auf solch fragwürdige Verbindungen eingehen würden. Ich brauche Liebe, wie die Luft zum atmen, sonst kann ich nicht leben. Das körperliche ist für mich letztlich nur schönes befriedigendes Beiwerk, sonst nichts. Nach dem Sex habe ich aber immer noch das gleiche Gefühl für meine Freundin wie vorher. Wenn aber die einzige Basis für eine Beziehung ist, putzt sich der Mann hinterher ab und das war es dann, bis zum nächsten Mal."

Gabriele war dieses Gespräch sichtlich peinlich, sie wollte die Theorien des guten Wolfgang nicht hören und erst recht nicht teilen. Sie stand auf und ging Richtung Toilette, während Wolfgang seinen Vortrag fortführte.

„Du musst dir klar darüber werden, dass der Mann polygam ist und für eine Frau alleine nicht geschaffen ist. Sieh dir doch mal die Entwicklungsgeschichte des Menschen an, wenn damals ein Mann eine Frau sah, hat er sie ohne zu fragen vernascht, wenn er schnell genug laufen konnte, um sie einzuholen. Die Frauen der Urzeit haben sich das auch wohl oder übel gefallen lassen."

Er nahm einen kräftigen Schluck Bier, wischte sich den Schaum mit dem Handrücken vom Mund und fuhr fort. „Es gibt doch auch kaum eine Tierart, in der Monogamie herrscht, außer Albatrosse und noch ein paar Säugetieren. Ich mache es genau so, ich hole mir meine Befriedigung wo ich sie bekommen kann, die Dame muss nicht unbedingt schön sein, es reicht mir, wenn sie geil ist, nur übe ich keine Gewalt aus, das hasse ich, dann sind die Frauen noch zu trocken."

Du bist ein unglaublicher Chauvinist, wenn nach deiner Meinung Frauen lediglich aus Geschlechtsteilen bestehen, kann ich mit deiner Einstellung nichts, aber gar nichts anfangen. Da werden wir immer unterschiedlicher Meinung bleiben. Deine Missachtung des weiblichen Geschlechts widert mich sogar an."

Eine ziemlich stark geschminkte superoxidblonde Dame etwa Ende dreißig, Anfang vierzig hatte den Laden betreten, sie trug einen Minirock, den man ohne Waffenschein wahrscheinlich nicht kaufen konnte. Sie steuerte ohne Gruß sofort auf Wolfgang zu und küsste ihn auf den Mund, der erwiderte ihren Kuss und fremdartigerweise hörten beide nicht so schnell auf, sondern setzten auch ihre Zungen ein und Wolfgangs Hand strich in koitaler Erwartung über ihren Po. Harald war aufgestanden, um die Aufgedonnerte zu begrüßen, wurde aber ignoriert, Gabriele kam soeben zurück und war neben ihn getreten, weil sie genau wie er missachtet wurde, setzte sie sich gleich wieder und zog ihn an der Hand, damit auch er wieder Platz nahm.

Wolfgang riss seinen Mund von seiner Minirock Dame los, wandte sich im Herausgehen an Harald mit der Bitte: „Kannst du mein Bier übernehmen, ich muss jetzt gehen, wir haben noch etwas Wichtiges vor."
Grußlos wandten sich beide dem Ausgang zu und waren verschwunden. Harald und Gabriele waren sprachlos, die Dame hatte nicht ein Wort fallen lassen und auch Wolfgang hatte keine Zeit zu einer Vorstellung mehr gehabt.
Gabriele fand als erste die Sprache wieder und meinte, die beiden hätten es wohl sehr nötig. Er betonte, er habe auch nichts gegen ein bisschen Schmusen und zwar auf der Stelle, aber er könne sich beherrschen und würde das lieber in ihrem Hotelzimmer machen. Gabriele lächelte ihn an und sagte, manchmal habe er sehr gute Ideen und sie freue sich auch auf die Zweisamkeit.
Harald rief Monika und wollte die Rechnung haben. Frau Preusser trat an den Tisch in dem mittlerweile gut gefüllten Lokal und begrüßte beide herzlich. Sie war eine füllige Person, die wohl die fünfzig Jahre bereits überschritten hatte, ihre krausen dünnen Haare stachen wirr aus der Kopfhaut, sie hatte knallrote Wangen und einen gutmütigen Gesichtsausdruck.
„Sind Sie noch an der Aushilfsstelle als Kellner interessiert oder wohnen Sie noch gar nicht in Münster?"
„Sicherlich bin ich noch interessiert, ich wollte heute nur mal die Atmosphäre hier testen und auch das Publikum in Augenschein nehmen. Ich würde nämlich keinen Job annehmen, wo ich mir nur die Beine in den Bauch stehe und nichts zu tun hätte. Wenn ich arbeite, sollte sich das schon lohnen. Ich wäre am Montag zu Ihnen gekommen und hätte die Details besprochen."
„Das finde ich prima, sie sehen ja was hier los ist und ausgerechnet heute Nachmittag ruft mich eine Aushilfskraft an, um mir mitzuteilen, dass sie angeblich krank sei. Wenn ich ehrlich bin. Ich habe ihr die vorgeschobene Magen- und Darm Erkrankung nicht abgekauft. Jetzt fällt sie heute und morgen aus und für eine Person ist das hier einfach zu viel. Monika ist zwar schnell, aber das kann auch sie nicht bewältigen. Ich will einfach nicht, dass das Essen kalt an dem Tisch ankommt und dann möglicherweise reklamiert wird."
„Würden Sie denn nicht besser mit einem fest angestellten Kellner aufgestellt sein?"
„Nein, wir haben sehr viele studentische Gäste, die extrem preisorientiert sind. Unsere Devise ist einfaches, gutes und preiswertes Essen. Dabei müssen wir naturgemäß sehr auf die Kosten achten und Aushilfskräfte sind einfach kostengünstiger als Festangestellte, Sie wissen, Sozialabgaben, bezahlter Urlaub et cetera pp, das rechnet sich einfach nicht."
„Tja, damit habe ich nicht gerechnet, heute ist es mir unmöglich zu arbeiten. Meine Freundin und ich haben noch eine wichtige Verabredung mit meiner zukünftigen Vermieterin, die ich nicht absagen kann. Wissen Sie, meine Freundin ist aus Köln zu Besuch und ich wollte ihr die Stadt und die Umgebung zeigen."

„Ich habe alle meine Aushilfskellner bereits abtelefoniert, aber keiner kann morgen kommen. Sie würden mir einen Gefallen tun, wenn Sie wenigstens in der Stoßzeit von sieben bis neun Uhr aushelfen könnten. Davor und danach schafft das die Perle Monika auch alleine."
Harald sah Gabriele an, sie zuckte die Schultern und nickte kaum merklich. Sie ließ sich nicht anmerken, dass Harald bezüglich der Verabredung mit der Zimmerwirtin gelogen hatte.
„Abgemacht, dann komme ich morgen Abend um kurz vor sieben vorbei und helfe Ihnen bis gegen neun Uhr aus."
„Mir fällt ein Stein vom Herzen, Sie sind ein Schatz, selbstverständlich kann Ihre Freundin hier auf Sie warten, Getränke und Essen gehen auf das Haus. Übrigens, finanziell werden wir uns bestimmt schnell einig und es wäre gut, wenn Sie eine schwarze Hose und ein weißes Hemd tragen würden, obwohl, das wäre für morgen nicht zwingend vorgeschrieben."
Frau Preußer wandte sich bereits ab, kehrte noch einmal zurück. „Was ich noch sagen wollte, wir duzen uns hier alle, ich heiße Hannelore und du bist Harry, wenn ich mich recht erinnere?"
„Mir wäre Harald lieber, ich mag diese Abkürzungen nicht besonders. Ich wäre höchstens mit Harry einverstanden, wenn ich dich Lore nennen soll und den doppelten Lohn bekäme, aber das würden Sie wahrscheinlich auch nicht so toll finden."
„Also Harald, dann bis morgen, heute werden wir das schon irgendwie schaffen und die Rechnung von heute übernehme ich selbstverständlich auch. Ihr seid ja immerhin recht bescheiden gewesen."
Auf dem Weg zu ihrem Hotel äußerte Gabriele sich erstmals über Wolfgang Hansen und seine Einstellung Frauen gegenüber. „Ich habe nie in meinem Leben einen solchen Chauvinisten erlebt, falls das nicht noch eine schmeichelhafte Bezeichnung für ihn wäre, der Mensch scheint in seinem Oberstübchen ziemlich gestört zu sein. Dessen frauenfeindliche Äußerungen haben bei mir einen Brechreiz verursacht."
Harald grinste abschätzig und nickte. „Ich denke, dieses spätpubertäre Geschwätz solltest du nicht ernst nehmen. Ich garantiere dir, wenn der eines Tages einmal richtig verliebt sein sollte, redet der völlig anders. Ich kenne solche Typen, das ist nur Prahlerei, sonst nichts, solche Leute drehen ihre Meinung um einhundertachtzig Grad, wenn sie an die Richtige kommen. Dessen Gerede hat mich an die Schulhof Angeberei erinnert, wenn jeder mit oder ohne sexuelle Erfahrung von der Weiblichkeit berichtete und behauptete, er brauche nur mit den Fingern zu schnipsen und schon stünden die Mädels Schlange. Das war schon mehr als Träumerei, da war der Wunsch Vater des Gedankens."
„Aber der Wolfgang hat doch ein Alter erreicht, in dem sich langsam etwas Vernunft in seinem Hirn breitmachen könnte, er kann doch nicht ewig pubertieren. Dass ein

Heranwachsender nur an seinen und den Unterleib der Mädchen denkt, kann ich noch verstehen, aber irgendwann muss man dieses Gehabe doch ablegen können oder müssen."

„Weißt du Gabriele, es gibt Leute, die halten das ein Leben lang bei, die ändern sich in dieser Beziehung nie. Die Puffs sind deshalb so voll, weil viele Männer nur den schnellen Schuss suchen und von tiefergehenden Gefühlen keine Ahnung haben und die zwischenmenschliche Beziehung einfach ignorieren. Es gibt auch nicht viele Männer, die das Glück haben eine wahre Liebe zu finden. Das dürfte aber bei Frauen nicht wesentlich anders sein, echte Liebe gibt es nicht an jeder Ecke und dann suchen die Mädchen einen Mann, der sie versorgt und beschützen soll, als Gegenleistung sind sie dann bereit, gelegentlich die Beine zu spreizen. Dann warten sie auf ein Kind und erleben das erste Mal so etwas wie Liebe, nämlich zu dem kleinen Wurm.

Da finde ich sogar die orientalische Heiratsvermittlung durch die Eltern noch ehrlicher, jeder der Verkuppelten weiß im Voraus wie es abläuft. Da wird erst gar nicht darauf geachtet, ob sich das Brautpaar liebt, das sind meist reine Versorgungsehen und Vermehrungsbündnisse. Diese Leute gehen seit Generationen davon aus, dass sich eine Art von Zuneigung im Laufe der Jahre des Zusammenlebens schon einstellen wird, in Einzelfällen, die so oft sein dürften wie ein Pinguin am Nordpol, soll sich sogar Liebe entwickelt haben. Ich finde das auch nicht gut, Liebe zu erfahren ist ein Glück, auch wenn es nur ein paar Jahre währen sollte, aber dann hat man es wenigstens einmal an der eigenen Person erfahren."

Gabriele war mit seinen Ausführungen nicht ganz einverstanden und schüttelte langsam den Kopf. „Ich weiß aber nicht, was in den Frauen vorgeht, die sich mit so einem wie Wolfgang einlassen, das hat doch keine Zukunft, die Frauen können doch nicht ihr ganzes Leben auf Glück hoffen und den Kerlen nachlaufen."

„Bitte vergiss nicht, dass es wohl auch vielen Frauen zwischen den Beinen juckt, die wollen nur einen sie befriedigenden Sexualpartner, sonst nichts. Und dann möchte ich noch betonen, dass viele Menschen gar nicht wissen, was Liebe ist, wenn du nie geliebt hast, weißt du gar nicht was du suchst. Viele beschreiben das Gefühl der Liebe mit den berühmten Schmetterlingen im Bauch, was ich als unsinnig erachte. Die Schmetterlinge beziehen sich nach meiner Überzeugung auf die Unsicherheit vor dem Neuen, du weißt nicht was dich erwartet und deshalb verwechselst du das Gefühl mit Liebe. Ich kann nur nochmals bestätigen, was Liebe ist, weißt du erst, wenn du wirklich selbst liebst. Das ist genau so, als wölltest du einem erklären, wie eine Banane schmeckt, der sie noch nie gegessen hat. Da fehlen einfach die richtigen Wörter. Ich habe in der Literatur noch nie eine nach meiner Ansicht treffende Definition von Liebe gefunden."

Im Hotel schließlich verbrachten sie das erste Mal überhaupt eine ganze Nacht zusammen, Harald hatte darauf bestanden, dass beide nackt schliefen. Nach Gabrieles Aussage, war das ihre erste nackte Nacht im Bett, sie wollte wenigstens ihr Höschen anbehalten, wie sie sagte aus hygienischen Gründen, was er verlachte. „Wenn wirklich ein Tropfen einer Flüssigkeit, sei er von mir oder von dir morgen früh auf dem Bettlaken sein sollte, so ist der von uns und somit überhaupt nicht schlimm, im Gegenteil, ich liebe alles an und von dir, also auch die segensreichen Tropfen, egal aus welchen Körperöffnungen sie stammen."

Nach einem ausgiebigen Frühstück gingen sie unter einer glasigen Sonne, es roch in der schwülen Luft nach Regen, zum Aasee und schlenderten Hand in Hand am Ufer entlang, mieteten ein Tretboot, aßen ein Eis und besuchten das Mühlendorf, ein Freilichtmuseum. Müde geworden saßen sie im Gras, beobachteten das rege Treiben am Ufer und träumten von einer Zukunft, die ihnen alles bot, was man sich nur erträumen konnte. Harald hatte nie über Nachwuchs nachgedacht, beantwortete ihre Frage nach dem Kinderwunsch in aller Spontaneität mit ja und erschrak fast selbst über diese Antwort. „Natürlich muss ich erst meine Berufsausbildung abgeschlossen haben, vorher wird das nichts mit einem Baby. Ich will ein Kind in geordneten Verhältnissen großziehen und nicht in einem entbehrungsreichen Umfeld."

Der Tag verging wie im Fluge und fast ärgerte er sich über seine Zusage, am Abend aushelfen zu müssen, das wilde Schwein hätte es sicherlich irgendwie auch ohne ihn geschafft. Er fand sich mit der Situation wohl oder übel ab, jedenfalls hatte er durch seine Zusage bei der Wirtin gepunktet und wer weiß wofür das gut war. Sie trafen sogar etwas vor dem vereinbarten Zeitpunkt in der Gaststätte ein und sahen Wirtin und Monika bereits gut beschäftigt. Er wurde freundlich von Hannelore begrüßt, die ihm eine lange schwarze Schürze im Bistrostil zuwarf und ihm bedeutete sie anzuziehen. Gabriele half ihm dabei, das Knoten hinter dem Rücken bereitete ihm noch Schwierigkeiten.

Hannelore erklärte ihm kurz die Kasse, gab ihm eine Kennzahl, die er vor jeder Buchung eintippen musste und wies ihm ein Revier zu, das um die Hälfte kleiner als Monikas war aber ihm doch riesig erschien. Er hatte große Mühe die bestellten Gerichte der Karte zuzuordnen. So musste er sich enorm konzentrieren, die Eingabedaten für „Kotelette mit Kartoffelsalat" nicht mit „Kotelette mit Bratkartoffeln und Salat" zu verwechseln, auch bei den Heringen hatte er Probleme, manche Gäste bestellten „Matjeshering" und meinten „Hering in Sahnesauce". Nach einer mühsamen, schweißtreibenden halben Stunde fiel ihm schon Einiges leichter. Jede freie Minute studierte er die Speisenkarte, um sich Preise und Beilagen zu merken und damit Verwechslungen einzuschränken oder sogar zu vermeiden. Die größte Herausforderung war jedoch, an den Tischen mit mehreren Getrenntzahlern ein

Getränk oder Essen versehentlich nicht aufzuschreiben oder nicht in die Kasse einzugeben. Am Ende des Abends würde dann jedes Manko in der Kasse zu seinen Lasten gehen.
Gabriele saß währenddessen an einem kleinen Ecktisch und blätterte in Illustrierten, immer wenn er an ihrem Tisch vorbeikam hatte er eine nette Bemerkung oder ein flüchtiges Streicheln für sie übrig. Er spürte förmlich, dass sie ihn trotzdem genauestens beobachtete, insbesondere, wenn er mit Monika sprach. Die Blonde gab ihm wertvolle Ratschläge und Erläuterungen, war äußerst freundlich und zuvorkommend zu ihm und versuchte erst gar nicht Körperkontakt zu vermeiden. Wenn er eine Frage an der Kasse hatte, stand sie hinter ihm und legte eine Hand auf seine Schulter oder legte einen Arm um seine Taille. Er spürte Gabrieles Blick, ohne sich umzuwenden, er wusste ganz genau, dass in solchen Momenten Dolche aus ihren Augen Richtung Monika geschleudert wurden, was letztere möglicherweise auch provozieren wollte, warum, leuchtete ihm allerdings nicht ein.
Gegen neun Uhr ließ der Betrieb merklich nach und Hannelore meinte, er könne jetzt Feierabend machen, er habe seinen Job super gemacht und sie wisse schon, warum sie ihn hatte engagieren wollen. Er solle aber nicht vergessen über die geleisteten Stunden Buch zu führen, sie werde die Kasse prüfen und ihm das Trinkgeld morgen aushändigen, falls er ihr vertraue, er könne allerdings auch auf die Abrechnung warten, das könne aber eine gute Stunde dauern. Am nächsten Tag wäre er dann bereits ab achtzehn Uhr eingeplant, dann hätte er mehr Zeit sich einzurollen, sie meinte wahrscheinlich damit eine Art Aufwärmphase.
Auf der Straße grummelte Gabriele übellaunig vor sich hin. „Was hast du eigentlich mit dieser dummen Tussi zu schaffen, die betatschte dich wie eine reife Melone, sie kann die Hände nicht von dir lassen und umgarnt dich wie eine Spinne ihre Beute."
„Ich habe doch gar nichts getan und sie auch nicht, sie war nur so freundlich, mir zu helfen. Wenn du einen Job anfängst, hast du vieles zu lernen und alles erscheint dir fremd und neu."
„Aber deshalb muss sie dich doch nicht andauernd anfassen und betütern wie ein Kleinkind."
„Ich versichere dir, wir haben nicht ein einziges privates Wort gewechselt, das war alles rein dienstlicher Natur. Soll das eigentlich bedeuten, dass du unbegründet eifersüchtig bist? Was sollte das erst einmal werden, wenn ich hier wohne und wir uns nur an den Wochenenden sehen sollten?"
„Was ich nicht weiß, macht mich nicht heiß, ich finde es nur absolut unangemessen, in meinem Beisein so schamlos zu flirten."
Am nächsten Tag als er seinen Dienst antrat, war die Lokalität noch fast leer, lediglich drei Tische waren mit jeweils zwei Personen besetzt. Er hatte Gabriele zum Bahnhof gebracht und sie für die Woche verabschiedet. Er wollte an einem der nächsten Tage nach Köln kommen, um mit einem Freund, der automobilisiert war,

die restlichen Umzugsgegenstände nach Münster bringen, dazu gehörte seine Musikanlage, sein Computer mit Drucker, etliche Bücher, sowie Kleidung und noch ein paar persönliche Gegenstände, zu denen natürlich auch seine Fotoausrüstung gehörte. Bessere Kleidungsstücke wollte er zunächst noch bei seinen Eltern belassen, man wusste schließlich nie, was werden würde. Vielleicht müsste er sogar sein Studium in eine andere Stadt verlegen und dann wäre wieder ein Komplettumzug vonnöten, was er jetzt nach Münster geschleppt hatte, reichte ihm zunächst.

Monika begrüßte ihn wie einen alten Freund mit zwei Wangenküssen und auch Hannelore stand ihr in nichts nach. Er fühlte sich fast wie zu Hause. Hannelore rechnete ihm zunächst vor, wieviel Trinkgeld er nach Kassenprüfung am Sonntagabend gesammelt hatte, er war mehr als zufrieden, die Woche schien durch dieses extra Zubrot zunächst gerettet.

Monika setzte die am Vorabend begonnenen Zutraulichkeiten fort und steigerte sie sogar. Sie ließ keine Gelegenheit aus ihn körperlich zu berühren, sie legte ihre Hand auf seine Schulter oder um seine Taille, wenn er die Registrierkasse blockierte, klapste sie ihm auf den Po oder drückte sich mit ihren weichen Brüsten von hinten an ihn. Harald fragte sich, wie weit sie wohl gehen würde.

Vor Feierabend, als die Kasse abgerechnet wurde, rauchten sie zusammen eine Zigarette und der neutrale Außenstehende hätte auf Grund ihres Verhaltens schließen können, dass sie seit Jahren vertraut waren. Sie verließen gemeinsam das Lokal und Harald wollte sich noch etwas in der frischen Luft bewegen, er war es nicht gewohnt, den ganzen Abend in einer Räucherkammer zu arbeiten, jeder der anwesend war schien dem Zwang erlegen zu sein, pro Bier ein paar Zigaretten konsumieren zu müssen.

Monika erzählte Harald etwas aus ihrem Leben, sie war ein Scheidungskind und in der Obhut ihrer Mutter groß geworden, deshalb müsse sie auch ihr Studium selbst finanzieren und könne sich auch nicht erlauben, länger als die Regelstudienzeit an der Uni zuzubringen, ihre Mutter hätte sowieso bereits Schwierigkeiten genug über die Runden zu kommen. Sie sei auch nicht glücklich, dass sie den ganzen Tag über ihren Büchern zu hocken hatte und abends arbeiten zu müssen. Ihr Vergnügen und ihre Freizeit kämen absolut zu kurz, aber sie müsse sich in ihr Schicksal fügen und die wenigen freien Stunden und Tage voll auskosten, nachdem sie ihre anderweitigen Aufgaben wie Körperpflege, Waschen, Putzen, Einkaufen und gelegentlich Kochen erledigt hatte.

Abrupt blieb sie vor einem Haus stehen und meinte, sie wohne hier und lud ihn noch auf eine Tasse Kaffee zu sich ein. Zögerlich stimmte er ihr zu, es hatte keinen Zweck Monika aus dem Wege zu gehen, sie würden noch geraume Zeit zusammen in der wilden Sau servieren müssen. Sie wohnte in einer vierer Wohngemeinschaft, vier Studentinnen, alle Anfang zwanzig. Bei dem ergrauten Haus handelte es sich um ein

Jugendstilgebäude mit einem gewissen Charme und einer schweren aus Eichenholz geschnitzten und mit Eisenbeschlägen verzierten Eingangstüre, das Treppenhaus hatte ausgetretene Holzstufen, die bei jedem Schritt knarzten. Mit etwas Farbe und Geschick hätte das Haus in einen untadeligen Zustand versetzt werden können.

Beim Betreten der Wohnung passierten sie die Küche, in der eine unscheinbare Brünette mit einem Buch am Esstisch saß. Sie trug einen schwarzen seidenen Morgenrock mit japanischem Kimonomuster und hatte das rechte Knie gegen die Tischplatte gestemmt. Der Morgenrock hatte einen Schenkel von ihr freigelegt und zeigte ein Dreieck ihres weißen Unterhöschens. Monika stellte sie als Yvonne vor, sie blickte nur kurz zu ihm auf, nickte ihm als Gruß wortlos zu und vertiefte sich wieder in ihre Lektüre. Monika fragte, ob sie auch einen Kaffee wolle und Yvonne antwortete, es sei noch genügend frischer Kaffee in der Kanne, er sei erst vor ein paar Minuten aufgebrüht worden.

Monika schüttete den noch dampfenden Kaffee in zwei große Becher.

„Mit Milch und Zucker?"

„Nein, schwarz wie meine Seele."

Sie warf vier Stücke Zucker in ihre Tasse und einen satten Schluck Milch. „Ich bin eine Süße, wie du siehst."

„Das wusste ich auch, bevor du den Zucker genommen hattest."

„Komm in mein Zimmer, damit Yvonne ungestört weiterlesen kann."

Harald musste seinen Blick von dem freiwillig dargebotenen Dessous, Kaufhaus Dutzendware, abwenden, er hatte ein paar getrimmte Schamhaare ausgemacht, die sich durch den dünnen Baumwollstoff einen Weg gebahnt hatten. Die natürliche Ungezwungenheit der Mitbewohnerin Monikas, oder war es sogar eine Freundin, hatte etwas verhalten Erotisches.

Monika setzte sich neben Harald auf die abgewetzte kupferrote Couch in ihrem Zimmer, sie hatte noch nicht ganz gesessen, da sprang sie wieder auf. „Ich werde wahnsinnig in den warmen Dingern."

Sie riss sich mehr, als dass sie zog, ihre schwarze Strumpfhose herunter und warf sie über einen Stuhl.

„So, jetzt fühle ich mich wohler, die Hannelore möchte gerne, dass man in der wilden Sau korrekt angezogen ist, aber bei diesen schwülen Temperaturen ist so ein Kunststoffteil für mich eine Qual."

Sie setzte sich ihm zugewandt auf ihr rechtes Bein und stützte sich mit beiden Händen auf seinen linken Oberschenkel.

Harald grinste, „Wenn es dir so warm ist, hättest du gleich deine Unterhose mit ausziehen können."

Ohne seine scherzhafte Bemerkung zu verstehen, oder verstehen zu wollen, grabschte sie die Strumpfhose wieder von der Stuhllehne. „Ich kann meinen Slip

nicht ausziehen, weil ich fast nie einen trage, sieh hier, die Strumpfhose hat einen Baumwollzwickel, das reicht mir, falls ich schwitzen sollte."
„Soll das heißen, du hast jetzt nichts unter deinem Rock an?"
„Mensch, bist du schwer von Kapee, ich bin Mecklenburgerin, in der DDR haben wir nicht solch einen Aufstand wegen Nacktheit gemacht, wir haben am Meer immer nackt gebadet, ich habe das immer toll gefunden und geguckt hat auch Niemand. Es war einfach ein freies Gefühl und weil alle ohne Badehose rumliefen, war das völlig normal. Kannst du dir vorstellen, dass ich viele Jahre überhaupt keinen Badeanzug oder Bikini besessen habe? Wir haben auch ein ungezwungenes Verhältnis zur Sexualität, wir machen das, was uns Spaß macht und wenn das einem nicht gefällt, ist mir das piep egal."
Harald spielte mit ihrem silbernen Armband, an dem verschiedene kleine Figuren hingen. „Ich weiß auch nicht, woher der Unterschied ursprünglich herkommt, ich denke einerseits hat die Kirche nach wie vor einen immensen Einfluss auf die Moral der Leute. Die Verleugnung und Verdammung des Sexuellen über viele hundert Jahre durch den verlogenen und heuchlerischen Klerus hat wahrscheinlich die Leute geprägt. Im Mittelalter war Nacktheit gesellschaftsfähig und etwas völlig Natürliches, bis schließlich der Irrglaube aufkam, die Badehäuser der damaligen Zeit hätte die Ausbreitung der Pest befördert. Genau das Gegenteil war der Fall, mangelnde Hygiene förderte nämlich die Ausbreitung der Pest. Hinzu kam wahrscheinlich der anglo-amerikanische Puritanismus, der nach dem Krieg als zivilisatorische Errungenschaft nach Deutschland exportiert wurde. Im Gegenzug hatte die Kirche in der Ostzone an Einfluss verloren und demnach drifteten die Moralvorstellungen in den beiden Teilen Deutschlands auseinander. Man darf aber auch nicht vergessen, dass es für Minderheiten im Westen auch eine so genannte Freikörperkultur gab, die allerdings von erheblichen Bevölkerungsteilen verlacht wurde.
Was mich aber ziemlich irritiert, ist die Tatsache, dass Homosexualität in der DDR nicht liberal gehandhabt wurde, bis heute wird sie zumeist totgeschwiegen, was für mich dann nicht mehr mit einer liberalen Moralvorstellung in Richtung Sexualität vereinbar ist."
Während des Gesprächs war Monikas Hand immer weiter Richtung Haralds Leiste gewandert und kraulte durch den Hosenstoff seine Oberschenkel. Sie küsste ihn unvermittelt auf den Mund, ihre Zungen kämpften miteinander und Haralds Hand fand unter ihrem kurzen Rock ihre feuchte Öffnung, die er behutsam erforschte.
Sie unterbrach den Kampf der Zungen, leckte sich die Lippen und fragte ihn unvermittelt, ohne ihr Kraulen zu unterbrechen, welche sexuelle Praktik er gerne einmal ausprobieren wolle.
Harald sah in ihr hintergründig lächelndes Gesicht. „Ich habe schon oftmals davon geträumt, ein Mädchen beim Masturbieren zu überraschen, ich stelle mir das unglaublich erotisch vor und würde das gerne einmal sehen, ich stelle mir auch vor,

dass ich dabei vieles lernen könnte, wie meine zukünftigen Sexualpartnerinnen auf die verschiedenen Berührungen reagiert."

Monika hatte ihr Lächeln nicht abgelegt. „Das machen wir aber nicht heute, das heben wir uns für einen anderen Tag auf, an dem wir viel Zeit haben und in aller Ruhe unsere Wünsche und Bedürfnisse ausleben können. Wir werden das mal machen, das verspreche ich dir, ich stelle mir das auch reizvoll vor, dabei beobachtet zu werden. Mich begeistert ohnehin am meisten, die Vorstellung, ein Mann wird wegen meines Körpers und meiner Aktionen halb wahnsinnig und verliert sich völlig in meinen Armen. Ich stelle mir vor, er wäre dann eine formbare Masse, mit der ich nach Belieben meine sexuellen Phantasien ausleben könnte."

„Ich glaube, für die meisten Frauen ist Sexualität eine Frage der Machtausübung, ihr Frauen wisst doch ganz genau, wie einfach wir Männer gestrickt sind. Vor und während des Aktes könnt ihr doch alles von uns haben, ihr braucht doch dann nur einen Wunsch anzudeuten und schon wird er erfüllt. Mich würde mal interessieren, wie viele Frauen diese Macht schamlos ausgenützt haben, nicht nur diejenigen wie Mata Hari, die Geliebten der Wirtschaftsbosse oder Politikerfrauen, auch die, die nur aus monetären Gründen in solchen Situationen Einfluss nehmen wollten. Diese Nutzung der Machtausübung ist in meinen Augen eine bessere Prostitution, du verkaufst dich, beziehungsweise deinen Körper für eine Gegenleistung, welcher Art auch immer, sei es auch nur für ein Schmuckstück."

„Ich glaube da hast du absolut recht, aber ich habe nur Freude, zu sehen wie sich ein Mann vor Lust windet und wenn ich dann selbst Ähnliches empfinde, gilt das für mich als optimaler Sex."

Sie küsste ihn erneut lange und nass.

Harald zögerte, dachte eine Sekunde lang an Gabriele, aber nicht lange genug, um Monika von ihrem Vorhaben abzubringen und zur Vernunft zu kommen, dazu war es jetzt zu spät, er hätte erst gar nicht mit ihr in die Wohnung kommen dürfen, er hätte wissen müssen, was ihn in ihrem Zimmer erwartete.

In der Nacht wurde er neben Monika wach, sie hatte sich von hinten an ihn gekuschelt, er spürte ihren spärlichen Schamhaarbewuchs kitzelnd an seinem Po. Er ärgerte sich selbst im Halbschlaf maßlos über sich selbst, wie konnte er sich in diese Affäre ziehen lassen? War seine Liebe zu Gabriele weniger dominant als er geglaubt hatte? Er liebte Monika überhaupt nicht, gut er fand sie nett, er mochte sie, das Mädchen war unkompliziert und unglaublich zärtlich, hatte offenbar nicht die geringsten Hemmungen im Bett und hatte ihm einen erlösenden Orgasmus beschert, obwohl sie nur beschränkt auf ihre Kosten gekommen war. Der Liebesakt hatte ihr nach den Lauten zu schließen, die sie von sich gegeben hatte auch einen Höhepunkt verschafft, oder wenigstens gut gefallen, trotz fehlender Penetration. Hoffentlich wurde durch diese Episode ihre Beziehung auf der Arbeit nicht gefährdet und sie verhielt sich so natürlich und ungezwungen, wie vorher.

Es war anders gewesen als mit Gabriele, zu der er nach wie vor tiefer gehende Gefühle empfand, aber ein schlechtes Gewissen machte sich nicht in ihm breit. Warum sollte er ein schlechtes Gewissen haben? Gabriele hatte ihm gesagt, „was ich nicht weiß, macht mich nicht heiß", er stellte die These auf, wenn er Gabriele einen Kuss gab, waren mehr Emotionen aufgerührt als mit Monika bei einem Orgasmus. Obwohl er dem Wolfgang Hansen recht geben musste, im Bett war Monika eine Granate. Was das Besondere an ihr ausmachte, war hauptsächlich das von ihr vermittelte Gefühl, alles was sie anstelle mache auch ihr ungeheuren Spaß, er war sich unsicher, ob das lediglich gespielt war.

Um seine Blase zu entleeren war er dann später nur mit einer Unterhose bekleidet ins Badezimmer gegangen, die Türe war nicht verschlossen gewesen und die Mitbewohnerin Yvonne hatte sich irgendeine Creme im Gesicht verteilt, sie stand dort nur in ihrem weißen Minislip, den Harald bereits kannte, vor dem Waschbecken. Erschrocken hatte er die Türe wieder geschlossen und sich entschuldigt, sie rief ihm zu, wenn es dringend sei, solle er hereinkommen, ansonsten sei sie in ein paar Minuten fertig. Sie trat kurz darauf aus dem Bad und hatte ihren kimonoartigen Morgenmantel über dem Arm, sie war sehr hager und ihr Busen war winzig, ein BH wäre für sie herausgeworfenes Geld gewesen. Sie hatte ihm beim Passieren eine Gute Nacht zu gehaucht, ihr Duft schwebte ihr nach und hing teilweise noch in einer Wolke über dem Waschbecken. Sie war barfuß hinter einer der zahlreichen Zimmertüren verschwunden, nicht ohne ihm noch vorher einen Blick mit Augenaufschlag zuzuwerfen, der es mit jedem Vamp der Hollywood Dynastie aufgenommen hätte. Er wertete diesen Blick als Einladung, die er jedoch nicht annehmen wollte.

Hinterher im Bett hatte Monika mit allen ihr zur Verfügung stehenden Mitteln versucht ihn trotz seiner temporären Entkräftung abermals zu einem Liebesakt heraus zu fordern, was ihm aufgrund seines jugendlichen Alters, Monikas erotischem Aussehen und ihrer unglaublichen Geschicklichkeit in Küssen Schmusen und Streicheln nicht allzu schwerfiel.

Später fiel sie in einen traumlosen Schlaf, nicht ohne ihn aufzufordern, sie zu wecken, wenn er wieder Lust habe, oder noch besser, einfach anzufangen, sie würde dann schon irgendwann mitmachen. Jetzt wo er wider Erwarten wach lag und dieses angenehme erotische Schamhaarkitzeln hinter sich in Höhe des Steißbeins verspürte, überlegte er tatsächlich, ob er sie nicht einfach nochmals nehmen solle, verwarf diesen Gedanken aber gleich wieder, da er doch in den letzten vierundzwanzig Stunden etliche Male von zwei unterschiedlichen Mädchen bis an die Leistungsgrenze gefordert gewesen war.

Das Glück und das Leben gehen manchmal sonderbare Wege, sie bestehen aus Zufälligkeiten, die kein Mensch vorausahnen kann.

Am nächsten Morgen warf sich Monika den Morgenrock über ihre verführerisch herausfordernde Nacktheit, er zog sich nur Hose und Hemd an, die Küche war noch verwaist und Monika machte sich an das Kaffeekochen. Harald schlüpfte noch in seine Schuhe und meinte er wolle schnell etwas zum Frühstück einkaufen, die Bäckerei sei gleich um die Ecke nur ein paar Meter entfernt und frische Brötchen seien eine seiner Leidenschaften.

Als Harald mit einer riesigen Tüte noch warmer Croissants und Brötchen eintraf, dampfte der Kaffee bereits in den großen Bechern. Sie war erstaunt über die Menge an Backwaren, die er beschafft hatte und er meinte, das würde die Gesamtheit der WG sicherlich mit Leichtigkeit verzehren können. Die beiden saßen nebeneinander am Küchentisch und Harald konnte seine Finger nicht bei sich behalten, er wog ihre Brüste in der Hand und streichelte sie auch zwischen den Beinen, wobei sie sich öffnete und ihm leichteren Zugang verschaffte, indem sie auf ihrem Stuhl nach vorne rückte. Sie küssten sich wieder leidenschaftlich und vermengten ihre Speisereste gegenseitig in ihren Mündern.

Plötzlich stand Yvonne in der Türe, ungekämmt und ungewaschen wie die beiden Schmusenden und fragte, ob sie störe, der Kaffeeduft habe sie angelockt. Monika ließ von Harald ab und meinte, sie störe nie und es gebe jede Menge frischer Brötchen und genügend Kaffee habe sie auch gebrüht.

Yvonne hatte wieder ihren Morgenmantel an, der dem Monikas ähnlich war, und setzte sich den beiden gegenüber, goss sich Kaffee ein und machte sich zunächst über ein Croissant her, das sie dick mit Butter und Marmelade bestrich, als sei der Blätterteig nicht fett genug. Beim Vorbeugen konnte Harald ihre niedlichen Brustansätze bewundern und neben sich der kaum bedeckte Busen Monikas, sie hatte ihre Kimonoadaption nicht zurechtgerückt, der auch ihren Schoß nur einseitig verdeckte, er kam sich vor, wie im siebten Himmel. Er empfand die Atmosphäre als erotisch knisternd und versuchte erst gar nicht seine Blicke zu verstecken. Harald rauchte eine Zigarette an, Monika nahm sie ihm aus dem Mund und rauchte weiter, während Yvonne meinte, die Croissants schmecken warm am besten, steckte sich ebenfalls eine Zigarette an, kaute weiter und spülte mit Kaffee den Brei herunter, erst danach stieß sie den Rauch aus.

Monika regelte die Reihenfolge des Badbesuchs, Yvonne wollte nach dem Paar ihre Säuberung vornehmen und so verschwanden die beiden im Bad, Monika schlug vor, gemeinsam mit ihm unter die nicht allzu saubere Dusche zu gehen, die Brausewanne war stumpf und im Abfluss befanden sich noch etliche lange mit Seifenresten versetzte Haare. Sie seiften sich langsam und lange ein, die Unterleiber hatten es Monika besonders angetan und er ejakulierte in ihrer Hand.

Seine weiße Flüssigkeit klumpte zusammen und thronte auf den Haarresten im Abfluss, Harald reinigte das Sieb von den Feststoffen und warf sie in das Klo, Monika schaue ihm dabei belustigt zu und meinte lobend, es sei nicht nur einmal passiert, dass sie solche und ähnliche Rückstände Anderer aus dem Abfluss hätte puhlen müssen, es sei für sie ein Riesenunterschied, ob man wisse, von wem das Zeug sei, es wäre so ähnlich als würde man versehentlich aus dem Glas eines Fremden trinken, bei einem Vertrauten, sei es überhaupt nicht eklig.

Die Zahnputzbecher auf der gläsernen Ablage zwischen Spiegel und Waschbecken hatte ein cleveres Mitglied der Wohngemeinschaft mit den Anfangsbuchstaben beschriftet, er griff sich Monikas Zahnbürste und bearbeitete seine noch unplombierten Zähne damit sorgfältig. Er hasste diese Rituale, jeden Morgen, jeden Abend dieses lästige Zähneputzen, wie der Dentist empfohlen hatte, erst die Bürste waagerecht, dann senkrecht an den Beißern entlangführen. Zahnseide wurde zwar angeraten, aber das würde noch mehr Zeit vergeuden, also verzichtete er stets darauf.

Überhaupt, das ewige Duschen, abtrocknen, Gesicht eincremen, kämmen, rasieren, danach der einzige angenehme Moment, das Abtupfen der rasiergeschädigten Haut mit einem erfrischenden Rasierwasser. Hier als Gast entfiel das meiste des Rituals mangels Verfügbarkeit der notwendigen Utensilien.

Ach ja natürlich, vor dem Duschen stand normalerweise noch die zeitraubende Darmentleerung statt, währenddessen man in Ruhe eine Zigarette rauchen konnte, um die Zeit nicht völlig umsonst geopfert zu haben. Da man dabei sonst nichts als Nachdenken zur Aufgabe hatte, kamen einem während dieser wenigen beschäftigungslosen Minuten die besten Ideen. Einstein soll sogar die Grundlage seiner Relativitätstheorie auf dem stillen Örtchen ersonnen haben, hatte er einmal irgendwo gelesen.

War der Körper erst einmal an diese Rituale und deren Abfolge gewöhnt, glaubte man unsauber und ungepflegt zu sein, wenn man es ein einziges Mal bei einer Katzenwäsche bewenden lassen wollte, weil man mal den Tag vergammeln wollte und sich glaubte gehen lassen zu können. Irgendwann im Lauf des Tages holte man dann doch teilweise die morgendlichen Rituale nach, um sich wenigstens für die restlichen Stunden tagesfrisch zu fühlen.

Einmal in einer einfachen Pension auf einer seiner seltenen Verwandtenbesuchstouren hatte er morgens festgestellt, dass er keine Zahnbürste eingepackt hatte und freute sich über sein Schicksal, ohne dieses lästige Prozedere der Zahnpflege auskommen zu müssen. Nach dem opulenten Frühstück fühlte er sich dermaßen unwohl, dass er einen Seifenladen suchte, sich die billigsten Zahnputzutensilien besorgte und trotz seines Widerwillens die Zeremonie in der Pension schleunigst nachholte.

Diese Erinnerung schreckte ihn regelmäßig ab, er musste sich wohl oder übel mit der Abhängigkeit von diesen ins Hirn eingebrannten Anwendungen abfinden. Er wollte diese Schwelle des Widerwillens überschreiten, und sich nicht bei jedem Zähneputzen und rasieren über den Vorgang ärgern – er ärgerte sich trotzdem und musste sich zu den Aktivitäten zwingen. Zwingen musste er sich nicht unbedingt in jedem Fall, da er die Notwendigkeit einsah. Sein Vater hatte die Zahnpflege vernachlässigt und im Laufe der Jahre die meisten Zähne verloren, der Dentist hatte die Ursache in mangelnder Zahnhygiene gesehen. Und einen Bart wollte er sich auch nicht wachsen lassen, dafür war der Bartwuchs zu unregelmäßig, auf der Oberlippe sprießten nur vereinzelte Stoppeln und auch seine rechte Wange verweigerte sich ausreichend Haare zu produzieren – folglich blieb ihm nur das unangenehme Ritual des täglichen Rasierens.

Es gab auch noch andere Rituale, die er zutiefst verabscheute, dazu gehörte das Schuhanziehen von Tretern mit Schnürsenkel. Das Bücken und Festzurren der Senkel in gebückter Haltung waren ihm ein Gräuel, obwohl er wegen seines noch nicht fortgeschrittenen Alters gelenkig und biegsam, also offensichtlich gesund war.

Er mied die Freunde und Bekannten, die darauf bestanden, dass man sich beim Betreten der Wohnung die Schuhe ausziehen musste. Der Sinn und Zweck dieses Striptease auf unterster Ebene hatte sich ihm nie erschlossen. Reinigen musste man den Fussboden ohnehin in regelmäßigen Abständen, wenn dann eine unbedeutende Prise zusätzlichen Straßenstaubs in der Wohnung durch seine immer gut abgetretenen Schuhe verteilt wurde, konnte das durch die Dame des Hauses nicht bemerkt werden können, zumindest war er davon überzeugt.

Um das Schuhbinden weitestgehend zu vermeiden, kaufte er sich, sofern es sich nicht um Sportschuhe handelte, Mokassins, in die man schnell schlüpfen konnte, ohne die unnötigen Verrenkungen auszuüben.

Er hatte schon Generationen von anfänglich freundlichen und hilfsbereiten Schuhverkäuferinnen in den Wahnsinn getrieben, indem er dutzendweise Schuhe anprobierte, das kleinste Drücken oder Zwicken war nicht akzeptabel, auch die Versicherungen der Fachangestellten, das Leder werde sich beim Tragen etwas weiten, ließ er nicht gelten. Sie mussten zwar festsitzen, aber den Fuß nicht einengen oder den Blutfluss abschnüren und trotzdem die Möglichkeit bieten, wie in einen Pantoffel bequem und ohne Behinderung hinein zu gleiten, auch ohne Schuhlöffel. Beim Kauf hatte er auch immer zu bedenken, ob der Slipper sich durch häufiges Tragen erheblich weiten oder die Form im Laufe der Jahre beibehalten würden. Er hatte schon die unangenehme Erfahrung gemacht, dass nach einigen Monaten die Schuhe derart außer Form gerieten, dass der Karton, in dem sie verkauft worden waren, besser saß als der Schuh selbst.

So problematisch sich sein Schuhkauf gestaltete, so aufwandslos und unkompliziert bewerkstelligte er den Erwerb anderer Kleidung. Er huschte an den Regalen seiner Größe vorbei, prüfte Aussehen und den Preis, probierte die Passform und kaufte, dazu benötigte er keinen Verkäufer, der mit seinem devoten „Schlüpfen Sie doch mal hinein, wegen der Größe." Ihm auf die Nerven ging, warum sollte er etwas anprobieren, das ihm überhaupt nicht gefiel. Der Gipfel der Dummheit kam dann nach der Feststellung, ein Teil passe nicht gut, der Kommentar des Verkäufers: „Tut mir leid, aber jeder Fabrikant hat seine eigenen Größenvorstellungen." Warum hatte er dann vorher seine Größe mit einem anderen Produkt bestimmen wollen? Letztlich war diese Art von Verkäufern überflüssig – zumindest er brauchte sie nicht. Anprobieren konnte er alleine, dazu brauchte er keinerlei Hilfe oder Bemerkungen, die Beurteilung des Dienstleisters nach der Anprobe war ohnehin immer positiv, die Person wollte schließlich verkaufen.

Es geschah glücklicherweise nicht oft, dass er einen Arzt konsultieren musste. Wenn er aber trotz eines festen Termins länger als eine Stunde warten musste (er hatte schließlich nicht den ersehnten Status eines Privatpatienten), bis der Gott in weiß sich bequemte, ihn vorzulassen, hätte er Amok laufen können.

Die Ärzte und ihre Wartezimmer waren die Vernichter von Volksvermögen im großen Stil. Er hätte gerne einmal eine Statistik gesehen, wieviel Milliarden jährlich auf diese Weise den Arbeitgebern verlustig gingen. Dieses unnützliche Warten, für das die ärztliche Unfähigkeit zur Organisation schuld war, wurde nur noch übertroffen, durch das elendigliche Warten in Behördenfluren und amtlichen Stellen.

Dort wurde erwartet, dass man in einem engen Zeitrahmen persönlich zu erscheinen hatte. Warum man für einen Verwaltungsakt von wenigen Minuten ein zig- oder sogar hundertfaches dieser Zeitspanne warten musste, blieb ihm wohl immer verschlossen. Für einen komplizierten Antrag, für den man mehr als eine Stunde mit dem Verwaltungsmenschen zusammensitzen müsste, hätte er einige nutzlose Wartezeit noch akzeptiert, dass er aber für das schnell zu erledigende Abholen eines Dokuments, das letztlich nur noch auf die Aushändigung wartete, so viel Zeit opfern musste, überstieg seine unendliche Verständniskraft und Geduld.

Das Resultat eines solchen Zeitverlusts war dann ein gehöriges Maß an Unfreundlichkeit des Bürgers, das dann durch ebensolche Unfreundlichkeit des Verwaltungsmenschen erwidert wurde. Das Ergebnis war ein Beamtengewitter.

Harald sprach bei dem Abschiedskaffee, während Yvonne im Bad war, Monika auf die Zusammensetzung der Wohngemeinschaft an, bisher hatte er die beiden weiteren Mitbewohner nicht zu Gesicht bekommen. Sie meinte, die würden wohl bei ihren Freunden übernachten oder nach Hause gefahren sein, man sei es nicht gewohnt sich abzumelden. Manchmal seien die anderen beiden Damen wochenlang verschwunden und tauchten dann unvermittelt mit einem noch unbekannten Freund auf, der dann eventuell eine Woche lang der Lover sein konnte und dann von einem Anderen abgelöst würde. Dies würde aber nie thematisiert, das sei allen Beteiligten gleichgültig, man würde sich relativ frei bewegen, deshalb habe Yvonne auch keinerlei Scham oder Skrupel Harald gegenüber. Monika habe sich eigentlich gewundert, dass ihre Mitbewohnerin nicht versucht habe mit ihm zu flirten, sie sei nämlich ziemlich sinnlich und hätte leidenschaftlich gerne Sex. Harald erwähnte

Yvonnes zweideutiges Angebot, vom Abend vorher nicht, das hätte wahrscheinlich nur zu Verstimmungen geführt, die er vermeiden wollte.

Monika erzählte freimütig, sie sei selbst einmal von Yvonne verführt worden als sie keinen Freund hatte, sie habe bisexuelle Neigungen und hätte ungerne ein leeres Bett. Harald hatte aufgehorcht und sich bei Monika erkundigt, was sie denn lieber habe, Sex mit Männern oder mit Frauen. Mit Frauen, hatte sie geantwortet, hat es mehr mit Zärtlichkeit und Streicheln zu tun, mit Männern sei das Gefühl stärker und intensiver, es sei eben anders, sie fände beides gut, aber alles zu seiner Zeit.

Die Vertrautheit der vergangenen Nacht setzte sich abends beim servieren zwischen Monika und Harald nicht fort. Sie begrüßten sich zwar vor Arbeitsbeginn mit einem Kuss auf den Mund, berührten sich auch gerne aber weder sie noch er machten einen Ansatz, die Liebesnacht zu wiederholen. Im Vorraum zur Küche, wo ein kleiner Servierschrank stand, auf dem Getränke und Aschenbecher für das Personal abgestellt werden konnten, prüfte er auch, ob sie, wie von ihr behauptet, keine Unterhose unter dem Rock trug, was sie dann mit einem entwaffnenden Lächeln quittierte.

Einmal hatte die Wirtin die beiden erwischt als er die Hand unter ihrem Rock hatte und Monika ihm als Zeichen ihrer Bereitschaft zu mehr, einen Kuss auf den Mund gab. Hannelore Preusser hatte ihre Servicekräfte dann nach Dienstschluss zu sich gebeten und kategorisch klargestellt, dass ihr völlig gleichgültig sei, was sie in ihrer Freizeit machten, sie sich jedoch jedwede sexuelle Eskapade in der Gaststätte verbitte. Auch Haralds Argument, kein Gast habe sehen können, was er getan habe und auch ihre Reaktion darauf sei im Vorraum den neugierigsten Blicken verborgen geblieben, überzeugten Hannelore nicht im Geringsten. Wenn sie die beiden nochmals erwische, seien sie automatisch entlassen, so sehr sie das auch bedauere, schließlich seien sie die zuverlässigsten und umsatzstärksten der studentischen Hilfskräfte. Also beschränkt eure Bedürfnisse in dieser Beziehung auf die Zeit nach Feierabend, und damit Ende der Diskussion.

Diese Standpauke kam für Harald völlig überraschend, da er ein außergewöhnlich gutes Verhältnis zu der Wirtin pflegte, auch Monika hatte die Rüge und die Drohung überrascht, die schon wesentlich länger im „Wilden Schwein" arbeitete und ebenfalls mit Hannelore auf gutem Fuß stand. Obwohl es prinzipiell verständlich war, was Frau Preusser forderte, stieß es auf ein gewisses Unverständnis, wegen der mangelnden Einblicksmöglichkeit des Raumes für Außenstehende. Vor dem Raum stand zudem ein größeres Schild mit der Aufschrift: „Kein Zutritt für Unbefugte", das bisher von keinem Gast missachtet wurde. Harald empfand die Einwendungen der Wirtin als übertrieben, er betrachtete die Schäkereien, wie er es nannte, als harmlos und selbst für Außenstehende nicht anstößig.

Obwohl er der Wirtin insgeheim recht gab, fühlte er sich wie ein kleiner Junge, der ungerechterweise einen Tadel erhalten hatte und dies förderte seine oppositionelle

Haltung. In seiner Starrköpfigkeit war er für mehrere Tage nicht mehr bereit, mit der Wirtin mehr als das absolut Notwendige zu sprechen. Erst langsam baute sich sein innerer Widerstand und sein Gefühl des Beleidigt seins ab. Im innersten ärgerte er sich über sein eigenes Verhalten und die Tatsache, dabei erwischt worden zu sein und der Aufgestaute Ärger darüber war die eigentliche Ursache seiner widerständlichen Empfindungen.

Wenn Harald nachts in seinem Bett lag, hatte er Gabriele vor seinem geistigen Auge, vielleicht auch angeregt durch die vielen Fotos seiner Kölner Freundin. Schweiften seine Gedanken einmal Richtung Monika, dachte er vornehmlich an ihre geschlechtsspezifischen Körperpartien, weder an ihr Gesicht, noch an ihre Gestik oder ihren zugegebenermaßen überwogenden Charme. Die einzige Ausnahme war ihr trockener Humor, sie machte gelegentlich derart witzige Bemerkungen, dass er, wenn sie ihm wieder in den Sinn kamen schmunzeln musste, egal wo er sich gerade befand.

Er nahm sich vor, dieses Fremdgehen, wie man seine Nacht mit Monika allgemein nennen würde, nicht zur Gewohnheit werden zu lassen. Einverstanden er war da in eine Affäre herein gerutscht, die er wahrscheinlich besser vermieden hätte, aber es war nun einmal passiert und er bereute es nicht ein bisschen, die Erfahrung mit der Kollegin war in seiner Erinnerung ein Meilenstein. Er hatte sehr wohl bemerkt, dass sie um Vieles geschickter in Sexdingen vorging als Gabriele und was ihm besonders in Erinnerung geblieben war, sie hatte die Initiative ergriffen, was im normalen Leben doch recht selten vorkam. Dazu war sie auch hübsch und unglaublich gelenkig, was ihm ungeahnte Perspektiven eröffnet hatte.

Die Vorteile Monikas gegenüber Gabriele konnte er durch Anleitung und Einfühlsamkeit ausgleichen und die Freude, die Monika offensichtlich an der Nacktheit und am Geschlechtsverkehr hatte, könnte er hoffentlich auf Gabriele übertragen.

Die Zeit wird die Entwicklung fördern, davon ging er zumindest aus.

Ein paar Tage später erschien Wolfgang Hansen in dem an diesem Abend fast leeren Restaurant, Harald war die einzige Bedienung und auch Hannelore hatte sich kurzfristig vom Tresen entfernt, er konnte mit Leichtigkeit sämtliche Servicearbeit alleine erledigen, der Ankömmling setzte sich grußlos auf einen Barhocker neben der Kasse und klopfte seinem Kommilitonen kräftig auf den Rücken.

„Na, wie läuft denn so alles, du alter Spießer? Wo hast du denn deine süße Freundin versteckt, mit der du das letzte Mal so intim warst?"

Harald war diese vertrauliche Begrüßung unangenehm, als ehemaliger Schulfreund hatte man sich gelegentlich in den Pausen unterhalten, aber da ging es meist um irgend welche Lehrer und deren Macken, oder man sprach über die Fußball Bundesliga, den 1. FC Köln oder BVB Dortmund, Wolfgangs präferierter Verein oder die Abneigung gegen die Bayern aus München, die mit ihrem Minimalisten Fußball

häufig nach einem Tor Vorsprung das Spielen aufgaben und dieses knappe Ergebnis dann bis zum Schlusspfiff retteten. Ausnahmen bestätigten die Regel.
Manchmal war das Thema auch die Mädchenwelt an der Schule gewesen, wobei gerne damit geprahlt worden war, wie viele man bereits flachgelegt hatte, wer noch Jungfrau gewesen sein soll und wer Erfahrung mitgebracht hatte. Hätte jemand eine Statistik über die Prahlerei geführt, hätten einige der attraktiveren Mädels wohl keine Zeit mehr gehabt alleine zu schlafen, denn Dutzende von Mitschülern behaupteten mit den Hübschen bereits sexuelle Beziehungen gehabt zu haben. Wahrscheinlich wurde bei einigen ein Lächeln oder ein freundlicher Blick bereits unter sexuelle Beziehung subsummiert.
Hatte Harald damals diese Pausenhofgespräche mit Wolfgang noch als halbwegs amüsant empfunden, so konnte er mittlerweile eine gewisse Abscheu gegen ihn kaum noch verhehlen. Ihn störte nicht nur seine mangelnde Körperhygiene, sein lautes Lachen, sein Mundgeruch, nach Alkohol und Zigaretten und sein flacher Geist, er hatte sich wohl seit der zehnten Klasse nicht mehr weiterentwickelt. Diese Reihe hätte Harald noch beliebig fortsetzen können, ohne lange zu grübeln.
„Meine süße Freundin habe ich nicht versteckt, sie wohnt noch in Köln und kommt mich am Wochenende hier regelmäßig besuchen."
„Die Kleine würde ich auch nicht von der Bettkante stoßen, obwohl sie mir noch ziemlich unerfahren zu sein scheint, aber es geht nichts über schöne feste Titten einer Jungfrau."
„Ich möchte nicht, dass du so über Gabriele redest, wir haben eine feste Beziehung, wir lieben uns und ich möchte ihren Ruf nicht durch deine abfälligen Bemerkungen gefährdet sehen. Also beachte das bitte, sprich etwas respektvoller von ihr und vor allem, halte deine Finger bei dir."
„Oh, ist der Herr aber empfindlich, was habe ich denn nur Schlimmes gesagt, du fickst die doch wahrscheinlich genau so, wie ich meine Bettgenossinnen ficke. Dazu sind die Damen doch geschaffen."
„Ehrlich gesagt, betrachte ich Frauen nicht nur als Fickobjekte, es gibt noch etliche andere Sachen als bumsen, aber ich glaube nicht, dass du das verstehen würdest, für dich bestehen die Frauen doch nur aus Geschlechtsteilen."
„Was kann ich denn dafür, wenn die Weiber auf mich fliegen und wenn die dann paarungsbereit sind nutze ich das gerne aus."
„Ich hatte vorige Woche, als du von einer Dame abgeholt wurdest, den Eindruck dir kommt es nicht auf Klasse, sondern nur auf Masse an. Die sah doch aus wie eine billige Straßenhure."
„Mann ich sage dir, das ist vielleicht ein irres Weib, ich glaube die würde es am liebsten mit einer ganzen Kompanie Soldaten treiben, die ist irgendwo in einer Anwaltskanzlei Sekretärin und wohnt zwei Häuser weiter in meiner Straße. Wir haben uns dann im Supermarkt getroffen, ich hatte unsere Nachbarschaft erwähnt

und sie war sofort mit meinem Angebot einverstanden, dass ich ihre Einkaufstüte in ihre Wohnung tragen durfte. Den versprochenen Kaffee habe ich nie bekommen, dazu hatten wir keine Zeit mehr, wir sind sofort im Schlafzimmer verschwunden. Die konnte gar nicht genug bekommen und hat mich total dehydriert, kein Tropfen war noch aus mir rauszuholen. Ich sage dir, das war der geilste Nachmittag meines Lebens. Später musste ich dann in größter Eile die Wohnung verlassen, weil ihr Mann von der Arbeit nach Hause kommen sollte. Der war irgendein Handwerker und machte viele Überstunden, dadurch verfügte sie über jede Zeit der Welt. Sie hatte und hat immer noch jede Menge anderer Liebhaber, aber das ist mir egal. Hauptsache sie macht für mich immer die Beine breit."

„Empfindest du denn etwas für die Frau, liebst du sie?"

Mit einem mehr als unverschämt zu bezeichnenden Grinsen trank Wolfgang an seinem Bier. „Nee, überhaupt nicht, aber wenn ich an sie denke, habe ich gleich wieder so ein warmes Gefühl im Unterleib und könnte sie sofort wieder besteigen. Ich weiß gar nicht richtig was Liebe ist, das ist mir aber auch absolut gleichgültig, die Hauptsache ist doch die Befriedigung der Sexualtriebe. Wenn ich nach einem Orgasmus bei ihr liege, empfinde ich schon gewisse Gefühle für sie, aber eigentlich warte ich dann nur auf die nächste Gelegenheit einen weiteren Schuss zu landen, sobald meine Genusswurzel wieder standhaft wird."

Harald runzelte die Stirn, was Wolfgang ihm da erzählte verstand er zwar von den Wörtern her, die er sagte, aber das Gesagte drang nicht in sein Hirn ein. So eine Situation nennt man wohl Verständnislosigkeit. Unendliche Verständnislosigkeit als spräche er von einem abstrakten Gemälde, das er noch nie gesehen hatte und überhaupt nicht verstand.

Nachdem Wolfgang gegangen war, er hatte angeblich noch eine wichtige Verabredung mit irgendeiner Dame, ließ Harald sich nochmals die gesamte Situation durch den Kopf gehen und kam zu dem Schluss, seine Art die Sache mit der Liebe und so zu betrachten, sei die bessere und auch die befriedigendere. Vertrautheit mit dem Partner war ihm wichtig, Sex war ein willkommenes Beiwerk, sollte aber eine Beziehung nicht dominieren.

Nebenher fragte sich Harald, wann sein Kommilitone überhaupt Zeit hatte, sich mit seinen Studien zu beschäftigen. Er wanderte doch nur von Bett zu Bett, zugegeben, der Kerl musste über eine unglaubliche Vitalität verfügen, sonst könnte er sein Pensum kaum bewältigen. Harald verspürte aber keinen Anflug von Neid oder Bewunderung, nur Ekel und dann vielleicht noch Mitleid mit diesem armen charakterlosen Geist.

Trotz oder wegen alledem erschien ihm Münster nach diesen paar Tagen der Akklimatisierung gar nicht mehr so finster.

Zicken Clique, die erste
(genannt ZickenKlicke)

Mich ängstigt das Verfängliche
Im widrigen Geschwätz,
Wo nichts verharret, alles flieht,
Wo schon verschwunden, was man sieht;
Und mich umfängt das bängliche,
Das graugestrickte Netz.
(Johann Wolfgang von Goethe)

Der Damenstammtisch in der Gaststätte Sachsophonie hatte sich selbst vor ein paar Jahren ironisch Zickenklicke genannt. Die Namensgebung war nicht spontan erfolgt, sondern irgendein Gast hatte mal abfällig von den Zicken am runden Tisch gesprochen, dann sprach ein anderer vom Zickentisch, dieser Begriff wurde lange verwendet und die Damen am Tisch waren dann eben die Zicken Clique. Als eine der Damen eine Kurzreise vielleicht auch Sauftour an die Ahr organisierte und sie einen Wimpel anfertigen ließ, kam sie dann auf die glorreiche Idee die Clique einfach eingedeutscht Klicke zu nennen, sie fand die ähnliche Schreibweise wohl origineller oder sie wusste ganz einfach nicht, wie man Clique richtig schreibt, für viele Leute ist der Gebrauch eines Dudens ein Sakrileg und seit dem prangte auf dem Tisch an einem kleinen Holzgalgen hängend der gelbe Wimpel mit dem dunkelgrünen Aufdruck Zickenklicke.

Obwohl der Name von der Clique selbst erwählt worden war, hatte keine der Mitglieder es gerne mit dem Attribut Zicke versehen zu werden, wenn sie sich selbst so benannten war das etwas Anderes, der Außenstehende hatte den Damen mit Respekt zu begegnen, andernfalls konnte er erleben, was Zicken mit ihm so anstellen konnten. Es war von Niemandem kolportiert worden, man habe ihm die Augen ausgekratzt, oder ihn anderweitig schwer verletzt, aber Verbalattacken übelster Art musste sich jeder Provokateur gefallen lassen.

Die Sachsophonie war, anders als der Name erahnen ließe, eine überraschend schlichte kleine Eckkneipe. Auf dem an die Toskana erinnernden burgunderrot gefliesten Fußboden standen schwere Eichentische mit roh gebürsteten Weichholz Tischplatten und ungepolsterten stabilen Eichenstühlen, die für den Allerwertesten eine Aussparung in der Sitzfläche hatten. Für empfindliche Gäste gab es wahlweise

Sitzkissen. Die Theke war halbrund und mit blank polierten rustikal geschnitzten Eichenbrettern vertikal verkleidet. Die Ausstattung des Lokals war demnach recht einfach, jedoch wird die Atmosphäre einer Kneipe nicht durch das Interieur bestimmt, sondern durch Wirt und Gäste. Die Gemütlichkeit der Lokalität wurde darüber hinaus von der sparsamen Beleuchtung geprägt, das Tageslicht fiel durch die teilweise farbigen Butzenscheiben gedämpft in den Schankraum und die abendliche Beleuchtung bereitete vielen Sehbehinderten Schwierigkeiten beim Lesen. Böse Zungen hatten behauptet, die Beleuchtung sei deshalb so spärlich, damit man den Schmutz von Generationen in den Ecken nicht sähe. Andere Lästerer behaupteten, das mangelnde Licht sei notwendig, damit man die Falten und Runzeln der Gäste nicht so schnell entdecke. Der Charme und die Beliebtheit der Sachsophonie bestand in der verbindlichen und immer freundlichen Art des Wirtes, seiner Frau und den aus allen Bevölkerungsschichten rekrutierten Gästen. Dort stand der Professor des Uniklinikums neben dem Klempner und der Fernsehregisseur neben der Anwaltssekretärin, es gab dort keinen Status, den man protzerisch heraushängen ließ, man war Gast, den alle kannten, rauchte, redete und soff und damit Punkt.

Die Clique war ein nicht definierter Kreis von weiblichen Stammgästen der Sachsophonie, das Durchschnittsalter dürfte bei mindestens fünfunddreißig Jahren oder eher darüber gelegen haben. Man kannte sich, man akzeptierte sich, solange die Person anwesend war und man war freundlich zueinander, solange die Person der Clique beiwohnte. Der Stammtisch hatte kein anderes Ziel, als Andere, oder besser Abwesende, die dem Kreis bekannt waren, durch den Kakao zu ziehen, obwohl Kakao nie auf dem Tisch gesichtet wurde. Die bevorzugten Getränke waren Weißwein oder Sekt, allerdings wurde auch kein Prosecco von der Tischkante gestoßen.

Männer waren eigentlich an dem Stammtisch nicht zugelassen, es sei denn, er konnte zu dem Thema, das gerade auf der ungeschriebenen Tagesordnung stand, Wesentliches beitragen. Wenn sich ein männliches Wesen, Grundvoraussetzung war, dass er allen Zicken gut bekannt war, masochistischer weise an den Tisch verirrte, so wurde er entweder geduldet oder oft genug unmissverständlich aufgefordert den Damenkreis zu verlassen, dies war dann Themenabhängig. Wenn es mal kein Subjekt gab, das sich lohnte verbal zu zerfleddern, waren engagiert beflirtete Männer willkommen, die dann auch schon mal eindeutig zu mehr als einem Flirt eingeladen wurden.

Der Kreis bestand fast ausschließlich aus gut situierten Damen, deren Partner mittelständische Unternehmer oder zumindest gutverdienende Angestellte in der Industrie oder auch höhere Beamte waren. Es gab natürlich auch die aus monetärer Sicht beneidenswerten Frauen, die aus einer Scheidung mit stattlicher Ausstattung hervorgegangen waren, diese bewerteten die Trennung von dem Ex-Gatten als Wiedergeburt und genossen ihre neu gewonnene Freiheit in jeder Beziehung. Das waren die Damen, die mit einer Freundin auf Kreuzfahrtschiffen und besseren Hotels die Männer mittleren Alters reihenweise beflirteten und für Serien von Eheproblemen auf den Schiffen oder in den Hotelzimmern sorgten. Oft wurde an dem Zickentisch mit den Scheidungsanwälten geprahlt, die die so genannte Zugewinngemeinschaft der Ehe vor dem Scheidungsrichter bis auf die Spitze getrieben hatten und den männlichen Teil der Ehe an oder in den finanziellen Ruin getrieben hatten. Ausnahmslos alle noch verheirateten Damen hatten sich die Kontaktdaten dieser Anwälte, man konnte sie ja schlecht Rechtsanwälte nennen, notiert und für alle Fälle an einem sicheren Ort verwahrt, damit sie jederzeit beim nächsten Gatteneklat griffbereit waren. Das Zusammengehörigkeitsgefühl der meisten Ehepaare war ohnehin nicht sonderlich ausgeprägt, häufig waren die Ehen wegen der ausufernden Arbeitszeiten der Selbständigen zu reinen Versorgungsgemeinschaften mutiert. Man fuhr getrennt in Urlaub, das Geschäft brauchte permanent eine Aufsicht, nahm das Wort Treue nur dann in den Mund, wenn es sich um die des Partners handelte und fühlte sich abgesehen von den Geschäftszeiten absolut frei.

Zugegebenermaßen, der Großteil der Damen betraten die Lokalität mit ihrem temporären oder auch dauerhaften Partner, falls es so etwas gerade gab, hielten sich aber an verschiedenen Plätzen auf, das war dann wie ein Kurzurlaub vom Partner. Die Männer standen dann an der Theke, analysierten die letzten Niederlagen des 1. FC Köln oder die Unfähigkeit der Politiker, knobelten oder spielten in einer Ecke Skat, manchmal auch Backgammon. Dazu floss das Kölsch direkt vom Fass gezapft in nicht unerheblichen Mengen, allerdings rauchte kaum jemand, die Herzinfarktgefahr war zu groß, um diesen zu provozieren, reichte der Stress des mehr oder weniger erfolgreichen Geschäftsmanns.

An dem Zickentisch ging es meist recht laut zu, wenn die Damen fröhlich waren, konnte man im Rest des Lokals keine Unterhaltung mehr führen, bis das an hysterisches Kreischen erinnernde Gegacker erstarb. Wenn allerdings die geführte Unterhaltung sehr leise geführt wurde, konnte man mit an Sicherheit grenzender Wahrscheinlichkeit davon ausgehen, dass der Wahrheitsgehalt der Konversation am Tisch asymptotisch abnahm. Das Thema in solchen Situationen war dann entweder eine dem gesamten Damenkränzchen bekannte Person, über die man Halbwahrheiten alternativ schlichte Unwahrheiten bisweilen auch nur Vermutungen als Tatsache verbreitete oder auch nur eine „Freundin", die dem Kreis angehörte verunglimpfte. Beliebt war es, eine zufällig nicht anwesende Person des Kreises mit Bosheiten zu überschütten, dann wurde jedoch nicht behauptet, das seien alles Tatsachen, sondern man berief sich auf eine nebulös erscheinende Quelle, die jedoch, auch wenn sie gar nicht existierte, Informationen aus erster Hand unter dem Siegel der Verschwiegenheit weitergegeben hatte. Diese Vorgehensweise hatte den Vorteil, dass man letztlich die Urquelle der Diffamierung kaum oder gar nicht herausfinden konnte.

An diesem Tisch hatten einige Ehen ihre Initialzündung erlebt, da Paare geradeweg aneinander gequatscht worden waren, die sich zwar kannten, aber noch keinerlei Beziehung zueinander hatten.
Viel häufiger hatten die Damen jedoch das Gegenteil erreicht. Es war des Öfteren vorgekommen, dass Ehepaare oder auch Lebensabschnittsgefährten auseinander gequatscht wurden, indem Fremdgehen oder Interesse an Liebeleien unterstellt wurde. Es genügte völlig, wenn eine der besonders hinterhältigen Damen einen Mann und eine Frau zusammen auf der Straße sah, auch wenn es nur eine schnelle Begrüßung eines Nachbarn war, wurde umgehend daraus ein Verhältnis geschmiedet. Bei dieser Gerüchteküche war es naturgemäß hilfreich, wenn es sich bei den Ertappten um zwei jüngere gutaussehende Leute handelte, dann machte die üble Nachrede besonders viel Spaß. Ob dabei jemand zu Schaden kam oder welche schlimmen Nachwehen dieses Getratsche für die Betroffenen hatte, wurde erst gar nicht großartig bedacht, da alle Cliquenmitglieder, ob sie regelmäßig an den Treffen teilnahmen oder nur gelegentlich, schon mehrmals im Fokus des Tischgespräches gestanden hatten. Dann wurde nach dem Motto verfahren, mir hatte es nichts oder wenig ausgemacht, also dürfte es dem gegenwärtigen Tratsch Objekt auch nichts ausmachen.
Der überwiegende Teil der Stammtischrunde waren bereits ein- oder mehrmals geschieden worden und betrachteten eine Trennung vom Lebenspartner oder eine Scheidung als nichts Fürchterliches. Wenn keine Liebe mehr im Spiel war und der gesetzliche Anreiz auf die üppigen Abfindungen durch den männlichen Teil der Zugewinngemeinschaften in den Augen der bereits geschiedenen eine gewisse Attraktivität hatte, war die Auflösung der Ehe nur noch ein Verwaltungsakt. Was dann der Verflossene machte, war absolut gleichgültig. Es gab Fälle, in denen die bedauernswerten Männer Geschäft und Haus verkaufen mussten, um die gierigen Ansprüche der ehemaligen Partnerin in ausreichendem Maße zu befriedigen.
Der Wirt der Sachsophonie hatte bei der Wahl des Namens für das Lokal den Straßennamen adaptiert. Die Straße war nach dem im fünfzehnten Jahrhundert in Nürnberg geborenen Schuhmacher, Dichter, Dramatiker und nicht zuletzt Meistersinger benannt, der seinerzeit nördlich der Alpen zur Berühmtheit gelangte, dann in Vergessenheit geriet und durch Richard Wagners Oper „Die Meistersinger von Nürnberg" wieder in Erinnerung gerufen wurde. Eine Büste des Herrn Sachs prangte in der Mitte der kriegsgeschädigten Hausfassade, wo er jedoch kaum auffiel, da das graue Gebäude trotz seines Alters und der Stuckverzierungen gerne übersehen wurde. Überdies war die Straße wenig bekannt, nur eine kurze hässliche diagonale Verbindung zwischen zwei vielbefahrenen Ausfallstraßen.
In Anbetracht der Existenz des späteren Stammtisches hätte der Wirt das Lokal wohl treffender mit Kakophonie bezeichnet, aber woher sollte er seinerzeit ahnen, dass dieser Tisch eines Tages von der Zickenklicke bevölkert würde.

Gabriele nahm gelegentlich als jüngstes Mitglied an der Tratscherei des Zickentisches teil, ihre Freundin Barbara Kuhn hatte sie einmal mitgenommen und ihr hatte die Unterhaltung gefallen, wahrscheinlich, weil an diesem Einführungsabend die Gespräche ausnahmsweise nicht über eine bestimmte Person geführt wurden, sondern die nächsten Urlaube geplant worden waren. Die viel gereisten Damen hatten in den höchsten Tönen von den tollsten exotischen Reisezielen geschwärmt und eine Urlaubsfahrt dorthin wärmstens empfohlen. Ziel dieser Reisen war häufig der Strand in einem sonnenverwöhnten Land, wo man bräunen konnte, denn das war immer noch das Zeichen eines gelungenen Urlaubs. Besondere Erwähnung fanden die Kreuzfahrten, da hier auf engstem Raum Ungebundene beiderlei Geschlechts zusammentrafen.

Die Tischbesatzung war zufrieden, eine Nachwuchsdame in ihren Reihen begrüßen zu dürfen und winkten sie an den Tisch, sobald Gabriele das Lokal betrat. Die Damen fühlten sich durch die Anwesenheit der Jüngeren geschmeichelt, da sie nicht nur das Durchschnittsalter erheblich senkte, aus begütertem Hause kam und auch das Bildungsniveau des Kreises deutlich anhob.

Gabriele konnte nach einem abendlichen Spaziergang ohne die Befürchtung, belästigt zu werden, einen Schlummertrunk in der Sachsophonie nehmen und hatte immer genügend Leute um sich herum, die sie unterhielten. Harald hatte die Angewohnheit, wenn er an Wochenenden aus Münster in die heimische Gefilde kam, abends ein paar Kölsch an der Theke zu trinken, ohne wie in Münster bedienen zu müssen. Jeder kannte schließlich Jeden und fast immer tauchte man für eine unbelastete Stunde in die Fröhlichkeit der Thekengemeinschaft ein.

Die Ablenkung von den großen oder kleinen Sorgen des Alltags war optimal. Während das Gros der Frauen Tische bevorzugten, oder zumindest Barhocker, standen die Männer mit Vorliebe an der Theke. Auf diese Art waren sie mobil und konnten unproblematisch den oder die Gesprächspartner wechseln, falls ein guter Freund das Lokal betrat, mit dem man gerne reden wollte oder auch weil das Gesprächsthema mit dem direkten Thekennachbarn erschöpft oder der bisherige Gesprächspartner langweilig oder betrunken geworden war.

Am Tresen sprachen die Gäste über Sport, Politik, Wirtschaft oder Gott und die Welt, gemieden wurden Themen wie Religion oder familieninterne Details. Das einzige Interna, das an der Theke von einigen Leuten gerne preisgegeben wurde, war das Einkommen der Selbstständigen oder das Gehalt der Angestellten. Wobei man davon ausgehen konnte, dass die Höhe der Angestelltengehälter gerne einschließlich Gratifikationen und sonstigen Zuwendungen aufgerundet wurden und damit selten der tatsächlichen Höhe des Jahres- oder Monatsgehaltes entsprachen, sondern nur dazu diente, Achtung der Thekengesellschaft zu erringen. Dieses Einkommen stieg je nach Betrunkenheitsgrad des Angebers und Lautstärke des Vortrags. Im Gegensatz dazu untertrieben die Unternehmer genau so maßlos, sie rechneten einfach den Nettogewinn durch seine geleisteten Stunden und die seiner Frau, sie errechneten damit einen Stundenlohn, der oft auf dem Niveau seines Angestellten lag, manchmal auch darunter.

Die privaten und intimen Details wurden dann umso lieber und ausgiebiger am Zickentisch diskutiert.

Gabriele überlegte sich stets, wenn sie die Sachsophonie betrat, ob sie sich an den Zickentisch setzen sollte, der fast immer von ein paar Mitgliedern besetzt war, unabhängig vom Dienstagabend, was den jour fixe darstellte, oder ob sie nicht lieber bei Harald an der Theke bleiben sollte. Immer öfter entschied sie sich für den Tresen, der Zickentisch war nur dann erwägenswert, wenn am Tresen ausschließlich Männer waren oder ein paar der netteren Damen den ominösen Tisch besetzten. An der Theke waren die Gespräche fast immer lustiger, am Tisch wurde höchstens über jemanden gelacht, bei den Männern wurden die neuesten Witze erzählt, gut, man durfte nicht allzu zart besaitet sein, denn manche der erzählten Anekdoten waren recht zotig und zielten häufig auf den Unterleib, mit Vorliebe auf den weiblichen. Gabriele war immer wieder erstaunt, dass die Witze der Zickenklicke nicht weniger anzüglich, jedoch weniger direkt und dafür gerne blumig mit verbalen Girlanden ausgeschmückt waren.

Heute wurde Gabriele wieder von mehreren Zicken lautstark begrüßt und sie wurde derart dringlich aufgefordert am Tisch Platz zu nehmen, dass sie kaum ablehnen konnte. Das Gesprächsthema der Clique kreiste um Ulrike Schrader, eine knapp vierzigjährige Grundschullehrerin, die zusammen mit ihrem Mann Helmut, einem Rechtsanwalt, der als Syndikus in einer Maschinenfabrik arbeitete, letzte Woche der Polizei eine Vergewaltigung angezeigt hatte. Das Ehepaar hatte einen Sohn, der noch in die Grundschule ging, nicht die gleiche in der Ulrike unterrichtete. Beide teilten sich die Babysitterei auf und wechselten sich mit ihren recht häufigen Ausgehgelüsten ab.

Die Wortführerin war wie so oft Renate Eschweiler, die Frau eines Wirtes aus der Nachbarschaft der Sachsophonie. Der Tisch war neben Gabriele und Renate nur mit vier weiteren Damen besetzt, nämlich Monika Schweizer, Ehefrau eines Boutiquenbesitzers, Martina Walber, einer geschiedenen Sekretärin in einer namhaften Anwaltskanzlei, Barbara Kuhn, einer Biologisch technischen Assistentin an der Uni, ihr Mann war Oberarzt in einem evangelischen Krankenhaus und Melanie Rademacher, einer Hausfrau, die von ihrem Mann Thomas, einem leitenden Angestellten in der Chemischen Industrie seit Jahren ungeschieden in dauerhafter Trennung lebte.

Renate wusste natürlich wieder alles aus erster Hand, als Wirtsfrau hat man ausreichend Informationsquellen, insbesondere, wenn man die Ohren aufsperrt als habe man Salatschüsseln am Kopf.

„Habt ihr gehört, dass Ulrike am Samstag direkt vor ihrer Haustüre vergewaltigt worden sein soll?"

Die Frauen, die das noch nicht zugeflüstert bekommen hatten, waren entsetzt und zutiefst bestürzt.

Martina als Anwaltssekretärin mit einem Ohr für sprachliche Feinheiten fragte gleich nach. „Was heißt denn „vergewaltigt worden sein soll", wurde sie oder wurde sie nicht?"

Renate verzog den Mund zu einem hinterhältigen Grinsen. „Die offizielle Version heißt Vergewaltigung, so ist es jedenfalls der Polizei in die Anzeige diktiert worden. Aber zu meinem Entsetzen habe ich aus absolut zuverlässiger Quelle gehört, sie sei bis gegen Mitternacht hier am Tresen gestanden und habe mit einem unbekannten jüngeren Sackträger rumgeknutscht, was das Zeug hielt. Beide sollen ordentlich getrunken und gemeinsam den Laden eng umschlungen verlassen haben. Eine gute Stunde später hat ihr Mann die Polizei angerufen und hatte Anzeige erstatten wollen."

Martina hakte gleich wieder nach, „Was soll denn heißen „erstatten wollen", hat er oder hat er nicht?"

„Die Polizisten hatten nicht genügend Personal zur Verfügung und haben empfohlen, als sie erfahren haben, dass das Opfer nicht ernsthaft verletzt war, in ein Krankenhaus zu gehen, sich auf innere Verletzungen untersuchen zu lassen, um gegebenenfalls Beweise sicherstellen. Die Anzeige könne dann anschließend im Polizeirevier erstattet werden."

Martina wollte wieder Genaueres wissen und beugte sich weit über den Tisch, um Renate besser im Auge zu haben. „Welche Beweise sollten denn im Krankenhaus sichergestellt werden, Spermaspuren, Hämatome oder was sonst?"

„Ja sicher, davon gehe ich aus, Speichelreste, eingetrocknetes Sperma und was man sonst so feststellen kann. Aber stellt euch mal vor, die Ulrike ist als erstes unter die Dusche gesprungen und hat sich gründlich gesäubert, obwohl die Polizisten extra betont haben, sie solle sich nicht waschen, bevor sie ins Krankenhaus geht. Der Helmut hatte ihr auch gesagt, sie solle nicht duschen und wollte sofort mit ihr in die Klinik, die ist ja auch nur die Ecke herum."

Martinas Neugier war noch nicht befriedigt. „Du meinst doch nicht etwa, sie hätte einen guten Grund gehabt, sich vorher zu duschen, damit die Spuren vernichtet wurden?"

„Das habe ich nicht behauptet, aber verdächtig ist es in jedem Fall, als hätte sie die Beweise absichtlich vernichten wollen."

Monika Schweizer hatte atemlos und bisher kommentarlos dem Bericht zugehört.

„Also, ich kann mir gut vorstellen, wenn du vergewaltigt worden bist, hast du nichts Eiligeres zu tun als sofort den Dreck abzuwaschen, ich denke, du fühlst dich dann unglaublich beschmutzt und willst dich reinigen, egal mit welchen Konsequenzen. Beweisvernichtung oder nicht."

Renate lachte auf. „Das sind für mich aber nur vorgeschobene Argumente, wenn du den Täter entlarven willst, musst du wohl oder übel die Untersuchung über dich ergehen lassen. Wer hatte denn noch kein Sperma am Bauch oder sonst wo und hat es dann bis zum nächsten Morgen aus Faulheit eintrocknen lassen, egal von wem das Zeug stammte, letztlich ist es doch nur eine Art Eiweiß, die du dann auf deinem Körper hast."

Monika meldete sich wieder zu Wort. „Wo soll denn die Vergewaltigung stattgefunden haben, die Straße ist doch auch nachts belebt, nicht nur von Autos, sondern auch von Flaneuren, die vor dem Zubettgehen nochmals mit dem Hund in den Park gehen. Das Risiko, entdeckt zu werden, wäre für einen brutalen Sittenstrolch doch viel zu groß gewesen."

Renate hatte ihr hinterhältig hämisches Grinsen noch nicht abgelegt. „Was meinst du denn, wenn das der Kerl war, mit dem Ulrike den ganzen Abend hier in intimster Weise rumgeknutscht hat, sich von ihm an die Brust und unter den Rock hat fassen lassen und sie dem Kerl im Schritt rumgespielt hat, dann waren doch beide bereit, zu mehr. Der Wirt war ja schon eingeschritten und hat spaßeshalber die beiden aufgefordert, in ein Hotel zu gehen, dort hätten sie es bequemer und die anderen Gäste würden durch deren Aktionen nicht auch noch aufgegeilt oder belästigt, je nachdem. Die angebliche Vergewaltigung soll dann im Vorgarten ihres Hauses stattgefunden haben, direkt darüber saß Helmut bei geöffnetem Fenster in seinem Zimmer am Computer. Sie hätten nur normal sprechen müssen, dann hätte Helmut etwas hören können oder sogar müssen. Ganz zu schweigen von einem lauten oder verhaltenen Hilferuf ihrerseits."

Martina, die mit Ulrike enger befreundet war, ließ ihren Blick ärgerlich von Person zu Person gleiten und verharrte schließlich auf Renates immer noch amüsiert verzerrten Zügen. „Ich finde es abscheulich, was hier vor sich geht, wenn Ulrike sagt, sie sei vergewaltigt worden, dann glaube ich ihr unbedingt, dass sie wirklich vergewaltigt worden ist. Renate, warum redest du immerfort von einer angeblichen Vergewaltigung, was du vermutest ist doch rein spekulativ, für deine Zweifel gibt es doch keinerlei Beweise, also stelle bitte Ulrikes Aussage ohne gegenteilige Indizien nicht infrage."

Renate nahm einen kräftigen Schluck Wein, um ihren aufkommenden Ärger etwas abzuschwächen. Mit scharfem Ton, aber gedämpften Klang presste sie die Antwort in Martinas Richtung hervor. „Wenn zwei Leute, egal wer das sein mag, hier an der Theke in schamloser Weise knutschen, das Lokal eng umschlungen verlassen, sie hatten sich nicht einmal Zeit genommen, ihre Zeche abzurechnen, sondern nur einen Schein auf den Tresen gelegt, dann kann ich davon ausgehen, dass alles Weitere freiwillig passiert ist. Ich bin davon überzeugt, dass sie beim Bumsen in irgendeinem

Gebüsch ihre Strumpfhose zerrissen hat, ihr Slip scheint das Ganze auch nicht unbeschadet überstanden haben und sie hat ihre Kleidung dabei beschmutzt. Wahrscheinlich hatten sie es sehr eilig und haben sich im Dreck gewälzt. Als sie dann postkoital wieder denken konnte und sie im Treppenhaus gesehen hat, wie sie aussah, hat sie dann dringend eine halbwegs plausible Ausrede gebraucht. Sie kommt nach Hause, Helmut begrüßt sie fröhlich und sieht sie dann in diesem Zustand, was soll sie ihm dann sagen? Ich war geil und habe mit einem wildfremden Kerl gevögelt, dabei haben unglücklicherweise meine Klamotten gelitten, soll sie ihm das so sagen? Also hat sie ihm wissentlich gesagt, sie sei mit Gewalt mit vorgehaltenem Messer im Vorgarten des Hauses genommen worden. Um den angeblichen Vergewaltiger, der ihr nichts getan hat, was sie nicht wollte, zu schützen, hat sie sich dann schnell geduscht. Sie wollte damit vermeiden, dass nicht noch durch einen Zufall der Liebhaber verraten wird. Eine tatsächlich vergewaltigte Freundin hat mir mal erzählt, dass sie nach der Tat mehr als eine Stunde geduscht hat, weil sie das Gefühl hatte, sie sei immer noch total beschmutzt von dem Sittenstrolch. Ulrike soll aber nur eine kurze Dusche genommen haben. Außerdem weißt du auch, dass Ulrike ständig geil ist und sich mit allem, was einen Schwanz hat, gerne abgibt, denk nur mal an den letzten Karneval, wem sie sich da alles an den Hals geworfen hat."

Barbara schaltete sich ein, sie hatte bisher schweigend dem Bericht und der Diskussion gelauscht. Als Biologisch technische Assistentin war sie es gewohnt, erst zu denken und dann zu reden, analytisches Vorgehen war ihr nicht fremd. „Also ist sie mit Helmut in die Klinik gegangen, was haben die denn dort festgestellt, gab es Verletzungen oder andere Hinweise?"

Renate fühlte sich wieder wohl als virtueller Mittelpunkt des Klatschkreises. „Nach meinen Informationen, und die sind aus erster Hand, ich kann nicht verraten wer die Quelle ist, aber sie ist auf jeden Fall bestens informiert, kann ich sagen, dass im Krankenhaus keinerlei Verletzungen im Genitalbereich festgestellt worden sind. Somit wäre ein gewaltsamer Geschlechtsverkehr auszuschließen gewesen, sie muss wohl ein paar kleinere blaue Flecken am Oberschenkel gehabt haben, die aber auch von normalem Verkehr hätten stammen können. Wie mir gesagt wurde, haben Helmut und Ulrike auch gerne wilden Sex zusammen gehabt, also könnten diese Blessuren auch von einer früheren Zusammenkunft mit ihrem Ehemann stammen."

Renate lachte nachhaltig über ihre eigenen Bemerkungen und schüttelte ihre Hand um das gesagte zu betonen.

Martina schaltete sich wieder ein und wandte sich an Renate. „Ich weiß nicht was das alles soll, bisher stehen doch ausschließlich Vermutungen im Raum, die bei boshafter Auslegung, den Schluss zuließen, es habe keine Vergewaltigung stattgefunden. Ich bin nicht bereit, meiner Freundin Ulrike zu unterstellen, sie hätte das alles erlogen und erfunden. Wenn sie wirklich nur mit dem großen Unbekannten bumsen wollte, warum sind sie dann nicht einfach in ihrem Auto verschwunden, da hätten sie es ungestört solange treiben können, bis in keinem von beiden noch ein Tropfen Saft gewesen wäre. Auch wenn Ulrike getrunken hat, ist sie in der Vergangenheit immer noch Herr der Situation gewesen. Und was Karneval betrifft, ja, Ulrike hat mit Männern rumgemacht, ich weiß nicht wie weit das jeweils gegangen ist, ich war letztlich nicht dabei gewesen, aber ich kann nur konstatieren, dass hier aus dem ganzen Kreis keine aber auch wirklich keine einen ersten Stein aus dem berühmten Glashaus werfen sollte. Ich möchte dich Renate explizit daran erinnern, dass ich dich mal erwischt habe, wie du neben oder vor deinem Freund Winfried in eindeutiger Position gestanden hast. Als du zurück in die Kneipe gekommen bist, hatte ich dich zuerst auf einige Bekleidungsmängel aufmerksam machen müssen, die du dann auf der Toilette korrigiertest. Also bist du in meinen Augen keinen Deut besser als die, über die du so gerne herziehst, pack dich selbst bei der Nase und lass die Anderen in Ruhe."

Beleidigt hatte Renate die Vorwürfe Martinas entgegengenommen, wandte sich von ihr ab und sprach Barbara an. „Ich habe nichts erfunden und nur das berichtet, was wirklich vorgefallen ist. Man macht sich aber auch Gedanken, wenn etwas nicht stimmen kann. Und was mir Martina vorwirft ist gelogen, ich habe Winfried damals nur den Reißverschluss an der Hose repariert, der war nämlich verklemmt, dafür hat er sich mit einem Kuss bedankt."

Martina lachte laut auf als sie Renate gehört hatte. „Ich bestreite nicht, dass du seinen Reißverschluss repariert hast, ich habe nur gesehen, was hinterher passierte. Du hast mich doch noch gebeten, keinem etwas davon zu sagen. Es ist völlig klar, dass mir total egal ist, wessen Schwanz du wie oft in Aktion nimmst, du solltest nur aufpassen, was du sagst und wen du wie beschuldigst."

Ein paar Monate später wurde von der Staatsanwaltschaft die Anzeige gegen Unbekannt zu den Akten gelegt, weder das Opfer, noch ihr Ehemann konnten wesentliche sachdienliche Hinweise auf den Täter geben, die Spuren waren verwischt oder sogar ganz vernichtet worden.

Die Erwartungen der ZickenKlicke waren eingetroffen und noch etliche Male wurde die Vergewaltigung oder „angebliche Vergewaltigung" am Zickentisch breitgetreten, es brauchte in dem Kölner-Stadt-Anzeiger oder auch im Express, den regionalen Zeitungen, nur die Notiz über einen Sittenstrolch zu lesen sein, der eine Frau belästigt hatte, schon war wieder ein Aufhänger gefunden worden, das Thema der Vergewaltigung Ulrikes wieder aufzugreifen. Dann wurde die Geschichte erneut in allen Einzelheiten besprochen, oft fügte es sich aber auch, dass jemand am Tisch saß, der die Geschichte noch nicht kannte und schon war insbesondere Renate wieder in ihrem Element und konnte den Quark abermals breittreten.

Wieder ein paar Monate später reichte Ulrikes Ehemann die Scheidung ein, was dann natürlich wieder Anlass zu ausschweifenden Diskussionen gab. Der Ursprung des ehelichen Zerwürfnisses lag, ohne Details zu kennen, in der angeblichen Vergewaltigung. Der Faden wurde trotz der unbekannten Ursachen für die Trennung wieder aufgenommen und weitergesponnen. Auch Martinas Einwürfe, die Zerrüttung der Ehe läge bereits längere Zeit zurück, wurde weggewischt, zu gut fügte sich das selbstgebastelte Gebäude zusammen, Einwürfe von außen wurden lediglich als Störfeuer empfunden, die als Gefahr für das Ersponnene angesehen wurden. Erst als die Trennung vollzogen war und Ulrike mit ihrem Sohn in einen anderen Stadtteil gezogen war, gab die Zickenklicke Ruhe, aber nur, weil das Thema durch aktuellere Ereignisse ersetzt worden war.

Aufbruchstimmung

Man sollte unwegsames Terrain nicht scheuen,
hat man es erst einmal betreten, erscheint es einem begehbar.
Man entdeckt immer eine Möglichkeit den nächsten Schritt zu wagen.
Der Weg ebnet sich dann wie von Geisterhand unter den Füßen.
Schaut man dann zurück, wundert man sich über die Strecke,
die man bereits zurückgelegt hat

Die Zeichen der Zeit wurden immer bedrohlicher für Wilhelm Rosenzweig, als einziger aus seinem Bekannten- und Freundeskreis hatte er nicht nur das Buch des österreichischen Malergesellen „Mein Kampf" gekauft, sondern auch noch gelesen, nein nicht nur gelesen, er hatte es regelrecht durchgearbeitet. Bestimmte Stellen waren von ihm rot angestrichen, mit Anmerkungen versehen worden und er hatte von einzelnen Kapiteln Inhaltsangaben angefertigt. An den Rändern und manchmal auch zwischen den Zeilen hatte er den Text handschriftlich kritisiert.

Mühsam hatte er sich durch die vielen hundert Seiten gequält, mit den Hasstiraden gegen alles, was auch nur im Geringsten von der Norm abwich, wobei nirgendwo definiert war, was denn nun die Norm war. Was war normal, was war unnormal oder sogar entartet? Nach der Empfindung Wilhelms hatten bereits viel zu viele Menschen die Schuldzuweisungen an den so genannten jüdischen Kapitalismus verinnerlicht. Die Juden waren an allem, was in Deutschland, Europa oder sogar in Amerika nicht zum Optimum gereichte, Schuld. Und das bereits seit vielen Generationen, zurückreichend bis ins Mittelalter.

Selbst die gigantisch hohen Reparationszahlungen an Frankreich infolge des Versailler Vertrages rechnete er im Ursprung dem Judentum zu. Um einen Schuldigen zu finden, reichte dem Herrn Hitler schon aus, wenn ein Mensch einen jüdisch klingenden Namen oder eine Knollennase hatte und schon war der Namens- oder Nasenträger eine Persona non grata für ihn, der nach seiner eigenen Definition selbst ein Halbjude war. Diese Tatsache wurde nur hinter vorgehaltener Hand weitererzählt, die jüdische Lehre selbst kannte keinen Halbjuden, es gab nur entweder oder.

Rosenzweig war zwar seit seiner Schulzeit im Kölner Hansa Gymnasium nicht mehr mit Inhaltsangaben eines Textes beschäftigt gewesen, hatte aber, da ihn einige Kapitel des mehr als tausend seitigen Werkes schlichtweg entsetzt hatten, nicht darauf verzichten wollen, Kurzfassungen mit Zitaten und Seitenangaben zu erstellen. Er hatte sogar mit dem Gedanken gespielt, diese Aufsätze zu veröffentlichen. Natürlich nicht, um das Gedankengut des Herrn Hitler zu verbreiten, sondern um letztlich vor den Konsequenzen zu warnen, falls dieser Hassprediger jemals an die Macht kommen sollte. Zudem wollte er auch die abstrusen Gedankensprünge und Schlussfolgerungen anprangern, musste aber feststellen, dass kein Redakteur, den er angesprochen hatte, bereit gewesen wäre diese Auszüge zu drucken, dafür bestünde kein Interesse der Leserschaft wurde ihm versichert. Das Nebenprodukt der wochenlangen Freizeitbeschäftigung war allerdings auch nicht zu verachten, er konnte einzelne Passagen in Diskussionen wörtlich zitieren und erhielt dadurch Anerkennung seiner Diskussionspartner und dementsprechend wurden seine Argumente als absolut glaubhaft aufgenommen.

Zwischenzeitlich hatte er noch erwogen, die Rezensionen in Eigenregie zu veröffentlichen, monetär gesehen wäre dies kein Problem gewesen, ihm war klar, dass eine Veröffentlichung einer Art Selbstbefriedigung gleichkommen würde aber ob er eine breite Leserschaft erreichen könnte, wäre mehr als fraglich. Auch die meisten Buchhändler würden sein Elaborat nur ungerne, wenn überhaupt, in ihren Auslagen bewerben.

Zudem hatte ein Freund ihm unter vier Augen anvertraut, es sei nicht opportun als Jude das Buch des Herrn Hitler zu rezensieren oder ihn gar zu kritisieren, der Redakteur, der dies abdrucken würde, hätte nicht mehr lange in der Redaktion eine Stimme. Weniger wegen einer praktischen oder theoretischen Zensur durch die Verleger, vielmehr herrsche Angst in den Medienhäusern vor der braunen Horde und deren Zerstörungswut und äußere sie sich auch nur in Blockade der Druckhäuser oder in Schmierereien an den Fassaden, obwohl dies niemand offen zugab. Jüdische Verleger seien besonders vorsichtig, also solle er sich auch bedeckt halten und nicht in eine Offensive gehen, dieser Mut werde keinesfalls belohnt. Zähneknirschend beschloss er auf eine Veröffentlichung zu verzichten, Klugheit (oder war es Opportunismus?) hatte sein anfängliches Draufgängertum besiegt.

Jedenfalls hatte der Kleingeist Hitler nichts von der Weltpolitik, von der Wirtschaft und auch nicht von sozialen Mechanismen verstanden, trotzdem stand er nun vor seinem größten Erfolg, dem Triumph seines Lebens. Die Anhängerschar der Nationalsozialisten stieg ständig, in der einschlägigen Presse schwankten die Zahlen der Wahlberechtigten, die für diese Partei stimmen würden zwischen fünfundzwanzig und dreißig Prozent, aber bedenklicherweise in allen Prognosen mit steigender Tendenz. Es konnte einem schlecht werden, wenn man in Erwägung zog, dass dieser intolerante Kerl mit seinen Hirngespinsten eines Tages an die Regierung käme. Einverstanden bis zur Erreichung des Nazi Ziels, alleinige Regierungspartei zu werden, fehlte noch ein erheblicher Stimmenanteil, immerhin waren sie aber in der Juni Wahl die stärkste Partei mit siebenunddreißig Prozent geworden. Als sie von dem dahinsiechenden Hindenburg keinen Auftrag zur Regierungsbildung erhalten hatten und die logische Folge Anberaumung von Neuwahlen im November 1932 war, keimte Hoffnung auf. Letztendlich obsiegten die Nazis durch eine Hintertüre dann doch in 1933 und wurden mit der Regierungsbildung beauftragt.

Wilhelm Rosenzweig hätte herausschreien können: „Leute lest mal Mein Kampf und wenn ihr dann noch bereit seid, dieses Großmaul zu wählen, habt ihr das Buch nicht verstanden oder ihr seid asozial!"

Aber wer wollte so etwas schon hören, die Parteimitglieder ganz bestimmt nicht und die gutgläubigen Mitläufer versteckten sich hinter ihrer Hoffnung, dass alles schon irgendwie gutgehen werde.

Für ihn gab es nur eine Lösung, nämlich die Flucht nach England, zwar war das nach seiner Einschätzung auch nicht gerade das gelobte Land, aber zumindest eine stabile Demokratie. In England, so las man allenthalben, auch auf der Insel seien ansteigende rechtsextremistische Tendenzen festgestellt worden, die dort aber nicht auf ähnlich fruchtbaren Boden fielen, wie auf dieser Kanalseite.

Der Gedanke, Deutschland zu verlassen, erschien ihm schrecklich, das Gefühl war als würde man ihm das Herz aus dem Leibe reißen, er liebte seine Heimatstadt, er hatte viele gute Freunde, hatte eine Geliebte, hatte Eltern hier und natürlich seinen Dom, den er leidenschaftlich gerne besuchte, um das besondere Flair dieses alten Gemäuers in sich aufnehmen zu können. Obwohl er offiziell als Jude galt, hatte er sogar bei vielen Anlässen eine Kerze bei der Mutter Gottes aufgestellt, weniger dass er an die Wirkung einer solchen Kerze glaubte, vielmehr verfuhr er nach dem Motto, wenn das täglich hunderte von Dombesuchern praktizieren, kann es zumindest nicht schädlich sein. Darüber hinaus liebte er diesen kleinen Altar, der fast ausschließlich von den vielen Kerzen beleuchtet wurde. Der Kerzenschein wurde ergänzt durch das dunkelfarbige Licht, das durch die hohen mit biblischen Motiven eingefärbten mittelalterlichen Glasfenster drang. Häufig, wenn er nachdenken musste, weil er eine Entscheidung zu fällen hatte, setzte er sich in die riesige Kathedrale, wo ihn niemand störte und wo er ungehindert seinen Gedanken nachhängen konnte.

Überraschend oft fühlte er sich nach solchen Klausuren geläutert und hatte eine für ihn essenzielle Entscheidung getroffen, er gehörte ohnehin zu den Leuten, die ihre Gedanken zunächst nur zu ordnen hatten und schon war das Ergebnis präsent, er wog selten, wie das einige Leute können, Für und Wider stundenlang ab, bis dann zögerlich das Pendel in eine Richtung ausgeschlagen war, um es dann im nächsten Moment wieder in die andere Richtung ausschlagen zu lassen und wieder stand man am Beginn des Erwägungsprozesses. Nein, eine Entscheidung, die er für sich gefällt hatte, war unumstößlich, wenn nicht völlig neue Aspekte die Situation in einem anderen Licht erscheinen ließen. Auch bereute er keine falschen Entscheidungen, er hatte sie aus damaliger Sicht und in der damaligen Situation unter Abwägung aller Argumente, die ihm eingefallen waren, gefällt, ja und wenn sie dann falsch war, dann ergab sich doch nur eine neue Situation die wiederum überdacht werden musste.

Der Fluchtgedanke, so schrecklich er ihn marterte, gewann Formen, der Gedanke daran war in ihm gereift und der Reifeprozess war noch nicht abgeschlossen. Trotz des Ernstes der Lage war er über sich selbst belustigt, dass er in Momenten der gedanklichen Emigration, vorrangig an sein Feierabendbier dachte, er mochte die Kölner Brauhäuser, ob Päffgen, Haus Töller, Malzmühle oder Früh, die Reihe konnte er beliebig fortsetzen. Das direkt vom Fass gezapfte obergärige Bier, das die Köbesse, wie die blau beschürzten Kellner genannt wurden, in metallenen Kränzen transportierten und unaufgefordert ein frisches vor einen hinstellten, sobald das vorige Glas leergetrunken war, hinterließ bei ihm nie einen dicken Kopf, höchstens wenn er die drei Liter überschritten hatte und zu viel dazu geraucht hatte. Wenn man im Revier eines bekannten Köbes saß, wurde zu fast jedem Glas einer der neuesten Witze zum Besten gegeben, sie waren ein unversiegbarer Quell der abstrusesten Anekdoten.

Wilhelm Rosenzweig war zufrieden über seine frühere Entscheidung, in England ein zweites finanzielles Standbein aufgebaut zu haben. Seit einigen Jahren, zunächst mit der Absicht, dem Währungsverfall in Deutschland auszuweichen, später schon mit dem aufkeimenden Gedanken einer möglichen Filiale für seinen noch ungeborenen Sohn, hatte er begonnen, teilweise auf legalem und teilweise auf illegalem Wege Gelder auf ein britisches Konto zu transferieren. Zu diesem Zweck war sein Beruf ausgesprochen nützlich. Er bezog für sein alt eingesessenes Herrenausstatter Geschäft auf der „Breite Straße" in Köln Innenstadt regelmäßig edle Tweed Stoffe, hochwertige Schuhe und auch fertige Anzüge und Sakkos aus England.

Mit einigen seiner zuverlässigsten Geschäftspartner aus dem vereinigten Königreich hatte er sich im Lauf der Jahre angefreundet, die Familien waren bereits mit seinem Großvater Friedrich, der das Kölner Geschäft im Jahr 1902 gegründet hatte, eng befreundet und man konnte ihnen trauen, wie eigenen Brüdern. Mit diesen Lieferanten hatte er verabredet, dass der Wert der nach Deutschland importierten Waren zu fingierten Preisen abgerechnet wurden und die Differenz zu den tatsächlichen Bezugskosten wurde dann von den vertrauten Lieferanten auf ein speziell dafür eingerichtetes Konto bei der Royal Bank of England einbezahlt. Auf diesem Wege war bereits ein stattlicher Betrag angehäuft worden. Die Kontoauszüge hatte er sich nicht zusenden lassen, sondern holte sie persönlich bei seinen gelegentlichen Besuchen in einer Bankfiliale ab und vernichtete sie nachdem er mit Freude die einzelnen Buchungen und die Summe geprüft und sich den Endbetrag eingeprägt hatte.

Darüber hinaus hatte er bei etlichen beruflich bedingten Reisen nach England illegal eingeführte und wohl versteckte Devisen auf dieses Konto einbezahlt. Er hatte das so genannte Schwarzgeld nie an verschiedenen Stellen in seinem Gepäck verteilt, falls er beim Grenzübertritt erwischt werden sollte, er hatte sich einen Leibgürtel aus einem Leinenstoff geschneidert, in dem er das Geld unter der weit geschnittenen Hose bequem verstauen konnte.

Die Kontrollen an den Grenzen waren manchmal extrem genau und einmal war er sogar erwischt worden, mehr durch einen Zufall als durch methodisches Untersuchen, ihm war seine Aktenmappe entglitten und beim Bücken, das durch den Gürtel behindert wurde, hatte der Zöllner eine Ausbuchtung entdeckt, die keine biologische Ursache haben konnte. Der Beamte tastete Wilhelms Taille ab, entdeckte dabei das dicke Geldscheinbündel und bat ihn im Zollbereich in einen separaten Raum. Der Grenzer hatte sich gleich eine Verstärkung gerufen und beide hatten eine ernste Miene aufgesetzt. Sie erkundigten sich nach dem Zweck des ansehnlichen Bargeldbetrages und Rosenzweig Junior zog aus seiner Aktentasche einige Auftragsbestätigungen hervor, die annähernd dem geschmuggelten Betrag entsprachen. Er behauptete, vor Auslieferung der bestellten Ware, die Qualität überprüfen wolle und dann nach Zufriedenheit den Versand organisieren und die Rechnung des Lieferanten in bar bezahlen zu müssen. Der Betrag, den er in seinem Gürtel hatte, deckte sich in etwa mit der Summe, die er für die Ausgaben, Einkäufe, Reise, Restaurants, Hotels et cetera zu bezahlen hatte. Die Beamten waren erstaunt, warum er diesen Weg gewählt hatte, es gebe Banken oder Import-Export Unternehmungen, die die Abwicklung solcher Transaktionen übernehmen würden. Wilhelm versicherte glaubhaft, die Institute hätten bisher nicht alles zu seiner Zufriedenheit erledigt. Wenn er beispielsweise per Akkreditiv bezahlt habe, sei die Stoffqualität nicht entsprechend der zugesicherten Eigenschaften gewesen und die Bankangestellten hätten dann einen Gutachter beauftragen müssen, der dann testiert habe, dass die Ware qualitativ befriedigend sei. Manchmal entsprach sie nicht exakt der Bestellung. Der Aufwand für diese Art von Geschäften sei ihm zu groß und wenn man einmal ein Akkreditiv freigezeichnet habe, sei es mit unbeschreiblichem Verwaltungsaufwand und Kosten verbunden, den Kauf rückgängig zu machen.

Ganz waren die Grenzer noch nicht von Wilhelms Ehrenhaftigkeit überzeugt, erst als sie einen Geschäftspartner angerufen hatten, der die Aussagen des Wilhelm Rosenzweig bestätigte, waren sie beruhigt und entließen den Geschäftsmann, indem sie sich für ihre Zweifel und Befragung formvollendet entschuldigten. Warum die Zöllner ihn nicht festgesetzt oder wenigstens den Geldbetrag beschlagnahmt hatten, war ihm immer ein Rätsel geblieben, denn seine Bargeldeinfuhr war auch mit logischer Erklärung in dieser Höhe illegal.

Bisher war ansonsten keinem der deutschen oder britischen Ermittler oder den Zollbehörden seine strafbare Handlung aufgefallen, zu einfach aber dadurch relativ unauffällig war sein Vorgehen. Sein Auslandskonto hatte noch einen äußerst nützlichen Nebeneffekt, die britische Währung, das Pfund Sterling war wesentlich stabiler als die seit dem ersten Weltkrieg permanent schwächelnde deutsche Reichsmark und falls er sich entscheiden sollte, nicht überzusiedeln hatte er sich damit ein Sicherheitspolster verschafft. Für den Fall, dass seine Ängste unbegründet waren, hatte er wenigstens einen Inflationsgewinn erwirtschaftet und zusätzlich einige Zinsen gewonnen, also durch seinen Entschluss, das Geld zu exportieren, nichts verloren. Falls jedoch seinen geheimen Befürchtungen und Albträumen entsprechend, die Flucht ins Ausland zwingend notwendig werden sollte, könnten er und sein Vater einige Jahre von diesem Kapital zehren, auch wenn dann das Kölner Geschäft nicht gewinnbringend veräußert werden müsste.

Die Welt war in Unordnung geraten und in Deutschland herrschte infolge der Weltwirtschaftskrise und der unglaublich hohen Reparationszahlungen an Frankreich sogar das absolute Chaos, um den Zustand in seinem Heimatland verniedlichend zu umschreiben. Man musste entsprechend reagieren, wollte man überleben. Er war heute noch seinem Vater und auch seinem Großvater dankbar, dass sie trotz anfänglichen Schwierigkeiten, das mittlerweile florierende Geschäft gegründet und aufgebaut hatten. Kapital und Reichtum gab es immer, nur die Verteilung unter den Bevölkerungsgruppen war ungerecht. Die Majorität litt unter einer unglaublich hohen Arbeitslosigkeit, die Suppenküchen verzeichneten hunderte Meter von Menschenschlangen, die nur anstanden, um eine Portion warmer Wassersuppe zu ergattern.

Die Rosenzweigsche Kundschaft bestand in erster Linie aus den wohlhabenden Männern der Gesellschaft und von diesen gab es für das Geschäft eine ausreichende Anzahl. Zu seinen Stammkunden zählten nicht nur geldstrotzende Wirtschaftsbosse und alter Adel, nein, auch höhere Verwaltungsangestellte und Funktionäre der verschiedenen Parteien, selbst solche, die für die Sozialdemokraten oder die Nationaldemokraten kandidierten, schließlich hatten auch diese Parteien, obwohl sie das Wort sozialistisch auf ihren Bannern führten, wohlhabende Spitzenleute mit dicker Brieftasche. Zugegebenermaßen, die Kommunisten mieden ihrer Ideologie zufolge den Nobelladen, obwohl Vater behauptete er habe einmal an einen bekannten Kommunistenführer ein Caban zu einem extrem guten Preis verkauft, der als Ladenhüter an einer der hinteren Kleiderstangen verstaubte und den er bereits einem Trödelhändler übereignen wollte.

Es war nach seiner Auffassung nicht nur die politische Situation, die ihn beunruhigte, es war auch die allgemeine Stimmung in der Bevölkerung, die ihm Sorgen bereitete und ihn irritierte. Was ging wohl in den Leuten vor, die nachts einen Judenstern in weißer Farbe auf seine Schaufenster malten und dazu noch das als Schimpfwort gemeinte Jude darunter geschmiert hatten. Jeden Morgen ging er nun eine halbe Stunde früher in sein Geschäft, um gegebenenfalls dieses gewollt aber nicht gekonnt abqualifizierende Attribut zu entfernen.

Anfangs waren diese Pinseleien noch in einer billigen Kalkfarbe aufgetragen worden, die sich ohne besondere Mühewaltung mit einem trockenen Tuch rückstandslos entfernen ließen, mittlerweile waren die Nazischergen dazu übergegangen, sehr zum Ärger der Betroffenen, Lackfarben zu verwenden.

Die Handwerker waren zufrieden, wurden dadurch doch zusätzliche Einnahmequellen generiert. Die Firma Rosenzweig & Sohn hatte mit einem Malerbetrieb aus der Nähe ein Abkommen getroffen, morgens auf telefonischen Abruf, die Schmierereien mit einem Lösungsmittel zu entfernen. Der Malermeister schickte dann vor Geschäftseröffnung einen Lehrling zum Geschäft, der dann ebenso missmutig fluchend wie mühsam die weiße Farbe entfernen musste. Wilhelm war sich nicht sicher, ob der junge Kerl über seinen jüdischen Auftraggeber schimpfte, oder über die Nazis, die diese ungeliebte stetig wiederkehrende Arbeit verursacht hatten.

Für diesen Auftrag hatte Wilhelm mit dem Maler einen Pauschalpreis verabredet, der aber mittlerweile, so der geschäftstüchtige Meister, nicht mehr kostendeckend gewesen sein soll. Die Braunhemden gingen zugegebenermaßen immer großzügiger mit der Lackfarbe um und die messingfarbenen Fensterrahmen, sowie Teile der Fassade wurden immer häufiger in Mitleidenschaft gezogen. Der Nebeneffekt der ständigen Fassadenreinigung war, dass das Haus den saubersten Eindruck des Häuserblocks machte. Wilhelm wurde den Verdacht nicht los, ob vielleicht die Tatsache preistreibend war, dass er als Jude galt und diese in jenem gesellschaftlichen Umfeld immer mehr zur Kasse gebeten wurden und werden sollten. Das jüdische Kapital, das nach Propagandaaussagen ohnehin dem deutschen Volk gestohlen worden war, konnte somit wenigstens teilweise ohne schlechtes Gewissen zurück in Portmonees Deutscher arischer Abstammung zurückgeleitet werden.

Die Firma Rosenzweig & Sohn konnte froh sein über die enorm hohe Arbeitslosigkeit, sonst wäre das qualifizierte Fachpersonal möglicherweise längst in andere, nichtjüdische konkurrierende Geschäfte abgewandert. Ohnehin war das langjährige sonst treue Personal auf sonderbare Weise in der letzten Zeit immer aufmüpfiger geworden. Es wurde nicht mehr kommentarlos erledigt, worum er gebeten hatte, sondern er musste jede noch so selbstverständliche Anweisung mit den Leuten diskutieren. Wenn er zum Beispiel eine Verkäuferin bat, bestimmte Kleidungsstücke als Blickfang in den Eingangsbereich zu räumen, bekam er des Öfteren zu hören, wo sie sich jetzt befänden, seien sie besser aufgehoben und diese Bitte sei wenig sinnvoll. Dann war er gezwungen, umständlich zu erklären, warum er zu dieser Entscheidung gekommen war, dass der Schnitt der Anzüge langsam aus der Mode kämen und nächstes Jahr nur noch mit erheblichen Preisabschlägen veräusserbar seien. Wenn dann bei seinem nächsten Rundgang das Umräumen, wie er es gewünscht hatte, noch nicht erledigt war und er die Zuständige zur Rede stellte, wurde ihm nicht nur einmal geantwortet, mit dem Einwand der Verkäuferin habe sie die Sache als erledigt betrachtet. Missmutig wurde dann doch der Auftrag ausgeführt, wenn auch nicht mit der gewohnten Akkuratesse.

In anderen Fällen konnte es ihm passieren, dass ihm, dem Geschäftsführer, auf eine Anordnung geantwortet wurde, man wolle mal den Seniorchef fragen, was er davon halte und ob er dies für notwendig erachte. In solchen Situationen gab es, trotz seines relativ geringen Alters, nur noch die Möglichkeit, zu betonen, dass der Senior auf Grund seines Gesundheitszustandes die Leitung der Firma auf seinen Sohn übertragen habe, wenn der oder die Angestellte dies bezweifele, könne er ihm oder ihr das gerne auch schriftlich zeigen, nämlich stünde das dann auf dem Briefbogen mit der fristlosen Kündigung. Diese ernste Drohung fruchtete immer, die Angestellten entschuldigten sich daraufhin lustlos und erledigten, worum er gebeten hatte. Nach seinem Kenntnisstand wurde der Seniorchef nicht ein einziges Mal als Schiedsrichter angesprochen.

So war das nun einmal mit den Juden, die Achtung schwand, obwohl sich außer der öffentlichen Stimmungsmache fast nichts geändert hatte. Ihn ärgerte dieses oppositionelle Verhalten, er war nicht mehr Herr im eigenen Haus, trotzdem blieb er immer höflich und zuvorkommend, in dem Geschäft existierte kein lautes Wort und jede Arbeitsanweisung wurde mit dem Wort „bitte" begleitet.

Ihm war auch aufgefallen, dass immer häufiger in kleinen Gruppen diskutiert wurde, was früher immer toleriert wurde, wenn alle Arbeiten erledigt waren und nur noch auf Kundschaft gewartet wurde. Das was ihn nunmehr Erstaunte war, die Diskussionen wurden abrupt abgebrochen, sobald er sich näherte und die Gruppen zerstoben. Der jüdische Juniorchef wurde ausgegrenzt.

Wilhelm hatte den Eindruck gewonnen, dass sein Entgegenkommen bei Personalfragen von den Arbeitnehmern als Schwäche und nicht als Güte ausgelegt wurde. Wie oft hatte er seinem Personal in Notlagen Kredite zu günstigsten Konditionen bewilligt, wie oft hatte er im Krankheitsfall eines Familienangehörigen eine Arbeitsbefreiung ausgesprochen, selbst Weihnachtsgratifikationen hatte er bezahlt und war damit der einzige Geschäftsmann in der Nachbarschaft, der bereit dazu war. Zusätzlich verteilte er zu den Festtagen jedem seiner Leute ein Pfund Kaffee dazu den Männern eine Flasche Weinbrand und den Frauen eine Flasche Sekt. Das alles war im Laufe der Jahre selbstverständlich geworden und hinterließ keinerlei positiven Eindruck mehr bei der Belegschaft. Anerkennung der Extraleistungen und des guten Betriebsklimas war ein Fremdwort, das Entgegenkommen war so automatisiert worden wie der morgendliche Stuhlgang.

Richtig, auf dem Papier war er jüdischer Abstammung, keiner kümmerte sich darum und keiner wollte wissen, dass er seit seiner Bar Mitzwa Feier keine Synagoge mehr freiwillig von innen gesehen hatte, wenn man einmal von wenigen Familienfesten und deren obligatorischen Einladungen absah. Wie sehr hatte er sich quälen müssen, das Kapitel aus der Thora in hebräischer Sprache vorzulesen, monatelang hatte er die fremde Schrift und die seltsam erscheinende rachige Sprache erlernen müssen, so dass er mit dreizehn Jahren nach der Bar Mitzwa Feier, auf der seine Eltern und Verwandten bestanden hatten, auf religiöse Rituale für immer verzichten wollte.

Ihm kamen diese antiquierten Rituale nicht mehr zeitgemäß vor, warum konnte man den religiösen Ballast nicht einfach abwerfen und auf Verkleidungen und das Herumtragen von irgendwelchen symbolhaften Gegenständen verzichten, dadurch wurde doch kein Mensch geläutert oder zu einem besseren Menschen bekehrt. Das Tragen der Kippa war im Altertum unbekannt und verbreitete sich erst im siebzehnten Jahrhundert, wie eine seiner Recherchen ergeben hatte, ähnlich verhielt es sich mit anderen angeblich überlieferten Gepflogenheiten.

In anderen Religionen war es doch auch nicht anders, vom Christentum bis zum Buddhismus, vom Hinduismus bis zum Islam lebten die Gläubigen doch gedanklich noch im Mittelalter oder sogar noch weiter zurück. Die einzige erfrischende Ausnahme bildete noch die protestantische Kirche, die ohne diesen überflüssigen Schnickschnack auskam, dafür waren die Gottesdienste noch langweiliger als die anderen. Ach ja, er durfte nicht vergessen: Auch Luther war bereits ein Gegner der Juden gewesen.

Die Welt hatte sich verändert, was von den Religionsrepräsentanten nicht akzeptiert werden wollte, wenn man gläubig war, und wirklich an dieses höhere Wesen glauben wollte, dieses Recht gestand er jedem zu, konnte man in seinem Kämmerlein so viel zu seinem Gott beten wie man wollte oder konnte, ob dieser Gott nun Allah oder Jesus genannte wurde, dazu brauchte man den ganzen altertümlichen Firlefanz in den Gotteshäusern nicht.

Viele Religionen verehrten und beteten ohnehin das gleiche körperlose Wesen an, die Methode der Anbetung war unterschiedlich, der Name des Verehrten war verschieden, aber die Basis war identisch. Er wollte in diesem Gedankenspiel nicht näher auf die exotischen Religionen der Indianer oder Aborigines oder sogar der alten Germanen, Römer und Griechen eingehen, das wäre ohnehin ein völlig anderes Kapitel, von dem er auch zu wenig Ahnung hatte.

Nach seiner Einstellung waren ausnahmslos alle angebeteten Götter oder Geister mit Sicherheit Hirngespinste der Menschen. Er glaubte nicht an deren Existenz. Götter, die übernatürliche Kräfte besaßen und die sich nach dem Tod fürsorglich um die ehemaligen Erdenbewohner kümmerten, das irdische Leben und Verhalten je nach dem bestraften oder belohnten, machten das Leben nur leichter. Die Menschen konnten jederzeit behaupten, diese oder jene Aktion des auf ewiges Leben hoffenden, sei gottgewollt gewesen, also sei Gott selber schuld und der Verblichene sei dafür nicht zur Verantwortung zu ziehen.

Ganz nach dem Motto: „Der Mensch denkt und Gott lenkt." Oder besser: „Der Mensch lässt sich gehen und Gott wird es übersehen."
Eine wirklich praktische Ausrede, danach wären alle Gläubigen unzurechnungsfähig, beziehungsweise zumindest temporär nicht Herr ihrer Sinne. Speziell die Katholiken hatten es besonders einfach, sie konnten die größten Schweinereien begehen, hinterher beichteten sie ihrem Priester die Sünden und alles, was sie angestellt hatten, war ihnen vergeben, das Einzige war, sie mussten ihre Gebotsverstöße bereuen und anschließend einige Litaneien als Buße daher murmeln.
Um wieviel komplizierter lebten dagegen die Atheisten, sie mussten sich ihr Weltbild selbst zusammenbasteln, sie mussten sich letztlich über jeden ihrer Schritte und Aktionen Gedanken machen. Ihnen war völlig bewusst, dass sie lediglich ihrem Gewissen, gegebenenfalls ihren Partnern, den Kindern und der Gesellschaft gegenüber verantwortlich waren. Man war nicht wirklich frei, die Freiheit hörte dort auf, wo die Freiheit eines Mitmenschen drohte eingeschränkt zu werden. Völlig frei ist man nur, wenn man nichts mehr zu verlieren hat, dann braucht man auf nichts und Niemanden mehr Rücksicht zu nehmen. Nur, wer hat denn nichts mehr zu verlieren? Jeder besitzt noch etwas, und sei es nur das nackte Leben.
Bei diesen Gedankenspielen, die eine Art von Selbstbefriedigung darstellten, hoben sich seine trüben Stimmungen jeweils erheblich. Dann war ihm klar, dass die Probleme, denen er sich in dieser Zeit stellen musste, vorübergehender Natur waren und er etwas Hilfreiches erfinden oder anwenden musste, mit anderen Worten, er musste etwas ändern, hierzu baute er sich dann die notwendige Energie auf. Ein Abgleiten in Selbstmitleid hatte überhaupt keinen Sinn. Selbstmitleid war Kapitulation vor dem Leben und dazu neigte er keinesfalls, er war der Herr seines Schicksals und sowohl Fortschritt, als auch Weiterentwicklung musste angetrieben werden wie ein lahmer Gaul und das bis zum Ende, ob bitter oder nicht.
Die Zukunftsplanung war zwar schwierig und durch unvorhergesehene Hindernisse würde man zu Wegkorrekturen und Umwegen gezwungen werden, aber so viel Flexibilität würde man schon aufbringen müssen, um nicht in eine passive Trübsinnigkeit zu verfallen – das wäre dann wirklich Verfall.
Also musste er jetzt und zwar unverzüglich etwas anpacken, sich auf den Weg machen, etwas ändern. Die Bedrohung durch die Nationalsozialisten nahm Überhand. Er war nicht ängstlich, aber er war in der Lage eins und eins zu addieren und seine Schlüsse daraus zu ziehen.
Schwierig würde es in jedem Fall werden, den viel zu früh alternden Vater dazu zu bewegen, sich seinen Plänen anzuschließen und das Land zu verlassen. Warum sein Vater Friederich so früh alterte und auch gebrechlich war, entzog sich Wilhelms Kenntnis, vielleicht lag die Ursache im Krieg, genannt der große Krieg 1914/18, er war verschüttet gewesen und erst nach Tagen gerettet worden, vielleicht lag der Grund im Entbehrungsreichtum der Krisenzeit nach dem Krieg, in der immensen

Arbeit beim Aufbau des Geschäftes, oder einfach nur in den schlechten Vererbungsgrundlagen seiner Vorfahren, jedenfalls war die Ursache für den schlechten Gesundheitszustand nebensächlich, die Zeit war nicht rückholbar, man musste sich mit den Gegebenheiten des jetzt abfinden.

Friederich hatte Anfang des Jahrhunderts nach seiner Lehre als Herrenschneider sein Herrenausstatter Geschäft gegründet, wobei ihm die nicht allzu kleine Erbschaft einer kinderlosen Tante sehr zunutze war. Die Erbtante war früh verwitwet und hatte als Lehrerin ihr Leben lang für das Alter gespart, aber noch vor der Pensionierung die Welt verlassen, sie hatte im Ruhestand endlich die Reisen nachholen wollen, die sie sich als junge Frau nie erlauben konnte. Für den Erben war es ein Segen, seine Trauer hielt sich in überschaubaren Grenzen, da er die Verblichene kaum gekannt hatte, aber nun konnte er endlich unabhängig werden und gründete auch gleich eine Familie. Er baute das Geschäft zu einem florierenden über die Grenzen Kölns bekannten Laden aus.

Seine Frau hatte ihm einen Sohn namens Wilhelm geschenkt, weiterer Kindersegen war ihr versagt, da sie selbst nicht die beste Konstitution hatte. Der Name Wilhelm wurde zu dieser Zeit von den Kaisertreuen Deutschen bevorzugt, um wenigstens auf diesem Wege die Sympathie des Royalisten zum Ausdruck zu bringen. Allerdings nannten die meisten jüdischen Eltern ihre Erstgeborenen Salomon oder Aaron.

Der Sohn sammelte die Kinderkrankheiten wie andere Leute Briefmarken, er war öfter bettlägerig und versäumte einen erheblichen Prozentsatz der Schulstunden. Trotz seines häufigen Fehlens in der Schule war er kein schlechter Schüler und musste kein Schuljahr wiederholen, er hatte stets den Ehrgeiz gehabt auch vom Bett aus, das Versäumte autodidaktisch zu erarbeiten.

Der erste Weltkrieg hatte das Geschäft in der Entwicklung zurückgeworfen, zusätzlich wurde der Laden dadurch gefährdet, dass Friedrich als Offizier für ein paar Jahre eingezogen worden war und an der Westfront Dreck fressen musste. Während dieser Zeit war seine Frau eine perfekte Stütze im Geschäft, das sie zusammen mit einem gehbehinderten Gesellen über die Runden bringen konnte.

Durch Fügung des Schicksals oder einfach durch unglaubliches Glück hatte Friederich den Krieg nahezu unbeschadet überstanden. Er war zwar in seiner Stellung für ein paar Tage durch die Explosion einer Granate oder Bombe verschüttet gewesen und keiner seiner Kameraden hatte geglaubt, dass er jemals lebend wieder auftauchen würde, aber er hatte glücklicherweise in seinem Erdloch noch genügend Luft zum atmen und auch noch eine volle Feldflasche mit Wasser gehabt, das er sich strikt einteilen konnte.

Friederich hatte das Glück gehabt unter einigen zur Stützung des Wehrgrabens verbauten Brettern und Balken zu liegen als die Detonation Tonnen von Erdreich verstreute. Er hatte sich unter einigen schweren Gegenständen das Bein eingeklemmt, das er nur mit äußerster Mühe und Willensanstrengung wieder befreien konnte, die Schmerzen überspielte er mit lauten Flüchen.

Es war stockfinster und er hatte keine Lampe. Er betastete seinen Körper und stellte erleichtert fest, dass er wohl keine ernsthafte Verletzung davongetragen hatte. Das befreite Bein schmerzte zwar, war aber wohl nicht gebrochen, er stemmte das Bein gegen einen harten Gegenstand und war froh, es belasten zu können. Er stellte die Selbstdiagnose auf, es seien nur Prellungen und Blutergüsse, die er schmerzhaft spürte und augenblicklich erschienen ihm die Beschwerden weniger schlimm. Er wunderte sich über sich selbst, was man sich so alles einbilden konnte, wenn man an eine Verletzung glaubt und in den Körper hinein lauscht.

Mit einem zerbrochenen Brett, das er neben sich ertastet hatte, kratzte er in absoluter Dunkelheit das Erdreich in der Richtung weg, wo er vermutete, dass dort ein Wehrgang sein musste. Das Aneinanderklopfen von ein paar gefundenen Metallgegenständen, um auf sich aufmerksam zu machen, blieb erfolglos und so war er auf die Kraft seiner Arme angewiesen und tatsächlich bröckelte nach zwei Tagen unermüdlichen Grabens die lehmige Erde vor ihm weg und ein Schimmer von Mondlicht bahnte sich durch den winzigen Spalt vor ihm.

Als er sich freigekämpft hatte, hörte er nichts um sich herum, der Wehrgang war verlassen und in keiner Himmelsrichtung gab es künstliches Licht oder ein von Menschen verursachtes Geräusch. Es herrschte absolute Stille in der durch Minen und Granaten oftmals umgepflügten Kraterlandschaft, er fühlte sich wie auf dem Mond. Trotz seines nagenden Hungers, des Dursts und der erschöpfungsähnlichen Müdigkeit kroch er den Wehrgang entlang und fand nur aufgewühlte feuchte klumpende Erde. Bar jeder Orientierungsmöglichkeit, mittlerweile hatten sich auch noch große Wolkenfelder vor die Sterne geschoben, robbte er weiter und fand endlich zwei schlafende deutsche Soldaten, wie er durch die karge Beleuchtung dank eines Lochs in der Wolkendecke erkennen konnte. Er sprach sie an und bat um etwas Wasser und einen Bissen gegen seinen Hunger, der Bitte wurde nicht entsprochen, er schüttelte an der Schulter des ersten Kameraden aber dessen Kopf knickte nur unnatürlich zur Seite, eine kurze Untersuchung verschaffte ihm Klarheit, die beiden schliefen nicht, sie waren tot. Er untersuchte die Taschen und fand einige Hartkekse, die er gierig kaute, auch die Feldflaschen der Toten waren noch mit Wasser gefüllt, er roch daran aber das lebensspendende Nass schien noch genießbar zu sein. Pietätlos legte er sich neben die Toten und fiel augenblicklich in einen tiefen Schlaf.

Seine Braut, wie das Gewehr von den Soldaten gerne genannt wurde, hatte er unter der Erde verloren, obwohl er danach gesucht hatte, insbesondere das Bajonett hätte ihm sicherlich gute Dienste leisten können. Das Einzige, was er hatte retten können, war das Leben und das, was er auf dem Leib trug, darüber war er glücklich genug, er wollte nicht klagen. In der Dämmerung würde er weitersehen, zumindest konnte er sich noch an den paar Utensilien bedienen, die die Toten noch bei sich führten.

Er wurde geweckt von einem Rascheln, als würden Kaninchen im Erdreich einen Bau graben, sonst war nichts zu hören, es war eine beängstigende Stille, die Dämmerung hatte das Grau des Tages freigelegt. Vorsichtshalber legte sich Friederich neben die beiden Gefallenen und stellte sich ebenfalls in einer unnatürlichen Haltung tot. Unvermittelt schob sich der Kopf eines französischen Soldaten über den Rand des Wehrganges und richtete instinktiv das Gewehr auf die drei leblosen Körper, als er keine Abwehrreaktion der dort liegenden erkannte, stieß er mit dem Bajonett gegen die Schulter des Mittleren, der zur Seite sackte. Er stellte nur lapidar zu jemandem im Hintergrund befindlichen Kameraden in einem gnadenlos miserablen französisch klingenden englisch fest: „They are dead, we can not do anything. Thanks God, they can not do anything neither." Vermutlich waren die Männer Mitglieder eines Spähtrupps, rekrutiert aus Briten und Franzosen.

Die Soldaten zogen sich wieder zurück und Friederich atmete tief durch, er vermutete, dass während er verschüttet war, die deutsche Front zurückgedrängt worden war. Er suchte wieder in den Taschen der Toten nach Brauchbarem, fand Taschenmesser, Feuerzeug, noch ein paar verpackte Kekse und Zigaretten. Er zündete sich die erste seit Jahren an und schlagartig wurde ihm schwindlig, genoss aber die betäubende Wirkung und blies den Rauch gegen den Boden, damit man die Rauchfahne nicht sehen konnte.

Er musste zum Überleben unbedingt seine Einheit finden, er versuchte sich zu orientieren, indem er über den Rand des Grabens schielte aber es gab keine erkennbare Bewegung und kein Geräusch, kein Vogel meinte zu zwitschern und selbst Grillen schienen verstimmt zu sein, kein zirpen war zu vernehmen. Langsam ging er in geduckter Haltung bis zur nächsten Biegung des Gangs, lugte vorsichtig um die Erdaufschüttung - nichts zu sehen - er ging auf diese Weise endlos weiter, unterbrach seinen Gang um wieder und wieder etwas zu sehen, das ihm Aufschluss über die Position seiner Einheit geben konnte. Ab und zu stieß er auf Anhaltspunkte, dass von kurzer Zeit hier gekämpft worden sein musste.

Völlig unvermittelt setzte ein infernalischer Lärm ein, Geschosse flogen von beiden Seiten über ihn weg, offensichtlich war er zwischen die Fronten gelangt, er fand einen stollenähnlichen verlassenen Unterschlupf, in dem sich noch Kochgeschirr und einige Vorräte sowie Wasser befanden, als wäre diese Behausung Hals über Kopf verlassen worden. Sogar ein hölzernes Bettgestell fand er vor. Er öffnete eine Konservendose und verspeiste genüsslich das Schmalzfleisch zusammen mit ein paar Hartkeksen. Er hätte sich gerne einen Kaffee gekocht, mied aber das Feuer, der Rauch hätte ihn möglicherweise verraten, er rauchte noch eine Zigarette, die er den Toten Kameraden entwendet hatte. Nach der als fürstlich empfundenen Mahlzeit streckte er sich auf dem Bettgestell aus und schlief trotz des nicht enden wollenden

Beschusses sofort ein. Er wurde in stockfinsterer Nacht durch eine beunruhigende Stille geweckt und versuchte erneut erfolglos nach allen Seiten spähend seine Position zu ermitteln. Auf dem Bett sitzend und rauchend überlegte er, was er nun tun könnte, um seine Einheit wiederzufinden. Die spärlichen Vorräte würden nicht allzu lange reichen, obwohl seine Lage auch wesentlich schlechter hätte sein können. Plötzlich hörte er ein Keuchen, als trüge jemand eine schwere Last. Vorsichtig lugte er aus dem Eingang des Stollens und entdeckte zu seiner Erleichterung zwei deutsche Uniformen mit Abzeichen, die sie als Sanitäter auswiesen. Freudig gab er sich zu erkennen und erzählte in kurzen Sätzen, was ihm geschehen war und dass er in einiger Entfernung zwei tote Kameraden entdeckt hatte. Die Sanitäter waren auf der Suche nach verletzten oder toten Soldaten und konnten ihm mitteilen, dass seine Einheit nur ein paar hundert Meter entfernt in Stellung lag. Während eines britischen Angriffs vor zwei Tagen, als er verschüttet worden war, wurden die deutschen Kämpfer um mehr als zwei Kilometer zurückgedrängt und mussten ihren Wehrgang verlassen, er könne im Schutz der Nacht, während einer Feuerpause den schützenden Graben verlassen und sich vorsichtig Richtung deutscher Front bewegen, sie nannten noch die Parole, damit er in der Dunkelheit nicht für einen Feind gehalten würde.

Endlich erreichte er seine Einheit und der Vorgesetzte schickte ihn sofort in den Sanitätsbereich, um sich auf seinen Gesundheitszustand untersuchen zu lassen. Der diensthabende Arzt diagnostizierte zögerlich ein Trauma und verordnete ihm ein paar Wochen absolute Ruhe. Da im nahegelegenen Lazarett kaum noch Platz für den körperlich nahezu Unversehrten war, schickte man ihn auf einen mehrwöchigen Heimaturlaub und er solle sich nach der Erholung wieder bei der Rekrutierungsbehörde melden. Obwohl es sich dabei um Fahnenflucht handelte vergaß Friederich sich nach seiner Genesung wieder zu melden und im Kriegschaos des kurz vor dem Ende stehenden sinnlosen Schlachtens, vergaß die Behörde auch sich um den Soldatennachschub zu kümmern. Er war das erste Mal dankbar, vergessen worden zu sein, er konnte sich nun wieder um sein Geschäft und seine Familie kümmern.

Während der Erholungsphase stellte er fest, dass er häufig, nein fast jede Nacht von Vögeln träumte, wie ein Zwang zeichneten sich vor seinem Gedankenhintergrund Singvögel ab, die herrlich zwitscherten und aufgeregt herumflatterten, in diesen Träumen saß er unter einem Baum und lauschte den Melodien der kleinen gefiederten Freunde, sie kamen neben ihn auf die Bank und er konnte sie in die Hand nehmen und streicheln, er fütterte sie mit Sonnenblumenkernen, die sie dankbar entgegennahmen und die harte Hülle mit ihren spitzen Schnäbeln geschickt abschälten.

Wenn er morgens dann noch im Halbschlaf in seinem Bett saß und über seinen Traum nachdachte, hörte er tatsächlich Vogelgezwitscher, ob es Singvögel waren oder Spatzen, konnte er nicht unterscheiden, er hatte sogar Mühe, einen

Kuckucksruf von dem gurren einer Taube zu unterscheiden, beides klang ihm noch zu Friedenszeiten zum Verwechseln ähnlich. Er grübelte darüber nach, warum die Vögel in seinem Kopf herumschwirrten und er wusste ganz plötzlich warum, die Erinnerung hatte sich ins Diesseits gespült. Als er verschüttet war, hatte er nichts gehört, eine absolute Stille hatte um ihn herum geherrscht, wie in einem Vakuum, in dem sich die Schallwellen nicht ausbreiten konnten, er hatte unbewusst die normalen Geräusche vermisst, die Hintergrundmusik des Lebens, die er sein ganzes bisheriges Dasein wie selbstverständlich in sich aufgenommen hatte. Als er sich dann aus der Verschüttung freigeschaufelt hatte, war es ebenso still um ihn herum gewesen, der Lärm der Geschosse und Granaten, die ewigen Detonationen hatten die Vögel und sonstiges Getier vertrieben, jedes Lebewesen mied diesen Ort des Untergangs und war geflohen. Und die Tiere, die nicht das Weite gesucht hatten, waren infolge des Giftgases jämmerlich krepiert oder von Granaten gnädig in Sekundenbruchteilen zerfetzt worden.

Jetzt wurde ihm erst bewusst, wie er den Gesang der Vogelwelt liebte. Wahrscheinlich hatte er diese Liebe schon immer empfunden, sie aber nicht realisiert, wie ein Kind, das die Mutterliebe als gegeben und natürlich betrachtet, ohne ein Bewusstsein dafür zu entwickeln. Erst wenn die Mutter nicht mehr da ist, wo das Kind sie vermutet, wird ihm der Verlust bewusst.

Er beschloss sich Vögel anzuschaffen, damit er nie mehr auf den bisher so wenig beachteten und trotzdem vertrauten Singsang verzichten musste. Während seiner Genesung zimmerte er eine große Voliere in seinem Garten und ließ sich von einem Tierhändler Buchfinken, Bergfinken und sogar einige australische Diamantfinken und Gürtelgrasfinken liefern. Damit die Tiere ganzjährig eine gemäßigte Temperatur hatten, beheizte er den Vogelbau, der durch Glasscheiben vor Witterungseinflüssen geschützt war, mit einem selbst konstruierten Warmwassersystem, das an seine Zentralheizung auf Kokereigasbasis angeschlossen war. Vor der Voliere stand eine Bank, auf der er stundenlang sitzen konnte und dem Gesang der Tiere mit wachsender Begeisterung lauschen konnte, dabei sah er dem munteren Treiben der ständig in Bewegung befindlichen Vögel mit großer Freude zu.

Wenn er in seinem Bett bei geschlossenen Fenstern lag und kein Geräusch zu hören war, meldete sich ein anhaltender Pfeifton, der ihn nicht verließ, der konsultierte Hals- Nase- Ohrenarzt diagnostizierte Tinnitus aurium, jedoch meinte der, dass die Ursache eher in dem Schlachtlärm an der Front gelegen habe und nicht in der absoluten Stille unter der Verschüttung.

Er hatte sich bewusst ausschließlich auf Finken beschränkt, da sie ein leuchtend buntes Gefieder hatten und einen schrillen überraschend lauten Gesang aus ihren kleinen Körpern hervorbringen konnten. Dabei war es ihm völlig gleichgültig, ob und wie sie sich vermehrten oder auch die Arten vermischten. Er wollte nicht als Züchter auftreten, nein er wollte nur ein unaufhörliches Gezwitscher vernehmen können, die beiden Tage in dem Erdloch ohne natürliche Geräusche hatten eine unstillbare Lust auf den Singsang seiner gefiederten Freunde angeregt. Auch die Tatsache, dass die Voliere Spatzen in unschätzbarer Anzahl anzog, viele der leckeren Keime und Samen schmeckten auch den Sperlingen, war ihm recht, ihn störte auch nicht das einfallslose Tschilpen der Kostgänger.

Eine besondere Freude bereitete ihm sein Sohn Wilhelm, der sein Gefallen an den Tieren teilte, wenn auch aus anderen Gründen als der Vater. Er hatte einfach eine Affinität zu Tieren, wie es viele Kinder haben, die in einer Großstadt mit wenig Naturkontakt aufgewachsen sind.

Das Leben war für Friederich wieder lebenswert geworden. Er begab sich auch wieder öfter in seinen Laden und erledigte die liegengebliebenen Arbeiten administrativer Art und durchforstete die Lagerbestände auf schlecht verkäufliche oder schadhafte Artikel. Trotz der Kriegszeiten waren seine Warenbestände erheblich geschrumpft und hätten dringend aufgefüllt werden müssen, aber englische Lieferanten konnten während dieser trostlosen Zeiten nicht liefern, zumindest nicht offiziell und auf dem Kontinent waren gute Stoffe nicht oder kaum verfügbar.

Er versuchte Kontakte zu knüpfen mit einigen Großhändlern, um deren alte Warenbestände zu übernehmen. Mit etwas Glück bekam er von einem befreundeten Herrenausstatter den Hinweis, dass es in Hamburg einen Importeur englischer Tuche gab, der im Krieg gefallen war und dessen Witwe das Lager räumen und das Geschäft aufgeben wolle.

Einige Tage später konnte er tatsächlich mit der Witwe in telefonischen Kontakt treten und verabredeten für die kommende Woche einen Besuch in Hamburg, um die Ware zu sichten. Zu Beginn seines Hamburg Aufenthaltes wurde Europa von einem Waffenstillstandsangebot der Deutschen überrascht, was schlagartig die Preise für die angebotenen Stoffe sinken ließ. Plötzlich war der Markt wieder offen für wertvolle Tweed Stoffe, wer wollte jetzt noch die alten Preise für den kompletten Lagervorrat zahlen? Friederich verhandelte mit der Witwe und kam mit einem Kontrakt nach Hause, der die Ware zu sehr günstigen Konditionen in Bausch und Bogen umfasste. Friederich hatte spekuliert, dass innerhalb einiger Monate Friedensverhandlungen den Preis für qualitativ gute Ware in die Höhe treiben würde.

Grundsätzlich war diese Annahme richtig gewesen, er hatte sich lediglich mit dem Zeitrahmen geirrt, die Friedensverhandlungen dauerten nicht ein paar Monate, sondern ein paar Jahre. Durch den Erwerb des Hamburger Nachlasses war eine gute Basis geschaffen worden, als eines der wenigen Fachgeschäfte über ausreichend hochwertige englische Stoffe zu verfügen und den Bedarf der Kriegsprofiteure zu decken. Und tatsächlich hatte sich die Verfügbarkeit des Ausgangsmaterials für gediegene Herrenanzüge in den entsprechenden Kreisen herumgesprochen, aus ganz Deutschland und sogar Österreich trafen Anfragen der Wohlhabenden bei ihm ein, die er befriedigen konnte.

Das Geschäft entwickelte sich in den Jahren nach dem großen Krieg sehr zur Zufriedenheit Friederichs und auch sein Sohn machte ihm in zunehmendem Maß Freude, da er in der Schule zu den Besten gehörte und zu einem gesunden und vitalen Burschen heranwuchs.

Trotz des geschäftlichen Aufstiegs in den Jahrzehnten nach dem großen Krieg wurde Friederich immer trübsinniger, immer öfter saß er dann auf der Bank vor seiner Voliere, rauchte eine Havanna Zigarre, er bevorzugte die milde Romeo & Julia und hing seinen Gedanken nach. Im Hintergrund das erfreuende Vogeltreiben. Er ertappe sich häufiger dabei, dass er überhaupt nichts dachte, er hatte immer geglaubt, das sei gar nicht möglich, vielleicht spielte ihm auch nur seine Erinnerung einen Streich, er stand von seiner Bank nach einer Stunde auf und sein Kopf war absolut leer. Hatte er wirklich an nichts gedacht oder hatte er das nur vergessen? Er fühlte sich dann, als habe er nach einem eher unmäßigen abendlichen Alkoholkonsum eine traumlose Nacht verbracht. Nur ein dumpfes Dröhnen in seinem Schädel erinnerte ihn, was er in den letzten Stunden traumlos getrieben hatte. – Nichts, gedöst oder sogar geschlafen hatte er, geträumt hatte er nichts, zumindest seine Erinnerung daran war gleich null.

Sein Arzt konnte nichts feststellen, er leide möglicherweise immer noch an seinem Trauma auf Grund der Verschüttung, habe vielleicht eine Depression, aber organisch sei er absolut in Ordnung, ihm fehle nichts.

Nichts. Dieses Wort ärgerte ihn, eine aussagefähige Diagnose hätte er gerne gehabt, er war doch noch gar nicht alt, eine Verkalkung des Gehirns könnte es doch wohl nicht sein? Oder hatte ihn das Schicksal als Versuchskaninchen auserkoren, um zu beweisen, dass Gehirnverkalkung auch in frühem Alter bereits in fortgeschrittenem Stadium möglich wäre?

Wieso spürte er den Verfall bereits in seinen Knochen, oder besser in seinem Kopf, warum musste er immer öfter die simpelsten Dinge notieren, wenn das sich weiter verschlimmern sollte, müsse er sich demnächst noch aufschreiben, wann er zur Toilette gehen muss, sagte er zu sich selbst.

Erstaunt war er immer wieder über die Tatsache, dass er sich an die kompliziertesten Dinge und Zusammenhänge erinnern konnte, andererseits die einfachsten Sachen auch nach akribischstem Suchen in seinem Gehirnstübchen nicht auffinden konnte. Selbst seinen Nachbarn mit dem hochkomplizierten Namen Schmitz konnte er die letzte Zeit nur selten namentlich grüßen.

Schließlich, nachdem er seiner gehirnlichen Nachrichtensperre überdrüssig geworden war, sprach er seinen Sohn an, ob er den Laden nicht als Geschäftsführer übernehmen könne, er befürchte demnächst einen gravierenden Fehler zu machen, wenn sein Gedächtnisverlust weiter fortschreite.

Der gute Junge hatte erst versucht, ihn von dieser Idee abzubringen, er sei doch gerade erst etwas über dreißig Jahre alt und demnach noch nicht reif, die Geschicke des Unternehmens zu lenken. Außerdem würde jeder Mensch ab und zu Erinnerungslücken haben, das habe nichts mit dem Alter zu tun, das sei eine Frage der Überinformation, die Datenflut, die man täglich zu verarbeiten habe, sei dermaßen angewachsen, dass das suchen nach einem Begriff, einer Episode oder einem Namen, völlig normal sei.

Der Alte – oder noch nicht ganz so alte, denn er war nur gehirnlich vergreist – ließ sich jedoch nicht beirren und bestand auf seinem Standpunkt, er wolle als Gesellschafter weiterhin im Laden präsent sein und auch noch geraume Zeit mit Rat und Tat zur Verfügung stehen. Früher oder später würde der Sohn ohnehin den Laden übernehmen müssen und zum jetzigen Zeitpunkt sei er noch in der Lage dem Junior beizustehen, falls erforderlich.

Neben seinem Gedächtnisverlust wurde er auch zunehmend ängstlicher und besorgter, die politische Situation ließ ihn nicht mehr los, sie schnürte ihm die Brust und Rippen ein wie ein eiserner Fußring die Holzdauben zusammenhielt. In seiner Phantasie braute sich die Düsternis der Aussagen seiner Freunde, der Presse und sogar seines eigenen Sohnes zusammen, die Wolken über Deutschland wurden immer bedrohlicher.

Die braunen Horden hatten sich Feindbilder zurechtgezimmert, die Friederich nicht verstehen konnte, wieso waren Kommunisten, Sozialisten und Juden die berufenen Feinde der Nazis?

Gut, Kommunisten als Feinde zu haben, galt als chic, nachdem was die Genossen im sowjetischen Reich angestellt hatten, konnte man sie kaum als freundliche Gesellen bezeichnen. Zu tausenden und abertausenden wurden russische Genossen in Arbeitslager geschafft, um sie dort angeblich zu linientreuen Hörigen umzuerziehen. Gegen die vorgebetete Denkweise zu sein war unerwünscht. Aber das war letztlich auch nur vorgeschoben, in Wahrheit wollte dieser saubere Herr Stalin billige Arbeitskräfte, die man rücksichtslos ausnutzen konnte, egal ob sie dabei elendiglich krepierten. Diejenigen, wenigen, die nach Verbüßung ihrer Strafe nach zehn oder zwanzig Jahren, zehn Jahre Zwangsarbeit war die Mindeststrafe, wieder in der Zivilisation auftauchten waren gebrochene Menschen, unfähig sich wieder im alten Leben zurecht zu finden.

Aber was zum Donnerwetter, hatten sich die Nationalsozialisten dabei gedacht, ihre Namensvetter, die SPD zu bekämpfen, wenn die Nazis sozialistische Ziele verfolgten, mussten sie sich doch eigentlich mit den Genossen der SPD arrangieren können, oder entlarvten sich die Nazis mit diesem erklärten Feind selbst?

Das, was ihm als das Abstruseste erschien, war die Verteufelung der Juden. Seit etlichen Jahrzehnten waren die deutschen Juden integriert, man konnte sie weder an ihrem Äußeren erkennen, noch an ihrer Gesinnung ausmachen, die orthodoxen Juden waren hierzulande so gut wie nicht vertreten und die waren den integrierten Juden ohnehin ein Dorn im Auge. Die Religion war das einzig auffällige

Unterscheidungsmerkmal, aber was war denn mit den unreligiösen Juden, die irgendwann in deren Geschichte einmal eine jüdische Mutter als Vererberin des jüdischen Blutes ausgemacht hatten? Oftmals hatte das akribische Suchen in der Ahnentafel zur Überraschung der Familie diese Vererberin ausgemacht. Das waren dann die so genannten Halbjuden, die als genauso verfolgungswürdig eingestuft wurden, wie „Reinrassige".

Friederich kannte keinen einzigen Juden, der nicht irgendwann in der jüngeren Geschichte eine Vermischung von arischem mit jüdischem Blut in seiner Ahnengalerie entdeckt hatte. Natürlich gab es das, einige Strenggläubige achteten ideologisch verbrämt genauestens darauf, dass kein fremdes Blut in ihren Adern floss, aber zu diesen Leuten hatte er keinen engeren Kontakt.

Für Friederich war es besonders unbegreiflich, dass er, der immer seinen Beitrag als deutscher Bürger geleistet hatte, nun als Jude verdammt wurde und sein Einsatz und seine Verdienste nun als null und nichtig eingestuft wurden. Er hatte immer seine Steuern bezahlt, was nicht wenig gewesen war, er hatte seine Soldatenpflicht erfüllt – oder sogar übererfüllt durch seine gesundheitliche Beeinträchtigung. Die Frage seines Sohnes Wilhelm, ob er gewillt sei, nach England auszuwandern hatte er vehement abgelehnt.

Er war Deutscher,
er fühlte deutsch,
er dachte deutsch,
er sprach deutsch,
hier hatte er deutsche Freunde,
hier hatte er sich deutsche Verdienste und Ehrungen erworben,
hier war seine deutsche Heimat – seit Generationen -,
hier hatte er seine deutsche Existenz,
hier war er bekannt und von Deutschen geachtet,
aber hier war er auch von einigen Deutschen verachtet und wurde bekämpft.

Wenn er diese Liste von „Für und Wider" bewertete, kam er auf eine klare Antwort zu der Frage, ob er hierbleiben sollte, eine Aufstellung für England hätte lediglich ein einziges positives Argument gehabt und das war die Sicherheit. Man konnte aber nicht nur an Sicherheit denken, dann dürfte man keine Straße mehr überqueren, keinen Zug besteigen oder Auto fahren – und vor allem, man hätte nie als Soldat in den Krieg ziehen dürfen.

Das mühsam aufgebaute Geschäft im Stich zu lassen, selbst wenn er es für einen guten Preis veräußern könnte, wäre ihm wie der Verlust eines geliebten Sohnes vorgekommen. Er war mit Köln verwachsen und er hoffte, nein, er glaubte fest daran, dass sich alles wieder zum Guten wenden würde.

Obwohl die Nazis das Geschäft offiziell torpedierten und die nächtlichen Schaufensterschmierereien immer häufiger wurden, gab es doch etliche der Hitler

Anhänger, die bei ihm kauften, auch wenn sie vornehmlich den Laden durch die Hintertür betraten, um nicht gesehen zu werden. Es wäre sicherlich nicht gut bei den Parteigenossen angekommen, wenn bekannt geworden wäre, dass führende Nationalsozialisten trotz der allgemeinen Anti-Juden-Hetze bei Juden kauften und sogar noch freundlich zu ihnen waren.

Wilhelm trat den Nazigrößen, die das Geschäft betraten, ob Kunde oder nicht, mit großer Reserviertheit entgegen, aber Vater behandelte sie mit übertriebener Servilität und Freundlichkeit, als gäbe es überhaupt keine politischen Extreme zwischen den Kunden und den liberal eingestellten jüdischen Geschäftsleuten. Von seinem Sohn auf die Verhaltensdiskrepanz angesprochen, meinte Vater nur lapidar, er habe sein Verhalten von seinem Vater gelernt und er wolle und könne sich nicht wegen dieser politischen Desperados ändern.

Wilhelm befürchtete, die Freundlichkeit der höher gestellten Nazis würde sofort in das Gegenteil umschlagen, wenn er nicht willig und umgehend ihre Wünsche und Sonderbestellungen erfüllte. Er stellte sich vor, dass im Streitfalle der Wink eines Funktionärs ausreichen würde, den Laden nachts von den braunen Horden verwüsten zu lassen, da würden auch keine stählernen Rollos oder sonstige Sicherungen ausreichen die Räumlichkeiten zu schützen. Er hatte schon zu oft gehört, dass die um Beistand ersuchte Polizei diesen Schutz gegenüber Untermenschen wie Juden versagte. Unbeteiligt standen sie dann einige Meter von dem Geschehen entfernt und machten noch ihre Witze über die Sachbeschädigungen und manchmal auch körperlichen Züchtigungen. Er hatte sogar von einem Leidensgenossen gehört, der unter Beschimpfungen und Fußtritten die Straße mit einer Zahnbürste kehren musste, wobei die braunen Entfesselten die Straße immer wieder besudelten, nur um den alten Juden zu erniedrigen.

Wilhelm hatte den Senior über die monetären Transaktionen nach England aufgeklärt und der hatte nach langer Überredung widerstrebend diese nicht ganz legalen Machenschaften gebilligt, nachdem ihm die Vorteile der geringeren Inflationsrate außerhalb Deutschlands und damit die Geldstabilität nahegebracht worden war. Er sah die Vorteile für den auswanderwilligen Sohn und akzeptierte sie, da damit der Kapitalbestand des Geschäftes nicht gefährdet wurde. Vorteile für ihn selbst sah er nicht, da weiterhin eine Übersiedlung für ihn nicht in Frage kam. Er war aber bereit, einzusehen, dass es besser war auf zwei, statt auf einem Bein zu stehen. Man wusste nicht, wohin der Herr Hitler die Deutschen führen würde. Trotzdem versuchte der Juniorchef zum wiederholten Mal ihn zur Ausreise zu überreden.

„Vater, ich habe mich entschieden, ich gehe nach England und werde mich da versuchen durchzuschlagen. Das politische Umfeld in Deutschland ist für mich unerträglich geworden, ich will nicht das Leben oder die Freiheit meiner Familie

gefährden. Du weißt, Elisabeth ist schwanger und das Kind soll nicht in diesem unmenschlichen unerträglichen System aufwachsen."
„Ach, das ist doch alles Unsinn, es wird nirgendwo so heiß gegessen wie gekocht wird. Ich habe im großen Krieg als Offizier auf deutscher Seite mit deutschen Kameraden, arischen und jüdischen, gekämpft, ich bin gesundheitlich geschädigt worden, ich habe französische und britische Kugeln und Granatsplitter um meine Ohren pfeifen hören, ich habe einen Tapferkeitsorden von der deutschen Wehrmacht erhalten und viele Freundschaften mit ranghöheren Kameraden geschlossen, glaubst du wirklich, dass so ein Mensch von seinen Waffenbrüdern etwas zu befürchten hätte. Ich habe dir schon mehrmals gesagt, ich bin Kölner, das ist meine Heimat und denke deutsch und vor den Nationalsozialisten habe ich keine Angst. Ich denke, die stänkern etwas gegen die Juden und brüllen nur so rum, in dem Versuch uns einzuschüchtern. Die sehen das Kapital zu erheblichem Anteil in jüdischen Händen und wollen uns dazu bringen, auf einen Teil des Geldes zu verzichten. Ich bin davon überzeugt, dass die Braunhemden auch alle käuflich sind. Wie viele Nazi Kunden haben wir denn im Geschäft und die sind doch alle freundlich zu uns. Nein, Angst habe ich keine und ich will auch keine haben und werde auch nicht klein beigeben."
Fast beleidigt nahm er einen großen Schluck Kaffee aus einer überbunten flachen Sammeltasse, als wolle er mit dem Getränk das Gesagte unterstreichen.
„Vater, du solltest mal das Buch dieses Adolph Hitler lesen, dann würdest du nicht so reden, der Kerl hat sinngemäß geschrieben, dass er die Juden wie Ratten vernichten wolle. Ich traue diesem Idioten alles zu. Es fängt an mit einer unerträglichen Hetze gegen uns, es folgen Schmierereien an unseren Schaufenstern und niemand weiß, wo es enden wird. Ich garantiere dir, das Kapitel ist noch nicht zu Ende. Ich für meinen Teil will in Sicherheit sein und wüsste dich und Mutter auch gerne in einer friedlichen Umgebung. Du weißt, die Beträge, die ich mit und auch ohne deine Billigung auf das britische Konto geschaufelt habe, könnten uns eine geraume Zeit über Wasser halten, wenn wir halbwegs sparsam leben. Darüber hinaus könnten wir uns drüben eine neue Existenz aufbauen und endlich unbehelligt unser Leben genießen, so wie du und Mutter es euch mit eurer Jahrzehntelangen Schufterei endlich verdient habt."
Friederich wiegte den Kopf hin und her. „Ja ich höre deine Botschaft, obwohl, ich glaube sie nicht. Außerdem, wie denkst du dir das, was willst du denn mit unserem Geschäft machen, einfach alles im Stich lassen?"
Wilhelm wischte über das Tischtuch als könne er damit das Argument seines Vaters vom Tisch fegen. „Den Laden können wir verkaufen, sicherlich nicht zu dem tatsächlichen Wert, aber einen netten Batzen Geld könnten wir mit ein bisschen Glück noch herausschlagen, vielleicht bietet uns sogar jemand den tatsächlichen Marktwert. Ohne uns umzuhören, werden wir keinen Preis ermitteln können.

Abgesehen davon solltest du mal zwischen den Zeilen lesen, der Hitler will Raum im Osten für das deutsche Volk schaffen, meinst du das würden die Polen, Russen oder wer auch immer freiwillig hergeben? Das bedeutet Krieg und was in und nach einem Krieg passiert, kann kein Mensch abschätzen, ob dann unser Laden noch existiert, steht in den Sternen.

Du warst doch selber Soldat, hättest du dir bei Kriegsausbruch die katastrophalen Folgen, unter denen wir immer noch leiden, ausmalen können? Ich bin davon überzeugt, dass selbst die Befürworter des Krieges nicht im Entferntesten das Ergebnis erwartet haben, auch nicht bei einer solch verheerenden Niederlage. Ich bin mir sicher, wenn jemand der Kriegstreiber, egal auf welcher Seite er gestanden hatte, die Verluste erahnt hätte, wäre er Befürworter einer diplomatischen Lösung geworden.

Kriege beginnen im Allgemeinen mit einem frenetischen Hurrageschrei und enden in einem Meer von Blut und Tränen."

Friederich nickte seinem Sohn zu, er hatte einen resignierenden Gesichtsausdruck. „In dem Punkt hast du recht, ich denke, wenn Franzosen und Briten vorausgesehen hätten, wieviel Leid dieser Krieg für ihre Völker bedeutet hätte, wären sie niemals an der Seite Russlands in den Kampf gegen die Deutschen getreten und hätten sich einen Ausweg aus dem Dreierbündnis gesucht. Irgendeine Klausel in den Verträgen, die ich nicht kenne, wäre ganz bestimmt Auslegungssache gewesen und hätte die Möglichkeit eröffnet, die Russen im Regen stehen zu lassen."

Wilhelm schüttelte den Kopf, sein Gesicht zeigte seine Zweifel an dem Menschenverstand. „Ich bin davon überzeugt, ich habe auch viel darüber gelesen, aus den verschiedensten Quellen geht hervor, dass damals die Zeichen der Zeit einfach auf Krieg standen, gleichgültig was mit den Völkern und den Menschen passierte. In den Köpfen stand nur das Eine, nämlich Hass auf die Nachbarn, der sich aus der Geschichte entwickelt hatte, da kannst du nach Frankreich, Russland oder England und natürlich nach Österreich Deutschland oder nicht zuletzt in die Balkanregion gucken.

Den Regierenden, und da kann ich keinen ausnehmen, war doch völlig gleichgültig, was aus den gemeinen Soldaten und deren Familien wurde."

Der Vater hatte einen Anflug von sarkastischem Lächeln in seinem Gesicht. „Du warst und bist ein ewiger Pessimist, ich bleibe auf jeden Fall mit deiner Mutter hier und du wirst schon sehen, dass uns nichts Schlimmes passieren wird. Ich jedenfalls werde das Geschäft, das dein Großvater jahrelang mühevoll aufgebaut hat, nicht wegen ein paar Beschimpfungen und Schaufensterschmierereien aufgeben. Dafür hat es ihn und mich zu viel Schweiß und Herzblut gekostet."

Wilhelm lehnte sich ausatmend in seinem Stuhl zurück und sah hilfesuchend zur Decke. „Glaubst du, ich würde nicht an diesem Laden hängen? Vergiss bitte nicht, dass auch ich viel investiert habe. Du weißt doch noch ganz genau, wie oft ich nächtelang gebrütet habe, um die Wirtschaftlichkeit der Firma während der Krisenjahre aufrecht zu erhalten. Ich habe mir neue Produktlinien einfallen lassen und schlussendlich auch implementiert, nur um unser Kundensegment zu verbreitern.

Wie oft bin ich nach England gereist und musste dort dieses warme labberige Lager trinken, statt eines leckeren Kölschs, um unsere Lieferanten von meinen Ideen und Vorschlägen zu überzeugen, die mittlerweile selbst im britischen Markt zum absoluten Renner geworden sind. Das war mein nicht völlig unmaßgeblicher Beitrag zu dem Geschäft.

Vater, ich beschwöre dich, hier haben wir keine Zukunft, hier ist Verderben angesagt, ich rieche schon die Verwesung, hier würde unsere Familie untergehen. Bitte spring über deinen Schatten und siedle mit uns über nach England. Ich würde zuerst mit Elisabeth nach London reisen, alles vorbereiten und wenn das Bett gemacht ist, kommt ihr nach und ihr werdet sehen, niemand in unserer Familie wird dann die Flucht bereuen.

Und wenn dann eines Tages der Spuk hier in Deutschland vorüber ist, können wir wieder zurückkommen, sofern es dann noch unser geliebtes Köln geben wird, aber diese Entscheidung können wir nach der Katastrophe, die ich voraussehe immer noch fällen. Falls meine Vorahnung sich nicht bewahrheitet, könnten wir jederzeit unseren Aufenthalt auf der Insel abbrechen und gehen kaum ein Risiko ein. Ich gehe ohnehin davon aus, die Nazi Herrschaft geht schneller zu Ende als denen lieb ist, die reden zwar geschwollen von einem tausend jährigen Reich, aber das ist für mich nur Träumerei. Dieser Albtraum wird aber nach drei oder vier Jahren vorbei sein."

Der Vater sah seinen Sohn entsetzt und mit sorgenvoller Miene an. „Glaubst du wirklich, dass es so schlimm werden kann? Im letzten Krieg haben wir doch in erster Linie in den Vogesen an der Front gelegen und uns da mit den Franzosen und Briten beharkt. Die deutschen Städte wurden doch kaum in Mitleidenschaft gezogen, was soll denn deiner Meinung nach beispielhaft mit Köln geschehen?"

„Vater du vergisst ganz, dass wir etliche Jahre weiterer Entwicklung hinter uns haben. Die Technik ist heutzutage eine völlig andere und ich rechne mit einem verstärkten Luftkrieg. Das Geplänkel am Himmel mit den kleinen Fliegern, Maschine gegen Maschine im großen Krieg kannst du heute nicht mehr zum Maßstab nehmen. Die Aufrüstung, die unser Freund Hitler veranlasst hat, lässt mich ausschließlich Fürchterliches erahnen. Ich beschwöre dich, spring endlich über deinen Schatten und sei vernünftig, komm mit in eine sichere Bleibe, die finden wir in England oder meinetwegen auch in einem anderen Land."

„Nein und nochmals nein, deine Mutter und ich werden nicht vor irgendwelchen Schatten an der Wand fliehen. Uns wird bestimmt nichts Schlimmes passieren. Wir werden uns zu helfen wissen und für den Fall, dass sich die Situation wirklich so entwickeln sollte, wie du als Schwarzmaler befürchtest, können wir als Rückfall-

position immer noch zu euch stoßen. Aber ich bin sicher, ich brauche kein Schiff über den Ärmelkanal zu besteigen.
Wenn du unbedingt rüber musst, so hast du meinen Segen, ich traue dir durchaus zu, dass du dich drüben durchschlagen wirst. Deine Englischkenntnisse sind hervorragend, während meine eher als rudimentär zu bezeichnen wären. Du bist intelligent, gesund und hast ein gutes wirtschaftliches Verständnis, mit diesem Rüstzeug wirst du drüben gut überleben.
Deine Mutter und ich wären lediglich Ballast für dich und würden deine Entwicklung stören, nebenbei, deine Mutter spricht bekanntlich kein Wort Englisch."
„Du redest ziemlichen Unsinn daher, du weißt genau, dass ihr für mich nie eine Last sein würdet, selbst wenn du im Rollstuhl sitzen müsstest. Ich liebe euch und würde unsere gelegentlichen Streitereien gerne ertragen, wenn ich euch in Sicherheit wüsste.
Ich habe gestern mit Mutter kurz über das Thema gesprochen und sie meinte, sie würde mitkommen, allerdings nur unter der Voraussetzung, dass du auch kommst. Sie will dich keinesfalls im Stich lassen, das weißt du auch genau."
Vater legte die Hand auf die seines Sohnes. „Ich habe es dir schon lange nicht mehr gesagt, aber ich liebe dich auch ich wünsche dir nur das Beste und hoffe für dich, dass deine Entscheidung richtig ist. Wir bleiben in Kontakt, ich will nämlich immer informiert sein, was aus meinem Enkel oder meiner Enkelin werden wird. Ich bedauere am meisten, dass ich sie oder ihn nicht heranwachsen sehen kann. Wie gesagt, wenn sich deine Befürchtungen bewahrheiten sollten, können wir immer noch als letzten Ausweg eine Flucht nach England in Erwägung ziehen. Ich hoffe, dann wären wir immer noch willkommen in deinem gelobten Land. Aber ich bin sicher, wir brauchen kein Schiff nach England zu besteigen. Du kennst ja den alten Spruch, alte Bäume soll man nicht verpflanzen.
Wenn du unbedingt willst, werde ich dich unterstützen wo ich nur kann. Wenn du etwas brauchst, musst du mir nur Bescheid geben und ich werde versuchen, dir die notwendige Hilfe zukommen lassen, sofern dann die Grenzen noch durchlässig sein werden."
Wilhelm hob resignierend die Schultern. Wenn das dein letztes Wort sein sollte, kann ich deine Glückwünsche nur erwidern und euch die Daumen drücken. Wenn ich religiös wäre, würde ich beten, dass ich Unrecht habe, wenn ich aber überzeugt wäre, dass es etwas nützen könnte, würde ich sogar ultraorthodoxer Jude oder mich zum Rabbi ausbilden lassen."
Vater konnte einen Anflug von Lächeln nicht unterdrücken, beendete seine Heiterkeitspur mit einer wegwischenden Bewegung. „Wann willst denn reisen? Schon bald, oder hast du noch etwas Zeit?"
„In Anbetracht Elisabeths Zustandes möchte ich schon so bald wie möglich reisen, ich will nicht als erstes in London eine Entbindungsstation aufsuchen müssen, ich will

Zeit genug haben, um vor ihrer Niederkunft das Wichtigste zu regeln. Ich will ohne großes Gepäck fahren, es soll aussehen, als würden wir uns nur ein paar Tage auf der Insel aufhalten. Ich sollte keinesfalls den Eindruck erwecken, als wolle ich emigrieren, die Nazis sind auch so misstrauisch genug, ich habe ein Visum für meine Geschäftsreisen und laut Elisabeths Visum gilt sie einen kurzen Zeitraum von drei Monaten als Touristin, in England angekommen, versuchen wir dann einen Asylantenstatus zu erhalten. Ich lasse alles in meiner Wohnung und ich bitte dich, das Mobiliar und sonstigen Krempel, was an Wertsachen zurück bleibt zu verkaufen. Ich werde dir die Adresse einer Entrümpelungsfirma geben, denen gibst du einfach die Wohnungsschlüssel und die räumen alles kostenlos aus. Anschließend findest du die Wohnung leer und besenrein vor. Natürlich kannst du alles haben, für das du oder Mutter noch Verwendung habt.

Im Esszimmer befinden sich noch die beiden Bilder, die dir so gut gefallen, die auch einen gewissen Wert haben, die solltest du dir holen, wenn du dafür einen Platz hast. Dann, wenn ich drüben bin musst du bitte alle Verträge kündigen, die ich dir zurücklasse und entsprechend markiere. Ich habe fast alles im Voraus bezahlt, so dass, sofern ich richtig gerechnet habe, nichts mehr an Verbindlichkeiten offen sein dürfte.

Für mich heißt die Devise: Neuanfang.

Ich reiße alle Brücken hinter mir ab – nicht gerne – aber ich sehe keine Alternative."

Der Senior schaute plötzlich aus einer Grübelei auf, als habe er die letzten Sätze gar nicht richtig verstanden.

„Mach dir mal um die Abwicklung keine Sorgen, das werde ich mit Leichtigkeit und Hilfe meiner Sekretärin schon schaffen.

Weißt du, was ich am meisten bedauere? Mein Enkelchen wird als Engländer geboren werden und ich kann das kleine Würmchen nicht in den Armen halten.

Du musst mir versprechen, wenigstens jedes Jahr ein Foto zu schicken, damit deine Mutter und ich die Entwicklung des Kindes verfolgen können."

England wir kommen

Wie geplant entstiegen die schwangere dunkelblonde Elisabeth Rosenzweig mit ihrem wenige Zentimeter kleineren Ehemann Wilhelm dem britischen Schiff, das sie von Rotterdam nach Hull geschippert hatte, eine Nacht und einen halben Tag hatten sie fast ausschließlich geschlafen. Zu anstrengend waren die letzten Tage gewesen, mit den ganzen Laufereien und organisatorischen Aufgaben, die er seinen Eltern nicht hatte aufbürden wollen. Wilhelm hatte alles das, worum er seinen Vater gebeten hatte, selbst in die Hand genommen.

Mit einer nicht beschreibbaren Wehmut hatten sie an der Reling gestanden als sie das Festland schrumpfen sahen, bald war nur noch ein grauer Küstenstreifen erkennbar, trotzdem verharrten sie an Deck bis auch sie erkannten, dass das Grau am Horizont kein Festland mehr sein konnte, lediglich Wasser oder Gischt. Um die trübe Stimmung zu verstärken hatten sich die dunkelgrauen Wolken mit dem gleichfarbigen Meerwasser vereint und schufen eine pessimistische Stimmung, die der Situation angepasst war. Wilhelm begab sich mit seiner Frau, die ihren dicklichen Bauch wie eine Trophäe vor sich hin trug unter Deck und Elisabeth musste trotz ihres Zustandes den ersten Schnaps ihres Lebens trinken, in der Hoffnung, dass der Kloß im Hals sich dadurch auflösen könnte. Die erwünschte Wirkung verpuffte, stattdessen musste sie sich schütteln und das unangenehme Brennen in Kehle und Magen mit Ignoranz unterdrücken.

Das meiste, das sie in Köln an lästigen und komplizierten Dingen zu arrangieren hatten, war unproblematisch gewesen, dort wo er am wenigsten Schwierigkeiten erwartet hatte, wäre beinahe alles gescheitert.

Die Entrümpelungsfirma „Umzüge Günther Müller" auf dem Kofferwagen des Unternehmens stand vielsagend „Nicht verzagen, Müller fragen", die er aufgesucht hatte, um die Wohnung auszuräumen, stellten unvorhergesehenermaßen eine Menge Fragen zu der vorgesehenen Räumung der Wohnung. Der Verdacht in Wilhelm keimte auf, dass der vertrauensvoll wirkende Herr Günther Müller ein gedungener Spitzel der Nazis war. Immer weiter stellte Müller bohrende Fragen, warum Rosenzweig seine Wohnung auflösen wolle, offensichtlich bezweifelte er das Argument Wilhelms, er habe ein Haus gebaut und wolle von vorne neu beginnen und seinen kompletten Hausrat neu beschaffen, dem alten Krempel sei er überdrüssig geworden und er könne ihn nicht mehr sehen.

Das alte Mobiliar taxierte der Umzugsunternehmer als zu wertvoll, um es als Gerümpel zu entsorgen, womit der betagte Fuchs letztlich auch recht hatte. Die ständigen Nachfragen waren im eigentlichen Sinne für ihn geschäftsschädigend, da der mögliche Wiederverkaufserlös eine attraktive Gelegenheit bot einen nennenswerten Gewinn zu erwirtschaften. Bezahlt wurde nur die eigentliche Entrümpelung, was er mit gut erhaltenen Möbeln machte war letztlich die Angelegenheit des Herrn Müller. Wilhelm hatte glücklicherweise nicht den tatsächlich geplanten Auszugstermin genannt, sondern terminierte die Entrümpelung auf ein halbes Jahr später, wenn das im Bau befindliche Haus rechtzeitig fertig werde. Somit sei noch ausreichend Planungszeit und Wilhelm wolle lediglich schon einmal eruieren, mit welchem Erlös für die Wohnungsauflösung er rechnen könne oder was er für die Wohnungsräumung zu zahlen habe.

Schließlich verabredeten die beiden einen späteren Zeitraum zur endgültigen Verhandlung der Entrümpelung, wenn Wilhelm hoffentlich längst in England Fuß gefasst haben würde. Vater sollte dann nur noch den Entrümpler Müller anrufen und von ihm die vertragliche Erfüllung einfordern.

Nun stand er mit seiner Frau, einem kleinen schweinsledernen Koffer und einer dazu passenden Reisetasche auf einem schmucklosen menschenleeren Kai der Hafenstadt Hull und erkundigte sich nach den Abfahrtzeiten der Züge nach London, Viktoria Station. Er musterte seine hübsche blonde Gattin, die sich wohltuend von den zumeist dunkelhaarigen Engländerinnen abhob von der Seite und empfand eine an Stolz grenzende Genugtuung, sie und das Ungeborene in Sicherheit zu wissen, der dicke Bauch stand ihr gut, er sah in der Schwangerschaft die Erfüllung des Frauseins und beneidete die Frauen um die Erfahrung des Kinderkriegens, das er zu seinem Bedauern nie würde teilen können. Er hatte zwar die Hand des Öfteren auf ihren Bauch gelegt, um freudig das kaum wahrnehmbare Strampeln des Embryos zu ertasten, dies ließ sich aber keinesfalls mit dem Gefühl vergleichen, das eine Frau empfand, wenn sie das Würmchen wachsen treten und leben fühlte. Gut die Entbindung war sicherlich schmerzhaft, aber wenn dann der Säugling am Busen lag, war, so wie er sich von Freundinnen und weiblichen Verwandten hatte berichten lassen, der Schmerz vergessen und das Glücksgefühl überwog. Wilhelm beneidete die Frauen nicht nur wegen des Gefühls, einen Menschen im Bauch zu produzieren, sondern auch wegen der Macht der Mütter, einen Menschen heranzuziehen und nach seinen Vorstellungen zu formen. Die Menschen sind Produkte ihrer Mütter und das nicht nur bei der Geburt. Aus diesem innigen Mutter Kind Verhältnis entstand ein männlicher Neid. Aus diesem Neid heraus versuchten die Väter während der Evolution sich zu behaupten und gewöhnten sich Macho Manieren an.

Von der Viktoria Station bis zum Wohnhaus des Mister Christopher Peacombe in South Kensington war es nur ein paar U-Bahn-Stationen weit, Elisabeth war von dem unterirdischen Gewirr, den unendlichen hölzernen Rolltreppen und Tunnels, von den

hastenden Menschenmengen verwirrt, sie drängte sich fest an ihren Ehemann, um ihn in dem Gewusel nicht zu verlieren und sich mit ihrem dicken Bauch vor Stößen und Anrempelungen zu schützen, wie viel gemütlicher ging es doch im alten Köln zu. Sie schätzte die Gehgeschwindigkeit der Kölner auf maximal die Hälfte der hiesigen Passanten.
Ihr fiel auf, dass viele Männer in dunklen Anzügen herumhasteten, darüber hinaus mit einem Mantel, Bowlerhat und Schirm ausgestattet waren, obwohl die Temperaturen im Freien mittlerweile angenehm waren und außer einer sonnendurchdrungenen milchigen Hochnebeldecke keine Wolke den Himmel verunzierte. In den U-Bahnschächten herrschte eine drückende Hitze vor, die von einem föhnartigen warmen Luftzug verteilt wurde, was aber nicht als erfrischend empfunden wurde. Den ihr entgegenschlagenden Geruch konnte Elisabeth nicht zuordnen, er war ihr unbekannt aber nicht unangenehm, sie würde ihn wohl nie vergessen können, dafür war er zu spezifisch.
Mr. Christopher Peacombe, der Inhaber einer langjährigen Partnerfirma, mit der schon Friederichs Vater zusammengearbeitet hatte, namens Bembridge & Crawson, einem angesehenen Herrenausstatter am Eaton Square, hatte Wilhelm angeboten, sich mit Elisabeth eine gewisse Zeit bei ihm und seiner Frau in seinem ausreichend großen Haus in Southwell Gardens einzuquartieren, bis eine geeignete Wohnung für die Deutschen gefunden wäre. Das Angebot war verlockend und wurde gerne akzeptiert, zumal der Weg bis zum Geschäft bei akzeptablem Wetter fußläufig war und bei Regen bequem mit der Londoner Tube oder mit einem der doppelstöckigen roten Busse überwunden werden konnte.
Das im viktorianischen Stil stuckverzierte Haus selbst war ganz in Weiß gehalten und ähnelte zum Verwechseln allen in der Straße befindlichen Gebäuden. Der Eingang, zu dem drei rötliche Granitstufen führten, wies beidseitig eines Podests griechischen Säulen nachempfundene Stützen für ein Vordach auf. Das ebenfalls in rotem Granit gefliesten Podest endete vor einer dunkelgrün lackierten breiten Tür mit einem mittig hängenden messingfarbenen blankpolierten Türklopfer in Form eines Löwenkopfes, darunter der in gleichem Metall gearbeitete Briefschlitz.
Das dreigeschossige Haus war für das alleinlebende Ehepaar Peacombe viel zu geräumig und in dem breiten quadratischen Treppenhaus führte ein ausladender hölzerner Aufgang an den Wänden entlang mit grob gedrechseltem Geländer in die oberen Etagen. Die Stufen waren mit einem roten schrittdämpfenden Sisalteppich belegt, der von Messingstangen straff gespannt wurde.
Der Hausherr hatte dem Ehepaar Rosenzweig ein mittelgroßes Gästezimmer in der zweiten Etage überlassen, das im englischen Stil eingerichtet war, für ein paar Tage, oder auch Wochen sollte das schon reichen. Neben dem zugewiesenen Gästezimmer stand den Rosenzweigs noch ein kleiner Salon zur Verfügung, der mit vier grünen ledernen Clubsesseln und einem Mahagonitisch ausgestattet war, an der

Stirnseite des Raums stand eine ebenfalls aus Mahagoniholz gezimmerte Bibliothek mit alten ledergebundenen dicken Büchern, die nach der Staubschicht zu beurteilen, längere Zeit nicht mehr angesehen worden waren und ein unbeachtetes Dasein fristeten.

Ein Doppelfenster vor dem Clubtisch spendete angenehmes Licht, das von den Stores nur wenig gedämpft wurde. Schwere bordeauxrote verstaubte Samtvorhänge umrahmten das Fenster. Gegenüber der Fensterfront war ein mannshoher Kamin aus grauem Kalksandstein eingelassen, der die einzige Heizmöglichkeit in dem Raum darzustellen schien.

Das Schlafzimmer war trotz seiner Größe spartanisch eingerichtet und hatte als Mobiliar lediglich ein Doppelbett mit aufgetürmten Kissenbergen und eine Kommode mit Waschtisch, ein zweitüriger alter Eichenschrank mit groben Schnitzereien, dessen Türangeln beim Öffnen quietschend nach Öl schrien, komplettierte die spärliche Einrichtung.

Sehr zu Frau Rosenzweigs Verwunderung, befand sich im ganzen Haus lediglich ein einziges Badezimmer, nämlich im Keller, was zwar geräumig war, aber nachts fast unerreichbare drei Etagen entfernt lag. Dazu war die Badewanne vom vielen Putzen stumpf gescheuert, unter dem Wasserhahn zog sich eine braune Spur bis zum Abfluss, um den die Emaille bereits abgesprungen war. Ein unendlich langes Rohr führte vom wassergefüllten Spülkasten unter der Decke zu der Toilettenschüssel, die sich mit einem ohrenbetäubenden Wasserfall füllte, sobald man die Kette zog, an deren Ende ein verschnörkelter Keramikgriff mit der sinnigen Aufschrift „water" hing, nach dem Spülvorgang spritzte eine Wasserfontäne in den Vorratskasten, bis er wieder vollständig gefüllt war, das Ventil schloss sich dann mit einem langgezogenen Pfeifton wieder. Das Waschbecken war wie die Wanne nicht mehr glänzend und hatte die Jahrzehnte nur mit Sprüngen Schrammen und Kerben überstanden. Auch der schwarz-weiß gefliese Boden hatte seine besten Jahre bereits hinter sich und einige Kacheln waren lose oder wiesen einen Sprung auf. Ansonsten wirkte das Badezimmer nicht unsauber oder ungeputzt, sondern nur seit etlichen Jahren dringend renovierungsbedürftig.

Offenbar war die Hausdame mit der Reinigung des großen Hauses und zusätzlich der Organisation alles Notwendigen total überfordert, nicht dass das Gebäude schmuddelig wirkte, es machte nur den Eindruck als sei mit wenig Liebe zum Detail und in aller Eile aufgeräumt und gereinigt worden.

Kleine Statuen auf dem Kaminsims aus verschiedenen Epochen waren um eine ausladende Uhr im Marmorgehäuse nebeneinander aufgereiht, ohne dass diese zur Wirkung kamen, oder ein System in dieser Unordnung erkennbar war. Das gleiche Chaos fand man in der Aufstellung silbergerahmten Fotos auf dem Flügel wieder und auch die Kristallvasen und Silberschalen auf einer Konsole erschienen wie kurzfristig abgestellt. Hier fand kein Umzug statt, nein, das war die Ordnung des Hauses ohne

Hausordnung. Vielleicht tat man der Hausdame aber auch bitter Unrecht und diese Baustelle bestand bereits unter der Regie der Mrs. Peacombe als sie noch gesund war, die für solche Dinge möglicherweise kein „Händchen" hatte.

Der Hausherr entschuldigte sich, dass die Dame des Hauses nicht zur Begrüßung erschienen war, sie sei bettlägerig und könne nicht aufstehen. Er bat trotzdem seine Gäste in ihr Schlafzimmer, damit sie wenigstens wisse, wer für einen gewissen Zeitraum im Hause als Gast wohne.

Rebecca Peacombes Schlafzimmer im ersten Stock war verdunkelt und beim Betreten des Raumes war sie kaum auszumachen, verloren lag sie zwischen voluminösen Kissenbergen vergraben in einem riesigen Himmelbett, dessen gereffte verblichenen ehemals altrosa Vorhänge den kleinen Körper der Kranken halb verdeckten, eine kleine Nachttischlampe spendete nur spärliches Licht.

Laut ihrem Ehemann hatte sie eine Virusinfektion oder eine Grippe, gegen die sich der behandelnde Arzt machtlos zeigte, er hatte zunächst lediglich eine leichte Erkältung diagnostiziert, die aber in erstaunlichem Maße und in ansteigender Intensität nunmehr seit Wochen an ihren Kräften zehrte. Nun erhielt sie verschiedene Medikamente, die aber wenig Erfolg zeigten, da es sich hauptsächlich um Stärkungsmittel und Vitaminpräparate handelte. Seltsam große Pillen lagen in einem offenen silbernen Döschen auf ihrem Nachttisch zur Einnahme bereit, daneben ein großes Glas mittlerweile abgestandenen Wassers.

Sie machte nicht den Eindruck als würden die von ihrem Lebenspartner mit gedämpfter Stimme vorgetragene Vorstellung und die Familiengeschichte der Rosenzweigs bis in ihr Gehirn vordringen könne, ihre Augen waren nur zu schmalen Schlitzen geöffnet, sie war schweißnass und ihr treusorgender Gatte legte ihr, während seine einschläfernde Stimme den besonderen Charakter seiner deutschen Partner hervorhob, einen frisch ausgewaschenen feuchten Waschlappen zur Kühlung und hoffentlichen Fiebersenkung auf die verschwitzte Stirn.

Mit sorgenvoller Miene berichtete Christopher als sie das dunkle Zimmer wieder verlassen hatten, dass die Krankheit wie angeflogen Macht über sie ergriffen habe, es ihr seit Ausbruch des Fiebers zusehends schlechter gegangen sei und ihre Widerstandskräfte immer mehr zu schwinden schienen. Ihre Lebenslust sei verschwunden und wenn sie etwas zu ihm sage, sei es nur über ihr nahendes Ende und den schnellen Tod, dies von seiner ehemals mit bewundernswerter Vitalität und Lebensfreude ausgestatteten geliebten Frau zu hören sei für ihn äußerst schmerzhaft und kaum verkraftbar. Diese, trotz ihrer kleinen Gestalt, ehemals von Kraft strotzende Partnerin lag nunmehr seit etlichen Tagen nur noch apathisch zwischen ihren Kissen, aß nur noch winzige Häppchen, die er ihr unter gutem Zureden in klein geschnittenen Stückchen verabreichte.

Das britische Ehepaar jüdischen Glaubens war zu beiderseitigem Bedauern kinderlos geblieben und erst etwas über sechzig Jahre alt, obwohl er älter aussah. Trotz seines

Kleinwuchses und seines faltigen Aussehens machte der schmächtige Mister Peacombe einen äußerst aufgeweckten und agilen Eindruck. Seine grau melierten Haare standen an den Schläfen waagerecht vom Kopf ab, was seinem Gesicht einen lustigen Anstrich verlieh, als sei sein Backenbart verrutscht. Der Versuch diese abstehenden Haarbüschel mit Pomade zu bändigen, war vergeblich, dafür sorgte dieses Haarfett dafür, dass die Frisur sich wie ein Helm unverrückbar um seinen Schädel legte. Insgesamt machte er einen Eindruck wie eine Figur aus den Charles Dickens Romanen. Obwohl es der Mode entsprach, einen Bart zu tragen, oder wenigstens die Oberlippe mit gepflegter Behaarung zu verschönern oder auch in vielen Fällen dahinter zu verstecken, war er stets glattrasiert, seine Haut hatte einen seidigen Glanz und roch ständig nach einem süßlichen exotischen Parfum. Der Duft folgte ihm wie eine entfaltete Fahne bei jedem Schritt und stand noch langanhaltend nach seinem Abtreten in der Luft.

Seine wachen Augen waren stets in Bewegung, als suchen sie ständig nach einem neuen unbekannten Objekt, das er in sich aufsaugen konnte. Er schien nie ruhen zu wollen und wuselte mit seinen knochigen Händen ständig mit irgendwelchen Gerätschaften herum und wenn er mal nichts in den Händen hielt, mit dem er spielen konnte, suchte er seine leicht glänzende Hose und sein immer anthrazitfarbenes Jackett nach imaginären Flusen ab oder strich einfach nur die Hose an den Oberschenkeln glatt. Alles in Allem war er eine sehr konservativ gepflegte Erscheinung und die Bügelfalten in seiner Hose machte einen glauben, man könne Fleisch damit tranchieren, seinen schwarzen hochglänzenden Schuhen erlaubte er kein Stäubchen.

Bei einem Begrüßungsschluck in der geräumigen dunklen Bibliothek im Erdgeschoss mit deckenhohen Regalen und Unmengen von alten Büchern, die Männer hatten einen erlesenen alten Single Malt Whisky der Marke Chivas Regal Royal Salute und Elisabeth wegen ihrer Schwangerschaft ein Ginger-Ale, gestand Christopher, dass er sich große Sorgen um seine Frau Rebecca mache und wenig Vertrauen in den Arzt habe, der seine Kenntnisse der Medizin vermutlich noch zu Zeiten Shakespears erlangt habe. Es beunruhigte ihn besonders, dass er keinen Lebenswillen mehr bei ihr feststellen konnte und sie sich immer mehr gehen ließ, sie sei in den letzten beiden Wochen um Jahre gealtert und er befürchte das Schlimmste. Zu Beginn der Krankheit hatte sie sich noch um das Hauspersonal gekümmert, aber seit einiger Zeit könne man zusehen, wie sie körperlich verfiel und ihr Interesse an allem erlahmte.

Elisabeth empfahl, er solle unbedingt eine Krankenschwester engagieren, damit eine ganztägige Pflege seiner Rebecca gewährleistet sei. Er antwortete, er habe das auch schon erwogen, sich aber anders entschlossen, da er im Geschäft ohnehin ununterbrochen an sie dächte, sich kaum konzentrieren könne und somit besser zu Hause bliebe, um sie optimal selbst umsorgen zu können. Die Rosenzweigs argumentierten, es sei verständlich, aber eine Schwester würde sie professioneller pflegen können und es sei für ihn letztlich auch besser, wenn er sie in treusorgenden Händen wisse und wenigstens nachts die nötige Ruhe finden könne. Es sei keinem Menschen geholfen, insbesondere Rebecca nicht, wenn er sich auch noch die Gesundheit ruiniere und zum Nervenbündel mutiere.

Die Sorgen um seine Frau waren nicht die Einzigen Sorgen, Christopher machte sich auch ständig Gedanken um sein Geschäft, das gegenwärtig führungslos von seinen mehr oder weniger zuverlässigen Mitarbeitern weiter betrieben werde. Ohne fachliche und persönliche Anleitung würden die Leute, obwohl die meisten seit vielen Jahren angestellt waren, machen was sie wollten und er sähe es bereits jetzt an seinen Umsatzzahlen, die sich verringerten, wenn auch nicht dramatisch, dies sei keinesfalls auf konjunkturelle Einflüsse zurückzuführen.

Christopher starrte auf einen imaginären Punkt auf dem Clubtisch, suchte dann die Revers seines Sakkos nach etwas Unsichtbarem ab, hob dann unendlich langsam seinen Blick, den er zwischen seinen Gästen hin und her wandern ließ.

Seinen Blick auf Elisabeth gerichtet sagte er langsam, als müsse er nach Wörtern suchen: „Ich habe Wilhelm so verstanden als suche er eine neue Aufgabe in England und ich könnte mir schon vorstellen, dass er vom Himmel zu mir gesandt wurde."

Jetzt wanderte sein Blick zu Wilhelm: „Was hieltest du davon, in dem Laden als mein Stellvertreter zu arbeiten, ich denke da an eine Art von Bevollmächtigter, diese Position könntest du nach einer kurzen Einarbeitungszeit und bei Bewährung einnehmen. Du kennst die Branche, hast Erfahrung im Verkauf, kannst beurteilen, ob die Schneiderwerkstatt vernünftige Arbeit abliefert, beherrschst die englische Sprache hervorragend und nicht zuletzt, ich kenne dich seit vielen Jahren und vertraue dir. Du bist eine ehrliche Haut und ich habe deinen Vater und auch dich immer als fairen Geschäftspartner gesehen."

Christopher hob den Blick von seinem imaginären Punkt, strich sich eine virtuelle Faser vom Jackett und sah dann wieder Wilhelm in die Augen. „Nun, mein Freund, was hälst du von meinem Vorschlag? Über die monetären Konditionen werden wir uns bestimmt schnell einig."

Wilhelm nahm einen kräftigen Schluck des Malt Whiskys, ließ ihn langsam auf der Zunge zergehen, schluckte dann das rauchige mild in der Kehle kratzende Getränk herunter, zündete sich umständlich eine filterlose amerikanische Chesterfield an, die er einem marmornen Kasten auf dem Clubtisch entnommen hatte, blies den Rauch in einer langen Fahne in die Leere des Raumes, während Christopher wie eine Katze auf der Jagd jede seiner Bewegungen beobachtete.

Wilhelm musste unwillkürlich lächeln. „Das kommt natürlich ziemlich überraschend, aber da ich gegenwärtig noch keine konkreten Pläne habe…"

Wilhelm unterbrach sich selbst wiederum lächelnd, streichelte seiner Frau über die vorstehende Bauchrundung.

„Ich meine natürlich, keine konkreten beruflichen Pläne, unsere privaten Pläne sind für jeden offensichtlich. Also, da ich noch keine konkreten Pläne habe, kann ich nur jubelnd zustimmen, das ist letztlich genau das, was ich mir zunächst vorgestellt hatte, dass das aber so schnell Realität würde, hätte ich nicht zu hoffen gewagt.
Mittelfristig habe ich aber schon andere Vorstellungen. Ich würde gerne einen Laden übernehmen, in dem ich auf eigene Rechnung und in eigener Verantwortung agieren könnte, sei es als Teilhaber oder als Einzelkaufmann, aber als Einstieg und um die Besonderheiten des britischen Marktes besser kennenzulernen, wäre ein vorübergehendes Engagement bei dir willkommen."
Peacombe war sichtlich erleichtert und prostete Wilhelm mit einem Kopfnicken und erhobenem Tumbler zu, mit dieser Vereinbarung hatte er sich die Möglichkeit geschaffen, sich ganztägig oder zumindest einen Großteil des Tages um seine Frau zu kümmern, ohne sich ewig Sorgen um den Bestand seines Geschäftes machen zu müssen.
„Ich bin heilfroh, dass du meinen Vorschlag akzeptierst. Über eine Beteiligung an dem Laden können wir in absehbarer Zeit auch noch reden. Ich nähere mich dem pensionsfähigen Alter und wollte ohnehin in ein paar Jahren kürzertreten. Ich habe, nebenbei bemerkt, den Traum mit Rebecca nach Jerusalem zu reisen, um die Heimat und den Ursprung unseres Volkes nachvollziehen zu können. Am liebsten würde ich gerne einmal alle Spuren der biblischen Geschichte vor Ort nachempfinden. Seit meiner frühen Kindheit wurde mir von den heiligen Stätten in den schillerndsten Farben vorgeschwärmt und ich hatte bisher nie die Gelegenheit das alles mit Rebecca zu besichtigen. Das Geschäft hatte immer Priorität genossen. Mein Leben bestand bis heute aus Arbeit, nochmals Arbeit und geldverdienen. Jetzt möchte ich, bevor es zu spät ist, dass wir das Leben auch genießen, noch sind wir beweglich genug. Nicht, dass das Leben bisher nicht lebenswert und schön gewesen wäre, aber es gibt auch noch etwas Anderes als Geschäfte. Rebecca hat zwar Bedenken, sich auf ein Schiff zu begeben und das für mehrere Tage und dann auch noch auf dem Meer zu essen und zu schlafen, aber ich arbeite daran, dass sie ihre Ängste überbrückt und mich begleitet."
Wilhelm sah sein Gegenüber aufmerksam an, er wollte nicht seine Befürchtungen bezüglich der Krankheit Rebeccas offenlegen, konnte sich aber auch vorstellen, dass es geraume Zeit in Anspruch nehmen könnte, bis sie wieder auf den Beinen stünde und in der Lage wäre, eine strapaziöse Reise in Angriff nehmen zu können.
Christopher fuhr in seiner Erklärung fort: „Lange Rede, kurzer Sinn, ich wäre für eine Entlastung durch dich ausgesprochen dankbar und würde mich auf die Partnerschaft, in welcher Form auch immer, sehr freuen. Wie bereits erwähnt kenne ich dich jetzt schon ein paar Jahre und deinen Vater seit mehr als einer Generation und denke, dass du genau die richtige Vertrauensperson bist, die mir helfen kann meine Träume in die Tat umzusetzen.

Wir werden uns in ein paar Monaten zusammensetzen und uns über die gemeinsame Zukunft als Partner unterhalten, gegebenenfalls das Ganze auch vertraglich fixieren und amtlich beglaubigen lassen, damit wir gegen alle Eventualitäten gefeit sein werden. Insbesondere hätte ich Bedenken, dass du als unerwünschter Ausländer abgeschoben werden könntest. Es gibt im Unterhaus Diskussionen, die dies zum Ziel haben. Die Deutschen sind nicht allzu beliebt hier auf der Insel. Um auf Nummer Sicher zu gehen, solltest du einen Asylantrag für dich und deine Familie stellen. Für Ausländer in gesicherter Position dürfte der nicht abgelehnt werden, außerdem werde ich für euch gegebenenfalls bürgen."

Wilhelm schien erleichtert und atmete tief ein. „Dein Vorschlag entbindet mich von der Sisiphos Aufgabe, einen passenden Laden suchen zu müssen und aufzubauen, außerdem möchte ich dir nur ungerne Konkurrenz machen, obwohl mir das bei dem Renommee deiner Firma schwerfallen dürfte. Ich möchte aber auch klarmachen, dass ich keinerlei Geschenke erwarte, ich habe mir etwas zusammengespart und möchte die Beteiligung käuflich erwerben. Ich denke, wir sollten uns zunächst einmal ein bisschen beschnuppern, ich werde mich einarbeiten und dann können wir uns zusammensetzen und eine einvernehmliche Lösung finden."

Christopher räusperte sich, suchte mal wieder eine Fluse auf seinem Ärmel, nahm aus Verlegenheit noch einen Tropfen Whisky und blickte nun zu Elisabeth herüber, die er bisher wenig beachtet hatte. „Ich habe noch eine Bitte, könntest du dich etwas um den Haushalt kümmern, nichts Körperliches in deinem Zustand, sondern nur Organisatorisches. Seitdem Rebecca krank ist, reinigte die Haushaltshilfe zwar die Böden, aber es erscheint mir planlos und ineffizient zu sein. Wenn sie jemanden hätte, der sie anweist das Richtige zu tun, wäre das Ergebnis ihrer Arbeit vielleicht effektvoller und sichtbarer. Natürlich wäre das nur notwendig, bis Rebecca wieder genesen ist und sofern dein Zustand dir diese Belastung gestattet."

Elisabeth konnte sich ein Lächeln nicht verkneifen, stellte ihr Glas auf den Tisch und warf ihre Haare über die Schultern. „Also, ich möchte zunächst mal feststellen, dass eine Schwangerschaft keine Krankheit ist, zu Beginn hatte ich einige Tage mit Übelkeit zu kämpfen, aber mittlerweile geht es mir ausgesprochen gut. Das Bücken fällt mir etwas schwer, der dicke Bauch stört wie ein riesiger Fremdkörper, ansonsten habe ich keine Probleme. Ich werde gerne leichte Arbeiten erledigen und die Hausdame durch das Haus scheuchen bis ihr der Schweiß auf der Stirn steht."

Also kümmerte sich Wilhelm ab sofort um das Geschäft und Elisabeth leitete die Hausdame an, die allerdings nicht so glücklich schien, sich von einer jungen Deutschen herumkommandieren zu lassen, die mit der englischen Sprache noch einige Schwierigkeiten hatte, wenn auch die meisten Sätze recht fließend vorgebracht wurden.

Wilhelm benötigte keine lange Einarbeitungszeit bei dem landesweit bekannten alteingesessenen Londoner Herrenausstatter Bembridge & Crawson. Die Firma belegte drei Etagen eines stuckverzierten englischen Bürgerhauses. Die ebenerdigen Verkaufsräume waren ausladend und das Interieur ganz in dunklem Holz gehalten. Die Räume machten einen gediegenen Eindruck, der nicht nur die vornehmen Engländer beeindrucken konnte. Hatte sich ein einfacher Arbeiter in diese heiligen Hallen verirrt, sprach er reflexartig nur noch in respektvoll gedämpftem Ton, wie es der Umgebung angemessen erschien. Die Strukturen und die Geschäftsziele waren Wilhelm sofort vertraut, da sie dem Kölner Laden sehr ähnlich waren, er musste lediglich lernen, was wo zu finden war und in welche Preiskategorie das Warensortiment einzuordnen war.

Das größte Problem stellte sich für Wilhelm auf Grund der Namensgleichheit oder Namensähnlichkeit dar. Die Angestellten nannten sich samt und sonders beim Vornamen und es schien als hießen alle Männer mit Rufnamen John, wobei er erst im Laufe der ersten Woche feststellte, dass sich hinter dem Namen John manches Mal die ähnlich klingenden Namen Joe oder auch Joey verbargen, die er wegen der lässigen Aussprache alle als John verstanden hatte. Er selbst wurde von den Angestellten kurz Will genannt, mit seinem Nachnamen Rosenzweig hatten die englischen Zungen ihre liebe Mühe und so verzichtete er auf Nennung der förmlichen Anrede, im Gegensatz zu Mister Peacombe, der mit Nachnamen gerufen wurde oder kurz mit Sir.

Nach einer zweistündigen Intensiveinarbeitung von seines Erachtens Überflüssigem und Selbstverständlichem, was Wilhelm von Christopher Peacombe über sich ergehen lassen musste, ließ er sich von einem älteren Mitarbeiter namens John, er hieß wirklich so, alle Einzelheiten des Geschäftes zeigen und vertiefte sich auch gemeinsam mit ihm in die Geschäftspapiere.

Christopher verabschiedete sich währenddessen und wollte wieder nach seiner Frau sehen, der es immer schlechter ging und die zusehends weiter verfiel. Ihre Wangen waren eingefallen und ihre Augen waren nicht mehr klar, sondern blutunterlaufen und trübe, als habe sich ein Schleier auf ihre Hornhaut gelegt. Auch Christopher litt immer mehr unter dem Krankheitsverlauf seiner Frau. Er wurde immer nervöser und fahriger. Der behandelnde Arzt hatte als dringend notwendige Unterstützung eine ältere erfahrene Krankenschwester empfohlen, die auch in Rebeccas Zimmer schlief. Der Mediziner war mittlerweile zu der Diagnose gekommen, es handele sich um eine Virusinfektion und die nahende Krise müsse überstanden werden, danach ginge es mit ihr wieder bergauf. Trotz der optimistischen Einschätzung des Arztes konsultierte Christopher einen alternativen Doktor, der als eine Koryphäe in Sachen Virusinfektion galt und die Diagnose des Hausarztes teilte. Es galt nur noch die nahende Krise zu überwinden, danach ginge es Rebecca wieder besser.

Die Krankenschwester wartete auf die Krise.

Christopher wartete auf die Krise.
Der Hausarzt wartete auf die prognostizierte Krise.
Der Virologe wartete auf die Krise.
Wilhelm wartete auf die Krise.
Elisabeth wartete auf die Krise.
Nach drei Tagen kam die Krise und Rebecca starb.
Die erhoffte Krise war nachts gekommen, wie das sich in guten Familien so gehört und die Schwester hatte gleich nachdem sie erkannt hatte, dass es die erwartete Krise war, Mister Peacombe geweckt, der noch im Schlafanzug ohne Morgenmantel zu seiner sterbenden Frau geeilt war. Rebecca wälzte sich unruhig im Bett, wand sich, lag im nächsten Moment still auf dem Rücken, um sich gleich darauf in Fieberkrämpfen zu winden, als könne sie die Viren damit ausscheiden oder wenigstens ausschwitzen.
Christopher hielt ihre feuchte Hand, legte ihrer fiebrig nassen Stirn frisch ausgewaschene kalte Kompressen auf und streichelte ihren schlaffen Oberarm, um sie zu beruhigen.
Er hatte der Schwester sofort nach seinem Eintreffen befohlen, den Arzt telefonisch herbeizurufen, der auch zugesagt hatte, gleich zu kommen.
Als Christopher noch erwog, Rebecca in ein Krankenhaus verfrachten zu lassen, lag sie unvermittelt still auf dem Rücken und atmete flach durch den halboffenen Mund. Er stellte einen sonderbar modrig- süßlichen Geruch fest, den sie verströmte. Zu seinem Bedauern hatte sie ihn nicht einmal mehr erkannt und auch die früher so wachen Augen nicht richtig geöffnet, ihre Pupillen hatten in eine andere Richtung gezielt, nicht in seine. Nur einmal hatte sie vermeintlich in sein Gesicht geschaut, aus schmalen Schlitzen ihrer Augenlider und er wollte sich einbilden sie habe ihm damit signalisiert, dass sie nun Abschied nehmen müsse.
Plötzlich verspürte er einen kaum wahrnehmbaren Druck an seiner Hand, sie riss die Augen auf, schien aber nichts wahrzunehmen, schloss ihre Lider gleich darauf wieder halb und hatte ihren Blick auf die große schalenförmige Deckenlampe gerichtet.
Als der Arzt abgehetzt, schwer atmend eingetroffen war, er sah mit seinem hochroten Kopf aus als komme er soeben aus seinem Lieblingspub, und Rebecca oberflächlich untersucht hatte, atmete sie schon nicht mehr. Sie lag nur noch schweißnass zwischen ihrem Bettzeug, das langsam aber stetig abkühlte. Der Mediziner legte mitleidsvoll eine Hand auf Christophers Schulter und meinte lapidar, sie habe ihre Krankheit überstanden.
Wilhelm hatte das Getrappel, die Unruhe im Haus und die mit gedämpfter Stimme vorgetragenen Anweisungen zunächst nur im Unterbewusstsein wahrgenommen und war schließlich aufgewacht. Er hatte sich ohne Licht anzuknipsen über seinen Pyjama Anzughose und Jacke angezogen, Elisabeth schlief ruhig weiter, er wollte sie

nicht stören. Er stieg die Treppen eine Etage tiefer, um zu sehen, ob er eventuell helfen könne, er hatte eine gewisse Vorahnung. Er erreichte Rebeccas Krankenbett, oder genauer, Sterbebett, kurz vor dem Arzt, war aber in der geöffneten Türe stehen geblieben und konnte von dort mit einem Blick feststellen, dass wohl jede Hilfe zu spät kam.

Sehr zur Überraschung Wilhelms nahm Christopher die Todesnachricht sehr gefasst auf, man hätte vor diesem Ereignis vermutet, der Tod seiner geliebten und verehrten Frau hätte zum Zusammenbruch des bekannten Herrenausstatters geführt, aber dieser bemerkte lediglich, sie sei jetzt dort, wo sie besser behandelt würde als im Diesseits und habe zudem endlich Ruhe. Gut, keiner der Beteiligten wusste, was er in seinem Zimmer veranstaltete, wenn er sich, was des Öfteren geschah, zurückzog und manchmal für Stunden vergraben schien, jedenfalls sah niemand eine Träne der Trauer. Man konnte lediglich wahrnehmen, mit welcher Mühe er versuchte seinen Kloß im Hals herunterzuwürgen.

Er begab sich jedoch von dem Todestag an immer häufiger in seine Synagoge und sprach dort lange und ausgiebig mit dem Rabbi, er bemerkte einmal beiläufig, in der Stille des Gotteshauses könne er am besten mit seiner Rebecca kommunizieren. Er lief auch häufig mit irgendeinem religiösen Buchschinken unter dem Arm durch das Haus und studierte jahrzehntelang vernachlässigte Texte. Als Ergebnis dieser frommen Aktivitäten sagte er ein paar Tage später, sie habe nun tatsächlich ihren Frieden gefunden und er könne sich jetzt beruhigt darauf freuen, sie im Jenseits wiederzusehen. Es hörte sich an, als wolle er in absehbarer Zeit seiner Gattin dorthin folgen.

War Mr. Peacombe während der Trauertage gar nicht in seinem Geschäft, so ließ er sich nach der schlichten Beerdigung nur noch selten dort blicken. Nur wenn größere Einkäufe getätigt werden mussten, oder wichtige Transaktionen zur Entscheidung anstanden, konnte Wilhelm ihn mühsam überreden, den Laden zu besuchen. Widerwillig und humorlos folgte er dann der Bitte, grüßte dabei die anwesenden Mitarbeiter nur sehr verhalten, ging nicht einmal in das Schneideratelier als wäre dort die Pest ausgebrochen, ging stracks auf Wilhelm zu, entschied was zur dringenden Entscheidung anstand und verließ das Gebäude genau so kurz angebunden wie er gekommen war. Nicht, dass er zu seinen Bekannten, Kunden oder Angestellten unfreundlich gewesen wäre, er machte lediglich den Eindruck eines Schlafwandlers, der nichts wahrnahm, den nichts interessierte und der abgestumpft keine Eindrücke oder Informationen an sich herankommen lassen wollte.

Einige Wochen nach Rebeccas Tod bat Christopher Wilhelm, aber er sagte seit einiger Zeit auch Willy zu ihm, wieder in die Bibliothek, schenkte ohne zu fragen wieder seinen lange gelagerten Chivas Regal gut zwei Finger hoch in bereitstehende Tumbler, setzte sich bequem in einen der ledernen Ohrensessel und prostete seinem

Gegenüber zu, nachdem er einige nicht wahrnehmbare Fusseln von seinem Anzugrevers gepflückt hatte.

„Willy, du bist mir in der kurzen Zeit, seitdem du hier im Haus wohnst, sehr ans Herz gewachsen, ich betrachte dich bereits wie einen Sohn, es war mir leider nie vergönnt einen eigenen zu zeugen, und auch Elisabeth ist mir mehr als sympathisch und ich würde gerne unsere Partnerschaft ausbauen. Ich stelle fest, dass ich mich im Geschäft nicht mehr konzentrieren kann, aber auch keine Lust mehr dazu habe, mich täglich mit dem gleichen zu beschäftigen. Das ist nicht erst seit Rebeccas Dahinscheiden der Fall, es war ein stetiger Prozess, aber das ist mir erst jetzt bewusst geworden. Als Rebecca noch lebte, hatte ich immer noch Ziele und es war meine Aufgabe für unsere alten Tage zu sorgen."

Christopher machte eine kurze Trinkpause, es war nicht eindeutig, ob er trinken wollte oder seine Rührung herunter spülen musste. „Ich habe mich jetzt zwei Tage lang damit beschäftigt, eine Bestandsaufnahme meiner finanziellen Situation zu machen und habe festgestellt, dass, selbst wenn ich keine zukünftigen Geldzuflüsse mehr hätte, beruhigt von meinem Vermögen leben könnte. Neben einem guten Bankkonto, dem Geschäft und den Häusern habe ich noch ein paar Wertpapiere, mehr brauche ich nicht. Das verrückte an der ganzen Sache ist, ich kenne nicht einmal meine Erben, die im „Lake District", im Norden Englands leben sollen, ich habe sie als Kinder mal gesehen, es sind Vettern von mir, aber da mein Vater schon kaum Kontakt mit seinem Bruder hatte, habe auch ich nie versucht, deren Nähe zu suchen."

Wieder musste Christopher eine Pause machen, er atmete schwer. „Also worauf ich hinauswollte, ich betrachte die tägliche Verantwortung für das Geschäft mittlerweile als eine Bürde, die ich gerne abwerfen würde. Ich benötige eine Zeit der Selbstfindung, ich bin allgemein unentschlossen und weiß überhaupt nicht, was ich will und wie es weitergehen soll.

Ich will eine längere Reise machen und nach meiner Rückkehr habe ich hoffentlich eine Idee, wie ich mein restliches Leben gestalten soll.

Wie du schon weißt, habe ich bisher nur das Geschäft und meine Ehe gekannt, ich habe keine besonderen Interessen oder Liebhabereien. Der Rabbi hat mir zwar angeboten, ehrenamtlich für die Synagoge beziehungsweise die jüdische Gemeinde tätig zu werden, aber ich bin mir nicht sicher, ob das das richtige für mich wäre, ich müsste mir zunächst zu viele bisher vernachlässigte Kenntnisse aneignen.

Also, lange Rede, kurzer Sinn, wärst du bereit, die Firma jetzt schon eigenverantwortlich zu übernehmen?"

Wilhelm blickte in seinen Tumbler, der Whisky hinterließ bei jeder Bewegung an den Seitenwänden des Glases einen dünnen Flüssigkeitsfilm, der nur langsam an den oberen Rändern kleine Tropfen bildete, die dann der Gravitation folgend herab perlten.

„Welche Art von Partnerschaft schwebt dir vor? Wie ich schon zu einem früheren Zeitpunkt erwähnte, wäre ich eher an Eigentum interessiert, weniger an einer Position als Geschäftsführer, natürlich ist alles eine Frage des Preises – oder genauer gesagt – der allgemeinen Rahmenbedingungen. Mit anderen Worten, ich würde gerne das Geschäft übernehmen und in deinem Sinne weiterführen, sofern ich den Kauf überhaupt finanzieren kann."
Christopher schüttelte abwehrend den Kopf. „Über den Kaufpreis mach dir mal keine Sorgen. Ich könnte dir zwei Alternativen vorschlagen, wäre aber auch über andere Modelle gesprächsbereit.
Entweder wir vereinbaren eine Art Erbpacht, das heißt, du würdest mir als Abfindung lebenslang monatlich eine feste Summe bezahlen, die dann mit meinem Ableben entfällt, dafür geht dann das Eigentum zu diesem Zeitpunkt an dich über und der Laden gehört dir dann zu hundert Prozent. Oder wir gründen gemeinsam eine Gesellschaft, an der du je nach deiner Kapitalausstattung einen prozentualen Anteil übernimmst, hierbei würdest du dich zunächst mit mindestens einundfünfzig Prozent an der Gesellschaft beteiligen und sukzessive weitere Anteile erwerben, sobald du das Kapital dafür verfügbar hättest. Bei meinem Ableben würdest du dann den Rest der noch nicht gekauften Anteile erben. Zu diesem Zweck würden wir uns gegenseitig als Alleinerbe im Testament einsetzen. Die gewünschte Alternative würden wir selbstverständlich nicht nur vertraglich fixieren, sondern auch amtlich beglaubigen lassen, damit sie von den theoretisch sich meldenden Erben nicht angefochten werden können, Details werden dann unsere Anwälte ausarbeiten."
Wilhelm nickte zufrieden und nahm noch einen Schluck des Single Malt Whiskys. „Das klingt in meinen Ohren äußerst fair. Zugegebenermaßen wäre mir ein fester prozentualer Anteil an einer Firma lieber, da ich nicht weiß, wie sich die Geschäfte zukünftig entwickeln und ich eines Tages vielleicht die monatliche Belastung bei Erbpacht als zu hoch erachte. Andererseits, hätten wir eine hohe Inflation, die ich auf Basis der politischen Entwicklung als sehr wahrscheinlich erachte, könnte es sein, dass du relativ schlecht bei diesem Modell abschneiden würdest. Bei einer direkten Beteiligung an einer Firma wäre das Risiko aus meiner Sicht für beide Seiten eher kalkulierbar."
Peacombe konnte sich ein Grinsen nicht verkneifen. „Natürlich, stell dir einmal vor, ich würde über hundert Jahre alt – was ich gar nicht möchte – und du würdest mir monatlich oder jährlich einen festen Betrag schulden, dann wäre letztendlich nicht nur der Laden mit allen Einrichtungen und Rechten bezahlt, sondern auch noch ein paar Häuser. Wir könnten die Zahlungen allerdings auch zeitlich limitieren, dann wäre dein Risiko geringer."
Jetzt musste Wilhelm lachen. „Ich bin ein eher konservativer Typ in monetären Dingen, was ich habe, habe ich und kann damit arbeiten und darüber frei verfügen. Ich wollte mir auch ein Haus hier kaufen und wenn ich dann die Hypothek und die

Tilgung ratierlich zu zahlen habe, dürfte mir das an monatlicher Belastung reichen, die Immobilienpreise hier in London sind nicht mit denen in Köln zu vergleichen, dazu kommt, dass ich nicht in irgendeinem Viertel der Stadt leben möchte, sondern vorzugsweise in der Nähe des Geschäftes. Ich will mich finanziell nicht übernehmen und bin mir auch nicht sicher, ob die Banken in der heutigen Zeit einem Deutschen überhaupt einen größeren Kredit gewähren würden. Jedenfalls habe ich den Entschluss gefasst, mir hier eine neue Heimat aufbauen, das möchte ich sorgfältig vorbereiten und meinen noch guten Leumund nicht schon mit dubiosen Transaktionen belasten. Ich glaube, dass die Tatsache Deutscher Jude zu sein schon Makel genug ist."

„Da hast du nicht Unrecht, auch hier gibt es beängstigende politische Strömungen nach rechts, nicht nur ihr Deutschen habt eure Nationalisten," warf Peacombe ein, „wenn ich mir Europa betrachte mit den Rechtsradikalen an der Regierung in Spanien, Italien, insbesondere in Deutschland und dazu noch die Minderheiten genannten, aber zahlenmäßig nicht zu verachtenden Nazis im Rest Europas, wird mir angst und bange. Sogar hier in England gibt es eine beängstigende Anzahl von Faschisten. Außerdem sind die Juden doch nirgendwo beliebt, neben den genannten Ländern, werden sie doch in Russland genau so geächtet und verfolgt, wie in den meisten europäischen Staaten.

Was deine Vermutung in Richtung Kreditgewährung betrifft, kann ich dich beruhigen, die Banken machen alles, wenn sie ein Geschäft wittern, vielleicht sind die Konditionen für einen Ausländer etwas schlechter, wenn sie ein erhöhtes Risiko bei der Kreditvergabe sehen, aber sicherlich lassen die sich die Gelegenheit nicht entgehen einen schönen Gewinn zu erwirtschaften.

Ich habe aber noch einen anderen Vorschlag, mir wäre es ganz recht, wenn ihr auch hier im Haus wohnen bleiben könntet, was soll ich alleine in dem riesigen Gebäude machen, nachlaufen spielen? Ich könnte mich mit zwei oder drei Zimmern im Erdgeschoss begnügen, mehr brauche ich nicht und ihr könntet euch in den oberen Etagen einrichten. Das hätte für euch den Vorteil, ihr bräuchtet nicht lange eine adäquate Bleibe zu suchen, du wärst nahe am Geschäft und müsstest dich auch nicht morgens und abends mit der überfüllten U-Bahn abquälen. Ach ja, ich vergaß zu erwähnen, dass hier in der Nähe nur wenige Häuser zum Kauf angeboten werden und wenn doch mal, dann sind sie unter der Hand verkauft, bevor man davon erfährt. Also, was hälst du von meinem Vorschlag?"

Wilhelm lächelte sein Gegenüber an, trank seinen Whisky aus, stellte das Glas ab und zündete sich umständlich eine Zigarette an. Du behandelst mich mittlerweile wie einen leiblichen Sohn. Da wir offen reden, finde ich dein Angebot überwältigend. Ich muss das selbstverständlich noch mit Elisabeth abklären, ich kenne aber einige ihrer Bedenken."

Christopher nickte mit einem Anflug eines Lächelns gutmütig dazu und machte überflüssigerweise auch noch eine zustimmende Handbewegung.
Der angehende Geschäftspartner nickte seinem Gönner zu: „Elisabeth hat mir schon gesagt, dass sie ein Schlafzimmer mit Bad haben möchte. Es ist ihr zu umständlich immer in den Keller zu wandern, wenn sie die Fazilitäten benutzen will oder muss. Seit ihrer Schwangerschaft muss sie des Öfteren nachts in den Keller, was ihr schwerfällt und wenn das Kind auf der Welt ist, möchte sie nicht bei jeder Gelegenheit zum Baden oder später für andere Bedürfnisse der oder des Kleinen lange Wege gehen, ich kann das durchaus verstehen. Sie hat mir auch schon angedeutet, dass ich unbedingt bei einer Anmietung oder dem Kauf eines Hauses darauf achten soll, dass ein Bad in unmittelbarer Nähe zu den Aufenthaltsräumen sein sollte. Einmal abgesehen davon, ein Kind macht Lärm und du müsstest dir klar darüber sein, dass eine Lärmbelästigung bestehen würde, wir können einem Kind nicht jeden Laut verbieten, es soll sich schließlich relativ frei entwickeln können."
Peacombe hob die Hand als wolle er die Argumente wegwischen. „Eine Lärmbelästigung sehe ich überhaupt nicht, erstens ist das Haus noch mit soliden Mauern versehen, nicht die Billigbauweise der neueren Zeit und etwas Leben im Haus würde ich sehr begrüßen, ich liebe Kinder, du weißt, dass Rebecca der Kindersegen verwehrt blieb, was wir immer sehr bedauert haben. Was das Bad im Untergeschoss betrifft, das ist kein Keller, obwohl du die Treppe heruntersteigen musst, so kann ich Elisabeth voll und ganz verstehen. Wir hatten uns daran gewöhnt und in früheren Zeiten war das Bad meistens abseits der Aufenthaltsräume vorgesehen, aus welchen Gründen weiß ich gar nicht. Aber einem Umbau nach eurem Gutdünken stünde nichts im Wege. Es ist ausreichend Platz vorhanden, ein zweites Bad oder eine zusätzliche Küche nach euren Vorstellungen zu bauen. Dazu wäre nur ein Anruf bei einem Architekten notwendig und dann hätten wir vielleicht vier Wochen lang Unannehmlichkeiten mit Baulärm und Dreck zu überstehen und dann wäre eure Wohnung fertig. Sprich in Ruhe mit deiner Frau und wenn ihr noch Fragen oder Einwände haben solltet, kommt auf mich zu, es wird für alle eure Bedenken oder Vorschläge bei mir ein offenes Ohr geben."
Die beiden saßen zunächst nachdenklich schweigend in ihren schweren Ledersesseln, nippten an ihren nachgeschenkten rauchigen Whiskys und philosophierten schließlich über die Konjunktur, die Weltwirtschaftsaussichten und beleuchteten auch die politische Situation in Europa. In diesem Deutschland, an das Wilhelm immer noch nur mit Wehmut und einem Kloß im Hals denken konnte, wurde in einem Übermaß Geld gedruckt, die Inflation aber auch die Binnenwirtschaft angeheizt, was als starke Nachfrage an den übrigen europäischen Industrienationen in Form von deutschem Kaufinteresse nicht spurlos vorüberging. Aus diesem Grunde wurde dieser Faschist Hitler von vielen Politikern und Wirtschaftsbossen im Ausland mit Bewunderung, von anderen zumindest mit Respekt betrachtet. Er war in

Deutschland auf dem Erfolgsweg, die Arbeitslosigkeit verringerte sich, die Industrieproduktion erklomm immer neue Rekordmarken und die Deutschen waren zufrieden, von einigen Minderheiten einmal ausgenommen.
Während sie also den europäischen Optimismus mit Bedenken betrachteten, hörten sie, dass Elisabeth eintraf. Sie hatte mal wieder versucht, die Läger der Geschäfte für Babysachen zu räumen und für sich ein paar untaillierte Schwangerschaftskleider zu kaufen.
Wilhelm rief sie in die Bibliothek und legte ihr den Vorschlag Christophers in allen Einzelheiten dar. Sie zog die Stirn in Falten, was ihr ausgesprochen gutstand, sie mochte den Alten und das Anwesen gefiel ihr auch. Im Garten stellte sie sich eine Spielwiese für das ungeborene Kind vor. Wahrscheinlich richtete sie bereits die Räumlichkeiten gedanklich nach ihren Vorstellungen ein. Wilhelm hätte sich nicht gewundert, wenn sie unter der Bedingung zugestimmt hätte, Peacombe solle sich aber nach einer anderen Wohnstätte umsehen.
Wilhelm wusste genau, dass sie an South Kensington die Nähe zu den meisten in London sich bietenden Freizeitgelegenheiten, Kulturveranstaltungen, Restaurants und insbesondere Einkaufsmöglichkeiten schätzte. Sie hatte schon bei einigen Wohnungsangeboten kritisiert, dass diese zu sehr in den Außenbezirken lagen und ihr trotz der vorzüglich funktionierenden öffentlichen Verkehrsmittel als zu abgeschieden erschienen waren und deshalb abgelehnt wurden.
Wilhelm beobachtete ihren Denkprozess, nahm liebevoll ihre Hand, die schlaff auf der Sessellehne lag, als könne das ihre Gedanken helfen zu sortieren. Ihr vorgewölbter Bauch steigerte ihr weibliches Erscheinungsbild, eine Schwangere sah im wahrsten Sinne des Wortes erfüllt aus, das war die weibliche Bestimmung. Er mochte es nicht, wenn einige Frauen diesen Zustand vergeblich versuchten zu kaschieren und er hatte auch kein Verständnis für die Männer, die sich wegen ihrer schwangeren Frau schämten und es vermieden neben ihrer Frau zu spazieren und es vorzogen, einige Schritte voraus zu gehen. Es erfasste ihn ein gewisser Stolz über das, was er fertiggebracht hatte, obwohl es ihn nicht einmal sonderliche Mühe gekostet hatte.
Christopher hatte in der Wartepause Unmengen von imaginären Flusen und Haare von seinem Anzug gepflückt, bis Elisabeth endlich aus ihrer Gedankenwelt heraus tauchend nickte und damit den Vorschlag absegnete. Sie brachte lediglich noch vor, dass sie Christopher Peacombe schätze und man sich mit gegenseitiger Rücksichtnahme und etwas Toleranz über jede aufkommende Schwierigkeit unterhalten könne und es somit keine unüberwindlichen Probleme geben sollte.
Eine vereinzelte Stubenfliege zeichnete um die Deckenlampe ihre geometrischen unregelmäßigen Muster in die Luft, die Christopher aufmerksam mit den Augen verfolgte, das hielt ihn zumindest vorübergehend davon ab, seinen Anzug nach

Unsichtbarem abzusuchen. Er suchte nach dem Grund, warum Fliegen keine Kurven flogen, sondern scheinbar nicht vorgezeichneten Linien folgten.
Elisabeth streifte sich mit der rechten Hand eine verirrte Locke hinter das linke Ohr und setzte eines ihrer bezauberndsten Lächeln auf, wandte sich erst gewinnend Peacombe und dann ihrem Ehemann zu, der sie ebenfalls anlächelte, verliebt wie er war. Er hatte im Grunde nichts Anderes von ihr erwartet. Somit war wortlos und doch aussagekräftig eine Übereinkunft erzielt worden, die alle Anwesenden zufriedenstellte.
Indem sie nochmals den beiden Männern zulächelte, schraubte sich Elisabeth umständlich aus dem tiefen Sessel und bemerkte, dass sie sich noch ein wenig ausruhen müsse. Sie strich sich ihr marineblaues Kleid mit dem weiten glockigen Rock glatt, der ihren Bauch fast ideal kaschierte und fuhr sich erneut durch die Locken. Peacombe meinte, sie sei so hübsch, dass er kaum vermeiden könne, sie immerfort mit Freude ansehen müsse, sie solle ihm das nicht übelnehmen. Er sei nun einmal ein Ästhet und bei schönen Dingen oder Menschen müsse er den Anblick genießen, das sei ähnlich mit dem Gemälde eines ihm unbekannten Künstlers, das im Esszimmer hing, er müsse seinen Blick immer wieder gewaltsam davon losreißen. Dort sei eine klassische Schönheit abgebildet, die ähnlich wie Elisabeth, ihre edlen Gesichtszüge ins rechte Licht rücke.
Wilhelm schmunzelte unverschämt, Elisabeth war knallrot angelaufen, er liebte es, wenn seine Frau bewundert wurde, kein noch so kleiner Anflug von Eifersucht machte sich in ihm breit, schließlich handelte es sich bei Peacombe um einen älteren Herrn, der an Elisabeths Schönheit Gefallen fand, aber als Konkurrent keineswegs ins Gewicht fiel.
Als Elisabeth die Bibliothek verlassen hatte, diskutierten die beiden Männer wie schlechte Kaufleute über die Konditionen der Geschäftsübernahme, die Kostenträgerschaft des Umbaus und die Monatsmiete für die Wohnung. Der Außenstehende, der diese erbittert geführte Verhandlung belauscht hätte, wäre verwundert gewesen über die Argumentationsführung. Die beiden wollten den zukünftigen Partner nicht übervorteilen, während Wilhelm als Käufer versuchte den Kaufpreis zu erhöhen, bezeichnete Christopher als Verkäufer die angebotenen Beträge als zu üppig. Der Disput drehte sich etliche Male im Kreis, da sie sich nicht einigen konnten. Schließlich kamen die beiden Kontrahenten zu einem Kompromiss, es soll ein mit Peacombe befreundeter anwaltlicher Gutachter William Southwell eingeschaltet werden, der einen Businessplan ausarbeiten sollte, um die Geschäftsaussichten abgreifen zu können. Die Geschäftspartner sollten den Betrag, der ihren Vorstellungen entsprach in einem geschlossenen Couvert hinterlegen. Dann sollte der Gutachter auf Basis des Businessplans eine konservative Wertabschätzung ausfertigen, der mögliche Kaufpreis sollte dann in der Mitte zwischen beiden hinterlegten Varianten liegen. Derjenige, der die größte Differenz zum Mittelwert

hatte, müsste dann zu einem erheblichen Anteil die Kosten des Hausumbaus finanzieren.

Als die zwei Wertgutachten des Sachverständigen für das Geschäft vorlagen, keimte ein Verdacht in Wilhelm auf. Nach seiner subjektiven Einschätzung war der Kaufpreis für das Unternehmen wesentlich unter dem erzielbaren Marktpreis angesetzt worden, lag hier eventuell eine Manipulation seines Freundes Christopher vor? Hatte er dem Gutachter einen niedrigen Wert genannt, um Wilhelm in jedem Fall in seine Firma zum Einstieg zu veranlassen? Mit dem angeblichen Marktwert konnte es sich Wilhelm ohne außergewöhnliche finanzielle Anstrengungen erlauben, die Firma sofort zu einhundert Prozent zu übernehmen.

Er war sich unschlüssig, ob er den Vertrag zu solchen vorteilhaften Konditionen unterschreiben und unter dem Vorwand der Manipulation ein neues Gutachten beantragen sollte. Jedenfalls hätte er bei Unterschrift ein schlechtes Gewissen gehabt, weil er Christopher keinesfalls derart benachteiligen wollte. Als der Alte von einem Spaziergang zurückgekommen war und seinen makellos sauberen Bowler Hat sowie seinen Stockschirm sorgsam in der Garderobe verstaut hatte, sprach Wilhelm seinen zukünftigen Kompagnon darauf hin an. Der Angesprochene lächelte verlegen wie ein Schuljunge, der bei einem Streich erwischt worden war.

„Nun, was will ich denn, ich will mein Lebenswerk nicht einem anonymen Irgendwem verkaufen. Ich habe eine Beziehung zu dem Laden und ich werde immer eine Beziehung zu ihm haben. Ich habe immerhin mehr Zeit zwischen diesen Stoffballen und Anzügen verbracht als in meinem Wohnhaus. Ich will, dass das Geschäft in guten Händen ist und noch lange bestehen bleibt.

Auf der anderen Seite habe ich genügend Geld, um mir einen schönen Lebensabend zu gönnen, ich habe ein paar noch nicht entwickelte Ideen, die ich realisieren möchte, aber da denke ich noch drüber nach, die muss ich noch nach Prioritäten ordnen. Außerdem gehören mir noch das Wohnhaus und das Geschäftshaus, beides in bevorzugter Londoner Lage, die Gebäude dürften einen relativ hohen Wert haben, und beides ist nicht mehr mit Hypotheken oder anderen Krediten belastet.

Mit anderen Worten, ich bin kein armer Mann und könnte mir jeden Traum, den ich noch jemals haben werde mit ziemlicher Sicherheit leisten, ich könnte mir auch an der französischen Riviera oder einem anderen schönen Landstrich, meinetwegen in Kalifornien ein Refugium anschaffen und würde mir auch damit keine monetären Probleme schaffen.

Ich will jetzt nur noch von dir wissen, ob du den Kontrakt mit den Bedingungen, wie sie vorliegen, akzeptieren oder dein gespartes Geld lieber irgendeinem unbekannten Geldhai in den Rachen werfen willst, der dir dafür einen heruntergekommenen Betrieb andient. Ich für meinen Teil will über den Preis nicht mehr verhandeln und damit basta."

Verschämt lehnte Wilhelm sich zu seinem väterlichen Freund herüber, legte ihm die Hand auf die Schulter und blickte ihm in die Augen. „Ich wollte dich nicht verärgern. Ich verstehe deine Beweggründe nur zu gut und bedanke mich für deine Großzügigkeit. Ich akzeptiere die Konditionen und verspreche dir, das Thema nicht wieder anzuschneiden, obwohl ich mir immer noch sicher bin, dass du den Gutachter beeinflusst hast."

„Und wenn schon, das sollte dir eigentlich völlig egal sein. Ich sage dir jetzt eins, auch wenn du kein Geld gehabt hättest, wärst du mir als Teilhaber, Geschäftsführer oder Juniorpartner jederzeit willkommen gewesen, dann hätten wir einen anderen Weg des Geschäftseinstiegs gefunden."

„Also gut, ich bin mit den Bedingungen einverstanden, aber ich habe noch eine Bedingung, den Umbau des Hauses zahle ich. Nach unserer Absprache müsstest du den Löweanteil bezahlen, das sehe ich aber überhaupt nicht ein. Der Übernahmepreis des Geschäftes ist dermaßen günstig, dass ich diesen Betrag gerne übernehme, und zwar zu hundert Prozent."

Peacombe winkte mit dem erhobenen Zeigefinger hin und her. „Das kommt überhaupt nicht in Frage, ich wäre noch mit einer Teilung der Kosten einverstanden, aber nicht hundert Prozent zu deinen Lasten."

Wilhelm protestierte: „Entweder ich trage die Kosten voll, oder der ganze Deal platzt. Ich will darüber nicht weiter diskutieren, entweder – oder."

Griesgrämig beobachtete der Senior seinen Whisky im Tumbler, er schaute auch nicht hoch als er mürrisch sagte: „Einverstanden, du jüdischer Pfennigfuchser, mit dir kann man ja nicht vernünftig reden."

„Ich habe noch eine Frage bezüglich des Zusammenlebens, der Garten hinter dem Haus ist in einem ziemlich verwahrlosten Zustand, hättest du etwas dagegen, wenn ich den auf Vordermann bringen lasse und einen glatten Rasen anlegte? Ich denke, dass das dann für unseren Nachwuchs geeigneter wäre als durch eine meterhohe Wildwiese mit verfilzten Sträuchern zu laufen und sich an den wilden Dornenbüschen und Disteln zu verletzen."

„Ja, ich weiß, dafür hatte ich nie Zeit und Rebecca hatte kein Geschick mit Pflanzen, wahrscheinlich weil sie zu Gartenarbeiten keine Lust hatte. Aber ich gebe dir da völlig freie Hand, ich wäre sogar dankbar, wenn der Garten in eine Parklandschaft verwandelt würde, ich könnte mich dann an Sommertagen, falls es mal zufälligerweise nicht regnen sollte, auf die Bank setzen und dem Kind beim Spielen zusehen. Wenn dann der Garten gepflegt ist, wäre das doch ideal, ich stelle mir das sogar sehr angenehm vor, ich habe ein gutes Buch auf dem Schoss, eine dampfende Tasse Tee auf dem Tisch, vielleicht sogar daneben ein paar meiner geliebten scones mit clotted cream zum Naschen. Was braucht der Mensch mehr zur Entspannung?"

***

Die nächsten Wochen waren für Wilhelm ausgefüllt mit der Neuordnung des Geschäfts, dem Umbau des Hauses, dem Einbau des Badezimmers und der Küche, sowie dem Anlegen des Gartens. Im und ums Haus wuselte eine Kompanie Handwerker, die Unmengen von Bauschutt, ausgegrabenen Pflanzen und anderem Müll und Schmutz produzierten und auf eine scheinbar endlose Karawane von Fuhrwerken verfrachteten.

Nach Geschäftsschluss kontrollierte er zusammen mit dem beauftragten Architekten den Fortschritt der Arbeiten und korrigierte dort, wo sie nicht auftragsgemäß erledigt worden waren. Er war froh, dass sich der pausbäckige Architekt mit dem hochroten Gesicht und einer blauen Knollennase, ein alter Bekannter von Christopher, tagsüber um die Baumaßnahme kümmerte und er lediglich nach Geschäftsschluss für eine halbe Stunde laienhaft die Baustelle inspizieren musste. Es hatte den Anschein, dass die Röte des Gesichts von den ungezählten geplatzten Äderchen stammte; ob von Kälte oder vom Alkohol, wofür allerdings die Nase sprach, konnte Wilhelm nicht herausfinden. Jedenfalls lutschte der Baufachmann ständig irgendwelche Pfefferminz Drops und Wilhelm hatte den Verdacht, diese Lutscherei habe nur den Zweck eine Fahne zu kaschieren. Trotzdem sorgte der Architekt dafür, dass die Arbeiten zügig vorankamen, völlig ohne Anleitung und Aufsicht hätte Wilhelm die Handwerker nicht werkeln lassen wollen, zu oft hatte er gehört, dass wenn man die Handwerker unbeaufsichtigt ließe, die Baupläne nicht mehr mit der Ausführung vergleichbar gewesen wären.

Mit viel Überredungskunst hatte Wilhelm es geschafft, Christopher für die Dauer der Umbauarbeiten in ein Hotel zu verfrachten, der allgemein knauserige Unternehmer hatte das Prinzip des steinreichen Amerikaners Kerr aus Oklahoma verinnerlicht: „Ich bin nicht durch das Geld reich geworden, das ich eingenommen habe, sondern durch das Geld, das ich nicht ausgegeben habe." Deshalb hatte er sich mit Händen und Füßen vor der unnötigen Ausgabe gescheut, ein Hotelzimmer in einem Nobelhotel zu buchen, zumal er nicht sicher war, ob die Arbeiten, wie prognostiziert, innerhalb von zwei Wochen beendet seien. Zumindest in diesem Punkt hatte er recht, er war für drei Wochen aus seinem Refugium verbannt.

Erst als Elisabeth und Wilhelm ebenfalls ein Zimmer im Savoy buchten hatte der Alte einem temporären Umzug zugestimmt, ihm waren angeblich der Lärm und auch der Schmutz gleichgültig gewesen. Als er gehört hatte, dass er in dem von ihm bewohnten Teil des Hauses auch Beeinträchtigungen hätte hinnehmen müssen, die Handwerker wollten einige Tage lang alle Räume, in denen nicht gearbeitet wurde, gegen den Staub versiegeln, war er zufrieden mit der Interimslösung. Die Arbeiten waren nicht nur in der oberen Etage, sondern auch im Keller und Parterre notwendig, da Leitungen für Strom, Gas und Wasser unter Putz gelegt werden mussten.

Als die Baumaßnahmen endlich mit einer angekündigten Verzögerung von einer Woche abgeschlossen waren, eine Putzkolonne allen Staub und Schmutz beseitigt hatten, die bestellten Möbel geliefert waren und dann die Abnahme erfolgen sollte, waren Elisabeth, Christopher, der Architekt von Wilhelm eingeladen worden, um zunächst bei einem Rundgang das Resultat zu begutachten und anschließend auf den erfolgreichen Einzug anzustoßen.

Die Arbeiten waren zur allgemeinen Zufriedenheit erledigt worden. Das geräumige Bad mit einer freistehenden gusseisernen Badewanne und einem Gasboiler wurden sogar durch ein Bidet ergänzt. Die Wohnküche war mit Gasherd und einem Eisschrank nach neuester Technik ausgestattet. Alle Gerätschaften hielten einer Funktionsprüfung stand und warteten nur noch auf die Belebung durch die zukünftigen Bewohner. Der Garten war gerodet worden, alle Sträucher waren entfernt und durch eine glatte Rasenfläche ersetzt worden, lediglich entlang der Gartenmauer, die den Garten begrenzte waren größere Setzlinge von Buchsbaumhecken gepflanzt worden, die in einigem Abstand durch kleine Farbtupfer in Form von Rhododendronsträuchern unterbrochen wurde.

Elisabeth fiel bereits das Treppensteigen schwer und Wilhelm fragte sich, ob es nicht besser gewesen sei, einen Fahrstuhl einzubauen. Als Wilhelm ihr diesen Gedanken offenlegte, hatte sie jedoch nur ein Lachen dafür übrig, sie sei nicht krank, sondern lediglich schwanger und in wenigen Wochen könne sie wieder wie eine Achtzehnjährige ohne dicken Bauch die Treppen bewältigen.

Die schlanke drahtige Elisabeth, der man angesehen hatte, dass sie Sport betrieb, sie hatte einen muskulösen Körper, der jedoch nicht so muskulös war, dass man ihr das frauliche absprechen musste, hatte Wilhelm in einem Kölner Schwimmbad kennen gelernt. Er hatte an einem Hochsommer Vormittag in der Sonne auf den bei Wettkämpfen als Tribüne dienenden Steinstufen gesessen und das rege Treiben beobachtet, er war kein guter Schwimmer gewesen und hatte ab und zu das Wasser zur Abkühlung bevölkert, ohne wie Andere Bahn um Bahn zu schwimmen. Ihm war dann plötzlich eine junge hübsche Frau – oder war das noch ein Mädchen – aufgefallen, die unermüdlich auf den höchsten Sprungturm geklettert war, um mit gekonnten eleganten Kopfsprüngen mutig in die Tiefe zu stürzen. Sie bewältigte die Höhe, indem sie ihren Körper in den ersten Metern nach dem Absprung völlig entfaltete und lang gestreckt in das Wasser eintauchte, ohne dass eine große Wasserfontaine aufspritzte, ähnlich wie er es bei den Seehunden im Zoo beobachtet hatte. Sie musste nach seiner Einschätzung vom Sternzeichen her entweder ein Wassermann oder ein Fisch sein. Er konnte sich bei diesem Gedanken selber ein Lächeln nicht verkneifen.

Er wollte sie kennenlernen und von der Nähe betrachten, also erklomm er hinter ihr die Stufen, von ihrem Po lösten sich beim Aufstieg ein paar Wassertropfen, denen er nicht versuchte auszuweichen, allerdings wagte er nicht auf die höheren Ebenen zu klettern, also begnügte er sich zu Beginn mit dem Dreimeterbrett, was für ihn schon eine Premiere darstellte. Er schämte sich etwas, dass er nicht den Mut aufbrachte, wenigstens die fünf Meter zu bewältigen, vom Zehnmeterbrett wollte er gar nicht erst reden, also musste er seine Strategie ändern, um mit ihr ein paar annähernde Worte zu wechseln.

Sie war seinen Blicken entschwunden und als er von seiner bescheidenen Höhe auf die glatte Wasserfläche blickte, hätte ihn fast sein Mut wieder verlassen, denn die drei Meter bis zur Wasseroberfläche wurden durch das Wasser selbst optisch auf ein Vielfaches erhöht. Er versuchte also seinen mangelhaften Mut durch eine elegante Sprungtechnik auszugleichen, was ihm aber nur unvollkommen gelang, bisher waren seine Sprünge auf die Startblöcke am Beckenrand beschränkt geblieben. Er nahm sich vor einmal zu einem späteren Zeitpunkt ohne Publikum die zehn Meter ebenfalls zu bewältigen, wozu es aber nie kommen sollte.

Als sie nach ihrem nächsten Sprung auftauchte, spielte er den Erschrockenen, er wollte den Anschein erwecken als habe er nicht damit gerechnet, dass jemand, ohne zu prüfen, ob das Becken frei sei, springen werde. Er meinte dann zu ihr, es sei nochmal glimpflich abgelaufen und außer einem Schrecken sei nichts passiert. Sie hatte sich dann lächelnd entschuldigt und betont, er habe das Becken gekreuzt, also sei er nach seinem Sprung in die falsche Richtung geschwommen, er hätte zum nächsten Beckenrand schwimmen müssen und nicht zu dem weiter entfernten. Um jedoch ein Friedensangebot zu machen und ihn für seinen Schrecken zu entschädigen, lud sie ihn auf ein Eis am Kiosk ein, was er weniger wegen der kühlen Erfrischung als vielmehr wegen der neuen Bekanntschaft gerne annahm.

Sie machten es sich auf den Betonstufen bequem, er hatte ihr in seiner vollkommenen Großzügigkeit sein Handtuch als Unterlage angeboten und er betrachtete mit Begeisterung ihre gestählte Figur, soweit man das trotz ihres dicken wollenen schwarzen Badeanzugs, der an den Beinen und am Ausschnitt weiß abgesetzt war, beurteilen konnte. Ihre Sommersprossen verteilten sich in einem unregelmäßigen Muster auf ihren Wangen um die Nase.

Er kehrte seine Unerfahrenheit mit Damen heraus, was bei ihr nicht einmal schlecht ankam, im Gegenteil, sie hatte die ewige Protzerei mit Abenteuern und deren Damenbekanntschaften satt, mit denen sich so viele Männer zu schmücken versuchten. Sie waren sich mehr als sympathisch und erzählten von den beruflichen Tätigkeiten, sie war von Beruf Schneiderin und arbeitete als Damenmoden Verkäuferin im Kaufhaus Peters, das ganz in der Nähe seines Geschäftes, beziehungsweise dem seines Vaters lag. Sie sprachen über ihre Erfahrungen mit den Marotten der Kunden und deren Sonderwünschen. Beide waren erstaunt, dass sie sich bis heute nie bewusst über den Weg gelaufen waren, trotz der Nachbarschaft ihrer Arbeitgeber.

Sie verabredeten sich für den darauffolgenden Sonntagnachmittag im Café Reese, um dort beim Tanztee das Rhythmusgefühl der neuen Bekanntschaft zu erproben. Da er nicht tanzen konnte, bat er verzweifelt seine Mutter um ein paar Nachhilfestunden, die sich auch redlich abmühte, ihm in der Kürze der Zeit wenigstens ein paar universelle Tanzschritte beizubringen, damit er Foxtrott, Walzer, Tango und damit die gängigsten Tänze ohne größere Blamage überstehen konnte. Die Rhythmusprobe war zur beiderseitigen Zufriedenheit ausgefallen, denn auch Elisabeth war keine erfahrene Tänzerin, jedenfalls amüsierten sie sich prächtig in den Tanzpausen.

Aus der einen Verabredung wurde eine Serie von Rendezvous, aus dieser Serie entsprang eine Beziehung, aus dieser Beziehung entsprang Zuneigung, die dann in Liebe mündete und schließlich durch eine Heirat amtlich anerkannt wurde. Die Folge der amtlichen Bescheinigung und der Liebe trug sie nun in ihrem ausladend gewölbten Bauch vor sich her.

Laut Hebamme sollte das Ergebnis des amtlich geforderten Ehevollzugs in wenigen Wochen entladen werden, sie freute sich auf die Geburt, nicht nur wegen des Kindes, sondern primär, weil ihr mittlerweile das Bücken, Gehen und sogar das Sitzen mühevoll geworden war. Das Treten und Strampeln in ihren Eingeweiden, das ihr zunächst ein unendliches Glücksgefühl vermittelt hatte, war in der Zwischenzeit zur Last geworden, da es immer öfter in den unpassendsten Momenten vorkam und sie danach häufig mit Schluckauf zu kämpfen hatte. Dieser Schluckauf war ihr nicht nur lästig, sondern, da sie ihn häufig über Stunden nicht loswurde, auf die Dauer auch schmerzhaft.

Auch hatte sie in den letzten Wochen kaum noch Appetit, nicht wie andere Frauen berichtet hatten, die unbändige Lust auf Süßes, Saures oder auch Scharfes gehabt hatten, nein, sie musste sich regelrecht zwingen, etwas zu essen. Meist konnte sie jedoch durch eine spezielle Atemtechnik ihre Übelkeit bekämpfen und musste nicht spucken. Eigentlich hatte sie schon Appetit auf ein paar Spreewaldgurken, die sie dann in sich hineingestopft hätte, zu ihrem Bedauern gab es die aber nicht im Angebot der gängigen Geschäfte, die sie aufsuchte und die englischen Mixed Pickles, die ihr alternativ offeriert wurden, waren ihr zu hart sauer im Geschmack und somit verzichtete sie auf dieses kleine Vergnügen.

Sie hatte generell mit den in London angebotenen Gemüsen und Salaten Probleme, die ganze britische Nation schien sich von Fleisch, Fisch und irgendwelchen Aufläufen, die Pie oder Pudding hießen, zu ernähren. Frisches Obst und Gemüse waren selbst im Sommer eine Rarität, obwohl in dieser Jahreszeit wenigstens eine bescheidene Palette von verschrumpeltem Grünzeug verfügbar sein sollte. Im Winter schrumpfte das Angebot fast ausschließlich auf verschiedene Kohlsorten, die wegen der geringen Nachfrage in den Geschäftsauslagen vor sich hin moderten. Die einzige Alternative auf die man ausweichen konnte war dann die reichhaltige Auswahl an Konservendosen aus aller Herren Länder, die in wirklich jeder Variation, Größe und Herkunft verfügbar waren. Beim genaueren Hinsehen stellte man dann ernüchtert fest, dass es sich mit großem Abstand um Erbsen oder Bohnen unterschiedlicher Größe, Farbe, Art und Provenienz handelte.

Sie war mit dem Speisenangebot in den britischen Geschäften weniger zufrieden als auf dem Festland, sie musste sich enorm mit dem Kochen umstellen, selbst Fortnum & Mason konnte ihre Wünsche höchstens mit einem reichhaltigen Vorrat an Konserven und anderem Eingemachten, Fisch- oder Fleischspezialitäten befriedigen. Zu ihrem Erstaunen vermochten einige wenige bessere Restaurants ihren Hunger auf frisches Gemüse oder Salate zu stillen. Sie hatte sich bei einigen Köchen erkundigt, woher sie das frische Grünzeug erhielten, die Antwort war überraschend und für Elisabeth selbstbeschränkend, sie bezogen ihren Bedarf über einen französischen Importeur direkt vom Pariser Großmarkt Les Halles und diese Belieferung galt nur für Großküchen, nicht für Privathaushalte. Obwohl sie einmal versucht hatte mit dem Importeur in Kontakt zu treten, misslang es gründlich, die Firma hielt es nicht für notwendig, ihr zu antworten, sei es, weil sie Deutsche war, sei es, weil sie als Kundin für geringe Mengen uninteressant war, diese Missachtung ärgerte sie maßlos und sie schimpfte lautstark über die ignoranten Franzosen.

Wilhelm war weniger wählerisch, ihm schien alles zu schmecken und selbst Zerkochtes oder Durchgebratenes aß er mit sichtlichem Vergnügen, selbst das von ihr verabscheute metallisch schmeckende überwürzte Kidney Pie, mit Käse überbackenen Fisch oder den faden Yorkshire Pudding, aufgeweicht durch Bratensaft schreckten ihn nicht ab.

Außer zu den Mahlzeiten, die Elisabeth mit viel Liebe zubereitet hatte, glänzte ihr Ehemann in erster Linie durch Abwesenheit, die Neuorganisation seines Geschäftes nahm ihn völlig in Anspruch. Und wenn er dann abends seine Beine ausstreckte, war er fast immer total erschöpft und nur zu äußerst spärlichen Unterhaltungen in der Lage. Wenn sie es sich nach dem Essen auf der Couch im Salon bequem machten und den Tag nochmals Revue passieren lassen wollten, schlief er nach wenigen Sätzen bereits ein und schaffte mit seinem Schnarchen eine unangenehme Hintergrundmusik. Der Vorteil des Schnarchens war, dass sie nun genau wusste, dass sie nicht weiterreden musste, denn wenn er nicht schnarchte, wusste sie nie, ob die Wörter, die sie von sich gab, überhaupt in sein Gehirn vordrangen.

Sie hatte sich immer gefragt, ob ein Kuscheln im Ehebett in ihrem Zustand noch ratsam war und hatte sich als Strategie ein Liebesspiel ausgedacht, das für das ungeborene Kind risikofrei sein müsste, diese Gedanken hätte sie sich jedoch sparen können, sobald Wilhelm das Bett sah, begann er bereits zu gähnen und nach dem flüchtigen Gute Nacht Kuss war er schon vom Schlaf übermannt worden.

Zu den Mahlzeiten lud sie mehrmals wöchentlich Christopher Peacombe ein, der dann offensichtlich aufblühte, er sprach mittlerweile kaum noch von seiner Rebecca und mutierte zum unterhaltsamen Gesprächspartner. Er entwickelte nahezu täglich eine neue Idee, wie er seine Freizeit in Zukunft gestalten wollte, diese Pläne reichten von Angeln, Jagen, Golfen über Kricket spielen bis zu Segeln, die meisten Sportarten waren ihm aber zu anstrengend, zu langweilig oder er wollte als Anfänger nicht wie ein Blödmann von den Anderen dargestellt werden. Insofern verwarf er oft am nächsten Tag die Pläne, die er tags zuvor noch schwärmerisch bevorzugt hatte. Lediglich das Segeln, Angeln und Jagen tauchte oft in seinen Gesprächen auf, ohne sie kurzfristig zu negativ zu bewerten und zu verwerfen. Erst nach Wochen sprach er abfällig über die Jagd, die armen Tiere wollte er nicht abschlachten, ihm war zwar bewusst, dass einige Tierarten im Bestand quantitativ korrigiert werden mussten, aber er wollte denn doch nicht der „Mörder" sein, zumal er sich keine Jagdhunde halten wollte – er konnte sich nicht für eine bestimmte Rasse entscheiden.

Während dieser Gespräche schaufelte Wilhelm sein Essen wortlos in sich hinein, kommentierte die Pläne des Alten erst gar nicht und trug auch nicht zur Weiterführung des Themas bei. Er lobte, entgegen seiner alten Gepflogenheiten nicht einmal mehr die Qualität des Essens, das sie mit so viel Mühe zubereitet hatte, erst wenn sie ihn darauf ansprach, wurde die Mahlzeit mit einem lapidaren „okay" qualifiziert. Das wenig Aussagefähige „okay" hatte er sich neuerdings angewöhnt und er war trotz ihrer Bitten, nicht bereit es sich abzugewöhnen.

Im Gegensatz zu dem schwachen Lob des Gatten, hob Peacombe die Speisen und insbesondere die Qualität in den Himmel, er habe selten so eine delikate Küche genießen dürfen, der Standard eines Spitzenrestaurants sei übertroffen und biete eine hervorragende Abwechslung im Vergleich zu dem Einheitsbrei der englischen Gerichte. Sie nahm das Lob kommentarlos aus, sie konnte die Gewohnheiten der Briten, was das Essen betraf entsprechend einordnen.

Sie war tagsüber auf sich gestellt. Sie besuchte Tee- und Kaffeehäuser, bewunderte das reichhaltige Angebot der berühmten Kaufhäuser, stöberte gerne in einem riesigen Büchergeschäft in der Nähe des Trafalgar Square, oder begab sich, wenn das Wetter es zuließ, in einen der unermüdlich gepflegten Parkanlagen, um zu flanieren. Wenn sie sich dann auf einer Bank ausruhte, sie war doch ziemlich kurzatmig geworden, schützte sie ihr dicker Bauch vor Annäherungsversuchen paarungswilliger Jungmänner. Sie liebte es im selteneren Sonnenschein auf einer Parkbank endlos zu sitzen und die Leute bei ihren unterschiedlichen Beschäftigungen zu beobachten. Sie konnte bereits von weitem erkennen, welcher Bevölkerungsschicht die Leute angehörten und insbesondere bei Männern den ausgeübten Beruf erraten. Sie klassifizierte die Majorität als Banker oder leitende Beamte. Arbeitende Männer in Produktionsbetrieben gab es wohl kaum.

Die Gesellschaftsschichten waren viel eher auf angemessene Kleidung und Aussprache bedacht als in Deutschland, wo doch diese Unterschiede häufig verschwammen. Was sie immer wieder bemerkt hatte, in ihrem Köln redeten selbst höher gestellte Personen Dialekt, oder zumindest eine stark mit rheinischem Singsang gefärbte Sprache. Dies wäre in England undenkbar, ein Richter, von den

Adeligen ganz zu schweigen, bemühte sich einer upper class Aussprache, die ihn von der Arbeiterklasse gleich im ersten Moment abhob.
Das Haus war ausgestorben und sie freute sich bereits auf die zukünftigen Kindergeräusche innerhalb der Mauern. Lediglich der alte Peacombe sorgte für gelegentliche Abwechslung, wenn sie zusammen einen Tee tranken. Sie hatte sich einen besonders guten Darjeeling, first Flush bei Fortnum & Mason, in der Nähe des Picadilly Circus besorgt, der ihm ausgezeichnet schmeckte, sie bevorzugte einen kräftigen Kaffee, den es in der Gastronomie auf der Insel jedoch kaum gab.
Dazu rauchte der alte Freund neuerdings riesige dunkelbraune Prügel, genannt Romeo y Julieta, die er aus mit Zedernholz ausgekleideten Blechstangen zog. Sie mochte den Duft der noch nicht entzündeten Zigarren in Kombination mit dem Zedernholzduft und auch die bedruckten Blechröhren mit den kleinen Bildern von Romeo und Julia. Christopher zelebrierte das Abschneiden der Spitze mit einer kleinen Guillotine, dann wurde mit einem überlangen Streichholz die Tabakrolle angewärmt und endlich entzündet, aber ohne an der Zigarre zu paffen, im Gegensatz zum Anrauchen einer Zigarette. Langsam verbreitete sich dann die Duftwolke, die in Kopfhöhe schwebte und auf schnuppernde Nasen wartete. Als geschmackliche Abrundung wurde dann, nachdem der Tee die Grundlage gebildet hatte, einer seiner edlen Malt Whiskys in seinen Lieblingstumbler gegossen, den er eher zum Lippen benetzen benutzte, als dass er ihn trank. Wenn er dann alleine war, legte er eine Schelllackplatte mit seinem geliebten Jazz auf, vorzugsweise die langsameren klagenden Stücke wie den Texas Moaning Blues von Sidney Bechet, suchte sorgfältig ein Buch aus seiner reichhaltigen Bibliothek, oft ein vergilbter staubiger Klassiker beispielsweise von Charles Dickens und genoss, er genoss sichtlich und fühlte sich vom späten Glück seiner alten Tage erfüllt.
Er kaufte auch nie Bücher und entschuldigte dies mit dem Argument, er habe in jüngeren Jahren so viele Bücher gekauft, die ihm lesenswert erschienen waren, die er aber nach einem kurzen Durchblättern für spätere Zeiten in sein Buchlager verstaut habe, da ihm die Muße zum Lesen damals gefehlt habe. Nun habe er genügend Zeit für die Bücher und seine Lust auf Lesen sei wieder erwacht. Er las allerdings selten ein Buch wie ein normaler Mensch, nämlich von Seite eins bis zum Ende, nein er klappte das Buch willkürlich in der Mitte auf und begann. Wenn dann seine Aufmerksamkeit geweckt worden war, begab er sich manches Mal wieder zu Seite Eins und las es komplett oder hörte auch nach einem Kapitel wieder auf. Zu diesem Vorgehen befragt, gab er an, die Geschichte als solche interessiere ihn weniger, er könne sich aber am bildhaften Stil der Autoren begeistern. Aus diesem Grunde läse er auch lieber die Klassiker, da die zeitgenössischen Schriftsteller selten das Niveau der alten Berühmtheiten erreichten. Beispielhaft nannte er gerne Kafka, dessen Werke er am liebsten verschlänge, die Geschichten selbst seien ihm aber gleichgültig, die Atmosphäre, die der Autor mit ein paar hingeworfenen Sätzen

schaffe, sei unglaublich leicht nachzuvollziehen und zu spüren, zu riechen, zu schmecken. Daran könne man den Meisterromancier erkennen. Dann belehrte er den Zuhörer, Kafka habe nur scheinbar mit Leichtigkeit geschrieben, im Gegenteil, angeblich soll er seine Geschichten unendlich oft verworfen und neu begonnen haben. Unter größter Mühe soll er schließlich auf eine weitere Korrektur des Werkes verzichtet haben und das Elaborat dem Verleger ausgehändigt haben. Das Ergebnis seiner Arbeit sei aber grandios und genial, ein solches Werk von dieser Qualität müsse man ein zweites Mal mit der Lupe suchen, schwärmte dann Christopher.
Elisabeth fragte erst sich und dann ihn, warum er als langjähriger Nichtraucher im Alter mit dem Tabakkonsum begonnen hatte. Seine Antwort war weniger aufklärend als trotzig, er habe so spät mit dem Rauchen begonnen, dass er gesundheitlich die meisten Briten nicht mehr einholen könne, außerdem habe er den Eindruck, der einzige Engländer zu sein, der noch nie geraucht habe. Man solle sich doch nur einmal die Leute in den Pubs anschauen, dort würde schließlich ununterbrochen eine nach der anderen gequalmt, dagegen sei er noch ein Waisenknabe. Sein bestes und fatalistisches Argument äußerte er einmal Wilhelm gegenüber, der ein Gelegenheitsraucher war: „Zugegeben, Rauchen verkürzt das Leben, aber wo verkürzt es denn das Leben, nicht in der Mitte, wenn es schön ist, sondern im Alter, wenn das Leben eh nicht mehr schön ist und keinen Spaß mehr macht."

Wilhelm und Christopher erwarteten mit noch größerer Ungeduld die Geburt des Kindes als Elisabeth. Jeden Abend, wenn Wilhelm aus dem Geschäft nach Hause kam, erkundigte er sich nach ihrem Wohlergehen, Christopher brachte es sogar mehrmals täglich fertig, mit sorgenvoller Miene zu fragen, ob alles in Ordnung sei. Sie fühlte sich nicht schlecht, nur unbeweglich und dick. In den Händen der ältlichen weißhäutigen, ehemals blonden, Hebamme, die sich fürsorglich um sie kümmerte und offensichtlich über einen riesigen Erfahrungsschatz verfügte, fühlte sie sich gut aufgehoben und vertraute ihr vollends. Auf das Anraten der alten Dame nahm sie regelmäßig an einem Kursus für Atemübungen und Schwangerschaftsgymnastik teil, zusammen mit einigen anderen werdenden Müttern und fühlte sich nicht nur deshalb für das Kommende gewappnet. Mit den anderen Müttern, die teilweise aus britischen Kolonien stammten, freundete sie sich gleich an, hier wurde nicht auf Herkunft, Religion oder Rasse geachtet. Die immer präsente Hebamme hatte sie überredet, von einer Hausgeburt abzusehen, die medizinische Versorgung in einem Spital für eine Erstgebärenden sei bei möglichen Komplikationen wesentlich besser und sie hatte sich einen Platz in einer Privatklinik gesichert, wo sie sich gut aufgehoben fühlte und wo die mittlerweile vertraute Hebamme ebenfalls um sie herum sein könnte.
Elisabeth hatte ihren Ehemann nicht mit der Organisation der Geburt behelligt, er hatte genug im Geschäft um die Ohren. Außerdem betrachtete sie nicht nur den

Gebärvorgang als Frauensache, bei der die Männer mit ihrer Unbeholfenheit nur stören könnten. Ihre Tasche war mit den wichtigsten Utensilien gepackt und nun hieß es nur noch warten bis die Wehen einsetzten und das Taxi zur Klinik bestellt werden musste. Sie war nicht übernervös, aber eine gewisse innere Unruhe rumorte in ihr, wie immer, wenn man etwas Neues in Angriff nehmen wollte.
Sie stand in der Dämmerung am Fenster und sah eine rauchende dunkle Gestalt im Hauseingang gegenüber, die offensichtlich auf irgendetwas oder irgendwen wartete. Sie beobachtete den Schatten im Hauseingang eine ganze Weile, er verschaffte ihr den Eindruck als habe er außer zu rauchen keine Aufgabe. Sie setzte sich in ihren angestammten bequemen Ohrensessel und versuchte sich vergeblich auf ihr Buch zu konzentrieren. Die Buchstaben wurden zwar von Ihren Augen aufgesogen, aber nicht an ihr Gehirn weitergeleitet. Sie stand auf, wollte in der Dämmerung das Licht einschalten, warf noch einen Blick aus dem Fenster und sah diesen rauchenden Schatten immer noch unter dem kleinen Vordach des gegenüberliegenden Hauses stehen. Sie wunderte sich etwas über Sinn und Zweck dieses Wartens und wie lange der wohl schon dort stand. Sie konnte sich nicht vorstellen, es handele sich um ein Rendezvous, welcher Mann würde stundenlang auf seine Geliebte warten, sie war neugierig geworden, konnte aber schlecht zu ihm gehen und fragen, auf wen er warte, obwohl sie das jetzt aus brennender Neugier heraus gerne in Erfahrung gebracht hätte.
Christopher Peacombe hatte auf ihre Bitte das Taxi bestellt, das sie nun in die Klinik brachte. Der fast panische Alte hatte es nach einigen vergeblichen Versuchen endlich geschafft, die Nummer der Taxizentrale zu wählen, ewig drehte er die Wählscheibe nicht bis zum Anschlag oder verwechselte die Ziffernreihenfolge.
Nach einigen Stunden Wehen mit Pressen, Hecheln, und wieder Pressen, Wehen und Hecheln war dann endlich das Kind geboren worden, es war ein Junge.
Während Elisabeth im Kreißsaal mühevoll an dem Gebären arbeitete, war ihr treuer Ehemann in den Gängen der Klinik in freudiger Erwartung, aber so nervös, und erregt wie ein Raubtier in einer Falle, auf und ab marschiert. Er konnte unmöglich stillsitzen, obwohl sein väterlicher Freund Christopher im Wartebereich lesend seine Zeit verbrachte, der sicherlich ebenfalls noch aufgeregt war, sich dies aber nicht anmerken lassen wollte, indem er seine Ungeduld mit großer Anstrengung und mit einer seit langer Zeit antrainierten Atemtechnik erfolgreich unterdrückte. Das einzige Merkmal seiner Aufgeregtheit konnte der Eingeweihte daran erkennen, dass Peacombe tausende imaginäre Flusen von seinen Hosenbeinen oder den Jackenärmeln pflückte und die bereits glänzenden Revers seiner Anzugjacke von dem unsichtbaren Staub der Krankenanstalten befreite.
Die eifrigen Krankenhausbediensteten getrauten sich nicht mehr auf die langen kahlen Gänge hinaus, etliche Male hatte Wilhelm bereits Ärzte, Schwestern und einmal sogar eine Reinigungskraft genervt mit seinen Erkundigungen nach dem

Fortschreiten der Geburt oder dem Wohlergehen von Frau und Kind, auch wollte er immer wieder im Minutentakt wissen, ob es Komplikationen gebe und wieso das Ganze so lange dauere. Er glaubte an dumme Ausreden, wenn ihm vom Klinikpersonal versichert wurde, dass sich ein Geburtsvorgang auch schon mal mehr als einen Tag hinziehen könne, das überstieg denn doch seine Vorstellungskraft, so lange könne doch kein Mensch warten oder sogar Geburtsschmerzen erleiden.

Wieder und wieder hatte er auf seine Uhr geblickt, sie aufgezogen, die Funktion geprüft, die Zeiger schienen festgeklebt worden zu sein, sie bewegten sich überhaupt nicht. Ihm wurde einfach nicht bewusst, dass er in einer Minute fünf Mal die scheinbar stillstehende Uhrzeit kontrolliert hatte. In einer enorm hohen Taktzahl hatte er das Raucherzimmer den Gang hinunter aufgesucht, rauchte aber keine der Zigaretten zu Ende, in der Befürchtung eine frohe Kunde zu verpassen. Gerne hätte er den Platz mit Elisabeth getauscht, er war davon überzeugt, dass die Folter des Wartens erheblich schlimmer sei als die harmlosen Wehen, denen seine liebe Frau ausgesetzt war.

Als dann endlich nach einer geduldzerreißenden Wartezeit eine weiß behaubte Schwester erschien und eine frohe Botschaft verkünden wollte, stieß Wilhelm sie unsanft zur Seite und wollte den Kreißsaal stürmen. Nur mit Mühe und äußerster Kraftanstrengung, sowie Unterstützung durch eine zweite Behaubte konnte er zurückgehalten werden, erst dann wurde er für die Argumente des Klinikpersonals empfänglich, es bestünde Infektionsgefahr, wenn er ungeschützt in diese Abteilung der Klinik eindringe, er würde in wenigen Minuten Mutter und Kind in die Arme schließen können.

Der Junge war gesund und brüllte bereits mit erstaunlicher Intensität, kaum dass die Hebamme ihn an seinen Beinen hochheben wollte, ein Klaps auf den Po war absolut überflüssig gewesen, er schrie zunächst mit noch schwacher Stimme, dass seine Stirnader blau anschwoll, was man durch die transparente Haut besonders gut sehen konnte. Wie eine heiße Kartoffel legte die Schwester den Kleinen auf Elisabeths Bauch, die ihm eine Spitze des kleinen Fingers hinhielt an dem er gleich saugte, nur damit dem mittlerweile markerschütternden Gebrüll Einhalt geboten werden konnte.

So lange er an Mutters Brustwarzenersatz nuckeln durfte, war er still und schmatzte laut dabei, erst jetzt begriff Wilhelm schlagartig, warum der Vorgang des Brustgebens stillen hieß, bisher hatte er nie einen Gedanken daran verschwendet. Es gab drei Dinge, die der Kleine im Laufe des Tages im Wechsel machte:

Trinken, Schreien, Schlafen – na gut, währenddessen gab er auch Verdautes in erstaunlicher Menge von sich.

Die Namensfindung des Sprösslings bedurfte einer längeren Diskussion zwischen Elisabeth und Wilhelm. Er wollte einen Namen, der der Familientradition entsprechend von einem großen Deutschen entlehnt werden sollte, während sie lieber einen Namen ihrer neuen Heimat entsprechend bevorzugte, nämlich Anthony oder Melville.

Da beide Namen jedoch nicht so recht zum Nachnamen passten und sie sich partout sträubte seine Vorschläge von Armin bis August zu akzeptieren, einigte man sich schließlich auf einen relativ neutralen Namen, der in beiden Kulturkreisen zu Hause war, Walther. Bei dem zweiten und auch dritten Vornamen durften sich dann die Eltern austoben, Elisabeth setzte sich mit ihrem Anthony durch, während Wilhelm sich dann auf Friederich, nach dem Großvater versteifte. Auch Christopher wurde erwogen, um dem alten Freund Peacombe Dankbarkeit zu bezeugen, was dieser jedoch vehement ablehnte, dieser Name sei aus der Zeit gefallen und er würde sich dagegen verwehren, weil er diesen Namen als zu christlich verabscheue.

Über den Geschmack und die Zusammensetzung des kompletten Namens konnte man sich trefflich streiten, Walther Friederich Anthony Rosenzweig. Dann hätte Christopher auch nicht mehr gestört.

Etablierung

Der Mensch ist ein Produkt seiner Erziehung.
Gut und Böse begründen sich auf der menschlichen Entwicklung,
Anleitung und Erfahrung während der Wachstumsphase
und sind nicht genetisch bedingt.
Das Böse wird nicht geboren, sondern gemacht.

Zu Hause belegte das Kind, wie das wohl immer so ist bei Neugeborenen, den Mittelpunkt des Geschehens. Das Kindermädchen, eine gebürtige Deutsche, die Marlene hieß und mit ihren Eltern als kleines Mädchen nach England emigriert war, übernahm die weniger angenehmen Dinge des Großziehens wie Windelwechseln und Windelwaschen, Elisabeth dagegen wollte sich jeden liebevollen Kontakt mit dem Kleinen ermöglichen. Sie liebte es das Kind an ihrer Brust nuckeln zu sehen und zu spüren, sie streichelte die zarte Haut unentwegt, zumindest das bisschen Haut, das nicht von Kleidung bedeckt war. Sie brachte das Baby gerne selbst zu Bett, badete es vorher und freute sich, wenn er sich wohlig im warmen Wasser aalte und plätscherte. Das nächtliche Aufstehen und Stillen war zugegebenermaßen weniger angenehm, das konnte sie nicht an Marlene delegieren, obwohl ihr das manchmal lieb gewesen wäre. Der kleine Walther schrie und quäkte nur dann, wenn er Hunger oder die Windeln voll hatte, auch blieb er von Infektionskrankheiten oder Erkältungen weitgehend verschont. Er war also ein durchaus pflegeleichtes Baby.
Eines Morgens kam das Kindermädchen zu ihr und fragte besorgt, ob Elisabeth den Schwarzen Mann auf der anderen Straßenseite bemerkt habe, er komme ihr unheimlich vor und würde immerzu auf das Haus starren, dabei jede Menge Zigaretten rauchen. Ohne die ständige Raucherei wäre er ihr vielleicht gar nicht aufgefallen, zunächst habe sie nur die aufglimmende Glut bemerkt und dann bei genauerer Betrachtung festgestellt, dass es sich wahrscheinlich immer um die gleiche Person handele, die dort abends stünde. Tagsüber sei er dann verschwunden, oder habe vielleicht auch einen anderen Posten bezogen, wo man ihn nicht so leicht bemerkte.
Beim Frühstück erwähnte Elisabeth diesen vermeintlichen Wachtposten gegenüber Wilhelm, dem die dunkle Gestalt bisher noch nicht aufgefallen war, auch Christopher war sich der häufigen nächtlichen Anwesenheit dieser Person nicht bewusst. Beide

Männer versprachen, der Erscheinung verstärkte Aufmerksamkeit zu widmen und gegebenenfalls Maßnahmen zu ergreifen.

Nach dem Abendessen blickten die beiden Männer und Elisabeth aus dem Fenster, nachdem sie das Licht des Zimmers gelöscht hatten. Unter dem Vordach eines gegenüberliegenden Hauses sahen sie den geheimnisvollen Schattenmann rauchenderweise auf seinem Wachtposten. Niemand konnte sich einen Reim darauf machen, was der Kerl dort trieb, wen er auskundschaften wollte oder auf was er spekulierte.

Christopher vermutete einen Kriminellen, der das Haus ausspionierte, um es auszurauben und einen unbeobachteten Moment herausfinden wollte. Er glaube wohl an ausreichend Wertgegenstände im Haus, die einen solchen Einbruch lukrativ gestalten könnten.

Wilhelm war diese Vermutung zu profan, er meinte dazu bräuchte man lediglich ein paar Stunden, um das herauszufinden, er glaubte eher es handele sich um faschistische Späher, die gegen das Judentum in Groß Britannien, insbesondere den deutschen Immigranten vorgehen wollten. Vermutlich seien es britische Faschisten oder sogar Abgesandte der deutschen Gestapo, die nunmehr grenzübergreifend die jüdische Pest zu vertreiben oder zu inhaftieren wünschten.

Elisabeth glaubte eher an jemanden der britischen Ausländerpolizei, die irgendwelchen Verschwörungen vorbeugen und sicher gehen wollten, dass die Eingewanderten keine Spionageabsichten hätten, oder sogar perfide Sabotageakte im Schilde führten.

Einerlei, die Mutmaßungen führten zu keinem Ergebnis und so entschloss sich Wilhelm, den Kerl einfach einmal anzusprechen, vielleicht könnte er etwas herausfinden. Also zog er sich eine Jacke an und ging hinaus, nicht ohne, dass Elisabeth ihm eingeschärft hatte vorsichtig zu sein, man wisse schließlich nicht, wie gewalttätig solche Leute werden könnten. Das war mal wieder der überflüssigste Ratschlag, den man jemandem mit auf den Weg geben konnte, warum sollte er auch unvorsichtig sein, das war wie, wenn man einem Reisenden sagt, er solle auf sich aufpassen, dadurch verändert kein Mensch sein Verhalten.

Die Gestalt ergriff die Flucht, als er Wilhelm direkt auf sich zugesteuert kommen sah, er ging mit großen Schritten eilig davon, zog seinen Hut noch tiefer in die Stirn und verschwand hinter der nächsten Hausecke in die belebtere Durchgangsstraße Gloucester Road. Als Wilhelm, der seine Schritte beschleunigt hatte, das Ende des Häuserblocks erreicht hatte, sah er einige Männer mit langen Mänteln in verschiedene Richtungen gehen, war sich aber unsicher, welcher der Bemantelten nun sein Bewacher war, er ging davon aus, dass es der Mann war, der zwanzig Meter vor ihm ging. Er holte ihn ein und fragte ihn, warum er seine Familie und das Haus überwache, ein kräftiger Kerl mit einem Allerweltsgesicht sah ihn verwundert an und meinte brüsk, er wisse nicht, was Wilhelm von ihm wolle und er solle ihn gefälligst in Ruhe lassen.

Wilhelm wusste gleich, dass es ein Fehler war die Person anzusprechen, wenn das der Bewacher gewesen sein sollte, würde er es niemals zugegeben haben, außerdem wurde ihm auch gleich bewusst, dass er selbst in der Situation des Auskundschafters, entweder sich in einen der kleinen Vorgärten verschlagen, oder die Richtung gewechselt hätte. Somit war in jedem Fall die Person unerkannt entkommen. Er ärgerte sich über seine Dummheit, entschuldigte sich bei dem Angesprochenen mit der Behauptung, es handle sich um eine Verwechslung.

Er stapfte zurück in Richtung des Beobachtungspostens und stellte erstaunt fest, dass weder auf dem Trottoir, noch in dem kleinen Vorgarten Zigarettenreste auffindbar waren. Also war der Kettenraucher mit einem Aschenbecher in Taschenformat ausgestattet, oder einer derjenigen, der die Zigaretten der teureren Marken rauchte, die noch in bunt bedruckten Blechdosen angeboten wurden und hatte die Stummel darin gesammelt. Selbst die verlöschte Glut der Tabakwaren konnte er nirgends entdecken, also hatte die auch ihre rückstandsfreie Entsorgung gefunden. Er vergewisserte sich, dass er sich auch wirklich vor der richtigen Haustüre befand und kreuzte die unbelebte und schwach beleuchtete Straße, Southwell Gardens wieder.

Vor der Haustüre sah er sich wiederholt um, konnte aber niemand Verdächtigen entdecken. Im Nachhinein ärgerte er sich, dass er das Gesicht des Mannes den er angesprochen hatte, nicht genau gesehen hatte, die breite Hutkrempe hatte das wenige Licht der Straßenlaternen nahezu völlig abgeschirmt, er würde die Person bei Tageslicht wahrscheinlich nicht wiedererkennen. Das Einzige, was er vermuten konnte war, er musste braune Zähne haben, von seinem unentwegten Rauchen und die breite Statur ließ auf sportliche Aktivitäten schließen. Vielleicht hatte er sogar eine Ruderkarriere hinter sich, der breite Oberkörper hätte allerdings auch zu einem Schwimmer gepasst.

Den Rest des Abends konnten sie keine verdächtige Person mehr ausmachen, es lag auf der Hand, Wilhelm hatte mit seiner durch seine Ehefrau angestachelte Neugier den Beobachter vergrault. Für einige Tage konnte kein Wachtposten entdeckt werden, obwohl sich die Hausbewohner einig waren, wenn dieser Posten einen politischen oder polizeilichen Hintergrund hatte, würde man nicht so schnell aufgeben, sondern höchstens die Taktik ändern, die Person austauschen oder eine geschicktere Tarnung anwenden.

Jedenfalls war die Wachsamkeit der vermeintlich bespitzelten Hausbewohner auf dem Höhepunkt angelangt. Christopher verlegte seine Leseabende ans Fenster, so dass er die Straße immer im Auge hatte. Die Leselampe hatte er so ausgerichtet, dass das Licht zwar auf seine Buchseiten fiel, er jedoch nicht beim Aufblicken geblendet wurde, die Laternen auf der Straße waren nicht sehr hell, aber glücklicherweise stand unmittelbar vor seinem Haus eine dieser verzierten gusseisernen Kolosse, der die Passanten schwach aber ausreichend beleuchtete. Wenn jemand das Haus passierte, oder sich etwas in Southwell Gardens bewegte, hob er nur kurz die Augen und registrierte sofort, ob es sich um einen Nachbarn, einen harmlosen Fußgänger oder eine zweifelhafte Person handelte. Mit Abstand die meisten Leute waren ihm vom Ansehen bekannt, oder er wusste sogar ihren Namen, schließlich wohnte er bereits etliche Jahre in der Gegend, es waren nicht viele Unbekannte, die sich in diese Straße verirrten.

Bald war ihm aber aufgefallen, dass einige, wenige Männer extrem langsam das Haus passierten und sich nach allen Seiten umwandten, sie schienen zwar nichts Genaues zu beobachten und hatten meistens den Kopf gesenkt, da es draußen aber kühl und feucht war, fragte er sich, wer sich wohl bei unangenehmem Wetter die Zeit und Muße nehmen sollte, zu flanieren, anstatt es sich mit einem Tee oder Whisky auf der Couch bequem zu machen. Er fühlte seine Vermutung bestätigt, er hatte wieder eine Bewachung, denn zwei der „Flaneure" kamen häufiger, das heißt mehrmals am Abend vorbei. Somit war schnell klar, es handelte sich um professionelle Bewacher oder Spione, die ihre Strategie geändert hatten. Keiner der beiden ähnelte dem von Wilhelm aufgeschreckten Gestalten, das Personal war ausgetauscht worden. Er grübelte immer wieder, was die eigentlich herausfinden wollten und was sie damit bezweckten könnten.

Christopher hatte seine Leica mit einem extrem lichtempfindlichen Negativfilm ausgestattet, damit er kein Blitzlicht benötigte und erwartete nunmehr gespannt die Patrouille der Bewacher – und sie kamen – und er fotografierte sie, er machte die Aufnahmen in so schneller Folge, wie er es gerade noch bewerkstelligen konnte, er sah kaum durch den Sucher und schoss seine Kamera in die geschätzte Richtung ab. Die belästigenden Kerle sollten keinesfalls bemerken, dass ihre Konterfeis aus dem Fenster heraus auf Zelluloid gebannt wurden.

Wie Christopher am nächsten Tag feststellen musste, hatten die schwarz-weiß Fotos zwar nicht die gewünschte Qualität und Schärfe, sie waren sehr grobkörnig, jedoch erschienen die dort festgehaltenen Männer wie hinter einem Nebel erkennbar.

In den nächsten Tagen sah er die dubiosen Gestalten mehrfach auf der Straße an dem Haus vorbeispazieren, versuchte auch weiterhin eine Unzahl an Fotos von ihnen zu schießen, jedoch mit mäßigem Erfolg. Nicht ein einziges Bild zeigte etwas Anderes als das halb verdeckte Profil der Männer, offenbar waren sie geschult, bei ihrer Berufsausübung oder Aufgabenerfüllung nicht allzu offen das Gesicht zu zeigen. Die Hutkrempe warf einen dunklen Schatten bis zur Nasenmitte und der bei jeder Temperatur hochgeschlagene Mantelkragen reichte im Profil betrachtet bis zur Nasenspitze.

Eine einwandfreie Identifizierung wäre also nur dann möglich gewesen, wenn jemand die Personen kannte oder sie mit einem besseren Foto vergleichen konnte. Wilhelm hatte die Fotos als nicht gerichtsfest bezeichnet, jedoch für ihre amateurhafte Detektivarbeit reichten sie aus, zumal einer der beiden in Verdacht geratenen einen großen runden Fleck auf der Mantelschulter spazieren trug, den sie anhand dessen intern als den Befleckten bezeichneten und den anderen logischerweise als den Unbefleckten, was aber keinen Bezug auf Leute hatte, die in der Bibel beschrieben worden waren.

Christopher und Wilhelm beratschlagten, was sie nun unternehmen sollten, um die Schmeißfliegen loszuwerden.

Eine Beschwerde oder Erkundigung bei der Polizei wäre wenig sinnvoll, da diese möglicherweise an der ständigen Überwachung aktiv beteiligt waren, wenn es um Auskundschaftung von dubiosen Ausländern gehen sollte.

Die Deutsche Botschaft als Beschwerdestelle schied von vorneherein aus, Juden, die sich über eine Bewachung durch Behördenbeschäftigte beschweren würden höchstwahrscheinlich alleine auf Grund ihrer angedichteten Stammeszugehörigkeit verlacht und abgelehnt werden. Eine abstrusere Beschwerde wurde denen mit Sicherheit nie angetragen. Ungeachtet dessen, würde eine Beteiligung an der Observierung verleugnet werden, zugeben würde dort gegenüber einem Juden niemand etwas. Auch Verbindungen zu britischen Faschisten würden die Deutschen keinesfalls gestehen.

Die direkte Ansprache des Befleckten oder des Unbefleckten würde in dem gleichen Fiasko enden, wie der erste Versuch Wilhelms, man hatte letztendlich keinerlei Beweise für die Ausspähung. Die Tatsache, dass die beiden des Öfteren über eine öffentliche Straße wie Southwell Gardens spazierten, konnte keinem Menschen zum Vorwurf gemacht werden, es gab kein Verbot mehrmals täglich bei jedem Wetter über eine Straße zu gehen. Außerdem sprach man immer noch von einem Verdacht, wenn auch von einem begründeten aber man konnte ihnen nichts vorwerfen. Bisher war nichts geschehen. Man fühlte sich lediglich unbehaglich und hatte gewisse Befürchtungen, ihre Sorge galt insbesondere Elisabeth und dem kleinen Walther.

Im Hintergrund sammelten sich aber die Befürchtungen vor den britischen Faschisten, die immer öfter Schlägereien anzettelten, die zu Saalschlachten mit Andersdenkenden ausuferten und sich in den Städten kraftstrotzend aufspielten, als wollten sie dem deutschen Beispiel folgen. Die Hausbewohner waren wohlhabend, das war ein Dorn im Auge der neidischen Horden und sie waren andersgläubig, was für die Fanatiker als ausreichender Grund für Attacken oder andere Aktionen auf Sachwerte oder die Gesundheit der Minderheiten ausreichte. Dagegen sprach lediglich, dass in London viele wohlhabende Juden lebten, die sich bis auf wenige Attacken mit körperlicher Versehrtheit, meist unbehelligt bewegen konnten. Selbst orthodoxe Juden mit ihrer verräterischen Kluft und den Schläfenlocken wurden selten belästigt.

Die Beobachteten entschieden sich nach nicht enden wollender Diskussion, zunächst nichts zu unternehmen und abzuwarten, allerdings wurden sämtliche Hausbewohner und die Bediensteten zu äußerster Wachsamkeit angehalten. Alle verdächtigen Bewegungen oder Personen sollten unverzüglich an Peacombe gemeldet werden, der damit zum hauseigenen Abwehrchef ernannt wurde.

Unabhängig von der Entscheidung abzuwarten, entschloss sich Christopher einen langjährig befreundeten Kunden anzusprechen, der im Innenministerium eine leitende Funktion innehatte, vielleicht konnte der einen Rat geben, oder er kannte idealerweise den Grund für die Überwachung.

Er betrat das durch aufwendige Steinmetzarbeiten mit übergroßen griechischen Säulen nachempfundenen Verzierungen versehene Gebäude, dessen Fassade verwittert erschien und durch Regenverwaschungen zwischen grau und schwarz stalaktitisch abwechselte. Das riesige bogenförmige Eingangstor war aus massivem Eichenholz gezimmert und führte in eine imposante Eingangshalle, die üppig mit verschiedenartigen schwarzrotem, dunkelgrünem und schneeweißem Marmor bis unter die Decke ausgekleidet war und den Betrachter, zumeist Antragsteller oder Hilfesuchende, beeindrucken sollte. Verstärkt wurde dieser erdrückende kathedralenartige Eindruck durch die wuchtige geschwungene Treppe mit gusseiserner Reling und die imponierende Höhe des Foyers, die durch einen gläsernen kuppelartigen farbig gläsernen Deckel begrenzt war.

Bei genauerer Betrachtung bezweifelte der Besucher seinen ersten Eindruck, der Architekt habe das monströse schwerfällige Gebäude geschaffen, um die Besucher einzuschüchtern, zu aufwändig war die pompöse Wirkung erzielt worden, zu viele geschmackliche Todsünden waren verbaut worden. Christopher ließ die Wucht des Gebäudes auf sich einwirken, empfand aber genau das Gegenteil von der beabsichtigten Einschüchterung, nämlich Belustigung, wie gering mussten sich die Beamten vorgekommen sein, um ein solches Gebäude als Einflussgröße auf die Bevölkerung zu benötigen.

In einer winzigen gläsernen Portiersloge saß ein klappriger knochiger Greis, der schon bei Eröffnung des hundertjährigen Gebäudes dort gesessen haben muss. Der Alte wies ihm nuschelnd den Weg zu Mister Arthur Harpwires Büro im ersten Stock, vorletzte Türe links, bat aber dringend um Beachtung, sich vorab bei seiner Sekretärin anzumelden. Er kenne zwar nicht dessen Termine und wisse auch nicht, ob er momentan ein Gespräch führe, aber Harpwire sei Dank seiner Position sehr beschäftigt und habe wenig Zeit für unangemeldete Besucher.

Die bärbeißige Sekretärin blockte sofort vehement einen Besuch bei ihrem Vorgesetzten ab, er sei in diesem Monat völlig ausgebucht und keine Fliege habe mehr Platz auf seinem Terminkalender. Christopher log, sie seinen eng befreundet und Artur habe ihm zugesagt, er könne ihn jederzeit unangemeldet im Büro besuchen und er würde gerne von Arthur, den er seit langer Zeit kenne, persönlich hören, dass er keine Zeit für ihn habe.

Halb beleidigt aber wenigstens nicht unhöflich, bat sie den lästigen Besucher Platz zu nehmen, fragte nach seinem Namen, steckte einen Bleistift in die Wählscheibe und versetzte diese in Drehung, während sie professionell den Hörer zwischen Ohr und Schulter klemmte bis sie schließlich in das Bakelit Gehäuse säuselte: „Ein Mister Christopher Peacombe ist hier, der behauptet, er brauche keine Verabredung mit Ihnen, sind sie jetzt für ihn zu sprechen?"

Wenige Sekunden später flog die schallgedämpfte Türe auf, die krachend gegen den Türstopper schwang. Harpwire begrüßte seinen alten Bekannten wie einen Freund herzlich mit einem kräftigen Hieb auf die Schulter, ließ Christophers Hand nicht los und führte ihn mit verschränkter Hand in sein Büro, nicht ohne der Bärbeißigen zuzuraunen, er sei für niemanden zu sprechen. Der Beamte entschuldigte sich für das abweisende Benehmen seiner Sekretärin, aber zu viele Besucher wollten ihn sprechen, so dass ein vierundzwanzig stündiger Arbeitstag nicht ausreichen würde, alle die ihn sprechen wollten zufrieden zu stellen, somit habe er seiner Sekretärin eingeschärft, alle aber auch wirklich alle unangemeldeten Besucher abzuwimmeln.

Der Büroraum war quadratisch und dunkel, es herrschte eine behagliche Clubatmosphäre und an den Wänden war mehr Holz verarbeitet als im britischen Staatsforst jährlich geerntet wurde. Der riesige massive Schreibtisch schien in diesem Jahr bisher seinem Namen keine Ehre gemacht zu haben, man konnte weder einen Füllhalter, noch ein Tintenfass ausmachen, weder ein Bleistift, noch ein Papierfetzen war auf der Schreibunterlage sichtbar. Am rechten Tischrand thronte ein ausladender Humidor, der Platz für eine ganze Schiffsladung Zigarren aus Kuba haben musste. Christopher dachte im Stillen, das Möbel würde treffender Debattiertisch oder Rauchtisch genannt werden statt des Begriffes Schreibtisch.

Harpwire öffnete den Messingverschluss des Humidors und bot Peacombe mit einer einladenden Bewegung eine der Zigarren an, der sorgsam eine Havanna auswählte, sie langsam vor seinem Ohr zwischen den Fingern rollte, um die Festigkeit zu prüfen. Ein solch edles Teil brauchte eine angemessene Zeremonie. Er war zufrieden, führte die hellbraune Tabakrolle in die kleine auf dem Schreibtisch fest installierte Guillotine ein, köpfte die Spitze, erwärmte mit einem langen Streichholz die Zigarre und entzündete sie schließlich ohne daran zu ziehen, erst dann führte er sie zum Mund, machte einen kleinen Zug und beließ den Rauch einen Moment im Mund, um den vollen Geschmack zu genießen.

Arthur lächelte. „Es war schon immer eine besondere Freude, einen Genießer bei der Feierlichkeit des Entzündens einer guten Zigarre zu beobachten. Entspricht die Havanna wenigstens der kritischen Prüfung eines Kenners, oder möchtest du eine andere, du kannst dich bedienen."

„Nein danke, sie ist hervorragend und sicherlich auch von einem guten Lieferanten, der einem seiner guten Kunden keinen Mist andienen würde."

Auch Harpwire suchte sich nun eine Zigarre aus, eine etwas Dickere und entzündete sie ähnlich umständlich. Beide füllten mit angeregten Geschmacksnerven und zufrieden den großen Raum mit Rauch, der in Kopfhöhe unbeweglich schwebte. Den angebotenen Tee, der den Zigarrengenuss noch unterstreichen sollte, lehnte Christopher ab und nach einigen Minuten des Smalltalks ging Arthur zu dem Grund des überraschenden Besuches über und erkundigte sich nach dem Begehr des alten Freundes.

Christopher schilderte minutiös das beunruhigende Geschehen vor seinem Haus und die Reaktion der Bewohner. Harpwire hatte, ohne Peacombe zu unterbrechen, mit wachsendem Interesse zugehört. Als der Bericht beendet war, versicherte er, dass dies niemals das Vorgehen einer britischen Behörde sei. Wenn die was wissen wollen, sind sie gehalten, die verdächtige Person vorzuladen und offen zu befragen. Die Ausnahmen von dieser Vorschrift wären allerdings dann gegeben, wenn es sich um verdeckte Ermittlungen handele oder um Angelegenheiten des Geheimdienstes. Da aber beides nicht auf Christopher zutreffen könne, sei mit an Sicherheit grenzender Wahrscheinlichkeit keine offizielle britische Stelle involviert. Nebenbei bemerkte er, das gelte auch für die Ausländerpolizei.

Schmunzelnd sah Arthur seinen Freund an, und fügte hinzu, es sei denn, er habe sich etwas Gravierendes zu Schulden kommen lassen. „Sei ehrlich, hast du jemanden umgebracht oder hast du die Bank von England ausgeraubt?"

Christopher musste ungewollt das Grinsen erwidern.

Der Beamte sinnierte weiter: „Wahrscheinlich erscheint mir allerdings eher eine Aktion von Seiten der Faschisten, möglicherweise auch der Deutschen. Wenn der englische Geheimdienst, was ich für unwahrscheinlich erachte, dahinterstecken sollte, würde ich das herausbekommen. Letztere werden aber nur dann aktiv, wenn ein begründeter Verdacht für Spionagetätigkeiten vorliegen sollte. Alleine die Tatsache, dass dein Untermieter und Partner Deutscher ist, reicht für eine Observierung im Allgemeinen nicht aus.

Bitte bedenke aber, dass sich in der heutigen Zeit etliche Denunzianten zu Wort melden, die jemandem etwas Böses oder sogar einen Konkurrenten ausschalten wollen, dann muss natürlich überprüft werden, ob an der Anzeige etwas Wahres ist. Ich habe in der Richtung schon die tollsten Sachen erlebt, da könnte ich stundenlang drüber berichten. Nach meinem Kenntnisstand würde in einem solchen Fall der Beklagte angehört und nicht über einen längeren Zeitraum beobachtet werden. Das Personal hätten wir gar nicht für eine solch aufwändige Aktion ohne einen konkreten Anfangsverdacht oder wenigstens einen bewiesenen Anhaltspunkt."

Auf den vorgelegten Fotos des Befleckten und Unbefleckten konnte Harpwire keinen identifizieren, er meinte nahezu alle Bediensteten des Ministeriums zu kennen beziehungsweise wenigstens mal gesehen zu haben, trotzdem sagte er zu, die Bilder in seine Ermittlungskanäle einzufüttern, vielleicht würde jemand der Beamten einen Hinweis geben können. Dieser Prozess, so schränkte er ein, werde sicherlich einige Tage in Anspruch nehmen bis Christopher Bescheid erhielte. Sie verabredeten sich für die nächste Woche und verabschiedeten sich so herzlich, wie sie sich begrüßt hatten. Die Bärbeißige konnte sich sogar ein Lächeln abringen und nickte Christopher zum Abschied zu.

Peacombe ging halbwegs zufrieden zu Fuß nach Hause, er hatte wenigstens etwas getan, etwas ins Rollen gebracht, ein Ergebnis war nicht unbedingt zu erwarten gewesen, aber das positive an Aktionismus ist, dass etwas im Hintergrund passiert, der berühmte Strohhalm „Hoffnung", an den man sich klammern konnte. Er atmete die angenehm kühle Oktoberluft tief ein und plötzlich, wie angeflogen, wusste er, was ihm fehlte und womit er sich in naher Zukunft beschäftigen wollte. Sein Pulsschlag hatte sich in Sekundenbruchteilen erhöht, er fragte sich kopfschüttelnd, warum er nicht früher den Gedanken hatte.

Sein Leben lang hatte er in dem riesigen stinkenden Moloch London gelebt, er hatte die dreckverpestete Luft dieses Häusermeers eingeatmet, an kalten Winterabenden ging ihm der Qualm der verbrennenden Kohle nicht mehr aus der Nase. Tagelang, wochenlang deckte der Nebel den Qualm zu und konservierte ihn für die abgehärteten Nasen und leidgeprüften Lungen der Londoner. Einige Millionen von Kohleöfen gaben ihr Bestes, um den Stadtbewohnern den Atem zu verschlagen. An solchen Tagen hörte man in allen Ecken der Stadt Röcheln und Husten, nein davon hatte er genug, er wollte endlich frei atmen können und zwar das ganze Jahr über, er wollte unverpestete Luft in seinen Lungen spüren, den beiden Lungenflügeln nicht mehr die stinkenden Abgase zumuten. Ihm fiel nur eine Lösung ein und die hieß Meer, salzhaltige klare Luft, die den ganzen Dreck über dem Atlantik abgeladen hatte und die dann gereinigt und Ballaststofffrei auf die britische Insel traf.

Seine erste Idee war die nächste erreichbare Insel, nämlich die Isle of Wight, verwarf diesen Gedanken aber schnell wieder, das erschien ihm nicht genügend abseits von der Hauptinsel, Irland verwarf er ebenfalls, er wollte sich nicht mit den militanten Glaubenskonflikten dieser Insel herumschlagen. In Wales trafen die meist vorherrschenden Winde des Atlantiks in ihrer saubersten Form aufs Festland, das müsste eigentlich der günstigste Ort für ihn sein, bis ihm einfiel, dass an der walisischen Küste, nämlich sowohl in Swansea, als auch in Cardiff Kohlekraftwerke am Meer standen, nein, das war auch nicht seine Präferenz.

Aber auch hier half ihm die Erleuchtung, hatte er sich nicht in jungen Jahren immer für die Schifffahrt begeistert, hatte er nicht immer wieder die weißen Segel bewundert, die wie Wolken am Horizont über das Meer glitten als würden sie das Wasser gar nicht berühren, die Luft da draußen würde absolut unbelastet sein und seine Nase nie mehr beleidigen. Er erinnerte sich gerne an die Segeltörns seiner

Jugend zurück und wie wohl er sich danach immer gefühlt hatte. Auf einem Segelboot konnte man alles vergessen, das Meer zog einen Menschen zu hundert Prozent in seinen Bann. Nichts um einen herum als Wind, Wellen, Sonne und Wasser, letzteres je nach Wetterlage sowohl von unten als auch von oben, mal salzig, mal süß.

Er entschloss sich bei nächster Gelegenheit seinen alten Freund Adrian Oldfield anzusprechen, der in Old Portsmouth das Fortitude Cottage betrieb. Das in Form eines alten Kriegsschiffs gebaute Hotel lag direkt am Hafen und Adrian kannte dort am Meer alles und jeden, er könnte ihm sicherlich dort ein paar zum Verkauf stehende Kajütboote vermitteln oder auch empfehlen. Es sollte nichts Riesiges sein, ein Boot mit zwei Schlafplätzen und einem Aufenthaltsraum, damit man auch mal eine ausgedehntere Fahrt mit einem Freund machen könnte. Da Adrian ein alter Seebär war, konnte der garantiert beurteilen, ob es sich um ein seetüchtiges Boot handeln würde oder um eine alte Schaluppe als Seelenverkäufer, die es nicht einmal aus dem Hafen herausschaffen würde. Er war froh über seine Idee aus dem Nichts, er kannte viele Leute, einschließlich der alten Schulfreunde, man musste nur ein bisschen seine Gehirnzellen beschäftigen und schon hatte man die Lösung aller Probleme auf der Hand liegen, belehrte er sich selbst.

Er ging nun zügiger voran, als wolle er seinen gefassten Entschluss heute noch in die Tat umsetzen. Er bog von der Gloucester Road in Southwell Gardens und genau am Scheitelpunkt der Ecke stieß er mit einem Mann in einem Trenchcoat zusammen, der seinen Hut tief ins Gesicht gezogen hatte. Sofort reagierte Christopher, er hatte den Unbefleckten erkannt, fasste mit beiden Fäusten die Mantelrevers des Spions, schüttelte ihn, soweit es einem schmächtigen unsportlichen Herrenausstatter möglich war und zischte ihm hasserfüllt ins Gesicht, warum er ihn und seine Familie beobachte, er habe ihn bereits angezeigt und erwarte, dass diese Observierung aufzuhören habe. Bei diesen zwischen den Zähnen hervor gepressten Worten hatte sich ein erheblicher Teil seiner Mundflüssigkeit selbständig gemacht und war dem Widersacher wie ein feiner Sprühregen im Gesicht gelandet. Der kräftige Angegriffene schlug mit der geballten rechten Faust mühelos die Hände Christophers nach unten, dass dieser das Gefühl hatte, die Handgelenke würden zertrümmert, fauchte in breitem Cockney zurück, er wisse überhaupt nicht, was er wolle, er solle keine harmlosen Passanten belästigen, gab ihm einen kräftigen Stoß und wollte seinen Weg fortsetzen, während er mit dem Mantelärmel sein Gesicht trocknete.

Christopher schleuderte rückwärts gegen den massiven Vorgartenzaun, überspielte seine Schmerzen und zischte weiter Spucke schleudernd in Richtung des Unbefleckten, er habe Fotos von ihm gemacht und sie den höchsten Stellen der britischen Aufsichtsbehörden zukommen lassen, die würden diese Belästigungen schon unterbinden. Der Unbefleckte war noch nicht ganz um die Ecke gebogen, da bekam Christopher schon ein schlechtes Gewissen, es war dumm und kurzsichtig, den Beobachter anzusprechen und sich damit eine Blöße gegeben zu haben, es war von Anfang an wenig erfolgversprechend gewesen. Er selbst hatte Wilhelm wegen einer ähnlichen Aktion kritisiert und nun hatte er noch unbedachter gehandelt. Damit hatte er entweder schärfere Aktionen provoziert oder sie indirekt nur noch zu mehr Vorsicht gemahnt. Nun hieß es nur noch umso behutsamer und gründlicher die Straße zu beobachten. Er wollte diese kurze Aktion, die keine halbe Minute gedauert hatte, weder Wilhelm, noch Elisabeth erzählen, sie würden sich nur noch mehr Sorgen machen. Jedenfalls würde er in naher Zukunft seine Untermieterin, wenn sie mit ihrem Sohn spazieren ging, begleiten, sicher ist sicher.

In seinem Haus begab er sich sofort ins Bad und ließ kaltes Wasser über seine geschundenen Handgelenke fließen, es schien nichts gebrochen zu sein aber die Gelenke waren angeschwollen und wollten auch schon blau anlaufen. Er schaute in den Spiegel und verachtete sich selbst, wie konnte er nur glauben, einen trainierten athletischen Mann zu etwas zu zwingen, der nicht nur wesentlich größer als er war, sonder auch noch Schultern wie ein Grizzlybär hatte. Er konnte noch von Glück sprechen, dass er keine ordentliche Tracht Prügel oder Schlimmeres abbekommen hatte. Um seine geschwollenen Handgelenke schonen und kühlen zu können, sagte er erstmalig die Einladung zum Abendessen bei den Rosenzweigs ab. Die Begründung war mehr als dürftig und wurde nicht geglaubt, er habe keinen Hunger, da er Clotted Cream und Scones zum Tee hatte.

***

Christopher hatte während seiner Collegezeit in Oxford des Öfteren an Segeltörns teilgenommen, eine Gruppe Schulfreunde hatte dann ihr Taschengeld zusammengelegt und sich ein Boot gemietet oder die etwas größere Jacht von Andrews Familie geliehen. Andrew war der Sohn reicher Eltern, die eine größere Kaufhauskette auf dem Kontinent betrieb. Sie hatten ein luxuriöses Kajütboot im Hafen von Old Portsmouth liegen und die ihrem geliebten Sohn nicht abschlagen konnten, ein nettes Wochenende mit noch netteren Freunden zu verbringen. Andrew war ebenso reich wie arrogant, er war eigentlich der schlechteste Schüler gewesen, kaufte sich aber immer von seinem üppigen Taschengeld die schulische Unterstützung seiner Klassenkameraden und hielt sich dadurch immer knapp über Wasser. Er war nicht beliebt, durch seine finanziellen Möglichkeiten kaufte er sich aber immer wieder die Sympathie der Mitschüler indem er selbst größere Gruppen in ein Café oder in eine Eisdiele einlud und ohne jedes Limit alles bezahlte. Keiner der anderen Jugendlichen war annähernd in der Lage gewesen, diese Großzügigkeit zu kompensieren, selbst die aus wohlhabendem Hause. Bedürftig war keine Familie zu nennen, die ihre gehegte Brut auf die Internate der Eliten geschickt hatte, jedoch waren die meisten seiner Jahrgangsstufe aus erzieherischen Gründen mit relativ kärglichen elterlichen Zuwendungen gesegnet.

Also fuhr man mit dem Zug die dreiundachtzig Meilen nach Portsmouth und belebte das Boot und dann das Meer mit großem Enthusiasmus, auch wenn nicht für jeden der Burschen eine eigene Koje zur Verfügung stand, machte das keinem was aus, im Gegenteil, die meisten wollten lieber auf dem Boden schlafen, als in den engen und zu kurzen Schlafkojen, in denen ein ausgestrecktes Liegen zu zweit nicht möglich war. Ausnahmen fanden erst statt nach ausgiebigem Alkoholgenuss.

Sein Freund Adrian war damals schon einer der erfahreneren Segler, er hatte den Bootshafen von Old Portsmouth direkt vor der Haustüre und jeder der dort Lebenden hatte ein mehr oder weniger teures Boot, es gehörte einfach zum guten Ton, an Schönwettertagen mit Sack und Pack über das Meer zu kreuzen und ein Wochenendpicknick auf hoher See abzuhalten. Adrian brachte Christopher die Grundzüge des Segelns näher und zeigte ihm Kniffe und Geheimnisse der erfahrenen Segler. Chris, wie Adrian ihn nannte, obwohl Christopher keine Abkürzungen des Namens liebte, duldete er in dieser speziellen Ausnahme die Kurzform, lernte die Windstärke einzuschätzen, die Windrichtung bei Wechselwinden zu erkennen, die Vektoraddition zu berücksichtigen, die optimale Segelstellung durch ständiges Segeltrimmen herauszufinden, die beste Takelage auszuwählen und nicht zuletzt die vorausschauende Ruderstellung abzuschätzen, wenn es darum ging durch einen Engpass zu segeln oder im Hafen anzulegen. Er liebte die Abhängigkeit von Wind und Wellen, genau wie den Kampf mit den enormen Gewalten bei Unwettern, die von dem hilflosen Menschlein alles abverlangten und das die ständige Konzentration erforderte. Er begriff, wie winzig und machtlos die Menschen diesen Naturgewalten ausgesetzt waren und war regelmäßig mit Stolz erfüllt, wenn er besonders herausfordernde Situationen gemeistert hatte.

Die Mehrzahl der mitgekommenen segelnden Mannschaftsteile betrachteten die Touren vorrangig als willkommene Besäufnisse ohne Aufsicht, ein Bedürfnis, dem sie in den strengen Collegecamps nicht nachgehen durften, über ein Glas Bier oder Wein sahen die Tutoren großzügig hinweg, tranken sie doch auch selbst gerne einmal ein paar Gläser, ein wirklich betrunkener Student würde jedoch mit erheblichen disziplinarischen Strafen zu rechnen haben.

Oftmals waren Christopher und Adrian die einzigen, die noch bei vollem Bewusstsein waren und die Übersicht behalten hatten, während die besinnungslosen Kameraden in der Kajüte lagen, ihr Inneres nach außen kehrten und die säuerlich stinkenden Mageninhalte in alle erreichbaren und unerreichbaren Ecken der Kombüse, der Schlafecken und des Salons verteilt hatten. Hinterher, wenn die vorher bewusstlosen wieder halbwegs sprechen konnten, war der Grund für die unkontrollierte Magenentleerung nie der übermäßige Alkoholkonsum, sondern immer die ungeübte Fahrweise der Freunde oder der starke Seegang gewesen, nein, der Alkoholexzess hatte keinerlei Schuld an der Übelkeit.

Die beiden hatten auch keinerlei Intention, sich zum Schlafen unter Deck zu begeben, der Gestank setzte sich dermaßen in der Nase fest, dass sie noch tagelang das Gefühl hatten, immer noch in den bekotzten Kojen zu liegen. Nach Festzurren des Bootes im Heimathafen mussten dann die halbwegs ernüchterten Kommilitonen stundenlang das Schiff reinigen, damit man die Bereitschaft der Eltern erlangen konnte die Yacht auch für den nächsten Segeltörn zur Verfügung gestellt zu bekommen.

Christopher und Adrian ekelte das Verhalten der Mitstudenten unendlich an, jedoch wollten sie keinesfalls auf das Meer, die salzhaltige Luft, die ungezügelten Naturgewalten und den Sieg über Wind und Wellen verzichten, also nahm man die exzessive Sauferei billigend in Kauf, versuchte mit gutem Zureden die ausgelassene Gruppe zu vernünftigem Handeln anzuhalten, jedoch war das Ergebnis immer das Gleiche: Alkoholleichen in Aspik unter Deck.

Diese Erfahrungen lagen nunmehr so viele Jahre in der Vergangenheit, dass Christopher sich nur noch schmunzelnd daran erinnern konnte, obwohl trotz der langen Zeit, die zwischen den Ereignissen und dem Heute lag, immer noch mit einem Würgereiz kämpfen musste, wenn er sich an die stinkenden Hinterlassenschaften seiner Segelkumpane erinnerte. Seine Nase schien ein außerordentliches Erinnerungsvermögen zu besitzen. Jedenfalls sollten seine Segelkenntnisse ebenso unauslöschlich zu sein, ähnlich jemandem, der das Schwimmen erlernt hatte und dieses Vermögen bis ins hohe Alter jederzeit abrufen konnte. Ein oder zwei Segeltörns mit einem erfahrenen Skipper würden ihm nach seiner Einschätzung ausreichen, um seinen Kenntnisstand mit allen erlernten Kniffen und Tricks zu reaktivieren.

Adrian war sofort Feuer und Flamme als Christopher ihm vorgeschlagen hatte, gemeinsam einen mehrtägigen Segelausflug zu unternehmen, er könne sich für zwei oder drei Tage von seinem Cottage losreißen und ihn begleiten, das würde garantiert eine tolle Sache, man würde alte Geschichten und Erlebnisse aufleben lassen und ansonsten die freien Tage genießen.

Sofort begannen sie mit der Planung der Segelroute, je nach Wetterlage wollten sie die Inseln Jersey und Guernsey ansteuern, die französische Küste, wo sich Cherbourg angeboten hätte, erschien ihnen doch etwas komplizierter, weniger wegen der zusätzlichen Entfernung, als vielmehr wegen der sprachlichen Probleme und wegen der zollamtlichen Hemmnisse. Die Franzosen waren ihnen ohnehin nicht ganz geheuer, die konnten nämlich in ihrer sonderbaren nasalen Sprache jemanden vis á vis beschimpfen und dabei noch lächeln, so dass der Anschein erweckt wurde, sie würden etwas Nettes sagen. Der Sprachunkundige lächelte dann freundlich zurück und nickte zustimmend den nicht verstandenen Beleidigungen oder Anzüglichkeiten zu. Hinterher lachten die sich dann noch einen Wolf, weil die doofen Engländer auch noch die Beschimpfungen nickend goutiert hatten. Einem Briten würde solch ein Verhalten in kaum einem anderen europäischen Land widerfahren, aber bei den ignoranten Froschvertilgern war das an der Tagesordnung, origineller weise insbesondere in den Groß Britannien benachbarten, geschichtlich verwandten Provinzen Normandie und Bretagne, allerdings waren ähnliche Verhaltensweisen auch schon bei den arroganten Parisern von ihnen erlebt worden.

Die Planung des Segeltörns nahm seinen Fortgang, hatte man als junger Mensch sich eher spontan zu den vielen Ausflügen entschlossen, ging Christopher in seinem fortgeschrittenen Alter regelrecht strategisch vor. Er hatte eine mehrseitige Liste erstellt, mit den Dingen, die er unbedingt für die Reise benötigte und denen, die ganz hilfreich oder auch angenehm auf dem Schiff waren, er wollte nichts dem Zufall überlassen. Er war als erfolgreicher Unternehmer an Planung gewöhnt, sonst hätte sein Geschäft wahrscheinlich die Krisenzeiten nicht überlebt, nunmehr wollte er nicht von seiner bewährten Erfolgsspur abweichen.

Er musste sich für jede Wetterlage kleiden können, als junger Kerl war eine Erkältung ein nicht bemerkenswertes Ergebnis der Leichtsinnigkeit, im Alter konnte eine Erkältung leicht eine Lungenentzündung bedeuten, obwohl er immer nach dem alten englischen Rezept gelebt hatte: „An apple each day keeps the doctor away." Er benötigte also nicht nur Ölzeug zum Schutz gegen Regen und Wind, der auch zu einem ausgewachsenen Sturm umschlagen konnte, sondern auch wärmende Kleidung für kältere Tage und sogar einen Sonnenprotektor, denn sogar eine milchig verhangene Sonne konnte ungehindert die Haut zum Brutzeln bringen und ein Sonnenbrand war auch nicht gerade erstrebenswert.

Er ließ sich eine Sonnenbrille in seiner Sehstärke anfertigen, die hinter den Ohren einen flexiblen Rundbügel hatte, damit ein Verrutschen bei Wellengang verhindert werden konnte und gab dem Optiker aus sparsamkeitsgründen zusätzlich eine ungetönte ältere Brille zur Umrüstung mit einem ähnlichen Sicherheitsbügel für sonnenfreie Tage.

Die Bootsausrüstung sollte in Portsmouth von Adrian besorgt werden, erstens war der Freund erfahrener in solchen Dingen und zweitens gab es in der Hafenstadt wesentlich mehr Auswahl an Schiffszubehör als in dem fast hundert Meilen vom Meer entfernten London.

Christopher und Adrian telefonierten täglich, um weitere Einzelheiten zu besprechen, wobei zugegebenermaßen Christopher derjenige war, der fast immer als erster das Telefon betätigte, er ging mittlerweile seinem Freund gehörig auf die Nerven. Adrian versuchte zwar sich das möglichst nicht anmerken zu lassen, bei der einen oder anderen Bemerkung konnte man aber einen gelangweilten Unterton aus seiner Stimme heraushören. Wahrscheinlich hatte er bei diesem Gespräch die Augen gen Himmel gerichtet. Die Planung einer solch kurzen Fahrt war nicht seine Sache, viel lieber wäre er morgens aufgestanden, hätte ein paar Sachen gepackt, telefonisch Boot und Zubehör bestellt, wäre in einen Grocery Store um die Ecke gegangen, das

Notwendige besorgt, das Ganze auf dem Boot verstaut und schließlich abgelegt. Hätte man dann auf Hoher See festgestellt, dass etwas fehlte, wäre er in seinem Element gewesen, nämlich der Improvisation, die er oftmals in seinem Cottage anwenden musste. Es gab immer wieder eine Herausforderung, die außerplanmäßig sein Talent erforderte, sei es, dass ein Gast eine besondere Bitte äußerte oder ein Lieferant nicht die bestellte Ware ordnungsgemäß geliefert hatte, oder Personal nicht zum Dienst erschienen war.

Zugegeben, im September konnte man sich nie auf eine stabile Wetterlage verlassen, Wetterkapriolen waren durchaus möglich, der Herbst kämpfte gegen den Sommer wie zwei brunftige Hirsche, also entschied sich Adrian für die flexible Kleiderordnung Zwiebeltaktik mit verschiedenen Schichten übereinander. Insgeheim befürchtete Adrian, dass das Gepäck, das Christopher anschleppen würde, die Kapazität des Bootes, das Adrian bereits reserviert hatte, übersteigen würde – er sollte recht bekommen. Hinzu musste schließlich noch ausreichend Proviant und auch ein Schluck wärmenden Whiskys oder auch Bier und Wein in den Lagerecken verstaut werden, man wollte letztlich nicht darben und dazu gehörte nun einmal ein gewisser Vorrat an speziellen Leckereien. Es war keineswegs sicher, dass man jeden Abend einen günstig gelegenen Hafen anlaufen und dort ein angemessenes Restaurant aufsuchen könne.

Selbst Bismarck hatte seinerzeit schon deklamiert: „Vor Gericht und auf Hoher See ist man in Gottes Hand."

Vor dem Segeltörn wollte Christopher noch seine Verabredung mit Arthur Harpwire im Innenministerium wahrnehmen, um die Hintergründe der Beobachtung in Erfahrung zu bringen, so wie er den guten Arthur kannte, wusste der mittlerweile sämtliche Details über die beiden dubiosen Subjekte, dem Befleckten und dem Unbefleckten.

Das Gebäude flößte immer noch den größten Respekt ein, obwohl er mittlerweile die Örtlichkeit kannte. Die Bärbeißige begrüßte ihn jetzt mit einer verhaltenen Freundlichkeit und lüftete ihre Oberlippe, was wohl ein Lächeln sein sollte, zumindest wertete Christopher dieses Zähneblecken als solches. Da der Besucher wiedermals unangemeldet erschienen war, musste er im Vorzimmer Platz nehmen. Arthur hatte ein Dienstgespräch, trotzdem ging die Sekretärin in dessen Büro und meldete den unerwarteten Freund an.

Nach wenigen Minuten kam Arthur mit einem Kollegen oder Mitarbeiter in das Vorzimmer, verabschiedete den Besucher mit knappen Worten und stürzte sich dann enthusiastisch auf Christopher, um ihn herzlich zu begrüßen. Die schmächtigen Schultern des Herrenausstatters hatten mal wieder am meisten unter der Begrüßung zu leiden, wenn man einmal von seinem malträtierten Handgelenk absah, das beim Händeschütteln verdächtig knackte und immer noch von dem Schlag des Befleckten schmerzte.

Nachdem die Zeremonie des Zigarrenanzündens in aller Ruhe hinter sich gebracht worden war und Christopher von seinem bevorstehenden Segeltörn geschwärmt hatte, kam Arthur zur Sache.

„Die beiden Verdächtigen auf den Fotos sind mit einer Sicherheit von siebzig Prozent als britische Faschisten von meinen Vertrauensleuten identifiziert worden. Jedenfalls sind es keine britischen Staatsbeauftragte, die Kerle wollen den Juden und insbesondere den emigrierten Juden das Leben hier, vorsichtig ausgedrückt, etwas unangenehmer gestalten, sie wollen keinesfalls das Staatsvermögen der Briten mit dem Ausländerpack, wie sie es nennen, teilen.

Nach meinen Informationen ist es bis heute zu relativ harmlosen und wenigen gewaltsamen Übergriffen gekommen, es hat Schmierereien gegeben, es ist mal die eine oder andere Schaufensterscheibe zu Bruch gegangen, es ist zu rüpelhaften Belästigungen gekommen, aber es gibt bis heute keinerlei größere Verletzungen oder sogar Tote durch deren Aktionen. Die zetteln gerne Schlägereien mit den Kommunisten oder Sozialisten an, was uns aber weiter nicht stört, es gibt keine Anzeigen nach diesen Massenraufereien und wenn mal ein paar Knochen zu Bruch gehen, soll uns das gleichgültig sein. Die haben ihre Ärzte, an die sie sich wenden und die sie dann zusammenflicken.

Meistens wird unsere Polizei von aufmerksamen Anwohnern oder besorgten Wirten gerufen und fast immer ist der Spuk bereits vorbei, wenn die Beamten eintreffen. Der Schaden beziffert sich dann meistens auf ein paar zerbrochene Scheiben oder Möbelstücke, nichts Erhebliches.

Wir werden dein Haus von Zivil gekleideten Beamten beobachten lassen, sagen wir ein oder zwei Wochen lang, wenn es dann zu Übergriffen kommen sollte, können wir schnellstens eingreifen. Du musst wissen, die Faschisten sind mir ein Dorn im Auge und ich hätte die lieber heute als morgen mundtot. Ich bin nur froh, dass die bei weitem nicht so stark und militant sind, wie die spanischen, italienischen oder deutschen Nationalisten. Man kann bei denen getrost von einer europäischen Seuche sprechen, ich sehe aber mit Sorge, dass die sich grenzüberschreitend auch noch unterstützen. Ich kann und will nicht ausschließen, dass die Beobachter deines Hauses auf eine deutsche Initiative zurückzuführen sind und ihre Aufmerksamkeit gegen deine deutschen Mieter richten. Jedenfalls ist mir nicht bekannt, dass andere jüdischen Geschäftsleute hier in London den ganzen langen Tag und in der Nacht beobachtet werden. Ich bin sicher, die hätten das Personal dafür gar nicht. Um jüdische Geschäftsleute zu belauern bräuchten die hunderte, wenn nicht sogar tausende von Spionen."

Christopher hatte die ganze Zeit geschwiegen und den Ausführungen seines Freundes gelauscht, nur ab und zu mit dem Kopf genickt, genüsslich an seiner Zigarre genuckelt und den Rauch wie ein Lagerfeuer gegen die Decke wandern lassen. „Was glaubst du denn, welchen Grund die für ihre Beobachtung haben

könnten, weder mein Compagnon, noch ich haben doch irgendeine politische Funktion oder haben die Nationalsozialisten in irgendeiner Weise angegriffen. Welchen Grund könnten die denn haben uns zu observieren?"
Arthur sah nachdenklich den Rauchringen nach, die er kunstvoll geformt hatte. „Ich glaube nicht, dass diese Leute einen speziellen Grund für ihre Aktionen benötigen. Das entsteht nach meiner Einschätzung zufällig. Das Einzige, was ich mir vorstellen könnte ist, dass du mit der Aufnahme des deutschen Partners zusätzliche jüdische Ausbeuter geschaffen hast, wie die das interpretieren würden. Denen ist auch egal, ob deren Opfer praktizierende Juden sind, oder Leute, die eher schicksalhaft mal jüdisches Blut mitbekommen haben. Vergiss nicht, die Faschisten sind verblendet und denken nicht logisch, sie sind Ideologen der schlimmsten Sorte. Deren Aktionen richten sich doch nicht nur gegen Juden, sondern auch gegen schwarzhäutige aus Afrika. Ich finde es übrigens bemerkenswert, dass die nichts gegen dunkelhäutige Inder oder Pakistani haben, die sind manchmal noch schwärzer als die Neger aus Afrika. Aber wie gesagt, bei den nationalistisch gesinnten kommst du mit Logik oder Menschenverstand nicht weiter."
Christopher nahm seinem Freund das Versprechen ab, während seiner Abwesenheit den Juniorpartner Walther Rosenzweig zu verständigen, falls irgendetwas Außergewöhnliches oder Bemerkenswertes geschehen sollte. Er betrachte ihn fast als meinen Sohn, er kenne ihn schon viele Jahre und sowohl er selbst, als auch seine junge Familie seien ihm ans Herz gewachsen, er wolle auf keinen Fall, dass die Kommunikationskette abbreche und dadurch eine gefährliche Informationslücke entstehe, nur weil er mal ein paar Tage Auszeit nehme.
Arthur brachte zum Ausdruck, dass er liebend gerne mit auf dem Boot gewesen wäre, er sei ein passionierter Segler und er könne sich gut vorstellen, dass er sicherlich auch mit dem Dritten im Bunde gut ausgekommen sei, nach dem Motto deine Freunde sind automatisch auch meine Freunde. Aber leider habe er in seinem Beruf gegenwärtig zu viel zu tun, man kenne zur Genüge die kontinentale Entwicklung und daraus resultierend die prekäre politische Situation, wenn jemand in einem Ministerium einen Tag frei nehmen wolle, müsse schon jemand aus der Familie gestorben sein, sonst sei gegenwärtig an Urlaub nicht zu denken.
Christopher verließ seinen Freund halbwegs beruhigt, seine Befürchtungen bezüglich der Observation waren auf ein Minimum abgesenkt worden, wenn Polizisten in Zivil sich um sein Haus kümmerten, würde diese sicherlich von den Faschisten bald bemerkt werden und für die Vertreibung der Beobachter sorgen.
Als er sein Haus betrat, kam Elisabeth ihm entgegen, als habe sie auf ihn gewartet, und meinte, sie müsse mit ihm sprechen. Sie grabschte ein Bündel Briefe von dem Louis XIV Tisch in der Halle und folgte ihm in die Bibliothek. Sie reichte ihm drei Briefe, die an ihn adressiert waren, jedoch lieblos aufgerissen worden waren.
„Christopher, heute habe ich die Post genauso wie du sie in den Händen hälst

vorgefunden, alle Couverts waren offensichtlich in Eile aufgerissen und dann in den Briefschlitz geworfen worden. Für uns waren es ein paar eher geschäftliche Briefe, aber du hattest, vom Absender ausgehend lediglich private Post, ich weiß nicht, ob die Briefe vom Postboten einem Fremden übergeben wurden oder aus dem Briefschlitz geklaubt wurden."

Christopher runzelte die Stirn, überflog die Post und meinte lapidar, es sei nichts Wichtiges in den Briefen enthalten, was ein Dritter nicht wissen dürfe, aber ungeachtet dessen, würde durch diese Spionage sein Privatleben immer transparenter. Erst die Observierung, jetzt wird die Post geöffnet, was wollen diese Leute von einem? Die Sache wurde immer mysteriöser. Er versuchte Elisabeth zu beruhigen und erzählte ausgeschmückt die Unterhaltung mit Arthur und der Bewachung des Hauses durch die Polizei, es könne somit nichts passieren und sie solle sich beruhigen und in Sicherheit wissen.

Am nächsten Tag brach Christopher nach Portsmouth auf, sein Gepäck passte kaum in die bereitstehende Droschke und er verabschiedete sich von seinen deutschen Freunden, als ginge es auf eine mehrmonatige Weltreise, irgendwie entsprach die Verabschiedung der Anzahl seiner Gepäckstücke, es waren zu viele. Er versprach von der Hafenstadt aus nochmals zu telefonieren, um zu signalisieren, dass er gut angekommen sei. Wilhelm musste bei dem Gedanken lächeln, Jules Verne hatte den Aufbruch Christophers vorausschauend in seinem Buch „In achtzig Tagen um die Welt" treffend beschrieben. Nach einigen Stunden klingelte tatsächlich das Telefon und Christopher beschwerte sich, dass Adrian sich geweigert habe, das gesamte Reisegepäck auf das Boot zu verladen und habe nach seiner Schätzung siebzig Prozent der Bagage aussortiert und in einem Schuppen an seinem Cottage eingelagert. Wilhelm wünschte nochmals gute Reise und viel Spaß und freute sich bereits auf die Rückkehr des alten Freundes und die Erlebnisse, von denen er berichten würde. Das war das letzte, was Elisabeth und Wilhelm von ihrem Freund und Geschäftspartner hören sollten.

Nach einer Woche war Christopher noch nicht von seiner „Weltreise" zurückgekehrt. Zunächst erklärten sich Elisabeth und Wilhelm die Verspätung des väterlichen Freundes mit möglicherweise schlechten Wetterbedingungen, vielleicht gefiel es den Küstenkreuzern an einem idyllischen Ort besonders gut, oder sie hatten vielleicht in einem Hafen angelegt und sind dort in bestimmten Etablissements versumpft. Insbesondere Elisabeth ersann täglich neue Entschuldigungen für das Ausbleiben des Geschäftspartners und Freundes. Das Boot, so war sie mittlerweile überzeugt, hatte einen Schaden erlitten, sie glaubte an Mast- oder Ruderbruch und die Jacht war ein manövrierunfähiges Treibgut mitten in der See zwischen England und Frankreich, es könnte möglicherweise Wochen dauern, bis sie aus ihrer Seenot errettet würden.

Wilhelm erkundigte sich beim Seeamt nach den Wetterverhältnissen während der letzten Tage, wurde aber beruhigt, kein Unwetter oder Sturm hatte in den letzten Wochen in der fraglichen Region vor Südengland die Seefahrt negativ beeinflusst, was ihn allerdings eher beunruhigte als er seiner Sorgen entledigt wurde. Gegenüber Elisabeth spielte er jedoch den Überlegenen, der Partner werde wohl ein paar Tage Pause in einem Seebad eingelegt haben, weil ihm die Tour so viel Freude mache. Man gönne es ihm schließlich, denn es war der erste Urlaub seit Jahren, er hatte immer geglaubt, ohne ihn würde das Geschäft in wenigen Tagen Konkurs anmelden müssen und später mit der kränklichen Rebecca hatte er sich kaum längere Zeit aus dem Haus getraut.
Nach zehn Tagen Überfälligkeit und ohne Nachricht wurde auch Wilhelm unruhig, es war letztlich nicht die Art seines Freundes, keine Nachricht zu hinterlassen, das hatte er schon seit einigen Tagen gefühlt, diese Ahnung aber bewusst verdrängt, wer will denn immer sofort das Schlimmste annehmen?
Er rief Vanessa an, Adrians beste Ehefrau, die hatte ebenso wenig von ihrem Gatten gehört, schimpfte aber unflätig über ihn, es sei mal wieder typisch von diesem verantwortungslosen Mannsbild, dass er sich einfach für angeblich drei Tage auf den Weg mache, daraus eigenmächtig, ohne Bescheid, ein paar Wochen mache und sie mit der ganzen Arbeit alleine ließe. Das Cottage sei voll ausgebucht, das hätte dieses Scheusal genau gewusst und deshalb den Kurzurlaub bewusst in die Länge gezogen, außerdem sei natürlich noch Personal krankheitsbedingt ausgefallen und sie wisse überhaupt nicht, wo ihr der Kopf stünde. Sie sei mal wieder auf seine dümmlichen Ausreden gespannt, mit der er sie nach Rückkehr zu beschwichtigen versuchen wolle. Sie ließe sich das aber nicht mehr bieten und werde ihm einen Tanz auf dem Vulkan bereiten, der sich gewaschen haben werde. Sie freue sich schon jetzt auf sein Gesicht, wenn er von ihr derart liebevoll empfangen würde. Sie schloss mit der Bemerkung, sie hoffe allerdings, dass er die drei Tage nicht noch zu drei Monaten ausdehnen wolle.
Halb belustigt, halb besorgt legte Wilhelm den Hörer auf, Adrian mochte extrem unzuverlässig sein, das konnte er nicht beurteilen, aber auf Christopher war Verlass, das hatte er während der langjährigen Geschäftsbeziehung oftmals erleben dürfen. Er war nie von ihm enttäuscht worden, eher war ein Telegramm zu viel als zu wenig versandt worden.
Da Wilhelm von Christophers Freund im Innenministerium wusste, rief er auch den kurzerhand an, stellte sich vor und teilte ihm seine Sorge mit. Arthur war bestürzt und versuchte mit fadenscheinigen Argumenten Wilhelm zu beruhigen, was natürlich nicht gelang, seine Argumente ähnelten zu sehr denjenigen, mit denen Wilhelm versucht hatte, Elisabeth und sie ihn zu beruhigen.
Er wolle sich nur erkundigen, ob er, Mister Arthur Harpwire seine Informationskanäle anzapfen könne, die offiziellen Stellen und die Behörden gäben sich ziemlich

bedeckt, was Auskünfte beträfe. Es wäre gut zu wissen, ob der Verbleib der Segeljacht bekannt sei, ob es eine Havarie auf der von Christopher eingeschlagenen Route gegeben habe und ob möglicherweise ein navigationsunfähiges Boot von anderen Schiffen gesichtet wurde. Harpwire versprach, sein Möglichstes zu tun, um den gemeinsamen Freund ausfindig zu machen, er hoffe immer noch, dass sich die Sorgen und Ängste in Luft auflösen würden.

Am nächsten Tag schrillte das Telefon in Wilhelms Geschäft, nach dem zweiten Klingeln ertönte die schrille Stimme der Bärbeißigen unangenehmer als Entengeschnatter durch den Hörer und sagte ohne Gruß, dass er mit Mr. Harpwire verbunden werde. Die Stimme des Chefs klang besorgt, das Boot der beiden Segler sei das letzte Mal im Hafen von Weymouth registriert worden, bevor es Richtung Guernsey oder Jersey abgelegt hatte. In deren Hafenunterlagen tauchte aber nirgendwo der Schiffsname Cliff Cruiser auf. Somit gebe es nur noch ein paar Möglichkeiten:

- das Boot hat außerhalb eines Hafens, also wild angelegt;
- es könnte ein unvorhergesehenes Ereignis die Fahrt unterbrochen haben;
- sie könnten in Seenot geraten sein, vielleicht ein Ruderbruch;
- oder ganz simpel, sie hätten ihre Pläne geändert und wären doch nach Frankreich gesegelt, von dort sei aber noch keine Nachricht eingegangen, die Anfrage laufe noch.

Harpwire habe die britischen und französischen Behörden um Wachsamkeit gebeten und er habe das Versprechen erhalten, sofort verständigt zu werden, wenn sich etwas ergeben sollte oder das Boot gesichtet würde.

Europas Abenddämmerung

Ich sah das Licht am Ende des Tunnels.
Es war aus.
(amerikanische Redensart)

Wilhelm schrieb, wie er es seinen Eltern versprochen hatte, wöchentlich einen mehr oder weniger langen Brief, in dem er die bescheidenen Fortschritte des kleinen Walthers, wie das bei Säuglingen so gerne von den stolzen Eltern wahrgenommen wird, ausführlich berichtete. Er fügte den Briefen häufig einen Abzug der jüngsten Fotos bei, die er in einem Fotoatelier eines benachbarten Künstlers namens James Bowens anfertigen ließ. Ob der Fotograph wirklich ein Künstler war oder nicht, entzog sich seinem Urteilsvermögen. Jedenfalls benahm sich der Mensch derart sonderbar und passte auch die Kleidung seinem übersteigerten Selbstwertgefühl an, dass bei Niemandem Zweifel an dieser Einschätzung aufkeimten. Wilhelm wunderte sich häufig, wo der Mister Bowens seine Kleidung kaufte, jedenfalls stachen seine knallig farbenen Sakkos und Hemden sowie der Schmuck sofort ins Auge und er fiel überall durch sein exaltiertes Gehabe aus dem Rahmen. Darüber hinaus schmückte er sich mit einer Unzahl von exotischen Schönheiten, die er devot hofierte und die seine Avancen offensichtlich genossen. Wilhelm hatte den Verdacht gewonnen, dass der James die Damen, die ihn umgaben als gleichgeschlechtlichen Zierrat betrachtete, er war fast sicher, dass der Fotograf seine Sexualpartner aus dem männlichen Teil der Bevölkerung rekrutierte. Wilhelm war das egal, Hauptsache er war freundlich und machte hervorragende Aufnahmen, auch wenn er seine Gestik manchmal als viel zu übertrieben betrachtete. Insbesondere gefiel Wilhelm die Geduld mit der er die Kleinkindaufnahmen machte, kein Anschlusstermin brachte den Fotografen davon ab, die Bemühungen fortzuführen, bis er das Foto im Kasten hatte, welches er als perfekt erachtete.

Mit einem Abstand von etlichen Tagen erhielt er gelegentlich Antworten auf seine Briefe an die Eltern, musste jedoch aus dem Text das eine oder andere Mal schließen, dass einige Briefe aus Deutschland, von wem auch immer, unterschlagen worden waren. Wilhelm hegte den Verdacht, dass die nationalsozialistische Zensur dahintersteckte, obwohl diese Institution ihre Arbeit offensichtlich nicht in vollem Ausmaß verrichtete, denn die erhaltenen Briefe enthielten zumeist einen politischen Lagebericht und eine subjektive Einschätzung der zukünftigen Entwicklung. Er konnte lediglich hoffen, dass seine Elaborate über die Nazis ausnahmslos seinen

Adressaten fanden, denn nicht in allen Briefen fand er eine Antwort auf die von ihm gestellten Fragen oder eine Rückkopplung auf das von ihm geschriebene. Er hatte allerdings seine politischen Kommentare aus Rücksicht auf seine Eltern sehr klausuliert verpackt, nur wer ihn und seine Formulierungen kannte, wusste genau, was er mit seinen Einschätzungen meinte.

Die Telefonierversuche, die er regelmäßig unternahm, landeten meist im Nirwana, manches Mal blockte das Fräulein vom Amt gleich ab, mit der Bemerkung, die Leitungen nach Deutschland seien alle überlastet und eine Verbindung zu nachtschlafender Zeit verspräche noch die größten Erfolgsaussichten. Wenn er dann spätabends erneut ein Telefonat versuchte, wurde das ebenso selten von Erfolg gekrönt.

Die wenigen Male, die ein Gespräch mit Vater möglich wurde, Mutter telefonierte ungerne, genau so, wie sie alle Technik als neumodisches Zeug abqualifizierte, spielte Vater den fröhlichen optimistischen Rheinländer, dem es gut ginge, obwohl die Zwischentöne etwas Anderes vermittelten. Angeblich lief das Geschäft hervorragend, die Nazigrößen ließen sich von dem renommierten jüdischen Herrenausstatter jede Menge Phantasieuniformen schneidern, kämen allerdings lieber durch die Hintertür, um nicht als Kunde eines Juden aufzufallen. Auch andere Emporkömmlinge hatten mittlerweile ausreichend Vermögen, um sich ordentliche Maßanzüge leisten zu können. Woher das Geld für den luxuriösen Lebenswandel stammte, wurde nicht erwähnt, war aber bestenfalls ein offenes Geheimnis.

Immer öfter erwähnte Vater, dass Bekannte und Freunde ins Ausland emigriert waren, innerhalb Deutschlands mit kleinem Gepäck umzogen oder einfach nur ihr Geschäft unter dem gesellschaftspolitischen Druck aufgaben und mit unbekanntem Ziel verschwanden.

Zwischen den geschriebenen Zeilen und aus den Telefonatspausen konnte Wilhelm entnehmen, dass die Eltern erhebliche Sorgen hatten, denn auch gute Freunde, die aus ihrem Gesichtskreis entschwanden, meldeten sich entgegen der Zusicherungen nicht mehr. Das konnte zwei Gründe haben, entweder sie waren gar keine so guten Freunde, wie sie immer beteuert hatten oder sie kamen nie an ihrem geplanten Zielort an. Gerüchte über Deportationen, die als Umzug getarnt waren, machten in jüdischen Kreisen - und nicht nur dort – die Runde.

Insbesondere bedauerten seine Eltern, dass sie den kleinen Walther, der ja so süß war, nie in die Arme nehmen konnten. Wie gerne hätten sie den kleinen Fratz, der sich nach Auskunft der Eltern so gut im fernen London entwickelte, verwöhnt oder wenigstens mit ihm geschmust. Die Fotos des Künstlers hatten sie rahmen lassen und im Salon auf die Kommode gestellt, damit sie ihn jederzeit ansehen und sich nach ihm sehnen konnten.

Wilhelm vermutete oder hatte sogar die Gewissheit, dass seine Eltern bereits mit dem Leben abgeschlossen hatten, zu viele Kolportagen über das Unwesen der

Gestapo, kursierten in den jüdischen Kreisen und in den regimefeindlichen im Verborgenen wirkenden Vereinigungen und Gruppierungen.

Die Lage in Deutschland wurde zunehmend bedrohlicher, auch in seinem geliebten liberalen Köln und die Briefe verursachten in ihm ein Gefühl von Leere, da die Perspektivlosigkeit der deutschen Juden im Allgemeinen und die seiner Eltern und Freunde im Speziellen eine kafkaeske Belastung in ihm hervorrief.

Das Gefühl der Leere wurde verstärkt durch sein Schuldgefühl, seine Eltern im Stich gelassen zu haben. Auch der Verlust der Heimat schmerzte ihn nach der Durchsicht jedes Briefes. Immer wenn er eine der Botschaften gelesen hatte, lehnet er sich in seinem Stuhl zurück und ließ einen nostalgischen Tagtraum vor seinem geistigen Auge defilieren. Dann sah er das Panorama des Kölner Rheinufers mit dem erhabenen Kölner Dom neben den bunten eng aneinander geschmiegten Altstadthäusern, zum Greifen nah, er roch den charakteristischen leicht modrigen Geruch des Rheinwassers und hörte das lehmige Wasser an der Uferböschung lecken. Oft konnte er ein paar Tränen nicht unterdrücken. Mittlerweile hatte er London und das Themseufer ebenfalls lieben gelernt, das Gefühl war aber anders, es war nicht seine Heimat und die Themse roch nicht nach Rhein.

Elisabeths Korrespondenz mit den heimatlichen nichtjüdischen Familienangehörigen war zwar weniger bedrückend, jedoch war das wahrscheinlich eher eine Frage des Schreibstils, denn auch ihre Eltern und Freunde hatten die schlimmsten Befürchtungen. Mit einem Vetter, der überzeugter Anhänger des faschistischen Regimes war, stellte sie nach einiger Zeit jegliche Korrespondenz ein, mit dem wollte sie nicht auch noch brieflich streiten.

Wilhelm verfluchte die Nazis, die ihn seiner Heimat beraubt hatten, er verfluchte deren Hass auf Juden, er verfluchte die faschistische Politik, er verfluchte diesen größenwahnsinnigen Herrn Hitler, er verfluchte die generelle Machtposition der Verblendeten und er verfluchte schließlich auch die Juden, die seit so vielen Generationen an ihrer verstaubten Religion festhielten und die Separierung von anderen Glaubensrichtungen erfolgreich verfolgten. Wie beschaulich und friedlich hätte seine Familie am Rhein leben können, ohne die erdrückende Last des unerklärlich grenzenlosen Hasses und der Intoleranz.

Wer in diesen Zeiten in Deutschland keine Sorgen oder Ängste hatte, musste schon gehirnlos sein, nämlich zu der Anhängerschaft der Nationalsozialisten gehören oder selbst Nazi sein. So wie ein Großteil der Deutschen Hitler hassten oder zumindest nicht liebten, so sehr liebten und verehrten ihn die Profiteure des Systems, das deutsche Volk war gespalten und dieser Riss durch die Bevölkerung vertiefte sich zusehends. Eine Überwindung dieses tiefen Grabens schien unüberbrückbar, der eine Teil des Deutschen Volkes stand dem jeweils anderen mehr als feindlich gegenüber.

Die Gemäßigten waren die Anhänger der Hoffnung,
Hoffnung, dass die Größen des Systems zur Vernunft kommen würden;
Hoffnung, dass alles nicht so schlimm kommen würde, wie von den Pessimisten prophezeit wurde,
Hoffnung, dass bei den nächsten Wahlen, sofern es denn nochmals so etwas geben sollte, eine andere Partei obsiegen würde,
Hoffnung, dass man selbst und die Familie halbwegs ungeschoren aus dem Schlamassel herauskommen würde.
Wenn man einigen Auguren glauben durfte, galten die Sozialisten und Kommunisten als ebenso totalitär wie die Nazis, wenn nicht sogar noch schlimmer. Die Medien berichteten von unglaublichen menschenverachtenden Gräueltaten in der Sowjetunion, Hinrichtungen, Folterungen, Arbeitslagern und dazu noch von Hungersnöten und Unterversorgung infolge von organisatorischen Unfähigkeiten.

Wilhelm verbrachte viel Zeit vor dem Radio und ließ sich von deutschen, englischen und französischen Sendeanstalten die heimatliche Politik erklären, vieles konnte er glauben, vieles war entweder zu verniedlichend dargestellt oder ideologisch verbrämt, vieles widersprach der heimatlichen Berichterstattung seiner Freunde und Verwandten. Er wusste ganz genau, dass das meiste polemisch ausgeschmückt wurde, dass er den britischen Sendeanstalten und erst recht den Nazisendern keineswegs trauen durfte, zu überdeutlich war die Schwarz-Weiß Berichterstattung der gegnerischen verfeindeten Seiten.
Ihm war völlig bewusst, dass er nur die Hälfte der britischen und französischen Meldungen glauben sollte, das Problem an der Sache war lediglich, er wusste nicht welche Hälfte er glauben durfte und welche Hälfte nicht, zu widersprüchlich waren die Standpunkte.
Das Erträglichste an den Rundfunksendungen und an den Zeitungsartikeln waren die eigentlichen Nachrichten, sobald es an Kommentare oder Augenzeugenberichte ging, war die eingenommene Position von moderat bis polemisch hasstriefend. Sprach der erste zitierte Augenzeuge auch in Bezug auf Juden von humanen Verhältnissen in Deutschland, so stelle der zweite Horrorvisionen auf, die kaum zu glauben waren. Je schrecklicher die Darstellungen waren, umso weniger wurden sie von den Medienkonsumenten geglaubt.
Am wenigsten stieß die britische Bevölkerung noch der Umgang der Faschisten mit den ungeliebten Kommunisten und Sozialisten ab, die allgemeine Meinung war, egal wer verprügelt oder gedemütigt wurde, in jedem Fall traf es den Richtigen. Die Berichte über den Umgang mit den Minderheiten waren den meisten Leuten gänzlich gleichgültig. Gut, britische Juden verfolgten die Berichterstattungen über das Schicksal der deutschen Juden mit besonderem Interesse, sprach man aber einen Nichtjuden auf Kolportagen über Ghettos oder Internierungslager an, so war

derjenige oftmals überrascht, dass es so etwas gab. Deutschland und das Festland waren eben zu weit weg, es war eine vollkommen andere Welt. Die Berichte wurden teilweise ähnlich empfunden, als seien sie von einem weit entfernten Stern.

Noch etwas mehr Dunkelheit

Nach ein paar Wochen der Ungewissheit über den Verbleib seines Partners und väterlichen Freundes machte sich in Wilhelm immer mehr die Sorge breit, dass etwas Außergewöhnliches geschehen sein musste, hatte er bisher die von verschiedenen Seiten geäußerten Ängste und Bedenken beschwichtigend aufgenommen und versucht diese Äußerungen abzumildern, so hatte er mittlerweile ebenfalls ein beklemmendes Gefühl. Christopher Peacombe musste sich doch irgendwann melden, ohne Nachricht würde er die deutschen Freunde wohl nicht zurücklassen.

Ein Anruf vom Beamten des Innenministeriums, Arthur Harpwire, verschaffte dann eine gewisse Klarheit, dass etwas Fürchterliches geschehen sein musste. Mit betretener Stimme hatte Harpwire von einem Bescheid berichtet, die Küstenwacht habe gemeldet, dass Wrackteile des Schiffes gefunden wurden, mit an Sicherheit grenzender Wahrscheinlichkeit konnten diese Teile als zu dem von den beiden Amateurseefahrern gecharterten Kajütboot identifiziert werden. Da einige der gefundenen Teile angekokelt waren, wurde vermutet, dass es an Bord zu einem Brand gekommen sein musste, der möglicherweise sogar von einer Explosion herrührte. Ein herkömmlicher Brand sei auszuschließen gewesen, weil in einem solchen Fall das Wrack halbwegs erhalten geblieben wäre, während die vermutete Explosion das Boot zerfetzt habe. Der Grund für eine solch starke Detonation könne entweder in einer Missfunktion der Brennstoffzufuhr zu suchen sein, aber wahrscheinlicher sei ein Bombenanschlag von wem auch immer gewesen, denn auf hoher See würde in jedem Fall gesegelt und nicht mit Motor gefahren.

Wilhelm war konsterniert, wer sollte ein solch brutales Attentat auf unbescholtene britische Bürger vornehmen? Wilhelm fiel auf, dass die Beschattung durch den Befleckten und den Unbefleckten nicht mehr stattfanden, konnte man die beiden in Verbindung mit dem Anschlag bringen? Offene Fragen über unbeantwortete Fragen, bis zu fehlenden Antworten und mangelnder Gewissheit, auch Harpwire konnte hierzu keine Antwort geben. Leichen oder Leichenteile waren nicht aufgetaucht, was keine Überraschung bereitete.

Vorsichtshalber gab Wilhelm eine Vermisstenanzeige bei der Polizei auf, in der Hoffnung, auf diesem Wege einige Fragen beantwortet zu bekommen, der diensthabende Officer hatte allerdings bereits ein Nachforschungsersuchen vom Innenministerium in den Akten. Wahrscheinlich war Harpwire bereits aktiv geworden und wollte den Verbleib seines Freundes ergründen.

Die Reaktion der Ordnungsbehörden fiel aber völlig anders aus als er erwartet hatte. Völlig überraschend und unangemeldet erschienen zwei Beamte in Zivil am nächsten Tag bei Wilhelm. Sie stellten sich als Detective Ferguson und Chief Inspector Brown vor und löcherten ihn mit einer Unmenge von aus seiner Sicht sinnlosen Fragen.

Brown, der einen voluminösen Schnauzbart trug, den er sekündlich glattstrich und sein rundliches gerötetes Gesicht lenkten die Aufmerksamkeit unter einem spärlichen grau melierten Haarschopf schon von weitem wie eine Ampel auf seinen Kopf. Wilhelm dachte bei sich, dass der Chief Inspector sicherlich lieber gehabt hätte, die Dichte seines Oberlippenbartes wäre auf seinem Kopf ähnlich wuchernd wie unter seiner Nase und musste über den Gedanken andeutungsweise hämisch grinsen. Während sich der Schnauzbärtige im Hintergrund hielt, stellte der wesentlich jünger aussehende und glattrasierte mit vollem rotem Haar versehene hagere Detective eine Unmenge von Fragen, deren Zusammenhang dem Herrenausstatter verschlossen blieb.

Nachdem Personalien abgeglichen und Wilhelms relativ kurzer Lebenslauf in dem kleinen Notizbuch des Detective verewigt worden waren, wurden Details des Rosenzweig Umfeldes abgefragt.

Detective Ferguson erkundigten sich:

-Nach seinem Verhältnis zu dem Vermissten Mr. Peacombe,

-dem Zustandekommen des Kaufvertrages der Geschäftsanteile,

-warum ein erfolgreicher Herrenausstatter die Hälfte seines Geschäftes einem ehemaligen Geschäftsfreund zu einem, wie die Polizisten süffisant betonten, Schleuderpreis verkaufte, (er rechneten ihm sogar kurz vor, dass der Spottpreis, den Wilhelm bezahlt hatte, in kürzester Zeit, nämlich innerhalb weniger Jahre durch den zu erwartenden Gewinn wieder herein gespielt würde, obwohl die von dem Detective unterstellten Zahlen nicht der Realität entsprachen, sie basierten offensichtlich auf einer laienhaften Schätzung),

-nach den Konditionen der Mietverträge für Wohn- und Geschäftshaus, die jedoch überhaupt nicht schriftlich existierten,

-nach den Hintergründen und Umständen der Übersiedlung nach England durch die Familie, als sei die politische Situation für Juden in Deutschland auf der Insel völlig unbekannt,

-ja sogar nach den alten Geschäftsbeziehungen vor der Emigration.

Wilhelm beantwortete geduldig und ausführlich diese nervenden Fragen. Als er bereits an das Ende der ausufernden Befragung glaubte, wollte Detective Ferguson immer weiter in die Details gehen und begann das Gespräch quasi von vorne.

Ferguson wiederholte die bereits gestellten Fragen mit anderen Formulierungen. Wilhelm platzte schließlich der Kragen. Er wandte sich an den Vorgesetzten mit der Frage, was die dauernde Fragerei solle, er habe doch bereits alles genauestens beantwortet und wenn der Detective ein schlechtes Gedächtnis habe, solle er sich

Notizen machen. Außerdem, man wisse doch noch gar nicht, ob den beiden Seglern etwas zugestoßen sei.

Plötzlich keimte in Wilhelm eine Idee: „Oder verheimlichen Sie mir etwas Wichtiges, von dem ich nicht den Schimmer einer Ahnung habe? Hat man vielleicht Spuren der Freunde gefunden oder wissen Sie etwas über deren Verbleib?"

Die Polizisten sahen sich vielsagend an, wobei der Chef kaum merklich den Kopf schüttelte und den Jüngeren zur Geduld mahnte.

„Wir werden Sie zu gegebener Zeit über den Stand unserer Ermittlungen informieren, zunächst müssen wir aber, so leid es uns tut, noch Kenntnisse über einige Punkte ermitteln und Klarheit über das Geschehen im fraglichen Zeitraum erlangen. Es gibt noch Widersprüche und wir hoffen, dass wir zur Klärung des Geschehens beitragen können, auch um Sie zu entlasten, falls Sie sich nichts vorzuwerfen haben."

Wilhelm war wie vor den Kopf geschlagen, hatten die Beamten etwa Zweifel an seiner Unschuld?

„Bevor wir dieses nette Gespräch fortsetzen, möchte ich wissen, was man mir vorwirft und warum. Ich bin ein unbescholtener Bürger und hatte weder in Deutschland noch hier in meinem Gastgeberland je etwas mit der Polizei zu schaffen gehabt. Ich möchte gerne wissen, was Sie im Schilde führen, welchen Verdacht Sie haben oder warum Sie gerade mich verdächtigen, sonst sage ich keinen Ton mehr."

Der Detective schaute von seinen spärlichen Notizen auf: „Nun, wir haben Gründe für dieses nette Gespräch, wie Sie es freundlicherweise nennen, machen Sie aber darauf aufmerksam, dass wir es auch gerne in der Polizeizentrale fortführen könnten, wenn Sie sich weigern sollten, zur Aufklärung des Geschehens beizutragen. Wir sind nicht hier, um ein nettes Gespräch zu führen, sondern hegen einen begründeten Verdacht. Die Vorwürfe gegen Sie sind wir nur dann verpflichtet offen zu legen, wenn wir Sie verhaften sollten, aber davon sind wir noch ein gutes Stück entfernt."

Nun holten die Beamten zu einem offensichtlich geplanten Schlag aus. Unter Geschäftsfreunden sei es sicherlich üblich einen gewissen Rabatt auf Kaufpreise zu gewähren, aber warum sollte ein Vermögen nahezu verschenkt werden, wenn kein triftiger Grund hierfür vorlag.

Der Detective beugte sich vor und fixierte Wilhelm genauestens. „Hatten oder haben Sie ein Druckmittel gegen den Vermissten, haben Sie ihn erpresst oder mit Drohungen oder sogar Gewalt zwingen können Ihnen die Geschäftsanteile derart günstig zu überlassen?"

Aha, sagte sich Wilhelm, jetzt war wenigstens die Katze aus dem Sack, jetzt machte das Verhör einen gewissen Sinn. Er überlegte, ob es für seine Aussage besser wäre, den beiden die weniger glaubhafte Wahrheit zu unterbreiten oder ob er sich einer Unwahrheit bedienen sollte, die dann gegebenenfalls plausibler erschien. Er sah sich aber außerstande ad hoc ein wasserdichtes Lügengerüst aufzubauen, das weiteren Befragungen standhalten musste, also entschloss er sich bei dem tatsächlichen

Geschehen zu bleiben, insbesondere, wenn er unterstellte, dass Elisabeth auch befragt würde und er wahrscheinlich keine Gelegenheit mehr haben könnte die Aussagen mit ihr im Detail abzustimmen.

„Also, zunächst muss ich festhalten, dass ich keinerlei Druck auf Peacombe ausgeübt habe, da ich nicht das geringste Druckmittel zur Verfügung hatte, er war – oder besser ist – ein integerer Geschäftsmann und ich habe keine Idee, was man ihm am Zeug flicken könnte."

Der Detective hakte sofort ein und zeigte mit dem Zeigefinger zwischen Wilhelms Augen als ziele er mit einer Pistole: „Sie geben also zu, dass sie ihn zu etwas gezwungen hätten, wenn sie die Möglichkeit dazu gehabt hätten?"

„Ich muss Sie bitten, mir das Wort nicht im Mund rumzudrehen und mich nicht zu unterbrechen, ich war mit der Beantwortung Ihrer Frage nicht fertig. Ich gehe davon aus, dass Sie an der Wahrheit interessiert sind und mir nicht etwas in den Mund legen wollen, was ich nicht gesagt habe oder sagen wollte. Bitte seien sie fair in Ihrer Befragung, ich weiß, mein Englisch ist nicht schlecht, aber es gibt für mich als fremdsprachiger Ausländer immer wieder Feinheiten in Ihrer Sprache, die ich nicht hundertprozentig verstehe oder ausdrücken kann, also bitte ich in dieser Beziehung um etwas Rücksichtnahme. Handelt es sich bei diesem Gespräch um eine Befragung oder um ein Verhör, bei letzterem müsste ich einen Anwalt dazu bitten, den ich zugegebenermaßen noch engagieren müsste."

Erstmalig mischte sich Chief Inspector Brown in das Gespräch ein. „Es handelt sich hierbei um eine Befragung und nicht um ein Verhör, es wird auch noch kein Protokoll erstellt werden. Erst wenn sich ein begründeter Verdacht ergeben sollte, würden wir Sie zu einem Verhör in die Polizeizentrale bitten. Verzeihen Sie das forsche Vorgehen meines jungen Kollegen, er wird Sie nicht mehr auf diese Art und Weise unterbrechen und den freundlichen Ton wie zu Beginn des Gespräches wieder aufnehmen."

Ein eisiger Blick wanderte von Wilhelm in Richtung des rothaarigen Detectives, der dann den Blick senkte und in seinen Notizen eifrig blätternd nach dem Gesprächsfaden suchte.

„Ich entschuldige mich für meinen etwas aggressiven Tonfall, das war von mir nicht beabsichtigt, bitte setzen Sie ihre Ausführungen fort. Sie haben also keinen Druck auf Peacombe ausgeübt, um das Geschäft günstig zu übernehmen?"

Wilhelm glaubte dem Herrn Ferguson nicht im Geringsten, dass die aggressive Ausdrucksweise nicht beabsichtigt gewesen sein soll und schrieb den nunmehr freundlicheren Ton dem vernichtenden Blick seines Vorgesetzten zu. Zusätzlich mahnte er sich selbst zu größerer Vorsicht und nahm sich vor langsamer zu sprechen und sich mehr darauf zu konzentrieren, was er wie ausführte.

„Nochmals ich habe keinen Druck auf meinen Freund ausgeübt, das wäre auch überhaupt nicht notwendig gewesen, im Gegenteil, ich wollte mehr bezahlen als

Peacombe verlangt hatte. Er war in einer besonderen Situation nach dem Tod seiner Ehefrau Rebecca, er wollte den Laden schrittweise aufgeben und auf jeden Fall kürzertreten. Wir hatten dann etliche Möglichkeiten des Geschäftseinstiegs durchdiskutiert, von einer vorübergehenden Anstellung als Geschäftsführer über ein Ratenzahlungsmodell bis hin zu einer sukzessiven Übernahme des Betriebes. Ich habe seinerzeit ein optimistisches und alternativ ein realistisches Modell errechnen lassen und den daraus gemittelt resultierenden Kaufpreis Peacombe angeboten, der aber darauf bestand nennenswert weniger zu kassieren."

Der Detective schaute von seinen Notizen hoch und kratzte sich mit seinem Bleistift an der Schläfe: „Ich mache Sie in aller Form darauf aufmerksam, dass eine solche Geschichte schwer glaubhaft ist und von einem gegnerischen Anwalt gegebenenfalls in einem Kreuzfeuer wie dünnes Zeitungspapier zerrissen würde. Wenn Sie verwandtschaftliche Bindungen hätten oder seit Jahrzehnten mit dem Vermissten eng befreundet gewesen wären, hätte man noch gutgläubig sein können. Sie kannten Peacombe von einigen Besuchen in England her sowie von einigen Telefonaten und kommen dann nach London und bekommen binnen einer kurzen Frist ein Vermögen geschenkt. Es tut mir leid, aber da muss doch irgendetwas gewesen sein, das Sie uns bisher nicht verraten haben."

„Mein Freund wollte die Beteiligung nicht irgendeinem Geldhai anvertrauen, sondern einem von ihm seit vielen Jahren geachteten Geschäftsfreund, außerdem hatte er keine Erben und war auch ohne Geschäft recht wohlhabend. Deshalb haben wir auch seinerzeit einen mit Peacombe befreundeten Anwalt gebeten, ein Gutachten über den Wert der Transaktion anzufertigen, der dann auch einen Schiedsspruch gefällt hatte. Sie können gerne diesen renommierten Anwalt befragen, er wird mit Sicherheit meine Angaben bestätigen, außerdem habe ich noch eine Ausfertigung des Gutachtens in meinen Akten im Geschäft, aus dem hervorgeht, dass der letztlich vereinbarte Kaufpreis nennenswert unter dem Preis der optimistischen Variante der anwaltlichen Berechnung liegt."

Wilhelm machte eine kurze Pause, um sich zu sammeln: „Wenn Ihnen das helfen sollte, könnte ich Ihnen auch den Namen des beauftragten Anwalts nennen, damit er meine Aussage erhärten könnte. Sein Name ist William Southwell, ich kann Ihnen im Moment nicht die Kanzlei nennen, in der er Partner ist, aber das dürfte Ihnen wohl keine Schwierigkeiten bereiten, das herauszufinden. Ich habe das Gutachten im Geschäft und könnte Ihnen den Kanzleinamen heraussuchen lassen."

Der Detective kratzte sich immer noch in den Schreibpausen mit dem Bleistift am Kopf, runzelte die Stirn und war offensichtlich überrascht. „Warum haben Sie uns das nicht gleich gesagt, damit wäre ja ein erheblicher Teil der Vorwürfe gegen Sie hinfällig. Wir werden das selbstverständlich genau überprüfen, aber dieser Tatbestand erleichtert die Argumentation zu Ihren Gunsten ungemein, erschwert allerdings unsere Arbeit erheblich. War Ihnen eigentlich bekannt, dass Sie der

Alleinerbe des gesamten Vermögens der Familie Peacombe wären, falls Ihr Partner nicht lebend aufgefunden werden sollte? Das besagt zumindest das Testament, wie uns der Hausanwalt des Vermissten offenbarte, es sei denn, das Testament würde angefochten werden, was aber nicht zu erwarten ist. Es gibt nach bisherigem Kenntnisstand keine Verwandten erster oder zweiter Ordnung."
Jetzt war die Reihe an Wilhelm vor Überraschung sprachlos zu sein. „Wollen Sie damit sagen, dass mir die beiden Häuser in London zufallen würden, falls Christopher nicht mehr auftaucht?"
Der Detective und sein Vorgesetzter hatten Wilhelm bei der Offenbarung der Erbschaftsaussichten genauestens fixiert, damit ihnen keine Regung des Deutschen entgehen konnte.
„Genau das wollte ich damit sagen.
Allerdings handelt es sich bei der Erbschaft, wem auch immer sie zufallen wird, nicht nur um die Immobilien, auch um die Geschäftsanteile und ein breit gestreutes erhebliches Paket an Wertpapieren und Industriebeteiligungen, die den Wert der Ihnen bekannten Objekte bei Weitem übersteigen dürfte.
Mister Peacombe war ein äußerst sparsamer Mann gewesen, außerdem entstammen er selbst und auch seine Frau jeweils aus vermögendem bürgerlichem Hause, die jedoch nicht mit reichlichem Nachwuchs gesegnet waren. Der Anwalt jedenfalls geht davon aus, dass keine Erbberechtigten mehr existieren."
Wilhelm lag in seinem Sessel und war fassungslos. Er hätte nie und nimmer damit gerechnet über Nacht zu einem solchen Reichtum zu kommen. Jetzt brauchte er erst einmal einen Schluck, bevor er wieder klar denken konnte. Die Polizisten begnügten sich jeweils mit einem Glas Sodawasser, während er sich einen doppelten Whisky aus Christophers Vorrat genehmigte.
Er wandte sich noch im Stehen wieder an die beiden Staatsbeamten, nachdem er einen kräftigen Schluck genommen und sich beinahe dabei verschluckt hatte. Nach ausgiebigem Räuspern und einigen kräftigen Hustern hatte er die Stimme wieder halbwegs klar.
„Jetzt verstehe ich auch Ihre Verdachtsmomente, zumindest hätte ich ein überaus lohnendes Motiv gehabt, meinen Freund aus dem Wege zu räumen, auch wenn ich keinerlei Intentionen in diese Richtung hatte und habe, zumal ich gar nicht die Vermögensverhältnisse Christophers kannte."
Der Chief Inspector deutete mit dem Finger auf Wilhelm. „Lassen Sie uns offen über die Angelegenheit sprechen. Wir müssen alle Verdachtsmomente beleuchten, es wäre für Sie in dem Zeitraum kurz vor Ablegen des Schiffes ein Leichtes gewesen, die paar Meilen nach Portsmouth zurückzulegen und einen Brandsatz oder eine Bombe in dem Boot zu deponieren und wenige Stunden später wieder in London zu sein. Können Sie zu Ihrer Entlastung einen lückenlosen Nachweis erbringen, wo sie an den Tagen gewesen sind?"

Wilhelm lag mehr als dass er saß, in der linken Hand hielt er immer noch den Tumbler fest, in dem nur noch der Boden mit Whisky bedeckt war.

„Natürlich kann ich das, ich war ganztägig im Geschäft, das könnten alle meine Mitarbeiter bezeugen, ich war nie länger als eine halbe Stunde auf einen Kaffee oder Tee außerhalb des Geschäftes. Ich bin sicher, dass Sie genügend Zeugen für mein Alibi finden. Nach Geschäftsschluss war ich jeden Tag pünktlich zum Abendessen zu Hause, meine Frau wird Ihnen das bestätigen. Nebenbei, unsere Haushaltshilfe dürfte Ihnen gegenüber, meine Aussage unterstützen. Sie bleibt immer noch bis spät abends, sie geht erst nach Hause, wenn der Abwasch erledigt und aufgeräumt worden ist."

Der Detective schaute von seinem Notizblock auf. „Ihnen ist hoffentlich klar, dass von Ihnen abhängige Leute, wie Mitarbeiter und Familienangehörige, keine erstklassigen Zeugenaussagen repräsentieren? Solche Zeugen sind in aller Regel befangen und geben gerne Gefälligkeitsalibis zu Protokoll. Die meisten Richter geben nicht allzu viel auf solche Aussagen, neutrale Personen wie Nachbarn, Polizisten oder Unbeteiligte können Ihr Alibi nicht bestätigen?"

Wilhelm schüttelte vehement den Kopf. „Nach dem Essen machen wir täglich einen ausgedehnten Spaziergang, sofern das Wetter es zulässt und das war in den letzten Wochen immer so, anschließend bringen wir gemeinsam unseren Sohn zu Bett. Auf diesen Spaziergängen haben wir natürlich eine Menge Leute getroffen, die wir auch gegrüßt haben. Da Ihre Frage sich aber nicht auf einen einzigen Tag bezieht, sondern auf einen Zeitraum von fast einer Woche, könnte ich Ihnen nicht einmal sagen, ob wir beispielsweise die Taylors von nebenan am Dienstag oder Mittwoch getroffen haben und die werden sich garantiert genau so wenig an den genauen Tag erinnern können."

Der Detective kaute mal wieder an seinem Bleistift. „Ich verstehe also haben Sie keinen neutralen Zeugen für den fraglichen Zeitraum."

Wilhelm atmete scharf aus und wog entnervt den Kopf hin und her. „Ziehen Sie doch bitte keine voreiligen Schlüsse. Nach meiner Information fährt abends kein Zug mehr nach Portsmouth, wir hatten den Fahrplan der Züge noch vor Peacombes Abreise besprochen. Ich hatte ihn bei der Reiseplanung unterstützt und in dem Zusammenhang auch die Transportmöglichkeiten zur Südküste mit allen Alternativen penibel geprüft."

Der Detective war äußerst hartnäckig. Er pulte einige Holzsplitter von seinen Lippen, die er vom Bleistift abgenagt hatte. „Sie tun ganz so, als könne man lediglich mit einem Zug in den Süden Englands gelangen. Ich will Ihnen jetzt nicht auch noch die Alternativen aufzeigen, die sollten Sie auch kennen."

Wilhelm beugte sich vor und sah dem Polizisten in die Augen. „Einen Wagen besitze ich auch noch nicht. Wie hätte ich also an die Küste kommen sollen und ein paar Stunden später bereits wieder im Bett gelegen haben? Ausgeschlossen! Ob ich

einen Mietwagen oder ein Taxi genommen habe, ließe sich für Sie sicherlich leicht herausfinden. Eine solche Fahrt machen die Chauffeure auch nicht jeden Tag. Da wir einen kleinen Sohn haben, hat meine Frau einen besonders leichten Schlaf, sie wacht bei jedem Geräusch sofort auf und es wäre somit für mich unmöglich gewesen, mich unbemerkt aus dem Haus zu schleichen."
Der Detective wirkte nachdenklich, und suchte an der Decke nach einer Antwort.
„Nun, erstens hätten Sie jemanden beauftragen können oder mit einer Mietdroschke die Strecke bewältigen können. Ausschließen kann man so etwas nie, sie glauben nicht, was wir bereits alles erlebt haben."
Wilhelm hob die Schultern und breitete die Arme aus, seine Geduld schien sich langsam aber sicher endgültig zu erschöpfen, um sich zu beruhigen, nahm er die letzten Tropfen aus seinem schweren Tumbler. „Also, wie ich bereits sagte, das mit den möglichen alternativen Transportmitteln können Sie doch sicher leicht herausfinden und die Sache mit dem Komplizen kann ich Ihnen nicht beantworten, ich hätte überhaupt keine Idee, wie ich einen Auftragsmörder finden sollte, in meinem Bekannten- und Freundeskreis sind recht wenige potentielle Mörder oder Attentäter, zumindest glaube ich das von denen. Wo findet man denn so einen Menschen?"
Der Detective konnte sich ein angedeutetes Lächeln nicht verkneifen. „Sie kennen doch das Sprichwort, wo ein Wille ist, gibt es auch einen Weg. Wenn man sich umhört, kann man auch einen Auftragsmörder ausfindig machen, was glauben Sie, wie oft wir mit solchen Fragen schon konfrontiert worden sind?"
Wilhelm hatte während der Worte des Detective in sein nunmehr leeres Glas geblickt und insgeheim überlegt, ob man das Gespräch nur im Suff ertragen könne und er sich noch einen des edlen Malt Whiskys genehmigen sollte. Er entschied sich für Abstinenz, solange das als Befragung getarnte Verhör andauerte.
„Mir fällt aber gerade ein, was mein Motiv betrifft, wenn ich gewusst hätte, dass ich als der Alleinerbe des Peacombeschen Vermögens testamentarisch bedacht worden wäre, warum hätte ich den Mann aus dem Weg räumen sollen, dann wäre in ein paar Jahren doch sowieso das Vermögen an mich übergegangen. Mein Freund war doch schon in fortgeschrittenem Alter und die Erbschaft wäre dann zehn oder fünfzehn Jahre später ohnehin in meinen Schoß gefallen. Ich bin schließlich kein armer Mann, der dringend Geld benötigt. Meine Anteile an dem Geschäft werfen ausreichend Geld für meinen Lebensunterhalt ab und ich verfüge, wie Sie sicherlich schon recherchiert haben, über ein ansehnliches Bankkonto. Gut, das ist bei weitem nicht mit dem des Christopher Peacombe zu vergleichen, aber ich kann mir letztlich alles leisten, was ich benötige und auch darüber hinaus noch ein paar Wünsche erfüllen, sogar die Wünsche meiner Frau. Letzteres ist gar nicht einfach."
Der Detective machte eine wegwerfende Handbewegung. „Ein Testament kann man ändern oder sogar völlig widerrufen, das ist keinerlei Sicherheit. Es hat schon etliche

Leute gegeben, die sich auf eine Erbschaft gefreut haben und sind am Ende leer ausgegangen."

Wilhelm ließ sich in seinem Sessel nach hinten sinken, rief mit seinen Blicken den Himmel um Hilfe. „Aber sagen Sie mir doch bitte, wenn ich einem gesicherten finanziellen Verhältnis zukünftig leben kann, warum sollte ich eine solche Untat begehen, nur um noch Vermögen anzuhäufen, das ich eigentlich nicht brauche. Mehr als gut leben können meine Familie und ich auch nicht. Ich muss heute auch nicht überlegen, ob ich eine Anschaffung mache, sondern denke höchstens über Qualität und Zeitpunkt nach. Meine Familie ist gesund, warum sollte ich ansonsten klagen, uns geht es wesentlich besser als der Majorität der Bevölkerung. Ich habe auch ohne Christophers Vermögen ein zufriedenes und glückliches Leben, warum sollte ich das Risiko eines Mordes eingehen, der dann entdeckt wird und ich für den Rest meines Lebens hinter Gittern verbringen dürfte? Außerdem habe ich als Abschreckung gehört, dass die britischen Gefängnisse größtenteils aus der viktorianischen Zeit stammen und nicht sonderlich luxuriös ausgestattet wären. Nebenbei habe ich gelesen, dass Scotland Yard die meisten Mordtaten recht schnell aufklärt."

„Grundsätzlich klingt das vernünftig, was Sie sagen, ich persönlich würde sicherlich ähnlich argumentieren. Aber sie werden kaum glauben, wie viele reiche Leute, die alles aber wirklich alles haben was das Herz begehrt, aus Gewinnsucht zu Kriminellen werden. Ich könnte Ihnen eine lange Liste von solchen Fällen aufstellen, die trotz Reichtums versucht haben durch eine Wahnsinnstat ihr Vermögen auszubauen und die ich dingfest gemacht habe. Aus diesem Grund kann ich Ihre Einwendung nicht gelten lassen."

Wilhelm war nun wieder dazu übergegangen, vorsichtig zu argumentieren, da jeder seiner vorgetragenen Aspekte von dem Detective gleich als wenig stichhaltig abgetan wurden. „Wenn ich Sie bisher richtig verstanden habe, ist das Gerüst ihres Verdachtes auf sehr weichem Sand gebaut und hat kein solides Fundament. Sie haben nichts als ein paar Vermutungen und Unterstellungen in der Hand. Gut, Sie sehen ein schwaches Motiv und ich habe kein wasserdichtes Alibi, Ihnen fehlen aber jegliche Beweise, selbst konkrete Anhaltspunkte oder schwache Indizien können Sie nicht vorweisen. Ihre Argumentation ist so löchrig wie ein Schweizer Käse. Ich bin sicher, dass Sie damit nicht einmal einen Haftbefehl erwirken können. Ich denke, wir sollten das nette Gespräch damit beenden, es hat für mein Gefühl eh schon zu lange gedauert."

„Wir wollen nichts unterstellen, im Gegenteil, wir suchen Sie zu entlasten, müssen aber jeder Spur nachgehen. In diesem Zusammenhang, dürfen wir uns Ihr Haus und ihr Geschäft einmal genauer ansehen?"

„Was wollen Sie denn da noch finden? Sie können sich frei bewegen. Wenn sie glauben, dass ich noch eine Bombe versteckt habe, können Sie noch bis nächstes Jahr suchen. Ich gehe davon aus, dass im Fall einer Verweigerung der Haus-

durchsuchung, sie in ein paar Stunden mit einem richterlichen Durchsuchungsbefehl auf der Türschwelle stehen werden. Also tun Sie, was sie nicht lassen können."
Ferguson konnte sich ein Grinsen nicht verkneifen. „Das mit dem präsentieren eines Durchsuchungsbefehls sehen Sie völlig richtig, jedoch haben wir den bereits beantragt, für den Fall, dass Sie sich geweigert hätten. Allerdings wären wir dann nicht zu zweit durch die heiligen Hallen gegangen, sondern hätten noch ein paar Kollegen um Verstärkung gebeten. Durch Ihr Entgegenkommen erleichtern Sie uns die Arbeit erheblich und Ihnen trägt es ein wenig zur weiteren Entlastung bei. Gestatten Sie mir eine Bemerkung, entweder sind Sie wirklich unschuldig oder ein unglaublich cleveres Kerlchen, das es faustdick hinter den Ohren hat. Man ist wirklich geneigt Ihren Ausführungen zu glauben."

Die polizeilichen Untersuchungen verliefen im Sande, die Polizei hatte bei Wilhelm trotz eines schwachen Anfangsverdachts keine Beweise für einen Anschlag auf Christopher Peacombe finden können.
Ein mögliches Motiv sprach gegen Wilhelm, jedoch gab es auch Anhaltspunkte, die für ihn sprachen. Indizien, dass eine unbekannte Person oder sogar Organisation hinter dem Anschlag stecken konnte. Ein als Weinlieferant getarnter Unbekannter hatte sich bei dem Bootsverleih erkundigt, welches Boot von Adrian Oldfield gemietet worden war, er habe eine von ihm bestellte Kiste Wein auszuliefern. Daraufhin hatte der vermeintliche Getränkehändler ein nicht allzu großes Holzbehältnis an Bord geschleppt und war etliche Minuten alleine auf dem Boot gewesen. Der Bootsverleiher hatte sich hinterher gewundert, dass die Lieferung nicht bestätigt werden musste und dass der Lieferant die Kiste nicht unter Deck verstauen wollte, die Kajüte war verschlossen gewesen und bei einer späteren Inspektion des Bootes hatte er die Kiste nicht entdeckt. Er war nur auf das Boot gegangen, um zu kontrollieren, ob für die Mieter der Jacht alles in Ordnung sei, dabei hatte er jedoch nicht mehr an die Weinlieferung gedacht, die Kiste war allerdings nicht im direkten Blickfeld gewesen. Andererseits gab er zu Protokoll, habe er zu diesem Zeitpunkt viel zu erledigen gehabt, dass er sich weiter keine Gedanken über die Besonderheiten der Lieferung gemacht habe und auch die Person nur flüchtig betrachtet hatte, somit keine wesentlichen Erkenntnisse zu den Untersuchungen der Polizei beitragen konnte. Zu Wilhelms Glück konnte der Bootsverleiher jedoch ausschließen, dass der Unbekannte eine Ähnlichkeit mit ihm gehabt habe, er sei wesentlich kräftiger und größer von Statur gewesen damit wurde der junge Herrenausstatter erheblich entlastet. Obwohl es immer noch möglich war, dass der Unbekannte von Wilhelm angeheuert war, gegen diese Theorie sprach allerdings, dass er zu diesem Zeitpunkt den Namen des Bootes bereits kannte und der angeblich gedungene Attentäter sich nicht beim Bootsverleiher danach erkundigen musste.

Es wurden im Laufe von Wochen noch einige Bootstrümmer, teilweise mit Schmauchspuren an der britischen Südküste angeschwemmt, woraus die Polizei schloss, dass die Explosion, davon ging man nunmehr mit an Sicherheit grenzender Wahrscheinlichkeit aus, in der Nähe des zuletzt angelaufenen Hafens von Weymouth ausgelöst wurde. Nähere Einzelheiten konnten nicht mehr ermittelt werden, insbesondere die Art und Weise der Bombenzündung, die Polizei ging von einem Kontakt zu einem Positionslicht aus, der auf offener See beim Einschalten den Kontakt zu der Bombe herstellen sollte und somit die Zündung verursachte.

Von einer Person, die überlebt oder irgendwo untergetaucht war gab es keinerlei Anhaltspunkte. Auch Leichenteile waren nirgendwo angeschwemmt worden. Detective Ferguson hatte dann einmal kommentiert, für menschliches Haschee gebe es genügend Liebhaber im Meer, selbst die Knochen würden noch scharfzahnige Abnehmer finden, woraufhin er wiedermals einen Rüffel seines Vorgesetzten kassierte, insbesondere weil Wilhelms Reaktion an seiner Gesichtsblässe abzulesen war und auch Brown das Gesicht angewidert verzogen hatte.

Irgendwann hatten dann die Besuche der Polizisten an Häufigkeit abgenommen, man hatte wohl aufgegeben, den Verdacht auf Wilhelm erhärten zu können, es konnte keine Verbindung zu gedungenen Attentätern nachgewiesen werden und auch andere Spuren hatten zu keinerlei Erfolg geführt. Das größte Problem stellte aber das fehlende stichhaltige Motiv des potentiellen Attentäters dar. Schließlich beschied sich die Behörde mit einem Motiv, das sie einem Judenfeind anlasteten, der als Faschist stadtbekannt war, dem man aber nicht das Geringste beweisen konnte, der nur über den Reichtum und das Geschäftsgebaren des Juden Peacombe geschimpft und seine Anhänger gegen diese Leute aufgewiegelt hatte.

Peacombes Rechtsberater und Testamentsvollstrecker hatte dann nach Monaten ohne Lebenszeichen des Vermissten, Wilhelm und Elisabeth eingeladen, um ihnen das zu eröffnen, was die Polizisten bereits angedeutet hatten, nämlich, dass Wilhelm Rosenzweig als alleiniger Erbe des Vermögens des Freundes eingesetzt worden war. Weiterhin eröffnete er, dass kein alternativer Erbe Ansprüche angemeldet habe. Es sei nunmehr der Zeitpunkt gekommen, dass er als Anwalt einen Antrag stellen wolle, den Vermissten als tot erklären zu lassen und dass dieser Prozess langwierig sein könnte. Es käme auf das Verhalten der Staatsanwaltschaft an, kämen sie zu der Überzeugung, es hätte sich um einen Unfall gehandelt, könne es äußerst zügig mit der Toterklärung von statten gehen, hätten die aber auch nur geringe Zweifel an der Todesursache könne es sich auch mehrere Jahre in die Länge ziehen, er kenne einen Fall, da hätte die Staatsanwaltschaft ihre Zweifel so lange aufrechterhalten, bis der Erbnehmer nach mehr als zehn Jahren verstorben sei.

Wilhelm betonte, dass ihm gleichgültig sei, wann das Erbe angetreten werden könnte, er würde das Auftauchen seines Freundes wesentlich lieber sehen als dessen Vermögen in Empfang zu nehmen.

Er gab anlässlich eines abschließenden Gesprächs den beiden Polizisten nochmals zu bedenken, dass seine finanziellen Verhältnisse mehr als auskömmlich seien, er sich im Prinzip alles erlauben könne und dass er seinem Gastland mehr als dankbar sei für die freundliche Aufnahme. Er verspüre keinerlei Lust oder Notwendigkeit, die Bevölkerung Groß Britanniens mittels eines Mords zu dezimieren. Diese Aussage gelte für die Vergangenheit und auch für die Zukunft.

Walter konnte nicht beurteilen, ob sich die Beamten mit dem Verhör zufriedengaben, wenigstens zwang sich Chief Inspector Brown ein Lächeln bei der Verabschiedung ab und nickte ihm noch freundlich zu. Ferguson dagegen sah ihm nicht einmal mehr in die Augen, er schien immer noch Zweifel an dem Wahrheitsgehalt der Aussage des deutschen Juden zu hegen. Er wertete wohl die Freiheit des Deutschen als persönliche Niederlage.

Es wird einfach nicht heller

Walther gedieh prächtig. Sein Vater hatte schon die Befürchtung gehabt, er habe einen fettleibigen Sohn gezeugt, jedoch hielt Elisabeth dagegen, alle gesunden Babys hätten Fettpolster, mit dem Laufen würden sich dann die Pölsterchen an Beinen und Po verteilen und mit zunehmendem Alter gänzlich verschwinden. Jedenfalls hatte er nach Wilhelms Ansicht noch Speckrollen an Armen und Beinen wie aufgeblasene Gummireifen des Michelin Männchens.
Sie hatte mal wieder recht behalten, wie es halt bei Generationen von Frauen, nein besser, Ehefrauen, Gewohnheitsrecht ist. Je länger man verheiratet ist, je mehr steigt das Recht haben, also um es deutlich zu machen, in Proportion zum Alter.
Man könnte hierfür unendlich viele Beispiele anführen, belassen es aber bei einem stellvertretend: Der Xantippe, man wundert sich aber schon nicht mehr, dass sich Sokrates erst in fortgeschrittenem Alter den Schierlingsbecher reichen ließ. Es ist nicht überliefert, ob diese Maßnahme aus Frustration über seine Gattin erfolgte, oder aus Senilität, wobei ersteres wahrscheinlicher wäre.
Eigentlich hätte Wilhelm ein zufriedenes und erfülltes Leben haben können, wenn da nicht die ständige Sorge um seine Eltern gewesen wäre und die Angst eines deutschen Angriffs auf sein neues Heimatland, das er immer liebenswerter fand, je mehr Freunde oder Bekannte er sammelte. Die Zeitungsberichte, die er über die Reichskristallnacht verschlungen hatte und die zunehmende Aufrüstung der deutschen Truppen verstärkten seine Ängste. Die zu diesem Zeitpunkt immer seltener gesendeten Briefe seiner Eltern beschwichtigten die Situation und stellten das Leben in Köln als eingeschränkt aber erträglich dar. Er war in der Beurteilung der Stimmungslage unsicher, schrieben seine Eltern gemäßigt, weil sie befürchteten, die Briefe würden ansonsten von der Gestapo, einer allgemeinen Zensur oder der Gestapo-Zensur, aussortiert werden oder berichteten sie wahrheitsgemäß?
Jeden Abend versuchte Wilhelm mehrmals erfolglos telefonisch in Kontakt zu seinen Eltern zu treten. Der weitaus größte Teil dieser Versuche landete beim „Fräulein vom Amt", die ihm dann immer und immer wieder lapidar mitteilte, dass die Telefonleitungen nach Deutschland total überlastet seien. Ob diese Aussage der Wahrheit entsprach oder ein vorgeschobenes Argument war, entzog sich seiner Kenntnis, jedenfalls war dies für das Ergebnis des Versuchs unerheblich, die Verbindung kam nicht zustande. Er sinnierte über die Ursache und kam zu dem Schluss, dass wahrscheinlich alle Emigranten versuchten, in Kontakt mit der alten

Heimat zu treten, die Einwanderungsquote nach Großbritannien war immens, von anderen Ländern wie Amerika, Frankreich oder der Schweiz ganz zu schweigen.

Nach vielen Wochen vergeblichen Bemühens und der Vervielfachung seiner Befürchtungen um das Wohl seiner Eltern, entschloss er sich, alle Verwandte, Freunde und Bekannte seines Vaters, von denen er zumindest Fragmente der Adresse hatte, zu kontaktieren. Er schrieb eine große Menge von Briefen, die bis auf wenige Ausnahmen unbeantwortet blieben, er wählte zwischen den vergeblichen Telefonversuchen mit seinen Eltern immer wieder auch die wenigen Nummern der Freunde seines Vaters, die er noch besaß.

Eines Abends hatte er dann endlich die berühmte Nadel im Heuhaufen gefunden, er hörte nicht nur eine unmelodisch rauschende Leitung, deren Stille irgendwann von einem monotonen Tuten beendet wurde, sondern er drang durch und das Freizeichen ertönte etliche Male. Ein alter jüdischer Freund seines Vaters, ein Geschäftsmann namens Goldmann meldete sich stockend.

Wilhelm, dessen Herz vor Schreck klopfte, als wolle es aus dem Hals springen, nach so vielen vergeblichen Versuchen hatte er schon gar nicht mehr damit gerechnet, dass sich überhaupt noch jemand meldete und deshalb erschrak er dermaßen, dass sein Mund ganz trocken wurde. Zunächst konnte er außer seinem Namen und einem möglichst freundlich klingenden: „Wie geht es Ihnen?" nichts über seine Lippen bringen. Die Person am anderen Ende der Leitung schien ebenfalls perplex zu sein, da er dreimal fragen musste, wer denn überhaupt am Apparat sei, mit dem Anruf eines im Ausland ansässigen Bekannten hatte er wohl nie im Leben gerechnet.

Auf Wilhelms Frage stammelte er „Gut", als er sich nach einer kurzen Pause besann, ergänzte er „zumindest bisher, soweit man das in diesen Zeiten sagen kann".

Wilhelm erklärte ihm, warum er ihn anrief: „Ich hoffe, ich störe Sie nicht, aber ich habe leider aus mir nicht bekannten Gründen keinen Kontakt mehr zu meinen Eltern und da telefoniere ich alle Freunde und Bekannten an, in der Hoffnung, auf diesem Wege etwas in Erfahrung bringen zu können. Wissen Sie eventuell, ob etwas geschehen ist oder ob es ihnen gut geht?"

Goldmann wirkte bedrückt, zögerte mit der Antwort und druckste herum: „Wissen Sie, in den schlimmen Zeiten wie jetzt, kümmert sich jeder vornehmlich um sich selbst und die Familie. Da man nur noch selten außer Haus geht, nur noch, wenn man unbedingt muss, haben auch die Kontakte zu Freunden und Bekannten abgenommen, sich auf der Straße zu bewegen ist ein Risiko und man läuft Gefahr von den Herrschenden angepöbelt zu werden, oder Schlimmeres."

Goldmann stockte in seiner Rede, er suchte wohl nach der richtigen Formulierung oder das was er sagen wollte fiel ihm schwer: „Wir sind ja auch so leicht auszumachen, jeder erkennt uns an dem gelben Stern. Sich gegen einen Arier zu wehren ist lebensgefährlich, so unsinnig und willkürlich die Angriffe der Pöbler auch sein mögen. Kürzlich hat ein Bekannter von mir die Straße vor einem Wohnhaus mit

der Zahnbürste schrubben müssen, man hat ihn dabei mit Fußtritten traktiert, um ihn zur Eile anzutreiben. Der Mann war schon fast achtzig Jahre alt. Er kam vom Einkaufen und kannte die Leute überhaupt nicht, irgendjemand hatte einfach Lust jemand anderen zu quälen. Zwei Polizisten standen dabei und haben gelacht."
Wieder stockte Vaters Freund und wartete schwer atmend etliche Sekunden: „Man kapselt sich zunehmend ab, da dies dem Sicherheitsbedürfnis der jüdischen Bevölkerung Deutschlands mehr entgegenkommt."
Wilhelm hatte diese Ausführungen nicht unterbrochen, er malte sich die Situation vor seinem geistigen Auge aus. „Was haben denn die Passanten gesagt oder getan? Hat denn niemand eingegriffen? Warum hat das Opfer denn nicht die Polizisten aufgefordert einzugreifen? Das ist doch unmenschlich."
Goldmann lachte auf, sein Lachen klang nicht fröhlich, sondern resigniert. „Das System ist unmenschlich, da haben Sie recht. Wir sind weniger wert als Tiere, Hunde werden verhätschelt, Käfer oder anderen Kleintieren weicht man aus, wir dagegen werden in jeder Situation heruntergeputzt. Wenn ich in einem Geschäft anstehe, werden alle Kunden bevorzugt behandelt, wenn ich Glück habe, werde ich bedient, wenn sonst keiner mehr im Laden ist. Darüber hinaus bekommt man beim Bäcker nur noch altbackenes Brot, wenn man Glück hat, vom Vortag, oft auch noch zu einem höheren Preis als das frische."
Nach einer erneuten Pause fuhr Goldmann fort: „Früher habe ich in Büchern über die Sklavenhaltung in Amerika gelesen und mich immer darüber gewundert, wie rechtlos die Neger waren und wie sie der Willkür der weißen Bevölkerung ausgesetzt waren, mittlerweile sind wir als Juden noch unendlich viel weniger wert als die Schwarzen damals in den Südstaaten."
Der Deutsche stockte erneut, atmete wieder schwer, schien aber mittlerweile einen Redefluss zu haben, den er nicht abbrechen wollte. „Wenn jemand von uns die Polizei um Hilfe bittet, kann es vorkommen, dass die so tun, als hätten sie nichts gehört oder gesehen, wie die drei berühmten Affen. Wenn Passanten gegen die Behandlung von Juden aufbegehren, kann es denen passieren, dass sie als Judenfreund beschimpft oder sogar angegriffen werden. Also halten die den Mund und gehen eingeschüchtert weiter. Manchmal hilft uns aber auch ein Unbeteiligter, der die Polizei auffordert einzuschreiten und der sich dann gegen deren Angriffe wehrt, aber das ist selten, sehr selten."
Wilhelm war entsetzt, besann sich aber dann auf den eigentlichen Zweck des Anrufes, bevor die Verbindung gekappt würde: „Sie haben meine anfangs gestellte Frage nach dem Wohlergehen meiner Eltern noch nicht beantwortet, wissen Sie etwas über sie?"
Wieder druckste Goldmann herum, wie ein kleiner Junge, der bei etwas Unerlaubtem ertappt wurde. „Seit einiger Zeit ist der Name über den Schaufenstern geändert worden, dort prangt jetzt in doppelt so großen Buchstaben wie früher „Herrenmoden

Schmitz & Söhne" auf dem Schaufenster steht Inhaber: „Karl-Heinz Schmitz", somit vermute ich, dass das Geschäft von Ihren Eltern verkauft wurde. So etwas geschieht immer öfter, dann werden jüdische Geschäftsleute gezwungen, den Betrieb zu einem Spottpreis an einen Parteibonzen oder jemanden mit Beziehungen zu verkaufen. Was Ihre Eltern betrifft, so wird kolportiert, sie seien verreist. Aber wann, wohin und warum ist mir nicht bekannt. Wenn sie ins Ausland gereist sein sollten, werden sie die Auswanderungssteuer bezahlt haben, die im Allgemeinen dem kompletten Vermögen des Ausreisewilligen entspricht, so dass ihre Eltern jetzt mittellos sein dürften, vielleicht haben sie ja noch einen Notgroschen mitnehmen können, den sie versteckt hatten."

Wilhelm war blass geworden, er runzelte die Stirn und schrie mehr als er sprach in das Telefon: „Aber sie haben doch meine Adresse, wenn sie nicht mehr in Deutschland sein sollten, könnten sie mich doch jederzeit erreichen und ich würde sie nach England holen. Ich kann mir nicht vorstellen, dass sie bereits ausgereist sein sollten, außerdem, welches Ausreiseland käme überhaupt infrage? Man hört doch nur von beschränkten Aufnahmekontingenten der Schweiz, England, Frankreich und Amerika, vielleicht noch der eine oder andere Staat, aber dann sind die Möglichkeiten doch schon schnell völlig ausgeschöpft."

Goldmann machte eine Pause, Wilhelm hörte ihn immer schwerer atmen, es klang mittlerweile eher wie das Keuchen eines Lungenkranken, es schien ihm nicht leicht zu fallen, was er nun eröffnen wollte: „Man hört ja immer wieder die abstrusesten Gerüchte, so gebe es angeblich verschiedene Läger, in denen „Staatsfeinde" konzentriert würden. Vielleicht habe der alte Rosenzweig sich etwas zuschulden kommen lassen, möglicherweise bin ich aber auch nur falsch informiert. Jedenfalls habe ich Ihre Eltern seit geraumer Zeit nicht mehr getroffen oder gesehen. Mein Wissen ist nicht untermauert, man hört nur hier und dort eine zugeflüsterte Nachricht, die aber nicht auf den Wahrheitsgehalt überprüft werden kann."

Jetzt hatte Wilhelm auch Atemprobleme, es fiel ihm schwer den imaginären Eisenring um seine Brust zu sprengen: „Meinen Sie, meine Eltern wären verhaftet worden? Die beiden können doch keiner Fliege etwas zu leide tun, ich schließe aus, dass sie gegen das Gesetz verstoßen haben sollen."

„Wie ich schon gesagt habe, die Gerüchteküche in Deutschland ist total überhitzt. Täglich gibt es neue Kolportagen, von denen ein erheblicher Teil schon am nächsten Tag widerrufen wird, selten haben diese Berichte einen unwahren Kern. Man glaubt lediglich, dass dort, wo Rauch ist, auch Feuer sein muss. Aber heutzutage finden seltener Verhaftungen statt, falls es in diese Läger geht, erhält man nur eine lapidare Mitteilung, dass man sich mit der gesamten Familie an einem bestimmten Tag mit Gepäck für ein paar Tage an einem bahnhofsnahen Ort einzufinden habe und dann war es das. Danach hört man nie wieder etwas von den Leuten."

Goldmann hörte sich an, als sei sein Mund völlig ausgetrocknet, von den Geräuschen her schloss Wilhelm, dass er einen Schluck trank. „Wenn jemand verhaftet wird, so lässt die Gestapo normalerweise die Familie in Ruhe und ein paar Tage später kommt im Regelfall der Verhaftete mit ein paar mehr oder weniger schlimmen Blessuren zurück – oder auch nicht. Jedenfalls laufen Verhaftungen mittlerweile anders ab, also bei Juden meist weniger glimpflich."
In der Leitung war ein Gewisper und Gezirpe, als sei das Telefon in einem Vogelkäfig. Wilhelm versuchte die Hintergrundgeräusche zu überschreien. „Was den Aufenthalt in diesen Lägern betrifft, habe ich vor kurzer Zeit einen schwedischen Filmbericht gesehen, der eher an einen Urlaubsort erinnert als an eine Art von Gefängnis. Die Propaganda der Nationalsozialisten funktioniert perfekt, wenn man dem Herrn Goebbels glauben darf, wird keinem Verhafteten oder Internierten auch nur ein Haar gekrümmt."
Wilhelm räusperte sich einige Male, trotzdem bekam er den Fassring um die Brust nicht unter Kontrolle, vor seinem geistigen Auge lief ein Film ab, der seine schwärzesten Befürchtungen verschärfte. Er konnte nicht anders, seine Kehle war wie zugeschnürt und Tränen stiegen ihm in die Augen, er schnäuzte sich, bevor er weitersprechen konnte, trotzdem war seine Stimme belegt wie nach einer viel zu langen durchzechten Nacht. „An ein Ferienlager kann ich beim besten Willen nicht glauben, ich befürchte das Schlimmste, ich weiß auch nicht warum, aber ich habe ein schlechtes Gefühl bei der Angelegenheit."
Goldmann unterbrach Wilhelm: „Es soll kein Trost sein, das kann es auch nicht sein, aber das Motto gilt, geteiltes Leid ist halbes Leid. Auch ich habe einen Befehl erhalten, mich Übermorgen mit Frau und einem einzigen Koffer am Deutzer Bahnhof, Südseite, einzufinden, Ziel unbekannt. Von dort aus geht es dann wahrscheinlich in eins der beliebten Ferienlager, von denen man so viel hört, was dort mit uns geschieht, weiß ich nicht, aber ich teile Ihre Vorahnung."
Wiederum musste der deutsche Gesprächspartner einen Schluck trinken, seine Stimme hatte versagt. Stockend fuhr er fort: „Also, ich meine, eigentlich ist es so..., weil ich diesen Reisebefehl in Händen halte, kann ich so offen mit Ihnen telefonieren, ich habe nichts mehr zu verlieren. Man munkelt auch, dass Telefonate insbesondere mit dem Ausland abgehört werden, insofern wundere ich mich doch, dass das Gespräch bisher nicht unterbrochen wurde. Ich habe nicht die geringste Ahnung, wohin es mich verschlagen wird. Ich habe Angst, ich habe eine Höllenangst um meine Familie und ich habe auch Angst um mich selber, ich kann nicht mehr schlafen und träume die wildesten Sachen. Ich schäme mich dafür, aber ich kann nicht anders."
Wilhelm fühlte sich wie auf den Solar Plexus geboxt. „Was Sie auch? Wie schrecklich, können Sie denn nicht in irgendeiner Weise intervenieren? Ich meine, Einspruch gegen den Befehl einlegen, sich krankmelden, dagegen Klage erheben,

was weiß ich, aber irgendetwas muss man doch dagegen machen können. Man kann doch nicht stillschweigend akzeptieren, in ein Lager abgeschoben zu werden und sich willenlos den hasserfüllten Nazis zu fügen."
Goldmann lachte trocken auf: „Was wisst ihr denn im Ausland schon davon? Wir leben hier nicht mehr in einem Rechtsstaat, das hier in Deutschland ist eine Terrordiktatur. Ein Wort am falschen Ort zur falschen Person und schon ist man in einem dieser Ferienlager. Wenn ich dort, wohin ich geschickt werde, Ihre Eltern treffen sollte, werde ich versuchen, mich irgendwie mit Ihnen in Verbindung zu setzen und über ihr Wohlergehen oder ihren Zustand berichten."
Wilhelms Stimme versagte nunmehr fast völlig, gequält krächzte er sein Mitgefühl heraus, bedankte sich für die Offenheit und wünschte Goldmann und seiner Frau, die er gar nicht näher kannte, alles nur erdenklich Gute und viel Glück.
Wilhelm blieb in seinem Ohrensessel sitzen und weinte, er hatte seit Jahren keine Träne mehr vergossen, jetzt weinte er aber, als wolle er das Versäumte nachholen. Elisabeth stieß zu ihm und versuchte ihn vergeblich zu trösten. Er berichtete ihr, sofern es seine tränenerstickte Stimme zuließ, in Kürze, was er von dem jüdischen Leidensgenossen Goldmann erfahren hatte. Beide konnten keine Kommentare abgeben, sie saßen sich gegenüber und hingen ihren trübsinnigen Gedanken nach.
Wilhelm war der erste, der die Grabesstille unterbrach: „Es ist schlimm, wirklich schlimm, was dort in unserer Heimat mit einigen Leuten passiert, aber was mich am meisten schmerzt, ist die maßlose Ohnmacht, die man hat, gepaart mit einer unendlichen Wut auf diese herrschenden Asozialen im Machtzentrum. Wir sitzen hier in Sicherheit und können nichts aber auch gar nichts tun. Wir können hoffen, bangen oder höchstens wieder religiös werden und anfangen zu beten, ob das aber helfen wird, stelle ich in Frage. Es tröstet mich höchstens, dass es helfen könnte, wenn es einen Gott geben sollte. Ich hoffe, dass ich mich in meiner Ungläubigkeit irre."
Nach einer längeren Gedankenpause, in der er sich mehrmals lautstark schnäuzte fuhr er fort: „Wenn es nicht so aussichtslos wäre, würde ich versuchen nach Deutschland zu fahren, legal oder illegal und irgendetwas tun, aber ich weiß nicht einmal, wo ich ansetzen könnte, ich habe keine Spur meiner Eltern, würde wahrscheinlich selbst innerhalb kürzester Zeit verhaftet und für eine längere Periode festgesetzt werden, sofern ich mit dem Leben davonkäme."
Elisabeth streichelte über sein Haar. „Ich weiß, du würdest nichts Unüberlegtes tun, aber ich muss dir ins Gedächtnis rufen, dass du eine Familie hast, für die du sorgen musst. Du hast einen Sohn, der dich braucht. Hier ist deine Zukunft. So brutal es auch klingen mag, deine Eltern gehören der Vergangenheit an, du kannst ihnen nicht mehr helfen. Oder willst du einen Brief an den Herrn Hitler schreiben und ihn bitten, dir die Adresse zu schicken oder die beiden Alten frei zu lassen?"
Wilhelm legte seine Hand in ihren Nacken und zog ihren Kopf an seine Schläfe. „Ich weiß, dass du Recht hast, als erwachsener und gestandener Mann meinst du immer

etwas, irgendetwas tun zu müssen. Du kannst doch nicht tatenlos zusehen, wie dieses Monster in Menschengestalt willkürlich unbescholtene Menschen deportiert und von der Welt abschneidet. Ich weiß nicht, was mit den Leuten in den Lagern passiert, aber zumindest sind sie völlig entrechtet und haben keinesfalls die Möglichkeit, so zu leben, wie sie möchten."
Elisabeth streichelte tröstend über seinen Kopf. „Vergiss bitte nicht, in den Augen der Nazis bist du auch ein Jude, ob religiös oder nicht, der Hitler ist verblendet und fanatisch in seinem Hass auf alles Jüdische. Wir kennen ihn letztlich nur aus der Presse und vom Radio her, trotzdem bin ich überzeugt, dass ihm alles Menschliche fremd ist. Ich fürchte, du hast nur eine kleine Chance, zu hoffen, dass deine Eltern und Freunde diesen Albtraum unbeschadet überstanden haben werden, wenn der Spuk vorbei ist."
Wilhelm setzte sich wieder gerade in seinen Sessel, seine Tränen waren versiegt und er stopfte sein nasses Taschentuch umständlich in seine Hosentasche. „Aber wie lange müssen die Leute denn noch leiden. Ich denke, ein paar Tage kann man das ertragen, aber doch nicht länger."
„Ich bin davon überzeugt, dass die Deutschen sich diesen Tyrannen nicht mehr lange gefallen lassen, über kurz oder lang ist der Kerl in der Versenkung verschwunden und wir können an einen Neustart denken. Ich hätte auch lieber, wenn dein Sohn in einem friedlichen Deutschland aufwüchse, anstatt in einem Land, wo wir nicht gerne gesehen werden und mehr geduldet als geachtet werden. Man betrachtet uns hier doch letztlich auch als Feinde, wir sind und bleiben Deutsche, egal welcher Rasse wir angehören, egal ob wir fliehen mussten oder nicht, egal welcher Religion wir angehören, das alles verändert keinesfalls unsere Nationalität."
Wilhelms Ahnungen und Befürchtungen wurden um ein Vielfaches übertroffen. Er würde seine Eltern niemals mehr sehen oder sprechen. Was ihm blieb, war die Erinnerung an zwei liebenswürdige Menschen mit all ihren Fehlern und Schwächen, ein paar Briefe und Fotos. Das wars.

***

Ein sinnloser Krieg begann.
Ein Größenwahnsinniger Führer glaubte ernsthaft, mit einer Hand voll Soldaten die Welt erobern zu können, die Anfangserfolge seiner Beutefeldzüge bestärkten ihn noch in seinem Irrglauben.
Ein sinnloser Eroberungsfeldzug gen Osten begann.
Ein Feldzug in Afrika begann.
Ein Marsch nach Westen und Südwesten begann.
Die Besetzung von Ländern im Südosten begann.

Die Eroberung Skandinaviens außer Schwedens begann, wie überhaupt einige wenige Länder von den Deutschen verschont wurden, weil er freie Spielfelder für seine gewagten Transaktionen benötigte oder einfach, weil er diese Länder als ihm freundlich gesinnt betrachtete.
Die Kriegsberichte wurden genauestens verfolgt und aufgezeichnet, wenn auch von Einigen mit Hoffen und Bangen, von Anderen mit Euphorie. Unbeteiligte gab es nicht auf diesem Planeten.

Wilhelm hatte eine Weltkarte in der Bibliothek aufgehängt und stach bunte Fähnchen in die Karte, um den Frontverlauf jederzeit zu markieren. Ihm wurde angst und bange, wenn er die territorialen Gewinne der deutschen Wehrmacht verinnerlichte, seine insgeheim gepflegten Befürchtungen gingen so weit, dass er die Hunnen, wie die britischen Medien die Deutschen bezeichneten, bereits vor seiner Haustüre in Southwell Gardens stehen sah. Was dann geschehen sollte oder konnte, wollte er sich erst gar nicht ausmalen.
Oftmals stand er vor der Weltkarte und fragte sich, wann der Eroberungshunger des kleinen Deutschlands und des kleinen Verbündeten Japans gestillt wäre. Es überstieg seine Vorstellungskraft, dass die relativ wenigen deutschen Soldaten wohl bald die ganze Welt beherrschen sollten, sie standen immerhin in fast ganz Europa, sogar bei Moskau, im Balkan, Nordafrika, von den japanischen Gebietsgewinnen einmal abgesehen.
Selbst die Amerikaner hatten Angst vor dem Wahnsinn des Krieges, obwohl sie sich zunächst sicher fühlten, bis sie auf ihrem eigenen Territorium von den Japanern angegriffen wurden. Sie begriffen, wie schutzlos sie im eigentlichen Sinn waren, als Pearl Harbour auf Hawaii überfallartig angegriffen wurde und ein erheblicher Teil der amerikanischen Marine vernichtet wurde. Ein undenkbarer Vorgang, der der Arroganz der Amerikaner einen schweren Schlag versetzte.

Einige Zeit darauf wurde die Richtung des Vorwärtsmarschierens geändert. Nicht an allen Fronten aber nach einer Periode des Stillstands konnte Wilhelm mit Genugtuung seine Weltkartenfähnchen in bereits existierende Löcher stechen.
Es ging zwar langsam voran, beziehungsweise rückwärts, je nachdem von welcher Seite man das Geschehen beobachtete, aber die Front bewegte sich nicht mehr nur in eine Richtung. Mit gespaltenen Gefühlen bewertete er den Vormarsch der Überfallenen, den Opfern des Versuches Land im Osten zu gewinnen und den Rückzug der Aggressoren. Er fühlte sich trotz aller der millionenfachen Demütigungen und menschengemachten Schicksalsschlägen immer noch als Deutscher, auch wenn er in zunehmendem Maße britisch dachte und sogar in Teilbereichen britisch fühlte. Grund hierfür war wohl der Einfluss der englischen Zeitungen und Nachrichten, die er seit einiger Zeit sorgfältig studierte. So sehr er die

Führung oder Verführung der Deutschen verachtete, so hatte er sogar Mitleid mit den Verführten, auch mit den gleichgültigen Mitläufern, die allerdings auch unendliche Opfer bringen mussten.
Die deutschen Bomben auf England hatte er genau so verflucht und gefürchtet, wie die Engländer, er hatte genauso in der schützenden Londoner Tube gezittert wie die Alteingesessenen. Die Engländer betrachteten die deutschen Emigranten als unwillkommene Eindringlinge und dementsprechend ließ die Freundlichkeit gegenüber den Übersiedlern zu wünschen übrig. Es wurde nicht gefragt, aus welchem Grund der deutsche Emigrant übergesiedelt war, er war Deutscher und damit gehörte er dem Feindesland an und wurde entsprechend mit Misstrauen beobachtet. Der Deutsche war Feind und der Feind war Deutscher; Japan war für diese Vorurteile zu weit weg, der Aggressor war deutsch.
Diese Schwarz- Weiß- Malerei und die Ressentiments waren besonders gravierend, während der Bombardierung Londons durch die deutsche Wehrmacht. Das Unbehagen aus dem ersten Weltkrieg hatte sich über die rund zwanzig Jahre bis in den zweiten Weltkrieg herübergerettet und dann sogar noch verstärkt.
Insbesondere hatte Walther unter dieser Abneigung zu leiden, wie das so üblich ist, hatten die Kinder und Jugendlichen die Meinung der Eltern adaptiert und gegenüber den so genannten Schulfreunden ausgelebt. Walther erduldete die Hänseleien, den Spott und auch oft genug die Schläge mit gespielter Gleichgültigkeit. Es hatte keinen Zweck sich körperlich gegen die Überzahl zur Wehr zu setzen. Als Konsequenz aus diesen erlittenen Malträtierungen trat er als jüngstes Mitglied einem Box Club bei, damit er sich wenigstens dann wehren konnte, wenn er auf einen Einzelnen Angreifer traf. Einige Male hatte er versucht die jüdischen Mitschüler auf seine Seite zu bringen, jedoch hatte er damit wenig Erfolg, einerseits hatten viele Eltern der angesprochenen Kinder keine Lust, sich als Juden zu bekennen, andererseits befürchteten die Eltern weitergehende Übergriffe durch die britischen Faschisten.
Der Freundes- oder Bekanntenkreis beschränkte sich während der Kriegsjahre auf losere Beziehungen, sofern es sich um Nichtjuden handelte. Wilhelm und Elisabeth suchten bewusst Bekanntschaften nicht nur unter den Juden, meist waren diese Leute zu religiös und wenig weltoffen, die Rosenzweigs wollten möglichst liberale Freunde haben, sie wollten keine religiöse oder politische Bindung eingehen, sie wollten nach allen Seiten offen sein. Elisabeth lud oft zum Fünf-Uhr-Tee ein, um den Bekanntenkreis zu entwickeln, hatte aber wenig Erfolg damit, da die Einladungen nicht gerade häufig erwidert wurden.
Das Mitgefühl der Engländer mit den kontinental europäischen Juden hielt sich sehr in Grenzen. Einerseits lag dies wohl daran, dass man die Gräuelmärchen aus der Presse nicht so recht glauben wollte und konnte, somit ihr Mitleid verschwendet würde, andererseits hatte man ohnehin allgemeine Vorurteile gegen die Juden, gepaart mit dem unauslöschbaren Gefühl, diese Leute würden ihnen einen Teil ihres

Wohlstandes streitig machen und zudem den dringend benötigten Wohnraum belegen.
Um die Gemüter wenigstens in der Nachbarschaft etwas zu beruhigen, entschlossen sich Elisabeth und Wilhelm einige Zimmer des geräumigen Hauses zu vermieten, so konnten sie zumindest das soziale Gewissen nach außen kehren und die Missgünstigen der Anrainer halbwegs zufriedenstellen.

War da ein Lichtschein?

Ein paar Jahre nach dem spurlosen Verschwinden von Christopher Peacombe tauchte die Vergangenheit im Leben der Familie Rosenzweig wieder auf. Warum und wieso ihn diese Vergangenheit wieder unvermittelt einholte, blieb der Familie ein ewiges Rätsel. Eine Serie von anonymen Briefen traf jeweils im Abstand von einigen Tagen bei den Rosenzweigs ein. Die Briefe waren in gestelzten Druckbuchstaben mit Kopierstift zu Papier gebracht und enthielten die abstrusesten Anschuldigungen und Verwünschungen, auch mit wüsten Beschimpfungen wurde nicht gespart. Zunächst zeigte Wilhelm sie erst gar nicht seiner Ehefrau, um sie nicht zu beunruhigen. Einmal war er jedoch nicht früh genug, um die Post einzusammeln und Elisabeth hatte einen der Briefe geöffnet. Sie trat leichenblass zu Wilhelm und konfrontierte ihn mit dem Inhalt. Er versuchte zu beschwichtigen, das sei dümmlicher Unsinn, sie beharrte aber darauf etwas zu unternehmen, sie wolle keine Gefahr heraufbeschwören, dies sei aber ernst gemeint und man solle die Polizei einschalten. Man müsse diesem Unfug Einhalt gebieten und zwar so schnell wie möglich. Wilhelm schob jedoch vor, er habe eine Menge Termine und würde aber in der kommenden Woche dem Wunsch seiner geliebten Frau gerne entsprechen. Er betrachtete die Beschimpfungen als schlicht vernachlässigbar, jedoch war von nun an Elisabeth diejenige, die morgens die Post durchsah. Tatsächlich fand sie ein paar Tage später einen weiteren Brief der konkrete Drohungen enthielt. Sie drängte ihn endlich Maßnahmen zu ergreifen.
Wilhelm sprach bei Christophers Freund Arthur Harpwire im Innenministerium vor, um dem Beamten den Drohbrief zu zeigen. Die Bärbeißige war nicht sonderlich freundlich und meinte, da er ohne Termin erschienen war, könne es etwas länger dauern, Harpwire habe ein wichtiges Telefonat mit dem Minister, das nähme seine Zeit in Anspruch und es sei ihr unmöglich dieses zu unterbrechen, er müsse sich auf mindestens eine halbe Stunde Wartezeit einstellen. Sie bot ihm nicht einmal einen Stuhl an und kritzelte in eine Kladde malerische Hieroglyphen, den frühägyptischen zwar unähnlich aber genau so wenig deutbar. Ihm war unklar, ob es eine Kurzschrift sein sollte oder einfach Zeitvertreib. Nach zehn Minuten setzte er sich unaufgefordert auf einen unbequemen Besucherstuhl, was die Bärbeißige mit einem wenig wohlwollenden Blick quittierte, dies aber nicht kommentierte. Aus der halben Stunde wurden siebzig Minuten, bis die Bärbeißige den Telefonhörer aufnahm und ihrem Chef den Besucher ankündigte. Wilhelm hatte den Verdacht, dass das Telefonat mit dem Minister längst beendet war, Minister haben im Allgemeinen nicht allzu viel Zeit,

telefonieren selten länger und der Vorzimmerdrachen ihn nur aus unerfindlichen Gründen schmoren lassen wollte.

Wilhelm wurde aufgefordert, das Büro des Mister Harpwire zu betreten, der Beamte holte ihn nicht an der Türe ab, wie Wilhelm es von Christopher erfahren hatte. Vielleicht hatte der Krieg Spuren in der Höflichkeit der Leute oder zumindest bei den Ministerialbeamten hinterlassen, vielleicht lag es auch einfach nur an der Nationalität des Besuchers.

Nach einem Austausch von knappen Begrüßungsfloskeln kam Wilhelm gleich zur Sache. Er zeigte den Drohbrief als erstes, der einen Bezug auf das Verschwinden seines Geschäftspartners hatte und androhte, Ähnliches könne auch ihm selbst, aber auch Frau und Sohn des Herrn Rosenzweig geschehen, wenn sie nicht unverzüglich Großbritannien verlassen sollten.

Diese Drohung hatte denn doch den braven Geschäftsmann beunruhigt und auch Harpwire sprach sofort von einer ungeheuren Attacke als er den Brief vor sich auf dem Tisch liegen hatte, damit sei wohl auch endgültig bewiesen, dass er, Wilhelm, nichts aber auch gar nichts mit dem Anschlag auf Peacombe zu tun gehabt hatte, obwohl der Bericht der Polizisten immer noch gewisse Zweifel offengelassen habe. Das Verfahren sei seinerzeit aus Mangel an Beweisen eingestellt worden und nicht, weil die Unschuld eindeutig bewiesen worden war.

Wilhelm war nun doch erstaunt, dass ihn die Schatten der Vergangenheit auf diesem Wege wieder eingeholt hatten. Da er nichts mehr von der Polizei gehört hatte, war er davon ausgegangen, dass die vorliegenden Beweise seiner Unschuld ausgereicht hätten. Er sprach den Beamten auf diesen Tatbestand hin an und der erwiderte kühl, dass das völlig normal sei, eine erwiesene Unschuld würde die Akte für alle Zeiten schließen, eine Einstellung aus Mangel an Beweisen könne aber jederzeit wieder eröffnet werden, sofern neue Tatbestände bekannt würden.

Harpwire betrachtete Brief und Couvert von allen Seiten, hielt sie gegen das Licht, konnte aber keine Rückschlüsse auf Absender oder Schreiber zulassen. Die krakelige Schrift eines Ungeübten hätte genauso gut von einem Kind stammen können, wie auch von jemandem, der die Schrift nur verstellt hatte. Auch befand sich keine Briefmarke oder ein Poststempel auf dem Umschlag, also war ein Bote involviert gewesen, der ihn wohl nachts in den Messingbriefschlitz der Eingangstüre geworfen hatte.

Bei dem Papier handelte es sich um eine handelsübliche Massenware, wie sie in jedem Schreibwarengeschäft erhältlich war.

Harpwire fragte dann leicht vorwurfsvoll, warum sich Wilhelm nicht an die Polizei gewandt habe, er selbst sei eigentlich überhaupt nicht zuständig und habe ohnehin genug um die Ohren. Aus alter Freundschaft zu Peacombe habe er ihn nur empfangen. Wo er aber nun mal da sei, wolle er die Sache weiterverfolgen.

Mister Harpwire wollte den Brief behalten, um ihn in seinen Regierungsapparat von den zuständigen Stellen auf mögliche Spuren untersuchen zu lassen, versprach sich aber wenig davon.

Zögerlich holte Wilhelm seine seit der Überwachung durch den Befleckten und den Unbefleckten immer schussbereite Leica aus der Aktenmappe und fotografierte vorsorglich das Pamphlet, um es gegebenenfalls später vergrößern zu lassen. Die anderen Briefe mit den Beschimpfungen wollte der Beamte nicht untersuchen lassen, weshalb Wilhelm sofort klar wurde, dass Harpwire kein gesteigertes Interesse an der Aufklärung hatte, denn nicht nur auf dem Drohbrief konnten sich Spuren befinden, sondern auch auf den zuvor erhaltenen Kampfschriften.

Der Beamte musste auch bedauernd ablehnen, Wilhelms Haus zu überwachen, die Polizei sei in diesen schlimmen Zeiten ohnehin überlastet und könne sich kaum um die Belange Einzelner kümmern. Das Einzige, was er versprach, war die Anweisung an die Streifenpolizisten und Hilfspolizisten, ein verstärktes Augenmerk auf das Peacombe-Rosenzweig Haus in Southwell Gardens zu lenken. Wilhelm verspürte sein Gefühl bestätigt, dass das Interesse des Beamten seit der Todeserklärung Christopher Peacombes an der Familie dessen Geschäftspartners erheblich geschrumpft sei. Vielleicht lag das an den allgemeinen Kriegsproblemen des Landes oder an den endlosen in den Tageszeitungen veröffentlichten Todeslisten gefallener Soldaten und im Bombenterror umgekommener Zivilisten, die das Empfinden für das Schicksal Einzelner abgestumpft hatten.

Gegen Ende des Gespräches hatte Harpwire immer öfter ungeduldig einen Blick auf seine Armbanduhr geworfen. Die Verabschiedung war kurz und sachlich.

Auch die kühle Bärbeißige beschränkte ihre Höflichkeitsfloskeln auf das absolut Notwendige, um nicht völlig unhöflich zu wirken. Wilhelm sah ein, dass er nicht weiter auf das Wohlwollen des Arthur Harpwire angewiesen sein sollte, der Mann hatte seine Freundschaft zu Christopher Peacombe nicht auf ihn übertragen, wofür er noch ein gewisses Verständnis aufbrachte.

Am nächsten Nachmittag erschien unerwartet der Detective Ferguson, der mehr als sachlich und geschäftsmäßig wirkte. Nach knapper Begrüßung, die er schaffte, ohne jedes Lächeln oder freundliches Minenspiel hinter sich zu bringen, kam er gleich zur Sache.

„Ich muss Ihnen mitteilen, dass wir keine Spuren auf dem Drohbrief finden konnten. Wir haben auch Ihre Nachbarn gefragt, denen ist nichts Auffälliges untergekommen, Niemand hat den Überbringer der Briefe gesehen und auch verdächtiges Hantieren an ihrem Briefschlitz wurde nicht registriert."

Wilhelm nickte, er hatte nichts Anderes erwartet. „Das ist keine Überraschung für mich, Die Schreiber des Drohbriefes und die Überbringer kennen offensichtlich ihr Geschäft und lassen sich nicht so leicht erwischen. Aber ich betrachte die Tatsache, dass diese Briefe an uns geschrieben wurden, als weiteres Entlastungsindiz für

meine Unschuld. Ihre Zweifel an meiner Unschuld konnte ich ja leider nie ganz ausräumen, vielleicht sind sie nun etwas mehr davon überzeugt."
Ferguson bohrte mit seinen Blicken ein Loch in den Marmorfußboden, hob dann mit gekräuselter Stirn den Kopf und zeigte mit dem ausgestreckten Zeigefinger auf Wilhelms Solarplexus. „Wenn Sie schon die Sprache darauf bringen, was wäre denn, wenn Sie die Briefe selbst geschrieben hätten, um sich von den latenten Vorwürfen zu entlasten? Es gibt, wie ich schon gesagt habe keinerlei Hinweise auf einen Briefschreiber mit faschistischem Hintergrund oder sonstige Verschwörer."
Wilhelm musste nun doch tief Luft holen, sein Blutdruck stieg kräftig. Er konnte machen, was er wollte, der Detective war wohl nie von der Unschuld eines jüdischen Deutschen zu überzeugen. „Was soll denn noch alles passieren, damit Sie mir endlich glauben?"
„Ich möchte klar herausstellen, das ist kein Verdacht, den ich gegen Sie hege, es ist nur ein Gedankenmodell."
Wilhelm war konsterniert, nie wäre er aus seiner Sicht auf eine solche abstruse Idee gekommen. „Ich finde dieses Gedankenmodell, wie Sie es nennen, ist ziemlich weit hergeholt. Sie haben mir seinerzeit das Motiv unterstellt, die Erbschaft erschleichen zu wollen. Nachdem das Peacombe Vermächtnis auf mich übertragen wurde, entfällt dieses Motiv doch gänzlich. Angenommen ich hätte die anonymen Pamphlete geschrieben, welchen Nutzen hätte ich also von diesen fingierten Briefen gehabt? Nach Ihrer Theorie habe ich doch längst mein Ziel erreicht. Ich habe meinen Partner aus dem Wege geräumt und das Erbe angetreten, Sie können mir keinen Mord beweisen, also sollte ich doch zufrieden sein."
Der Detective bohrte weiter mit seinen Augen an dem Marmorloch auf dem Fussboden, ohne aufzublicken spitze er den Mund. „Nochmals, wir reden von einem Gedankenspiel und nicht von einem Verdacht. Ihr Asylantrag ist noch nicht endgültig abgesegnet worden, dementsprechend erhalten Sie auch nur temporäre Aufenthaltsgenehmigungen, die Sie periodisch erneuern müssen. Solange aus der Aktenlage von einem Mangel an Beweisen ausgegangen werden muss, wird Ihr Asylantrag garantiert nicht endgültig positiv beschieden. Somit hätten Sie schon ein Motiv, nämlich das Einbürgerungsverfahren abzukürzen, indem Sie ihre Unschuld endgültig beweisen wollten."
Wilhelm musste über diese Theorie laut lachen, so etwas war ihm bisher nicht untergekommen. Er machte eine abwehrende Handbewegung und wurde erstmals von einem Lachkrampf durchgeschüttelt. „Glauben Sie denn wirklich, ein Verwaltungsakt könne mich zu einem Meuchelmörder machen? Ich kann mich nur wundern, zu welchen wahnwitzigen Ideen der Bürokratismus fähig ist. Laut den Flüchtlingsgesetzen gelte ich als politisch Verfolgter, der ich ja auch tatsächlich bin, und kann demnach aus humanitären Gründen gar nicht nach Deutschland zurück-

geschickt werden. Aber belassen wir es dabei, ich werde also weiterhin meine Pflicht als Immigrant erfüllen und die Aufenthaltsgenehmigung verlängern lassen."
Der Detective verabschiedete sich mürrisch mit einem kurzen Kopfnicken und irgendetwas Gebrummtem, das Wilhelm nicht verstanden hatte. Offensichtlich hätte der Polizist den wohlhabenden Deutschen am liebsten wieder nach Hause über den Kanal geschickt, auch wenn dessen Zukunft alles andere als sicher gewesen wäre. Neid kann auch leicht zu Blindheit und Hass führen.

***

Als Reaktion auf das Desinteresse der Behörden an der Aufklärung der Drohbriefaffäre, engagierte Wilhelm Dave, einen kräftigen Burschen, der in einem früheren Kriegseinsatz ein Auge verloren hatte und seitdem als nicht mehr kriegstauglich eingestuft wurde. Wie er seinem neuen Arbeitgeber anvertraute verdanke er diesem deutschen Granatsplitter, der sein Auge verletzt hatte, sein damals noch junges Leben, denn als Fallschirmspringer habe man in der modernen Kriegsführung ohnehin nur geringe Überlebenschancen. Dave war fast einen Kopf größer als Wilhelm und seine Schulterbreite hätte einem Kleiderschrank Ehre gemacht, seine kurz geschnittenen Haare und sein grimmiges Aussehen flößten Furcht ein, er hätte rein äußerlich ideal in die deutsche Schutzstaffel der NSDAP, kurz SS, gepasst.
Dave Elliot, ehe- und beschäftigungslos, der auf den ersten Blick brutal wirkte, war auf den zweiten Blick recht sanftmütig, obwohl, wenn er seine Kraft ausspielte würde er sicherlich zwei oder sogar drei Gegner beschäftigen könnte.
Dave sollte nicht nur das Haus bewachen, sondern insbesondere auch nachts mögliche Briefboten, wenn schon nicht dingfest machen, so wenigstens identifizieren oder abschrecken.
Da Dave aus unerfindlichen Gründen noch bei seiner Mutter lebte, war er bereit, auch in das Haus zu ziehen. Zu diesem Zweck hatte ihm Elisabeth in die Eingangshalle einen kleinen Schreibtisch mit einem bequemen Stuhl aufstellen lassen und in einer dahinter liegenden ausgeräumten Besenkammer eine ausgediente Liege für stundenweises Ausruhen bereitgestellt. Natürlich hatte er zusätzlich noch ein eigenes Zimmer in der ersten Etage.
Daves Überwachungstätigkeit war nicht von sonderlichem Erfolg gekrönt, eines Morgens entdeckte Elisabeth einen neuen Brief, von dessen Überbringung er nichts mitbekommen hatte, der Bote musste die Briefklappe sehr vorsichtig angehoben haben. Dave war peinlich berührt von der Tatsache, dass er die Hauptaufgabe seiner Tätigkeit im wahrsten Sinne des Wortes verschlafen hatte.
Wilhelm sparte mit Vorwürfen, er konnte von Dave nicht erwarten, dass er vierundzwanzig Stunden wachte und ihm einen leichten Schlaf befehlen. Er wusste

schließlich aus eigener Erfahrung, dass er sich kaum aus seinem Tiefschlaf aufschrecken ließ.

Wie oft, als Walther noch Baby war, musste Elisabeth aufgestanden sein, um den Kleinen zu stillen und er sich am nächsten Morgen gewundert hatte, dass sie den Kleinen versorgt hatte, während er das Geschrei nicht gehört und seine Nachtruhe nicht unterbrochen hatte. Das war nicht nur einmal passiert, sondern jede Nacht und bis Walter ein paar Monate alt gewesen war, geschah das nach Aussage seiner Frau mehrmals pro Nacht.

Also musste er fair sein und Dave gegenüber Nachsicht üben, obwohl er sich schon ärgerte über das Nichtergreifen des ungebetenen Boten. Er empfahl dem bulligen Veteranen den Einbau einer kleinen Glocke an dem Briefschlitz, die ihn dann auf die Überbringung eines Pamphlets aufmerksam machen sollte. Zu diesem Zweck verband er die Messingklappe des Briefschlitzes mit einem Faden, der dann das Glöckchen bewegen und zum Erklingen bringen sollte.

Die Briefalarmanlage funktionierte prächtig. Jeden Morgen und jeden Nachmittag, wenn der Postbote die Messingklappe anhob und etwas in den Briefschlitz werfen wollte, klingelte es zart wie Weihnachten, Walther glaubte sich die ersten Male an das Christkind erinnert, das ihm Geschenke brachte.

Ein paar Tage später schlug die Glocke nachts an, Dave war sofort aufgesprungen, hatte die Haustüre aufgerissen und gerade noch einen dunklen Schatten um die nächste Straßenecke verschwinden sehen. Er lief hinter dem Schatten her aber auf der Gloucester Road war niemand. Es war drei Uhr morgens und die Straßen waren völlig menschenleer. Dave war noch ein paar hundert Meter weitergelaufen, hatte aber nichts feststellen können, es wäre ein Leichtes für den Flüchtigen gewesen, sich in einem Vorgarten oder in einer Häuserecke zu verstecken. Eine genaue Durchsuchung der Gegend hätte mit mehreren Leuten Stunden gedauert. Also ging er niedergeschlagen und beutelos zurück zum Anwesen in Southwell Gardens. Nicht einmal eine Person gesehen oder erkannt zu haben, nagte besonders an Daves Selbstbewusstsein.

Kein Brief war eingeworfen worden, das Klingeln hatte den Boten wohl verschreckt, obwohl das zarte Läuten von der Straße aus auch bei nächtlicher Stille kaum hörbar war. Die anonymen brieflichen Beschimpfungen wurden möglicherweise wegen des funktionierenden Alarmglöckchens ab dieser Nacht eingestellt, vielleicht hatten die bedrohenden Briefschreiber die erhöhte Bewohneranzahl des Hauses bemerkt, vielleicht hatten sie den bulligen Bewacher des Hauses entdeckt und sich von ihm Respekt einflößen lassen, vielleicht waren die verstärkten Polizeistreifen der Grund, vielleicht lagen die Ursachen hierfür bei den Schreiberlingen selbst, jedenfalls konnte nie herausgefunden werden, warum die Briefflut eingedämmt worden war. Die Tatsache, dass keine bedrohlichen Pamphlete mehr eingingen war schließlich ein beruhigender Begleitumstand.

Dave blieb letztendlich noch viele Jahre in Wilhelms Diensten als „Kraftprotz für alle Fälle", er kümmerte sich um den Garten, diente als Babysitter für Walther, erledigte Botengänge und leichtere Handwerksarbeiten, keine Arbeit war ihm zu schwer, er murrte nie und war für die Fürsorge der Rosenzweigs dankbar. Später hatte er ein größeres Zimmer im Hause als ein Untermieter ausgezogen war und sein Schreibtisch in der Empfangshalle war wieder entfernt worden.

Relikte der Dunkelheit

Ein Blinder kann Helligkeit spüren

Die Aufwendungen der Alliierten für den Krieg gegen Deutschland und deren Verbündeten waren ins Unermessliche gestiegen, die Spendenaufrufe der Regierungen in allen unbesetzten Gebieten fanden kein Ende, auch Wilhelm kam regelmäßig diesen Aufrufen mit nennenswerten Beträgen nach. Entsprechend war das Aufatmen groß, als endlich der totale Krieg durch die totale Kapitulation vollendet wurde. Die bedingungslose Gesamtkapitulation der deutschen Reichsregierung besiegelte den Waffenstillstand in Europa. Hatte das Leid der britischen Bevölkerung damit endlich ein Ende?
Wilhelm holte zur Feier des Tages ein paar Flaschen des besten Jahrgangschampagners aus dem Keller, er gehörte zu den betagten Peacombe Beständen, die noch reichlich vorrätig waren und lud seine Belegschaft, sofern sie noch verfügbar waren und auch die Hausbediensteten zu einer Friedensfeier ein. Einhellig wurde die hervorragende Qualität des Champagners gelobt, solch ein edles Getränk habe noch nie die Lippen der Anwesenden benetzt. Auch die dazu gereichten Petite Four fanden regen Zuspruch. Etliche Toasts wurden auf die Sieger und gegen die Besiegten ausgebracht, obwohl Wilhelm bei Letzteren doch einige Male schlucken musste. Auch wenn sein Vaterland ihn und seine Familie schmählich behandelt hatte, war noch ein erheblicher Anteil seines Herzens deutsch.
Die Berichterstattung in den Medien und im Kino in der Wochenschau über die Schicksale der Juden in Deutschland übertrafen bei weitem die Vorstellungen der Briten. Wie war es möglich so viele Menschen zu Tode zu bringen? Bisher waren die Pogrome im deutschen Reich von den Medien angeprangert worden, aber fast niemand hat sich die Ausmaße auch nur andeutungsweise vorstellen können. Solche Unmenschlichkeit war nun einmal unvorstellbar. Im Kino hatten die Rosenzweigs in der Wochenschau gesehen, wie die knochigen Leichen von amerikanischen Bulldozern in Massengräber geschoben wurden. Wilhelm musste sich dabei vorstellen, dass sich seine Eltern möglicherweise darunter befanden. Seine Kehle hatte sich zugeschnürt und er konnte nicht anders als seinen Tränen freien Lauf zu lassen. Nach wenigen Minuten verließ er das Filmspieltheater und brauchte frische Luft, er beugte sich über die Gosse und entleerte seinen Magen, er musste so lange würgen, bis nur noch eine gelbe Gallenflüssigkeit aus seinem Mund quoll. Elisabeth hatte ihm dann die Stirn mit einem Kölnisch Wasser getränkten Taschentuch

abgetupft. Er stolperte anschließend an dem Arm seiner Ehefrau immer noch weinend nach Hause und legte sich unter schlimmen Träumen auf sein Bett. Einen Tiefschlaf brachte er nicht zustande, immer und immer wieder wachte er schweißgebadet aus seinen Albträumen auf und hatte die Bilder der Wochenschau vor Augen.

Seine Träume schwammen um seine Kindheit, das Verhältnis zu seinem neurologisch geschädigten, aber gutmütigen Vater, seine liebevolle Mutter, die sich aufopfernd um das Geschäft und ihren Sohn gekümmert hatte. Es war immer ein liebes Wort auf ihren Lippen gewesen, für ein flüchtiges Streicheln oder einen Kuss hatte sie immer Zeit gehabt.

Er fragte sich, was sein Vater wohl mit seiner Voliere und deren Bewohnern gemacht hatte an der er so viel Freude hatte. So wie er den Alten einschätzte, hatte er sie mit Tränen in den Augen freigelassen, bevor er seine staatlich verordnete „Urlaubsreise" antreten musste.

Wie das Haus seiner Kindheit heutzutage aussah? Die Bilder, die man nun übermittelt bekam waren schrecklich. Die deutschen Städte bestanden aus Fassadenresten und Schuttbergen, sein geliebtes Köln war kaum noch wiederzuerkennen. Die komplette Innenstadt lag in Trümmern, aus ungezählten Ruinen ragten nur noch Stahlträger, die wie drohende Zeigefinger in alle Richtungen zeigten. Wenigstens sein Dom stand noch, wenn auch leicht erkennbar stark beschädigt, aber seine malträtierten Türme ragten von weitem sichtbar über alle Ruinen hinaus. Er hätte wieder heulen können, wenn er an die alte prachtvolle Römerstadt dachte. Auf einem Lichtbild konnte er schließlich feststellen, dass sein Elternhaus erdbodengleich zerstört war, außer ein paar Fassadenresten konnte er kaum die Straße seiner Kindheit erkennen.

***

Einige Monate nach der Kapitulation rief Arthur Harpwire bei ihm an und erkundigte sich, ob er willens und in der Lage sei, die Militärverwaltung im britischen Besatzungsgebiet Deutschlands zu unterstützen, man bräuchte dringend loyale Übersetzer oder Dolmetscher. Er könne als Militärberater fungieren, bekäme die britische Staatsbürgerschaft, würde in eine britische Uniform gesteckt und solle dann versuchen, Nazis von Mitläufern und Opfern zu trennen.

Da das Geschäft zu Zeiten des Krieges und danach nicht sonderlich gut gelaufen war und sein Personal größtenteils aus Altersgründen nicht zu Fronteinsätzen geeignet gewesen war, konnte er auf die fast komplette erfahrene und zuverlässige Mitarbeiterschaft zurückgreifen und denen den Laden temporär führungslos überlassen. Zumal Elisabeth bereit war, sich stundenweise im Geschäft blicken zu lassen und sich um das Wesentliche kümmern zu wollen.

Wilhelm wurde wie angekündigt in eine britische Uniform gesteckt, erhielt einen fiktiven Offiziersrang, obwohl er von dem militärischen Ablauf keine Ahnung hatte und bekam als Einsatzort – wie das Leben so spielen kann – Köln zugewiesen. Sein geliebtes Köln würde er also endlich wiedersehen können.

Seine Familie konnte und wollte er nicht mitnehmen, es war allgemein bekannt, dass es mit der Sicherheit in Deutschland noch nicht zum Besten stand und die Versorgungslage in Deutschland katastrophal war. Er kannte seine Unterkunft nicht und hatte lediglich gehört, dass Wohnraum mit den gewohnten Bequemlichkeiten so gut wie nicht verfügbar war. Die Häuser, die ein standesgemäßes Unterkommen ermöglicht hätten waren für hohe Offiziere beschlagnahmt worden, wahrscheinlich würde er ein einfaches Zimmer in einer nicht mehr benötigten Kaserne zugewiesen bekommen.

Die Lebensmittel mussten aus England nach Deutschland eingeflogen werden, die Landwirtschaft war während der Kriegsjahre vernachlässigt worden, alle starken Arme hatte das Militär für seine Zwecke missbraucht und die wenigen verbliebenen Frauen, die nicht in Munitionsfabriken verschlissen wurden, hatten die Versorgung mit ihren Produkten nur sehr beschränkt aufrechterhalten können. Das Ergebnis war Mangel im Überfluss. Es fehlte der Bevölkerung an allen Ecken und Kanten. Den Besatzungssoldaten und Bürokraten mangelte es allerdings an nichts.

Die städtische Bevölkerung versuchte in den ländlichen Gegenden händeringend für die verbliebenen Wertgegenstände etwas Essbares einzutauschen. Wahre Kolonnen von Tauschwilligen schlängelten sich auf Straßen und Wegen. Ein Rucksack, eine Karre oder sogar ein Fahrrad waren die wertvollsten Transportmittel der Deutschen. Müdigkeit konnte man sich nicht erlauben, wollte man sich selbst oder die Familie mit dem Notwendigsten versorgen. Wohlbeleibte Menschen waren eine Seltenheit, gab es aber, wenn überhaupt, vornehmlich unter der Landbevölkerung.

Wilhelm wurde direkt am Flughafen Wahn bei der British Air Force of Occupation, einer Unterabteilung der Royal Air Force stationiert, dort hatte er ein respektables Zimmer, das recht gut ausgestattet war, selbst eine Möglichkeit Tee zu kochen war vorhanden. Er erhielt einen Fahrer zugeteilt, der ihn in einem offenen Rover zu den einzelnen Einsatzorten kutschieren sollte. Am ersten Tag ließ er sich in die Kölner Innenstadt fahren, um sich Dom und Umgebung ansehen zu können.

Von Weitem sah die Kathedrale weitestgehend unversehrt aus, von der Nähe betrachtet, stellte man doch immense Schäden fest. Der Nordturm wies eine Backsteinplombe auf, die in einer Nacht und Nebelaktion gemauert worden war, um den Turm vor dem Einsturz zu bewahren. Eine Luftmine hatte das Dach des Längsschiffes durchschlagen und neben Fußboden und Mobiliar auch die kunstvoll gefertigten Fenster zerstört. Das früher so angenehm durch die mit Bibelmotiven bemalten bleiverglasten Scheiben gedämpfte Licht in dem Gotteshaus, das die Gläubigen nicht von ihrer Andacht abhalten sollte, war nun kaltem Winterlicht

gewichen, das höchstens eine Insichgekehrtheit wie unter freiem Himmel zuließ. Die Atmosphäre in dem Dom war nun vergleichbar der im benachbarten Hauptbahnhof, als der noch ein unversehrtes Glasdach hatte.
Die Umgebung der Kathedrale war katastrophal zugerichtet, man sah Trümmerberge, wohin man schaute, der Bahnhof war zerstört, die Hohenzollernbrücke ließ keinen Zugverkehr mehr zu und die Mitte der Stahlkonstruktion lag im Rhein wie eine Bootsanlegerampe. Die einzige nicht den Bomben zum Opfer gefallene Kölner Brücke, die die Nazis in den letzten Kriegstagen aber gesprengt hatten, um die Amerikaner beim Vormarsch zu behindern.
Er gab seinem Fahrer zwei Stunden Freizeit, die der gar nicht haben wollte, was er denn in der Zeit machen solle, es gäbe noch nicht einmal eine vernünftige Gaststätte in der Umgebung. Wilhelm erinnerte sich noch lebhaft daran, dass man in der Nähe des Doms vor dem Krieg kaum eine Türe öffnen konnte die nicht zu einem Gastronomiebetrieb führte, trotzdem verabredete er sich am gleichen Platz zu einer bestimmten Uhrzeit und Wilhelm begab sich Richtung Breite Straße, wo des Vaters Geschäft gewesen war, beziehungsweise das des Nachfolgers.
Zwischen Trümmerbergen waren notdürftig schmale mäandernde Pfade freigeschaufelt worden, damit man ohne schweißtreibende Kletterei den Weg bewältigen konnte. Er fand auf der Strecke von nahezu zwei Kilometern nicht ein einziges Haus, das nicht zumindest erhebliche Beschädigungen aufwies, die meisten Ruinen bestanden nur noch aus Fassadenfragmenten oder waren nur noch ein Haufen Schutt. Die britischen Bomber hatten seit Neunzehnhundertvierzig ganze Arbeit geleistet. In den Trümmergrundstücken wuselten vornehmlich Frauen, Alte oder Verstümmelte, die mit Maurerhämmern die Backsteine von Zementresten befreiten, um sie wiederverwenden zu können.
In den Straßen, wohin man blickte war reges Treiben, die Leute hatten entweder pralle Rucksäcke umgeschnallt oder zogen eine mit unhandlichen Utensilien hochbeladene Karre hinter sich her, häufig sah er auch Kinderwagen, die total überladen waren, falls noch ein Kind unter dem Krempel lag, war es sicherlich mittlerweile zerquetscht worden. Alle Leute liefen gebückt unter der nunmehr historischen Last des tausendjährigen Reiches, das in mal gerade zwölf Jahren abgewickelt wurde, so schnelllebig war die Zeit unter dieser Regierung gewesen.
Es war kalt, Wilhelm hatte seinen Kragen trotz des Frühlings hochgeschlagen und sogar, was er normalerweise nie tat, seine Handschuhe übergestreift. Fast alle Passanten hatten sich mit alten Kleidungsstücken vermummt, das Augenmerk, auch bei jungen Frauen lag wohl nicht auf Chic, sondern auf Kälteschutz. Wilhelm sah Niemanden, der auch nur halbwegs normal im Sinne von Friedenszeiten gekleidet war, obwohl er nicht den Eindruck gewonnen hatte, dass die meisten Kleidungsstücke schmutzig waren, nur abgewetzt und oft notdürftig geflickt.

Er konnte leicht erkennen, dass es den Passanten an allem Lebensnotwendigem fehlte. Die meisten Kölner, Frauen wie Männer, waren zu Skeletten abgemagert, die Augen versuchten sich in ihre dazu vorgesehenen Höhlen zurückzuziehen.

Das einzige funktionierende Verkehrsmittel waren die Füße, gelegentlich sah man ein Fahrrad, das ein Luxusgegenstand war, oder ein britisches Militärfahrzeug. Busse und Bahnen existierten nicht mehr oder fanden keine intakten Gleise oder Straßen.

Das Haus seiner Eltern, er musste genauestens prüfen, ob es das wegen der Verwüstungen wirklich war, bestand nur noch aus einem von Bombensplittern zerpflückten Fassadenrest, der lediglich bis zur ersten Etage reichte. Über dem Fries, der die Schaufenster und den Eingang abgegrenzt hatte, konnte man noch einige rote erhabene Buchstaben des letzten Firmennamens erkennen, aus „Karl-Heinz Schmitz & Söhne" war nunmehr geworden „…mit. & .ohne" Wilhelm konnte sich ein Grinsen nicht verkneifen, ob es sich hierbei um einen makaberen Scherz eines Nachbarn gehandelt hatte oder ob der Zufall bei der Verstümmelung des Firmennamens die Hände im Spiel hatte, war nicht zu erkennen.

Er kletterte über den meterhohen Schuttberg, vorbei an einigen verschonten Stufen in Höhe der ersten Etage, die bedrohlich weit über den Trampelpfad hinausragten. Er zog unwillkürlich den Kopf ein, als ob das wirklich etwas genützt hätte, wenn sich die zentnerschweren Estrichteile aus der Verankerung in der Wand gerissen hätten.

Er suchte nach Erinnerungsstücken seiner Jugend, konnte aber so gut wie nichts entdecken, entweder handelte es sich um kleine Scherben oder verbogene Reste von Haushaltsgeräten, aber nichts Brauchbares konnte er entdecken, wahrscheinlich hatten sich Plünderer oder benachbarte Beutejäger nach den Bombardierungen in den Hausresten auf die Suche nach Verwertbarem gemacht, der Schutt war bereits festgetreten, somit konnte er annehmen, dass bereits viele Schuhe das Trümmerfeld verdichtet hatten, auch sein Scharren mit seinen soliden Militärstiefeln brachte nichts zutage.

Er stieg weiter durch die Hausreste in den Garten, der wohl schon seit vielen Jahren verwildert war. Aus einem Schutthaufen ragte ein spärlicher Rest der väterlichen Voliere heraus, er stellte sich vor, wie Vater am letzten Abend vor seiner „Ferienreise" die Klappe des riesigen Vogelkäfigs geöffnet hatte und seinen geliebten Federviechern die Freiheit geschenkt hatte. Sicherlich hatte er dabei Tränen in den Augen gehabt, nicht nur wegen der Vögel, sondern auch wegen seines ungewissen Schicksals. Er spielte mit dem Gedanken, ein Stück auszugraben und mit nach Hause zu nehmen. Er verwarf diesen Gedanken gleich wieder, Niemand hätte sich vorstellen können, was dieses Lattenstück mit etwas feinem Maschendraht hätte darstellen sollen. Zumal in seiner eigenen Erinnerung der rauchende Vater im Garten sitzend, den Vögeln bei ihrem Treiben zusehend auch ohne Souvenir präsent war. Er hörte Mutter, wie sie ihren Ehemann aufscheuchte, damit er endlich zu Tisch komme, das Essen würde sonst kalt.

Wie er später erfahren hatte, durften die Rosenzweigs nach Übergabe ihres Geschäftes an die Familie Schmitz gnädigerweise noch in ihrer Wohnung verbleiben, hatte sich zwar mit weniger Zimmern begnügen müssen, was ihm und seiner Frau aber keine wirkliche Einschränkung bedeutet hatte, das war von allem noch das kleinste Übel gewesen.

Er kämpfte bei dem Gedanken an seine Kindheit und seine Eltern wieder mit den Tränen, riss sich aber zusammen, Trauer ist kein guter Nährboden für das Weiterkommen. Er wollte einen Neuanfang, deshalb hatte er den Militärjob bei der Besatzungsmacht angenommen und er wollte nicht seine Gedanken in der Vergangenheit, so schön sie auch gewesen sein mag, verharren lassen. Gerechtigkeit konnte er nicht verteilen und Rache wollte er auch nicht üben, sonst wäre er genau so ein Übeltäter, wie die, die er verachtet hatte. Das Einzige, was er sich mit seinen bescheidenen Mitteln erträumte war, dass nicht wieder die Profiteure und Kriegsgewinnler, die Mitläufer und Opportunisten die Oberhand gewinnen und die ehrbaren und gutgläubigen unterdrücken würden. Dazu wollte er beitragen, auch wenn er nur in kleinem Rahmen agieren konnte.

Wilhelm ging zu seinem Wagen zurück, setzte sich auf den Beifahrersitz und ließ sich trotz der Kälte, der Fahrgastraum war nur mit einer Plane vor Wind und Wetter geschützt und hatte eine miserable Heizung, planlos durch die Straßen kutschieren, sofern diese bereits freigeräumt waren. In einigen Straßenzügen hatte er Schwierigkeiten, sich zurecht zu finden, fast alle Orientierungspunkte waren zerstört und lesbare Straßenschilder eine Seltenheit.

Der Fahrer, ein freundlicher Waliser mit fürchterlichem Akzent, kannte sich überhaupt nicht aus, obwohl er bereits einige Monate in Köln stationiert war. Dank der Kirchenruinen, von denen es im heiligen Köln eine Menge gab, war dann eine Orientierung letztlich doch möglich und sie fanden nach einigen Umwegen endlich die einzige feste Rheinüberquerung, die hölzerne klappernde Patton Brücke, die sie auf die andere Rheinseite zu ihrem Einsatzort führte.

Die Verpflegung in dem Militärghetto der britischen Luftwaffe war gut und reichlich, sofern man bei britischen Küchen von guter Verpflegung reden konnte, jedenfalls nicht vergleichbar mit der kargen Kost, die den Deutschen zugeteilt wurde. So waren die Lebensmittel für einen Schwerstarbeiter auf üppige fünfzig Gramm Fleisch und zehn Gramm Fett pro Woche bemessen. Kaufen konnte man in den kleinen Lebensmittelgeschäften nur gegen Zuteilungsmarken. Diese Marken wurden je nach Geschlecht, Beruf und Alter zugeteilt, jedoch reichte es wohl nie zum satt werden. Magenknurren war allerorten zu hören.

Dementsprechend blühte der Schwarzmarkt, jeder der etwas entbehren konnte, sei es Hausrat, Schmuck, Kleidung oder auch Lebens- und Genussmittel, versuchte es gegen etwas Brauchbares einzutauschen. Besonders begehrt als Tauschobjekt waren amerikanische Zigaretten, man sprach sogar von der Zigarettenwährung, denn

der Wert der Reichsmark bewegte sich gegen null. Für Geld bekam man gar nichts, weder Kartoffeln, noch Kohl, Fett oder Fleisch. Obst oder Gemüse stahl man von den Feldern, sofern sie nicht bewacht waren. Die meisten Bauern ließen ihre Äcker und Gärten von schlagkräftigen Trupps mit mäßigem Erfolg bewachen. Viele Familien in den Städten, wo die Versorgung besonders schlecht war, bauten auf den Balkonen oder in verlassenen Gärten und Trümmergrundstücken Gemüse an. Schon vor Kriegsende, noch im Winter waren aber die Vorräte verschwunden und an Nachschub war nicht zu denken.
Wilhelm verteilte aus seinem Überfluss gerne an besonders bedürftig erscheinende Mütter mit Kindern Konserven, Süßigkeiten oder Zigaretten, soweit er sie nicht zum Eigenbedarf benötigte. Er verlangte keine Gegenleistung für die Kostbarkeiten, bekam aber die erstaunlichsten Angebote von Einladungen zum Essen – er bräuchte dann nur die Zutaten mitzubringen – bis hin zu Liebesdiensten der erstaunlichsten, ihm unbekannten aber höchste Befriedigung versprechender Techniken. Am liebsten hatte er allerdings die weit aufgerissenen dankbaren Blicke der hungrigen Kinder, die dann meist von einem vielsagenden Händedruck und einem Bände sprechenden Augenaufschlag der Mütter begleitet wurden. Hier war dann kein Wort vonnöten, hier war kein Segen eines Heiligen notwendig, hier war keine Gegenleistung erwünscht, der stille Dank reichte völlig. Ein freundliches dankbares Nicken war mehr wert als ein demütiges Segnen.
Zu Wilhelms Aufgaben gehörte es Erlasse zu übersetzen, an Vertragsverhandlungen mit Lieferanten teilzunehmen und dabei den Dolmetscher zu spielen und somit Missverständnisse erst gar nicht aufkommen zu lassen. Bei den regelmäßigen Gesprächen zwischen den meist unerfahrenen deutschen Verwaltungsvertretern, die meist erst vor kurzer Zeit von den Briten eingesetzt worden waren, und den britischen Besatzern sollte er vermitteln. Im Allgemeinen sprachen die eingesetzten deutschen Administratoren kein oder fast kein Englisch und die britischen Offiziere kein oder fast kein Deutsch. Die deutsche Verwaltung war zwar von den Briten eingesetzt worden, wobei es bei dem Auswahlprozess weniger um Kompetenz und Erfahrung gegangen war, als vielmehr um eine reine Weste während des vergangenen Naziregimes. Auch die britische Seite wurde von Offizieren vertreten, die keinerlei Ahnung von wirtschaftlichen Vorgängen oder der Finanztechnik hatten, auch Logistik war für diese soldatisch Geschulten ein Fremdwort. Letztlich sprachen also Ahnungslose mit in diesen Dingen Ungebildeten wie die Blinden von der Farbe.
Ein debiler Verwaltungsmensch ohne jede Ahnung von amtlichen Abläufen versuchte händeringend einen ehemals leitenden Beamten der Stadtverwaltung als Berater an seiner Seite zu haben, damit er die amtlichen Abläufe besser verstehen lernte, was ihm aber abgelehnt wurde, da er Mitglied der NSDAP gewesen war. Obwohl die Untersuchungen ergaben, dass dieser ehemalige Amtsinhaber nachweisen konnte, dass er inaktives Mitglied gewesen war und sein Beitritt mehr oder weniger

erzwungen worden war, um bei den anstehenden Beförderungen nicht übergangen zu werden, konnte Wilhelm das Herz der britischen Militärverwaltung nicht erweichen. Ein Nazi war ein Nazi, ob diese Person Leute in die KZs getrieben, Alliierte bekämpft hatte oder lediglich seine Karriere von einem Abstellgleis befördern wollte, ein NSDAP Mitglied war ein unbedingt Höriger Hitlers gewesen und damit basta, ob leitend oder nicht.

Lediglich Frauen wurden von den britischen Offizieren anders behandelt, hier war man wesentlich kompromissbereiter, ob es sich um eine fanatische Anhängerin des Führers gehandelt hatte oder nicht, wurde erst gar nicht untersucht, Frauen trauten die Briten die Gräueltaten einfach nicht zu, obwohl es, wenn auch in geringerer Anzahl als bei Männern, genügend weibliche Wesen in dem System gegeben hatte, die alles aber auch wirklich alles für ihren verehrten Adolf gemacht haben. Die einzige Ausnahme für die britisch soldatische Aufmerksamkeit bildeten die nachweislich als Lageraufseherinnen auffällig gewordenen weiblichen Fanatikerinnen.

An Aufgaben und Einsatzmöglichkeiten für Wilhelm mangelte es nicht. Es galt für ihn bei der Vermittlung zwischen den deutschen und britischen Verwaltungen, die Behebung der dringlichsten Versorgungsengpässe zu erreichen. In diesen Gesprächen ging es oft, abhängig von den involvierten Personen, darum die Sturheit und die Vorurteile der beiden Seiten zu moderieren und den Standpunkt der anderen Seite mit Beispielen anzureichern, immer in der Hoffnung die Fronten aufzuweichen oder wenigstens zu durchlöchern. Die Fortschritte, die er bei seinen einzelnen Bemühungen erzielte waren winzig klein, doch jedes Mal erreichte er diese kleinen Schritte, die in Summe denn doch eine nennenswerte Strecke ergaben.

Im Prinzip musste er häufig den Briten recht geben, es gab Deutsche, die sich benahmen als hätten sie den Krieg gewonnen und die Besatzer froh sein durften, der Herrenrasse dienen zu dürfen, andererseits gab es aber auch Briten, die von den Deutschen am liebsten gesehen hätten, wenn diese ihnen die Stiefel leckten. Es war unendlich mühsam, einige Leute, die an den Schalthebeln der Macht saßen, dazu zu bewegen, die Aufwendungen für Lebensmittel zu erhöhen, zumal die Briten in dieser Zeit auch nicht aus dem Vollen schöpfen konnten und auch auf der Insel erhebliche Versorgungsengpässe bestanden.

Häufig hörte man nicht ganz zu Unrecht das Argument, die Deutschen hätten sich schließlich selbst in diese Lage manövriert, warum solle der Steuerzahler auf der Insel als Dank für die Bombardierung der englischen Städte jetzt auch noch für das Wohlergehen der Aggressoren vom Kontinent aufkommen?

Wilhelm bemühte sich daraufhin ständig, Verständnis für die britische Seele zu heucheln, gab aber gebetsmühlenartig zu bedenken, dass die deutschen Kinder und Mütter am meisten unter der Notlage litten, sie aber fast ausnahmslos keinerlei Schuld an ihrer miserablen Situation hätten.

Mancher der Offiziere sprach dann von Erbschuld oder davon, dass der Apfel nie weit vom Stamm falle, allerdings hörte sich das dann auf Englisch wesentlich direkter und deutlicher an: „Like father, like son".
Oftmals half in der Argumentation dann der Vergleich mit den allgemeinen Schicksalsschlägen der Europäer durch den Krieg mit seiner eigenen Historie, er selbst sei seiner Eltern beraubt worden, sein Vermögen in Köln sei erst durch Zwangsverkauf und später durch Bomben vernichtet worden, er und seine Familie seien vertrieben worden, er aber wolle diese Schicksalsschläge nicht an unschuldigen Kindern und deren Müttern auslassen. Erst wenn er einen Schuldigen in die Fänge bekäme würde er seinen Zorn herausschreien und derjenige könne seine Wut zu spüren bekommen. Damals wusste er noch nicht, dass seine Eltern nach einer Odyssee durch verschiedene Konzentrationslager schließlich in Birkenau ihren Tod gefunden hatten, er hoffte zu diesem Zeitpunkt immer noch sie wieder in die Arme nehmen zu können, das hätte aber aller Wahrscheinlichkeit nach seine Argumentationskette nicht verändert.

Die unangenehmste Aufgabe, die er aufgetragen bekam, war die Klassifizierung von Bürgern in fanatische Nazis, Mitläufer, Billigende und Opfer.
Die Opfer des Regimes waren im Allgemeinen am leichtesten zu identifizieren, sofern sie noch lebten, hierzu hatte er unendlich lange Listen in denen die Verschickungen dieser erbarmenswerten Wesen in die unterschiedlichen Läger säuberlich notiert waren. Leider gab es keine oder nur mangelhafte Aufzeichnungen über das erlittene Schicksal vor Ort und über mögliche Weiterleitung an andere Läger, nur Todesfälle der ersten Jahre waren dokumentiert. Es gab zwar noch Unmengen von Aufzeichnungen, die aber nur zum geringeren Teil ausgewertet waren.
Das eigentliche Problem war, die schlimmsten Täter aus den Befehlsempfängern, also den „kleinen Lichtern" herauszufiltern. Keiner, nicht ein Einziger derjenigen, die er in Begleitung von zwei Offizieren verhören musste, gab freiwillig zu, NSDAP Parteimitglied gewesen zu sein, einer Organisation der Nationalsozialisten angehört zu haben oder Minderheiten in irgendeiner Weise bekämpft zu haben. Wenn es nach den Aussagen der Verhörten gegangen wäre, hatte es Organisationen wie SS, SA oder Gestapo nie gegeben, oder waren weit weg gewesen und man kannte keinen von diesen Mörderbanden. Danach wären die einzigen aktiven Positionen während des tausendjährigen Reiches die bereits verhafteten oder gestorbenen Drahtzieher gewesen von Hitler über Goebbels bis Himmler, die Reihe der in der Hierarchie leitenden Verbrecher könnte von den Verhörten noch endlos aufgelistet werden.
Die Soldaten und auch die Polizisten, selbst die Verwaltungsangestellten waren allesamt angeblich Befehlsempfänger gewesen, die diese Befehle bedingungslos ausführen mussten, zu opponieren war nicht möglich gewesen. Auch gab es keine hochrangigen Befehlserteiler, außer den bekannten Parteispitzen, sondern nur kleine

ausführende Organe. Diese Befehlsempfänger hatten nie auch nur den geringsten Spielraum gehabt, man hatte den Eindruck gewinnen können, der Einzige der Befehle erteilt habe, sei Adolf Hitler persönlich gewesen. Eine Befehlsverweigerung sei mit dem eigenen Leben zu bezahlen gewesen. Wilhelm ekelte sich vor etlichen dieser Leute dermaßen, dass er seinen täglichen Brechreiz gewaltsam unterdrücken musste, die devote Haltung und die Schleimereien einiger Leute erschienen ihm unerträglich.

Es war unendlich mühselig, den Verhörten die Würmer aus der Nase zu ziehen, es wurde nie etwas ohne indizienbehaftete Aufforderung zugegeben, aber gerne beschuldigte man nicht anwesende Dritte, vorzugsweise, wenn sie bereits nicht mehr unter den Lebenden weilten. Letztere wurden dann auch freimütig mit Namen benannt, der Aussagende spielte dann den Erstaunten, sobald er vom Tod des so alten Bekannten erfuhr. Erst bei eindeutiger Beweislage wurde zugestanden, dass man der NSDAP oder der SS angehört hatte. Beweise waren aber nicht immer verfügbar, jedoch konnte man auf Grund der Verfassung des Beschuldigten wohl Rückschlüsse auf die Einflussmöglichkeit ziehen. Der normale Soldat war von Entbehrungen gezeichnet, von der Ostfront war keiner zurückgekommen, der wohlgenährt aussah, die Landser, die hunderte oder sogar tausende von Kilometern auf dem Rückzug vor dem Feind zurückgelegt hatten, konnte man ansehen, was sie hinter sich hatten. An den Augen und an dem verbitterten Gesichtsausdruck konnte man mühelos ablesen, was der Mensch gesehen und erlebt hatte.

Die Funktionäre, die leitende Posten innegehabt hatten waren zumindest als dicklich zu bezeichnen, sie hatten keine Verletzungen oder Verstümmelungen, die Zähne waren zumindest bei Älteren gepflegt und nicht wie bei vielen Frontsoldaten ersatzlos extrahiert worden. Auch die Ausdrucksweise war leicht zu identifizieren, die Inhaber wichtiger Funktionen sprachen mit kräftiger Stimme und waren zumeist dreist in ihren Aussagen, sie griffen sogar die Alliierten als Okkupanten an, die zumal kein Recht hatten, friedliche Bürger gefangen zu nehmen und noch in dieser Art und Weise zu verhören. Solche Vorwürfe gaben Anlass zu Heiterkeitsausbrüchen bei den britischen Offizieren und Wilhelm hatte dann die dankbare Aufgabe den Vergleich zu den Verhörmethoden der Nazis herzustellen und die Relation zu friedlichen Bürgern dem Beschuldigten vorzuhalten. Meist half es dann nur den zu verhörenden zwei oder drei Tage in eine Zelle bei geringen Essensrationen zu sperren und ihn dort zur Besinnung kommen zu lassen. Nach dieser Abmagerungskur waren die meisten Beklagten dann handzahm und wollten von ihren Anschuldigungen nichts mehr wissen, waren aber nach wie vor die saubersten Deutschen gewesen, die sich nichts haben zuschulden kommen lassen. Am widerwärtigsten empfand Wilhelm die Verleugnung der Konzentrationslager, niemand wusste von der Existenz.

Wilhelm war sich völlig klar darüber, dass durch seinen Filtrationsprozess etliche schwarze Schafe geschlüpft waren, trotz eines möglichst eng geknüpften Netzes, er musste sich jedoch damit abfinden, denn es stand nur eine begrenzte Anzahl von Stunden für jeden Einzelnen zur Verfügung und die Liste der Beschuldigten war nicht abschätzbar lang. Oft gab einer der Offiziere ein resignierendes Handzeichen und forderte ihn damit auf, den Verhörten als Mitläufer oder reinen Befehlsempfänger laufen zu lassen, alle Kriegsverbrecher zu erkennen war aussichtslos, wenn dies auch bei den Briten auf Unverständnis und Bedauern stieß. Einige fragwürdige Personen, denen man nichts nachweisen konnte, kennzeichnete Wilhelm in den Papieren als bedingt schuldlos, obwohl er in etlichen dieser Fälle ziemlich sicher war, einen mehr oder weniger Schuldigen laufen lassen zu müssen. In solchen Fällen bedauerte er zutiefst, nicht die Verhörmethoden der Gestapo anwenden zu dürfen, unter Zwang oder körperlichem Druck wären die Befragungsergebnisse sicherlich anders ausgefallen. Wilhelm wollte keine Folter, aber Verhöre, die über die Müdigkeitsgrenze hinausgegangen wären, hätte er doch begrüßt. Er fühlte sich mitschuldig, wenn er einen laufen ließ, von dessen Täterschaft er felsenfest überzeugt war.

Zeugen, die integer waren, gab es nicht allzu oft. In vielen Fällen gab es Aussagen von Beschuldigten, die jemanden reinwaschen sollten, im Gegenzug entlastete der Reingewaschene den Beschuldigten. Leider waren die meisten Opfer als glaubwürdige Zeugen nicht mehr verfügbar.

***

Eines Tages stutzte Wilhelm, als während eines Verhörs mit einem suspekten Herrn Schöneseifen der Name Karl-Heinz Schmitz gefallen war. Schmitz, ein Allerweltsname, aber der Verhörte hatte den bekannten Herrenausstatter Schmitz als seinen Entlastungszeugen benannt und wollte ihn deshalb als besonders seriös und ehrenwert darstellen. Der Herr Schmitz wurde von seinem Freund als Opfer der Terrorherrschaft bezeichnet, der ehrliche und friedliebende Geschäftsmann habe während des Krieges seine beiden Söhne verloren. Der Ältere sei auf dem Rückzug in Russland vermisst worden und der Jüngere sei in der Normandie bei der Invasion gefallen. Darüber hinaus sei sein mit unendlichen Mühen aufgebautes Geschäft zusammen mit seinem Haus in einem nächtlichen Fliegerangriff durch eine britische Luftmine vernichtet worden. Nur mit unglaublichem Glück sei das Ehepaar Schmitz in dem Bombeninferno dieser Nacht mit dem Leben davongekommen. Es hätte nicht viel gefehlt und der Luftschutzkeller sei ausgebrannt, die Schutzsuchenden hätten sich aber retten können, indem sie Todesmutig durch die brennenden Straßen in einen anderen sichereren Unterschlupf gewechselt seien.

Bei der Nennung des Namens und des Berufes klingelten in Wilhelms Kopf alle Glocken des heiligen Kölns. Er erkundigte sich nach der genauen Lage des zerstörten Hauses und fand seine Vermutung bestätigt, dass es sich um sein

elterliches Gebäude gehandelt hatte. Dieser ominöse Herr Schmitz war also derjenige gewesen, der das Geschäft der Eltern übernommen hatte, mit welchen Mitteln auch immer. Gerne hätte er die Umstände und Konditionen der Geschäftsübernahme erfahren, vielleicht wusste der Mann auch einiges über den Verbleib seiner Eltern und deren Schicksal.
Der als integer bezeichnete Herr Schmitz hatte sich bei seinem ehemaligen Schulfreund Schöneseifen mit seiner Frau in einem ausgedienten Luftschutzkeller in der Breite Straße notdürftig eingerichtet, diese Kellerbehausung befand sich in unmittelbarer Nachbarschaft zu dem ausgebombten Haus, das Wilhelms Eltern gehört hatte.
Zu gerne hätte der Pseudooffizier Rosenzweig sofort von Schöneseifen erfahren, mit welchen Mitteln und zu welchen Konditionen Schmitz den Laden und das Haus seines Vaters übernommen hatte, hierüber wollte er aber diesen Zeugen nicht befragen, er hätte kaum verhehlen können, dass er persönliches Interesse an den Informationen gehabt hätte. Auskunft hierüber konnte er nur von Herrn Schmitz persönlich in Erfahrung bringen.
Wilhelm ließ den Herrenschneider für den nächsten Tag vorladen. Auf jeden Fall wollte er aber vermeiden, als Rosenzweig aufzutreten, sein britischer Offizierskollege Ian MacMillan, der die Vorladung offiziell unterzeichnet hatte, schlug vor, Wilhelm solle sich für das Verhör den Namen Williamson zulegen, da er seinem Vornamen ähnlich sei und somit könne man sich nicht so schnell verplappern, da man sich unter Kollegen ohnehin nur mit dem Rufnamen ansprach. Die Bedenken MacMillans wegen Wilhelms Befangenheit konnten ausgeräumt werden, da Wilhelm versprach so sachlich wie möglich vorzugehen und sich nicht von Emotionen leiten zu lassen. Außerdem kamen beide schnell überein, dass MacMillan die Befragung offiziell durchführen sollte und Officer Williamson, wie sein Freund und Partner lächelnd betonte, lediglich als Übersetzer in den Protokollen genannt werden sollte, natürlich unter seinem richtigen Namen. Es war größte Vorsicht geboten, für den Fall einer Entdeckung durch Vorgesetzte wäre ein Disziplinarverfahren für beide fällig geworden. Niemand durfte in eigener Sache ermitteln und war aus verständlichen Neutralitätsgründen gehalten, solche Fälle Kollegen abzutreten.
MacMillan war ein britischer Officer im Rang eines Majors, wie man sich diese Offiziere vorstellte, hager, grade gewachsen, wobei er sich zusätzlich noch streckte als habe er einen Besenstiel verschluckt. Unter seiner Nase hatte er einen getrimmten Schnauzbart, der schon an einigen Stellen weiß durchschimmerte. Seine Haare waren kurz geschnitten und ließen am Hinterkopf eine Landebahn für Vögel und Fliegen Platz gewinnen. Unter den buschigen Augenbrauen blitzten hellblaue wache Augen hervor. Seine gewählte Aussprache ließ auf gute Ausbildung und noble Herkunft schließen. Irgendwann hatte er sein Internat in Cambridge erwähnt, an das er jedoch nicht die besten Erinnerungen hatte.

Das Verhörzimmer war nicht sehr geräumig und die Offiziere saßen an Schreibtischen, die schon bessere Jahre gesehen hatten, sie standen in einem stumpfen Winkel voneinander versetzt und in der Mitte davor standen zwei schmucklose unbequeme Holzstühle auf denen die zu Verhörenden Platz nehmen konnten. Außer metallenen schwenkbaren Schreibtischlampen, einer abgewetzten ledernen Schreibunterlage, einem überdimensionalen Tintenfass und ein paar Papieren waren die Tische leer. Das Zimmer machte nicht den Eindruck, man habe hier allzu häufig die Bevölkerung in die Zange genommen, obwohl die spartanische Einrichtung keinen gemütlichen Eindruck hinterließ.
Nach einer knappen Begrüßung durch MacMillan begann die Befragung, die Wilhelm übersetzte:
„Name, Vorname, Geburtsdatum, Geburtsort, Wohnort?"
„Karl-Heinz Schmitz, geboren am 17. Juni 1915 in Langenfeld-Immigrath, wohnhaft im Keller des Hauses Breite Straße 82, Köln Innenstadt, allerdings wohne ich dort nur übergangsweise. Mein Haus Nummer 78 in der gleichen Straße, wo ich offiziell immer noch wohne, wurde von ihren britischen Bombern total zerstört und so lebe ich mit meiner Frau bei meinem Freund Peter Schöneseifen, der mir eine Ecke in seinem Keller zur Verfügung gestellt hat. Momentan versuche ich den Keller meines eigenen Hauses freizuschaufeln, um ihn notdürftig herzurichten. Wissen Sie das ist nämlich kein Zustand in dieser Enge des Kellers mit acht Personen zu leben. Peter hat auch noch seine alten Eltern dort einquartiert. Ich muss da so schnell wie möglich raus. Diese schrecklichen Zeiten sind ja hoffentlich mit der Unterstützung der Engländer bald vorbei, dann können wir wieder halbwegs normal leben."
Die Offiziere sahen nicht von ihren Papieren auf, in die sie die Aussage notierten, Wilhelm in Deutsch und Macmillan das Übersetzte in Englisch.
„Was meinen Sie mit übergangsweise genau? Wie lange wollen Sie noch bei Herrn Schöneseifen wohnen?"
„Ich möchte mein Haus so bald wie möglich wiederherstellen, zumindest provisorisch, damit wir wieder eine menschenwürdige Bleibe haben. Sobald in Deutschland wieder halbwegs geordnete Verhältnisse herrschen und die Besatzer endlich verschwunden sind, beabsichtige ich das Gebäude wieder in den vorherigen Zustand zurückzuversetzen. Ich habe zwar noch keine Ahnung, wie das möglich sein wird, aber das sind meine noch unausgegorenen Pläne."
Wilhelm merkte von seinen Notizen auf und sah den Befragten prüfend in die Augen:
„Sind Sie der rechtmäßige Eigentümer der Immobilie, die ja laut der Akten einmal ein Geschäft beheimatete?"
„Jawohl, ich habe das Haus vor einigen Jahren rechtmäßig erworben und auch das Ladenlokal betrieben, ich hatte dort ein Herrenmodengeschäft, Konfektionsware und Maßanfertigung, das uns mehr schlecht als recht ernährt hat. Meine beiden Söhne waren ebenfalls in dem Laden beschäftigt."

„Wovon ernähren Sie und Ihre Söhne sich zurzeit?"
Schmitz musste schlucken und hatte einen Schweißausbruch, obwohl die Zimmertemperatur nicht als sonderlich warm bezeichnet werden konnte.
„Mein ältester Sohn ist neunzehnhundertvierundvierzig während des amerikanischen Überfalls auf die Normandie gefallen, ein Kamerad hat mir geschrieben, dass er nicht gelitten hat, eine Granate hat ihm den Kopf abgerissen. Von dem jüngeren habe ich zuletzt einen Feldpostbrief erhalten, kurz vor Kriegsende. Er war auf dem deutschen Rückzug vor den barbarischen russischen Horden. Ich fürchte er ist auch gefallen oder zumindest in sowjetische Kriegsgefangenschaft geraten. Wobei ich nicht sicher bin, was besser ist, ich glaube der Unterschied für unsere Soldaten besteht nur in der Geschwindigkeit des Sterbens. Jedenfalls haben wir seitdem kein Lebenszeichen mehr von ihm erhalten."
MacMillan hatte diese Sätze auch ohne Übersetzung verstanden, sein Gesicht war leicht gerötet, aber er antwortete auf Englisch und Wilhelm dolmetschte wieder, wie gewohnt. „Man kann ja wohl bei der Befreiungsaktion der Alliierten nicht von einem Überfall in der Normandie reden. Wir haben riesige Verluste gehabt und ohne diesen D-day wärt ihr immer noch von eurem größenwahnsinnigen Führer geknechtet. Außerdem, wenn Sie von barbarischen Horden reden und damit die Rote Armee meinen, vor denen die Deutschen geflohen sind, wie bezeichnen Sie denn bitteschön Ihre Soldaten mit ihren Überfällen auf die osteuropäischen Länder?"
Schmitz stammelte und sein Schweißausbruch verstärkte sich noch. „Natürlich sind wir alle froh, dass Hitler nicht mehr an der Macht ist. Entschuldigen Sie bitte, ich bin in die Nazi Terminologie verfallen. Selbstverständlich waren wir hier über die Befreiung Frankreichs an der französischen Küste erleichtert. Die letzten Jahre unter dem Führer waren doch sehr schlimm gewesen. Und die Bombenangriffe der Alliierten auf die deutschen Städte waren auch kein Zuckerschlecken für uns gewesen."
Wilhelm beendete seine Übersetzung mit einer geraunten Bemerkung, dass er dem Kerl kein Wort glaube, er drehe sein Fähnchen nur nach dem Wind, er meine es garantiert nicht ehrlich, wenn er plötzlich von einer Befreiung redete und MacMillan hatte nur mit einem Anflug eines Grinsens genickt.
„Sie sagten vorhin, Sie hätten das Haus und das Geschäft in der Breite Straße rechtmäßig erworben. Können Sie uns den Kaufvertrag vorlegen, er wäre für uns von Interesse?"
Schmitz runzelte die Stirn, offensichtlich verstand er die Bitte, den Kaufnachweis vorzulegen nicht einzuordnen. Er hatte wohl mit viel gerechnet, aber damit wohl nicht. Für Ihn war dieses Geschäft seit Jahren erledigt und nicht mehr erwähnenswert. „Was hat denn bitteschön mein Erwerb des Gebäudes mit meiner Geschichte als unbescholtener ehrenhafter Bürger zu tun, ich verstehe nicht worauf Sie hinauswollen?"

Wilhelm betrachtete sein Gegenüber mit einem stechenden Blick unter dem sich der Befragte wand wie ein Regenwurm am Angelhaken. „Wenn wir recht informiert sind, haben Sie die Immobilie von einer jüdischen Familie übernommen, es wäre schon von Interesse, ob die Transaktion vorschriftsmäßig und somit legitim war, oder ob es dabei Ungereimtheiten gegeben haben sollte."
„Das ist alles nach Recht und Gesetz abgelaufen, ich habe mir nichts vorzuwerfen, der Kauf wurde selbstverständlich auch notariell beglaubigt worden. Ich habe meine wichtigsten Dokumente über den Krieg retten können, ich hatte immer eine Mappe mit Urkunden bei den notwendigsten Sachen, im Koffer, wenn es wegen eines Fliegerangriffs ab in die Luftschutzkeller ging. Sie wissen, wir Deutsche sind als Bürokratieopfer ohne Papiere nicht existent."
Ian MacMillan und Wilhelm stimmten sich durch ein vielsagendes Kopfnicken ab, das Gespräch sollte vertagt werden, beide waren davon überzeugt, dass etwas faul war, zu oft hatte der Verhörte versucht zu versichern, dass alles seine Ordnung habe, obwohl das zunächst von Niemandem in Frage gestellt worden war. Auch die Schweißausbrüche waren nicht unbemerkt geblieben.
„Wenn Sie denn morgen nochmals herkommen und Ihre Unterlagen mitbringen, können wir das Gespräch fortsetzen."
„Ich habe aber immer noch nicht begriffen, was Sie mit dem Kaufvertrag wollen, das Dokument ist hieb und stichfest."
MacMillan stockte und sah Williamson hilfesuchend an, er wusste nichts zu entgegnen, ohne sich wiederholen zu müssen, also antwortete der Übersetzer ohne Vorgabe: „Wir würden nur gerne einen Blick darauf werfen, in diesen ungeordneten Zeiten – um das Wort Chaos zu vermeiden – kann man gar nicht pedantisch genug sein, wenn es um Eigentum, Rechtslage und insbesondere Immobilien geht. Wenn Sie nichts zu verbergen haben, kann unser Wunsch für sie doch für Sie kein Problem darstellen."
MacMillan sprang wieder ein, ihm war mittlerweile die Diskussion um das Hauseigentum zu intensiv geführt worden. „Der eigentliche Grund unserer Befragung war allerdings der Leumund des Herrn Schöneseifen, wir möchten etwas über seine Tätigkeiten während der Nazidiktatur wissen, war er Parteimitglied, hatte er besondere Funktionen oder Aufgaben, wie linientreu hat er sich verhalten und so weiter und so weiter."
Der Befragte gab seine devote Position auf, lehnte sich in seinem unbequemen Stuhl zurück, schlug die Beine übereinander und Schmitz schilderte den Gutmenschen Schöneseifen in ähnlich hellen Farben, fast deckungsgleich wie jener ihn dargestellt hatte. Nach seinen Ausführungen dürfte es keinen Menschen im ganzen Rheinland gegeben haben, dem er und sein Freund nicht aufopferungsvoll geholfen hatten. Sie hatten angeblich nicht nur Lebensmittel an Bedürftige verteilt, hatten Verfolgte versteckt und sogar Juden bei der Flucht geholfen.

Wilhelm summierte die für diese Hilfsleistungen angeblich aufgewendeten Stunden wohlwollend auf mindestens dreißig pro vierundzwanzig Stunden Tag und das für jeden Einzelnen der beiden Gutmenschen. Deutschland hatte nach den Aussagen des Herrn Schmitz fast ausschließlich aus Heiligen und bedauernswerten Opfern bestanden. Beide Freunde waren zwar Mitglieder der NSDAP gewesen, hatten deren Gedankengut – Wilhelm notierte scherzeshalber das Wort Gedankenschlecht, da er das treffender fand, was könnte man an deren Gedanken wohl gut finden – jedoch angeblich nie verinnerlicht und auch nie an einer Parteiversammlung teilgenommen.
Diese als Tatsachen dargestellten Behauptungen waren wenig glaubhaft, wer aber wollte das Gegenteil beweisen, Zeugen denunzierten selten einen Beschuldigten, insbesondere, wenn sie selber Dreck am Stecken hatten und deren Aussagen benötigten, um sich reinwaschen zu lassen.
Sowohl Wilhelm, als auch Ian MacMillan mussten nach der Befragung ihren Ekel mit einem schottischen Whisky herunterspülen, so viele Verlogenheiten und Reinwaschungen konnte man nicht ohne ein starkes Getränk ertragen. Beide nahmen sich vor, Schmitz am nächsten Tag derart in die Zange zu nehmen, dass sein Lügengebäude zusammenstürzte wie ein Kartenhaus.

Am nächsten Tag erschien Schmitz verabredungsgemäß und mit preußischer Pünktlichkeit, er hatte alle erforderlichen Unterlagen im Gepäck, Kaufvertrag, Grundbuchauszug und sogar offizielle Steuerbescheinigungen des zuständigen Finanzamtes für die ersten Geschäftsjahre.
Wilhelm nahm sich den nur wenige Seiten umfassenden notariell beglaubigten Kaufvertrag vor und studierte ihn gründlich, plötzlich lachte er laut auf, es klang eher sarkastisch als belustigt. Er hatte den Kaufpreis von insgesamt zehntausend Reichsmark für die Immobilie einschließlich dem Geschäft mit Inventar und Warenbestand entdeckt. Die Zahlungskonditionen belustigten ihn noch mehr, von dem geschuldeten Betrag waren dreitausend Reichsmark sofort und der Rest in zehn gleichen Jahresraten von jeweils siebenhundert Reichsmark zu zahlen. Von Zinsen war nirgendwo die Rede. Wilhelm zeigte MacMillan den Passus und übersetzte ihn. Der Offizier runzelte die Stirn und meinte kopfschüttelnd, das könne doch unmöglich der Gesamtpreis gewesen sein.
Wilhelm beugte sich über die Papiere, fixierte dann den Geschäftsmann, tippte mit dem Finger auf den Vertrag und sagte mit aggressiv scharfer Stimme: „Da haben Sie aber ein tolles Schnäppchen gemacht. Für diesen Preis hätten Sie in Friedenszeiten nicht einmal den Warenbestand eines kleinen Geschäfts übernehmen können."
Schmitz zuckte mit den Schultern und legte seine beiden Handflächen nach oben offen auf den Schoß: „Die Zeiten waren schlecht, die Geschäfte liefen miserabel und der Preis war durchaus angemessen. Ich hatte größte Mühe die zehntausend Reichsmark aufzubringen. Der Warenbestand entsprach nicht mehr der letzten Mode

und das Haus war renovierungsbedürftig. Um das Gebäude und das Geschäft auf den neuesten Stand zu bringen, hätte ich ein Vielfaches des Kaufpreises aufwenden müssen."

Wilhelm wurde schlagartig seine Vermutung zur Gewissheit, diese Verteidigungsrede war nicht nur einstudiert, sondern sein Gegenüber wusste ganz genau, dass er die Notlage des Geschäftspartners ausgenützt hatte. Vielleicht hatte er aus diesem Grund auch ein schlechtes Gewissen, was ihm ja noch positiv anzurechnen gewesen wäre. Wilhelm wollte hier nicht den „Rächer der Enterbten" spielen, was er auch MacMillan klarmachte, aber er war doch recht aufgebracht, weil er sich ausmalte in welcher Zwangslage sich sein Vater befunden haben musste, um zu einer Unterschrift unter das Dokument bereit gewesen zu sein. Vater hätte unter normalen Umständen nie und nimmer einem Verkauf des Hauses zugestimmt, auch nicht zu einem marktgerechten Preis. Trotzdem fragte er sich, wieso sein Vater überhaupt den Verkauf aktenkundig machen musste, er war sicherlich nicht auf das Geld angewiesen gewesen, somit, so wertete es Wilhelm als weiteres Indiz, musste ein enormer Druck auf ihn ausgeübt worden sein.

„Als Sie den Kaufvertrag verhandelten, wussten Sie da bereits, dass die Familie Rosenzweig deportiert werden sollte? Wie sind Sie überdies an den Kontakt zu dem Verkäufer gekommen?"

Schmitz setzte ein selbstbewusstes hinterhältiges Grinsen auf, endlich mal eine Frage, die keinen direkten Angriff darstellte und deren Antwort er spontan ausspucken konnte. „Ich hatte mich fast zwei Jahre vor Vertragsunterschrift in dem Laden als Verkäufer beworben und war auch von dem alten Rosenzweig angestellt worden. Ich habe eine abgeschlossene Ausbildung als Einzelhandelskaufmann in der Herrenkonfektion absolviert. Da mein linkes Bein seit Geburt kürzer ist, galt ich als kriegsuntauglich. Als ich dann während meiner Angestelltenzeit bei Rosenzweig erfuhr, dass er einen Nachfolger für das Geschäft suchte, habe ich ihn um ein Gespräch ersucht, weil ich grundsätzliches Interesse hatte. Und so kam dann ein paar Tage später der Kaufvertrag zustande. Ich hatte mir im Lauf der Jahre einen Notgroschen angehäuft und den war ich bereit zu investieren. Warum der Alte alles verkaufen wollte, war mir nicht bekannt."

Wilhelm wurde immer zorniger, ihm war klar, dass jeder in Deutschland gewusst haben musste, was mit Juden geschah, vielleicht nicht in allen Einzelheiten aber im Groben und wenn dann einer schnell seine Existenz aufgeben wollte, mussten die Gründe hierfür jedem bekannt sein. Natürlich war auch das eine Frage der Beweislage.

„Wollen Sie ernsthaft behaupten, dass Sie die Gründe, warum Rosenzweig verkaufen wollte, nicht kannten? Solche alt eingesessenen Geschäftsleute sind im Allgemeinen bodenständig und möchten alles beim Alten belassen. Die Geschichte dieser Menschen ist eng verknüpft mit ihrer Existenz."

„Es gab Gerüchte, dass die jüdischen Geschäftsleute Schwierigkeiten hatten, weil kein Arier mehr bei Juden kaufen sollte und so habe ich ihn angesprochen, ich glaubte als rassereiner Arier das nicht mehr lukrative Geschäft innerhalb kurzer Zeit wieder auf Vordermann bringen zu können."

„Also wollen Sie behaupten, nicht durch Ihre Parteikanäle erfahren zu haben, dass Rosenzweig deportiert werden sollte und er schnellstens verkaufen musste? Er benötigte wohl alles Bargeld, das er zusammenkratzen konnte."

„Der Alte hatte doch Geld genug, der hatte über Jahrzehnte das Geld gescheffelt, der war überhaupt nicht auf mein Erspartes angewiesen. Und was seine Deportation betraf, es gab so viele Gerüchte über ihn und andere jüdischen Geschäftsleute, aber etwas Definitives wussten wir nicht, weder über Rosenzweig noch andere."

Wilhelm schüttelte langsam den Kopf und sah MacMillan an, der scheinbar einverstanden war, dass er die Gesprächsführung übernahm.

„Ich möchte nochmals auf den Kaufpreis zu sprechen kommen. Von dem vereinbarten Übernahmepreis von lächerlichen zehntausend Reichsmark haben Sie also lediglich dreitausend sofort bezahlt und sollten dann den Rest in zehn gleichen jährlichen Raten von je siebenhundert Reichsmark abbezahlen, wie viele Raten haben Sie dann noch überwiesen?"

Schmitz zögerte und antwortete stockend. „Nun, dazu ist es dann nicht mehr gekommen. Als die erste Rate fällig wurde, war die Familie schon nicht mehr in Köln, das Konto war von der Bank kurz nach dem Kauftermin eingefroren worden und für keine Transaktion mehr offen."

„Wenn ich Sie also recht verstehe, haben Sie ein großes Geschäfts- und Wohnhaus in bester Kölner Lage erworben und als Draufgabe noch ein florierendes etabliertes Geschäft erhalten. Und das alles zusammen für einen Kaufpreis von dreitausend Reichsmark. Das entsprach mal gerade einem Jahresgehalt eines Hilfsarbeiters. Wollen Sie also ernsthaft behaupten, der Verkäufer sei in keiner Zwangslage gewesen, die Sie skrupellos ausgenutzt haben? Das glaubt Ihnen kein Gericht der Welt, nicht einmal ein betrunkener Richter zur Karnevalszeit. Die Relation stimmt einfach nicht, da können Sie noch so unbedarft tun wie Sie wollen."

Schmitz schwitzte, er kramte umständlich ein Taschentuch aus der Hosentasche, das wohl seit etlichen Wochen vergessen wurde zu waschen. Er zog es knisternd auseinander, glättete und faltete es wieder notdürftig und tupfte damit den Schweiß von seiner feuchten Stirn und aus den Geheimratsecken. „Glauben Sie mir doch endlich, das war zum Zeitpunkt der Vertragsverhandlung der übliche Preis und ich habe keine Zwangslage dieses Juden ausgenützt. Außerdem hatte der Kerl doch genügend Geld, da konnten die paar tausend Mark ihn nicht ärmer oder reicher machen."

Wilhelm musste nach Luft schnappen, es war völlig gleichgültig, ob ein Verkäufer wohlhabend ist, oder nicht. Jedenfalls ist es nicht rechtens auch einen Reichen

derart zu übervorteilen. „Dann stellen wir die Rechnung einmal deutlicher dar. Die dreitausend Mark, die Sie tatsächlich bezahlt haben entsprechen nach heutigen Relationen großzügig gerechnet vielleicht einhundertfünfzig bis zweihundert Pfund Sterling, ich gebe Ihnen zweihundert Pfund in bar auf die Hand und dafür überschreiben Sie mir das Grundstück. Das nicht mehr existierende Haus und das Geschäft schenke ich Ihnen dabei sogar noch großzügigerweise. Was halten Sie von meinem Vorschlag?"
MacMillan rutschte unruhig auf seinem Stuhl hin und her, er fühlte sich offenbar äußerst unwohl. Er konnte nicht gutheißen, wohin das Gespräch abdriftete, unterbrach Wilhelm aber zunächst nicht.
Wilhelm hatte mittlerweile zweihundert Pfund abgezählt und auf den Schreibtisch gelegt, er sah dem Verhörten starr in die Augen, der sich unter dem Blick wand wie eine Schlange, die den Blickkontakt zu einem Mungo scheute.
Der Schweißausbruch des Herrn Schmitz schien sich bei diesem Blick noch zu vervielfachen. Er wusste genau, egal was er jetzt erwidern würde, es musste von dem britischen Offizier falsch verstanden oder zumindest wenig wohlwollend ausgelegt werden. Spontan war er versucht das Geld zu nehmen und dem Engländer mit seinen erstaunlich guten Deutschkenntnissen die Ungewissheit mit dem lästigen Trümmergrundstück zu überlassen. Wer wollte schon voraussagen können, ob er jemals wieder in der Lage sein könnte das Gebäude wieder aufzubauen. So wie Köln aussah, würde es Jahrzehnte dauern, bis man die Trümmerhaufen wieder Stadt nennen könnte. Warum also nicht einfach den Spatz in die Hand nehmen, anstatt in Richtung der Taube auf dem Dach zu schielen.
Wäre der vor ihm auf dem Tisch liegende Betrag nennenswert höher gewesen, hätte er seiner Versuchung sicherlich nicht widerstanden. Wenn es wenigstens ein paar Stangen Ami Zigaretten gewesen wären, das wäre was gewesen, die hätte man am Schwarzmarkt gegen alles was das Herz begehrt eintauschen können. Für britisches Geld müsste man erst einen Abnehmer finden, der das auch gebrauchen könnte, also einen Briten und diese Suche wäre zu aufwändig.
MacMillan war des Feilschens um einen Grundstückswert überdrüssig. Das Gespräch war festgefahren und er machte einen symbolischen Strich unter seine Notizen. „Ich denke, das Gespräch kann jetzt beendet werden, wir kommen ohnehin zu keinem Ergebnis mehr. Gegebenenfalls müssen wir Sie nochmals vorladen, um der Wahrheit etwas näher zu kommen. Ich bin davon überzeugt, dass Ihre Darstellung der Dinge in vielen Fällen die Tatsachen konterkariert. Ich glaube Ihnen weder, dass Sie und ihr Freund Schöneseifen als langjährigen Parteimitgliedern an keiner Parteiversammlung teilgenommen haben wollen, noch glaube ich Ihnen, dass Sie von der Notlage der Familie Rosenzweig nichts gewusst haben wollen und am wenigsten kann man Ihnen glauben, dass Sie in Köln und im Umland als Heilsbringer aufgetreten sein wollen. Zugegeben, Ihr Name ist nie im Zusammenhang mit

Straftaten gegen Minderheiten aufgetaucht, aber ich betrachte Sie als einen skrupellosen Profiteur des Systems und einen gewissenlosen Mitläufer. Die unbeschreiblich grausamen Verbrechen gegen Juden und andere Minderheiten sind nicht nur, wie immer wieder behauptet wird, von den Mächtigen, sondern auch von den so genannten Kleinen verübt worden oder die Folgen wurden zumindest von ihnen billigend in Kauf genommen. Jedenfalls erscheint es mir, dass mit dem Erwerb des Hauses der Familie Rosenzweig, ob zu dem Zeitpunkt legal oder illegal, mehr Fragen als Antworten auftauchen. In dem Zusammenhang habe ich allerdings noch eine Frage. War bei den Kaufverhandlungen mit Herrn Rosenzweig noch eine dritte Person anwesend und welchen Preis hatte der Verkäufer für das gesamte Paket gefordert?"

Schmitz beugte sich vor und strich mit dem Zeigefinger über die Tischkante als wolle er prüfen, ob der Staub ordnungsgemäß entfernt wurde. „Ich hatte als Berater einen befreundeten Rechtsanwalt gebeten, mich zu begleiten, ich selbst hatte keine Erfahrung mit solchen Dingen und wollte keinen Fehler machen. Für mich war das schließlich eine riesige Investition und meine Kreditwürdigkeit war von den Banken als nicht besonders hoch eingeschätzt worden. Rosenzweig hatte nie einen bestimmten Betrag gefordert, er hatte nur gefragt, wieviel ich bezahlen könnte, offenbar war ich der einzige Interessent für den Laden und die Immobilie gewesen und in der Kürze der Zeit hatte er wohl keine Gelegenheit mehr, weitere potentielle Käufer zu akquirieren."

MacMillan horchte auf als er den Zeitfaktor hörte, der Verkäufer war in Eile gewesen und der Officer war sich sofort sicher, dass Schmitz davon erfahren hatte. „Somit gab es eine gewisse Notlage des Herrn Rosenzweig und Sie wussten davon. Geben Sie doch endlich zu, dass Sie offiziell oder inoffiziell von der bevorstehenden Deportation oder von der Flucht und sei es nur gerüchteweise erfahren hatten. Wussten Sie es oder ahnten Sie es nur?"

„Wir haben während der Verhandlung nie über irgendwelche Hintergründe der Transaktion gesprochen. Rosenzweig wirkte bedrückt, ich hatte geglaubt, er habe gesundheitliche Probleme gehabt. Er wollte den Vertrag so schnell wie möglich abschließen und zwar um jeden Preis. Letztlich habe ich ihm mit all meinen Ersparnissen geholfen, dass er liquide Mittel zur Verfügung hatte. Ich habe damals vermutet, er wolle ins Ausland fliehen, aber gefragt habe ich ihn das niemals."

Wilhelm musste trotz seiner Aufgeregtheit und Wut trocken auflachen: „Glauben Sie ernsthaft, ein gestandener Geschäftsmann sei auf läppische dreitausend Mark angewiesen, um ins Ausland zu fliehen?"

MacMillan winkte ab, er wollte wieder die Gesprächsführung haben, nach seinem Geschmack war Wilhelm zu sehr emotional involviert. „Wieso, was glauben Sie, hat Rosenzweig sich mit einer Ratenzahlung einverstanden erklärt, wenn er ins Ausland gehen wollte? Seine sämtlichen Vermögenswerte wären sofort von dem NS-Staat kassiert worden. Ihre Argumentation stimmt doch vorne und hinten nicht."

„Jeder hatte doch in diesen dunklen Zeiten mit sich selbst zu tun, man hat nie gefragt, was einer warum anstellte. Man kam doch nur in Schwierigkeiten, wenn man zu viel von dem Anderen wusste. Hat man etwas preisgegeben war man ein Denunziant, hat man etwas verschwiegen, war man ein Verräter. Aber zu Ihrer Frage, Rosenzweig und ich konnten uns auch nach längerer Diskussion nicht auf einen Preis einigen, ich hatte mein Angebot beziffert, aber er kam nicht mit seinen Vorstellungen aus der Defensive. Dann war mein Anwalt plötzlich sehr hilfreich, ich musste für ein paar Minuten verschwinden und als ich zurückkam, gab es Einigkeit am Tisch. Ich habe mich zwar sehr darüber gewundert, aber nicht großartig nachgefragt, auch bei den Zahlungskonditionen gab es überhaupt keine Diskussion mehr, am nächsten Tag waren wir bereits beim Notar und haben den Vertrag unterschrieben."

„Wie hieß denn der Rechtsanwalt, den Sie zu Rate gezogen hatten?" „Das war Dr. Schleicher, der hatte seine Kanzlei auf dem Parkgürtel in Lindenthal. Ein alter Freund, den ich noch aus Kindertagen kannte."

„Hat Schleicher Herrn Rosenzweig unter Druck gesetzt, oder wieso war der so plötzlich mit den Vertragskonditionen einverstanden? Das riecht doch nicht nach fairen Verhandlungen!"

„Mir ist nichts bekannt, ich habe mich lediglich gefreut, dass ich so unverhofft zum Unternehmer wurde, auf eigenen Füßen stehen konnte und endlich in meine eigene Tasche arbeiten durfte. Zugegeben, Rosenzweig wirkte nach der Unterschrift ziemlich bedrückt, aber wir haben uns noch freundschaftlich die Hände gegeben und sind ohne jeden Streit auseinander gegangen. Ich hatte nicht den Eindruck, dass er einen Groll gegen mich hegte."

„Ihnen ist also nie der Gedanke gekommen, dass sich etwas hinter der Vereinbarung verbarg? Sie haben sich nie Gedanken darüber gemacht, wie der Anwalt die plötzliche Problemlösung erreicht hatte?"

„Keineswegs, ich war nur erleichtert, dass wir eine Einigung erzielt hatten und das mit einem relativ geringen Aufwand an Zeit und auch der Preis war für mich erschwinglich. Rosenzweig schien aber auch mit dem Verhandlungsergebnis zufrieden gewesen zu sein. Er hatte noch etwas bemerkt wie, somit sei das Geschäft für ihn endgültig Geschichte und er müsse jetzt nur noch sehen, dass er den Rest auch noch abgewickelt bekäme, was auch immer er damit gemeint haben mochte."

„Was war denn mit der Einrichtung seiner bewohnten Räumlichkeiten, hatte er die auch verkauft und leergeräumt?"

„Nein, alle Möbel und Einrichtungsgegenstände waren in der Wohnung verblieben, selbst die Bilder hingen noch an den Wänden und die Schränke waren noch mit allerlei Krempel vollgestopft, vom Bettzeug bis zum Sonntagsgeschirr. Er hatte noch angemerkt, dass ich alles, für das ich keine Verwendung hätte, einem Trödler übergeben solle. Das passte nach meiner Einschätzung zu hundert Prozent mit der Vermutung überein, dass er fliehen wollte, deshalb habe ich auch nie nach seinen Plänen gefragt. Er hatte mir noch beim Notar alle Schlüssel, bis auf einen, ausgehändigt und den Kaufpreis, wie vereinbart, am selben Tag in Bar entgegengenommen. Das Geld hat er nicht einmal nachgezählt, noch das Couvert geöffnet, sondern kommentarlos in seiner Jackentasche versenkt. Er und seine Frau haben noch etwa eine Woche die Wohnung benutzt. Ein paar Tage später war er weg. Er hatte sich weder von uns, noch von einem seiner Freunde oder Bekannten verabschiedet, soviel ich weiß. Ich habe erst gemerkt, dass er nicht mehr dort wohnte, als alle Türen der Wohnung offenstanden und die Koffer, die bereit gestanden hatten nicht mehr an ihrem Platz standen. Ach ja, noch eins, er hatte alle Türen zu seiner Voliere geöffnet, die Vögel waren allesamt ausgeflogen als ich das Haus dann endlich bezog."

„Was ist denn mit den Einrichtungsgegenständen geschehen? Existieren sie noch, oder haben Sie die veräußert?"

„Das können Ihre Landsleute wohl besser beantworten, bei einem hinterhältigen britischen Bombenangriff waren das Haus, das Ladeninventar, alle Gegenstände und die Möbel total zerstört worden. Wir konnten nichts aber auch gar nichts retten, wir hatten nur noch das, was wir auf dem Leib trugen und was in unseren Notfallkoffer passte. Unser Haus bestand nur noch aus Schutt, Staub, Asche und Dreck. Ich hatte die Wohnung nach der Räumung durch die Rosenzweigs zunächst an eine ausgebombte Familie möbliert vermietet."

MacMillan schien verärgert, er wandte sich barsch mit in Falten gezogener Stirn an den Deutschen: „Sie scheinen ein Problem zu haben, Ursache und Wirkung auseinander zu halten. Wer hat denn letztlich den Krieg angefangen? Darüber sollte es wohl keine Zweifel geben. Dass meine britischen Landsleute und die anderen Alliierten sich gewehrt haben und deutsche Städte, Infrastruktur sowie Industrieanlagen bombardierten, war doch nur recht und billig."

Mit einer abschließenden Geste beendete er das Gespräch und bedeutete dem Befragten, er könne nun gehen. Beim Hinausgehen forderte er ihn noch auf, sich zur Verfügung zu halten, es könne sein, dass man weitere Informationen benötige.

Als Schmitz das Zimmer verlassen hatte ließ Wilhelm seinem Ärger freien Lauf. Er tippte mit seinem ausgestreckten Zeigefinger auf die Brust des Offiziers. Auf seiner Stirn hatte sich die senkrechte Wutader zum Bersten aufgebläht. „Warum haben Sie den Kerl laufen lassen? Ich bin mir sicher, noch eine halbe Stunde Befragung und der widerliche Schleimer hätte alles zugegeben, der wusste doch ganz genau, was mit meinen Eltern geschehen sollte. Ich traue dem sogar zu, dass er meine Eltern ans Messer geliefert hat, nur um billig an Haus und Geschäft zu kommen."

MacMillan schob den Finger sachte zur Seite und legte den Arm um Wilhelms Schulter. „Ich verstehe Sie mein Freund, beruhigen Sie sich erst einmal. Vielleicht oder sogar wahrscheinlich hat der saubere Herr Schmitz wirklich Dreck am Stecken, ich habe ihm auch nichts geglaubt. Aber was wäre denn passiert, wenn wir ihn überführt hätten. Ein Geständnis hätte der doch niemals unterschrieben und ansonsten haben wir keinerlei Beweise. Was können wir gegen ihn vorbringen. Wenn wir alle Profiteure des Regimes hinter Gitter bringen, ist Deutschland leer, dann hätten wir mindestens fünfzig Prozent der Erwachsenen im Gefängnis.

Sie sind emotional aufgewühlt, verständlich, Sie trauern um Ihre Eltern, sie haben mein Mitgefühl, aber Rache ist ein schlechter Ratgeber. Wir müssen uns auf die Befehlsgeber konzentrieren, die müssen wir aus der Masse herausfiltern. Stellen Sie sich einmal vor, wir würden jeden, der den Mund gehalten hat und nicht im Widerstand war so lange vernehmen, wie Ihren Herrn Schmitz, wir würden mit unserer Arbeit nie fertig, wir müssen versuchen, solche Leute umzuerziehen. Glauben Sie mir, die werden innerhalb von ein paar Jahren genauso für die Alliierten schreien, wie sie bis vor kurzer Zeit für den Führer geschrien haben. So sind die Menschen, nicht nur die Deutschen. Finde Dich mit den Gegebenheiten ab, sonst findest Du nie deinen inneren Frieden. Du brauchst den Tätern nicht zu verzeihen, versuche lediglich das Geschehene als Historie anzuerkennen. Egal, was Du tust oder möchtest, Du kannst die Geschichte nicht mehr zum Guten wenden."

Wilhelm musste dem erfahrenen Offizier recht geben, so wehmütig er auch an seine persönliche Vergangenheit dachte. Was in seinem innersten immer wieder hochgeschwemmt wurde, war die Tatsache, dass er seine Eltern nicht intensiver bedrängt hatte, ihn nach England zu begleiten und sie dort in Sicherheit zu wissen.

Er hätte nie geahnt, dass seine schlimmsten Befürchtungen noch übertroffen wurden. Der Verlust des Hauses, des Geschäftes und des Vermögens in Deutschland war verschmerzbar, das war nur Geld, darauf war er nicht angewiesen, was er auf dem Kontinent an weltlichen Gütern verloren hatte, wollte ihm das Schicksal auf der Insel ausgleichen. Nur der Schmerz, wenn er an seine Eltern dachte, war unerträglich.

Aufwärtstrend

*Die Wahrscheinlichkeit eines Aufwärtstrends
basiert auf dem Niveau des Startpunkts.*

*Freedom´s just another word for
nothing left to lose.*
(Kris Kristofferson)

Walther Rosenzweig wurde aus dem fast menschenleeren tristen Terminal gespuckt. Wie aus dem Nichts war eine Gruppe von Reisenden hinter ihm, deren Mitglieder auf die doppelte Flügeltüre zu drängten, als gäbe es in dem Gebäude keine Luft mehr und zum Überleben sei es notwendig innerhalb kürzester Zeit zum Ausgang zu kommen. Walther schlug den Kragen seines beige Popeline Trenchcoats hoch, der feine Nieselregen wurde durch den ständigen Wind nicht angenehmer, höchstens durchdringender.

Die primitive barackenähnliche graue Empfangshalle erinnerte ihn eher an die Flohmarktbuden von Paris als an das, was er allgemeinhin unter Flughafenterminal verstand und bisher gesehen hatte. In diesen Abfertigungsgebäuden konnte man sich nirgendwo wohlfühlen, jedoch was sich ihm hier als Fluggastbereich bot, spottete dem Wort „Gast" jeder Beschreibung.

Er drehte sich um die eigene Achse, die Orientierung fiel ihm äußerst schwer, hier irgendwo musste Vater unmittelbar nach dem Kriegsende seinen Dienst als Militärübersetzer abgeleistet haben. Entweder war die Örtlichkeit schlecht beschrieben worden oder man hatte die provisorische Lokalität bereits beseitigt, um Platz zu schaffen für moderne Gebäude, wobei er das erstere vermutete, denn von modernen Gebäuden war nichts, vielleicht noch nichts, weit und breit zu sehen.

Das also war das Kölner Tor zur Welt, ein schäbiges Tor, die Stadt, von dem er schon so viel gehört hatte, die Stadt in der Generationen seiner Vorfahren gelebt und geliebt hatten und schließlich gestorben waren, die Stadt von der seine Eltern in den höchsten Tönen geschwärmt hatten. Er musste unwillkürlich an das Ostermann Lied „Heimweh nach Köln" denken, das sein Vater so gerne gesummt hatte, das an der Ostfront im Krieg erschreckende Realität wurde, in dem es im Refrain hieß „Ich mööch zo Fooss noh Kölle jonn." Hier ging allerdings niemand zu Fuß nach Köln, hier wurden Taxis genommen oder allenfalls Busse bevölkert. Auch Walther nahm einen öffentlichen Bus, er wollte langsam in die Innenstadt kommen und nicht über kürzeste und schnellere Schleichwege den ersten Eindruck der Stadt gewinnen.

Der kurze, nicht einmal zweistündige Flug mit einer britischen Propellermaschine hatte ihm nur wenig Zeit gelassen, sich gedanklich darauf einzustellen, was ihn im Land seiner Vorfahren erwarten würde. War das jetzt seine Heimat oder musste er das hektische London, wo er behütet aufgewachsen war so nennen?

Die Wurzeln kann man nicht verleugnen, er war zweisprachig aufgewachsen und sein Vater hatte ihm sogar mühevoll versucht, die Kölner Mundart nahezubringen, was ohne das entsprechende Milieu gar nicht so einfach gewesen war, es gab noch nicht einmal Lehrbücher für diese mit Umlauten gespickte Sprache.

Hinter ihm im Bus hatte ein Ehepaar die dick gepolsterten mit grünem stark verschlissenem Kunstleder verkleideten Doppelsitze eingenommen und die beiden unterhielten sich halblaut über irgendwelche kommunalpolitischen Ereignisse. Walther konzentrierte sich auf die in Dialekt geführte Unterhaltung, hatte aber extreme Schwierigkeiten dem Dialog zu folgen, weder Personennamen – das wäre ja noch verständlich gewesen – noch der Gesprächsinhalt ging ihm auf. Wenn ihm noch die Bedeutung eines einzelnen Wortes Übersetzungsschwierigkeiten bereitete und er über den Sinn nachdachte, war der Wortschwall schon einige Sätze weiter fortgeschritten, somit sah er sich gezwungen, seine Bemühungen aufzugeben und blendete die Unterhaltung des Paares aus. Ihm wurde klar, dass er mit seinem Vater viel viel zu selten das Dialekt geübt hatte, obwohl ihn das auch kaum in die Lage versetzt hätte das Kauderwelsch wirklich zu beherrschen, wenigstens war sein Hochdeutsch passabel genug, um nicht von jedem Gesprächspartner sofort als Ausländer identifiziert zu werden.

Er verspürte eine innere Erregung, es war keine Freude auf etwas Neues, die ihn unruhig sein ließ, es war eher Neugier gepaart mit der Angst, die Menschen vorzufinden, wie sie von den britischen Medien beschrieben wurden: Meuchelmordende Hunnenhorden, die über alles Liebenswerte herfielen, es zerstörten und kleine Kinder fraßen, also keiner tieferen menschlichen Gefühle fähig waren. Zu frisch waren die Erlebnisse der Briten mit den Deutschen in den vergangenen Jahren gewesen, die älteren Inselbewohner hatten immerhin zwei Weltkriege erlebt oder besser erlitten, die beide den Deutschen anzulasten waren, wenn man der britischen Presse glauben durfte. Die Kriege hätte man vielleicht noch verkraftet, die Kriege waren durch die jeweiligen Staatsführungen verursacht worden, was aber mit den Minderheiten geschehen war, konnte nicht mehr als eine der üblichen Kriegsfolgen abgetan werden. Ob es Juden, Zigeuner, Homosexuelle, Exoten oder Behinderte waren, sie wurden auf derartig unmenschliche Weise entleibt, dass man sich unwillkürlich fragen musste, wie Menschen zu solchen Taten in der Lage gewesen sein konnten.

Und zu diesem Menschenschlag der Täter sollte er nun gehören, nur weil seine Eltern die deutsche Staatsangehörigkeit besaßen?
War er nicht selber Opfer des Hitlerschen Rassenwahns?
War er nicht indirekt selbst seiner Heimat beraubt worden?
Hatte man ihm nicht die Großeltern bestialisch ermordet?
Waren nicht seine Großeltern ihres Vermögens beraubt worden?
Eigentlich müsste er alles an diesem Land mit seinen barbarischen Bürgern hassen, was er sah erregte aber bestenfalls sein Mitleid, viele Leute auf der Straße waren verhärmt, man sah ihnen an, was sie miterlebt hatten, ihre eingefallenen Wangen bliesen sich allenfalls beim Rauchen auf und tiefe Furchen hatten sich in die Gesichtshaut eingegraben. Ihre Kleidung hatte schon bessere Zeiten gesehen. Natürlich gab es auch wohlbeleibte, das waren dann wohl die ewigen hassenswerten Profiteure des gedanklich verdrängten Systems, diese fuhren dann auch dicke Wagen deutscher Bauart, vom Opel Kapitän über den BMW V8 bis zu Mercedes-Benz 300. Vielleicht war sein Urteil ungerecht, aber so war das nun einmal mit Klischees und Vorurteilen. Sicherlich hatten seine Internatserziehung und sein Studium der Wirtschaftswissenschaften und der Umgang mit internationalen Jugendlichen deutliche Spuren in seiner sozialen Bildung hinterlassen. Er fühlte sich eher als liberaler und toleranter Weltenbürger statt als Deutscher, Brite oder sogar Engländer, auch wegen seiner weniger toleranten Meinung über die allgemein verhassten Deutschen.
Am meisten Angst hatte er vor der Begegnung mit deutschen Uniformierten. Er konnte nichts dagegen unternehmen, in seiner Vorstellung waren die Uniformierten in schwarzen enganliegenden SS-Uniformen gekleidet, die Reiterhosen und hohe Schaftstiefel komplettierten das Bild. Natürlich gehörte zu diesem Bild, dass die Stiefel derart geglänzt hatten, als habe man sich darin spiegeln wollen, unter der Schirmmütze waren selbstverständlich hellblonde Haarspitzen auszumachen, überhaupt waren die derart gekleideten Männer immer äußerst adrett und gepflegt. Die Fassade stand im diametralen Gegensatz zu der Gesinnung dieser Hitler hörigen Schergen. Der Eindruck der Polizeiuniformen war noch akzeptabel, die dunkelblaue Uniform mit Schaftstiefeln und dem antiquierten Tschako passten noch irgendwie zusammen, als er aber in Bahnhofsnähe den ersten Bahnbeamten sah, musste er letztlich lächeln, das schlechtsitzende Kleidungsstück sah aus, als hätte Stan Laurel Oliver Hardys Anzug versehentlich übergezogen und dann noch die Farbzusammenstellung, schwarze Hose, blauer Blazer, wenig geschmackvoll. Aber eigentlich fand er es besser, über eine Uniform zu lachen, als sich vor ihr oder dem unmenschlichen Inhalt zu fürchten. Ab sofort sah er das Erscheinungsbild der hoheitlich Tätigen in einem anderen gedämpften Licht.
Überhaupt gab er sich die größte Mühe, sich nicht zu einer schwarz – weiß Malerei hinreißen zu lassen. Er durfte nicht den Fehler der Medien oder der Politiker

nachempfinden, dass eine Seite alles gut und die andere Seite alles schlecht gemacht habe, er hasste die Aussage: „Der Sieger hat immer recht." Natürlich hatten die Deutschen eine unvorstellbare Menge Unrecht auf sich gehäuft, das durfte keinesfalls verniedlicht oder sogar geleugnet werden aber zu Kriegszeiten hatte nach seiner Auffassung Niemand das Recht auf seiner Seite, Krieg als solcher ist Unrecht. Weil irgend welche machthungrigen Idioten als Staatsführer meinten, sie müssen ihren Machtbereich ausweiten, wurden tausende zum großen Teil harmlose junge Männer geopfert und mit Uniformen verkleidet an der Front verheizt. Das war seit Menschengedenken der Fall gewesen. Ungerechtigkeiten und Völkermord sind in diesen Kriegen an der Tagesordnung gewesen, irgendeine Rechtfertigung würde man schon dafür gefunden haben, neben den Soldaten auch unschuldige Frauen, Kinder und Alte massenhaft zu morden. Gut, verglichen mit den Hitler Feldzügen waren antike Kriege lachhafte Scharmützel gewesen, aber man musste den Einzelnen betrachten. Für eine Mutter war es immer schon entsetzlich gewesen ein Kind zu verlieren, dahinter verblasst dann auch ein Argument, es habe tausende oder millionen andere Tote gegeben, was zählt ist der Verlust des Nahestehenden. Das andere ist dann nur noch eine Zahl für die Statistik.
Geschichtsschreibung basiert auf den Eitelkeiten der Herrscher.
Das Fürchterliche an den moderneren Kriegen war die Art der Waffen, als noch Mann gegen Mann gekämpft wurde, ging das Morden noch viel langsamer vonstatten als im zwanzigsten Jahrhundert. Man sah heute dem Feind nicht mehr ins Angesicht, sondern schoss eine anonyme Kugel oder einen ebenso anonymen Sprengsatz in Richtung der feindlichen Linien und wusste hinterher nicht mal, ob jemand getroffen wurde oder nicht. Er hätte gerne einmal gewusst, ob der Krieg genau so lange gedauert hätte und genau so brutal geführt worden wäre, wenn der Hitler als Feldherr sich aus seinem sicheren Bunker an die kämpfende Front begeben hätte und das Sterben und das unendliche Leid aus nächster Nähe erlebt hätte. Ihm, dem Oberbefehlshaber hat man nur berichtet, was sich statistisch in den Kämpfen abgespielt hatte, die Zahlen der Gefallenen und der Verwundeten wurden gemeldet, ohne Zeichen einer Rührung oder ein Wort des Bedauerns hatte er die Todesstatistiken zur Kenntnis genommen und schickte umgehend die nächsten Söhne ängstlicher liebender Mütter ins Verderben.
Die Frontsoldaten wollte er nicht verteufeln, auch wenn Einzelne die Befehle übererfüllt hatten, die KZ-Wächter wollte er nicht pauschal anklagen, sofern sie ihren Dienstplan streng erfüllt hatten, wiederum von einigen ehrgeizigen Bestien abgesehen. Die Meisten der Frontsoldaten waren mehr Opfer als Täter. Er stellte sich vor, den Befehl erhalten zu haben, wehrlose Menschen vor der Grube zu erschießen, die sie selbst gegraben hatten, er hätte sicherlich wochenlang nicht schlafen können, die Albträume hätten sein Leben bestimmt, er hätte lange Zeit, vielleicht sogar für den Rest seines Lebens, dieses schlechte Gewissen als Mörder

nicht ablegen können. Wenn diese Erschießungen den Schützen so leichtgefallen waren, warum gab es nach seinem Kenntnisstand keine Erschießung bei der die zu Tötenden mit dem Gesicht zu dem Todeskommando standen? Das hätte doch kein halbwegs normaler Mensch ertragen können, er stellte sich die flehenden Augen von Kindern vor – ihm wurde übel – er musste an etwas Anderes denken. Er wusste ganz genau, wenn er diesen Gedanken weiter nachhängen würde, könnte er seine ersten Tage in Deutschland vergessen, er würde zu nichts mehr fähig sein und ein mentales Wellental durchschreiten müssen, das ihn möglicherweise für mehrere Tage paralysieren würde, zumindest geistig.

***

Er hatte sich im Excelsior Hotel Ernst, gleich gegenüber dem Kölner Hauptbahnhof, ein Zimmer mit Blick auf den Dom reserviert. Das Hotel hatte die Plüschphase der vergangenen Jahrzehnte konserviert. Er hätte es lieber etwas moderner angetroffen, war aber der Empfehlung seines Londoner Reisebüros gefolgt, die von dem Flair des Hauses geschwärmt hatten. Die Atmosphäre seiner Unterkunft war jedenfalls seinen Wünschen entsprechend und von dem Service konnte er nur mehr als zufrieden sein, offensichtlich versuchte das Personal ihm als Ausländer, dieser Status war bereits an seiner Kleidung ablesbar, jeden Wunsch von den Augen abzulesen. Man sprach ihn, da er einen britischen Pass hatte, auf holprigem Englisch an und wenn er dann auf Deutsch antwortete, ließen sich die Bediensteten nicht von ihrer einmal gewählten Sprache abbringen und blieben bei dem zunächst begonnenen rudimentären Englisch, das Personal betrachtete das wohl als besondere Höflichkeit dem Gast gegenüber.
Das Haus war in einem klassischen Stil gehalten. Die Fassade war gespickt mit Pockennarben von den Bombensplittern, die vor dem alten noblen Gemäuer keinen Halt gemacht hatten. Nachdem er das Hotel durch die schweren Messingtüren betreten hatte, war er überrascht, dass kein Laut zu hören war, nicht nur die Schritte wurden durch tiefe Teppiche gedämpft, sondern auch das rege Treiben rund um Bahnhof und Dom wurde akustisch ausgesperrt.

***

Nachdem er den kleinen abgestoßenen Schweinslederkoffer, der mit einigen Aufklebern von Reisezielen seines Vaters in seinem Zimmer abgeladen hatte, die Hemden und Anzüge in dem geräumigen Schrank säuberlich aufgehängt hatte, erfrischte er sich ein wenig, indem er sich Hände voll mit kaltem Wasser ins Gesicht schaufelte. Nun war er bereit sich auf Entdeckungstour durch die Kölner Innenstadt zu machen.

Eine Unzahl neuer Eindrücke stürzte auf ihn ein, zunächst erstaunte ihn die große Anzahl von Invaliden, die trotz ihrer Nachwehen von den Kriegsverletzungen arbeiteten. Viele hatten nur noch ein Bein und humpelten mit provisorischen Prothesen durch die Gaststätten und Ladengeschäfte, in denen sie Souvenirs oder Tabakwaren anboten. Andere hatten das untere Ende eines leblos herunterhängenden leeren Jackenarms in der Anzugtasche verstaut. Erschreckend viele Männer liefen mit einer Milchglasbrille und einer gelben Armbinde mit drei schwarzen Punkten herum, einige davon wurden von einem Schäferhund an einer kurzen Leine geführt, die Tiere waren bemerkenswert gut geschult, sie beachteten den Verkehr und führten den Halter mit traumwandlerischer Sicherheit nur dann über die Straße, wenn kein Risiko bei deren Überquerung mehr bestand. Hinterlistigerweise hatte er einmal versucht, einen dieser Führerhunde abzulenken, um zu testen, was dann passieren würde, die Hunde machten das Schlimmste, was einem Laienkomödianten passieren konnte, sie beachteten ihn nicht im Geringsten, sie fletschten keine Zähne, sie knurrten nicht, nicht einmal ein Bellen hatte man für ihn übrig. Nichts, der Verkehr wurde genauestens beobachtet und dann ging es über die Straße. Walther war nahezu beleidigt, er war es nicht gewohnt, missachtet zu werden – und das auch noch von einem Deutschen, wenn es auch nur ein Schäferhund war.
Bei seinem Rundgang bemerkte er die unglaublich vielen Trümmergrundstücke, die man notdürftig hinter Plakatwänden versteckt hatte, dahinter wucherten bereits Pflanzen und junge Bäume aus dem Schutt empor. Die Vegetation verdeckte alte Wunden innerhalb von ein paar Jahren und saugte ihr Leben aus dem Dünger der Geschichte.
Auf den zweiten Blick beeindruckte ihn die rege Bautätigkeit, an allen Ecken und Enden der Straßen wurde gebuddelt, gehämmert, gemauert, an den meisten Häusern waren hölzerne Gerüste hochgezogen, wobei sich ständig Baustaub von den oberen Brettern löste und auf die Passanten niederrieselte. An einigen Gerüsten musste man sogar damit rechnen einen Farbklecks oder eine Speisladung abzubekommen. An menschlichen Ressourcen schien kein Mangel zu herrschen, Hilfsarbeiter bedienten Flaschenzüge mit denen die roten, meist aus den Trümmern zerbombter Häuser gewonnenen Ziegelsteine in die Höhe gezogen wurden. Andere hatten bis an den Rand gefüllte Mörtelwannen aus Zink oder Holz auf der Schulter, als Polster nur einen alten Lappen auf dem Hemd und erklommen die hölzernen Leitern, um die Maurer in den oberen Etagen mit dem breiigen Zementgemisch zu versorgen. Wenn er sich vorstellte, den ganzen Tag nichts Anderes zu machen als die engen Leitern mit einer zentnerschweren Last auf immer der gleichen Schulter zu erklimmen, hätte er wahrscheinlich eine aussichtslose Frühverrentung mit seinen jungen Jahren beantragt. Die Bediener der Flaschenzüge hatten es nicht wesentlich leichter, sie mussten pro Tag in Summe wohl etliche Tonnen an Mauersteinen bewegen und das fast ausschließlich mit Muskelkraft. Er fragte sich, wie ein Mensch

das tagaus tagein für zehn Stunden am Tag aushalten konnte und dann auch noch samstags eine zusätzliche Schicht zu absolvieren hatte. Freilich, in anderen Ländern gab es ebenfalls knochenaufreibende Arbeitnehmerverhältnisse, wenn nicht sogar schlimmere, aber hier hatte er eine indirekte Beziehung zu den Umständen und den Leuten und eine Vergleichsmöglichkeit zu England.

Als nächste Baustelle besichtigte er die des Kölner Doms, gleich diagonal von seinem Hotel aus über den Bahnhofsvorplatz und er wunderte sich, dass dieses monumentale Bauwerk überhaupt die Bombardierungen während des Krieges überstanden hatte. Bei genauerem Hinsehen, entdeckte man eine nicht mehr zählbare Menge von Beschädigungen und Bombensplitterwunden, aber das Ding stand immer noch und die Türme ragten majestätisch über die vielen Ruinen des zerstörten und im Wiederaufbau befindlichen Kölns.

Im Inneren des Doms wurde er von einem wie im Boden verankerten Schweizer begrüßt, der in seinem bodenlangen roten Samtkaftan mit schwarz abgesetzten Stulpen und Kragen und seinem hohen zylindrischen ebenfalls roten Samthut aussah wie aus einem anderen Jahrhundert. Vor dem Bauch trug er einen hölzernen Kasten, in den man einen möglichst hohen Obolus stopfen sollte, der für die Erhaltung und Restaurierung des ehrwürdigen Hauses herhalten sollte. Jeder, der den verkleideten Tempelwärter geflissentlich übersah und seinen Holzkasten ignorierte, erntete einen strafenden Blick, spendete aber jemand etwas, was nicht klimperte, wurde er mit einem strengen Kopfnicken bedankt, es war wohl in Augen des Kirchendieners selbstverständlich, dass von jedem Besucher ein monetäres Opfer in beträchtlicher Höhe entrichtet wurde.

Der Fussboden im Kirchenschiff war notdürftig geflickt, das grobe gelblich-schwarze Fliesenmosaik war zum erheblichen Teil durch rohen Zement ausgegossen worden, die Kirchenbänke passten nicht so richtig zusammen und schienen aus verschiedenen Bettempeln zusammen gewürfelt worden zu sein. Die haushohen Fenster, die früher mit eindrucksvollen Glasmalereien religiöser Motive geschmückt waren, wie er aus Fotobüchern entnommen hatte, waren durch schmucklose weiße Butzenglasscheiben ersetzt worden. Eine Luftmine war in einer Bombennacht durch das Dach geschlagen und hatte nicht nur die Fensterscheiben und Kirchenbänke atomisiert, sondern auch sonst erhebliche Schäden angerichtet. Die Domtürme und die allerheiligsten Schätze wurden verschont, ob Gott persönlich seine schützende Hand über das Baudenkmal gehalten hatte, war nicht überliefert worden. Die wertvollsten Stücke waren ohnehin in einer unterirdischen Schatzkammer, einer ehemaligen Gruft zwischen uralten Grabmalen in Sicherheit gebracht worden. Die dort lagernden Gebeine konnten sich aber nicht über ihr so plötzlich gewonnenes Vermögen mehr freuen, da es aber ohnehin allesamt hohe Kirchenfürsten waren, hatten sie sicherlich zu Lebzeiten bereits beträchtlichen Reichtum und waren auf die Schätze nicht angewiesen.

Trotz der Beschädigungen war die Atmosphäre des erhabenen Gebäudes erdrückend. Auch als Nichtchrist konnte er sehr gut nachempfinden, was ein frommer Katholik wohl in diesem nach oben hin unendlich erscheinendem Gebäude gefühlt haben mochte.

Beim Verlassen der eindrucksvollen Kathedrale fühlte er sich tatsächlich ein wenig geläutert und ließ die unglaublich hohen Türme, die zu schwanken schienen auf sich wirken, er bewunderte die Arbeit der Baumeister, die vor vielen hundert Jahren dieses Bauwerk für die Ewigkeit entworfen hatten.

Er wandte sich Richtung Hohe Straße, der am Dom beginnenden Haupteinkaufsmeile Kölns, in der reges Treiben herrschte. Manche Gebäude in der Straße waren notdürftig hergerichtet, manche wurden trotz Hochbauarbeiten in Parterre als Geschäft genutzt, dabei schützte einen ein hölzernes Dach vor möglichem Steinschlag, andere waren durch Baracken ersetzt. Es gab nicht ein einziges Haus, das noch im Urzustand verblieben war, entweder war die Fassade in aller Hässlichkeit und Eile hochgezogen worden oder wartete noch auf bauliche Maßnahmen.

Die Behelfsbauten standen lediglich dort, um den Käufer auf kürzestem Weg anzulocken, und dann mit dem erzielten bescheidenen Gewinn möglichst schnell das Geschäftshaus wieder aufzubauen. Zusätzlich gab es eine Menge Verkäufer, die auf einem überladenen Bauchladen Kleinteile vor sich herschleppten und mit rauer Stimme lautstark ihre Waren anpriesen, dabei mussten sie nicht nur laut sein, sondern auch originell, um die Aufmerksamkeit der Passanten auf sich zu lenken, was sie auch regelmäßig schafften. Eine hellblonde dicke Zeitungsverkäuferin stach ihm ins Auge, sie war um die fünfzig und hatte krause Haare, ihr war wahrscheinlich die Dauerwelle durchgeschlagen. Sie verkündete stimmgewaltig die neuesten Eskapaden des Kölner Box Idols Peter Müller, genannt Müllers Aap. Er wunderte sich über den meterhohen Stapel Zeitungen, die sie wohl noch mit ihren witzigen und werbewirksamen Kommentaren wie „Die Aap aus dem Jefängnis entlassen, nächster Jeschner, der Papst.", mit diesen Sprüchen erntete sie nicht nur Lacher, sondern lockte auch erhebliche Käuferscharen an. Beim Lesen der Postille hatte er später festgestellt, dass weder der Papst, noch Peter Müller überhaupt in der Zeitung erwähnt worden waren – für eine Reklamation war es jetzt allerdings zu spät und auch monetär wenig sinnvoll.

Sah man einmal von den baulichen Notwendigkeiten in den Häuserlücken ab, konnte man sich in viele europäische Metropolen hineinversetzt fühlen. Der wirtschaftliche Aufschwung war spürbar. Das ständige Auf- und Abfließen des Passantenstroms ließ auf eine auflebende Kaufbereitschaft der potentiellen Kunden schließen. Wenn man den Käuferwillen nach der Anzahl der Tüten und Päckchen beurteilen wollte, kam man zu dem Schluss, dass das Geld wieder locker saß. Nun ja, die Deutschen hatten einen immensen Nachholbedarf, seit der Währungsreform konnten die Leute durch

ihren Fleiß wieder zu etwas Geld kommen und somit Anschaffungen machen, um ihren bescheidenen Bedarf zu decken. Die Wirtschaft fasste wieder Fuß und irgendwie ging es wieder aufwärts, na ja, dachte er sich, abwärts hätte es ja kaum noch gehen können.
Walther schlenderte die Schildergasse entlang, die von der Hohe Straße ausging, er ließ den Neumarkt hinter sich, bewunderte die Geschäftsauslagen der aufstrebenden Mittelstraße und bog am Rudolfplatz, die Hahnentorburg stand noch, wenn auch beschädigt, Richtung des ehemals vornehmen Hohenzollernrings ab. Überall das Gleiche, emsige unermüdliche Betriebsamkeit, volle Geschäfte, lästige Slalomwege um Baustellenabsperrungen, etliche Trümmergrundstücke, die zwischen den bereits wiederhergestellten Gebäuden Lücken ließen wie die Zahnreihen der älteren wenig begüterten Engländer.

Er wusste zwar ungefähr wo sich das Haus und Geschäft seines Vaters auf der Breite Straße befunden haben musste, konnte aber mit der von ihm beschriebenen Umgebung nichts anfangen, in der Gegend war alles in einem schmucklosen Stil neugebaut worden. Von dem alten verzierten Jugendstilgebäude war nichts auszumachen. Er vermutete schließlich, dass das große hinter Plakatwänden versteckte Trümmergrundstück das gesuchte war, war sich aber nicht sicher, da die Hausnummern wohl einer neuen Ordnung unterlagen. Die Diskrepanz zwischen den alten Fotos Kölns, den Beschreibungen der Eltern einerseits und der Realität des Nachkriegskölns andererseits waren dermaßen groß, dass er sich mehrmals versichern musste, auch in der richtigen Straße zu sein – er war in der richtigen Straße.
Als wichtigste Orientierung half ihm das weitgehend erhaltene Kaufhaus Peters, das schräg gegenüber dem elterlichen Haus gestanden und das Mutter angeblich fast täglich besucht hatte. In diesem riesigen Konsumtempel war das meiste noch wie in den übermittelten Bildern erhalten. Klappernde hölzerne Rolltreppen beförderten die Kunden in die oberen Etagen, der spezifische Geruch nach Papier und imprägnierter Kleidung nötigte ihn zum tiefen Einatmen. Er liebte auf Anhieb diese Atmosphäre, erinnerte sie ihn doch an das elterliche Geschäft in London, das ebenso mit hölzernen Verkleidungen und Wänden voller Regale und Kleiderstangen aufzuwarten hatte. In jeder Abteilung, die er sich ansah, wurde er in dem typisch rheinischen Singsang von freundlichen Verkäuferinnen begrüßt und jede der Damen empfahl irgendeinen besonders schönen oder günstigen Artikel, der nicht mehr lange auf einen Käufer warten würde. Hier fühlte er sich das erste Mal heimisch, hier könnte er es aushalten.
Walther hatte den Concierge um Adressen gebeten, wo man sich seriös amüsieren könne, ohne in die Gefahr einer Schlägerei zu kommen oder in die Hände von Prostituierten zu fallen. Er war schon kurz nach der Ankunft durch die Bescheidenheit

der dienstbaren Geister aufgefallen, die nicht wie in England immer auf ein Trinkgeld schielten und stets wohlgesetzte Pausen bei Auskünften oder Dienstleistungen einlegten, damit der zu bedienende Zeit hatte, ein Trinkgeld aus der Tasche zu klauben. Hier in diesem Land schauspielerten die Bedienungen eine Überraschung, wenn sie eine stattliche Anerkennung für ihre Dienstbarkeit erhielten. Die Empfehlung des Concierge begann mit dem sonntäglichen Tanztee im Gürzenich, der guten Stube Kölns, ging über den in der Flora, dem Glaspalast in Zoonähe bis zum Tanzbrunnen auf dem Messegelände auf der anderen Rheinseite, der allerdings erst abends stattfand. Walther entschied sich für den Tanztee in der Flora, da man hier weniger Massenandrang habe und anschließend am Rheinufer, durch den botanischen Garten oder sogar in dem Zoologischen Garten spazieren gehen könnte.

Er blieb am Eingang der lichtdurchfluteten Flora stehen und sah sich um, kein einziger kleiner runder Marmortisch war unbesetzt, einige wenige unbesetzte Stühle konnte er zwischen den Leuten ausmachen, er hatte aber wenig Lust, sich zu einem Paar zu setzen, die wahrscheinlich verheiratet oder zumindest fest zusammen waren und nicht gestört werden wollten.

An einem Tisch erblickte er, kurz bevor er schon wieder enttäuscht umkehren wollte, zwei ältere Damen in Begleitung eines bildhübschen Wesens mit aschblondem Haar, das zu einem Pferdeschwanz zusammengebunden war. Die Damen unterhielten sich angeregt und lachten des Öfteren kurz auf, hier würde er wahrscheinlich nicht oder wenig stören, er steuerte auf den Tisch zu und fragte von einer formvollendeten Verbeugung begleitet, ob er sich zu den Damen setzen dürfe. Während sich die jüngste der Damenrunde zu keiner Regung oder Bemerkung hinreißen ließ und nicht einmal aufblickte, lächelten die beiden älteren freundlich und eine der Matronen, die einen kaum existenten beige Hut trug, auf dem ein winziger bunter Vogel thronte, meinte mit einer schwungvollen Handbewegung in ihrem rheinisch angehauchten Hochdeutsch: „Wohlerzogene junge Männer mit guten Manieren sind bei uns immer herzlich willkommen."

Walther bedankte sich höflich und setzte sich neben die Schönheit, bestellte bei der heraneilenden Kellnerin eine Flasche Cola und eine Flasche Apfelsaft. Er ließ seinen Blick über die Köpfe der zahlreichen Gäste schweifen, verharrte bei der nicht einmal schlecht spielenden fünfköpfigen mit schwarzen Smokings ausstaffierten Tanzkapelle und bewunderte die Tanzpaare. Die Combo spielte die üblichen Standardstücke von Foxtrott über Rumba oder Walzer bis Tango und Cha-Cha-Cha.

Etliche Paare bewegten sich langsam im Kreis gegen den Uhrzeigersinn über die Tanzfläche. Warum in diese und nicht in die andere Richtung? Ein Tatbestand, den man herausfinden müsste, möglicherweise war die gleiche Begründung darin zu suchen wie bei einem immer linksdrehenden Wasserstrudel und wurde durch die Erddrehung verursacht, instinktiv und ohne jeden ersichtlichen Grund wurde diese

Richtung eingeschlagen, weil sie im Unterbewusstsein vorgegeben ist. Das Auge des Tanzstrudels war leer, was wegen der Langsamkeit der Tänzer nicht an der Fliehkraft liegen konnte, also physikalisch nicht begründbar war. Vielleicht wollten die Paare einfach nur nicht auf der Stelle verharren und drängten deshalb in die äußeren Regionen des Tanzkreises.

Die Kellnerin mit einer höchstens handtellergroßen gestärkten Spitzenschürze brachte seine Getränke und die Damen am Tisch staunten nicht schlecht als sie bemerkten, dass er Cola und Apfelsaft in einem Mischungsverhältnis von gleichen Teilen in ein Glas goss und genüsslich einen kräftigen Schluck nahm. Die leutseligste der Damen, die mit dem Vogel am Hut, wandte sich an ihn und fragte, was das wohl für eine sonderbare Mischung sei und ob das überhaupt schmecken könne. Grinsend erwiderte Walther, dies sei seine eigene Kreation und erfrischender als jedes Getränk einzeln genossen. Auch die junge Schönheit konnte sich ein anzügliches Lächeln nicht verkneifen und musterte ihn dabei aus den Augenwinkeln, ihr abschätziger Blick verriet ihre Meinung nur allzu offen, er drückte etwas zwischen Missachtung und Ekel aus.

Er lehnte sich in seinem wenig gemütlichen weiß lackierten Metallstuhl, dessen runde Lehne eine Blumenranke darstellen sollte, zurück, um den Anschein zu erwecken, er beobachtete die Tanzenden. Seine Aufmerksamkeit widmete er aber voll und ganz der jungen Dame, die nur eine knappe Armeslänge entfernt neben ihm saß. Sie trug einen weiten rosa-weißen Rock mit Vichy Karo, darunter wohl einen Petticoat, einen breiten roten Gürtel, der ihre ohnehin schlanke Taille noch betonte, dazu trug sie eine weiße Bluse mit dreiviertel langen Ärmeln, die in offenen umgeschlagenen Manschetten endeten. Um den Hals hatte sie ein ebenfalls rotes farblich passendes winziges Halstuch gebunden, darunter lugte ein ziseliertes goldenes Kreuz hervor – was hätte das im „heiligen" Köln schon anderes sein können. An ihren zierlichen Füßen bemerkte er rote Ballerinas, die farblich exakt zu Gürtel und Halstuch passten. Als geborener, wenn auch nicht praktizierender, Konfektionär wusste er die farbliche Abstimmung zu würdigen.

Ihr blonder Pferdeschwanz wippte bei jeder Bewegung, drehte sie den Kopf, schlug er um ihre Ohren und ihre Stirn wurde von einem schräg angeschnittenen Pony verdeckt, den sie alle paar Minuten zur Seite schob und dabei ihre blassen Sommersprossen freilegte. Auch ihre Nase und die Wangen waren dezent von diesen Pigmentstörungen gesprenkelt, er gehörte nicht zu den Leuten, die diesen „Makel" als weniger schön empfanden, im Gegenteil, sie übten eine gewisse Anziehungskraft auf ihn aus, nicht zuletzt, da er der Meinung war, dass eine makellose Schönheit den Eindruck der Unberührbarkeit hervorrief.

Er wandte sich an sie: „Entschuldigen Sie, dass ich durch meine Anwesenheit abschreckende Wirkung auf potentielle Tänzer ausübe, ich fürchte, wegen mir werden Sie erst gar nicht zum Tanzen aufgefordert werden."

Sie schüttelte vehement den Kopf, wobei ihr Haarzopf gegen ihre Wangen peitschte, die Wirkung war Entzückung auf seiner Seite wegen der anmutigen Bewegung.
„Das macht überhaupt nichts, ich tanze grundsätzlich nur Boogie-Woogie oder einen flotten Cha-Cha, manchmal vielleicht noch etwas Langsames, einen Rumba oder Tango. Ich werde im Allgemeinen nur zu Tänzen aufgefordert, die ich ohnehin nicht mag. Insofern bin ich sogar froh, dass nicht bei jeder Tanzserie ein oder mehrere Tanzwütige angelaufen kommen, um sich dann von mir einen Korb abzuholen. Ich mag es vielmehr, die Leute zu beobachten, wie sie sich auf der Tanzfläche abquälen, insbesondere die Schlechttänzer."
Walther musste lachen. „Ich schlage Ihnen eine Abmachung vor, wenn Sie Lust haben zu tanzen, weil die Kapelle einen Ihrer präferierten Rhythmen spielt, geben Sie mir einfach einen Wink und wir bevölkern die Tanzfläche. Im Übrigen teile ich Ihren Geschmack, ich beobachte lieber die Verrenkungen der Leute, als dass ich selber tanze, das trifft vorrangig dann zu, wenn der Andrang zu groß ist und man sich nur von Anderen in eine Richtung schieben lassen muss. Die Ausnahme bildet tatsächlich die schnellen Tänze, dann flüchten sich viele wieder auf ihren Platz, anders als bei dem ewigen Foxtrott oder den Walzern."
„Sie haben einen leichten Akzent, sind Sie Ausländer?"
„Ich wurde in London geboren und bin auch dort aufgewachsen, meine Eltern sind aber beide deutschstämmig, sie sind vor dem Krieg nach England übergesiedelt. Sie hatten ein Geschäft auf der Breite Straße. Ich bin hier, da ich die alte Heimat der Familie kennenlernen möchte und erst seit ein paar Tagen in Köln. Ich muss gestehen, Vieles ist recht verwirrend. Wissen Sie, es wurde viel erzählt, ich habe alles über Köln gelesen, was ich in die Finger bekam, aber mein persönlicher Eindruck ist nicht deckungsgleich mit der vorgefertigten Meinung. Meine Eltern sind vielleicht schon zu lange fort gewesen und die Bücher beschreiben eigentlich nur die Kölner Geschichte und die mehr oder weniger interessanten Monumente oder auch Gebäude und Eigenarten der Leute."
„Was gefällt Ihnen denn hier besonders und was gefällt Ihnen an Köln nicht?"
Walther richtete seinen Blick auf den riesigen Leuchter an der Decke, geschmacklos hingen Milchglaskugeln aufgereiht an einem kreisförmigen weiß lackierten Metallgestell. „Also, zunächst gefallen mir die Leute hier, die ich kennen gelernt habe, ich hatte viel mehr Nazis erwartet und bisher keinen gefunden, nun gut, die laufen damit nicht Reklame und geben sich wahrscheinlich heutzutage liberal. Ich finde die Atmosphäre und den menschlichen Umgangston nicht schlecht, ich mag die Stimmung in den Brauhäusern, ich mag den Dom und den Rhein. Ich war allerdings entsetzt festzustellen, wie viele Gebäude zerstört wurden und noch mehr zu sehen, durch welche Hässlichkeiten sie ersetzt wurden."

„Sind die Bausünden denn dermaßen gravierend, ich habe keinen Vergleich, ich habe die Stadt früher nicht bewusst erlebt, als Kind merkt man so etwas nicht, man nimmt es so wie es kommt."
„Ich kenne die Stadt auch nur von Fotos und alten Bildbänden, als ich klein war hat mir mein Vater ein altes Fotobuch gezeigt und erläutert, ich habe das übrigens in meinem Hotelzimmer, wenn ich aber die heutige Bebauung mit den Vorkriegsbildern vergleiche, erschrecke ich häufig über die Phantasielosigkeit der heutigen Architekten und Städteplaner."
„Wollen Sie lange in Köln bleiben? Wo wohnen Sie denn überhaupt?"
„Ich habe ein Zimmer im Hotel Excelsior und wie lange ich bleiben werde hängt von meiner Lust und Laune ab. Ich wäre eventuell sogar bereit, mich hier auf Dauer niederzulassen. Ich habe mein Studium in England abgeschlossen und suche letztlich ein Betätigungsfeld, das mich ausfüllt und ernährt. Ich fühle mich in England immer noch nicht heimisch, für die Briten sind wir immer noch die Hunnen und sie begegnen uns mit Ressentiments."
„Was haben Sie denn studiert?"
„Mikroökonomie, aber ich habe damals schon einen Schwerpunkt gewählt und mich auf die Bauwirtschaft spezialisiert, ich finde es spannend, die Zeichnung eines Hauses zu sehen und dann die Umsetzung zu verfolgen, wie der Entwurf zu einem Gebilde wachsen wird. Wenn es dann fertig ist, will ich es besitzen und durch Mieter mit Leben füllen. In kaum einem anderen Beruf hat man die Möglichkeit, von der Idee bis zum belebten Objekt, alles zu beeinflussen. Gut, mit der gleichen Berechtigung hätte ich auch zum Beispiel den Schiffbau wählen können, aber ich finde die Bauwirtschaft bodenständiger."
Sie sah ihn erstaunt an. „Hätten Sie denn nicht besser Architektur studiert, anstatt nur die Finanzierung zu organisieren und als Bauherr zu fungieren?"
Walther musste grinsen, pflückte sich wie es Peacombe früher immer getan hatte eine Fluse vom Sakkoärmel und ließ sie fallen wie ein totes Insekt. Er sah der Fluse nach bis sie ihren Flug auf dem Fußboden beendet hatte. „Nun, dazu braucht man ein gewisses Talent, was mir leider fehlt. Ich habe zwar ein paar Semester Kurse zum Hochbauingeniur belegt, musste aber feststellen, dass die meisten meiner Kommilitonen an mir vorbeizogen, insbesondere was die künstlerische Seite der Medaille betrifft. Da mir Statik zu mathematisch erschien, hatte ich beschlossen, mich als Economist auf die Finanzierung und Wirtschaftlichkeit zu stürzen."
Die Kapelle intonierte die Capri-Fischer, die allseits beliebte Schnulze mit der toten Nonne, die im Meer versinkt. Walther forderte seine hübsche Sitznachbarin zum Tanz auf, dies sei etwas Langsames und könnte eventuell ihrem Musikgeschmack entsprechen. Sie lächelte ihr strahlendstes Lächeln, meinte das sei zwar überhaupt nicht ihr Musikgeschmack, der Rhythmus käme ihren Vorstellungen auch nicht nahe, stand trotzdem zögerlich auf.

Walther stellte erstaunt fest, dass sie wohl zwei oder drei Zentimeter größer war als er, trotz der flachen Absätze, die sie trug. Er sah sie vor seinem geistigen Auge mit Pumps, da überragte sie ihn turmhoch. Dieser Mangel an Körpergrößenrelation tat nach kurzer Überlegung seiner Begeisterung für sie keinen Abbruch, er hoffte nur, dass auch sie darüber hinwegsehen könnte. Selbst das Parfüm, das er auf dem Weg zur Tanzfläche als er sie am Arm führte, erschnuppern durfte erregte ihn, es war nicht eines der allgemein begehrten Kölner Duftwässerchen von 4711, es musste wohl etwas Französisches sein.
Sie tanzten auf ziemliche Distanz trotz des getragenen Liedes, das eigentlich das Näherkommen fördern sollte, er wollte aber nicht zu Beginn ihrer Bekanntschaft als aufdringlich gelten.
Während des Tanzes erklärte sie ihm die verwandtschaftlichen Beziehungen zu den älteren Damen in ihrer Begleitung. Die mit dem Vogel am Hut war die Schwester ihrer Mutter, die zu Besuch aus Westfalen angereist sei und die hutlose sei ihre Mutter.
„Meine Lieblingstante isst so gerne den Käsekuchen hier in der Flora und sie mag den Betrieb mit und um die Tanzenden, deshalb haben wir drei uns spontan entschlossen, hierher zum Tanztee zu kommen.
Wieso heißt es eigentlich Tanztee, obwohl jeder Kaffee trinkt? Na, egal.
Die beiden Schwestern haben sich immer eine Menge zu erzählen, da ich aber vormittags schon einen Spaziergang mit Tante Trude gemacht habe, bin ich schon in alle Neuigkeiten eingeweiht und kann ein anderes Gesprächsthema durchaus vertragen. Wissen Sie, die Trude ist nämlich etwas verrückt, sie hat immer spontane Ideen, auf die kein anderer Mensch kommt. Sie brauchen sich nur ihren Hut mit dem Vogel anzuschauen. Das war ihre eigene Kreation und dann ihre spezielle Schminke, sie liebt schrille Farben, manchmal bleiben die Leute auf der Straße stehen und sehen hinter ihr her, weil sie so verrückte Klamotten trägt. Aber sie hat immer ein offenes Ohr für meine pubertären Probleme gehabt und mir viel Selbstbewusstsein eingeflößt. Sie hat auch schon eine unzählbare Menge von Männern verschlissen, hatte auch immer die Zügel in der Hand und hat sich selten auf Kompromisse eingelassen. Von ihrem einzigen Ehemann hat sie sich schon nach ich glaube zwei Jahren Ehe scheiden lassen, eine stattliche Abfindung bekommen und lebt seitdem nach ihrem Gusto, sie fragt nach Nichts und Niemandem. Sie malt in ihrem Atelier die tollsten Bilder und lebt, sie lebt einfach und intensiv. Meine Mutter ist da ganz anders, aber das liegt wohl an meinem Vater, der sehr auf Konventionen achtet und sich ziemlich steif gibt. Als wir zum Tanzen gingen, schwelgten die Schwestern in alten Erinnerungen aus ihrer Jugend und so. Da kann ich ohnehin nichts beitragen, ich kenne keinen der teilweise schon verstorbenen Akteure."
Der Tanz war zu Ende und Walther geleitete seine Partnerin zurück zum Tisch.

„Sollten wir uns nicht duzen? In England ist man weniger förmlich als hier und ich muss immer höllisch aufpassen, dass ich bei einer fast gleichaltrigen nicht automatisch in das Du verfalle. Mein Name ist Walther."
„Ich heiße Roswitha. Walther ist aber ein sehr martialischer Name, er bedeutet, wenn ich mich recht erinnere, Herrscher der Streitkräfte."
„Ja, das stimmt, aber mit deinem Namen kann ich allerdings nicht mithalten, Roswitha die Ruhmreiche. Aber wir Männer waren wohl immer etwas bescheidener als das schöne Geschlecht."
Roswitha musste lachen, sie stieß ihn vertraulich in die Seite. „Das mag ja für dich zutreffen, auf die Mehrheit der männlichen Bevölkerung kann man das aber nicht übertragen. Und was Dich betrifft, so kann ich mir noch kein Urteil erlauben. Wenn ich aber einige Damen betrachte, weiß ich auch nicht, ob der Begriff „Das schöne Geschlecht" treffend ist, man sieht doch eine Vielzahl von hässlichen Frauen, sieh dich doch nur mal hier im Saal um."
Walther folgte ihrer Anregung, musterte etliche junge Damen und kommentierte das Gesehene knapp: „Ich habe den Eindruck, nicht nur die Alten, sondern auch die Jugend kaschiert in vielen Fällen die Hässlichkeit mit Unmengen kosmetischer Produkte. Das trifft aber auf keine der Damen an unserem Tisch zu."
„Charmeur!" Antwortete sie mit einem spöttischen Seitenblick.
Sie setzten sich wieder an den Tisch. Walther beugte sich vor und sah ihr in die Augen. „Ich gewinne den Eindruck als hättest Du nichts dagegen, mich nochmals zu treffen, was ich sehr begrüßen würde. Hättest Du vielleicht Lust und Zeit, mir die Sehenswürdigkeiten Kölns zu zeigen, alleine die Stadt zu erkunden macht viel weniger Spaß als mit einer charmanten Begleiterin. Zumal, es würde für mich viel aufwendiger werden, wenn ich mit einem Reiseführer in Buchform versuche Interessantes oder Sehenswertes ausfindig zu machen. Wenn Du die Dinger aufklappst, findest Du fast ausschließlich Kirchen in diesem ach so heiligen Köln."
Roswitha zögerte eine Minute, sie kannte diesen Mann kaum, auf der anderen Seite war er ihr durchaus sympathisch. Sie war sich nicht klar darüber, ob sie jetzt eine feste Beziehung eingehen wollte, die sie nur von ihrem Studium abhalten würde. Andererseits hatte sie genügend Freiräume in ihrem Stundenplan, sie musste demnach nur dafür sorgen, dass sie die Zügel in der Hand halten würde und die Regie nicht diesem jungen Mann überlassen würde.
„Ich könnte mich Mittwoch freischaufeln, die Kurse, die ich dann belegt habe, sind nicht so wichtig als dass ich die nicht mal schwänzen könnte."
„Abgemacht, kommst du dann in mein Hotel und holst mich ab? Sagen wir so zwischen zwei und drei Uhr nachmittags?
Was studierst du denn überhaupt? Es ist lustig, ich habe vor dir fast mein ganzes Leben ausgebreitet und von dir weiß ich so gut wie nichts. Wenn du Lust hast, können wir noch einen kleinen Spaziergang machen, um uns die Beine zu vertreten,

oder musst du die beiden älteren Damen nach Hause begleiten? Unterwegs könntest du mir etwas von dir erzählen."
„Es wäre kein Problem für mich noch eine Stunde zu laufen, ich mag den Park hier ohnehin sehr. Die beiden Älteren sind auch ohne mich ausreichend beschäftigt und können auf meine Gesellschaft verzichten."
Roswitha verabschiedete sich kurz von ihrer Mutter und ihrer Tante. Walther legte einen Geldschein auf den kleinen runden Marmortisch, der noch das Geschirr des Konsums beheimatete. Die Vogelhutdame wollte keinesfalls, dass er seine Zeche selber bezahlte und bestand darauf, seine Getränkerechnung zu übernehmen, was er nach einigem Zögern und nach zureden von Roswitha akzeptierte, nicht ohne eine vage zukünftige Revancheeinladung ausgesprochen zu haben.
An der frischen Luft mussten beide zunächst einen intensiven Sauerstoffkoller verarbeiten, erst hier bemerkten sie, wie rauchig die Luft in der Tanzhalle gewesen war. Scheinbar hatte jeder der Tanzteegäste eine Packung Zigaretten geraucht. Walther ließ sich von Roswitha planlos führen, auf seine Bitte hin berichtete sie von ihren Studienfächern.
„Also, ich studiere Deutsch, Geographie und Englisch auf Lehramt. Ich liebe Kinder und habe sie auch gerne um mich herum, deshalb möchte ich das auch zu meinem Beruf machen. Ich hatte zunächst überlegt, Kindergärtnerin zu werden, habe mich aber dann für den Beruf als Lehrerin entschieden, da man als solche wohl mehr bewirken kann. Ich hatte fürchterliche Lehrerinnen, bei denen man unter Zwang lernen musste und ich denke, man kann den Lehrstoff auch so vermitteln, dass das Lernen zumindest ein wenig Spaß macht. Wenn wir uns am Mittwoch treffen, könnten wir vielleicht Englisch reden, dann hätte ich etwas praktische Übung und bräuchte kein schlechtes Gewissen wegen der versäumten Kurse zu haben. Oder wäre Dir das nicht recht?"
Natürlich war es ihm recht, gab er lächelnd zu.
Sie schlenderten langsam aber stetig mehr als zwei Stunden durch den Park, umrundeten den Zoologischen Garten, wobei sie an dem Geruch zu erkennen versuchten, welche Tiere auf der anderen Seite der Mauer besichtigt werden konnten, wobei sie bei den Giraffen keine Zweifel hatten, die ihre langen Hälse in die Baumkronen reckten, das Blätterwerk dort abrupften und vertilgten. Sie hatten den Rückweg am Rheinufer entlang eingeschlagen und sie erzählte währenddessen von ihrem Werdegang, von der Kindheit in Westfalen, von ihrer Übersiedlung nach Köln. Sie erzählte von den anfänglichen Problemen mit dem schwülen rheinischen Klima, ihrer Schwierigkeit bis zur fast vollständigen Akklimatisierung, dem Widerwillen gegen die hiesigen Wurstwaren und Bäckereiprodukte. Anfangs war sie der festen Überzeugung gewesen, in ihrer alten Heimat sei alles besser gewesen, mittlerweile habe sie aber Köln lieben gelernt und könne ihre alten Ressentiments gar nicht mehr

nachvollziehen, lediglich mit dem Dialekt habe sie nach wie vor ihre Schwierigkeiten, sie verstehe mittlerweile eine ganze Menge, könne aber nicht auf Kölsch antworten.
„Wenn ich mit waschechten Kölnern zusammentreffe, die sich in ihrem Kauderwelsch unterhalten, verstehe ich nur die Hälfte. Mein Problem ist nur, ich weiß nicht was sie mir in der anderen Hälfte mitgeteilt haben, die ich nicht verstanden habe."
Sie erzählte von ihrem Vater, der auf dem Rückzug in sowjetische Gefangenschaft geraten war, der aber noch Glück gehabt habe, da er ohne größere körperliche Versehrtheit die kriegerische Angelegenheit überstanden habe, von den seelischen Verwundungen und Schäden wollte sie erst gar nicht reden, die wären bei der Vorgeneration ohnehin bei jedem vorhanden. Es war nur eine Frage, wie diese nicht sichtbaren Wunden verheilten, manche Seele vernarbte bei anderen zeigten sich diese inneren Verletzungen in Verhaltensstörungen oder extrem geringem sozialen Verhalten.
„Jeder Kriegsheimkehrer hat doch einen Knacks, die müssten eigentlich alle zum Psychiater. Ich muss aber einräumen, dass die Leute, die nicht an der Front im Kampfeinsatz waren genau so seelisch geschädigt sind. Ich brauche nur meine Lehrer Revue passieren zu lassen, siebzig oder achtzig Prozent davon haben einen mentalen Schaden, ich meine das ist ja noch verständlich, wenn ich bedenke, was die alles mitgemacht haben – aber dann werden solche seelischen Krüppel auf die Kinder als Erzieher und Leitfiguren losgelassen. Da bin ich wieder bei dem Punkt, warum ich es gerne besser machen würde. Mein Ansatz ist, ich möchte nicht die Ängste und Traumata der älteren Generation auf die Kinder übertragen wissen, sondern so verständnisvoll und tolerant wie möglich auf sie einwirken."
Sie sprachen über die Chancen Deutschlands zu erstarken, den unerwartet schnell wachsenden Binnenmarkt, die ökonomischen Aussichten und die Wahrscheinlichkeit, dass die Deutschen mit ihrem organisatorischen Talent und Fleiß wieder auf die Beine kämen. Die Fortschritte seit der Währungsreform waren unübersehbar und stimmten einen Beobachter optimistisch.
Als sie schließlich vor ihrem Haus angekommen waren, wachte er wie aus einem Traum auf, die Realität hatte sie wieder eingeholt, erschreckt stellten beide fest, dass es bereits dunkel geworden war, dass sie bald drei Stunden unterwegs gewesen waren und ununterbrochen geredet hatten, ohne dass Langeweile aufgekommen wäre. Sie gestattete ihm einen flüchtigen Kuss auf die Wange, obwohl er liebend gerne wenigstens ein kleines Stückchen weitergegangen wäre, befolgte er ihren Befehl, den sie wortlos geäußert hatte, indem sie ihm den Zeigefinger auf die Lippen gelegt und dabei ein Kopfschütteln angedeutet hatte.
Sie wandte sich abrupt von ihm ab, als müsse sie sich losreißen von etwas, das sie gerne fortgeführt hätte – war es Vernunft, waren es Zweifel? Mit wippendem Rock erklomm sie die fünf Stufen bis zur Haustüre, öffnete sie, drehte sich noch einmal kurz um und lächelte zaghaft in seine Richtung.

Der dunkle Hausflur hatte sie verschluckt. Das Licht wurde erst eingeschaltet, als die Türe bereits verschlossen war. Walther blieb noch eine Weile reglos stehen, vielleicht wollte sie nochmals auftauchen und ihm eine gute Nacht wünschen. Walther war glücklich, er spürte in seiner Brust eine Blockade – oder war es eine Befreiung von unterdrückten Gefühlen(?) – er konnte es nicht definieren, obwohl es eine neue Art von Schmerz war, empfand er das Gefühl nicht als unangenehm. Er verspürte nur das dringende Bedürfnis, sie wieder in die Arme zu schließen und nicht mehr loszulassen.

Er musste laufen, er musste sich in der kühlen Abendluft bewegen, er konnte jetzt unmöglich ins Hotel gehen und dort so tun als, sei dies ein ereignisloser Tag gewesen. Er wollte und musste an sie denken, er war erfüllt von ihr, sein Kopf, sein Herz war voller Freude auf Mittwoch, gleichzeitig verspürte er Wehmut, dass das noch so lange hin war, bis er sie wiedersehen durfte. Er nannte still ihren Namen, er buchstabierte langsam und lautlos R O S W I T H A, wiederholte ihn einige Male, bis er mit Erschrecken feststellen musste, dass er nicht einmal ihren Nachnamen kannte. Der Name war in dem langen Gespräch überhaupt nicht gefallen, er selbst hatte sich auch nicht vorgestellt. Sie hatten stundenlang über alles Mögliche geredet, das Wichtigste wie Namen oder ihre Telefonnummer mit keinem Wort erwähnt. Er hatte zwar in der Flora, bevor er sich zu den Damen gesetzt hatte, in der Annahme es sei von keiner Bedeutung seinen Nachnamen gemurmelt, offensichtlich wurde der aber von niemandem zur Kenntnis genommen. Normalerweise wurde er nach Namensnennung gefragt, ob er Jude sei, was bei Rosenzweig keinen detektivischen Spürsinn verlangte.

Wie in Teufels Namen sollte sie ihn dann am Mittwoch im Hotel ausfindig machen, wenn sie ihn verabredungsgemäß abholen sollte. Sie konnte doch am Empfang schlecht sagen, sie suche einen jungen Kerl im grauen Anzug, der Walther hieß.

Er konnte ihr auch kaum einen Brief schreiben, er hatte bemerkt, dass mehr als eine Klingel und auch mehr als ein Briefkasten neben der Haustüre angebracht waren. Er musste sich also unbedingt zwischen zwei und drei Uhr am Mittwoch in der Hotellobby aufhalten, damit er sie nicht verpasste.

Um auf der sicheren Seite zu sein, schlug er entgegen seines Plans sofort den Weg zum Hotel ein und bat an der Rezeption darum, ihn zu rufen, wenn sich eine blonde junge Dame nach einem Walther erkundigen sollte, so sei er der besagte Walther. Er dürfe die Dame keinesfalls verpassen und fügte noch hinzu, es sei eine Angelegenheit von äußerster Wichtigkeit und es gehe um seine Zukunft. Der ältere freundliche Rezeptionist versprach, da er die ganze Woche Tagdienst habe, entsprechend zu agieren. Als Erinnerungsverstärker hatte Walther noch ein sattes Trinkgeld über den Tresen geschoben, das äußerst diskret in der Westentasche des Hotelangestellten verschwand, ohne dass dieser auch nur andeutungsweise eine Miene verzog oder sich bedankte. Als Walther sich abkehrte raunte der

Empfangschef ein stets zu Ihren Diensten hinter ihm her, was in dessen Augen wohl einen Dank bei weitem übertraf.

Um sich nach allen Seiten abzusichern, ging er zurück zu ihrem Wohnhaus, das er auch nach einigen kleineren Umwegen fand. In dem Haus wohnten vier Parteien einschließlich einer Rechtsanwaltskanzlei, wie ein blankpoliertes Messingschild offenbarte, zumindest hatte er nun die Auswahl von drei Namen, der Anwalt wohnte offenkundig ebenfalls in dem Haus, einer der Namen musste demnach auch der der Angebeteten sein. Er ärgerte sich immer noch maßlos über sich selbst, sie weder nach ihrem Namen, noch nach ihrer Telefonnummer gefragt zu haben, die Liebe scheint einen erheblichen Teil des Denkvermögens zu lähmen.

Abends, nach einer kleinen Mahlzeit, zu der er sich gezwungen hatte, philosophierte er über seine Zukunft und kam immer klarer zu dem Schluss, dass er dieses Mädchen – oder diese junge Frau – unbedingt erobern musste, obwohl er sie erst einige Stunden kannte. Er malte sich aus, wie es wohl wäre, sie zu heiraten, ein Haus in Köln für sie zu bauen und dann mit ihr eine Familie zu gründen. Er wusste, die Idee war verrückt aber er überzeugte sich selbst, der Mensch braucht ein Ziel, auch wenn dieses Ziel vielleicht unerreichbar erscheint. Er schwelgte in seinen Gedanken von einer unendlich glücklichen Zukunft, er konnte kaum erwarten, sie am Mittwoch wiedersehen zu können. Das Schlimme war die Tatsache, dass es erst Sonntag war, wie sollte er nur die Zeit überbrücken? Er fühlte sich schlimmer als ein kleines Kind kurz vor Weihnachten.

Er hatte jedenfalls Zeit zu grübeln und er grübelte. Er musste sich zwingen, ruhig Blut zu bewahren. Sicherlich er wollte so schnell wie möglich mit Roswitha zusammenkommen. Er wäre auf der Stelle bereit, ohne sie genauer zu kennen, eine Heirat ins Auge zu fassen. Dazu müsste er aber zunächst einmal eine solide Einnahmequelle schaffen, eine vernünftige Wohnung haben, er wollte allen zeigen, dass man Rom auch an einem Tag erschaffen könne, obwohl ihm bewusst war, dass Entscheidungen, die Hals über Kopf aus dem Bauch heraus gefällt wurden, nicht allzu oft zu vernünftigen Ergebnissen führten.

Er erwog zunächst eine Anstellung als Häuser- beziehungsweise Grundstücksmakler zu suchen, oder bei einer soliden Baufirma als Verwaltungsmensch unterzukommen. Nebenbei könnte er sich dann um seine eigenen Belange kümmern. Er könnte seine Ohren offenhalten und bei Kenntnis von einem geeigneten Objekt selber zuschlagen und den Baugrund erwerben, er wäre immer am Puls der Zeit und wäre auch über die Marktlage bestens informiert. Er machte sich gleich am nächsten Tag, nachdem er das Branchenfernsprechbuch eingehend studiert hatte, auf den Weg. Durchdachte Pläne mussten schnell realisiert werden, ein Entschluss, der einmal gefällt wurde, unterliegt einer ähnlichen Haltbarkeit wie Frischmilch.

Schon nach wenigen Kontakten mit Maklerfirmen und Bauunternehmungen musste er ernüchtert feststellen, dass es keinen Bedarf für seine Fähigkeiten gab. Der

Maklerberuf lag fast brach, da es so gut wie kein Angebot an Mietwohnungen oder Kaufimmobilien gab, die Nachfrage danach aber unendlich erschien. Bei den Grundstücken sah es anders aus, niemand wollte einen Makler beschäftigen, da von dem geringen Erlös für Trümmerhalden nicht auch noch ein Vermittler die Hände aufhalten sollte. Auf der anderen Seite traf hier ein riesiges Angebot auf wenig Nachfrage, da die potentiellen Bauherren einen erheblichen Anteil an Eigenkapital benötigten, um die Finanzierung über Banken gewährleisten zu können und dieses Eigenkapital war nur in seltenen Fällen in ausreichendem Maße vorhanden. Die Gehälter, die von Baufirmen angeboten wurden entsprachen nicht annähernd seinen Vorstellungen, die sich noch am britischen Arbeitsmarkt orientierten.

Immer noch im Liebestaumel, aber mit seinem Plan im Kopf durchforstete er am nächsten Tag die Stadt mit ganz anderen Augen. Er hatte dank Roswitha die feste Vorstellung, in Köln sesshaft zu werden. Die noch vorhandenen Wohnungen wurden zwangsbewirtschaftet, was bedeutete, dass viele Familien, die nach behördlich strengen Maßstäben zu große Wohnungen besaßen, ein oder mehrere Zimmer an Wohnungssuchende – und davon gab es eine Überzahl – untervermieten mussten. Aufgrund der immens hohen Zahl an zerstörten Häusern und der immer noch in die Stadt strömenden Flüchtlinge oder Übersiedler neben den Heimkehrern war der Wohnraumbedarf kaum überschaubar. Kapital hatte er, der äußerst günstige Wechselkurs des Pfund Sterling gegenüber der hiesigen Mark und die überhitzte Nachfrage nach Wohnraum, machte eine Investition äußerst attraktiv. Die Kapitalverzinsung, die er erwarten konnte, wäre höchstens in Ländern mit einem extrem hohen Zinsniveau erreichbar gewesen und in Deutschland hielt sich eben die Inflationsrate in vernünftigen Grenzen und versprach extrem gute Erlöse.

Er schlenderte durch die Stadt und suchte Trümmergrundstücke in geeigneter, sprich zentrumsnaher Lage und erkundigte sich nach den Eigentümern in benachbarten Geschäften oder in den notdürftig hergerichteten primitiven Kellerwohnungen, die Wohnungsnot hatte die Menschen gezwungen, sich in diesen feuchten Löchern einzunisten. Man erkannte diese bewohnten Keller an den aus Fenstern führenden rauchenden Ofenrohren. Er notierte sich auch noch so vage Auskünfte in eine kleine Notizkladde, die er sich in der Kaufhalle auf der Hohe Straße für wenig Geld besorgt hatte.

Langsam bekam er ein Bild über die beste Lage in Köln. Die zentrale Lage der Stadt in der Bundesrepublik Deutschland und die Wirtschaftskraft in der Region heizte den Zustrom von Auswärtigen zusätzlich an, wie er aus den Gesprächen mit Grundstückseigentümern erfahren konnte. Dies zu dem normalen Wohnungsbedarf hinzuaddiert, sofern man von normalem Bedarf in diesen Zeiten überhaupt reden konnte, ergab hervorragende Aussichten Mietwohnungen zu bauen. Seine auserkorene Region, wo er das größte Potential sah, war Lindenthal, direkt an die Innenstadt anschließend, ein riesiger Park, der bis weit in die westlichen Vororte reichte, sorgte für einen hohen Freizeitwert. Die bestehende Bebauung war eher im gediegenen Villenbereich anzusiedeln, dann gab es etliche teilweise noch recht gut erhaltene funktionierende Kliniken und Krankenhäuser, sowie die Albertus-Magnus-Universität. Zusätzlich gab es noch eine prosperierende Geschäftsstraße, die den Stadtteil mittig in zwei Hälften teilte.

Es lag für Walther klar auf der Hand, besser situierte Bürger würden hier zukünftig Komfortwohnungen begrüßen, sofern sie sich kein Eigenheim in dieser Nobelgegend erwerben wollten oder konnten.

Die Finanzierung der Mietshäuser war mit seinem Vater geregelt, der seit geraumer Zeit sichere und lohnende Objekte zur Geldanlage suchte, außerdem stand ein Teil aus Walthers zu erwartendem Erbe zur Disposition, das in Raten schon zu Lebzeiten der Eltern ausbezahlt werden sollte, um die immense Erbschaftssteuer in England so gering wie nur möglich zu halten, schließlich hatte der britische Fiskus das Vermögen Vaters erheblich dezimiert, als er sein Erbe aus der Peacombe Hinterlassenschaft angetreten hatte. Das Vermögen der Peacombes zweimal zu besteuern könnte den Geldhaien aus dem Finanzministerium so passen. Mit diesem Eigenkapital als Sicherheit ausgestattet, dürfte es ein Leichtes sein, von den Banken das nötige Fremdkapital zu erhalten, um die bereits ins Auge gefassten Baumaßnahmen durchzuführen. Mit Vorliebe wäre er in das nächste Bankhaus auf dem Wege gestürmt, um die Konditionen auszuhandeln, jedoch ohne ein konkretes Objekt und ohne den Grundstückspreis zu kennen, wäre eine Verhandlung über eine Hypothek sinnlos.

***

Weil die Banken bei Kreditvergabe einen Anteil Eigenkapital verlangten, war den meisten Arbeitnehmern der Wohnungserwerb verbaut, da sie seit der Währungsreform noch nicht genügend Zeit hatten, sich ein entsprechendes Bankguthaben anzusparen. Hier sah Walther den Ansatz für sein Finanzierungsmodell. Er wollte nicht nur Mietshäuser, sondern auch Eigentumswohnungen bezugsfertig bauen und die Finanzierung gleich mit anbieten. Alles aus einer Hand.

Sein Modell, das er ausgetüftelt hatte, eine Art Gemeinschaftseigentum an Mehrfamilienhäusern, sah vor, dass er das Grundstück in die Gemeinschaft einbrachte und die potentiellen Miteigentümer ihre Arbeitskraft und einen Teil des Materials als ihren Kapitalanteil einbrachten. Als Gegenleistung würde er eine Grundstückspacht erhalten und sich ein Vorkaufsrecht zu einem im Vertrag festgeschriebenen Preis einräumen lassen. Falls die Wohnung veräußert oder vererbt werden sollte oder der Miteigentümer seinen monetären Verpflichtungen nicht mehr nachkommen wollte, müsste Walther zunächst die Wohnung zu dem festgeschriebenen Preis angeboten werden. Mit dieser Idee wollte er die Bedürfnisse der Menschen, die eine Eigentumswohnung erstehen wollten befriedigen und natürlich seinen eigenen Vorteil wahren. Er stellte sich unter dem Strich eine win-win Situation vor und glaubte fest, dass das Modell ein Markttrenner werden könnte.

Er arbeitete noch einige Details aus und je länger er an dem Plan arbeitete, desto überzeugter wurde er von der Wirtschaftlichkeit und war sich sicher, eine nennenswerte Anzahl Handwerker oder handwerklich begabter Menschen daran interessieren zu können. Das Einzige, was er brauchte, war eine Menge Kapital – kein Problem – dann bräuchte er noch geeignete Grundstücke – kein Problem – und schließlich eine Bank mit der man vertrauensvoll arbeiten könnte – sollte auch kein Problem darstellen – endlich Geschäftspartner beziehungsweise Kunden – in seinen Augen auch kein Problem - schließlich brauchte er noch Architekten, die auch die Bauaufsicht führen müssten - sollte bei der großen Arbeitslosenzahl auch lösbar erscheinen.

Jetzt konnte er starten und dazu würde er sofort eine Bank suchen, parallel brauchte er Grundstückseigentümer, die zum Verkauf bereit waren, Adressen waren in stattlicher Anzahl bereits in seiner Kladde verewigt worden.

***

Mittwochnachmittag saß Walther in freudiger Erwartung angenehmen Besuchs schon vor 14:00 Uhr in der Hotellobby. Mittlerweile hatte er sein Leben gedanklich bis zur Verrentung verplant, seine Kinder, zwei Jungen und ein Mädchen hatten Erfolg im Beruf und jeweils wiederum zwei Kinder, also in Summe sechs Enkel. Seine Frau liebte er immer noch abgöttisch und sie ihn auch – zumindest hatte sie das immer behauptet. Roswitha hatte immer noch eine schlanke Figur, wenn auch ihr fortgeschrittenes Alter nicht unverkennbar war, er selbst hatte immer noch volles, wenn auch silbernes Haar. Sterben wollte er mit seiner Frau Hand in Hand zum gleichen Zeitpunkt – nicht im Bett, sondern in zwei Lehnstühlen oder einer Hollywoodschaukel; vielleicht im Sommer, in der Abenddämmerung, auf einem Schiff, vorzugsweise einem Schaufelraddampfer – vielleicht auch nicht auf einem Schiff, da gibt es zu viele Mücken, die dann die romantische Stimmung stören würden – also vielleicht doch lieber in einem Bett - oder im Winter, ohne Mücken?

Gegen 15:00 Uhr war er zurück in der Realität. Er war kein Pessimist, aber wenn man auf einen Star seiner Träume wartet und diese Träume so konkret waren, musste unweigerlich irgendetwas geschehen, das diese Träume zum Erlöschen bringt. Sie war nicht da!

Seine Stimmung sank immer tiefer, erst schimpfte er innerlich über die Unzuverlässigkeit der Damenwelt und rechnete nicht mehr mit ihr. Er hasste es zu

Warten. Um 15:10 Uhr sagte er sich, dass die Frauen eine Verabredung als Versprechen ansehen, aber versprechen kann man sich bekanntlich leicht.
Er fühlte sich immer frostiger in der Kühle der Empfangshalle, was ihm noch vor einer Stunde als warm vorgekommen war, empfand er nun als eisig.
Um 15:20 Uhr schwor er sich nur noch eine Minute zu warten und erwog sogar homosexuell zu werden, verwarf diesen Gedanken aber schnell wieder eingedenk der sexuellen Praktiken.
Gegen 15:30 Uhr war er der Überzeugung, nie in seinem Leben zu heiraten und sofort das Hotel zu verlassen, wartete aber doch noch einen Wimpernschlag, aber wirklich nur einen Wimpernschlag.
Um 15:40 kam Roswitha hereingestürmt, sie sah aus, als wäre sie die ganze Strecke von zu Hause bis hierher gelaufen, er hatte die Entfernung auf immerhin drei Kilometer geschätzt.
Sie hauchte ihm einen Kuss auf die Wange und er wusste schlagartig nicht mehr wieviel Uhr es war.
„Entschuldige die Verspätung, aber ich habe mich mit meinem Vater mal wieder gestritten. Die Juristen sind ein seltsam aggressives und arrogantes Volk, nichts lassen sie gelten und glauben immer recht zu haben. Sie können nie zugeben, dass sie sich geirrt haben, dann glauben sie eher, die ganze Welt hat sich geirrt, einschließlich aller Kollegen, nur sie nicht, nein, sie sind perfekt. Die würden sich lieber die Zunge abbeißen, als ein Zugeständnis zu machen. Immer dieses Belehrende und Rechthaberische macht mich ganz krank. Und immer die gleichen sinnlosen unerbetenen Ratschläge, ob sie einen Anlass haben, oder nicht, völlig gleichgültig. Mit dem Mann kann ich nun einmal kein vernünftiges Gespräch führen, weißt du, auf Augenhöhe. Er redet immer noch mit mir als sei ich noch ein Kleinkind, aber nicht, dass du glaubst, er redet nur mit mir so, nein auch mit meiner Mutter, oder meiner Tante. Die kann ihn überhaupt nicht leiden und lacht nur immer, wenn er mit seinen Monologen anfängt und fährt ihm über den Mund, sie kann sich das erlauben, sie sagt dann oft, er solle sich vor den Spiegel stellen, da hätte er seinen idealen Gesprächspartner, der ihm nie widerspricht. Puh, ich bin noch so aufgewühlt, ich muss erst einmal zur Ruhe kommen."
„Was ist denn Schlimmes passiert, dass ihr euch so gestritten habt?"
„Ach, eigentlich ging es nur mal wieder um eine Winzigkeit. Ich habe mir gestern eine Bluse gekauft, die preislich reduziert war und stellte abends fest, dass eine Naht an der Manschette nicht richtig gefasst war, weißt du, da muss die Näherin die Manschette neben der Nadel entlanggeführt haben. Beim Abendessen habe ich dann meiner Mutter erzählt, dass ich die Bluse umtauschen wollte, obwohl im Geschäft ein Schild gehangen hatte, reduzierte Ware sei vom Umtausch ausgeschlossen. Daraufhin hat sich mein Vater eingemischt und behauptet, ich könne mir den Weg sparen, der Ladeninhaber sei nicht verpflichtet die Bluse

umzutauschen, der Mangel an der Ware sei der Grund für die Preisreduzierung gewesen und man habe nur auf einen Kunden gewartet, der doof genug sei, den Artikel zu kaufen. Durch den Kauf, so behauptete er, habe ich die Allgemeinen Geschäftsbedingungen anerkannt und die seien somit Grundlage des Kaufvertrages und mit dem Zustandekommen des Vertrages sei die Mängelrüge des Bürgerlichen Gesetzbuches ausgehebelt worden. Mir war natürlich klar, dass er im Prinzip recht hatte und mein Anspruch auf wackligen Füßen stand, bin aber trotzdem heute in das Geschäft gegangen, habe reklamiert und anstandslos, ohne jede Diskussion eine neue Bluse bekommen, sie war zum Glück noch in meiner Größe vorrätig gewesen. Das Ladenpersonal hat sich noch bei mir entschuldigt, man habe den Fehler bei der Endkontrolle nicht gesehen. Die Einschränkung auf dem Schild sei nur dazu da, um bei Nichtgefallen den Umtausch auszuschließen. Man habe schon erlebt, dass jemand etliche preisreduzierte Artikel kauft um die komplette Verwandtschaft auszurüsten und hinterher sei alles zurückgebracht worden. Ich habe Vater dann triumphierend die Bluse gezeigt und er hat nur lapidar bemerkt, die im Laden seien aber schön blöd gewesen und ich hätte nur Glück gehabt auf Doofe zu treffen, mit ihm hätte ich das nicht machen können. Anschließend wiederholte er die Litanei des Vorabends nochmals aber ausgeschmückt. Und dann schob er noch einen seiner unsäglich überheblichen Sätze hinterher, man könne seine Mitmenschen nicht genügend unterschätzen."

Walther musste lachen und legte seine Hand auf ihre Schulter. „Dieser Satz zeugt nach meinem Dafürhalten nicht für eine gehobene Intelligenz und drückt letztlich nur die Verachtung gegenüber seinen Mitmenschen aus."

„Ach, kannst du dir vorstellen, er denkt immer nur in Paragraphen, ich kann mich überhaupt nicht daran erinnern, dass er mal gelacht hätte. In seinem Gesicht wirst Du vergeblich nach Lachfalten suchen, er ist eigentlich immer verkniffen und will immer alles korrekt erledigen, immer nur in den Diensten seiner Klientel. Es gibt eine Menge Fotos von der Familie, auf keinem der Bilder verzieht jemand das Gesicht zu einem Lächeln. Nie locker, immer verkrampft. Was mein Vater unter Lachen versteht, würde der Rheinländer wohl als tiefste Trauer empfinden. Sein Karnevalsgesicht würde viel eher zu einer Beerdigung passen. Wahrscheinlich macht er mir insgeheim noch den Vorwurf, dass ich kein Sohn geworden bin. Nichts kann ich ihm recht machen, immer nörgelt er an mir rum. Als ich noch Kind war, hat er mir auch immer nur Jungenspielzeug geschenkt, ich hatte nicht ein einziges Mädchenbuch, aber Karl May bis zum Erbrechen, ich glaube ich habe alle Bände gelesen und sogar noch den Lederstrumpf von Cooper."

Während der letzten Sätze hatte sie ihr goldenes Kreuz, das sie wohl nie ablegte am unteren Ende haltend ihm entgegengestreckt, soweit es die Gliederkette zuließ, sie sah in dieser Haltung aus wie ein Exorzist bei der Teufelsaustreibung.

Walther hatte sie nicht unterbrochen, er hatte still zugehört und während der Erzählung ein paar Zigaretten geraucht. Er hatte beobachtet, dass sie einige Male mit den Tränen gekämpft hatte. Er streichelte mit den Fingerrücken zärtlich ihre beiden Wangen, sie ließ sich das gerne gefallen, verlieh es ihr nicht nur das Gefühl der Anteilnahme, sondern auch von Wärme.

„Sollen wir auf Deine Stadtführung verzichten und stattdessen einen Tee trinken und uns in aller Ruhe unterhalten? Du musst durstig sein, nach deinem langen Monolog. du kannst gerne deinen gesamten aufgestauten Ärger bei mir auskotzen, ich bin ein sehr guter Zuhörer. Ich werde dich auch nicht unterbrechen bis du deinen kompletten Ballast abgeworfen hast, dann bist du wieder leicht wie ein Fesselballon und kannst wieder in höheren Sphären schweben."

Sie nahm seine Hand, küsste die Knöchel, sah ihm tief in die Augen, sprang unvermittelt auf, stieß ein freudloses sarkastisches Lachen aus und zog ihn an der Hand, die sie soeben noch geküsst hatte aus dem Hotelsofa. „Ich lasse mir die Laune nicht verderben. Deine Idee ist aber gut, lass uns einen Tee trinken, obwohl ich wohl Kaffee bevorzugen werde. Und dann zeig ich Dir die verstecktesten Ecken Kölns, die kein Fremdenführer den Touristen verrät."

Roswitha führte ihn in das typisch Kölnische Severinsviertel, zum Ebertplatz und Eigelstein, vernachlässigte nicht die bunte Altstadt mit ihren Jahrhunderte überlebten schmalen Häuschen, zeigte ihm die Rathausruine, die vom Prunk der alten Römerstadt Zeugnis ablegte, den Heinzelmännchenbrunnen und steuerte schließlich das urige Brauhaus Töller am Barbarossaplatz an. In diesem urtümlichen Brauhaus präsentierte sie die emsig herumlaufenden Kellner, genannt Köbes, nach dem billigen Jakob benannt, im Dialekt wird dieser Jakob Köbes gerufen, wusste sie zu berichten. Sie ließen sich an einem kleinen sauber gescheuerten Holztisch nieder, dem durch das ewige Scheuern mit harten Bürsten die Maserung herausgearbeitet war, die wie Falten eines Hundertjährigen im Gesicht aussahen. Sie vertilgten zu dem süffigen Bier jeder ein Hämmchen, die gekochte Haxe, eine Spezialität der Kölner Brauhäuser. Er war begeistert, obwohl die Größe der Portionen beide über die Kapazitätsgrenze hinaus belastete.

Während des langen Spaziergangs, der keinen der beiden ermüdet hatte und während des Essens wurde ununterbrochen erzählt, wobei Roswitha mit einer Unmenge von wahren und ganz sicher auch erfundenen Geschichten und Anekdoten aufwartete, womit die Zeit nie lang wurde. Beim Verlassen des Lokals war es bereits dunkel und Walther legte einen Arm um Roswithas Schultern, sie ließ ihn kommentarlos gewähren und auch seine waghalsigen Kussversuche gestattete sie ihm teilnahmslos, da sie den Kopf nicht wegdrehte, aber die Wangenküsse auch nicht annähernd erwiderte. Es hatte für den unbeteiligten Betrachter den Anschein als rieche er nur an ihrer Gesichtshaut, nur von der Nähe erkannte man das Hingehauchte als Kuss.

Dann, auf halbem Weg zu ihrer Wohnung, blieb sie unvermittelt stehen, zog ihn zu sich heran, schlang beide Arme um seinen Hals und küsste ihn leidenschaftlich auf den Mund, wobei sie mit der Zunge seine Lippen streichelte. Er spürte einen starken Energieschub durch seinen Körper strömen, als sei ihre Zunge mit Starkstrom geladen, er konnte keine Initiative ergreifen, er war wie paralysiert und ließ es einfach genießend geschehen. Sie hörte damit auf, lockerte den Griff um seinen Hals und fragte, ob ihm das nicht gefallen habe, er sei so passiv gewesen. Er wachte aus seinem Kusskoma auf, sagte nichts und küsste sie nur noch umso heftiger. Diesmal gab es zwei aktive Küsser. Mutig geworden streichelte er ihre Flanken und ruhte seine rechte Hand auf ihrer linken Brust aus, zu seiner Überraschung stieß er auf keinen Widerstand und niemand versuchte die Hand dort zu entfernen.
Er war glücklich, nein, mehr als das, er war selig und verliebt, er hätte stundenlang, ja tagelang so stehen, nur ihren Atem einsaugen und ihren Speichel trinken können. Er war mehr als verliebt, er war besessen. Er gestand ihr in den Sekundenbruchteilen einer Kusspause, dass er sich Hals über Kopf in sie verliebt habe und sie unter keinen Umständen mehr freilassen werde. Sie erwiderte nichts und legte ihre Lippen wieder auf die Seinen.
Irgendwann, keiner hatte eine Idee über die Dauer dieses Vorganges, nahm sie seinen Arm, hielt ihn mit beiden Händen fest, schmiegte sich eng an ihn und legte ihre Stirn an seine Schläfe. Sie schlenderten unendlich langsam in Richtung ihres Wohnhauses, blieben ungezählte Male stehen und sie drückte ihn an sich. Sie spürte seine Erektion, ohne sich dadurch beeinflussen zu lassen, kraulte seine Brust durch das Hemd, strich über seine Haare, die schon lange nicht mehr in der gewünschten Position lagen. Im Vergleich zu der Geschwindigkeit, mit der die Verliebten sich fortbewegten, war die Echternacher Springprozession ein olympisches Sprintfinale. Immer wieder ergriffen er oder sie die Initiative, um den bei der Hand gehaltenen zu liebkosen, so selbstverständlich, als seien sie bereits ein fortgeschrittenes Liebespaar. Nicht nur er war begeistert von ihr, sondern sie war ebenso angetan von ihm, diese Begeisterung war verstärkt worden durch das Verständnis, das er ihr entgegengebracht hatte, um die Zwistigkeiten mit ihrem Vater wegzureden, durch den tröstenden Einfluss seiner Worte und den Vermittlungsbemühungen mit denen er die Probleme der Vorgeneration verständlich machen wollte. Während seiner eindringlichen Rede war ihre Wut auf das juristische Elternteil immer mehr versandet und sie fühlte sich zunehmend geborgen, verstanden und vor allem geliebt. Sie hatten sogar etliche Male herzhaft lachen können – auch dies mit befreiender Wirkung und einem Vergessensfaktor.
Walther hatte ein unbeschreibliches Hochgefühl, er verstand zum ersten Mal den Spruch, man schwebe auf Wolke sieben, er hätte die ganze Welt umarmen können, beschränkte sich aber auf seine Begleiterin.

Roswitha fühlte sich seit langer Zeit erstmalig wieder befreit, dieses Wunder hatte der nahezu unbekannte Jude vollbracht, sie empfand bereits jetzt ein wärmendes Zugehörigkeitsgefühl und ein wohliges Prickeln in der Bauchgegend – war das Liebe? - jedenfalls war es ein ihr bisher unbekanntes angenehmes Kribbeln. Sie war des Öfteren mit Kommilitonen zusammen gewesen, außer dummen Sprüchen und deren ewigem Drang sie flach zu legen war nichts dabei herausgekommen. Ihre Bemühungen gingen bei diesen Treffen in bisher allen Fällen in die Richtung, grapschende Hände abzuwehren und in besonders hartnäckigen Fällen diese flinken Finger wieder unter ihrem Rock hervorzuringen. Von Zuneigung oder gar Liebe hatte man bei diesen Rendezvous nicht im Entferntesten reden können. Bei den Verabredungen rangierte ihre Einschätzung der Halbstarken von ganz nett bis nicht ganz unsympathisch, aber sie hatte diese Verabredungen eigentlich nur akzeptiert, weil sie sich nicht ganz ausgrenzen wollte. Ihre Kommilitoninnen hatten ihr immer wieder vorgeschwärmt, wie nett oder sogar toll der eine oder andere Halbwüchsige gewesen sei, auch Bettgeschichten waren prahlerisch breitgetreten worden, wobei auch nicht selten die Größe des Geschlechtsteils der Beischläfer gelobt wurde. Sie war nie so weit gegangen. Das Herausragendste waren bisher gelegentliche Küsse gewesen, die sie aber nie als sonderlich erotisch oder anregend empfunden hatte, vor einer Entjungferung durch diese Burschen hatte sie sich bis heute erfolgreich wehren können. Sie hätte sich niemals getraut, ihren Freundinnen zu beichten, dass sie bisher ihr Hymen vor Verletzung bewahren konnte. Gut, auch sie hatte das ein oder andere Mal während eingebildeter oder erträumter erotischer Abenteuer die Aufmerksamkeit auf ihren Körper gezogen, wobei sie ihre Phantasie ausschweifen ließ. War das vielleicht bei ihren Freundinnen ebenso? In einigen Fällen sicherlich!

Der Schwerpunkt bei solchen mädchenhaften Konversationen lag dann meist weniger in der lustvollen Umschreibung der Genüsse, sondern vielmehr bei der Verhütung, wer wollte schon so früh ein Kind gebären und damit seine Zukunft verspielen? Es wurde ausführlich theoretisiert über die Knaus-Ogino-Methode, Koitus interruptus, Ausspülung mit Essigwasser oder anderen Essenzen und auch über Engelmacher. Nur in extremen Fällen wurde das nur in Apotheken unter Überwindung der Schamgrenze zu erwerbende Kondom erwogen. Einige Mädchen mit festem Freund bevorzugten deshalb die von den Franzosen praktizierte sichere Lösung des soixante neuf, wobei Roswitha bei der Vorstellung dieser Variante verhaltene Ekelgefühle nicht unterdrücken konnte, allerdings vernachlässigte sie bei diesen Nachempfindungen den ihr unbekannten Faktor Liebe und ersetzte das Wort durch animalische Befriedigung.

Jetzt mit diesem Walther Rosenzweig hatte sie schon eher das Bedürfnis, sich einfach treiben zu lassen, einfach in ihren Gefühlen zu schwimmen, einfach das zu tun, wozu sie Lust hatte und sie hatte Lust. Sie sehnte sich eine Situation herbei, in der er ihren und sie seinen Körper ungestört erforschen konnte, und zwar mit allen ihnen zur Verfügung stehenden Mitteln.

Im Hinterkopf kämpften die Ermahnungen der Mutter mit ihren Lustvorstellungen, ein anständiges Mädchen würde so etwas nicht tun. Umso lieber hätte sie diese Mahnungen jetzt sofort ignoriert und ihrerseits den Körper des ungemein sympathischen jungen Mannes liebkost. Aber allzu sehr wollte sie ihn nicht reizen, wer wüsste schon, wie weit er sich in der Gewalt hatte und das „Letzte" vermeiden würde. Sie war sich sicher, ohne ihn zu fragen, dass er keine Kondome bei sich führte. Das Unmögliche, das sie jetzt gebrauchen könnte, wäre ein Bankert. Das, was sie ihm zugestehen würde, wäre ein Streicheln, vielleicht noch am besten in angezogenem Zustand, obwohl dies ihre Neugier auf den männlichen Körper und dessen Empfindungen nur in unzureichendem Maße befriedigt hätte. Überhaupt hatte sie das erste Mal in ihrem Leben feststellen müssen, dass sie den Wunsch verspürte, mit einem Menschen des anderen Geschlechts alleine auf der Welt zu sein, sie sah ihn sich wieder prüfend an.

Der Mann war höflich, gut erzogen, hatte Manieren, sah gut aus in seinem perfekt sitzenden grauen Flanellanzug mit dezenten weißen Längsstreifen, keinerlei Faltenwurf und der mit an Sicherheit grenzender Wahrscheinlichkeit in seines Vaters Schneideratelier seinen Ursprung hatte. Nun ja, Walther war etwas kleiner als sie – oder fast gleich groß, das gab es öfter, wenigstens war der Unterschied nicht so gravierend, sie dürfte dann eben keine allzu hohen Pumps tragen, damit sie ihn nicht überragte, ohne auf ihn herabschauen zu wollen.

Nebenher war er noch ein guter Zuhörer und ein ebenso guter Erzähler, hatte er sie doch bisher, was bei seinen Geschlechtsgenossen eher selten vorgekommen war, glänzend unterhalten und sie keine Sekunde gelangweilt. Sein leicht gebräunter Teint hob sich in idealer Weise von dem Grau seines Anzuges ab und schon beim Tanzen hatte sie ein Paar muskulöser Arme ertasten dürfen. Sie war mit dem Ergebnis ihrer Eroberung – oder war sie seine Eroberung - äußerst zufrieden, man sollte ihn wohl festhalten. Für immer? Das musste sich dann in naher Zukunft entscheiden. Zunächst galt es also, ihn für sich einzunehmen, die Entwicklung der Beziehung möglichst positiv zu beeinflussen und sein Verhalten zu beobachten.

Mittlerweile hatte seine linke Hand ihre rechte Pobacke mit Beschlag belegt und knetete sie zärtlich durch den dünnen Baumwollstoff, ein sehr angenehmes Gefühl, sie wollte nicht, dass er aufhörte, obwohl in ihrem Hinterkopf Mutter mittlerweile mit schriller Stimme opponierte.

Das Wichtigste war ohnehin der Charakter, den sie bisher nicht beurteilen, höchstens erahnen konnte, gab es doch bisher nur Hinweise und Indizien, aber die waren letztlich als positiv zu bewerten. Was er bisher an Meinungen von sich gegeben hatte, ließ auf ein gesundes Maß an Toleranz und Liberalismus schließen, aber Theorie und gelebte Praxis fielen oft genug weit auseinander, nicht immer, jedoch zu oft. Sogar sein Humor und sein Intellekt entsprachen ihren Vorstellungen und dazu schien er noch recht wohlhabend zu sein. Letzteres empfand sie nicht als wichtig, aber auch nicht als störend.

Oder sollte sie sich doch von ihm verführen lassen? Würde ihn das fester an sie binden – oder war es dazu zu früh? Und wenn sie ihn selbst verführte? Manche Männer sollen das ja bevorzugen? Und wenn er ihre Initiative nicht mochte? Das Risiko war ihr dann doch zu groß. Ihr Wunsch ihn schrankenlos in die Arme zu schließen, wuchs bei jedem Schritt, den sie neben ihm herging und jeder noch so flüchtig gehauchte Kuss verstärkte noch ihr Verlangen.

Was, wenn er sie gar nicht so attraktiv fand, wie sie hoffte? Was, wenn er im fernen London eine Geliebte oder sogar eine Braut hatte? Ihr fielen ihre zu kleinen Brüste ein, Männer wollten doch immer besonders hervorragende weibliche Attribute. Hatte er die Körbchengröße B noch nicht bemerkt, oder mochte er kleine Busen? Jedenfalls hatte er vor nicht mal einer halben Stunde noch mit seiner rechten Hand ihren linken Busen durch das Kleid wohlig massiert und schien überhaupt nicht abgestoßen worden zu sein, eher das Gegenteil.

Ihr fielen ihre ewig hervorsprießenden Pickel ein, die sie jeden Morgen vor dem Spiegel bekämpfen musste, gut, es waren nie viele gleichzeitig, aber nur einer war schon zu viel. Wenn sie sich mit einigen ihrer Freundinnen verglich, war sie noch wenig damit geplagt – es herrschte bei den jungen Frauen sogar die Theorie vor, dass regelmäßiger Geschlechtsverkehr den Dünger für den Akne Wuchs hormonell vernichten würde.

Theoretisch war er auch nur ein guter Schauspieler, machte einen auf Liebe, wollte sie nur mal schnell vernaschen und dann im Stich lassen. Obwohl – dann würde er sich bestimmt nicht so rücksichtsvoll verhalten – dann würde er sie zu mehr drängen, würde sie zu sich ins Hotel abschleppen wollen – nein, dazu war er zu höflich und zuvorkommend – also glaubte sie ihm – er war wohl doch in sie verliebt. Oder?

Sie fasste einen Plan, am nächsten Morgen wollte sie ihn auf seinem Hotelzimmer überraschen und ihn dabei prüfen. Dann würde sie feststellen können, ob er es ehrlich meinte und was er wirklich mit ihr vorhatte. Sie freute sich bereits auf sein verdutztes Gesicht, wenn er die Türe öffnen würde. Vielleicht hatte er dann auch ein anderes weibliches Wesen in seinem Zimmer, dann könnte sie sich auf dem Absatz herumdrehen und verschwinden, obwohl sie das jetzt nicht glauben konnte – oder glauben wollte.

Vor ihrer Haustüre wollte sich Walther noch mit einem leidenschaftlichen Kuss von ihr verabschieden, sie zog ihn an der Hand ein paar Meter weiter in eine dunkle Seitenstraße. „Hier kennt mich jeder und ich will auf meinen bisher guten Leumund achten. Nicht jeder soll mich hier sehen, wie ich geküsst werde. Im Nu ist der Ruf kaputt und du giltst als Flittchen. Paradoxerweise kannst du hier an Karneval so viel knutschen wie du willst, bis die Lippen in Fransen hängen, keiner nimmt daran

Anstoß, aber ab Aschermittwoch musst du dich vor den Blicken von einigen Leuten in Acht nehmen."

***

Roswitha klopfte zaghaft an Walthers Hotelzimmertüre aus Mahagoni mit einem üppigen Messingbeschlag, einer verschnörkelten Nummer 317, sie war sich nicht mehr so sicher wie am Abend vorher, ob ihr Plan wirklich so gut war, wie sie es sich ausgemalt hatte, trotzdem hatte sie allen Mut zusammengenommen und die Fingerknöchel leicht an das edle Holz getupft, es war vielmehr ein Tupfen als ein Klopfen. Die Zimmernummer hatte der Rezeptionist mit versteinertem Gesicht nach kurzem Zögern herausgerückt, er hatte zunächst anrufen wollen, als sie die Etage und Raumnummer erfragte und erst auf ihre Bitte hin, es solle eine Überraschung sein, die Auskunft erteilt, so eine hübsche junge Frau hatte sicherlich nichts Arges im Hinterkopf.

Hat man erst mal eine Nacht über das Geplante gegrübelt, sieht man es morgens in einem anderen Licht. Sie hatte nicht wirklich die ganze Nacht wach gelegen und ihr Vorhaben überdacht, sondern war nach einigen Stunden des Hin- und Herwälzens unruhig eingeschlafen. Sie hatte im Bett noch seine Lippen auf den ihren gespürt, sie war sexuell sehr erregt gewesen. Ihre erotischen Vorstellungen waren jedoch nicht vordergründig, sondern hinter ihren Wunschträumen von einer liebevollen Zukunft mit ihm in das zweite Glied gerückt. Sie hatte sich nicht anstrengen müssen, an einen verständnisvollen fürsorglichen Ehemann zu denken, der ihr ein glückliches sorgenfreies Leben ermöglichen könnte. War das nun die Gelegenheit, die sich so ungezählte Mädchen und junge Frauen meist vergeblich erträumten? Je länger sie diesen Gedanken nachhing, umso überzeugter war sie von ihren persönlichen rosigen Zukunftsaussichten.

Und den Plan, Walther zu testen, hatte sie trotz ihrer erheblichen Bedenken nicht umgestoßen, obwohl das Vorhaben in ihren Augen nicht ungefährlich war:

Er konnte sie völlig missverstehen, sich bedrängt fühlen und von ihr spontan Abstand nehmen. Sie konnte ihn falsch eingeschätzt haben und er würde über sie herfallen und etwas fordern, das sie ihm noch nicht geben wollte. Er konnte sie als ein Flittchen einschätzen, die mit ihm nur ihre sexuellen Wünsche und Bedürfnisse befriedigen wollte. Andererseits überwog ihr Wunsch, Klarheit über die Ernsthaftigkeit seiner Absichten zu erlangen.

Obwohl ihr Klopfen an die schwere Holztür kaum hörbar gewesen war, vergingen nicht mehr als drei Sekunden bis die Tür energisch aufgerissen wurde. Ein erstauner Gesichtsausdruck beherrschte seine Mimik, er war komplett angezogen mit einem uni hellgrauen modischen Anzug und einer roten ungemusterten Krawatte. Ein offenes Lächeln ersetzte seinen erstaunten Gesichtsausdruck und er strahlte ihr

entgegen.: „Welch freudige Überraschung. Ich hatte den Zimmerkellner erwartet, der mir das Frühstück bringen sollte. Und jetzt bist Du hier, ohne Frühstück, aber mir ist das umso lieber. Komm rein und bring etwas Sonnenschein in das trübe verplüschte Hotelzimmer. Du musst unbedingt mit mir frühstücken, wenn Du schon da bist. Ich rufe gleich an und bestelle Dir auch etwas."
Er drückte ihr einen herzhaften unerotischen Kuss auf den Mund, den sie erwiderte und ihm die Arme um den Nacken schlang. Sie berührte mit ihrer Zungenspitze seine Lippen und hielt ihn fest und durch ihre Körper floss wieder ein gestern erstmals empfundener Energiestoß. Sie ließen nicht voneinander und sie drückten sich in ganzer Länge ihrer Körper aneinander. Beide standen nicht erstarrt, sondern bewegten sich wie bei einem langsamen Tanz, ohne dass sich die Füße bewegten. Die Erotik knisterte in dem Hotelzimmer, ohne dass einer der beiden eine Initiative ergriff. Er wollte sie nicht durch vorzeitiges Agieren abschrecken und sie wollte diese erotische Spannung nicht zerstören. Sie fühlte sich wie eine Gewitterwolke vor der Blitzentladung, die Spannung in ihrem Körper war nahezu unerträglich. Er beendete die Umarmung, indem er langsam ihre Arme um seinen Nacken löste, bevor er die Kontrolle über sein Verlangen nach ihr verlor.
„Ich rufe jetzt besser den Zimmerkellner an bevor ich die Besinnung verliere. Was möchtest du gerne haben?"
„Ich habe bereits gefrühstückt, wenn du aber eine Tasse Kaffee für mich übrighättest, wäre das sehr willkommen, damit ich meine Gefühle wieder sortieren kann. Ich störe dich doch hoffentlich nicht bei einem Vorhaben?"
„Ganz im Gegenteil", erwiderte er entrüstet, den Telefonhörer bereits in der Hand und wählte die Nummer des Restaurants, „du würdest mich nie stören, egal in welcher Situation ich auch sein sollte."
Roswitha druckste herum, im Prinzip hatte sie bereits ein Ergebnis auf ihren Testversuch erhalten. „Ich hatte das Bedürfnis festzustellen, ob du es mit uns beiden ernst meinst und dir mitzuteilen, dass ich selten so einen schönen Tag verlebt habe wie gestern und mich auch für alles zu bedanken. Außerdem wollte ich dir nochmals gestehen, dass ich mich unsterblich in dich verliebt habe und ich wollte von dir die Bestätigung, ob du mich denn auch noch liebst, oder ob die spontanen Gefühle, die du gestern geäußert hattest bereits verraucht sind und nur dem Alkoholspiegel zuzurechnen waren."
Walther wurde ernst, legte den Hörer auf nachdem er Kaffee und eine Schale Obst bestellt hatte, ging auf sie zu und schloss sie in seine Arme. Er hatte seinen Kopf an ihre Wange gedrückt atmete ihren Körperduft tief ein und sprach stimmlos in ihr von kitzelnden Haaren bedecktes Ohr: „Keines meiner Wörter von gestern war gelogen. Ich bin jetzt schon, obwohl wir uns noch keine Woche lang kennen, davon überzeugt, dass du die Frau meines Lebens bist und ich habe das dringende Bedürfnis mit dir Tag und Nacht zusammen zu sein. Ich habe nie ein solches Gefühl gehabt, ich habe

von dir geträumt und ich denke unentwegt an dich. Ich kann kaum einen klaren Gedanken fassen, ohne dass dein Bild mein Gehirn überschwemmt. Offen gesagt, seitdem ich dich das erste Mal gesehen habe, bist du unentwegt bei mir, du beherrschst meine Gedanken, meine Träume und meine Wünsche, mir geht es nur dann gut, wenn ich dich in den Armen halten darf. Ich wäre der glücklichste Mensch, wenn du auch nur halb so viel für mich empfinden würdest, wie ich für dich."
Statt einer Antwort küssten sie sich leidenschaftlich, ohne dass er auch nur im Entferntesten zudringlich wurde, auch sie hatte ihre Hände in der Gewalt und streichelte nur seine hinteren Rippenbögen und Oberarme.
Ein energisches Klopfen riss sie aus ihrer innigen Zweisamkeit, der Zimmerkellner brachte auf einem silbernen Wagen ein opulentes Frühstück für ihn und für sie ein Kännchen Kaffee mit einer Schale Obst.
„Ich kann mich nicht so recht an den starken Kaffee gewöhnen, wie ihr ihn hier trinkt. Ich brauche meinen Tee und zwar die Sorte English Breakfast Tea. Ich weiß, dass das früher die auf dem Schiff zusammengekehrten Reste aus den indischen Überseetransportbehältern waren, die nicht selten auch Mäusekot beinhalteten, aber liebe Gewohnheiten gibt man nicht so schnell auf und hofft, auf keinen bitteren Mäusekot zu treffen."
Mehrmals fragte Walther, ob sie auch eine Kleinigkeit essen wolle, sie entschloss sich wenig an dem Obst zu knabbern, das er überhaupt nicht berührte. Stattdessen machte er sich über sein Rührei mit gebackenen Speckscheiben und den gebutterten Toast her. Er mokierte sich über den abscheulichen Tee, den man in Deutschland serviert bekomme und entartete das Getränk mittels Zitrone und massenhaft Zucker zu einer miserablen warmen Limonade.
„Das ist eine Angewohnheit, die ich von den Engländern übernommen habe, nämlich das Frühstück. Als ich Kind war, hatte ich morgens ein Marmeladenbrot mit Kakao, später im Internat wurde ich dann umgewöhnt und aß Pfannkuchen und Eier in Mengen, obwohl ich nie diese Unart der Briten übernommen habe, Würstchen und Fisch nach dem Aufstehen in mich hinein zu stopfen. Mit diesem Continental Breakfast, wie das hier normalerweise serviert wird, kann und will ich mich nicht anfreunden. Mit leerem, oder zumindest fast leeren Magen kann ich meinen Tag nicht beginnen. Obwohl die Qualität des Frühstücks hier im Hotel zu wünschen übriglässt, brauche ich etwas mehr als Brot mit Konfitüre. Aber man gibt sich große Mühe, meinen Ansprüchen zu genügen."
Walther unterbrach seinen Essensdrang mehrfach, um sie zu küssen, nicht ohne sich vorher sorgfältig den Mund mit der Serviette abgetupft zu haben. Die Lippenberührungen mit dem Geschmack nach Orangenmarmelade waren ihr am liebsten.
Er nippte an ihrem Kaffee und musste schmunzeln: „Ich verstehe nicht, warum ihr hier in Köln keinen trinkbaren Tee zubereiten könnt, vielleicht sollte ich doch auf

Kaffee umsteigen, den könnt ihr wenigstens brauen und wenn ich den Geschmack deiner Küsse analysieren sollte, bekomme ich tatsächlich einen Appetit auf genauso leckeren Kaffee."

Roswitha musste lächeln. Sie sah sich orientierungslos in dem geräumigen verplüschten Zimmer um und meinte, sie möge diese dicken staubfangenden Möbel und Vorhänge überhaupt nicht, sie bevorzuge lichtdurchflutete Zimmer und helle Farben. Er besah sich die Einrichtung und stellte fest, dass er das Zimmer noch gar nicht richtig kannte, er hatte den männlichen Blick, den die Evolution ihm vererbt hatte und war bei Inbesitznahme des Zimmers an das Fenster getreten, hatte es aufgerissen und den leider nur sehr eingeschränkten Ausblick auf Rhein, Dom und Bahnhof geprüft. Dabei hatte er die schweren Vorhänge nur achtlos zur Seite geschoben, weil sie ihm die Fernsicht behinderten und hätte nie sagen können, welche Farbe sie gehabt hätten, oder sich an ein Muster derselben erinnern können.

Roswitha stand auf und sagte, sie müsse jetzt aufbrechen, sie dürfe ihre nächste Vorlesung nicht auch noch versäumen. Unter weiteren Küssen und züchtigen Streicheleien steigerten sie noch die Wehmut des bevorstehenden Abschieds und verabredeten sich zu dem nächsten Rendezvous.

Sie war zufrieden, nein sie war glücklich, sie schwebte wie auf Wolken, sie ärgerte sich, dass sie diese blöden Vorlesungen hatte. Viel lieber läge sie jetzt noch in seinen Armen und würde seinen Atem trinken.

Walther hatte den Test bestanden, er hatte nicht versucht, sie zu etwas von ihr Ungewollten – oder nur im Unterbewusstsein Gewollten – zu drängen. Wenn sie ehrlich zu sich selbst war, hätte es keiner besonderen Anstrengungen seinerseits bedurft, sie zu verführen oder zu mehr zu bewegen. Aber es war noch so verdammt früh in ihrer Beziehung oder Gemeinsamkeit, das Bett hätte unter Umständen manches zwischen ihnen zerstört. Eine Enttäuschung für ihn wäre bei ihrer mangelnden Erfahrung nicht auszuschließen gewesen oder der Schmerz bei der Entjungferung hätte sie abgestoßen. Für diese negativen Einflüsse war der keimende Spross ihrer jungen Liebe noch zu empfindlich, das Pflänzchen musste noch wachsen und an Widerstandsfähigkeit gewinnen. Wieviel schöner war es denn für beide, den Status Quo zu genießen und sich auf eine Zukunft in Gemeinsamkeit zu freuen und von dem Vollzug der Liebe zu träumen. Sex ist ohnehin nur halb so schön, wie man ihn sich erträumt.

Lebenswerter Lebenswert

Ich schlief und träumte,
Das Leben sei Freude.
Ich erwachte und sah,
das Leben war Pflicht.
Ich handelte und siehe,
Die Pflicht war Freude.
(Rabindranath Tagore)

"Mittlerweile bin ich davon überzeugt, dass wir alles richtig gemacht haben. Ich freue mich unsäglich auf unseren ersten Enkel, oder vielleicht auch Enkelin."
Walther küsste Roswitha zärtlich auf die schon leicht ergraute Schläfe. Das Grau einzelner Haarsträhnen fiel bei ihr weniger ins Gewicht, da es sich nur wenig von dem hellen Blond ihrer Haare abhob, auch wenn die natürliche Haarfarbe im Laufe der Jahrzehnte einige Nuancen nachgedunkelt war. Eine Zeit lang hatte sie mit einem Blond aus der Plastikflasche versucht die Alterserscheinung zu übertünchen, hatte aber auf Walthers Bitte hin von dem Jugendwahn der Werbung Abstand genommen und zu ihrem Alterungsprozess gestanden. Morgens vor dem Spiegel hatte sie sich oftmals die Krähenfüße glattgezogen und die erschlaffenden Hautpartien weggewünscht, aber er hatte immer strikte gegen die modernen plastische Chirurgie Eingriffe plädiert und ihr schmeichelnd gesagt, er liebe sie so, wie sie ist und er liebe insbesondere ihre Lachfalten. Sicherlich hatte er recht, denn sie konnte sich an keinen Fall aus ihrem Freundes- oder Bekanntenkreis erinnern, in dem die Schönheitskorrekturen die Damen hatten jünger oder wenigstens besser aussehen lassen. Im Gegenteil, in fast allen Fällen sahen die Operierten hinterher maskenhaft steif um Mund und Nase aus. Abgesehen davon, Roswithas Selbstwertgefühl war erhalten geblieben und wem wollte sie gefallen, außer ihrem Traummann, den sie schließlich geheiratet hatte. Bei diesem Gedanken musste sie regelmäßig lächeln und erinnerte sich gerne an die ersten Wochen, Monate und Jahre ihrer Gemeinsamkeit. Die erste Verliebtheit, die überstürzte Heirat nach nur sechs Monaten, die beiden Kinder, die gesund waren das verständnisvolle und rücksichtsvolle Zusammenleben mit ihrem Walther, ohne je ein lautes Wort von ihm zu hören. Natürlich hatte es manchmal stundenlange Diskussionen über die

Erziehung der Kinder gegeben, aber nie war es deshalb zu einem Streit oder sogar tagelangem Schweigen zwischen den Partnern gekommen.
Roswitha streichelte ihrem etwas dicklich Gewordenen und mit schütteren grau melierten aber mittlerweile störrischen Haaren versehenen immer noch geliebten Ehemann über den Kopf und küsste ihn freundschaftlich auf die hohe Stirn. „Ich habe den Eindruck, dein Sohn Bernhard freut sich weniger auf seinen Sprössling als Du. Er wirkt eher genervt, wenn die Sprache auf die Schwangerschaft und Entbindung seiner Frau kommt als freudig erregt. Könnte der Grund dafür von der Tatsache herrühren, dass das Kind möglicherweise gar nicht von ihm stammt?"
„Ach Unsinn, die beiden waren doch vom ersten Tag verliebt ineinander wie die Turteltäubchen. Ich bin mir absolut sicher, keiner der beiden hatte eine außereheliche Beziehung. Du weißt doch, in unserer Familie wird Treue großgeschrieben und gepflegt. Weder mein Großvater, noch mein Vater hatten jemals eine Kurtisane oder Affäre mit einer Bettgenossin, soviel ich weiß. Von mir will ich gar nicht reden, ich schau mich noch nicht einmal auf der Straße nach etwas Weiblichem um, selbst wenn es Liz Taylor persönlich wäre."
„Jetzt übertreibst Du aber schamlos, erst gestern hast Du dir den Hals dermaßen nach einer Frau verrenkt, dass ich schon glaubte, dein Halswirbel würde ausgekugelt werden."
„Nein, das ist nicht richtig, der Begleiter der Frau hatte tolle Segelschuhe an, wie ich sie schon seit Jahren suche und ich wollte ihn schon ansprechen, wo er die gekauft haben mag."
Das alternde Ehepaar musste lachen und sie gaben sich mal wieder einen flüchtigen aber freundschaftlichen Kuss.
„Zurück zu Bernhard, ich glaube der Grund für seine geringe Vorfreude auf sein Kind ist darin zu suchen, dass Männer nur indirekt an einer Schwangerschaft und einer Geburt teilnehmen können. Viele Männer sind sogar auf ihre Frauen neidisch, da sie das Gefühl des Schwangerseins nicht kennen und auch nie kennenlernen können. Lass Bernhard das Wurm erst mal in den Armen halten, dann wirst Du schon sehen, wie liebevoll er damit umgehen wird."
„Aber Du hast dich doch auch wahnsinnig auf die Geburt unserer zwei Kinder gefreut, bei Gabriele war es noch schlimmer als bei Bernhard. Du hast auch deine Ungeduld kaum zügeln können, mir mehrmals täglich über den Bauch gestreichelt und sogar mit den Ungeborenen gesprochen, als könnten sie dich bereits verstehen. Weißt Du nicht mehr, wie Du dich gefreut hast, wenn die Füßchen auf meinem Bauch abgemalt waren?"
„Ja, das stimmt ja alles, aber Du darfst auch nicht vergessen, wie sehr Bernhard beruflich eingespannt ist, während ich seinerzeit viel mehr Zeit und Gelegenheit hatte, mich um dich zu kümmern. Die Baustellen waren bestens organisiert und alles ging beruflich seinen gewohnten Gang, ich konnte mich damals zu jeder Zeit ein paar

Stunden freischaufeln und Niemand hat mich vermisst. Ich bin mir absolut sicher, dass das mit Bernhard schon werden wird, warte es nur ab."
„Na, da bin ich mir aber nicht so sicher, aber ich hoffe, Du hast recht. Du bist und bleibst ein unverbesserlicher Optimist. Unser Sohn kommt mir manchmal so leidenschaftslos vor, als könne ihn nichts begeistern."
„Das nennt man heutzutage cool sein. Innerlich ist er ganz bestimmt engagiert, äußerlich lässt er nichts an sich heran, er ist eben cool und braucht das nicht zu spielen."
Roswitha wirkte um einiges erregter und leidenschaftlicher als ihr Mann, es fiel ihr schon immer schwer, etwas ohne emotionales Engagement anzupacken. „Diese modernen Begriffe sagen mir nicht allzu viel. Jedenfalls weiß ich, zu unserer Zeit waren Kinder der Lebensinhalt, darauf wurde alles aufgebaut, Ehe, Beruf und dann Kinder, wo bleibt denn der Sinn des Lebens, wenn man keine Kinder in die Welt setzt? Konsum und ständiges Amüsement können doch nicht alles sein? Bitte, wer so sein Leben hinter sich bringen will, soll das meinetwegen machen, aber meine Philosophie sieht anders aus."
„Du darfst Bernhards wenig engagiertes Verhalten in Richtung Nachwuchs nicht überbewerten. Eine Mutter ist für die Kinder permanent im Einsatz bis sie laufen können, erst dann tritt der Vater auf den Plan. Für die Behandlung solch fragiler Geschöpfe ist der Mann einfach zu grobmotorisch, außerdem haben sie Angst so ein kleines Wesen falsch zu behandeln. Ich habe mich doch auch erst intensiver mit den Kindern beschäftigt als sie rund zwei Jahre alt waren. Dann erst bin ich mit ihnen stundenlang unterwegs gewesen und habe alles Mögliche mit ihnen unternommen. Das hat mir aber dann mit dem beiden richtigen Spaß gemacht, ich konnte sie etwas lehren, ich hatte Erfolgserlebnisse, wenn sie was begriffen hatten und ich hatte Resonanz auf meine Anregungen und Gespräche."

***

Für Walther Rosenzweig war die Welt in Ordnung, er liebte es, sich in seinem Ohrensessel in Fensternähe neben dem wandbedeckenden Bücherschrank niederzulassen und zu lesen oder seine Frau zu betrachten oder zu versuchen an gar nichts zu denken, was ihm aber selten gelang.
Roswitha war, wie er immer wieder bei Freunden und Bekannten betont hatte, sein Sechser im Lotto gewesen, seine Liebe zu ihr war ungebrochen und auch von Gewohnheit an die Partnerin hatte er nie etwas wissen wollen. Jeder Tag brachte Neues, Unbekanntes und sei es auch nur die Reaktion des Partners in einer Situation, in der sie sich gegenseitig ihrer Liebe durch eine Geste oder Liebkosung versicherten. Auch im fortgeschrittenen Alter konnte er sich oft nicht verkneifen ihre Brust oder ihren Po zu streicheln oder sie unter der Dusche oder im Bad zu

überraschen. Ihr Sexualleben funktionierte noch, natürlich nicht mehr so spontan und hektisch wie in den ersten Jahren ihres Zusammenseins, sondern in aller Ruhe mit einer gewissen Gelassenheit. Früher, als man mehrmals täglich übereinander herfiel, öfter nackend oder leicht bekleidet, als angezogen durch das Haus lief war die Liebe wild und ungestüm. Selten, dass ein leidenschaftlicher Kuss sie nicht ins Bett geleitet hatte, dort konnten sie dann stundenlang liegen und sich streicheln, jeden Quadratzentimeter des geliebten Körpers wieder und wieder erforschen. Dieses scheinbar nie zu sättigende Bedürfnis führte das eine oder andere Mal zu störenden Beschwerden im Genitalbereich, ihre empfindlichen Schamlippen waren dann tagelang geschwollen, was beim Sitzen recht unangenehm werden konnte, oder auch angenehm war, da sie an den kürzlich beendeten Liebesakt erinnerten. Die wunde Haut an seiner Penisspitze musste dann regelmäßig mit Vaseline eingecremt werden, um drohende Entzündungen zu vermeiden, da sie ihm sanft und fürsorglich die Salbe auftrug, führte das dann wiederum zu einer Verschlimmerung des Wundseins. Diese wilde häufige Liebestätigkeit hatte im Laufe der Jahre, der Natur gezollt, nachgelassen, war aber zum Glück nie ganz erstorben. Die Häufigkeit der geschlechtlichen Vereinigung war von mehrmals täglich über mehrmals wöchentlich und mehrmals monatlich zu mehrmals jährlich geschrumpft.

Er hatte immer noch, nach so vielen Jahren, ein Kribbeln im Bauch, wenn er sie in die Arme nahm oder wenn sie nebeneinander im Bett lagen und sich ihren allabendlichen Gute Nacht Kuss gaben.

Er bedauerte, dass die Leidenschaft der ersten Jahre einem allnächtlichen Schlafbedürfnis Platz gemacht hatte, sobald er im Bett lag, was aber nur an der biologischen Entwicklung seines Körpers lag und nicht etwa an der mangelnden Liebe zu ihr. Er liebte immer noch die erregende Wirkung, die sie seit einigen Jahrzehnten auf ihn ausübte, wenn sie leicht oder unbekleidet im Badezimmer mit Wässerchen und Cremes an sich herumwerkelte und dieses anregende Prickeln würde vermutlich nie nachlassen. Wenn sie sich dann im Bett an ihn kuschelte, weil ihre Füße etwas mehr Wärme oder auch speziell seine Wärme suchten, war er immer noch glücklich und nach einem zärtlichen Kuss entließ sie ihn dann zumeist in den dringend benötigten Schlaf.

Sie hatte ihm zwei Prachtexemplare von Kindern geschenkt, obwohl er nach der Geburt vor Gabriele gerne noch ein Drittes gezeugt hätte, von dem ihm aber die Ärzte abgeraten hatten. Es wäre für Roswitha ein zu großes Gesundheitsrisiko gewesen, war schon die Geburt des Mädchens nicht reibungslos verlaufen und die Mutter mit einigen postnatalen Gesundheitsproblemen zu kämpfen hatte. Die Gesundheit seiner Frau war ihm heilig, also fügte er sich, wenn auch ungerne, dem ärztlichen Rat.

Finanziell hatte sich alles zum Besten gefügt. Sein Finanzierungsmodell war in den fünfziger Jahren der absolute Renner geworden und durch seine Idee und

Vertragsgestaltung hatte er eine Teilhaberschaft an etlichen Wohn- und Geschäftshäusern erlangt. Dieses Modell stand zwar bei einigen Vertragspartnern in der Kritik, die sich bei Ausübung des Vorkaufsrechts durch ihn übervorteilt gefühlt hatten, doch die daraus resultierenden gerichtlichen Auseinandersetzungen waren samt und sonders zu seinen Gunsten ausgegangen. Darüber hinaus hatte er in Eigenregie einige Geschäftshäuser und Bürotrakte in bester Lage der Kölner Innenstadt gebaut und auch noch mehrere Mietshäuser in seinen bevorzugten Stadtvierteln Lindenthal und Braunsfeld hochgezogen. Mittlerweile war der Immobilienmarkt weitestgehend gesättigt und demzufolge hatte er seine Bauherrentätigkeit auf wenige vielversprechende Objekte konzentriert. Klasse statt Masse war heutzutage seine Devise. Hauptaugenmerk seiner gegenwärtigen Tätigkeit war die Verwaltung seiner Immobilien und seine Risikobereitschaft war im Wesentlichen erlahmt, zumal seine Einnahmen die Ausgaben um einen beachtlichen Prozentsatz übertrafen.

Auf Norderney hatte er versucht, das boomende Beispiel Sylts zu kopieren und mehrere reetgedeckte Häuser erworben beziehungsweise gebaut, die ihm nicht nur als vermietete Ferienhäuser eine satte Rendite einbrachten, sondern mehr als Nebeneffekt der Familie immer ein ideales Ferienziel verschafften. Er liebte die Nordsee und insbesondere die ostfriesischen Inseln, sie waren wegen der Nähe der ideale Ferienort für die Rheinländer und die Westfalen. Die Anreise war in weniger als vier Stunden mit dem Zug oder dem Auto zu bewältigen, was die Attraktivität der Insel erheblich förderte.

Selbst das Nordseewetter mochte er. Seine Aufenthalte dort verbrachte er immer nach der Devise – gegen schlechtes Wetter kann man sich schützen – und deshalb waren im Reisegepäck immer die entsprechenden Schlechtwetter Schutzkleidungen. Er liebte es bei Sturm, aber auch mit Regen auf der Spitze einer Buhne zu stehen und sich frontal in den Wind zu stellen, wenn die Wellen gegen die schwarz glänzenden Basaltsteine brachen und die Gischt meterhoch über ihn hinweg peitschte. Dieses Schauspiel der Naturgewalten konnte er stundenlang genießen, aus ihnen konnte er ablesen, dass es andere Gewalten gab als die menschlich erzeugten.

Noch war die Natur stärker als die Menschen, er fragte sich nur, wie lange noch. Im Hinterkopf hatte er immer die Befürchtungen, die größenwahnsinnigen Politiker könnten mit ihren Nuklearsprengköpfen nicht nur die Menschheit, die Natur, sondern auch die gesamte Erde vernichten. Er hatte einmal überschläglich gerechnet, dass alle existierenden Sprengköpfe zusammengenommen, die Erde aus dem Orbit um die Sonne herausschleudern und damit das Ende des irdischen Lebens besiegeln könnten. Und dann sprachen diese scheinheiligen Politiker von Abrüstung, dabei wurden hauptsächlich aufgrund der Neutronengifte wie Americium nicht mehr explosionsfähige Plutoniumkernwaffensprengköpfe unschädlich gemacht, während die langlebigeren Uransprengköpfe erhalten blieben und weiterhin der Bevölkerung eine Apokalypse in Aussicht stellten. Als Fazit der Verhandlungsergebnisse klopften sich dann die debilen Regierungschefs auf die Schulter in der Überzeugung, sie seien Gutmenschen und würden die Welt retten. Wobei sie mit ein bisschen Fachkenntnis genau gewusst haben müssten, dass das Verhandlungsergebnis lediglich Augenwischerei gewesen war, um die Bevölkerung zu beruhigen und nicht ein wirklicher Friedensdienst. Auf beiden Seiten des Atlantiks waren hauptsächlich Atomwaffen abgerüstet worden, die ohnehin nicht mehr explodieren konnten, jedoch noch eine immense Radiotoxizität entwickelten. Erst der nahende Bankrott der Russen führte in den neunziger Jahren zu einem Abbau der sprengfähigen Kernwaffen, die dann nach dem Motto „Waffen zu Pflugscharen" im Westen demontiert, in deren Reaktoren verbrannt und somit unschädlich gemacht werden konnten. Demnach hatte die kränkelnde russische Wirtschaft zu einer realen Abrüstung geführt und nicht die langjährigen diplomatischen Verhandlungen der Delegierten der Politik. Die sogenannten Umweltschutzparteien wie die Grünen in Deutschland hatten das aber immer noch nicht begriffen und protestierten vehement gegen die Rückführung der Sprengköpfe zu friedlichen Zwecken und deren Verbrennung zur Energiegewinnung. Im Fokus der blinden Aktionisten standen die hochgefährlichen Transporte innerhalb Europas und die Blendung oder Vermischung des Brennmaterials, damit sie nicht mehr zu Bombenzwecken benutzt werden konnten. Dank dieser Proteste wurden dann die friedliche Nutzung der Sprengköpfe und deren Umwandlung in Kernbrennstoffe eingestellt und sie bedrohten von vielen Ländern aus weiterhin die Welt, die sie in Summe mehrmals vernichten könnten. Zum sorglosen Weiterleben ohne Atombomben bestand also keinerlei Anlass, eher das Gegenteil. Somit waren die uninformierten sogenannten Umweltschützer die eigentlichen Umweltfrevler.

***

Er vertraute weiterhin vorzugsweise der unkalkulierbaren Natur als den Gehirnen der Mächtigen. Was hatten diese mutierten oder unfähigen Gehirne nicht schon alles ersonnen und angestellt. Er konnte die Regierenden und deren Schreckensherrschaften kaum in eine Steigerungsform bringen, wer waren denn nun die größten Verbrecher der Menschheitsgeschichte, waren es die römischen Imperatoren, war es Attila mit seinen Hunnen gewesen, waren es die großen Feldherren, waren es die moderneren wie Hitler, Stalin und Putin oder waren es die bestialisch mordenden Eroberer und Koloniebesatzer in den so genannten unterentwickelten Ländern gewesen? Der Unterschied der unvollständig aufgeführten Regenten bestand nur in der Anzahl der Ermordeten und in der Art und Weise der Lebensvernichtung. Bestialisch, rücksichtslos und machtbesessen waren sie allesamt.

Er hätte verzweifeln können, wenn er an die Machtergreifung Hitlers dachte, wie hatte es nur dazu kommen können, der Mensch und seine Partei hatten nie mehr als gut dreißig Prozent der Wählerstimmen erhalten. Wenn diese dümmlichen so genannten Demokraten der Weimarer Republik ein Quäntchen an Intelligenz oder Kompromissbereitschaft gezeigt hätten und eine Koalition der Konservativen oder Kommunisten mit den seinerzeit ideologisch verblendeten Sozialdemokraten eingegangen wären, hätte die NSDAP nie und nimmer die Regierungsgeschäfte übernehmen können und somit wäre die riesige Katastrophe des zweiten Weltkrieges vermieden worden.

Er musste an seine eigene Familie denken. Auch wenn nur ein einziger nahestehender Verwandter umgebracht würde, zählte das für die Familie tausendmal mehr, als die millionen anderer Opfer, die in ihrer Anonymität der Statistik untertauchten. Obwohl er seine Großeltern nie kennengelernt hatte, bedauerte er ihren Verlust in diesem vermaledeiten Konzentrationslager, oft hatte er sich vorgestellt, wie sie wohl umgebracht wurden, insgeheim hatte er immer gehofft, sie seien bei der Ankunft sofort ermordet worden, anstatt unter Hunger und Folterqualen hingesiecht zu sein. Für seine Hoffnung sprach die Tatsache, dass sie nicht in den Todeslisten auftauchten, das letzte nachvollziehbare Lebenszeichen war die Transportliste ins KZ gewesen, somit waren sie vielleicht schon auf dem Transport gestorben oder erschossen worden. Zumindest wäre das die humanere Todesart gewesen, sofern man in diesem Zusammenhang von einer humanen Todesart reden konnte.

Auch dieser Verlust versetzte ihm immer noch einen Stich, wie dankbar war er seinen Eltern, dass sie ihn wohlbehütet in Sicherheit aufgezogen hatten und ihn vor dem Einfluss der mordenden Hitlerschergen beschützt hatten. Obwohl, wenn er es richtig betrachtete, wie leicht hätte bei einem anderen Kriegsverlauf die braune Suppe nach Großbritannien überschwappen können? Dann hätte ihn und seine Eltern das von ihnen fluchtartig verlassene Regime durch die Hintertür doch noch eingeholt.

Nun ja, alles Sinnieren brachte nichts, man musste in seinem Leben Glück haben, alle Tüchtigkeit und Geschicklichkeit hatte ohne Glück keine Chance. Er hatte Glück gehabt, er war gesund, seine Familie war weitestgehend gesund, er war in seinem Alter noch nie im Krankenhaus gewesen, er hatte nie in seinem Leben wirklich Hunger gehabt, es ging ihm wirtschaftlich gut, wenn nun die Politiker ein kleines bisschen mehr Grips hätten, könnte er rundherum zufrieden sein. Die Welt wimmelte nur so von Krisenherden, verursacht durch die Gier und den Machtwillen von Regenten, welcher Couleur auch immer. Wie heißt es so schön? Die einzige unerschöpfliche Ressource der Welt ist die Dummheit.

***

Seine Eltern waren leider viel zu früh verstorben, hatten ihm aber ein beträchtliches Vermögen hinterlassen, das Vater und sein Sohn in späteren Jahren ebenfalls zum größten Teil in bebaute Immobilien gesteckt hatten. Das allseits renommierte Herrenausstattergeschäft in London wurde weitergeführt, allerdings nunmehr von einer Kapitalgesellschaft unter dem alten Namen „Bembridge & Crawson Limited", er hatte einen bewährten Schneider als Geschäftsführer eingesetzt, der nicht zuletzt wegen seiner Gewinnbeteiligung, die Geschäfte erfolgreich im Sinne der Firmengründer und jetzigen Inhaber weiterführte. Walther ließ es sich aber nicht nehmen, dort zumindest zweimal jährlich nach dem Rechten zu sehen und um Warenbestand sowie modische Ausrichtung des Ladens zu inspizieren.

Durch die Restitution und das Bundesentschädigungsgesetz waren weitere Gelder über seinen Vater in die Familienkasse geflossen, die zwar die monetären Verluste durch Vertreibung und Krieg nicht vollständig kompensieren konnten, aber zumindest einen gewissen Ausgleich geschafft hatten. Die Ermordung seiner Großeltern hätte kein Entschädigungsgesetz rückgängig machen können, aber wenigstens brauchte er sich um seine wirtschaftliche Zukunft und die seiner Familie keine Sorgen zu machen.

Jetzt fehlte nur noch, dass Gabriele ihr Studium erfolgreich abschließen würde und einen passenden Partner mit nach Hause brächte. Dieser Harald, mit dem sie schon einige Jahre eng befreundet war und ihn wohl auch liebte, schien sich als Schwiegersohn recht gut zu eignen. Soll er nur erst mal sein Jurastudium erfolgreich abschließen. Egal, ob er ein guter Jurist werden wird, oder als einer unter vielen in der Anwaltsmasse verschwindet, er soll primär seine geliebte Tochter glücklich machen. Notfalls könnte Walther dem Harald beim Aufbau einer Kanzlei helfen oder ihn beim Einstieg in eine namhafte bestehende Sozietät unterstützen. Er hatte schließlich ausreichend Beziehungen, die den kölschen Klüngel sicherlich anheizen konnte, wozu hatte er jahrzehntelang Anwälte beschäftigt, die mit ihren Gebühren nie zimperlich gewesen waren. Zumal ein Anwalt in der Familie nicht schlecht sein dürfte, für solche Leute hatte er immer etwas zu tun. Jedenfalls hatte Harald etwas, was er bei seiner Tochter vermisste, nämlich eine gehörige Portion Ehrgeiz und Strebertum.

Walthers Eltern und Großeltern hätten es sicherlich gerne gesehen, wenn der Ehemann von Gabriele Jude gewesen wäre, ihm war es egal. Obwohl Harald nicht praktizierender Katholik war, konnte die Familie Rosenzweig den Nichtjuden voll akzeptieren, schließlich war keiner des Familienklans religiös zudem die Ehefrau Walthers ebenfalls Christin oder genauer Protestantin war und beide seit etlichen Jahren keine Kirche oder Synagoge von innen gesehen hatte. Somit hatte sich das Thema Religion erledigt.

Es war auch keine schlechte Idee von Gabriele gewesen, ihre Ziele in Richtung einer intakten Familie zu verfolgen und nicht unbedingt ihr Leben in einer beruflichen Karriere zu vergraben. Erfolg im Beruf ist eine schöne Selbstbestätigung neben dem Gelderwerb, aber nicht viel mehr. Karrieremenschen sind oft genug soziale Krüppel, die nur noch für ihr Weiterkommen leben, sich aber ihrer Familie weitestgehend entfremden. Walther dachte an einige seiner Geschäftsfreunde, die jede Gelegenheit wahrnahmen, einen Abendtermin zu akzeptieren, nur um sich nicht zu Hause im Familienkreis stundenlang zu langweilen. Oft, wenn ein Abendtermin von diesen Leuten vorgeschlagen wurde, hatte Walther dankend abgelehnt, sein Feierabend war ihm heilig und die Geschäftsfreunde waren nicht selten erstaunt, dass er ultimativ ablehnte und einen alternativen Termin zu der regulären Geschäftszeit vorschlug. Diese Leute waren Fremde in ihren selbst erbauten Häusern. Sie verstanden ihre eigenen Kinder nicht mehr, wussten nicht einmal mehr wovon sie in ihrer unklaren neumodischen Schülersprache redeten. Sie hätten für den gehegten Nachwuchs einen Simultandolmetscher benötigt. Wenn dann eines der Kinder über die Stränge schlug, waren die Väter die ersten, die hierfür nicht das geringste Verständnis aufbringen konnten: „Wir haben doch alles für sie getan."
Wie oft hatte er schon erlebt, dass ein Mensch mit den besten Voraussetzungen im Leben gescheitert war, während andere mit miserablen Examina durch ihre Lebenstüchtigkeit und ihren Optimismus Erfolg im Beruf und zusätzlich ein zufriedenes Leben erreicht hatten. Ehrgeiz war oft genug der Feind von Lebensqualität.
Gabriele hatte natürlich auch großes Pech gehabt mit ihrer Fehlgeburt, der geplatzten Hochzeit und den dadurch verpassten Examina. Aber man darf sich letztlich nicht von ein paar Nackenschlägen unterkriegen lassen, Kopf hoch und weitermachen, lautet die Devise. Nach jedem Regen, sei er auch noch so desaströs gewesen, folgt irgendwann wieder Sonnenschein.
Walthers Tröstungsversuche waren nicht wirklich von Erfolg gekrönt gewesen, waren aber auch nicht völlig ins Leere geredet worden. Es hatte lange gedauert, bis Gabriele über den SchicksalsSchlag hinweggekommen war. Mittlerweile ging es ihr wieder ganz gut und ein Kind, eine Hochzeit und verpasste Prüfungen sind letztlich nur aufgeschoben und nicht aufgehoben. Alles das war nachholbar. Wirklich schlimm waren doch nur die Schäden, die irreparabel waren und Gabriele war noch so jung, ihr gehörte die Zukunft, ihr Leben lag noch vor ihr. Kopf aus dem Schlamm recken und das nächste Ziel anvisieren.
Wirklich schlimm ist nicht das Hinfallen, sondern das Liegenbleiben.

Zicken Clique,
die zweite
(genannt ZickenKlicke)

Der Gastraum der Sachsophonie war mal wieder rauchgeschwängert von den zahlreichen Thekenrauchern. Es herrschte scheinbar allgemeine Tabakkonsumpflicht. Die meisten Tische waren dazu ebenfalls belagert und einige Leute aßen das begehrte Schweineschnitzel mit knusprigen Bratkartoffeln und Salat. Der Zickentisch war relativ dünn besetzt und Renate schwang mal wieder das Zepter, sie redete ihre bevorzugten schnellen Endlossätze, die grammatikalisch häufig zu wünschen übrigließen. „Ich finde es irgendwie schon schlimm mit Gabriele, Fehlgeburt und dadurch das Examen verpennt, da kann man mal wieder sehen, dass Geld alleine nicht glücklich macht. Da kann sie sich finanziell alles erlauben und knallt dann die Treppe runter, das überlebt kein Fötus."
Inge unterbrach sie: „Sie kann ja noch froh sein, dass sie sich nicht gravierend verletzt hat, bei diesem Sturz, die ganze Treppe runter. Es war ja wohl jedem klar, dass sie dabei ihr Kind verlieren musste. Wenn ich mir die Erschütterungen in ihrem Körper vorstelle, einfach schrecklich."
Renate hatte auf eine Atempause Inges gewartet und schoss gleich in ihre Satzkonstruktion: „Ihr Alter hat sie auch gleich in eine Privatklinik verfrachten lassen, wo sie nicht nur von dem Professor Biethinghaus persönlich verarztet wird, sondern auch noch von Professor Neuhaus psychiatrisch behandelt werden soll, damit sie ihren SchicksalsSchlag mental überwinden kann. Für jemanden wie wir mit kleinem Portemonnaie wäre höchstens der Assistenzarzt bezahlbar, von den Koryphäen könnten wir nur träumen. Mich würde sowieso mal interessieren, woher die Familie so viel Geld hat, ob das alles ehrlich erworben wurde, weiß man bei diesen reichen Leuten nie. Da muss man gleich an das Beispiel der Mafia denken."
Waltraut blickte auf, die ansonsten wortkarge Innenausstatterin gehörte im Allgemeinen zur Zuhörerschaft. „Der Walther Rosenzweig ist doch Jude, wie man schon am Namen erkennen kann. Die Juden haben doch nach dem Krieg, wegen des schlechten Gewissens der Politiker, alle eine horrende Wiedergutmachung in den Hintern geblasen bekommen, ab diesem Zeitpunkt konnten die doch alle Geld scheißen. Den Behörden war seinerzeit egal, ob die Leute im Konzentrationslager gesessen, Familienangehörige verloren hatten, oder irgendwo im Exil den dicken Willem gespielt haben, Geld gab es als Entschädigung haufenweise. Die arischen Familien sind dagegen nur mit ein paar Mark abgespeist worden, egal welche

Vergangenheit sie im Dritten Reich hatten. Mein Vater hat auch alles verloren, er war nicht in der Partei gewesen, war nie ein Freund des Schnäuzers gewesen, trotzdem hat er für sein Unternehmen mal gerade tausend Mark erhalten und dafür musste er noch aktenordnerweise Formulare ausfüllen und Zeugen ranschleppen. Das war dann die Kompensation für sein Hotel direkt hinterm Hauptbahnhof. Er musste sich mit diesem Almosen zufriedengeben, er hat Prozesse geführt durch sämtliche Instanzen, alles ohne Erfolg, er war ja auch nur Deutscher und Arier."

Martina beugte sich vor, dass die Tischplatte ihren Busen quetschte wie bei einer Mammographie, sie musste wieder vermitteln: „Ihr dürft aber bitte nicht vergessen, was die Nazis mit den Juden angestellt haben. Ich denke, wenn eine Familie in der Gaskammer von Auschwitz ausgerottet worden ist, kann das keine noch so hohe pekuniäre Entschädigung wieder reparieren. Ich finde das Geld, das als so genannte Wiedergutmachung gezahlt wurde, ist mehr als gerechtfertigt. Das Leid, was diesen Leuten angetan wurde, ist nicht mit irgendeinem Leid eines Kriegsteilnehmers zu vergleichen. Wir müssen an dieser Stelle auch mal auf die Opfer und Täterproblematik hinweisen, es gibt nämlich in jedem Fall eine Kollektivschuld und man kann sich nicht damit herausreden, man sei nicht in der Partei gewesen. Viel zu viele Menschen haben gewusst was in den Internierungslagern vor sich ging und haben aus lauter Feigheit den Mund nicht aufgemacht."

Renate fuhr empört dazwischen: „Reparation ist ja gut und schön, aber doch nicht in solchen Unsummen. Ich habe gehört der alte Rosenzweig soll hundert Häuser hier in Köln sein Eigentum nennen – und das alles von unseren Steuergeldern. Schließlich haben unsere Familien auch Angehörige verloren, wir haben auch unter dem tausendjährigen Reich gelitten, aber das zählt ja nichts in der deutschen Bürokratie, wir sind eben halt die Kriegsverlierer. Was meint ihr wäre passiert, wenn wir den Krieg gewonnen hätten?"

Martina war rot angelaufen und musste Renate vehement widersprechen und wedelte mit ihrem Zeigefinger hin und her: „Jetzt darfst du aber bitte nicht alles vermischen und in einen Topf werfen. Erstens hatte die Familie Rosenzweig bereits ein großes Vermögen schon vor dem Krieg, zweitens hatten sie stattlichen Immobilienbesitz, als noch keiner von Hitler albträumte. Gabriele hat mir mal erzählt, dass ihr Großvater ein großes Haus und ein Geschäft in der Breite Straße hatte und ihr Vater in London ein großes Geschäftshaus und eine Firma sein Eigen nannte oder sogar noch hat. Der Familie ging es finanziell seit Generationen gut. Aber ich möchte doch noch eins loswerden, Renate du kannst doch nicht im Ernst einen in Auschwitz ermordeten Menschen mit einem an der Front gefallenen Soldaten vergleichen, der sich möglicherweise noch freiwillig gemeldet hatte. Ich weiß auch, dass es eine Menge nichtjüdischer Opfer gegeben hat, nach meinem Kenntnisstand sind die aber genau so entschädigt worden, wie die Juden, wenn sie Opfer des Regimes waren. Ich kenne die Gesetzeslage nicht so genau, aber ich habe schon

Verständnis dafür, dass zwischen den Opfern unterschieden wird. Ein Mensch, dessen Familie komplett ausgerottet worden ist, muss doch anders entschädigt werden als jemand der einen Sohn oder Vater als Gefallenen zu betrauern hat. Gewiss, beides ist fürchterlich. Ich will das auch nicht quantitativ bewerten, möglicherweise ist ein Einzelner mehr wert als eine ganze Gruppe, aber hier gilt das Grundgesetz, jeder ist vor dem Gesetz zunächst einmal gleich."

Waltraut nickte Martina zustimmend zu: „Es sind sicherlich auch Gelder geflossen, wenn ein verhasster oder ungeliebter Verwandter im KZ umgekommen ist. Da kann aber, wie Martina schon richtig sagte, das Gesetz keine Rücksicht drauf nehmen. Der Geliebte ist vor dem Gesetz gleich dem Verhassten."

Jetzt senkte sie die Lautstärke und beugte sich vertrauensvoll über den Tisch: „Meine Mutter hat immer erzählt, sie habe in einem Geschäft mit einem jüdischen Inhaber gearbeitet und ihr Chef soll ein ausgesprochenes Ekelpaket gewesen sein. Der soll angeblich alle Angestellten malträtiert haben, er soll die Frauen belästigt und einige auch geschwängert haben, man sprach auch von Vergewaltigungen, ohne auch nur im Geringsten dafür gerade zu stehen. Wenn so ein Scheusal im Konzentrationslager umgekommen ist, hätte eigentlich jeder Hurra schreien müssen. Aber so etwas darfst du nicht laut sagen, sonst gilst du als Antisemit und hast die Gutmenschen der Parteien, der Presse und nicht zuletzt den Zentralrat der Juden auf dem Hals."

Martina empörte sich, ihre Stirnader drohte zu platzen. „Das ist aber wirklich starker Tobak. Du kannst doch nicht im Ernst auch bei noch so einem Ekel froh sein, wenn der in der Gaskammer gelandet wäre oder auf andere schreckliche Weise ums Leben gekommen ist. Man darf keinem Menschen so etwas gönnen, auch wenn es ein Schwerverbrecher gewesen sein sollte und sein Tod hundertmal moralisch gerechtfertigt wäre."

Renate lehnte sich zurück, und lachte laut auf: „Ich glaube, ich bin im falschen Film. Was ist denn mit den ganzen Kriegsverbrechern, die von den Alliierten oder den Israelis gehängt wurden oder auf dem elektrischen Stuhl landeten? In wie vielen Ländern gibt es denn immer noch die Todesstrafe? Manchen Leuten wünsche ich den Tod und ich stehe dazu. Wenn ich an diese Kindermörder oder andere perverse Gestalten denke, sehne ich mir die Zwangskastration oder meinetwegen die Todesstrafe herbei. Und wenn es dann einen Psychopathen weniger gibt, ist das doch für die ganze Gesellschaft von Vorteil. Nein, stattdessen bekommen diese armen Verbrecher bei uns auch noch Freigang und Haftverkürzung, damit sie ihren perversen Gelüsten weiterhin nachgehen können. Ich bin jedenfalls froh über jeden Kapitalverbrecher, der das zeitliche segnet. Wegsperren nützt doch letztlich keinem etwas."

Martina sah Renate nachdenklich an und suchte nach den richtigen Wörtern: „Im Prinzip ist nichts gegen eine Todesstrafe einzuwenden. Aber Du verkennst wohl etwas das Problem Renate, der absolute Nachweis der Schuld ist nicht einfach, wie viele unschuldig Verurteilte gibt es alleine in Deutschland. Die mutmaßlichen Täter schmoren bei uns jahrelang im Gefängnis, wenn sich dann deren Unschuld herausstellen sollte, kann man sie mit einer angemessenen Entschädigung wieder entlassen, bei der Todesstrafe wäre solch eine monetäre Entschädigung nur für die Hinterbliebenen von Nutzen das ist ja wohl ungleich ungerechter. Wie viele Leute sitzen in Amerika in der Todeszelle auf Grund eines Indizienprozesses? Es gibt etliche Delinquenten, die nach Wiederaufnahme des Prozesses letztendlich entlastet und freigesprochen worden waren. Ich bin ja bei Dir, wenn es einen hundert prozentigen Schuldspruch gäbe, aber den gibt es nach meinem Kenntnisstand nur in den seltensten Fällen. Im Fall der Nürnberger Prozesse oder auch beim Eichmann Prozess waren die Beweise laut Geschichtsschreibung erdrückend und die Zeugenaussagen und die Dokumente unwiderlegbar. In solch einem Fall bin ich auch für die Todesstrafe, ich wäre sogar für einen langsamen, quälenden Tod, meinetwegen mit stundenlanger Folter wie im Mittelalter bei der Inquisition."

Es entstand eine Gesprächspause, die die Einigkeit über die Diskussionsergebnisse widerspiegelte. Barbara, die bisher entweder zustimmend kopfnickend oder auch kopfschüttelnd still zugehört hatte hob den Kopf und sprach Renate an: „Du hast eben gesagt, der Rosenzweig würde einhundert Häuser hier in Köln sein Eigen nennen. Das kann ja wohl nicht sein, findest Du das nicht etwas übertrieben? Wenn nur jedes Haus einen Wert von einer Million hätte, würde schon ein Vermögen von hundert Millionen zusammenkommen. Ich weiß aber auch, dass er in der Innenstadt Immobilienbesitz hat, der sicher mehrere Millionen kosten würde, aber hundert Miethäuser ist wohl stark übertrieben."

Renate fühlte sich bei ihrer Unwahrheit ertappt und druckste herum: „Es wird ja viel geredet, vielleicht stimmt die Zahl nicht so ganz, aber dass der Kerl steinreich ist, ist so sicher wie das Amen in der Kirche. Ich kenne schon alleine hier in Lindenthal mehrere Häuser, die ihm gehören und es wird gemunkelt, dass er noch viele mehr über die ganze Stadt verteilt besitzt. Du weißt ja, dass die Juden geschäftstüchtig sind und wenn du in den fünfziger Jahren Kapital hattest, als das Geld allgemein recht knapp war, konntest du Häuser billig kaufen oder bauen. Damals waren auch noch alle dankbar für sein Engagement und die zahlreichen Arbeitsplätze, die er geschaffen hatte."

Barbara wog den Kopf hin und her, sie konnte das nicht unkommentiert so stehen lassen: „Ich meine bloß, dass die Zahl völlig überzogen sein dürfte. Rechne doch mal nach, sein Vermögen, wie ich eben schon sagte, auf über Hundertmillionen zu beziffern, wäre total überzogen, das glaube ich nie und nimmer. Ich weiß aber, dass er etliche Eigentumswohnungen hat und dann nicht die gesamte Immobilie besitzt, diese Wohnungen oder Häuser musst Du im Wert viel geringer ansetzen."

Martina nickte zustimmend, nahm einen Schluck von ihrem Prosecco und klopfte mit dem Zeigefinger auf die Tischplatte: „Dass er eine beneidenswerte Menge Geld besitzt, ist wohl unbestritten. Man muss nur bedenken, dass von den ganzen Häusern und Grundstücken ein großer Anteil den Banken gehören dürfte. Wer baut schon ein Haus mit einem Eigenkapitalanteil von hundert Prozent? Wenn Du zehn Prozent Eigenkapital hinlegst, finanziert die Bank im Allgemeinen den Rest, wenn auch zu Wucherzinsen. Im Lauf der Jahre wird er zwar einen Teil der Hypothekenschuld getilgt haben, aber sein Anteil an den Immobilien dürfte heute kaum mehr als fünfundzwanzig, vielleicht dreißig Prozent betragen. Wenn ich dann noch unterstelle, dass die Zahl von hundert Häusern viel zu hoch angesetzt ist und er nur vierzig oder fünfzig Eigentumswohnungen darin hat, erscheint mir das Gesamtvermögen mit vielleicht dreißig Millionen viel realistischer. Wohlgemerkt, das sind nicht liquide Mittel. Trotzdem nicht schlecht für einen Normalverbraucher."

Das Thema Rosenzweig war damit für die Zickenklicke erledigt und sie wandten sich anderen Tratschopfern zu.

Der Tag danach

Bereue nicht, was du erlebtest,
bereue, was du versäumtest.

Der Tag danach ist immer der schwerste Tag. Harald war sich klar darüber, er wusste genau, dass ihn morgen einiges erwartete. Die Richter forderten von ihren Referendaren eine gute Portion mehr, als sie selbst zu leisten bereit waren. Von ihren überbordenden Aufgaben wussten sie immer so viel an die Nachwuchsjuristen abzutreten, dass deren Kapazitätsgrenze soeben überschritten wurde. Trotzdem liebte Harald seine gegenwärtige Tätigkeit beim Amtsgericht, mochten die Aktentürme auf seinem Schreibtisch die Sicht auch erheblich einschränken, seine schnelle Auffassungsgabe und sein klarer Verstand manövrierten ihn stets aus den brenzligsten Situationen und an aufkommendem Stress vorbei. Er liebte den Satz, den ihm vor einiger Zeit ein Professor zugerufen hatte: „Stress hat nur der Leistungsschwache." Bisher hatten seine Vorgesetzten nichts an ihm auszusetzen gehabt und man war sogar voll des Lobes. Die Tatsache, dass er in der Hälfte der Zeit anderer Referendare seine Arbeiten erledigen konnte, verheimlichte er allerdings, damit nicht noch mehr Aktenberge seinen Schreibtisch belasteten. Er beherrschte die Gratwanderung zwischen Arbeit und einer notwendigen Portion Ablenkung in der Freizeit perfekt und er machte sich auch keinerlei Gedanken über den nächsten arbeitsreichen Tag, wusste er doch, dass er sein Pensum irgendwie bewältigen würde, zumal er auch einen gewissen Mut zur Lücke hatte, die er mit seinem Intellekt und seinem guten Gedächtnis fast immer überspielen konnte. Außerdem konnte man immer noch im Gedächtnis verbliebene Wissenslücken während der Verhandlung in der Akte nachschlagen.
Harald zahlte seine Zeche in der Sachsophonie, er hatte mal wieder in lockerer Atmosphäre mindestens fünf Bier zu viel getrunken. Wenn man aber in seinem Freundes- und Bekanntenkreis gefangen war, gab mal Dieser und mal Jener eine Runde Bier aus. Man ließ sich dann nicht lumpen und revanchierte sich dann mit einer kreisförmigen Handbewegung in Richtung des Wirtes, der daraufhin behände die Gruppe mit dem süffigen Kölsch versorgte. Umgehend wurde durch die entsprechende Anzahl von Strichen auf dem Bierdeckelrand der Auftrag komplettiert und abgeschlossen, zumindest rechnungstechnisch.
Warum war er nicht schon eine Stunde früher aufgebrochen? Hoffentlich würde er den Fall, in den er sich heute noch einlesen musste und der morgen zur Verhandlung

anstand, überhaupt durch seinen Alkoholnebel ausreichend einschätzen und bewerten können. Er durfte sich keinesfalls erlauben, Lücken in seiner Bewertung des zeitlichen und logischen Ablaufs einzugestehen. Seine Bewertung durch den Richter stand kurz bevor und der alte Jurist war äußerst pedantisch, er ließ keine Nachsicht walten.

Harald verabschiedete sich kurz von Gabriele, die noch in aller Ruhe ihren Wein austrinken und danach zunächst noch mit Pucki eine Pinkelrunde durch den nahegelegenen Park drehen wollte, bevor sie den Weg nach Hause einschlug. Ihm war klar, dass es sich hierbei um eine Stunde oder mehr handeln konnte, das schwül warme Wetter lud geradezu dazu ein, den Hundespaziergang auszudehnen. Es stand auch keineswegs fest, dass Gabriele nicht zu noch einem Glas in der Sachsophonie verweilte.

Er verließ eilig mit grüßend erhobener Hand die Gaststätte, um nicht Gefahr zu laufen, dass einer seiner Saufkumpane auf die Idee kam, eine weitere Runde Kölsch zu bestellen.

Er fühlte sich irgendwie betrunkener als sonst nach ein paar Bier, vielleicht lag es daran, dass er noch nichts Richtiges zu Abend gegessen hatte. Er zündete sich eine Zigarette an, die ihm aber nicht schmeckte, nach ein paar hastigen Zügen warf er sie halbgeraucht auf den Bordstein. Wenn ihm seine bevorzugte Zigarette der Marke Marlboro nicht mehr schmeckte, war dies ein untrügliches Zeichen, dass er eine Kleinigkeit zu sich nehmen musste.

Zögerlich betrat er einen Schnellimbiss, den er im Allgemeinen mied, da die Kleidung danach roch als sei sie frittiert worden. Er bestellte sich eine Currywurst dazu eine Portion Pommes Frites mit Mayonnaise, während der Zubereitung des opulenten Mahls stieg eine Übelkeit in ihm hoch und er bereute bereits seine Entscheidung, in diesen Laden eingekehrt zu sein. Erwartungsgemäß konnte er die Mahlzeit nicht genießen, er trat mit vollem Mund vor die Türe und kaute mit langen Zähnen lustlos auf der scharfen Wurst herum, die Fritten waren zwar heiß aber auch die Mayonnaise konnte keinen richtigen Geschmack auf der Zunge hervorrufen. Er warf mehr als die halbe Portion in einen aufnahmebereiten Abfalleimer und zündete sich erneut eine Zigarette an. Er fühlte sich nicht im Geringsten wie ein Westernheld, was die Werbung für diese Tabakware versprach. Er erinnerte sich halb belustigt an einen seiner Lieblingssprüche, „Man müsse nur essen, damit die Zigaretten wieder schmecken."

Er fühlte eine unbekannte Schwäche in sich hochsteigen und schnipste auch diese Marlboro fluchend halbgeraucht im hohen Bogen auf die Fahrbahn, wo sie ein hochtourig gefahrener schwarzer BMW der sportlichen Bauart gleich funkensprühend überrollte.

Die relativ kurze Strecke bis zu der mit Gabriele geteilten Wohnung fiel ihm immer schwerer, obwohl er den knappen Kilometer ansonsten zurücklegte, ohne es wirklich zu bemerken. In dem Irrglauben, Tabak könne ihn stärken, versuchte er sich an dem nächsten Glimmstängel. Eine Kräftigung blieb aus.

Keuchend vor Anstrengung erreichte er das Wohnhaus, er musste sich an die Eingangstüre lehnen, um Stabilität in seinen Gliedmaßen zu gewinnen, ihm wurde immer sonderbarer und er fürchtete sich vor den Treppenstufen, die er jetzt zu bewältigen hatte. Er suchte und fand im Dunkel den Lichtschalter für die Treppenhausbeleuchtung, er drückte den Knopf, jedoch es blieb dunkel. Irgendetwas Unbekanntes lastete auf seinem Körper, er begann den Aufstieg und verglich sich mit Reinhold Messner, wie er ohne Sauerstoff den Mount Everest bestieg. Als er schwer atmend die Wohnungstüre auf seiner Etage erreichte, merkte er, dass er Schweiß auf der Stirn hatte, so warm war es nun auch wieder nicht. Er versuchte das Türschloss zu ertasten und erst nach einigen vergeblichen Versuchen schaffte er es den Schlüssel im Schloss zu versenken, die Türe sprang auf. Mit der Hacke trat er viel zu heftig gegen die Tür, die zuknallte und suchte nach dem Lichtschalter, aber auch hier blieb der Erfolg aus, nichts Erhellendes geschah. Es war stockfinster um ihn herum, nicht einmal das Straßenlicht fand seinen Weg in die Wohnung. Zusätzlich zu seinem Schwächegefühl verspürte er nun einen stechenden Schmerz hinter seiner Schläfe. Dazu kam diese Dunkelheit, wahrscheinlich hatte der städtische Stromversorger mal wieder ein Problem mit der Verteilung der Elektrizität – oder streiken die mal wieder? – er konnte sich nicht an eine Vorankündigung in der Tagespresse erinnern. Die Straßenbeleuchtung hatte ihm noch den Weg nach Hause erhellt, der Stromausfall musste also in dem Moment begonnen haben, als er das Haus betrat.

Erschöpft ließ er sich in seinen Ohrensessel plumpsen, dessen Standort er orientierungslos ertastet hatte und wartete auf ein Nachlassen des Schmerzes und der Übelkeit. Auch die pflichtgemäße Versorgungserfüllung des Stromproduzenten ließ immer noch auf sich warten, ohne Licht und ohne Strom war und ist man heutzutage völlig hilflos. Er dachte an die Katastrophenszenarien der Umweltschützer und die Auswirkungen auf die Bevölkerung. Bei einem lang andauernden Stromausfall hatte man rein gar nichts, die Zentralheizung würde nicht funktionieren, die Wasserversorgung würde ausfallen, nicht einmal etwas Warmes zu Essen oder zu Trinken könnte man sich zubereiten, von der Funktion eines Kühlschranks, Computers, Radios, Telefons oder Fernsehers ganz zu Schweigen.

Harald wusste nicht wie lange er in seinem dumpfen Umfeld versunken war, das Denken hatte er eingestellt, er wartete lediglich auf die verdammten Stadtwerke, damit er wieder Licht hatte und auf ein Nachlassen des undefinierten Schmerzes hinter seiner Schläfe. Selbst an die für morgen terminierte Verhandlung vergeudete er keinen Gedanken.

Er hörte den Schlüssel in der Wohnungstür und das charakteristische Klappern des Schlüsselanhängers in Form ihres Sternzeichens, den er Gabriele zu ihrem Geburtstag geschenkt hatte. Gabriele war endlich angekommen.
„Was machst Du denn im Sessel, Du sagtest doch, Du wolltest noch arbeiten? Oder bist Du damit schon fertig?"
Harald wollte etwas sagen wie - ohne Licht kann ich nichts lesen – aber seine Zunge gehorchte ihm nicht und nur ein gutturales Lallen ließ sich vernehmen.
„Bist Du betrunken? Warst Du noch in deiner geliebten Musikbar? Man kann dich keine Stunde alleine lassen und schon lässt Du dich gehen. Du wolltest doch noch arbeiten?"
Mit äußerster Kraftanstrengung brachte er einen kaum verständlichen Satz heraus: „Mach mal Licht an!"
Gabriele sah ihn an, als sei er ein Alien. „Was soll ich machen? Licht an? Spinnst Du total? Hier ist Festtagsbeleuchtung, welches Licht soll ich denn noch zusätzlich anknipsen?"
Erst jetzt drang der Gedanke durch die Dumpfheit seiner Empfindungen, dass etwas mit ihm nicht stimmte, er konnte Gabriele hören, aber nicht sehen. Es war vollkommen schwarz um ihn herum. Er versuchte aufzustehen, knickte aber sofort ein und landete auf den Knien. Seine rechte Seite war völlig taub. Er stützte sich mit der linken Hand auf der Sessellehne ab und versuchte erneut aufzustehen, diesmal brach er zur Seite weg und knallte orientierungslos neben dem Sessel auf den Fußboden. Pucki beschnüffelte ihn und leckte quer durch Haralds Gesicht, etwas das normalerweise von dem Beleckten abgewehrt worden wäre.
Sein Körper gehorchte ihm nicht mehr.
Er versuchte zu sprechen, aber auch das funktionierte nicht richtig, er beherrschte seine Zunge nicht mehr. Ein kaum verständliches Lallen ließ er verlauten: „Sehe nnnicht. Keinnne Kraft. Kann nnnicht aufstehen. Kopfschmmmerzen."
Die Dunkelheit um ihn herum war angsteinflößend, die Kopfschmerzen und die Taubheit in seiner rechten Seite war nicht minder besorgniserregend.
Gabriele sah ihn bestürzt an, das hatte sie noch nie erlebt. Ihr dämmerte langsam, dass hier nicht Alkohol im Spiel war, sondern etwas Gravierendes vorgefallen sein musste. Sie versuchte ihn zu stützen und aufzurichten, aber sie konnte ihm nicht helfen. Er war zu schwer für sie und seine Unterstützung war kraftlos, er knickte jedes Mal weg, wenn er sich abstützen wollte.
In Gabriele kroch langsam eine Panik hoch, die sie nicht bekämpfen konnte. Sie war einfach unendlich hilflos.
„Was hast Du denn? Ist dir nicht gut? Komm, hilf mir, ich bring dich ins Bett. Hier auf dem Boden kannst Du nicht liegen bleiben."
Sein Antwortversuch schlug fehl, stattdessen erbrach er sich auf dem Teppich.
Gabriele holte in ihrer Panik einen Wischlappen und einen Eimer, als sie den Eimer

mit Wasser füllen wollte, fiel ihr ein, wie unangemessen dieses Unterfangen wäre. Sie hatte nie einen Menschen in einem solchen Zustand erlebt, sie hatte schon sinnlos Betrunkene gesehen, deren Verhalten aber völlig apathisch war, sie wollten dann nur noch schlafen, Harald aber wollte aufstehen und etwas sagen, also schied Alkoholgenuss als Ursache seines Verhaltens aus.

Gabriele beschlich eine beklemmende Ahnung, jedenfalls war hier Schlimmes geschehen. Sie sprang endlich zum Telefon und wählte die Nummer der Notrufzentrale, sie wusste gar nicht genau was sie der sachlich klingenden Stimme sagen sollte, sie hatte Probleme die eigene Adresse zu nennen, das Einzige was sie mehrmals betonte war, dass sich der Arzt beeilen solle. Man sagte ihr, der Arzt sei bereits unterwegs.

In ihrer Panik klingelte sie an der Wohnungstür ihres studentischen Nachbarn Michael und bat ihn, ihr zu helfen, Harald auf das Bett zu legen. Gemeinsam sollten sie es schaffen können, aber Haralds Körper war völlig kraftlos, sein rechter Arm und sein rechtes Bein waren zu keiner entlastenden Bewegung fähig, es machte beiden enorme Mühe und besondere Kraftanstrengung war notwendig, den zwar schlanken aber auch großgewachsenen Mann ein paar Meter bis ins Schlafzimmer zu schleppen.

Gerade als Harald noch mit Schuhen auf dem Bett lag, klingelte bereits der Notarzt, der trotz seines schweren und voluminösen Gepäcks im Laufschritt die Treppe empor stürmte und schwer atmend in dem Schlafzimmer anhielt, wohin ihn das Licht geleitet hatte. Der junge Arzt machte sich gleich an die Untersuchung. Währenddessen fragte er Gabriele, wie das denn passiert sei. Gabriele berichtete knapp, dass Harald nicht mehr klar sprechen könne, dass er kraftlos sei, sich übergeben habe, nichts mehr sehen könne und sie gebeten habe das Licht einzuschalten, obwohl die Beleuchtung des Zimmers hell war.

Die spontane Diagnose des Arztes war: „Ein typischer Iktus."

Gabriele sah den Arzt völlig ratlos an. „Was soll das denn sein, ist das was Schlimmes?"

Der Mediziner ließ sich nicht in seiner Betriebsamkeit irritieren. Mittlerweile standen der Fahrer eines Rettungswagens und ein Sanitäter um das Bett herum und reichten dem Arzt auf dessen Anordnung eine Spritze oder andere Utensilien. Die Verpackungen landeten dabei achtlos auf dem Fußboden. „Also ein Iktus ist ein Schlaganfall, wir geben dem Patienten blutverdünnende Mittel, damit wir ihn stabil in die Uniklinik transportieren können. Sie können froh sein, dass Sie hier in der Nähe der Klinik wohnen. Jede Sekunde kann bei einem Schlaganfall von enormer Wichtigkeit sein."

Gabrieles Gesicht hatte keine Farbe mehr, ihre sonst rosigen Wangen schienen blutleer. „Wird er denn wieder gesund, oder womit muss ich rechnen, er ist doch ein starker Mann, den so schnell nichts umhauen kann."

Der Sanitäter und der Fahrer hatten Harald auf eine Liege verfrachtet, schnallten ihn fest und trugen ihn zu dem bereitstehenden Krankentransporter. Der Rettungsarzt packte seine Utensilien zusammen. „Ich gehe davon aus, dass wir rechtzeitig gekommen sind. Die meisten Symptome werden im Laufe der Zeit nachlassen oder verschwinden. Übrigens, mit kräftigem Kerl hat dies überhaupt nichts zu tun, das kann jeden ereilen. Normalerweise ist es völlig unproblematisch, wenn irgendwo im Körper ein Blutgerinnsel entsteht, das löst sich in der Regel auf und man merkt es erst gar nicht, aber es gibt gewisse Verhaltensregeln, zum Beispiel Rauchen verengt die Kapillare und verhindert damit das Weiterfließen der Blutpfropfen und es kann zu einer Venenverstopfung kommen. Die Frage ist lediglich, wo der Blutpfropfen gestaut wird. Sie brauchen nicht mit in die Klinik zu kommen, er wird in jedem Fall zunächst nicht in der Lage sein, zu kommunizieren. Morgen können Sie dann kommen. Machen Sie sich keine Sorgen, er wird wahrscheinlich überleben, mehr kann ich zurzeit noch nicht sagen, alles Weitere wird die genauere Untersuchung ergeben müssen."
Die Spontandiagnose des Notarztes hatte sich als richtig herausgestellt. In einer Nische der hinteren Herzkammer hatte sich ein Blutgerinnsel gebildet, war unsinnigerweise in das Gehirn gespült worden und hatte dort ein Blutgefäß verschlossen. Das Ergebnis: Schlaganfall!
Gabriele hatte von den Neurologen des Universitätsklinikums etliche Theorien über die Ursache gehört, die Hälfte dessen aber nur verstanden, diese Berufsgruppe liebte es, nicht verstanden zu werden. Bei den Ärzten war es wie bei den Juristen, zehn Ärzte, zwanzig Meinungen.
Die Ärzte brüsteten sich mit dem Erfolg der ärztlichen Versorgung, die so zügig eingeleitet werden konnte, durch die Nähe der Einrichtung zur Wohnung des Patienten. Harald wäre zwar halbseitig gelähmt, aber durch entsprechende Bewegungstherapeutische Maßnahmen könne man das erheblich verbessern, sein Gehirn arbeite aber wieder fast normal. Der Ausfall des Sehvermögens sei, wie in solchen Fällen üblich, bereits behoben worden, nur eine leichte Sehbehinderung könne bleiben. Die leichte Sprachstörung könne durch die Behandlung eines Logopäden weiter verbessert werden, es benötige natürlich eines eisernen Willens und vieler Übungen, jedoch die Erfolge bei jungen Schlaganfallpatienten seien beachtlich.
Harald war nach ein paar Wochen Klinikaufenthalt in eine Rehabilitationsklinik im Bergischen Land überführt worden. Dort sollte er unter fürsorglicher ärztlicher Anleitung und Behandlung weitestgehend wiederhergestellt werden – was auch immer das heißen mochte. Während die meisten Mediziner von ihren hervorragenden Heilerfolgen schwärmten, erkundigte sich Gabriele bei einem netten jungen realistisch erscheinenden Arzt nach den verbleibenden Gesundheitsschäden eines Schlaganfalls. Die Antwort war für sie ernüchternd. Bei dem Patienten werde

eine erhebliche Besserung seines Zustandes eintreten, organisch sei er bereits jetzt wieder auf der Höhe, seine rechtsseitige Lähmung werde etwas nachlassen, aber nicht völlig verschwinden, die Sprachbehinderung werde sich ebenfalls durch die Logopädie verbessern, Gabriele müsse mit ihm trainieren, dann könne sie alles verstehen, was er sagen wolle. Um zu schreiben müsse Harald wohl versuchen, die linke Hand einzusetzen, was nach intensivstem Training möglich sein müsste. Das Fazit war, Harald könne nach der Zeit in der Reha ohne wesentliche Behinderung entlassen werden. Sein Gehirn werde aber dauerhaft geschädigt bleiben.

Gabriele versuchte durch insistierende Fragen aus dem Arzt herauszulocken, was dieser denn als „wesentlich" einstufte und wurde mit der Tatsache konfrontiert, richtig Laufen könne er wohl nie mehr, richtig sprechen sei wohl auch kaum möglich und auch sonst brauche der Patient viel Pflege, Liebe, Zuwendung und Übung, Übung, Übung. Er benötige zwar nach der Reha noch ambulante Nachbehandlungen, aber die Erfolgsaussichten seien alles andere als schlecht. Nach einiger Zeit könne er sich fast ohne Hilfe von Anderen frei bewegen. Das Wörtchen „fast" hatte es Gabriele genau so angetan wie vorher dieses relativierende „wesentlich", in diese Äußerungen hatte sie sich regelrecht verbissen. Wenn sie ihren geliebten Lebenspartner und Beinahe-Ehemann betrachtete und sah, wie er sich mit seinen so plötzlich aufgetretenen Gebrechen abmühte, musste sie regelmäßig mit den Tränen kämpfen. Dieser großgewachsene, gutaussehende intelligente Mensch, der noch nicht einmal unsportlich war, lief kürzeste Strecken eigenständig auf die Reling eines Laufbandes gestützt unter Aufbringung äußerster Kraftanstrengung nur wenige Minuten, dann stand ihm der Schweiß schon auf der Stirn und seine Energie war erschöpft, er musste sich für längere Zeit setzen.

Haralds rechte Hand war nach innen abgewinkelt. Gabriele brauchte unendliche Geduld, einen seiner gelallten Sätze überhaupt zu verstehen. Viel Phantasie war vonnöten, die gehörten Sätze in eine verständliche Sprache zu übersetzen. Harald sah wesentlich schlechter als vor seinem Iktus, man hatte ihm von Seiten der Klinik eine altmodische Hornbrille mit stärkeren Gläsern verpasst. Das Essen und Trinken fiel ihm schwer, meist tropfte Gekautes aus seinem Mundwinkel auf den vorsorglich umgebundenen Schlabberlatz. Trinken konnte er nur in winzigen Schlucken. Er hatte so viel Gefühl in seiner rechten Mundhälfte, wie nach einer starken Narkose beim Zahnarzt. Er spürte zwar manchmal, dass ihm etwas aus dem Mund zu fallen drohte, wollte dann schnell mit einer Serviette danach fassen, jedoch waren seine Reflexe derart eingeschränkt, dass seine Hand den Ort des Geschehens zu spät erreichte. Es machte Gabriele kein Vergnügen, ihm bei den Mahlzeiten zuzusehen, erst recht konnte sie nicht mit ihm gemeinsam essen. Zu oft musste sie ihm helfend zur Seite stehen und appetitlich wirkte das ganze ohnehin nicht, dies ließ sich aber noch überspielen.

Selbst das verbotene Rauchen in einem versteckten Winkel des Klinikums fiel ihm schwer, er durfte die Zigarette nicht im Mundwinkel hängen lassen, sie wäre heruntergefallen. Wenn er einen kräftigen Zug nehmen wollte, konnte es ihm passieren, dass er Luft durch seine kraftlose Mundhälfte einsog und nicht den begehrten Rauch. Trotzdem wollte er auf seine Marlboro nicht verzichten, obwohl ihm von seiner Partnerin und der Ärzteschaft der Zigarettenkonsum strengstens verboten worden war, zukünftige gesundheitliche Konsequenzen wären nicht auszuschließen. Somit durfte er sich keine Packungen mehr kaufen. Er betrachtete diese Anweisungen vor allem wegen der Begründung als widersinnig.

Er schien auch die von Gabriele möglichst fröhlich vorgetragenen Berichte des Alltagsgeschehens aus der Nachbarschaft und dem Freundeskreis kaum aufzunehmen, ihn interessierte nichts mehr aus seinem vertrauten und geliebten Köln-Lindenthal. Auf Anekdoten reagierte er nicht einmal mit einem Lächeln oder mit einem seiner gewohnten zynischen Kommentare. Selbst die von ihr mit leicht rauchiger Stimme vorgelesenen Artikel der Tageszeitungen, die ihm Probleme beim Aufblättern und Halten bereiteten, schienen ihn nicht mehr zu interessieren. Das Tagesgeschehen war ihm völlig gleichgültig geworden. Seine frühere Anteilnahme am politischen Geschehen und den wirtschaftlichen Entwicklungen war einem dumpfen Fatalismus gewichen. Überhaupt erschien er in Watte gepackt zu sein und hatte nur noch gedämpftes Empfinden.

Das Einzige, das ihm nach wie vor eine gewisse sichtbare Freude bereitete, war die von Bekannten versteckt angebotene Zigarette, egal welcher Marke, die er trotz strengsten Verbotes, hastig inhalierte, als wolle er sein lästig und mühevoll gewordenes Leben damit bewusst verkürzen.

Besonders Mitleiderregend empfand Gabriele seine steifen ungelenken Schreibbemühungen mit der ungeübten linken Hand. Ein Schulanfänger hatte dagegen eine gestochen scharfe Schrift. Insbesondere schaffte er es nicht eine gerade Zeile zu schreiben, entweder schrieb er schräg abfallend von links oben nach rechts unten, um dieses Manko auszugleichen verlief dann die nächste Zeile im spitzen Winkel zur vorherigen von links unten nach rechts oben. Die Lesbarkeit der einzelnen Wörter war kaum gegeben, offenbar konnte er sich nicht zwingen die Buchstaben vorschriftsmäßig zu malen. Unerlaubte schiefe Ober- oder Unterlängen wechselten sich ständig ab.

Täglich bemerkte sie, wie er unter der Behinderung litt, die ihn so überraschend getroffen hatte. Sein Intellekt schien ungetrübt, was die Situation in der er sich befand wahrscheinlich für ihn noch unerträglicher machte. Einmal hatte sich Gabriele bei dem Gedanken erwischt, er sei wohl besser verstorben oder würde zumindest geistig nicht mehr in der Lage sein, den eigenen Zustand zu erfassen. Ihr Mitleid kannte keine Grenzen, sie hatte aber selbst noch nicht darüber nachgedacht, dass sie selber auch Konsequenzen aus dieser Situation zu tragen hatte. Ihre häufigen

Liebesbezeugungen quittierte der Bresthafte mit einem dankbaren feuchten Blick, ähnlich dem des Dackels Pucki, wenn er gestreichelt wurde. Sein immer so fröhliches Lächeln war zu einer Fratze mutiert, da es immer nur linksseitig gelächelt wurde, die andere Gesichtshälfte hing nur einfach schlaff herab. Es war nicht mehr ihr Harald von gestern, obwohl sie sicher war, ihn immer noch zu lieben, nicht nur in ihrer Erinnerung.

Auch war sie felsenfest davon überzeugt, dass er wieder völlig genesen würde, alles sollte nur eine Frage der Pflege und Zuwendung sein. Den Ärzten konnte man ohnehin nicht vertrauen, sie hatten lediglich dafür zu sorgen, dass die Chemische Industrie ihn mit ausreichend blutverdünnenden Präparaten belieferte. Sie wusste, dass die Medizin ohne Chemie, Hygiene und Elektronik wahrscheinlich immer noch auf dem Wissensstand des Mittelalters verharren würde und Harald zur Ader lassen würden. Die südamerikanischen Schamanen und die Kräuterhexen des Mittelalters hatten mehr überraschende Heilerfolge vorzuweisen als die Medizinmänner des zwanzigsten Jahrhunderts. Selbst die Chirurgie war seit dem Altertum kaum fortgeschritten, die alten Ägypter hatten bereits Operationen am offenen Gehirn durchgeführt und die Ärzte des Römischen Reiches waren erfolgreich mit ihren Augenoperationen. Die gravierendsten Erfolge, mit denen sich die Medizin brüstete, waren die Entdeckungen des Penicillins, des Cortisons und die Erfindung der verschiedenen elektronischen Diagnosegeräte, nichts war davon auf Forschungen von Ärzten zurückzuführen gewesen, sie hatten lediglich ergänzende Funktion für Chemiker und Elektroniker und später die Anwendung übernommen aber letztlich die Früchte des Erfolges geerntet.

Sie hatte ihn täglich in seiner stationären Rehabilitationsklinik besucht und blieb immer mehrere Stunden bei ihm. Sie redete auf ihn ein, dass bald wieder alles wie früher sein würde. Sie versuchte seinen früheren unzerstörbaren Optimismus zu kopieren und spielte auch immer die Fröhliche. Es erfüllte sie mit einem warmen Gefühl der Zufriedenheit, wenn er eine positive Regung zeigte oder sogar sein schiefes Lächeln andeutete.

Sie trainierte hart und unermüdlich, seine mit ungehorsamer Zunge gelallten Wörter zu verstehen und übte mit ihm die Aussprache und Akzentuierung, sie erkannte, dass man viele Wörter, anstatt lediglich mit der Zunge, mit einem Zusammenspiel zwischen den Lippen und der Zunge formen konnte und versuchte zu Hause vor dem Dielenspiegel Tricks zu erfinden, ihm diese zu erläutern und nahezubringen. Wahrscheinlich wäre die Chinesische Sprache genau das richtige für ihn gewesen, da dort die Zunge zumindest beim Sprechen weniger aktiv sein musste. Ihren diesbezüglichen Vorschlag, diese Sprache zu lernen, lehnte er aber dann doch mit einem Augenzwinkern und einem angedeuteten Lächeln ab.

Die Fortschritte, die er machte, waren für Gabriele nahezu nicht wahrnehmbar, erst wenn man den Status von vor einigen Wochen zugrunde legte, konnte man eine

Weiterentwicklung feststellen. Haralds Mutter, die alle zwei Wochen in der Reha erschien, lobte immer wieder die Besserung, die sich mittlerweile vollzogen habe, obwohl Gabriele selten das Lob teilen oder nachvollziehen konnte. Sie hakte diese positiven Bemerkungen als höfliches gut gemeintes Kompliment ohne realistischen Hintergrund ab. Die faden und völlig unbegründeten Tröstungsversuche, die alle, ausnahmslos alle Gesprächspartner an sie oder ihn adressierten, gingen beiden Betroffenen unendlich auf die Nerven und belasteten mehr als sie Trost spendeten oder in einer wie auch gearteten Weise halfen.

Seine Freunde aus Köln zeigten sich so gut wie nie, die knappe Stunde Fahrtzeit war ihnen entweder zu lang oder sie wollten sich einfach nicht mit SchicksalsSchlägen beschäftigen. Gabriele hatte ein gewisses Verständnis dafür, wer geht schon gerne in eine Krankenanstalt, zumal, wenn man nichts ausrichten konnte, wenn derjenige gegen Aufheiterungsversuche immun war. Traf sie auf der Straße einen seiner Freunde, so redeten die sich immer mit ihrem vollen Terminkalender heraus und kündigten für die nächste Woche einen Besuch an, ganz bestimmt, dann habe er etwas Zeit. Ganze drei Kurzbesuche waren der Erfolg dieser Zufallstreffen. Freundschaft und wahre Freundschaft sind nun einmal zweierlei Dinge. Ein rheinischer Thekenfreund sieht so eine Beziehung locker, egal wie lange diese „Freundschaft" schon bestand. Man meinte dann nur „Schrecklich", wenn man von der Krankheit des Freundes erfuhr und ging zur Tagesordnung über.

Dafür kursierten nach diesen Besuchen die unglaublichsten Berichte, die wie bei der stillen Post durch das Weitererzählen immer mehr ausgeschmückt wurden und die tollsten Blüten trieben, nach diesem Geschwätz konnte Harald nicht gehen, nicht sprechen, nicht schreiben, nicht mehr sehen, nicht mehr hören, nicht mehr denken. Er war demnach schlichtweg in völliger Apathie versunken, also extrem depressiv. Gabriele hatte Mühe, diese Darstellungen gerade zu rücken, aber sie war sich im Unklaren, wem eher geglaubt würde, ihr als Betroffene oder dem Gerüchteurheber als neutrale Stelle. Ihr war völlig klar, auf welche Seite sich die Zicken Clique schlagen würde, laut diesem Kreis würde Harald wahrscheinlich auf der Intensivstation liegen und mit dem Tode ringen. Die Wortführerinnen würden ihr wahrscheinlich raten, bereits ein Beerdigungsinstitut zu beauftragen und einen schicken Sarg auszusuchen.

Während der Heimfahrt auf der außerhalb der Stoßzeiten relativ zügig befahrbaren Autobahn A4 war sie meist tief deprimiert, sie sah keinen Fortschritt, sie vermisste das befreiende Lachen, das er früher hatte, sie vermisste sein genussfreudiges Essen, sie vermisste das edle Glas Rotwein, das er ihr immer auf der Couch anbot, wenn sie ein besonders gutes Abendessen abrunden wollten. Dann wählte er eine romantische Musik aus, sie hatte sich dann wohlig an ihn gekuschelt, seine Körperwärme genossen, seinen zarten an Zitrusfrüchte erinnernden Duft nach Eau Sauvage tief eingeatmet und seinen leisen vorgetragenen Zukunftsplänen gelauscht.

Er schwärmte dann von Reisen, die sie gemeinsam in den Mittleren Westen Amerikas führen sollten, er wollte Kanada explorieren, wollte die Sundainseln begammeln, träumte von dem weißen palmenbewachsenen Strand, kristallklarem Meerwasser in dem man exotische Fische beobachten konnte und üppiger Vegetation, einem einsam abgelegenen Hotel und selbst gefangenen Fischen, die sie auf einem kleinen offenen Feuer an Stöcken grillten. In seinen Träumen hatte er auch nie versäumt, ihre körperlichen Vorzüge herauszustreichen und von romantischen Liebesakten in den unterschiedlichsten Umgebungen und Situationen zu phantasieren. Die Beschreibung dieser Situationen war nie ohne Wirkung geblieben, die Gläser wurden in Sicherheit gebracht und ein erlösendes stundenlanges Streicheln Küssen und Lieben wurde gleich auf der Stelle begonnen.
Sollte das alles vorbei sein?
Sollte das wirklich alles vorbei sein?
Würde sie das nie mehr genießen können?
Nicht einmal sein von ihr geliebter Duft nach dem Eau de Toilette war bei ihm wahrnehmbar, verzichtete er neuerdings darauf? Sie hatte ihm noch eine kleine Reiseflasche von dem teuren Zeug gekauft. Wenn das wirklich schon das Ende ihres Lebens war, konnte sie auch gleich ihren neuen Wagen gegen einen geeigneten Brückenpfeiler steuern, dann würde sie wenigstens nicht mehr leiden.
Aber sie musste sich noch um ihn kümmern, sie wurde noch gebraucht, sie konnte ihn jetzt nicht alleine seinem Schicksal überlassen.
Im Treppenhaus traf sie den Biologie Studenten Michael des Öfteren, der sich immer nach dem Wohlergehen und dem Genesungsverlauf ihres Partners erkundigte, jedes Mal ein paar aufmunternde Worte bereit hatte und dem Patienten alles Gute wünschte. Bei einem dieser zufälligen Begegnungen wirkte sie wohl besonders deprimiert und er lud sie zu einem Glas Wein in seine Wohnung ein, die er sich mit einem Kommilitonen teilte. Der blonde Michael hatte in etwa die gleiche Statur wie Harald, jedoch war er auf Grund seiner sportlichen Aktivitäten als Rugby Spieler des ASV Köln wesentlich muskulöser. Ob er sich aus Fürsorge, Höflichkeit, Neugier oder einfach um sich ihr anzunähern nach Harald erkundigte, hatte Gabriele nicht bewerten wollen. Für sie war es einfach erlösend, sich mit einem gesunden unbelasteten Menschen zu unterhalten, der nicht nur über Krankheiten oder SchicksalsSchläge mit ihr reden mochte.
Bei dem Wein, der sicherlich aus der Weinkellerei der Firma Aldi oder einer anderen Billigkette stammte und ihr zu viel Säure hatte, versuchte er sie vergeblich zu trösten und aufzuheitern. Unter der Last ihres Schicksals, die sie als untragbar einstufte und sie zu erdrücken schien, brach sie unvermittelt in Tränen aus und konnte nicht mehr aufhören. Die Flut der salzigen Flüssigkeit strömte in Bächen ihre Wangen herunter und schien geradezu unversiegbar. Sie verbrauchte ein ganzes Paket Papier-

taschentücher, um zu vermeiden, die studentische Wohnung mit ihren Tränen zu fluten.
Michel zog Gabis, wie er sie verkürzt nannte, Kopf auf seine Schulter und streichelte ihr schweigend sanft über die maronenfarbenen Haare, dann die Schultern und Oberarme, ihr Schluchzen nahm ab. Genau so plötzlich wie ihr Weinen begonnen hatte, hörte es auch wieder auf und sie fühlte sich mit geschlossenen Augen an seiner Schulter geborgen. Sie vermisste zwar die romantischen Träumereien von fernen Reisezielen, was sie aber im Moment suchte, war die Körperwärme und der schützende Arm, sie fühlte sich wie als Kind in den Armen des Vaters. Seit Wochen empfand sie endlich wieder Schutz und Verständnis, sie war getröstet und beruhigt. Sie hob den Kopf und bot ihm die Lippen an. Dieser im Vergleich zu ihr viel zu junge Student küsste sie zunächst zaghaft noch feucht vom Rotwein auf den Mund. Ihr war egal, wer sie küsste, das ersehnte Gefühl seiner Lippen auf ihrem Mund war ihr Bedürfnis. Sie küssten sich lange mit steigender Intensität, seine Streicheleinheiten waren nicht mehr nur noch auf Haare, Arme und Schultern beschränkt, er hatte ihre Bluse aufgeknöpft und seine Hand hatte sich wie von selbst in ihrem Büstenhalter versenkt. Sie empfand das dringende Bedürfnis nach Ablenkung vom Alltag und erwiderte sein Streicheln, indem sie seine spärliche Brustbehaarung kraulte. Mit unendlicher Langsamkeit wagten sich beide mit ihren Händen voran, keiner wollte dem anderen den Weg zeigen oder als erster am Ziel ankommen, was auch immer das Ziel gewesen sein mochte. Nach einiger Zeit hatten die beiden nur noch ihre Unterwäsche an, obwohl keiner der beiden so recht wusste, wie und wann der Entkleidungsprozess begonnen hatte und wer die treibende Kraft gewesen war. Bisher war kein Wort gesprochen worden, die einzigen Geräusche drangen von der Straße durch das geöffnete Fenster in den Raum. Michael fragte sie stimmlos, ob sie mit ihm ins Bett wolle, es würde dort nichts geschehen, was gegen ihren Willen sei. Sie stand wie in Trance auf und ließ sich von ihm eng umschlungen in das Schlafzimmer führen. Er legte sie behutsam auf das vom Morgen noch zerknüllte Oberbett, öffnete ihren BH und streifte ihr weißes Höschen wie in Zeitlupe über die schlanken braunen Beine, er verharrte einen Moment und seine Augen tasteten ihre berauschende Nacktheit ab. Ihre kurz getrimmten Schamhaare erinnerten ihn an seinen Dreitagebart, er riss sich seine restlichen Kleidungsstücke vom Körper, legte sich neben sie und fuhr fort, ihren Leib zu liebkosen. Gabriele brauchte das dringender als Nahrung und genoss jeden Kuss und jede Berührung mit geschlossenen Augen, sie war unendlich erregt und hatte mittlerweile alles um sie herum vergessen. Sie öffnete die Beine und forderte ihn mit einer Geste auf, die gewünschte Dienstleistung zu erfüllen, er war ein bereitwilliges Werkzeug ihrer Begierde.
Sie trafen sich nun fast täglich, mal stieg sie bewusst geräuschvoll die Treppe herauf oder hustete verhalten in Höhe seiner Wohnungstüre, damit er auf sie aufmerksam

wurde, mal wartete er am Fenster auf sie und brachte dann schnell irgendeinen bereitgestellten Müll zum Abfallcontainer oder traf sie völlig zufällig am Briefkasten. Bald waren sie derart vertraut, dass diese Spielchen überflüssig wurden. Sie empfand keine Liebe zu ihm, Zuneigung ja, Geborgenheit ja, ihr Gefühl ließ sich eher wie das zwischen inzestuösen Geschwistern beschreiben. Sie brauchte seine Wärme und Präsenz, es ging ihr dabei weniger um Sex, das war eher Beiwerk aus Verständnis für ihn, nach längerem Streicheln eine Entlastung herbeiführen zu können. Das Wort Liebe war nie zwischen ihnen gefallen, sie fragte ihn erst gar nicht danach, es war ihr auch gleichgültig, wichtig waren die gewünschten Ablenkungen und die erträumte Zweisamkeit mit Harald. Wenn Michael in sie eindrang hatte sie ausnahmslos die Augen geschlossen und sie kopulierte mit Harald, dem alten gesunden Harald, dessen Gesichtszüge sich in ihr Gedächtnis unverwischbar eingekerbt hatten.

Nach einigen Treffen in seiner Wohnung, wollte sie nicht mehr in seinem leicht muffig riechenden Bett sein, sie wollte nicht die ungepflegte und fast sterile Atmosphäre der Studentenbude haben, also vertraute sie ihm einen ihrer Wohnungsschlüssel an und er konnte dort ein und aus gehen. Wenn sie dann am späten Nachmittag wiedermals frustriert aus der Klinik heimkehrte, empfing er sie bereits an der Wohnungstüre, sie sank dann nur noch erschöpft in seine Arme und ließ sich unbeteiligt zu seinen sinnlichen Spielchen bei ausgeschaltetem Licht vorbereiten, die ihm so viel Vergnügen und ihr so viel Vergessen schenkten.

Er bekochte sie sogar, wenn auch unprofessionell, seine Künste in dieser Richtung beschränkten sich im Allgemeinen auf Kurzgebratenes mit Salat, aber sie empfand abends eine Schlappheit, die sie nicht zu Küchendiensten ermutigte, also genoss sie das Dargebotene und aß es mit begrenztem Appetit. Er schlief fast jede Nacht bei ihr und verschaffte ihr fast immer das Gefühl der Erlösung von ihren Fesseln. Er hatte die Gabe sie zu lieben, ohne dass sie Schuldgefühle in sich aufsteigen ließ, er brachte ihr die Geborgenheit, die sie so schmerzlich vermisst hatte und die ihr Harald nicht mehr vermitteln konnte. Sie gewöhnte sich daran, tagsüber die Unterhalterin und Pflegerin für Harald zu spielen und abends die Bettgenossin Michaels zu sein.

Seit Haralds SchicksalsSchlag hatte Gabriele ihre studentischen Pflichten absolut vernachlässigt und den Tagesablauf einer Krankenpflegerin angenommen. Ihr Vater hatte ihr keine Vorwürfe gemacht und ihr freigestellt, ein oder mehrere Semester an das Regelstudium anzuhängen. Die monetäre Belastung sei nicht von Wichtigkeit und eine Berufsergreifung habe keine Dringlichkeit. Die Unterhaltszahlungen würden zeitlich unbegrenzt weiterlaufen.

Michael hatte sich mittlerweile an die Beziehung zu Gabriele und das gemeinsame Leben gewöhnt, er ging zwar des Öfteren abends seinen schon früher üblichen studentischen Trinkgepflogenheiten nach, kam nicht selten erst in der Morgendämmerung angetorkelt und legte sich neben die Schlafende.

Gabriele hatte darauf bestanden, nicht gemeinsam auszugehen, damit sie nicht ins Gerede kam, nur zu gut kannte sie die Verbindungen zur Zickenklicke, die ihre lauscherichen Fangarme über das ganze Stadtgebiet ausgebreitet hatte. Wenn er dann neben der schlafenden Freundin lag, tastete er nach ihr und streichelte sie je nach Alkoholmenge kürzer oder länger, zärtlich oder fordernd, jedenfalls war sie auch dann fast immer bereit, ihn gewähren zu lassen. Sie wollte auf keinen Fall auf das Gefühl der Geborgenheit und des Trosts verzichten, also ließ sie geschehen, was immer seine Bedürfnisse verlangten. Meist hielt sie das Geschehen nicht davon ab, in ihren Träumen fortzufahren, die immer Haralds Gesundheit zum Inhalt hatten. Wenn sie einen schönen Traum hatte, wurde er wieder völlig gesund, wenn es ein schlechter, realistischer Traum war, veränderte sich sein Zustand nicht, in jedem Fall war aber Harald der Mittelpunkt ihrer Traumwelt.

Gabriele wäre liebend gerne mit Michael mal in ein Lokal oder ein Restaurant gegangen, um etwas Anderes zu sehen als die eigenen vier Wände und die Reha Klinik, sie scheute sich aber vor den Konsequenzen, nämlich dem Gerede. Sie wusste sicher, dass sie durch den Dreck gezogen würde, wenn man sie mit einem unbekannten männlichen Wesen sehen würde. Aus diesem Grunde war die Sachsophonie für sie ein Tabu geworden, obwohl sie gerne eine harmlose ablenkende Unterhaltung mit guten Bekannten geführt hätte. Wäre sie dort alleine erschienen, wäre der Gesprächsstoff ausschließlich Harald, Gesundheit, Genesungsaussichten und Reha Klinik gewesen, und mit männlicher Begleitung, nein, das wollte sie sich erst gar nicht ausmalen.

Michael schaffte es aber trotz Allem, sie zu überreden, zum Abendessen einen Italiener aufzusuchen. Er überzeugte sie, dass Köln groß sei mit einer Million Einwohnern, wie sollte eine Handvoll von Tratschtanten sie gerade in dem erwählten Lokal entdecken? Die Restaurants des alternativen Stadtteils Braunsfeld waren zwar ein paar hundert Meter weiter entfernt, als diejenigen in Lindenthal, aber immer noch bequem zu Fuß durch eine Parkanlage zu erreichen. Ein italienisches Lokal mit dem für diese Trattorias eher seltenen Namen „Napoli" hatte Gabriele immer schon ausprobieren wollen, aber nie Haralds Zustimmung gewonnen, da es ihm zu rustikal eingerichtet war und auch nicht den besten Ruf hatte. Er hatte von einem seiner Referendariats Kollegen gehört, man könne dort außer Pizza nicht besonders gut essen, außerdem hatte er die Restaurants in der Nähe der Sachsophonie bevorzugt, dann konnte er nach dem Essen noch auf ein Bier in seiner Stammkneipe einkehren und den Abend ausklingen lassen.

Italiener sind Weltmeister im Design von Möbeln oder Kleidung, geht es aber um die Zusammenstellung von mehreren Komponenten, hatten sie häufig überhaupt keine geschmackliche Orientierung mehr. Die Kombination der Einrichtungsgegenstände war häufig an Geschmacklosigkeit nicht zu übertreffen. Dort stand die in Bast gekleidete Chiantiflasche, genannt Fiasko, auf karierten Tischdecken, die Stühle waren Bandscheibenvorfall fördernd, Plastikblumen oder Efeuranken aus Kunststoff waren an die Wände genagelt und die schweren Lampen aus Muranoglas hätten besser ein Bordell geschmückt als ein Ristorante. So war es auch im Napoli mit seinem geschmacklosen Charme. Das Lokal war gut besucht, trotzdem fanden sie noch einen freien Tisch für Zwei unter künstlichen verstaubten Efeuranken, wobei Gabriele erst untersuchte, ob der Staub nicht herunterfallen und das Essen veredeln konnte. Ein wuseliger Kellner mit ehemals weißem Hemd und einem riesigen Portemonnaie in der Gesäßtasche, welches vermutlich die Jahreseinnahme des Etablissements beinhaltete, warf im vorbeigehen zwei fleckige zerlesene Speisekarten auf den Tisch mit den Worten: „Vengo subito."

Michael streichelte ihre Hand und fragte nach ihrem Getränkewunsch, beide einigten sich spontan auf einen halben Liter des roten Hausweins und eine Flasche Mineralwasser der Marke San Pellegrino. Sie öffnete vorsichtig nur mit einigen Fingerspitzen die speckige übergroße Speisekarte, als sie aus den Augenwinkeln eine Bewegung bemerkte, sie lenkte ihren Blick in die Richtung und erstarrte. Die Katastrophe war eingetreten, sie hätte es wissen müssen, sie lief rot an und überlegte krampfhaft, was jetzt zu tun sei. In einer Nische, diagonal gegenüber, saßen Monika Schweizer und ihr Mann Rudi, das Ehepaar winkte freundlich lächelnd zu Gabriele herüber.

Die beiden betrieben eine Damenboutique ganz in der Nähe des „Napoli" und wollten wohl nach Geschäftsschluss hier zu Abend essen. Gabriele hatte gewusst, dass deren Laden gleich um die Ecke war, hatte aber bei der Wahl des Lokals nicht daran gedacht, nun war jede Reue zu spät.

Gabriele war schlagartig, in dem Moment als sie Monika gesehen hatte, klar geworden, dass sie mit ihrer Begleitung nun ein Gesprächsthema für den oder die nächsten Damenstammtische geliefert hatte. Dumm gelaufen! Michael hatte ihre Reaktion bemerkt, wie sie die Farbe von rot zu weiß und wieder zurück wechselte und fragte nach dem Grund. Wispernd, ohne die Lippen zu bewegen, hatte sie ihm in Kürze ihr Dilemma geschildert, wobei sie sich gut gelaunt stellte, Monika sollte schließlich nicht mitbekommen, in welche Bredouille sie von ihr gebracht worden war. Michael fehlte das Verständnis für die Peinlichkeit und er vertiefte sich nach einem Was soll´s" wieder in das Menü.

Sie konnte sich lebhaft ausmalen, was die Damen am Tisch in der Sachsophonie über sie bei nächster Gelegenheit reden würden. Vielleicht würde aber auch zunächst eine Telefonkonferenz abgehalten, bei der sensationellen Neuigkeit wäre das nichts Außergewöhnliches gewesen. Sie hörte schon Renates Stimme laut tönen:" Kaum ist der Mann außer Gefecht, schon hat sie seinen Ersatz, als hätte das schamlose Weib nur darauf gewartet." Man würde kein einziges gutes Haar an ihr lassen. Nun gut, wäre sie halt für ein paar Wochen Opfer der Schandmäuler, jetzt konnte sie ohnehin nichts mehr retten.

Ihr schoss noch die Idee durch den Kopf, Michael als einen Verwandten, vielleicht als Cousin vorzustellen, verwarf den Gedanken aber gleich wieder, das würde keiner glauben und die Lüge wäre zu offensichtlich gewesen. An dem Gerede in der Zickenklicke hätte das sicherlich während ihrer Abwesenheit nichts geändert, zumal man auch einen Cousin als Bettgenossen haben könnte.

Gabriele winkte zaghaft aber mit einem vorgetäuschten herzlichen Lächeln zurück und diese Monika ließ es sich, von ihrer unstillbaren Neugier getrieben, nicht nehmen, an ihren Tisch zu kommen und sich nach ihrem und insbesondere Haralds Befinden zu erkundigen. Gabriele war klar, dass das nicht der Grund ihres Kommens war, sie wollte den attraktiven jungen Begleiter genauer unter die Lupe nehmen und forderte sie gleich auf, bevor Gabriele die Gelegenheit dazu hatte, dem jungen Mann vorgestellt zu werden.

Letztlich hätte es Gabriele egal sein können, ob und wie sie nun ins Zentrum des Geredes kommen würde, sie hatte lediglich Bedenken, dass Harald auf irgendwelchen Umwegen von der Wahrheit oder den Lügenmärchen der ZickenKlicke erfahren würde. Sie wollte ihm auf keinen Fall wehtun, eine seelische Verletzung würde bestimmt entstehen und sie wollte seine ohnehin labile Stimmungslage nicht noch weiter die Rutschbahn herabstoßen. Gut, was hatte Monika schon gesehen, wenn sie, was selten genug vorkam, ehrlich berichten würde, ohne etwas hinzuzufügen, war die Situation an Harmlosigkeit kaum noch zu unterbieten. Wenn, ja, wenn sie bei den Fakten bliebe.

Gabriele stellte Michael wahrheitsgemäß als ihren Nachbarn vor, dem sie als Ausgleich für einen Gefallen ein Abendessen spendiere. Die Wörter hatten noch nicht ihren Mund verlassen, da hätte sie sich bereits auf die Zunge beißen können, wer sich verteidigt, klagt sich an. Die Erläuterung, warum sie ihn einlud, war absolut überflüssig gewesen, war nur der Dünger für die Gerüchteküche und machte die Hexen nur darauf aufmerksam, dass etwas zu verbergen war. Sie kannte die sensiblen Antennen der Zickenklicke und deren wuchernde Phantasie. Natürlich kam aus dem harmlos aufgesetzt lächelnden Mund der Mittvierzigerin die Bemerkung, es sei beneidenswert, welch gutaussehende Nachbarn manche Leute hätten, ihr Umfeld bestehe ausschließlich aus unglücklich verheirateten alten Kerlen mit tropfender Schnapsnase und quietschendem Rollator. Ein meckerndes Lachen beendete den Satz, auf den sie wohl stolz war.

Gabriele hatte ihrer Stammtischgenossin keinen Platz an ihrem Tisch angeboten und so brach das ansonsten verkümmerte Taktgefühl Monikas durch und meinte sie müsse jetzt nach Hause gehen und noch den Haushalt auf Vordermann bringen, als Geschäftsfrau komme man tagsüber nicht zu den hausfraulichen Pflichten. Zum Abschied wünschte sie noch einen guten Abend und - natürlich mit hintergründigem Lächeln – danach eine gute Nacht. Damit die Anzüglichkeit komplettiert wurde, konnte sie sich dann ein Augenzwinkern nicht verkneifen.

Als das Ehepaar Schweizer das Restaurant verlassen hatten, war Gabriele der Appetit vergangen, trotzdem bestellte sie Saltimbocca und Michael bevorzugte eine Pizza Quattro Stagioni.

Erst jetzt ging sie auf die Peinlichkeit des Treffens ein: „Es tut mir leid, dass ich dich in das Gerede hineingezogen habe, das war nicht meine Absicht. Ich mag dich und bereue nicht, was wir tun und auch nicht, dass ich dich kennengelernt habe. Ich bin zufrieden mit dem, was Du mir gibst und ich möchte das auch nicht verändern. Wir haben beide unsere Freiheit und so soll es nach meinem Empfinden auch bleiben. Ich will unbedingt vermeiden, dass Harald irgendwelche Rückmeldungen erhält, er könnte das absolut missverstehen und zutiefst gekränkt sein."

Michael legte seine Hand auf ihre und sah ihr tief in die Augen: „Ich verstehe dich vollkommen und möchte den Status unserer Verbindung nicht verändern. So, wie es ist, gefällt es mir und wir stützen uns gegenseitig, wenn auch auf anderen Ebenen. Ich bin einerseits noch zu jung, um mich zu binden und andererseits noch nicht reif genug, um wirklich zu wissen, was ich will. Wenn du an unserer Beziehung eine Veränderung wünschst, egal welche, bin ich damit einverstanden und würde mich willig fügen. Wenn du den Status Quo aufrechterhalten möchtest, umso besser. Ich habe dir schon oft gesagt, dass ich dich begehre und gerne mit dir eingeschlossen bin. Das Einzige, was ich dann zusätzlich benötigte, wäre eine zweite Freundin, mit der ich mal ausgehen könnte." Michael hatte bei dem letzten Satz anzüglich gelächelt.

Gabriele nippte an ihrem Wein. „Ich will dich von nichts abhalten, du sollst machen, was du für richtig oder wünschenswert hälst. Es wäre nicht schön für mich, wenn du nicht mehr zu mir kämest, wenn es aber sein müsste, könnte ich auch das akzeptieren. Wenn du eine Freundin hättest, wäre das kein Problem für mich, solange noch ein paar Stunden für mich übrig blieben. Letztlich habe ich auch eine Dreierbeziehung und Harald stand und wird auch weiterhin in meinem Lebensmittelpunkt stehen. Solange wir mit offenen Karten spielen, ist mir alles recht. Was Harald betrifft, muss ich jetzt in die Offensive gehen und ihm verraten, dass wir hier im Lokal waren, es ist besser, er erfährt es von mir, als von irgendjemandem durch Zufall oder auch mit Schadenfreude des Berichterstatters."

Zicken Clique,
die Dritte
(genannt ZickenKlicke)

Monika hatte kaum Platz genommen, als sie das Gespräch an sich riss: „Habt Ihr schon gehört, Gabriele hat schon einen Neuen. Der Alte taugt nichts mehr und schon ist ein neuer Beschäler im Dienst."
Renate verschluckte sich fast an ihrem Prosecco. „Was heißt das, einen Neuen? Hat sie etwa ihren Harald verlassen? Jetzt hast Du mich aber neugierig gemacht. Das musst Du erzählen!"
Monika hatte vor Aufregung rote Flecken im Gesicht, ihre Wangen glühten. Endlich hatte sie einmal das Publikum, das sie sich immer gewünscht hatte, bisher waren es immer die anderen gewesen, die Sensationen auspacken konnten. Sie bestellte einen Aperol Spritz und wartete bis sie das Getränk erhielt, um die Spannung zu erhöhen, obwohl sie von den Stammtischmitgliedern gedrängt wurde, sofort alles zu berichten. Sie blickte triumphierend in die Runde.
„Ich war gestern Abend mit Rudi im Napoli eine Kleinigkeit essen, ihr kennt den Italiener auf der Aachener Straße, gleich ein paar Meter hinter unserem Geschäft. Wir waren fast mit dem Essen fertig, als Gabriele mit einem blonden gutaussehenden Jüngling eng umschlungen über die Straße flanierte. Ich konnte sie gut sehen, da ich mit dem Gesicht zur Straße saß. Was soll ich euch sagen, die kamen auch tatsächlich in das Restaurant und setzten sich an den letzten freien Tisch. Sie sahen sich die ganze Zeit verliebt in die Augen und hielten Händchen, sie hörten und sahen nicht, was um sie herum geschah. Sie sahen aus wie ein seit langer Zeit vertrautes Liebespaar. Ich habe dann auf mich aufmerksam gemacht indem ich Gabriele zugewunken habe. Man konnte deutlich spüren, wie unangenehm ihr das war. Sie hatte offensichtlich nicht damit gerechnet, dort eine Freundin zu treffen, obwohl sie genau wissen musste, dass wir gelegentlich dort verkehrten, schließlich ist unser Laden in der Nähe. Ich bin dann, frech, wie ich sein kann, zu ihrem Tisch gegangen und habe mich provozierend erkundigt, wie es Harald gehe, habe aber nur eine ausweichende Antwort erhalten. Sie wollte wohl nicht über ihren Lebenspartner im Beisein ihres Lovers sprechen. Sie war extrem kurz angebunden und hat mir den Burschen als ihren Nachbarn vorgestellt, ich konnte an seiner Reaktion erkennen, dass das gelogen, beziehungsweise nicht die volle Wahrheit war. Gabriele selbst ist nicht einmal rot geworden bei der Lüge. Ich bin sicher, der Typ ist noch ein paar

Jährchen jünger als Gabriele. Er sah wirklich gut aus, athletisch, als würde er viel Sport betreiben, er war groß und ich vermute er hatte das ideale Sixpack unter dem Hemd. Geschmack in Bezug auf Männer hat sie ja, das lässt sich wohl nicht bestreiten."

Nach dieser ungewohnt langen Rede, normalerweise wurde man bereits nach ein paar Wörtern meist von Renate unterbrochen, sah Monika gewinnend in die Runde, um ihre vorgebrachte Sensation auszukosten.

Renate stellte hart ihr halb leeres Prosecco Glas auf die Tischplatte, das zwar nicht zerbrach, allerdings schwappten ein paar Tropfen aus dem langstieligen Glas, die sie mit einem Bierdeckel aufwischte.

„Ich finde es widerlich. Der Harald liegt hilflos in der Reha Klinik und diese Schlampe sucht sich bereits einen Nachfolger. Der arme Kerl hat wahrscheinlich nicht einmal die geringste Ahnung, was für eine Hure er sich da geangelt hat. Sie hat doch nur ihre Befriedigung und übersteigerten Eigensinn im Kopf. Was mit ihrer Umwelt passiert, ist ihr offensichtlich völlig gleichgültig."

Inge mischte sich empört ein: „Was soll eigentlich die Vorverurteilung? Schlampe und Hure sind keine akzeptablen Titulierungen für eine Freundin aus unserem Kreis. Bis vor kurzer Zeit war sie noch das Schätzchen und der Liebling, ihr wechselt eure Meinung öfter als die Unterhosen. Das mit dem Nachbarn kann doch völlig harmlos sein. Wenn ich dann noch höre, die beiden seien eng umschlungen über die Straße flaniert, kann ich nur rückschließen, dass sie sich höchstens berührt haben und Monika mit ihrer Missgunst die Berührung zu einem „eng umschlungen" ausschmückt. Glaubt ihr wirklich, Gabriele wäre so naiv mit einem Liebhaber eng umschlungen durch Köln zu latschen. Wenn sie wirklich eine Affaire hätte, würde sie bestimmt nicht öffentlich damit umgehen. Ich weiß, dass Gabriele den ganzen Tag in der Reha Klinik verbringt und Harald umsorgt, anschließend steht sie auch noch eine Stunde im Stau auf der Autobahn. Wenn sie dann abends etwas Abwechslung braucht, kann sie doch ohne Weiteres Mal mit einem Bekannten essen gehen, ohne dass die tollsten Vermutungen von ihren so genannten Freundinnen angestellt werden. Außerdem ist sie noch jung und kann sich nicht wegen seiner Krankheit lebendig begraben lassen. Nebenbei bemerkt hat Harald auch eine erhebliche Schuld an seiner Krankheit, er hat gequalmt wie ein geklinkerter Schornstein im Braunkohlekraftwerk, er hat gesoffen wie ein Schwerstarbeiter und dann nie Sport betrieben. Habt ihr ihn mal etwas Anderes essen sehen als Schweinefleisch mit Pommes und Mayo? Und obendrein hat er noch gearbeitet und den Stress im Gericht bewältigen müssen. Wir wissen auch gar nicht wie intim Gabriele mit ihrem Nachbarn geworden ist, ich bin davon überzeugt, es ist alles ganz harmlos – und wenn nicht, geht es uns einen feuchten Kehricht an."

Monika zeigte empört mit dem Zeigefinger auf Inge, mit den anderen Fingern hielt sie ihr Glas: „Du weißt es natürlich wieder besser, wer hat die beiden denn in das Lokal

kommen sehen? Da kam ein verliebtes Pärchen über die Straße spaziert und die Blicke, die sie sich zugeworfen haben waren vielsagend. Als erfahrene Frau spürt man doch gleich, was zwischen zwei Menschen unterschiedlichen Geschlechts abläuft. Die sind ein liiertes Paar, darauf kannst Du Gift nehmen. Außerdem war Gabriele sichtbar erleichtert als Rudi und ich das Lokal verließen, das konntest Du selbst auf die Entfernung spüren."
Ulrike, die bisher geschwiegen hatte, blickte von ihrem schlanken Glas auf, in dem sich die Kohlensäureperlen immer noch nach oben kämpften und dort mit einem kaum hörbaren Plop platzten. „Im Prinzip sollte es uns völlig egal sein, wie und mit wem sich Gabriele die Zeit vertreibt, sie ist schließlich alt genug, sie muss wissen, was sie zu tun und zu lassen hat. Es wäre nur schlimm, wenn Harald in seinem jetzigen Zustand davon erführe, sofern sie ein Verhältnis mit diesem Nachbarn haben sollte. Wobei es gleichgültig ist, ob sie wirklich eine Affaire hat, oder es sich nur um ein Gerücht handelt, es wäre sicherlich schrecklich für ihn. Ich glaube nicht, dass er wieder mental so gefestigt ist und ihm das nichts ausmachte. Ich habe ihn seit seinem Schlaganfall nicht mehr gesehen, gehe aber davon aus, dass man nach solch einem SchicksalsSchlag in jungen Jahren äußerst instabil sein dürfte, um das Wort depressiv zu vermeiden. Wahrscheinlich hadert er mit seinem früheren ausschweifenden Leben und trauert seiner Unbeschwertheit der früheren Jugend nach. Aber wie Inge schon gesagt hat, wir wissen ja gar nicht, wie intim oder harmlos die ganze Geschichte ist. Wir beurteilen die ganze Sache nach Indizien, Beweise hat keiner von uns, keiner hat die zwei in flagranti erwischt. Ich habe allerdings von Gabriele erfahren, dass damals ein Nachbar Gabriele geholfen habe, den hilflosen Harald ins Bett zu bugsieren, das schafft so ein zartes Persönchen wie Gabriele keinesfalls alleine. Und als Dankeschön hat sie ihn dann gestern zum Italiener eingeladen. Das wäre genau so eine Theorie wie die, nach der sie angeblich eine Affäre mit dem jungen Mann haben soll. Die Indizien, die ihr als unwiderlegbare Beweise anführt, entbehren jeder Grundlage. Aber worauf ich hinauswill. Wir können uns hier in diesem Kreis das Maul zerreißen und über Gabriele schimpfen, das tut letztlich keinem weh, aber Harald darf in keinem Fall von der Geschichte erfahren, also sollten wir keinem etwas weitererzählen, auch wenn es uns noch so schwerfällt."
Renate lachte trocken auf und schüttelte den Kopf, ohne dass ihre dünnen blond gefärbten Haare sich unter der Haarspray Haube bewegten: „Dass ich nicht lache, ein Dankeschön als Geste an den Studenten nach so vielen Tagen, die der Schlaganfall bereits her ist, das glaubst Du doch selbst nicht. Wenn ich mich für etwas bedanken will, gehe ich spätestens am nächsten Tag hin und erledige das. Aber wahrscheinlich hat sie genau das getan, ist zu ihm gegangen, hat ihm die gespreizten Beine angeboten und er hat sie dann eingehend getröstet, den Rest können wir uns ja denken. Wir haben doch immer gesehen, wie gerne sich Gabriele in Männerkreisen aufgehalten hat und sich oft in den Arm nehmen ließ und auch

gerne Küsschen von allen Seiten sammelte, ob fremd oder befreundet, Hauptsache männlich. Ich darf euch an letzten Karneval erinnern, da hat sie doch mehr Männerspucke geschluckt als ihre eigene. Ich behaupte, es gab am Rosenmontag nicht einen jungen Kerl im Lokal, von dem sie nicht aus dem Gedächtnis eine Zahnprothese anfertigen konnte. Du konntest doch sehen, wie gerne sie sich befummeln ließ und dabei sich das Zäpfchen von den langen Zungen massieren ließ, mich würde interessieren, wie viele männliche Hände sie auf der Tanzfläche in ihrem Höschen hatte. Wenn sie also nur halb so aktiv mit ihrem Nachbarn umgesprungen ist, kann ich mir alles Weitere schon ausmalen. Überhaupt, ich glaube sie ist ein oberflächliches Flittchen, die nur nach ihrer Lust und Laune leben will, alles andere ist ihr völlig egal. Solange Harald gesund war, konnte sie sich mit ihm vergnügen. Jetzt wo er krank ist und völlig außer Gefecht, sucht sie sich schnell einen neuen Beschäler, weil sie nur sexuelle Befriedigung sucht."

Inge fuhr empört mit hochrotem Kopf dazwischen, sie war offensichtlich außer sich vor Unverständnis. „Ich glaube, wir reden hier von unterschiedlichen Dingen, Gabriele kümmert sich aufopfernd um Harald, sie fährt täglich zu ihm und umsorgt ihn den ganzen Tag. Sie hat sogar ihr Studium unterbrochen, obwohl sie damit wegen ihrer Fehlgeburt schon genug Probleme hatte und möglicherweise von der Teilnahme an weiteren Semestern ausgeschlossen werden könnte. Ich habe gehört, dass sie nur noch mit ministerieller Genehmigung ihr Studium fortführen kann. Wenn sie wirklich so ein Flittchen wäre, wie Du Renate sie darstellst, würde sie sich garantiert nicht so fürsorglich um ihren Harald kümmern und ihr Leben so leben, wie es ihr gefällt. Könnt ihr eigentlich von den Menschen nur immer das Schlechteste denken? Ich für meinen Teil gehe davon aus, dass alles ganz harmlos ist. Selbst wenn sie täglich mehrmals mit ihrem Nachbarn pennt und es ihr gefällt, wäre das für mich harmlos, sie schadet Niemandem damit, etwas Abwechslung vom Klinikalltag zu suchen. Egal was sie tut, es wäre für mich kein Verbrechen. Es ist allerdings völlig richtig, dass Harald von keinem von uns erfahren sollte, dass Gabriele möglicherweise einen Freund hat, von Verhältnis will ich bewusst noch gar nicht reden. Ich gehe von ihrer Unschuld aus, bis ich einen wirklichen Beweis für ein Fremdgehen habe. Und wenn, wäre mir das auch gleichgültig."

Alltagssuche

Alleinsein hat nichts mit abwesenden Menschen zu tun,
innerhalb einer Menschenansammlung kann man sich extrem einsam fühlen.
Alleinsein kommt von mangelnder Anteilnahme.

Anlässlich der Entlassung Haralds aus der Reha Klinik hatte Hildegard Wagener sein Leibgericht gekocht, Rouladen mit Rotkohl und Klößen. Früher hatte er nie genug davon bekommen können, also hatte sie eine extra große Portion für ihn vorbereitet. Zum Nachtisch war Schokoladenpudding mit gehackten Mandeln und Vanillesauce vorgesehen. Die Vorspeise bildete eine halbe Avocado mit Vinaigrette Füllung. Walther hatte zwei Flaschen älteren sizilianischen Primitivo dekantiert, die das Festmahl abrunden sollten. In der Diele über der Wohnzimmertüre hatte Gabriele Girlanden aufgehängt, die die Aufschrift eines Banners „Herzlich Willkommen" umrahmten. Die Tafel war festlich geschmückt und das Esszimmer hatte den Anstrich eines runden Geburtstagsfestes erhalten. Nicht nur Haralds Eltern waren anwesend, auch Gabriele hatte ihre Vorgeneration um sich geschart. Das Fest konnte beginnen, mit seiner Tochter hatte Walther Rosenzweig vereinbart, sie solle unbemerkt klingeln, wenn sie mit Harald eintreffen würde, damit die Kerzen in den schweren silbernen Leuchtern in Ruhe angezündet werden konnten. Auf dem weißen festlichen Tischtuch lagen zu Bischofsmützen gefaltete Servietten, die silberne Sternchen enthielten und beim Auseinanderfalten einen kleinen Sternenregen hervorrufen sollten, insbesondere, da Harald die Angewohnheit hatte die Serviette mit einem eleganten Schwung auseinander zu schlagen.
Auf das verabredete Signal des Klingelns zündete Roswitha Rosenzweig die Kerzen hastig an, Hildegard Wagener eilte in die Küche, um noch schnell der köchelnden Rouladensauce den letzten Schliff zu geben und die Avocado mit der Vinaigrette zu füllen, Alfred Wagener goss vorsichtig den teuren Rotwein in die Gläser und Walther Rosenzweig werkelte umständlich an der hochwertigen mit verwirrend vielen Stellknöpfen ausgestatteten Hi-Fi Anlage herum, um den bereits zurechtgelegten alten Titel der Beatles „Good Morning Sunshine" zu starten. Gabrieles Bruder Bernhard war die Treppen herunter gestürmt, um das Gepäck in Empfang zu nehmen und gegebenenfalls Hilfestellung beim Treppensteigen zu leisten.
Die Beatles waren bereits mit ihrem Lied fertig, aber aus dem Treppenhaus erschollen nur die sanfte Stimme Gabrieles und einige schleppend schlurfende Schritte. Walther lugte am Treppengeländer entlang und stellte fest, dass der Tross mit dem Behinderten nicht einmal die erste Etage erreicht hatte, also ausreichend

Zeit, das Lied erneut zu starten, wenn sie das zweite Stockwerk erreicht hatten. Er erhielt einen tadelnden Blick seiner besseren Hälfte, als er der Hoffnung Ausdruck verlieh, dass die Kerzen noch so lange bis zum Eintreffen brennen würden.

Endlich hatte Harald mühevoll die Wohnungstüre erreicht, kleine Schweißperlen standen auf seiner Stirne, sein Blick wischte über die Dekoration und er hörte das denkbar unpassende Beatles Lied, erstens war es nicht mehr morgens und auch die Sonne schien nicht, auch konnte er Sunshine wohl nicht auf sich selbst beziehen. Oder sollte er doch als Sonnenschein tituliert werden? Trotz alledem spürte er die gute Absicht dahinter und war gerührt, er hatte nicht damit gerechnet, dass die komplette engere Verwandtschaft versammelt wäre, um ihn zu begrüßen. Darüber hinaus erschnüffelte er den geliebten Bratenduft, der aus der Küche herüber kroch. Er wurde zu seinem Platz am Kopfende der geschmückten Tafel geführt und nahm erschöpft Platz, er hatte weder Hunger, noch Appetit, bemühte sich aber zu lächeln und sich dankbar zu zeigen, deshalb war das erste Wort, das über seine Lippen kam ein erahnbares Dankeschön.

Seine Mutter beeilte sich die Avocados zu servieren, sie verkündete ihm als Hauptgang zur Feier des Tages Rouladen vorbereitet zu haben. Er kämpfte gegen seine Gefühle an, konnte aber die Tränen nicht zurückhalten, obwohl er immer gelernt hatte, dass ein erwachsener Mann keine Tränen vergießt. Sie kullerten einfach. Er wollte sich die Augen mit der Serviette trocknen und verstreute eine Unmenge kleiner Sternchen dabei, unter seinen Augen klebten vereinzelte silberne Überreste und gaben der Situation etwas Groteskes. Gabriele pflückte ihm die Sterne aus dem Gesicht und wischte mit ihrer Serviette seinen Teller ab, sie war sich nicht klar, ob diese silbrigen Plastikteilchen, die sich darauf versammelt hatten, verdaulich waren.

Walther hatte den edlen Rotwein in die Gläser gefüllt und hielt eine kurze aber gefühlvolle Willkommensrede, in der er die gesundheitlichen Fortschritte und die zukünftigen Genesungsaussichten hervorhob. Man prostete sich freundlich lächelnd zu und lobte die Qualität des Primitivo.

Harald spürte die Blicke der Anwesenden, die von Entsetzen über seinen Zustand bis zu Mitleid reichten. Um die Situation zu überspielen, begann er unbeholfen seinen Löffel in der halben Avocado zu versenken, was ihm tüchtig misslang, er konnte die ovale Frucht nicht fixieren und die Vinaigrette Sauce verteilte sich auf dem Teller, während das Fruchtfleisch nur schaukelte. Gabriele stand ihm bei, löste die weiche Masse aus der Schale und zerteilte das Essbare in kleinen Happen auf dem Teller. Harald hatte Schwierigkeiten die kleinen Happen im Mund zu behalten und benutzte die Serviette, um den gekauten Brei zurück zwischen die schlaffen Lippen zu schieben. Dabei blieb ein vereinzelter Stern an seiner Oberlippe kleben und erinnerten stark an den bekannten Loriot Sketch mit der Nudel. Die Tischrunde starrte auf ihre eigenen Teller, um nicht zu zeigen, wie unappetitlich sich die Szenerie darstellte. Das schleppende Gesprächsthema der Männer kreiste um die neuesten Wirtschaftsdaten und die ratlose Reaktion der Bundesregierung, man vermied Harald in das Gespräch einzubeziehen, da er ausreichend Mühe hatte, den Kampf mit der Avocado zu gewinnen.

Bei der Roulade gestaltete es sich noch um eine Potenz mühsamer für Harald, obwohl seine Mutter in der Küche sein Fleisch und die Klöße bereits in mundgerechte Stücke zerlegt hatte. Er ließ die Hälfte des Hauptgangs stehen, alle anderen waren bereits fertig und man bedauerte im Stillen, der misslungenen Willkommensparty beizuwohnen. Es war nicht klar, wem der Anwesenden die Situation peinlicher war, dem Rekonvaleszenten oder den Zuschauern. Beim Dessert hatte Harald die geringste Mühe, er nahm winzige Portionen des Puddings in den Mund und brauchte weder zu kauen, noch die Speise am Gaumen zu zerdrücken, er konnte einfach nur schlucken, auch die Mandelstückchen versuchte er erst gar nicht zu zerkleinern. Als alle die Kochkünste der Hildegard Wagener lobten, sah Haralds Serviette aus als sei mit ihr ein Kuhstall ausgewischt worden.

Außer seinem Dank und einigen kaum verständlichen Worten wie „Ja" oder „Nein" Antworten hatte Harald bisher nichts verbal von sich gegeben, die engste Familie hatte keine Geduld einem Sprachbehinderten so lange zuzuhören bis er sich für sie verständlich gemacht hatte.

Schon bald nach dem Essen hatten sich die Gäste verabschiedet, alleine Haralds Mutter hatte darauf bestanden, die Wohnung wieder zu reinigen, den Spül zu erledigen und aufzuräumen. Bald darauf waren er und Gabriele wieder alleine und eine trübe Stimmung umgab ihn wieder wie eine Käseglocke, die er nicht abschütteln konnte. Er wollte aber auch nicht aus diesem Vakuum, das ihn umgab, ausbrechen. Er wollte seinen Gedanken nachhängen und wollte auch nicht auf das belanglose Gespräch, das Gabriele versuchte ihm aufzuzwingen, eingehen. Schließlich gab sie die Unterhaltungsbemühungen auf und vertiefte sich in ein Buch. Sie las den dritten Band der Rabbit Trilogie von John Updike, lachte wiederholt trocken auf und las ihm eine humorvolle oder auch erotische Passage vor. Er nahm diese Versuche reaktionslos auf, sein Gesicht zeigte keinerlei Bewegung, als sei es vereist oder komplett gelähmt, nur sein Kopf nickte unmerklich, ohne zu signalisieren, ob es sich um Zustimmung, Dank oder nur einen Schlusspunkt handeln sollte, der ihm wieder Ruhe bescherte.

Gabriele gab aber nicht so schnell auf und forderte ihn zu einem Spaziergang in den Stadtwald auf, der gleich um die Ecke verlief. Er lehnte ab, die Treppe sei für ihn zu anstrengend und außerdem sei er müde. Sie ließ sich nicht abwimmeln, die frische Luft würde gut für ihn sein, Trübsal könne er noch genug blasen, abgesehen davon, wäre auch eine Abwechslung vonnöten, draußen könne er sich wenigstens über die schlecht erzogenen Hunde ärgern, die überall auf die Gehwege kackten, auch Pucki müsse mal wieder vor die Türe. Also resümierte sie, es gebe keine Widerrede, die sie akzeptieren könne und er solle sie unbedingt begleiten. Während dieser Worte hatte sie wieder ihre Abreaktionszeremonie für Pucki begonnen, der sich wohlig windend auf den Rücken gelegt hatte. Harald sah neidisch zu und wagte nicht mehr zu widersprechen, spielte nur kurz mit dem Gedanken, sich ebenfalls auf den Rücken neben Gabriele zu legen. Der Spaziergang, der ihm nicht gefiel, der ihn nicht aufheitern konnte, der sich unendlich mühsam gestaltete, der ihn nicht ablenkte, der ihn ärgerte, viel zu langsam kam er voran, Pucki holte ihn oftmals ab oder legte ein Aststück zu seinen Füßen, damit er ihn werfen und der Dackel ihn apportieren konnte, erschien ihm endlos. Gabriele hatte ihn unter seinen gelähmten Arm gegriffen und leicht gezogen, bald wurde sie aber dessen müde, weil sie kaum so langsam gehen konnte. Sie trafen einige bekannte Hundebesitzer, wechselten ein paar belanglose Worte mit ihnen, über das Wetter, Hundegewohnheiten oder die Pläne der Freizeitgestaltung. Nicht einer oder eine machte eine Bemerkung über Haralds Gesundheitszustand, während des Gesprächs fiel zwar allen die typisch abgeknickte Hand und das schiefe Gesicht auf, aber keiner wollte ein Wort darüber verlieren. Es war den Leuten spürbar peinlich in der Nähe eines jungen behinderten Mannes zu sein und so brachen sie bald die Unterhaltung mit Gabriele ab und verabschiedeten sich, ohne jemandem die Hand zu reichen, das wäre dann doch an Peinlichkeit nicht mehr überbietbar gewesen, dieses leblose schlaffe Gliedmaß zu schütteln.

***

Harald saß wie so oft in seinem Ohrensessel, den er zusammen mit Gabriele an das Fenster geschoben hatte. Das Fenster zur Straße hin war eine falsche Terrasse, genannt französischer Balkon, mit einer doppelten Terrassentüre versehen, aber anstatt eines Balkons hatte es drei weiß gestrichene waagerechte Eisenstäbe, die das Herausspringen erschweren sollten. Für Kinder war es eine Einladung zu gefährlichen waghalsigen Turnübungen, für einen Erwachsenen war diese Möglichkeit zur doppelflügeligen Entlüftung des Wohnraums insbesondere in der nichtkalten Jahreszeit eine praktische Angelegenheit. Für Harald hatte es einen doppelten Nutzen, frische Luft und freie Sicht.
Es hatte Tage gegeben, da kam er sich vor wie James Stewart in dem Hitchcock Filmklassiker „Das Fenster zum Hof" mit Grace Kelly, nur dass er bis auf wenige Ausnahmen kein Fernglas benutzte, höchstens, wenn ein Autounfall oder ein besonderes Ereignis auf der Straße stattfand. Diese besonderen Ereignisse geschahen aber nicht, er konnte nur das Hasten oder Flanieren von Personen beobachten, die er wenig kannte, vielleicht vom Grüßen oder aus einem Geschäft, aber er konnte nicht einmal einen Namen den Leuten zuordnen.

Auf dem gleichen Stockwerk auf der anderen Straßenseite gegenüber wohnte eine junge dunkelhaarige Frau, die im Sommer morgens, wenn sie duschte oder badete, das Schlafzimmer lüftete und das Fenster weit geöffnet hatte. Sie trat dann nur mit einem Handtuchturban bekleidet in den Raum, suchte ihre Unterwäsche aus einer für ihn unsichtbaren Kommode und ihre Kleidung aus einem Spiegelschrank. Jedes angelegte Kleidungsstück wurde durch ihre tänzerischen Bewegungen vor dem Spiegel auf Sitz und Passgenauigkeit geprüft, bis sie zufrieden war. Kurz darauf trat sie dann auf die Straße hinaus und eilte Richtung Straßenbahnhaltestelle. Um ihren Körper besser bewundern zu können, hatte er dann sein Fernglas aus dem Schreibtisch gekramt und sie bei den tänzelnden Übungen beobachtet. Zu seiner großen Enttäuschung war seine sexuelle Erregung über diese voyeuristische Studie nicht von Erfolg gekrönt. Früher wäre seine Erektion bei dem Anblick kaum zu bändigen gewesen, jetzt regte sich kaum etwas, außer einem angenehmen Gefühl in der Leistengegend. Enttäuschend war diese Situation für ihn insbesondere deshalb, weil die Frau von gegenüber ihn sah, wenn sie das Fenster schloss und ihm mit freundlichem Gesicht zunickte, sie war sich also über seine Beobachtungen bewusst und hatte wohl auch nichts dagegen. Ja, früher hätte er die Rolle des unbemerkten Voyeurs mit Lust gespielt, er hätte sicherlich einen Weg gesucht, sich mit ihr zu verabreden, sie zu einem Glas eingeladen, sich mit ihr anzufreunden, sich auf ein amouröses Abenteuer einzulassen. Ja, früher, aber heute nickte er ihr zurück und das wars. Hätte die Dame ihn heutzutage auf der Straße gesehen, wäre sie mit Sicherheit auf die andere Straßenseite gewechselt, wer würde sich schon mit einem Bresthaften abgeben, außer aus Mitleid oder Samariterhaften Gefühlen. Nach dem enttäuschenden Ergebnis seiner voyeurhaften Bemühungen verbannte er das Binokel wieder an seinen Platz in der Schreibtischschublade und rührte es danach nicht mehr an.

Er liebte die Position am Fenster, vermittelte sie ihm doch am Leben zumindest als Beobachter teilzunehmen, er sah ältere Menschen, die mit ihrem Rollator einkaufen waren; Kinder, die spielend und sich neckend auf dem Weg zum Park oder in die Schule waren; Leute, die von ihren Hunden an der Leine von Baum zu Baum geführt wurden; schwatzende Hausfrauen, die gegenseitig ihren frischen Einkaufstüteninhalt bestaunten; Paketdienste, die den Kunden ihre Internet Käufe lieferten, er ordnete die Päckchen anhand ihrer Aufdrucke den Versandhäusern zu und wunderte sich oftmals über die Umsätze mancher Warenhausketten. Der Autoverkehr interessierte ihn weniger, nur wenn sich jemand vergeblich bemühte in eine Parklücke zu rangieren, die normalerweise für einen Lastwagen gereicht hätte, wettete er mit sich selbst, ob es sich bei dem Fahrer um eine Frau oder einen alten Mann vorzugsweise mit Hut handelte. Da er in diesen Fällen der umständlichen Einparkbemühungen normalerweise auf eine Frau tippte, hatte er fast immer recht.

Auf seinem kleinen gedrechselten runden Mahagonitischchen neben dem im britischen Stil mit grünem Leder bezogenen Ohrensessel befanden sich die wichtigsten Utensilien, die er während Gabrieles Abwesenheit benötigte, ein Buch, die Fernbedienungen für Fernseher und Radio und eine geöffnete Flasche Mineralwasser mit einem dickwandigen Vegla-Glas an dessen Boden kurz nach Gebrauch Kalkrückstände des Wassers eingetrocknet waren.

Das Lesen fiel ihm schwer, nicht nur, dass seine Augen gelitten hatten, sondern insbesondere das Buch in einem angenehm lesbaren Abstand vor die Augen zu halten, sowie auf dem Schoß beim Umblättern zu fixieren. Er musste die Lektüre auf seinen Oberschenkeln ablegen und dann die Seite umschlagen. Oft rutschte ihm dabei das Werk zu Boden und er musste dann mühsam die Stelle suchen, an der er gerade gelesen hatte, als ihm das unhandliche Werk entglitten war. Er ärgerte sich wiederholt über sich selbst, denn er hatte sich vorgenommen, die Seitenzahl beim Umblättern zu erinnern, vergaß es aber meist.

Das gebundene Buch wurde ihm, je nach Seitenanzahl nach einiger Zeit zu schwer, da er nicht die Hand wechseln konnte, aber den Abstand zu seinen Augen nicht zu groß und nicht zu klein werden lassen durfte. Legte er das Gedruckte auf den Schoß, war der Leseabstand für ihn zu groß, also deponierte er nach wenigen Seiten das Buch wieder auf sein Tischchen und verlor den Faden des Gelesenen.

Fernsehen hatte er nach kurzer Zeit aufgegeben, es widerte ihn geradezu an, diese tagsüber so häufig ausgestrahlten weichgespülten Sendungen oder drittklassige Fernsehfilmchen und Serien mit unendlich schlechten ausgemusterten Schauspielern zu verfolgen, mehrmals täglich hatte er durch alle verfügbaren Kanäle gezappt, ohne auf etwas Sehenswertes gestoßen zu sein. Schon nach wenigen Tagen gab er die Zapperei durch die Kanäle auf und schaltete die Volksverdummungsmaschine angeekelt ab.

Das Radio lief von früh bis spät und war auch nicht erhellend in seinen Wortbeiträgen, die Harald zu wenig in die Tiefe gingen, zaghaft wurde an der Oberfläche des Themas gekratzt, ohne wirklich das Problem zu beleuchten oder gar in die Tiefe zu gehen und Hintergründe aufzudecken. Am meisten ärgerte er sich über vernichtende Bemerkungen der meist debilen WDR-Redakteure, die wohl alle der grünen Szene angehörten, wenn nach Beendigung eines Interviews, in dem der Redakteur wie üblich unterlegen war, zum Abschluss, wenn der Gesprächspartner nicht mehr in der Leitung war, ein „na ja, wir wissen ja, was wir davon zu halten haben" oder „der Befragte musste diese Meinung vertreten, denn er ist schließlich Lobbyist". Wenn man vor den politisch gefärbten Redakteuren keine gegensätzliche Meinung vertreten durfte, so fragte er sich, warum wurden dann diese Andersdenkenden überhaupt interviewt?

Einmal hatte er nach einem Wortbeitrag, bei dem um die Meinung der Hörer gefragt wurde, die Nummer des Senders gewählt und wurde wider Erwarten unverzüglich zum Redakteur durchgestellt. Harald kritisierte die Rundfunksendung mit dem Goethe Zitat, „Getretener Quark wird breit, nicht stark" und damit speziell die oberflächliche Berichterstattung zu einem wirtschaftlichen Thema und wurde dann von dem Journalisten beleidigt abgekanzelt und gemaßregelt mit einem Kommentar, als wären mal wieder die armen Berichterstatter an allem Übel der Welt schuld. Das war sein letzter Anruf beim Westdeutschen Rundfunk, sein Urteil über die angeblich neutrale Berichterstattung war damit manifestiert.

Die Musikbeiträge des Senders WDR 2 waren qualitativ nicht besser. Hörte man mehrere Stunden täglich diesen Kanal, konnte man den Eindruck gewinnen, man habe in der Sendeanstalt einen Fundus von maximal fünfzig Musiktiteln, die in veränderter Reihenfolge von morgens bis abends abgedudelt und nach einem Random System ausgewählt wurden. Wenn sich dann mal ein Oldie Titel aus seiner gesunden Vergangenheit in das Repertoire verirrt hatte, war es mit an Sicherheit grenzender Wahrscheinlichkeit eines der dümmlichsten und seichtesten Stücke. Bei den Liedern von Abba dachte er ausschließlich an die langen Beine der Sängerinnen, den musikalischen Wert der Stücke beurteilte er als nicht beachtenswert. Irgendwann kam er auf die Idee, eine Strichliste der gesendeten Musikstücke anzufertigen und war überrascht, er hatte nur eingeschränkt recht. Die Wiederholung der Lieder war nicht annähernd so häufig, wie er sie empfunden hatte.

Wenn er seine Tageszeitung am Esszimmertisch gelesen hatte, er konnte das großformatige Blatt nicht in seinem Sessel einhändig entfalten, war er jeweils durch sein Vorbeugen derart verkrampft, dass er ein paar Lockerungsübungen vor dem Fenster machte und sich danach erschöpft in seinen angestammten Sessel fallen ließ. Aber auf diese Lektüre, die er als das einzig verbliebene zuverlässige Tor zur Welt betrachtete, wollte er keinesfalls verzichten.

Er mochte kein Mineralwasser ohne oder mit wenig Kohlensäure, er liebte das Prickeln im Hals, gut, das verstohlene Rülpsen anschließend musste man in Kauf nehmen, mit einiger Übung schaffte man diese Luftentladung auch ohne störende Geräusche abzulassen. Eine geschlossene Flasche zu öffnen, war allerdings eine schwer zu bewerkstelligende Aufgabe. Die Flasche zwischen die Beine geklemmt, den Drehverschluss zu öffnen, bewirkte nur, dass sich die ganze Flasche zwischen den Oberschenkeln drehte, der Verschluss blieb jedoch fest auf dem Flaschenhals sitzen und versagte ihm den Zugang zu der Erfrischung. Gabriele öffnete ihm dann auf seine Bitte eine Flasche bevor sie das Haus verließ, mit dem Erfolg, der permanenten Kohlensäureentladung und spätestens nach zwei Stunden prickelte nichts mehr in seinem Hals und das Wasser schmeckte fade. Seine Bemühungen, dann eine neue Flasche zu öffnen, wurden nie von Erfolg gekrönt und sein Stolz versagte ihm, bei einem Nachbarn zu klingeln, um an das erfrischende Getränk heran zu kommen.

Die Beobachtung der gegenüber liegenden Häuserzeile durch die breite Terrassentüre war nur selten sonderlich unterhaltsam, einmal abgesehen von seinen voyeuristischen Studien. Ein Highlight des Tages war es für ihn, wenn eine der Hausfrauen, die er ansonsten nur an den Frisuren identifizierte, da er sie namentlich nicht kannte, jedoch mit Spitznamen versehen hatte, die Fenster putzte. Kritisch nahm er das Putzsystem unter die Lupe und war sich oft sicher, dass das Ergebnis der Bemühungen unmöglich streifenfrei gewesen sein konnte. Besonders schlecht putzte eine Dame, die er schiefe Gardine nannte, sie hatte die Haltestange für die Küchengardine nicht exakt waagerecht angeschraubt und so hatte sie ihren Spitznamen abbekommen, die Dame hatte einen Lappen in der Hand, sprühte etwas einer chemischen Flüssigkeit auf die Scheibe und verteilte danach den Feuchtigkeitsfilm über den Rest des Glases, in der Hoffnung, einen Sauberkeitseffekt zu erreichen. Um die Rahmen kümmerte sie sich nie, was er als schlampige Unterlassungssünde betrachtete.

Wieviel besser hatte er schon als Kind die Fenster erst nass, dann feucht und letztlich trocken abgewischt, zu guter Letzt wurde mit Seidenpapier für den Feinschliff gesorgt. Mutter hatte dieses Prozedere entwickelt und ihm gelehrt, das Ergebnis war eine absolut streifenfrei glänzende Scheibe, die allen kritischen Blicken standhielt, selbstverständlich waren zunächst jedoch die Rahmen mit separatem Putzwasser und Lappen gesäubert worden. Meistens war er anschließend mit einer Kugel Schokoladeneis belohnt worden. Wie gerne hätte er der schiefen Gardine ein paar Ratschläge über die Straße gerufen, damit sie ihr Putzsystem verbessern könnte. Ein Eimer warmes Wasser mit einem Spritzer Spülmittel war seines Erachtens wesentlich wirkungsvoller als diese teure moderne Sprühflaschenmanie. Der nächste Sonnenstrahl würde der bequemlichen Hausfrau das Ergebnis ihrer mangelhaften Bemühungen präsentieren. Man musste schon auf einem Auge blind sein, um die Fenster als glasklar zu bezeichnen, na ja, wenigstens waren sie halbwegs sauber, die Prozedur musste aber nach wenigen Tagen wiederholt werden und so geschah es dann auch, die schiefe Gardine hatte offensichtlich ohnehin sehr viel Zeit.

Zweimal täglich ging er spazieren, sofern man sein Gehumpele und Geschlurfe als solches bezeichnen konnte. Sein rechtes Bein gehorchte ihm genau so wenig, wie sein rechter Arm. Mit unendlicher Langsamkeit ging er einmal um den Häuserblock, da er das Überqueren der Straße an einer Fußgängerampel vermied, er schaffte während der Grünphase nicht einmal die Hälfte der Strecke bis zum gegenüberliegenden Trottoir. Auf der Rückseite des Häuserblocks gab es einen Park mit einem künstlich angelegten Kanal und einem Tümpel, auf dem Enten und Schwäne unermüdlich ihre Mahlzeiten suchten. Dort befand sich auch ein Fußgängerüberweg mit Zebrastreifen, an dem er die als Schleichweg bekannte Straße ungefährdet überqueren konnte. Die wenigen Autos, die diese Straße benutzten, mussten gezwungenermaßen auf seine Langsamkeit Rücksicht nehmen, falls er sich zu einer

Weltreise aufraffte, wie er sich selbst gegenüber den Parkausflug stets nannte. Gelegentlich hupte eine ungeduldige Hausfrau oder ein nervöser Rentner, der seine Langsamkeit als Provokation empfunden haben mochte, Harald zeigte der Person daraufhin den aufgerichteten Mittelfinger seiner gesunden Hand – seine einzige Waffe, und die war dazu auch noch stumpf.
An dem Ententeich, Gabriele gegenüber nannte er diesen Tümpel mit stinkendem algenverschmutztem undurchsichtigem Wasser auch gerne Schwanensee, gab es seine bevorzugte Bank, die unter einer ausladenden Baumkrone, es war wohl eine Buche, wie er in seiner Unkenntnis der Botanik vermutete, etwas geschützt lag. Bei jedem Wetter, auch bei Gewitter oder Sturm ließ er sich auf der ehemals grün lackierten Holzbank, die auch schon bessere Tage gesehen hatte, nieder. Die vielen Lackschichten waren oberhalb der Lehne und vor der Sitzfläche dick abgeblättert oder bogen sich im Willen bald abzublättern. Manche Dame mit kurzem Rock hatte sich hier schon kleinere Verletzungen durch diese Lacksplitter zugezogen. Harald beobachtete das ihn umgebende satte Grün der Gewächse und den Trubel von Entenfütternden Kindern mit Freude. Wie manisch knibbelte er dabei mit seiner gesunden Hand den gebogen vorstehenden Lack ab, auch auf die Gefahr hin, dass er sich Partikel der Farbe schmerzhaft unter die Fingernägel rammte, manchmal blutete er in Folge eines solchen Splitters – möglicherweise genoss er den Schmerz auch als Selbstkasteiung. Von dieser Stammsitzgelegenheit aus konnte er den Wasservögeln bei ihrer Suche nach Verdaubarem zusehen. Ihm gefiel, dass die Tiere sich normalerweise fast so langsam auf dem Wasser bewegten, wie er selbst auf den Gehwegen. Nur wenn er Pucki bei sich führte ließ der es sich nicht nehmen die Wasservögel mit seinem aufgeregten Gebell auf gebührendem Abstand zu halten, falls jene ihm zu nahekamen. Dabei nutzte gutes Zureden überhaupt nichts, der Dackel folgte seinem Instinkt und verbellte die unterlegenen Tiere, schließlich war er ein Jagdhund, obwohl er noch nie an einer Jagd teilgenommen hatte. Einmal, als ein Schwan am Ufer lag und er das im Vergleich zu ihm Weiße Riesending mit lautem Gebell verscheuchen wollte, stellte sich der Schwan in aller Größe auf und lief flügelschlagend und fauchend auf ihn zu. Pucki suchte sein Heil in der Flucht und hatte von diesem Zeitpunkt an einen Riesenrespekt vor Schwänen. Zukünftig bellte er sie nur noch aus sicherer Entfernung an, dies war sicherlich der klügste Weg, denn bekanntlich können diese Großvögel recht gefährlich werden und selbst Menschen mit ihren Flügelschlägen erheblich verletzen.
Wenn er dann so still sinnierend auf der Bank saß, war sein einziger Zeitmesser sein Zigarettenkonsum, dem er nach wie vor gerne und ausgiebig frönte. Nach fünf, manchmal sieben Zigaretten, hielt er die Zeit für gekommen, den beschwerlichen Rückweg anzutreten. Die Glimmstängel waren seine einzige, wenn auch eingebildete Freude, er gestand sich partout nicht ein, dass sie zumindest eine Teilschuld an seinem Zustand hatten, ihm war bewusst, dass es sich bei dem Tabakkonsum um

eine Ersatzbefriedigung handelte, da er aber nicht, wie so etliche Raucher an morgendlichen Hustenkrämpfen litt und auch nicht diesen ekelhaften ockerfarbenen Auswurf hatte, bildete er sich ein, das Zeug könne ihm nichts anhaben. Wenigstens war er bis zu seinem SchicksalsSchlag konditionell noch gut in Form gewesen und konnte anlässlich sportlicher Aktivitäten bei jüngeren mithalten, er war nicht extrem schnell außer Puste und selbst beim Tauchen hatte er noch nach einer Minute ausreichend Luftreserven und das ansonsten auftretende Flimmern vor den Augen blieb bei ihm aus.

Da er bis auf einen erheblichen Bierkonsum und einem gelegentlichen Glas Rotwein zum Essen auf Alkoholika, insbesondere der härteren Sorte, Schnaps kam nicht über seine Lippen, verzichtete, war er wirklich des Glaubens, relativ gesund gelebt zu haben. Außer Acht ließ er dabei auch die Tatsache, dass er höchstens ein oder zwei Mal pro Woche Vitamine zu sich nahm. Frisches Gemüse aß er eher selten und den gemischten Salat aus der Restaurantküche ließ er oftmals stehen, nachdem er ein paar Bissen probiert hatte. Seine gewohnten Mahlzeiten bestanden vornehmlich aus Kohlehydraten in Form von Pizza, Pasta und Pommes Frittes, gerne auch mit Mayonnaise, als Beilage wurde regelmäßig auch eine Haxe, ein Schnitzel oder Steak akzeptiert. Jeder Mediziner hätte ihm gerne bestätigt, er ernähre sich ungesund, das wollte er aber nicht wahrhaben und behauptete immer, wenn das Gespräch auf das Thema kam, er ernähre sich normal, was immer normal in diesem normalen Zusammenhang heißen mochte. Erstaunlicherweise hatte er aber trotz dieser Essgewohnheiten eine schlanke Figur behalten, wenn man sie auch nicht als athletisch bezeichnen konnte, dafür hatte er wiederum die meisten Bewegungen, insbesondere sportlicher Art zu ausgiebig ignoriert.

Das Treppensteigen stellte für Harald eine besondere Herausforderung dar, das Treppengeländer befand sich rechts von ihm, in der rechten Hand hatte er keine Kraft, der rechte Arm hing störend und leblos an ihm herunter. Somit musste er entweder auf die Unterstützung der Reling verzichten, was er sich aber nicht getraute, da er nur sehr unsicher Treppensteigen konnte, oder mit dem linken Arm vor seinem Körper den Handlauf greifen, wobei er wenig Kraft entwickeln konnte, oder sogar rückwärts die Stufen erklimmen. Ein Fahrstuhl war in diesen älteren Gebäuden der Rosenzweigschen Billigbaureihe aus Sparsamkeitsgründen ein Fremdwort gewesen. Meist entschied er sich, das Treppengeländer mit der linken Hand zu halten, nur wenn er etwas tragen musste, ging er rückwärts die Treppen hoch, dann konnte er trotz des Gepäcks den Handlauf durch die Hände gleiten lassen. Er hatte mit dieser Gangart jedoch das Risiko des Stolperns zu tragen. Viel Gepäck konnte er ohnehin nicht bewältigen. Er ließ sich nie, weder von Gabriele, noch von einem freundlichen Nachbarn, noch von einem Fremden bei der Verrichtung seiner verschiedenen Tätigkeiten außerhalb seiner Wohnung helfen, dazu war er zu eitel oder einfach nur zu stur.

Wie oft verfluchte er die Tatsache, ausgerechnet rechts behindert zu sein, mit seiner linken Seite, insbesondere den Gliedmaßen war er äußerst ungeschickt. Alles, aber auch wirklich alles, was er mit Kraft oder auch Feingefühl bewerkstelligt hatte, war vor dem Schlaganfall mit rechts erledigt worden und heute diente sein rechter Arm nur noch dazu, sein Hemd und die Jacke auszufüllen. Um die nutzlose Hand möglichst zu kaschieren, zog er immer eine Jacke, Pullover oder das Hemd möglichst tief herunter, damit nur noch die Fingerspitzen sichtbar waren. Er schämte sich, Fremden seine Behinderung zu präsentieren, obwohl auch dem wenig aufmerksamen Beobachter das Gebrechen nicht entgehen konnte.

Zu den täglichen mühsamen Verrichtungen gehörte die Morgentoilette, sie dauerte mehrfach länger als früher. Das Zähneputzen geriet zu einer Selbstkasteiung, er rutschte vielmals mit der Zahnbürste ab und stach sich mit dem Plastikteil in die Lippen oder ins Zahnfleisch. Fast täglich musste er zu blutstillenden Mitteln der chemischen Industrie greifen oder seine geschwollene Lippe kühlen. Einmal war er sogar abgerutscht, hatte sich das borstige Ende der Bürste in die Nase gerammt und gefühlt dabei ein Viertelliter Blut verloren.

Das Rasieren war mit einer Selbstverstümmelung gleichzusetzen, nach wenigen Tagen wechselte er von dem erfrischenden Nassrasieren zu einer weniger angenehmen Trockenrasur mittels eines elektrischen Rasierapparats, da er die täglichen Blutungen auch mit einem Familienpack Alaunstifte nicht mehr stillen konnte. Sein Vater hatte sich immer bei kleinen Rasierverletzungen ein winziges Eckchen Zeitungspapier auf die blutende Wunde geklebt und nach kurzer Zeit wieder abgezogen, der Blutfluss war gestoppt. Wenn er diese Technik übernehmen wollte, hätte er mehrere komplette Tageszeitungen benötigt.

Beim Duschen und gleichzeitigem Haarewaschen hatte er sich angewöhnt, das Shampoo nicht zu verschließen, damit er das Mineralwasserflaschensyndrom vermeiden konnte und an der Wand prangte nun eine Plastikflasche mit Duschgel, die von Saugnäpfen auf den Fliesen fixiert wurde. Er verbrauchte ein Vielfaches an Wasser, bis das laut Werbung frühlingsfrisch duftende Gel von seinem Körper abgespült war, was für ihn noch verkraftbar war, denn er hatte Zeit und Wasser war nicht allzu teuer, zumal es noch vom Schwiegervater bezahlt wurde.

Das Abtrocknen war dann wieder umständlicher, er mochte nicht, noch halb nass in die Unterwäsche zu schlüpfen. Im Fitnessstudio hatte er oft gesehen, dass vielen Leuten noch massenhaft Wasserperlen am Körper hafteten, wenn sie sich anzogen, er wollte trocken sein, damit die Kleidung nicht stockte, also warf er sich das Handtuch auf den Rücken, nur noch an einem Zipfel festhaltend und zog dann das Frotteetuch über den Kopf, anschließend warf er den bereithängenden Bademantel über und humpelte in der Wohnung auf und ab, bis er völlig trocken war.

Beim Anziehen setzten sich die Probleme zeitraubend fort. Unterwäsche war weniger widerstrebend, wobei sich die Socken als charakterlos widerspenstig herausstellten, mit einer Hand eine solche Fußbekleidung überzuziehen, stellte ihn immer wieder vor Herausforderungen. Um diese Prozedur abzukürzen, war er an den warmen Tagen dazu übergegangen, auf Strümpfe zu verzichten. Unlösbar war das Problem des Hemdanziehens, der Knopf an der linken Manschette ließ sich nicht bändigen und musste offenbleiben, er konnte trotz größter Mühe und Konzentration die rechte Hand nicht dazu bringen, diesen winzigen Knopf in das dafür vorgesehene Loch zu zwängen.

Auf keinen Fall wollte er seine Gabriele jeden Tag und jeden Morgen bitten, ihm beizustehen und sich die kleinen aber für ihn nur mühevoll zu verrichtenden Handgriffe abnehmen zu lassen, sie hatte genügend Aufgaben, die sie erfüllen musste. Sie litt auch ohne solche Hilfestellungen in kaum erträglichen Rahmen unter seiner Behinderung. Nein, er musste selbst mit den Hürden der Einarmigkeit fertig werden, obwohl er kaum etwas mehr liebte als ihre Nähe. Wenn sie ihm das Hemd zuknöpfte schnupperte er nach ihrem Duft, von dem er nie genug bekommen konnte, er spürte ihre Körperwärme und hätte sie gerne an sich gedrückt, er hätte gerne seinen Kopf zwischen ihre unendlich schönen handlichen Brüste gekuschelt und stundenlang geweint. Er scheute sich, sie zu küssen, er befürchtete, sie könne es eklig finden, wobei sie ihm mehrfach versichert hatte, dass sie ihn liebe und sie bei seinem Anblick immer noch Lust empfände. Er glaubte ihr diese Aussage nicht, er ekelte sich doch selbst vor seinem Spiegelbild, seinen schiefen Mund aus dem, wenn er nicht aufpasste der Sabber tropfte, nein, so ein menschliches Wrack konnte man nicht attraktiv finden, vor diesem Anblick musste sie angewidert zurückschrecken und zwar so, wie er es selbst tat. Masochistische Gefühle gewannen in ihm Überhand. Um sich in der Nähe von Gabriele zu fühlen, ging er immer öfter ins Bad und rieb sich eine kleine Spur ihres Eau de Parfum unter die Nase oder hielt sich bei ihrer Abwesenheit den Zwickel ihres Höschens unter die Nase, das sie die Nacht über getragen hatte und er vielleicht die Spur eines erotischen Traums erschnüffeln konnte.

Er hatte sich in der Reha Klinik einen leicht schwankenden Gang antrainiert, damit er das rechte Bein nach vorne pendeln lassen konnte, ohne allzu viel Kraft einsetzen zu müssen. Krücken oder sogar ein Rollator war ihm ungeheuer, zudem hätte er bei den Anstrengungen des Gehens kaum geholfen, er hätte trotz der nur einseitig benutzbaren Hilfsgeräte gehumpelt und dazu noch seinen letzten kleinen Rest an Eitelkeit verletzt.

Abgesang

*Am Ende wird alles gut,
wenn es nicht gut ausgeht,
war es noch nicht das Ende.*

Er kam sich von Tag zu Tag überflüssiger vor, er bemerkte wohl, welche Mühe sich Gabriele gab, seine mehr gelutschten als gesprochenen Wörter zu verstehen, er hatte seine ehemals akzentuierte juristisch geschulte Aussprache völlig verloren, weil seine Zunge ihm nicht so gehorchte, wie er es gewohnt war, jede Silbe zu formen benötigte seine volle Konzentration und trotzdem gelang ihm nur ein ungenügendes Ergebnis. Er hätte nie geglaubt, wie wichtig das Zusammenspiel von Lippen und Zunge bei der Lautbildung war. Dazu kam, dass auch seine Lippen, zumindest auf der vermaledeiten rechten Seite von ihm nicht beherrscht wurden. Er hatte seine schriftlichen Kommunikationsversuche weitestgehend aufgegeben, das Gekrakelte erinnerte mehr an ein abstraktes Gemälde eines Kleinkindes als an entzifferbares Mitteilungsbedürfnis.

Er bemerkte auch, wie taktvoll Gabriele wegsah, wenn er beim Essen gut zerkautes aus seinem Mundwinkel verlor und sie es kommentarlos mit einem Haushaltspapier vom Boden aufnahm und gegebenenfalls von seiner Kleidung wischte.

Er hasste diese Unselbständigkeit, wobei er in zunehmendem Maße davon absah Gabriele für Handreichungen zu rekrutieren. Er könnte heute noch vor Scham im Boden versinken, wenn er daran dachte, dass in der Reha Klinik junge Damen ihm bei der ungelenken Verrichtung assistierten. Am schlimmsten war weniger gewesen, dass er von den Mädchen gewaschen wurde, aber wenn sie ihm nach der Darmentleerung die stinkende Pfanne wegnahmen und ihn dann angeekelt abwischten, war das für ihn eine unendliche Peinlichkeit. Die Schwestern hatten versucht sich nichts anmerken zu lassen, vielleicht hatte er sich auch nur eingebildet, dass sie sich ekelten, aber für ihn war die Abscheu vor den Exkrementen Fremder nicht überspielbar. Ihm war völlig klar, dass es zu dem Tagesgeschäft der Schwestern gehörte, mit den verschiedenen Ausscheidungen der Patienten umzugehen, seiner Vorstellung nach konnte aber dieser Dienst nicht hoch genug honoriert werden. Einen Partner oder ein kleines Kind zu versorgen, war vielleicht noch akzeptabel, einem Fremden jedoch den Hintern auszuwischen war in seinen Vorstellungen schlichtweg abstoßend und in höchstem Maße ekelhaft. Nunmehr war er wenigstens in dieser Beziehung autark und auf keinen mehr angewiesen, bis auf Kleinigkeiten, wie Fingernägel schneiden oder Augentropfen zu applizieren.

Natürlich hatte er sich seinen früheren Freundinnen gegenüber vor und nach dem Liebesakt gerne nackt gezeigt und dabei keinerlei Scham, eher Lustgewinn empfunden, die Mädels konnten ihn untersuchen und berühren, soviel sie wollten – aber das war nun mal etwas Anderes gewesen. Es ist ein riesiger Unterschied, ob sich zwei Menschen gegenseitig freiwillig nackt präsentieren, oder lediglich ein Nackter notgedrungen versorgt wird. Er war nicht schlecht gebaut gewesen und seine „Männlichkeit" hatte man vorzeigen können – aber mittlerweile rührte sich nichts mehr zwischen seinen Beinen. Er musste unwillkürlich an die Düsseldorfer Punkband „Die toten Hosen" denken, obwohl deren Hoseninhalte wahrscheinlich nicht halb so tot waren wie seiner.

Wie aufopfernd hatte Gabriele versucht, ihn zum Sex zu animieren, wahrscheinlich hatte sie dabei keinerlei Lustempfindungen, wollte ihm nur eine Abwechslung verschaffen oder eine therapeutische Anwendung an ihm ausprobieren. Vielleicht aber auch um lediglich zu testen, ob er noch zu einer Erektion fähig war. Sie hatte zwar vermieden, ihn auf den Mund zu küssen, wahrscheinlich war ihr nicht ganz geheuer, ob er einen Zungenkuss erwidern konnte, oder sie fand das nicht mehr sonderlich luststeigernd. Ansonsten aber versuchte sie alles, ihn zu erregen. Sie hatte bei gedämpftem Licht einen verführerisch erotischen Tanz vorgeführt zu dem Joe Cocker Lied „You may leave your hat on", bis sie völlig nackt war. Sie hatte ihn dann gestreichelt, ihre Beine gespreizt, um ihm den früher so geliebten Anblick zu präsentieren, hatte dann mit sich selbst gespielt und die Sexbesessene gemimt – bei ihm tote Hose -.

Was ihn früher jedes Mal zu sexuellen Höchstleistungen angestachelt hatte – bei ihm tote Hose -.

Sie ließ ihn am Zwickel ihres getragenen Schlüpfers schnüffeln, dessen schwefliger Duft ihn früher scharf gemacht hatte – es blieb bei ihm mit der toten Hose -.

Sie hatte ihn mit einem Kissen unterm Po auf das Bett gelegt, nachdem sie ihn langsam entkleidet hatte, mit seinem schlaffen Penis gespielt, mit ihren Schamlippen über sein Geschlechtsteil gerieben, sein Lustobjekt zwischen die Lippen genommen, es geküsst – immer noch tote Hose -.

Sie hatte schwereres Geschütz aufgefahren, seine Hoden unermüdlich gestreichelt und geknetet, sein schlaffes Etwas ganz in den Mund genommen und daran gesaugt –trotzdem tote Hose -.

Nach fast einer Stunde intensiver Bearbeitung seines Körpers, gab sie auf seine Bitte hin frustriert auf, man konnte ihre Enttäuschung deutlich merken, wie immer, wenn man trotz großer Anstrengungen nicht zum gewünschten Ziel kommt. Wie wäre er früher auf solche massiven Reize hin abgefahren, nein, schon auf einen kleinen Prozentsatz davon, aber jetzt spürte er nichts mehr, selbst als er sich auf seinen Unterleib konzentrierte, verspürte er kein wirkliches Lustgefühl. Lediglich eine Andeutung von Verlangen, mehr noch eine Sehnsucht nach Verlangen hatte sich in

seinem Körper breitgemacht, auch sein Kopf war voller Wollen gewesen, doch der Rest seiner Empfindungen war stumm geblieben.
Um seinen Depressionen zu entfliehen, war er wenige Male mit Gabriele und Pucki in die Sachsophonie gegangen, hatte auch ein paar Kölsch ohne realen Genuss getrunken, hatte eine halbe Packung Zigaretten geraucht und den alten Bekannten und Freunden bei ihren Gesprächen zugehört. Sein Beitrag an den Gesprächen beschränkte sich auf stummes Nicken oder Kopfschütteln, ansonsten konnte er nichts zur Konversation beitragen. Bis er einen Satz herausgebracht hatte, war das Interesse der Männergruppe an seiner Mitteilung erloschen und man konnte deutlich merken, dass sie auf das Satzende warteten, um eine eigene möglichst witzige Aussage in die Runde zu werfen, man hatte kein Interesse an Krankheiten und erst recht nicht an Kranken.
Die Leute erkundigten sich zwar nach seinem Gesundheitszustand und seinem Wohlergehen, wollten aber eigentlich gar nicht viel hören, ein knappes „gut geht es mir" wäre willkommen gewesen, auch er vermied längere Antworten geflissentlich. Mehr als ein kurzer Satz hätte die Konzentrationsfähigkeit, die Einfühlfähigkeit und die Geduld der Zuhörer überstrapaziert. Zu schwer lag seine Zunge als Fremdkörper im Mund. Man war im Allgemeinen höflich zu ihm und nickte ihm aufmunternd zu, wenn er etwas sagte, aber er wusste genau, man konnte es der Mimik des Gegenübers ablesen und den aufmunternden Antworten entnehmen, man verstand ihn nicht. Wenn er gesagt hätte, ihm ginge es miserabel, hätte man wohl geantwortet: „Das freut mich außerordentlich. Die Freunde und Bekannten hatten einfach keine Geduld, die Wortfragmente wie ein Puzzle zusammenzusetzen, die Leute waren hier, um den Alltag für eine kurze Weile aus dem Bewusstsein zu verdrängen und sich zu amüsieren, nicht um das Gestammelte eines Behinderten zu entziffern. Die Leute hatten ihre eigenen Probleme und waren hier um diese für eine Stunde oder zwei zu vergessen.
Somit beschränkte er sich auf ein „gut", wenn er nach seinem Wohlbefinden gefragt wurde.
Er verstand überhaupt nicht mehr, was er früher an diesen Kneipenbesuchen so gut gefunden hatte, wenn man sich auf das Zuhören beschränkte, war man in diesen Lokalen im wahrsten Sinne des Wortes beschränkt. Auch fand man die dümmlichen Witze gar nicht mehr so lustig und das Alltagsgeschehen war weniger interessant, früher hatte er oft das Gespräch gelenkt, er hatte dieses Instrument immer geschickt angewendet. Regelmäßig, wenn die Gespräche sich begannen festzufahren, weil beispielsweise gegensätzliche politische Einstellungen aufeinanderprallten und die Diskussion drohte, in einem Streit zu enden, hatte er immer eine scherzhafte Bemerkung parat, die die Fronten aufweichte, oder er lenkte das Gespräch auf ein anderes Thema, das weniger verfänglich war.

Nach den Lokalbesuchen war er deprimierter als vorher, dann wurde ihm seine Hemmnis noch bewusster als sie ohnehin schon war. Die gewollte Fröhlichkeit und dieses Geschwätz ohne Tiefgang gingen ihm dermaßen auf den Nerv, dass er keine Lust mehr auf das Zusammensein mit seinem Bekanntenkreis verspürte, obwohl es immer noch eine Abwechslung von seinem Dämmerzustand im Ohrensessel war. Leben heißt doch am Leben teilnehmen, er fühlte sich nicht nur ausgegrenzt, er wurde ungewollt immer mehr ausgegrenzt.

Ihm war klar, dass er nicht nur im Alltag eine immer größere Last für Gabriele wurde, selbst in der Sachsophonie hatte sie oft für ihn zu antworten, wenn mal mehr als eine Kurzantwort benötigt wurde. Als Beweis hierfür sah er den gemeinsamen Nachhauseweg mit Pucki an. Der Dackel konnte so viel schnüffeln und sein rechtes Hinterbein heben, wie er wollte, er war an der Leine Gabrieles immer noch schneller als er mit seinem Humpelbein.

Er hasste in zunehmendem Maße sein rechtes Bein, es schmerzte zwar nicht sonderlich , aber es war schlaff und gehorchte seinem Willen nicht; er hasste seine Zunge und die schlaffen Lippen, die ihm die Kommunikation so beschwerlich machten; er hasste seien schlaffen nutzlosen rechten Arm; er hasste seine Behinderung; er hasste sich selbst, da er früher nicht ein bisschen gesünder gelebt hatte; er hasste seine geliebten Zigaretten, denen er zumindest eine Teilschuld an seinem Zustand geben musste; er hasste die Mediziner, die ihm nicht helfen konnten und kein Wundermittel für ihn hatten, damit er wieder ein normales Leben führen konnte; er hasste Gabriele, wegen ihrer Fürsorge und Nettigkeit und das ewige Verständnis für ihn und seine Lage.

Er schaute mittlerweile beschämt weg, wenn Gabriele nackt aus dem Badezimmer kam und sich ankleidete, zunächst seltsamerweise begann sie immer mit dem BH, nahm sich dann Höschen und Strümpfe vor, früher gab es für ihn nichts Anregenderes als diese Verhüllungszeremonie, bei der er ungehindert zusehen durfte und sie oftmals aufgefordert hatte, das Ankleiden zu verzögern, was sie ihm zu gefallen auch gerne befolgte. Wenn sie im Sommer einen Rock und keine Strümpfe anlegte, hatte er sie in solchen Momenten auch gebeten, auf ein Höschen zu verzichten, damit er leichteren Zugang zu ihren Lustzentren hatte, auch diese Bitte hatte sie oft erfüllt und er streichelte dann gerne wie unbeabsichtigt in einem von potentiellen Zuschauern unbeobachteten Moment ihren Po oder was es da sonst noch zu entdecken gab.

Er hasste seine Impotenz und er hasste sogar sein Bedauern, dass er nicht mehr das konnte, was er früher so gerne vollzogen hatte und was heute seine Unzufriedenheit potenzierte.

Nur Pucki schien das alles nicht zu bemerken, er verhielt sich wie immer, verstand seine unverständlichen Befehle, legte sich gerne auf seine Füße, ließ sich genussvoll streicheln oder kraulen, dankbar leckte er dann die Hand, die ihn liebkost hatte, selbst wenn es die gelähmte war.

Wozu war Harald noch zu gebrauchen, zu nichts. Er war eine Belastung für seine Umwelt. Selbst die Krankenkasse schickte ihm regelmäßig überflüssige Fragebögen mit einem Begleitschreiben aus dem man zumindest zwischen den Zeilen entnehmen konnte, wie lange er wohl noch vorhabe leben zu wollen, beziehungsweise deren Vermögen und das der Sozialversicherungsträger verpulvern wolle. Wenn er sein zukünftiges Leben abschätzen sollte, würde er keine Perspektive sehen. Niemals würde er wohl in seinem erwünschten Beruf als Rechtsanwalt einer namhaften Kanzlei arbeiten können. Seine bevorzugte Sparte, nämlich das Strafrecht basierte auf Plädoyers, Zeugenbefragung und Klientengesprächen, wie sollte er das jemals bewerkstelligen können? Körperlich wäre es vielleicht noch machbar, wie viele behinderte Anwälte gibt es, aber die Kommunikation ist wichtig. Das Schriftliche dürfte nicht einmal so besonders hinderlich sein, das Schreiben mit links kann man antrainieren und dann gab es glücklicherweise auch noch Computer oder Sekretärinnen. Die Sprache, die Sprache war das Problem. Wenn er den Ärzten glauben durfte, bestünden Chancen, in ein paar Jahren wieder halbwegs artikulieren und reden zu können. Es bestünden Chancen – was sollte das heißen? Nein, seinen Wunschberuf konnte er getrost an den Nagel hängen – reine Utopie! Ein körperliches Wrack wie er hätte vielleicht noch eine Chance als Portier oder Nachtwächter zu arbeiten – tolle Aussichten!

Wie gerne hätte er seine bescheidene Situation weggeträumt, im Schlaf war das kein Problem, das Aufwachen war erst schlimm. Sehr schlimm.

Langsam, ganz langsam reifte in ihm eine Überlegung, dem Ganzen ein Ende zu setzen. Die Fragen waren höchstens das „Wie", das „Wann" und natürlich zunächst das „Ob".

Das „Ob" war schnell beantwortet, mit „Ja", er hatte die Nase gestrichen voll. Das war kein Leben. Nicht so wie er es sich wünschte. Eine leichte Behinderung hätte er noch überspielen können, aber seinen SchicksalsSchlag konnte man nicht ignorieren.

Das „Wann" war auch zu einem spontanen Ergebnis gekommen, „so bald wie möglich".

Das „Wie" ließ sich nicht so schnell beantworten, das musste sehr gut überlegt sein, denn die Methode sollte wirksam, wenig schmerzhaft und somit schnell sein und, das war ihm auch sehr wichtig, durfte seine Hinterbliebenen nicht finanziell belasten, also zu keinen horrenden Schadenersatzansprüchen führen.

Wie oft hatte er schon gelesen, dass sich ein Lebensmüder vor einen Zug geworfen hatte, die Folge war dann stundenlange Verspätung durch die polizeilichen Untersuchungen gewesen, Austausch des Lokführers, gegebenenfalls Austausch der Lok oder zumindest sofortige Reinigung derselben. Die Folgen waren fast immer signifikante Regressansprüche der Bahn, wofür er auch Verständnis hatte. Bei Lastwagen war es ähnlich. Diese Methoden schieden also von vorneherein aus. In beiden Fällen würden die Fahrzeugführer unter einem Schock leiden. Er stellte sich vor, wie die Beteiligten das Wegräumen der Leichenteile mit ansehen mussten, ekelhaft. Nein und nochmals Nein.

Seine präferierte Art wäre noch das Springen in einen Hochofen bei einem Stahlkocher gewesen. Bei einer Hitze von rund eintausendfünfhundert Grad Celsius und mehr würde es am schnellsten gehen, es würde einem kurzfristig warm, aber man würde binnen Sekundenbruchteilen rückstandslos verbrannt sein und keine Reste könnten identifiziert werden. Man war einfach weg, schnell und sauber, niemand würde unter dem Suizid leiden. Aber wie hätte er sich einem Hochofen oder einem anderen Metallschmelzbetrieb nähern können. Er grübelte lange darüber nach, fand aber keinen Weg diese Alternative in die Tat umzusetzen.

Er telefonierte mit der Schweiz und erkundigte sich bei einem Verein für Sterbehilfe nach deren Bedingungen und Möglichkeiten. Zunächst behielten sie sich eine Prüfung seines Falls vor, außerdem war eine Menge Schriftkram zu erledigen. Sterbehilfe durfte nicht wie Mord aussehen und es musste eine eindeutige Willenserklärung des Selbstmörders vorliegen. Zusätzlich wollte der Verein eindeutige medizinische Gutachten vorgelegt bekommen, dass der Patient austherapiert und die Krankheit unheilbar war. Aber was bedeutet bei seiner Behinderung unheilbar? Er hätte in jedem Fall in das Alpenland reisen müssen, da die Methode in Deutschland illegal war und das Personal dieses Vereins verständlicherweise kein Risiko der Gesetzesverletzung eingehen wollte. Auch bei dem Preis dieser Möglichkeit musste er schlucken. Die Schweizer wollten sich seinen Tod vergolden lassen, es wären Kosten auf ihn zugekommen, mit denen er erst gar nicht gerechnet hatte. Neben den Aufwendungen für die eigentliche Sterbehilfe, wären noch die Reisekosten gekommen – die Rückreise im Zinksarg mit Formalitäten für den Grenzübertritt wäre um Dimensionen teurer gewesen als die Hinreise. Ein Klinikaufenthalt und die Folgekosten für den Freitod in der Schweiz wären wohl nicht der Krankenkasse belastbar gewesen. Schade, Deutschland war also nicht liberal genug.

Laut der deutschen Gesetzgebung wurde ein Selbstmord nicht bestraft (wie auch, wollte man die Leiche für ein Jahr in eine Gefängniszelle legen?), aber der Helfer hatte ein Bestrafungsrisiko, auch wenn es bei der Hilfe nur um eine logistische Dienstleistung gehandelt haben mochte, nämlich der Beschaffung einer tödlichen Substanz. Er landete wieder bei seinem Prinzip, keiner solle Schaden durch seinen Freitod erleiden.

Einen starken Strick zu besorgen und sich irgendwo aufzuhängen wäre schon eher in Betracht gekommen, im Heizungskeller gab es ein paar stabile Rohre unter der Decke, aber er zweifelte an seinen Fähigkeiten, einen soliden Knoten zu knüpfen, der der Belastung auch standhielt. Eine Knüpfanleitung hätte man sicherlich schnell gefunden, aber er war sicher, dass man für die Anfertigung eines solchen Knotens zwei Hände bräuchte und zwar gesunde Hände, einen Freund oder Nachbarn konnte man schlecht um Hilfe bitten. Also wurde auch diese Idee verworfen. Ihm fiel auch keiner seiner vertrauenswürdigen Freunde ein, der einen Segelschein hatte und ihm einen solchen Knoten anfertigen würde.

Wie wäre es mit Gift, seine Chemiekenntnisse waren zwar rudimentär aber in den Lexika hätte es höchstwahrscheinlich eine Anleitung gegeben, wie man sich einen Cocktail aus Zyankali oder Blausäure mixen könnte. Curare, insbesondere Calebassencurare soll zwar schnell wirken, aber auch hier kannte er keine Quelle des südamerikanischen Pfeilgifts und ob ein mittelamerikanisches Versandhaus aus Venezuela oder Honduras dieses Zeug versandkostenfrei nach Köln liefern würde, war mehr als fraglich. Bei genauer Recherche musste er zudem feststellen, dass zwar schnell eine Wirkung des Giftes eintritt, nämlich Lähmung des Atmungsapparates und dann ein langsamer Erstickungstod das gewollte Ergebnis herbeiführt. Den Erstickungstod stellte er sich extrem qualvoll vor.
Von Rattengiften hatte er auch schon die tollsten Horrorgeschichten gehört. Im Internet sah er sich das Rattengift auf Zyankalibasis genauer an und musste feststellen, dass die Rezeptur geändert wurde, damit Unfälle mit Kindern, die irrtümlicherweise davon etwas eingenommen hatten keinen Schaden erleiden würden, wenn die Behandlung in der Ambulanz kurzfristig erfolgte. Somit müsste er eine Riesenmenge von dem Zeug schlucken und vorsorgen, dass ihn niemand frühzeitig fand. Der Tod von diesem Zeug würde wohl auch sehr qualvoll sein. Ihn schauderte, also auch kein Gift.

Eine Pistole oder ein Gewehr zu besorgen dürfte seit dem Mauerfall kein Problem dargestellt haben, jeder Taxifahrer konnte die Adressen nennen, wo man eine Schusswaffe illegal erhält. Aber er hatte gehört, dass wenn man einen Schuss nicht richtig ansetzte, konnte man überleben und für den Rest des Lebens ein Pflegefall werden, er musste bei dem Gedanken grinsen – doppelter Pflegefall – schlimmer als jetzt konnte es ja kaum noch werden. Trotzdem wurde ihm klar, dass er den Rest seines Lebens mit der oder dann mit Behinderungen leben müsste und dieser Rest könnte bei durchschnittlicher Lebenserwartung auch noch gut fünfzig Jahre betragen. Nein, diese Alternative schloss er ebenfalls aus, zumal ein richtig angesetzter Schuss das Kopfinnere, und davon hatten die Juristen nun mal eine

besonders große Menge, gleichmäßig in der Wohnung verteilt hätte, und diese
Sauerei wollte er Gabriele auf jeden Fall ersparen.

Eine relativ schnelle und wenig schmerzvolle Methode wäre das föhnen in der vollen
Badewanne gewesen. Wenn dann das Elektrogerät aus der Hand gleitet, würde der
Kurzschluss das Wasser schlagartig erhitzen und den Badenden durch diesen
entstehenden Blitzschlag zusätzlich töten. Bei lebendigem Leib gekocht zu werden,
war nun auch nicht Haralds Präferenz, es erinnerte ihn zu sehr an die Kannibalen,
die ihre Opfer lebendig in das kochende Wasser warfen und die dann auf kleiner
Flamme garten. Oder war das nur eine Erfindung der Witzblattzeichner – er musste
auch bei diesem Gedanken grinsen.

Also reifte in ihm der Gedanke an die letzte verbliebene ihm bekannte Möglichkeit,
sich die Pulsadern zu öffnen und dabei in der Badewanne mit heißem Wasser zu
liegen, was dann den Blutaustritt extrem beschleunigen soll, zumindest wird das in
der einschlägigen Literatur behauptet. Seine blutverdünnenden Medikamente, die
ihm die Medizinmänner immer aufdrängten, würden zusätzliche Blutungswirkungen
zeigen. Um sicher zu gehen, sollte er noch von seinen Schlaftabletten nehmen, die
er auch in inflationären Mengen hortete. Mit dieser Kombination würden seine
Bemühungen garantiert zum Erfolg führen.
Als er den Entschluss gefasst hatte, war er regelrecht erleichtert, fast fröhlich, die
Beseitigung des Leichnams dürfte für Gabriele keine Belastung darstellen, das würde
ein Beerdigungsunternehmen gegen eine geringe Gebühr übernehmen müssen. Die
Reinigung der Rückstände sollte nicht zu aufwendig werden, nach seinen
Vorstellungen müsste nur der Stöpsel gezogen und die Wanne ausgespült werden.
Obwohl er noch ein grundsätzliches Problem sah, was würden die Hinterbliebenen
empfinden und wie würden sie reagieren?
Gabriele hatte vielleicht noch einen Rest nostalgischer Liebe für ihn, er stellte sich
vor, dass sie ihn zeitweise immer noch wie früher vor ihrem geistigen Auge sah. Sie
waren ja immerhin viele Jahre zusammen, kannten und liebten sich bereits als
Schüler, solche Gefühle konnten wohl kaum durch ein Ereignis, wie es ihn
schlagartig ereilt hatte, von heute auf morgen verschwinden. Oder war eventuell
Liebe durch Mitleid ersetzt worden, er war sich nicht sicher, auch konnte er sich nicht
vorstellen, eine absolut ehrliche Antwort zu erhalten, wenn er sie mit der Frage
konfrontierte.
Absolut sicher war er allerdings, was seine Eltern betraf, die liebten ihn garantiert
noch wie früher, wie stolz waren diese einfachen ehrlichen Menschen auf ihn gewesen,
dass er studierte, kurz vor seinem letzten Staatsexamen stand und
demnächst wohl als Richter oder Anwalt zu höheren Ehren gelangen sollte. Für diese
Leute war es weniger schlimm gewesen, was ihm passiert war, der Junge, wie sie

ihn immer noch nannten, lebte noch und sie glaubten bedingungslos an seine vollständige Genesung. Mutter hatte ihm noch tröstend über den Kopf gestreichelt, als sei er noch ein kleiner Junge, dann mache er eben sein Examen ein Jahr später. Er hatte ihr nicht widersprochen, was hätte er ihr sagen können? Ich bin bald wieder vollständig gesund? Belügen wollte er sie auch nicht.
Die Ärzte hielten sich bedeckt, von Genesung sprachen die nie, höchstens davon, dass es ihm bessergehen könne – immer sprachen diese Leute im Konjunktiv, nie erhielt man eine konkrete Antwort, immer nur das vage nicht bestimmbare. Eine vom Arzt geschätzte Lebenserwartung wurde meist auf einen anderen Fall bezogen: „Ich habe schon Patienten gehabt, die sind mit dieser Krankheit fünfundachtzig Jahre alt geworden." Wahrscheinlich war der Patient in dem Fall, auf den sich der Mediziner bezog, mit vierundachtzig Jahren erkrankt.

***

Auf jeden Fall wollte er vermeiden, dass seine hoch geachteten Eltern und seine geliebte Gabriele unter seinem Dahinscheiden sonderlich litten, er musste mit allen Mitteln versuchen, in deren Augen als unleidlich und unerträglich zu erscheinen. Er wollte unbedingt vermeiden, dass sie den Verlust eines geliebten Sohnes und Lebensgefährten als zu schmerzlich empfanden. Am liebsten wäre ihm dann noch gewesen, wenn alle Hinterbliebenen einstimmig gesagt hätten, es sei für alle eine Erlösung, dass er endlich tot sei.
Er entschloss sich, seinen Eltern einen Brief zu schreiben, in dem es nur so von Vorwürfen strotzte, er wollte ihnen vorwerfen, dass sie ihn nicht schon als Jugendlichen gesundheitsbewusster erzogen hatten, er wollte ihnen vorwerfen, dass die Gene, die sie in seinem Körper fortgepflanzt hatten verdorben waren und er deshalb diesen SchicksalsSchlag erleiden musste. Er wollte erreichen, dass die Alten auf ihn schimpften, ihn als den undankbaren Sohn sahen und ihn vielleicht verfluchten. Verständnis für seinen Suizid konnte er nicht erwarten.
Bei Gabriele wollte er ähnlich vorgehen, er musste ihr mitteilen, dass er nichts mehr für sie empfinde, die Liebe erloschen sei wie eine Kerze im Orkan, dass sie ihm auf die Nerven gehe, mit ihrer ewigen Fürsorge. Dies alles in der Hoffnung, den möglicherweise noch vorhandenen Liebesrest abzutöten. Darüber hinaus wollte er an ihr herumnörgeln, alles abstoßend finden, was sie machte und auch ihr Äußeres kritisieren, dies entgegen seiner Empfindung. Das würde er alles unter dem Begriff „Notlüge" subsumieren.
Er machte sich gleich daran, im Computer einen Brief an seine Eltern und dann einen an Gabriele zu entwerfen. Er musste in beiden Fällen bösartig genug sein, damit seine Eltern das Gefühl erlangten, einen missratenen Sohn verloren zu haben, dessen Verlust nicht schade war. Und Gabriele musste zu der Überzeugung

gelangen, er habe sie während des kompletten gemeinsamen Lebensabschnitts lediglich in monetärer und sexueller Sicht ausgenützt und sei ihr bei jeder sich bietenden Gelegenheit fremd gegangen.

Es war wieder unendlich mühsam mit einer Hand zu tippen, insbesondere die Microsoft Krankheit, in einigen Fällen drei Tasten betätigen zu müssen (Strg + Alt + @). Nach einiger Übung hatte er es geschafft, die drei Tasten gleichzeitig mit einer Hand zu bedienen, er fluchte dabei, solch eine Idee könne doch nur ein gehirnamputierter Software Entwickler gehabt haben, früher hatte er nie über diese Funktionstasten geschimpft – so ändern sich die Zeiten.

Er war so von seinen Gedanken überzeugt, dass er nicht im Entferntesten auf die Idee gekommen war, Elternliebe sei unerschöpflich und ein solcher Brief von ihnen verkraftet und toleriert würde, ihn höchstens als Zeichen geistiger Umnachtung infolge seiner verständlichen Depressionen werten dürften.

Als Gabriele abends von ihrem wieder aufgenommenen Studium nach Hause kam, man merkte ihr die Erschöpfung des Tages an, die sie versuchte zu überspielen, begann er gleich mit seiner Meckerei die Atmosphäre zu vergiften. An nichts ließ er ein gutes Haar, ihr Äußeres sei ungepflegt, ihre Frisur solle sie mal ändern, nicht zuletzt sei sie verschwitzt und solle sich mal duschen, insbesondere solle sie mal ihr Parfüm wechseln, er könne es nicht mehr riechen. Das nuttige Makeup würde auch nicht zu ihr passen. Außerdem sähe sie in ihrem überkurzen Miniröckchen aus, als wolle sie sämtliche Kommilitonen zum Liebesakt auffordern, dazu passe auch noch ihre weit aufgeknöpfte Bluse.

Er gab sich ständig schlecht gelaunt, er mäkelte an ihrem Essen herum, ihr schnell zubereitetes Abendbrot schmeckte ihm nicht mehr, die Bratkartoffeln, obwohl schön knusprig, bezeichnete er als glasig, die Schnitzelchen dazu als zu zäh und die Erbsen aus der Tiefkühlung als zu geschmacklos.

Er behauptete, ihr ewiges verständnisvolles Lächeln, mit dem sie ihn umsorgte, wolle und könne er nicht länger ertragen, es ginge ihm unendlich auf den Geist. Er überlege sich, ob er sie nicht schnellstmöglich verlassen solle, er käme auch ohne sie bestens zurecht. Gabriele war über seinen Sinneswandel schockiert, nie hätte sie geglaubt, dass das wirklich seine Meinung war. Man könne doch über alles reden und sie wolle sich gerne ändern, sie versuchte ihn zu küssen, aber er wehrte brüsk ab, obwohl ihm in diesem Moment nichts lieber gewesen wäre, als etwas Zuwendung und Wärme von seiner immer noch unendlich geliebten Fastehefrau zu bekommen. Er wollte jetzt seinen Plan verwirklichen, auch wenn es schmerzte, sehr schmerzte. Es schmerzte ihn noch mehr, als er sie durch die Schlafzimmertüre schluchzen hörte. Er wurde sofort weich, wenn Gabriele weinte, dann spannte sich immer ein imaginärer Eisenring um seine Brust, der immer enger wurde und ihm die Luft abschnürte. Er fragte sich, ob er nicht zu weit gegangen war, aber er glaubte, seinen Plan nun nicht mehr ändern zu können. Trotzdem hatte auch er Tränen in den

Augen, zu viel stürzte auf ihn ein, als wenn die Krankheit nicht genug Einschränkung war, jetzt stieß er auch noch die Frau seines Lebens vor den Kopf und verursachte vorzeitig einen Trennungsschmerz, der für beide kaum noch ertragbar war.
Als Gabriele an einem der nächsten Tage das Haus verließ, den sonst üblichen Abschiedskuss von ihr hatte er abgewehrt, worüber sie sichtlich pikiert war, saß er wieder am geöffneten Fenster und beobachtete die Straße. Er wollte ihr nachsehen, ihren immer bewunderten graziösen Gang genießen, bis sie aus seinem Blickfeld verschwunden war. Jedoch, sie kam nicht aus der Haustüre, hatte sie vielleicht einen Nachbarn oder eine Nachbarin getroffen und hielt im Treppenhaus ein Schwätzchen? Er schlurfte zur Wohnungstüre, konnte aber nichts hören, er öffnete die Türe, hörte aber lediglich gedämpfte Musik aus der studentischen Nachbarswohnung eine Etage tiefer. Sonst nichts, keine Schritte, keine Unterhaltung, keine Stimmen, nur das wummern der Bässe aus der Studentenbude. Er hatte keine Vorstellung, wohin sie gegangen sein mochte. Am Schlüsselbrett hing noch der Kellerschlüssel, was ihm noch als letzte Möglichkeit eingefallen war, sie hätte als Ordnungsfanatikerin noch etwas wegräumen können, er wusste aber auch nicht was. Nach seiner Erinnerung hatte sie nichts in der Hand gehalten, das sie im Keller deponieren konnte. Das Haus hatte sie keinesfalls verlassen, das hätte er auf jeden Fall bemerkt, von seinem Wachtposten am Fenster konnte er die gesamte Straße einsehen. Sie konnte auf keinen Fall lange wegbleiben, denn sie musste noch mit Pucki in den Park gehen. Er bezog wieder seinen Posten am Fenster und starrte auf die Straße. Die Hausfrauen gingen wie üblich ihren gewohnten Tätigkeiten nach, bei den meisten hätte man die Uhr nach ihren haushaltlichen Verrichtungen stellen können, deren Tagesablauf war getaktet, wie der Fahrplan der Deutschen Bahn, nur mit weniger Verspätungen.
Der Asphalt der Straße flimmerte vor seinen Augen, so intensiv stierte er auf das Trottoir, er konnte und wollte seinen Blick nicht abwenden, sie musste doch jeden Augenblick zurückkommen. Während seine Augen noch die Straße nach seiner Geliebten absuchten, hörte er den Schlüssel in der Wohnungstüre. Seine Sinne waren geschärft, wo mag sie wohl hergekommen sein? Er fragte sie nicht, wo sie gewesen war. Ihm fiel auf, dass sie anders roch als sonst, über ihrem teuren Parfüm von Yves Saint Laurent lag ganz dezent etwas Fremdes, Undefinierbares, was ihm schon früher aufgefallen, ihm aber bisher nicht ins Bewusstsein gedrungen war. Sie war sichtlich gut gelaunt, obwohl sie in schlechter Stimmung die Wohnung verlassen hatte, ihre Haare waren frisch gekämmt und bei einer ihrer Kopfbewegungen stellte er fest, dass sie keine Ohrringe trug, die sie, da war er sich absolut sicher, vor dem Verlassen der Wohnung noch in den Ohrläppchen hatte. Sie waren aus unerfindlichen Gründen abgelegt worden. Das alles waren Kleinigkeiten, die ihm sonst nie aufgefallen wären, jetzt aber mit erhöhter Aufmerksamkeit entgingen ihm diese Details nicht. Sie spielte mit Pucki und vollführte die Ausgehzeremonie wie

üblich, anschließend wollte sie mit dem Dackel in den Park, damit er sich auch anderweitig erleichtern konnte, er hatte sicherlich Blasendruck, da er seit Stunden nicht urinieren konnte.

Wieder schielte er aus dem Fenster, er lehnte sich nicht raus, damit er nicht als neugierig galt, falls Gabriele sich umblicken sollte, er wollte nicht erscheinen als kontrolliere er sie, obwohl sie wahrscheinlich genau wusste, dass er aus dem Fenster sah. Sie ging gelassenen Schrittes mit wippendem Minirock die Straße entlang und steuerte von Pucki gezogen den nächsten Baum an. Sein Blick folgte den beiden und mit Wehmut stellte er erneut fest, wie grazil und aufreizend ihre Erscheinung war, auch bemerkte er mit Widerwillen, dass er nicht der Einzige war, der hinter ihr hersah. Er hätte gerne jedem dieser alten Voyeure einen Fausthieb auf die Nase gesetzt – aber selbst dazu wäre er nicht mehr in der Lage gewesen.

Nach angemessener Zeit, die genügte den unbändigen Schnüffeltrieb des ältlichen Hundes wenigstens halbwegs zu befriedigen, sah er sie die Straße wieder herankommen, Pucki ließ an jeder Laterne und jedem Baum ein paar Tropfen seiner Duftmarke aus der Blase entweichen und Gabriele wartete geduldig mit gestraffter Leine, bis der Hund überprüft hatte, ob sein Geruch den Duft des Vorpinklers überdeckt hatte.

Harald hatte sich hinter der zurückgezogenen Gardine versteckt, in der Hoffnung, so nicht von der Straße aus gesehen zu werden, er hörte ein kurzes Bellen im Treppenhaus und wartete auf die beiden. Es dauerte länger als normalerweise notwendig gewesen wäre, die Treppe zu steigen. Nach einer Viertelstunde öffnete Gabriele die Tür und betrat die Wohnung mit einem zufriedenen Lächeln, Pucki scharwenzelte mit wedelndem Schwanz wie üblich um Haralds Füße herum und drängte ihn seine unerschöpflichen Streichelbedürfnisse zu erfüllen. Gabriele hatte ihre Creolen in den Ohren.

Haralds Verdacht bestätigte sich somit und ließ seine Brust wieder von einer Schraubzwinge gepresst schmerzen. War Gabriele vielleicht mit dem Studenten, der sie immer so freudig begrüßte, zusammen gewesen? Hatten sie nur einen Kaffee gemeinsam getrunken oder war da mehr passiert? Wozu hatte sie ihre Ohrgehänge abgelegt, zum Kaffeetrinken bestimmt nicht. Hatte sie eventuell ein Verhältnis mit diesem kraftstrotzenden jungen Nachbarn? Holte sie sich in dessen Wohnung etwa die sexuelle Befriedigung, zu der er nicht mehr in der Lage war? Aus seiner Sicht wäre es durchaus verständlich gewesen, wenn sie sich mit einem weniger bresthaften abgeben würde als mit ihm. Sie war noch zu jung, um sich zu Harald in das Wohnungsgrab einmauern zu lassen.

Er dachte an seine Münsteraner Episoden mit Monika und ihrer Mitbewohnerin, es war unendlich reizvoll gewesen, alle sexuellen Träume erfüllt zu bekommen. Liebe war es nicht gewesen, vielleicht empfand Gabriele ähnlich und sie wollte nur ihre sexuellen Bedürfnisse befriedigt bekommen. Sie hat immer gerne gekuschelt und sich auch von ihm verwöhnen lassen. Wie glücklich war sie ihm immer erschienen, wenn sie nach einem ausgiebigen ekstatischen Liebesakt eng umschlungen nebeneinander lagen und sich die postkoitale Hitze aus ihren Körpern küssten und streichelten. Wie oft war sie es gewesen, die noch schnell eine Nummer schieben wollte, insbesondere, wenn sie zum Ausgehen bereit waren, hat sie noch mal eilig ihren Rock gehoben, ihr Höschen ausgezogen und ihn zu einem Quicky eingeladen. Dann war ihr auch immer gleichgültig gewesen, ob Frisur oder Kleid, oder beides ein wenig litten. Diese eiligen Geschlechtsakte haben angeblich immer wieder ihre Vorfreude auf den Abend erhöht.

Vorbei, alles vorbei, er war in einer Sekunde vom hoffnungsvollen Nachwuchsjuristen zum untauglichen alten Mann und Pflegefall verwandelt worden. Wenn es einen Gott gäbe, wie konnte er so etwas zulassen? Er empfand sogar eine gewisse Zufriedenheit, dass Gabriele einen mutmaßlichen Tröster gefunden hatte, mit dem zusammen würde sie sicherlich über seinen geplanten Selbstmord hinwegkommen. Mit Sicherheit würde sie um die schönen vergangenen Jahre trauern, sich dann aber in die Arme des kraftstrotzenden Nachbarn flüchten, sich bedingungslos hingeben, ähnlich wie sie es damals mit ihm selbst auch gemacht hatte.

Bei diesen Gedanken verspürte er ein angenehmes nostalgisches Kribbeln im Unterkörper, er ertastete mit seiner gesunden Hand seinen Penis – keine Spur von einer Erektion – einfach nur tote Hose. Verzweifelt wischte er sich eine Träne aus dem Augenwinkel. Das Kribbeln hatte ihm nochmals einen Funken von Hoffnung eingeflößt, vergeblich, alles vergeblich. Das wars denn wohl, kurzfristig hatte er noch gezweifelt, ob sein Plan hinfällig werden konnte, jetzt fühlte er sich in seinem Vorhaben nur noch bestätigt, sein Entschluss stand felsenfest.

***

Zwei Tage später war es soweit, Gabriele hatte bis mittags Seminare, danach würde sie sicherlich noch einen Abstecher zum Nachbarn machen, wie sie es wohl mittlerweile gewohnt war. Harald hatte ihr beim Frühstück eröffnet, es ginge ihm nicht sonderlich gut und er wolle nicht aus dem Haus gehen. Also nahm sie Pucki an die Leine und drehte noch eine kurze Runde um das Häuserkarree. Sie fragte ihn noch, ob sie bleiben solle, um ihn zu versorgen, aber er hatte nur barsch erwidert, er käme auch gut ohne sie zurecht, sie solle nur den blöden Köter zu ihrer Mutter bringen, er wolle nicht später mit ihm vor die Tür gehen. Gabriele drehte sich grußlos um und verschwand, es tat ihm unendlich leid, dass das wohl die letzten Wörter gewesen waren, die er mit ihr gewechselt hatte, ein ordentlicher Abschied wäre ihm ungleich lieber gewesen, aber er wollte von seinem Plan nicht abweichen.

Schlaftabletten hatte er in ausreichender Menge gesammelt, sein debiler ältlicher Hausarzt hatte ihm immer, wenn er über Schlaflosigkeit geklagt hatte eine Packung

aus seinem Vorrat geopfert und diese kostenlose Gabe von den Pharmavertretern nie in den Akten vermerkt. Für die spätere Öffnung der Pulsadern hatte er ein rasierklingenscharfes Teppichmesser aus dem Werkzeugkasten gekramt.
Den Brief an seine Eltern hatte er auf seinen verwaisten Schreibtisch gelegt, ohne Couvert, was sollte der Aufwand.
Er besann sich und schrieb mit seiner linken Hand linkisch und mühevoll in Druckbuchstaben, entgegen seines ursprünglichen Vorhabens, doch noch eine kurze Notiz an seine Geliebte:

Liebe Gabi,
ich habe Dich immer geliebt und wünsche Dir ein glückliches „Nach mir".
Bitte verzeih mir und behalte mich so in der Erinnerung, wie ich vor ein paar Monaten noch war, oder noch besser, vergiss mich einfach.
Ich sehe keine Zukunft für mich und meine Träume.
Dein Harald

Er wusste nicht, warum er sie jetzt, in der letzten Stunde von Gabriele zu Gabi gewechselt war, ansonsten mochte er diese Abkürzungen der Vornamen nicht, jedes Mal, wenn jemand ihn mit Harry ansprach, korrigierte er den Ansprecher oder ignorierte ihn sogar.
Alles war nun bereit, er ließ für seine Verhältnisse extrem heißes Wasser in die Badewanne laufen, das Dröhnen des Wasserstrahls schallte durch die ganze Wohnung, es sollte so heiß sein, dass er es eben noch ertragen konnte, das förderte die Durchblutung. Er stellte eine Flasche Selterswasser auf den Badewannenrand, zerstieß in der Küche mit einem Mörser eine Unmenge Schlaftabletten zu einem pulvrigen Granulat, fülle das Zerstoßene in ein Wasserglas. Er zog sich langsam aus und legte seine Sachen ordentlich über einen stummen Diener im Schlafzimmer. Das Dröhnen des Wassers hatte nachgelassen, er eilte ins Badezimmer und stellte den Wasserstrahl ab, beinahe wäre die Wanne übergelaufen, das hätte noch gefehlt, stundenlang mit einer Hand wasserschöpfen, damit nicht die ganze Wohnung überschwemmt würde, einen Wischlappen hätte er nicht auswringen können. Er ließ seinen Slip an, er hatte gelesen, im Todeskampf sonderten viele Sterbende etwas Kot ab, er wollte nicht, dass eventuell die eklige braune Masse auf dem Wasser schwamm, Scheiße schwimmt immer oben, wie der Volksmund in Bezug auf die Hierarchie kalauert. Beinahe hätte er das Teppichmesser vergessen, er holte es aus seinem Schreibtisch und legte es neben die Sprudelwasserflasche. Er stieg langsam in das heiße Wasser, er musste sich zwingen in der für sein Empfinden fast siedenden Brühe zu sitzen, er konnte besser mit Kälte als mit Hitze umgehen. Innerhalb von Sekunden rann Schweiß von seiner Stirn und den Schläfen, sie vermischten sich mit ein paar Tränen, die er vergoss. Es fiel ihm plötzlich schwer von

dieser Welt, in der er so gerne gelebt hatte, Abschied zu nehmen. Ja, er hatte gerne gelebt, aber stünde noch ein schönes Leben vor ihm oder eher eine Art Siechtum? Also, über Bord mit den Sentimentalitäten.
Er nahm das Messer in seine gesunde Hand und setzte mit aller Kraft einen tiefen Pulsschnitt oberhalb seines vermaledeiten abgeknickten Handgelenks an, es schmerzte stark, er musste einen Schmerzensschrei unterdrücken, die Nerven in dem kraftlosen Gliedmaß waren wohl das Einzige was dort noch halbwegs funktionierte. Nun nahm er das Messer in seine kraftlose Hand, er hatte sich nicht vorgestellt, wie schwach diese Hand wirklich war, er konnte keinen tiefen Schnitt anbringen, sosehr er sich auch bemühte. Es entstanden zwar ein paar blutende Kratzer, aber es gelang keine Durchtrennung der Pulsader. Das Wasser färbte sich rot, wie Schlieren zog das Blut aus seiner rechten Hand seine Bahnen durch das farblose Nass und verlieh ihm langsam eine tiefrote Färbung. Er fluchte laut, dass er das Messer nicht fixieren konnte, er nahm es zwischen die Knie aber auch das übte keinen Druck aus, der kräftig genug war, tief in das Handgelenk einzudringen. Es floss zwar auch Körperflüssigkeit aus seinem gesunden Handgelenk, der Schnitt war aber definitiv nicht ausreichend tief. Dann muss eben der eine Schnitt in Ergänzung mit den Schlaftabletten ausreichen, hoffte er im Stillen. Er nahm das Glas mit den Schlaftabletten und stürzte es ohne zu schlucken runter, der Boden des Glases war mit einer weißen abgesetzten Masse bedeckt, er hätte besser nochmal umgerührt, aber das ließ sich jetzt auch nicht mehr heilen, es musste auch so ausreichen. Er schöpfte einen Schluck Badewasser in das Glas, schüttelte es und spülte einen weiteren Teil des Pulvers die Kehle herunter. Er spürte keinen Schmerz mehr, ein wohliges Taumeln hatte sich in seinem Kopf breitgemacht, als habe er einige Schnäpse zu viel getrunken. Er schlief ein, das war es denn wohl.

***

Gabriele öffnete die Wohnungstür in Erwartung ihres schlecht gelaunten Freundes und warf ihren Schlüssel in den dafür vorgesehenen Korb auf dem Schuhschrank im Flur und setzte ihre Tasche ab. Ihr trotzdem fröhlich klingendes „Hallo, ich bin wieder zurück." blieb unbeantwortet, sonst hörte sie zumindest ein zustimmendes Brummen, aber selbst diese Antwort blieb heute aus. Sie sah durch den Spalt der nur angelehnten Badezimmertüre Licht und stieß die Tür mit der Schulter auf, sie blieb wie angewurzelt stehen, ihre Augen waren vor Schreck und Entsetzen weit aufgerissen, sie schlug sich die Hand vor den Mund, schrie aber nicht. Tränen schossen ihr in die Augen. Ein Blick hatte genügt, um die Situation zu erfassen. In wilder Panik stürzte sie zum Telefon und rief den Notarzt an.
Sie konnte kaum hinsehen, versuchte ihn anzusprechen, aber ohne jede Reaktion, er atmete noch, wenn auch nur sehr flach, das Wasser war noch lauwarm und tiefrot,

der Kopf lag auf der Seite als schliefe er. Auf dem Wannenrand lag ein blutiges Messer neben einem großen Wasserglas mit einer weißen Masse auf dem dicken Glasboden. Haralds Stirn war noch warm. Warum in Dreiteufelsnamen hatte er das gemacht? Wie verzweifelt musste er gewesen sein, um sich zu solch einem Schritt zu entschließen?

Sie lief eine Etage tiefer und hämmerte an Michaels Türe, zu dem sie bis vor ein paar Minuten einen Abstecher gemacht hatte, um den Studienstress durch ein kurzes sexuelles Treffen hinter sich zu lassen. Der Student trug nur eine kurze Sporthose, die er sich wohl schnell übergezogen hatte als er das drängende Wummern an seiner Tür gehört hatte. Er stürmte in ihrem Schlepptau die Treppe rauf und sah mit Entsetzen den Tatort. Er zog den Stöpsel und ließ das Wasser ab, ohne zu wissen, warum er das tat. Dann lief er in seine Wohnung, warf sich ein Sweatshirt über und rannte die Treppe herunter, um das Rettungspersonal entsprechend zu instruieren und in die Wohnung zu geleiten.

Der Notarzt war wenige Minuten nach dem Anruf bei dem Bewusstlosen und untersuchte ihn, er bestätigte Gabrieles Diagnose, dass er noch lebte und fragte nach dem Namen der geschluckten Tabletten. Er war ziemlich beruhigt, als er die beiden Packungen sah, die Gabriele aus dem Mülleimer gefischt hatte. Während er Harald die tiefsten Wunden mit einem Druckverband versah, erklärte er, dass der Lebensmüde die Tabletten zu lange stehen gelassen hatte, sich das Pulver abgesetzt habe und die getrunkene Menge wohl nicht ausreichte, ihn zu töten. Er habe auch eine Menge Blut verloren, aber nach seiner ersten Einschätzung sei auch der Blutverlust nicht lebensbedrohend. Er sei guter Hoffnung, dass sie den Patienten in der Notaufnahme der Lindenburg wieder hinkriegten. Nachdem Haralds Kreislauf stabilisiert war und aus einer Flasche eine klare Flüssigkeit beständig in seine Adern tropfte, konnte der Kranke abtransportiert werden.

Gabriele, immer noch vergeblich mit den Tränen kämpfend, nahm sich Haralds vermeintlich letzten Zeilen vom Schreibtisch, um die kurzen Mitteilungen an seine Eltern und sie selbst in der Klinik zu lesen, jetzt stand ihr der Kopf nicht nach Lesen. Alles war ziemlich schnell gegangen, Harald wurde im Eiltempo in die Ambulanz gefahren und Gabriele durfte zwischen einem Pulk von Patienten mit leichten Blessuren, Besuchern oder Angehörigen auf weitere Nachrichten warten. Nach der Kleidung und der Sprache der ebenfalls wartenden Leute zu urteilen und den Gruppengrößen, die beieinandersaßen oder standen, schafften es die türkischen Mitbürger am ehesten die komplette Verwandtschaft bei einem Unfall oder einer Krankheit zu mobilisieren.

Gabriele versuchte vergeblich mit ihrem Handy ihre Schwiegereltern anzurufen, sie hinterließ eine Nachricht auf dem Anrufbeantworter und bat darin um dringenden Rückruf, sie hatte vorsichtshalber keine Andeutung hinterlassen, worum es ging und

um wen es sich handelte. Sie wollte vermeiden, dass Haralds Eltern in wilder Panik in die Ambulanz geeilt kämen.
Nach einer Stunde ungeduldigen Wartens kam ein Stationsarzt, nach seinem Namensschild, Doktor Starkowsky und seinem Akzent musste er wohl Pole gewesen sein, er gab vorläufig Entwarnung. Zunächst wollte der Mediziner keine näheren Auskünfte erteilen, erst als Gabriele anhand beider Personalausweise die eheähnliche Beziehung zu Harald glaubhaft nachgewiesen hatte, taute Dr. Starkowsky auf und erläuterte den Zustand des Patienten. Der Kreislauf des jungen Mannes sei stabil, er würde jetzt für längere Zeit schlafen, bis die Wirkung des ins Blut gelangten Schlafmittels nachließe. Der Suizidversuch sei glücklicherweise sehr amateurhaft ausgeführt worden und der Zustand des Patienten sei nach wie vor labil, er befinde sich jedoch nicht mehr in akuter Lebensgefahr, allerdings stünde er sicherheitshalber unter ständiger Beobachtung. Der Patient sei momentan noch nicht ansprechbar und wenn sich eine Veränderung des Zustandes ergebe, würde man sie sofort verständigen.
Endlich rief ihre Schwiegermutter an, sie hatte ihren Anrufbeantworter abgehört und sei in Sorge, dass ein Unfall passiert sei, Gabriele habe am Telefon so zwingend geklungen. Gabriele erzählte ihr in groben Zügen, was sich ereignet hatte, erwähnte aber nicht Haralds Brief an seine Eltern, der ihr in seiner Sachlichkeit zu unfreundlich anklagend und barsch erschienen war, sie hatte nicht wahrhaben wollen, dass das wirklich seine Meinung gewesen war, genau so wenig, wie sie ihm seine Unfreundlichkeit ihr gegenüber letztlich übelgenommen hatte.
Hildegard Wagener war zu Beginn des Telefonats in Tränen ausgebrochen und lamentierte über das Pech, das ihr Sohn wie ein Magnet anzöge, der Inhalt des Briefes hätte sie wahrscheinlich völlig am Boden zerstört. Sie drängte die gute Frau, sich zu beruhigen und nicht ins Krankenhaus zu kommen, sie könne ohnehin nichts machen, wenn er wieder das Bewusstsein erlangt habe, könne sie ihn besuchen. Gabriele mahnte noch: „Aber nichts Essbares mitbringen, er hat den Magen gespült bekommen und darf zunächst weder essen, noch trinken."
Wie Gabriele erwartet hatte, erschien Haralds Mutter wenige Minuten nach dem Telefonat in der Klinik und ließ sich von ihrer Schwiegertochter in spe eine genaue Beschreibung des Vorfalls und der Hintergründe aufzeigen. Die gute Frau war in Tränen aufgelöst und konnte ihr Schicksal und das ihres Sohnes nicht fassen. Kurz darauf erschien auch Haralds Vater und erwartete ebenfalls einen detaillierten Bericht des Geschehens.
Obwohl Gabrieles Kopf voll von anderen Gedanken war, erfüllte sie auch diese Pflicht und war endlich froh, als sich die Eltern gegenseitig zu trösten versuchten und Gabriele ihre eigenen Tränen eintrocknen lassen konnte.

Pressefreiheit

Nachdem ich von neun oder zehn Uhr morgens bis elf Uhr nachts emsig damit beschäftigt war, Material zusammenzukratzen, nahm ich den Füllhalter zur Hand, breitete diesen Dreck in Worten und Wendungen aus und bedeckte damit so viel Fläche, wie ich nur konnte.
(Mark Twain, zeitweise Journalist, Autobiographische Diktate)

Als Gabriele die Haustüre öffnete und das Treppenhaus betrat, sah sie die Mieterin der Parterrewohnung mit einem ungepflegten Kerl in einem verknitterten Bundeswehrparka und fettigen halblangen Haaren zusammen tuscheln, als sie Gabriele wahrnahmen, stockte das Gespräch und beide sahen hinter ihr her, wie sie die Treppe langsam emporstieg. Gabriele hatte kurz gegrüßt und die Mieterin der Parterrewohnung hatte mit schleimiger Höflichkeit einen besonders schönen Tag gewünscht, der Ungepflegte hatte nur genickt und gegrinst.
Allgemein wurde die Dame im Haus „Kölner Rundfunk" genannt, weil sie als Witwe nichts Anderes zu tun hatte, als Halbwahrheiten oder auch Nichtwahrheiten mit gleichgesinnten Damen der weiteren Nachbarschaft auszutauschen. Ihr richtiger Name lautete Neumann, aber niemand titulierte sie so in ihrer Abwesenheit. Sie stand auch immer hinter der Gardine und beobachtete genauestens, was auf der Straße so vor sich ging, man konnte das an der Bewegung der Stores sehen, wenn man das Haus ansteuerte. Sie wusste immer alles und erzählte ihre Geschichten stets unter dem Siegel der Verschwiegenheit, nicht selten mit dem Zusatz, dass sie dies ausschließlich dem jetzt gegenwärtigen Gesprächspartner mitteile und der es keinesfalls weitertragen dürfe. Gabriele hatte das Gefühl, diese Bitte sei ausschließlich dazu da, die Exklusivrechte an den Gerüchten zu behalten.

Gabriele hatte sich gerade umgezogen, die Gummihandschuhe übergestreift, die Wanne mit einem Badreiniger eingesprüht, als es schellte. Sie glaubte Michael wolle sie besuchen, um den Krankenstand ihres Lebensgefährten zu erfahren und riss die Türe in freudiger Erwartung auf. Vor ihr stand der ungepflegte Parkaträger mit den fettigen Haaren, der sich eben noch mit dem „Kölner Rundfunk" unterhalten hatte, er fragte, ob sie etwas Zeit für ihn habe, ohne sich vorzustellen oder einen Gruß für sie zu opfern. Gabriele war überrascht, diesen Menschen hier zu sehen und wollte die Türe schon wieder schließen, nachdem sie ihm mitgeteilt hatte, dass sie keine Zeit habe und ohnehin nichts von Hausierern kaufe. Irgendetwas ließ sie einen Moment

zögern, da er anscheinend nichts Verkaufbares bei sich trug, außerdem hatte der aufdringliche Zeitgenosse einen Fuß zwischen Türe und Zarge geschoben. Misstrauisch fragte sie ihn: "Wer sind sie überhaupt und was wollen Sie? Bitte nehmen Sie ihren Fuß weg."
Mit einem angedeuteten Grinsen stellte er sich vor: „Wolfgang Hamacher von der Morgendepesche, ich wollte Sie nach dem Hintergrund des Selbstmordes befragen, der heute Morgen hier in der Wohnung stattgefunden hat. Ich bin von der Lokalredaktion, schreibe einen Artikel über die Geschehnisse und hätte gerne mit einer unmittelbar beteiligten Person gesprochen."
Gabriele schob sich eine Haarsträhne hinters Ohr und sagte genervt: „Erstens handelte es sich nicht um einen Selbstmord, sondern um einen fehlgeschlagenen Versuch, der Betroffene lebt und liegt im Krankenhaus, er ist außer Lebensgefahr und zweitens habe ich keinen Nerv jetzt über die Angelegenheit zu sprechen. Ich muss zunächst selbst das Erlebnis verarbeiten, die Sache ist noch zu frisch, ich muss meine Gedanken sortieren. Bitte haben Sie Verständnis und lassen Sie mich in Frieden."
Das blöde Grinsen war nicht aus dem Gesicht des Zeitungsmenschen gewichen: „Ich habe gehört, dass Sie während des Vorfalls mit einem Nachbarn gefeiert haben, was sagen Sie denn zu dieser Behauptung?"
Gabriele wirkte empört, hatte aber ihre Emotionen noch im Griff: „Ich habe nicht gefeiert, sondern einen Kaffee getrunken. Ich habe alles gesagt, wozu ich momentan bereit bin. Und nehmen Sie nicht jedes Gerede von gelangweilten Hausfrauen als bare Münze. Lassen Sie mich jetzt in Ruhe und nehmen bitte den Fuß aus der Tür, sonst muss ich die Polizei rufen, das ist wohl juristisch gesehen Hausfriedensbruch, was Sie hier praktizieren."
Wolfgang Hamacher nahm den Fuß von der Türschwelle, drehte sich abrupt um und stieg grußlos die Treppe herunter. Gabriele schloss die Tür geräuschvoll und setzte die Reinigung des Badezimmers unter Tränen fort. Sie empfand es als ungerecht, was gegenwärtig auf sie einprasselte. Für Harald hatte sie ja noch ein gewisses Verständnis, für diesen aufdringlichen Journalisten und das Gerede, hatte sie allerdings nicht die geringste Sympathie.
Sie saß in Haralds Ohrensessel und hatte sich einen Cognac eingeschenkt, es war mindestens ein doppelter. Es war wohl wirklich so, dass sie ihrem Geliebten nicht genug Mut gemacht hatte, aus seiner seelischen Zwickmühle herauszukommen, sie hätte ihm entgegen ihrer Überzeugung immer wieder eine rosige Zukunft ausmalen müssen, das hatte sie zu ihrem Bedauern versäumt. Sie erinnerte sich noch zu gut an ihre Bemühungen ihn sexuell zu erregen, wie schwer musste diese Tatsache am Selbstbewusstsein eines jungen Mannes nagen, wenn er so total versagt. Dazu die berufliche Perspektivlosigkeit und die anderen körperlichen Unzulänglichkeiten, die auch mit großer Mühe kaum überspielt werden konnten. Als Krönung des Ganzen

musste er noch die Sisyphosarbeit in der Rehabilitation hinter sich bringen, das könnte Jahre äußerster Energieleistung bedeuten, in denen kaum Fortschritte fühlbar wären.

Anstelle der intensiven ärztlichen, physiotherapeutischen, und logopädischen Behandlungen hätte er in erster Linie psychotherapeutischer Behandlungen bedurft, seine Seele war wahrscheinlich noch kranker als sein Körper.

Dabei kam ihr der Gedanke, ob sie eigentlich das Recht hatte einen Menschen zu retten, einem Menschen, der den festen Willen hatte, aus dem Leben zu scheiden? War es ihre Aufgabe gewesen, ihren Lebenspartner in das Leben, dessen er überdrüssig war, zurückzuführen? Sie hatte es leicht, sie musste nicht mit einer solchen Behinderung leben, sie musste sich nur ein bisschen um ihn kümmern, das hätte sie locker als Aufgabe akzeptiert.

Seine Verzweiflung war schon seit geraumer Zeit offensichtlich, er hatte keinen starken Lebenswillen mehr gehabt, seine Perspektive wäre gewesen, fast fünfzig weitere Jahre als Krüppel zu vegetieren.

Sie für ihren Teil hätte ihn noch etliche Jahre gepflegt, ohne zu murren, hätte sich aber wahrscheinlich ein Parallelleben geschaffen, um nicht dem Trübsinn zu verfallen. Solange sie jung war, konnte sie sich das noch erlauben. Mit zunehmendem Alter hätte sie dann eben ausschließlich die Pflegerin gespielt oder alternativ einen Pflegedienst mit dieser Aufgabe betreut.

Der Gesetzgeber machte es sich ziemlich einfach, sie hatte ihn retten müssen, sonst wäre das vor dem Gesetz unterlassene Hilfeleistung gewesen und sie hätte sich strafbar gemacht. Sie wusste nicht, welches Strafmaß anzuwenden gewesen wäre aber das spielt auch keine Rolle. Die einzige Möglichkeit, die sie hatte, wenn sie seinen Entschluss akzeptieren wollte und ihn nicht dem Tod entreißen wollte, wäre gewesen, das Haus für einige Stunden zu verlassen und ihn in der Zwischenzeit, seinem Schicksal zu überlassen. Dann hätte er wenigstens seinen Willen gehabt, ungeachtet der Emotionen seiner Eltern und ihr selbst. Aber auch der Arzt hatte ohne zu zögern Haralds Wunsch, sich zu entleiben, ignoriert und ihn mit seinen lebenserhaltenden Maßnahmen vor dem körperlichen Tod bewahrt. Die Mediziner müssen wohl sogar einen Eid darauf ablegen, Leben zu erhalten, moralisch fühlte er sich wohl auch verpflichtet, gegen Haralds Willen zu agieren. Vielleicht hatte der Arzt auch aus religiösen Gründen gehandelt?

Aber was ist mit dem seelischen Zustand eines Atheisten? Warum werden die gerettet, warum gibt es für solche Fälle keine Seelenambulanz? Sicher gibt es Selbsthilfegruppen und auch staatliche kirchliche Beratungsstellen, die dann aktiv werden, wenn es bereits zu einem Selbstmordversuch gekommen ist. Warum wird nicht automatisch jeder, der einen solchen SchicksalsSchlag wie Harald erleiden musste, von einem Psychiater behandelt? Es dürfte doch ziemlich häufig vorkommen, dass Iktus Patienten ähnlich verzweifelt reagieren wie Harald.

Gabriele fürchtete, wenn Harald wieder bei Bewusstsein wäre, würde er sie mit Vorwürfen überschütten. Jeder Mensch hatte das Recht zu sterben, wann und wie es ihm beliebt und sie hatte ihm dieses Recht durch den Anruf beim Notarzt ohne Ermächtigung verwehrt.

Wenn man im Voraus darüber diskutiert hätte, wären ihr möglicherweise genügend triftige Gründe eingefallen, ihn von seinem Vorhaben abzubringen. Auch mit seiner Behinderung hätte ihm das Leben noch viele schöne Augenblicke gewährt. Er hätte sich natürlich in verschiedener Weise umstellen, hätte Kompromisse eingehen und sich mit alternativen Lebensweisen anfreunden müssen. Wie viele Leute mit einem Handicap waren viel schlimmer dran als er. Sein Hauptproblem war sicherlich die leider so plötzlich zwanghaft eingetretene Veränderung seiner Lebensumstände und Verhaltensmöglichkeiten gewesen. Und das alles in seinem Alter. Ein lebensfroher Mensch mit einer aussichtsreichen Karriere sieht sich schlagartig um mehr als fünfzig Prozent seiner Ziele und Hoffnungen gebracht. Das muss man verkraften, dazu gehört Stärke und wenn man diese ungeheure Menge an Kraft nicht aufbringt, kommt man zu solch einem Entschluss, wie Harald.

Seit seinem Iktus hatte er sich hängen lassen und seine frühere Aufgeregtheit und Geschäftigkeit war in Dumpfheit umgeschlagen, er hatte sich nur noch treiben lassen und sich von seinem seelischen Schmerz einfangen lassen. Er hatte erst gar nicht mehr den Mut und die Stärke aufgebracht, diesen ganzjährigen Septemberblues zu bekämpfen und sich aus dem Gedankensumpf zu befreien.

Vielleicht wäre ja auch im Laufe der Zeit eine wesentliche Besserung seines Zustandes eingetreten, die Aussichten waren laut der Ärzteschaft nicht völlig von der Hand zu weisen. Vielleicht hätte er auch als Anwalt arbeiten können, sein Geist war schließlich noch intakt, nur sein Lebenswille war gebrochen.

Gabriele verbrachte eine schlaflose Nacht und ihre Gedanken wanderten zwischen Vergangenheit, Zukunft und Utopie unter häufiger Verwendung des Konjunktivs.

Der nächste Morgen brachte in den lokalen Nachrichten des Westdeutschen Rundfunks eine Meldung, die sich auf einen Zeitungsartikel der Morgendepesche berief. Gabriele war schockiert und lief in einem schnell übergeworfenen Sportanzug zum Kiosk an der Ecke, um die Zeitung zu erstehen. Die Meldung lautete:

Selbstmord aus Eifersucht!
Ehefrau feiert derweil Sex Party!

Gestern Vormittag ließ die bildhübsche Gudrun R. (die Namen wurden von der Redaktion geändert) ihren halbseitig gelähmten völlig hilflosen Mann Hartmut W. alleine, um mit einem jungen Nachbarn ein ausschweifendes Sexgelage zu genießen. Nach vielen Stunden Abwesenheit kam sie in die gemeinsame Wohnung zurück und fand ihren Ehemann blutüberströmt mit aufgeschnittenen Pulsadern leblos vor. Zusätzlich hatte er noch einige Packungen Schlaftabletten eingenommen, um die Tötungsabsicht erfolgreich zu beenden. Er hatte die Untreue seiner Partnerin nicht mehr ertragen können, da sie ihre Sexspielchen nicht mal verdeckt, sondern in aller Öffentlichkeit ausgelebt hatte.

Hartmut W. zeigte keinerlei Lebenszeichen mehr und befand sich in tiefer Bewusstlosigkeit. Eine Reanimierung erschien aussichtslos, der Gehirntod war offenbar eingetreten, wie aus wohlunterrichteten Kreisen verlautete.

Der sofort herbeigerufene Notarzt konnte den Patienten nicht aus der Bewusstlosigkeit erwecken, ihn nur ins Krankenhaus transportieren lassen. Bei Redaktionsschluss rang der Lebensmüde noch mit dem Tod.

Die Morgendepesche konnte von Vertrauten des Paares erfahren, dass Gudrun R. häufig ihren auf Hilfe angewiesenen Lebenspartner seinem Schicksal überließ, um ihren unbändigen Sexualbedürfnissen zu frönen. Der Ehemann hatte große Probleme mit den selbstsüchtigen Eskapaden seiner geliebten Partnerin und konnte sein schreckliches Schicksal der Lähmung und den ausufernden Orgien seiner Frau nicht mehr ertragen, deshalb habe er sich zu dem Suizid entschieden, während seine Frau eine Etage tiefer ausschweifende Sexparties mit mehreren Männern feierte.

Für die Freunde der Familie kam der Selbstmord nicht überraschend, da Hartmut W. wegen des Verhaltens seiner Frau im Laufe der Zeit immer depressiver geworden war und den Ruin seiner jahrzehntealten Liebe nicht mit ansehen konnte. Das Paar kannte sich bereits von der Schulzeit an und so lange er gesund war, schien es sich um eine ideale Partnerschaft gehandelt zu haben. Erst mit seiner Krankheit änderte sich das Verhalten der jungen Frau, sie suchte und fand schließlich Bettgenossen, die sie befriedigen konnten. Ihre nymphomanische Sucht konnte nur von mehreren Sexualpartnern gestillt werden.

Die Morgendepesche wird sie weiterhin über die eiskalte sexbesessene Frau und den Gesundheitszustand des Behinderten informieren.   W.H.

Zicken Clique,
die vierte
(genannt ZickenKlicke)

Auf dem Stammtisch der ZickenKlicke lag die gestrige Ausgabe der Morgendepesche, Seite zwei war aufgeschlagen und ein undeutliches Farbfoto von Gabriele war über dem Artikel zu sehen, ihre Augen waren mit einem Balken versehen. Trotzdem konnte jeder, der Gabriele kannte, erkennen, um wen es sich bei der Aufnahme handelte. Zudem hatte ein bösartiger Redakteur eine Bildunterschrift ersonnen, die die Abgebildete im schlechtesten Ruf erscheinen ließ:
„Die herzloseste Kölnerin, Gudrun R."
Renate hatte rote Wangen vor Aufregung: „Habt ihr das von Harald und Gabriele gehört? Also ich finde, das ist ein Skandal."
Inge schaute erschreckt auf und suchte Renates Augen: „Was ist denn passiert? Ich bin wohl mal wieder diejenige, die nicht informiert ist."
Renate faltete die Morgendepesche so, dass nur noch die Halbseite mit dem Artikel zu sehen war und schob sie Inge hin: „Harald hat versucht sich umzubringen. Hier da steht es sogar in der Zeitung."
Während Inge den Artikel überflog, fragte sie, wie er sich denn hatte umbringen wollen.
Renates Stimme überschlug sich fast, man merkte, sie war nun absolut in ihrem Element als Sensationsüberbringerin: „Hier steht es doch, der hat sich die Pulsadern aufgeschnitten und zusätzlich noch Schlaftabletten in rauen Mengen geschluckt, er wollte wohl sichergehen, dass es auch klappt."
Inges Blick flog zwischen Renate und der Zeitung hin und her: „Wird er denn überleben?"
Renate schüttelte den Kopf: „Der Artikel ist in dieser Beziehung unklar, die schreiben hier von Selbstmord, obwohl es nur ein Versuch war. Außerdem schreiben die hier von einem Ehepaar, obwohl die Hochzeit seinerzeit geplatzt war. Ich habe gehört, er liegt in der Lindenburg auf der Intensivstation und schwebt nicht mehr in Lebensgefahr. Er hat sich angeblich auch nur eine Pulsader mit einem Teppichmesser aufgeschnitten."
Waltraud runzelte zweifelnd die Stirn: „Habe ich richtig gehört, er hat sich nur eine Pulsader aufgeschnitten? Warum macht man denn so etwas, wenn man sicher sein will, dass der Plan auch klappt?"

Renate nickte heftig: „Das ist genau der Punkt, er hat wohl versucht, sich beide zu durchtrennen, hatte aber in der gelähmten Hand nicht genug Kraft gehabt und sich an dem gesunden Handgelenk nur ein paar Kratzer zugefügt. Du weißt ja, der rechte Arm hängt nur kraftlos runter, damit kann er nicht einmal eine Fliege zerquetschen, mal unterstellt, dass er sie fangen könnte. Erst recht kann er mit der rechten Hand kein Messer halten, du musst ja doch einen gewissen Druck ausüben, um das feste Gewebe zu durchtrennen."
Martina senkte den Kopf und hatte tränenfeuchte Augen. „Die arme Gabriele hat aber wirklich kein Glück. Hat sie ihn gefunden?"
Renate machte eine abweisende Handbewegung: „Hör mir auf mit dieser falschen Schlange, die war doch schließlich der Grund für seinen Suizidversuch. Während er alleine und hilflos zu Hause auf sie wartete, hat sie mit irgendwelchen geilen Typen rumgehurt und sich ordentlich durchvögeln lassen, anstatt sich um ihren armen kranken Lebensabschnittgefährten zu kümmern. Das ekelhafte Scheusal hätte ihren armen, vom Schicksal geschlagenen Mann elendiglich krepieren lassen, ohne sich um ihn zu kümmern. Für solch eine Gefühlslosigkeit muss man erst mal in der Lage sein. Das muss man sich nur mal bildlich vorstellen. Dazu gehört eine unvorstellbare Gefühlskälte, für die ich absolut kein Verständnis habe."
Martina setzte sich angriffslustig in ihrem Stuhl auf und stemmte die Hände auf den Tisch. Als Gabrieles Freundin wollte und musste sie vehement protestieren: „Aber Gabriele konnte doch nicht ahnen, was Harald treibt oder geplant hatte, wenn sie mal kurz etwas besorgen muss oder zur Uni muss, so etwas muss einer erwachsenen Frau schließlich gestattet sein. Sie kann unmöglich vierundzwanzig Stunden auf ihn aufpassen und hellseherische Fähigkeiten hat sie wohl noch nicht entwickelt. Woher willst du eigentlich die ganzen Einzelheiten wissen? Was sich die Boulevardpresse so alles aus den Fingern saugt, wissen wir ja alle."
Renate fühlte sich mal wieder angegriffen: „Was wir wissen, ist dass dort wo Rauch ist auch Feuer sein muss. Ich kann erstens Zeitung lesen, auch wenn vielleicht einiges nicht stimmt, aber ich habe auch noch meine eigenen zuverlässigen Quellen. Eine Nachbarin von Gabriele hat dem Zeitungsreporter und auch mir gesagt, dass Gabrieles Hurerei schon eine ganze Weile so geht. Wahrscheinlich hat Harald davon Wind bekommen und war total verzweifelt. Erst der Schlaganfall und jetzt das Fremdgehen, er hatte wohl geahnt, dass sie ihn über kurz oder lang verlassen würde, um mit ihrem Liebhaber ein neues Leben zu beginnen oder sich auch mit den beiden Kerlen zu vergnügen."
Inge war hellhörig geworden: „Glaubst du wirklich, Harald wäre nicht alleine zurechtgekommen? Er hätte in ein Heim einer Hilfsorganisation gehen können, dort hätte er ein halbwegs normales Leben führen können. Außerdem gibt es doch jede Menge Selbsthilfegruppen, er ist nicht der Einzige, der einen Schlaganfall hatte."

Waltraud wog den Kopf hin und her: „Na, ich weiß nicht, ob man in einem Pflegeheim ein gutes Leben führen kann, für mich wäre es eine Horrorvorstellung. Aber er hat doch noch Eltern, die könnten und würden ihn bestimmt aufnehmen. Und so behindert ist er doch gar nicht, er kann noch gehen, wenn auch nur langsam und er kann auch den gesunden Arm ungehindert bewegen. Geistig ist er auch noch fit. Ich kenne mich da nicht so gut aus, aber vielleicht könnte er den betroffenen Arm in absehbarer Zeit auch wieder gebrauchen. Sprachlich hat er auch schon Fortschritte gemacht, ich denke mal, dass therapeutische Anwendungen vielleicht keine Wunder vollbringen können, doch Fortschritte würde er sicherlich machen. Jeden Tag ein bisschen mehr, bis er sich endlich frei bewegen kann."

Martina übernahm mal wieder die Rolle des Anwalts von ihrer Freundin: „Gabriele hat mir mal vor einiger Zeit anvertraut, im Bett liefe überhaupt nichts mehr und er wie eine lahme Ente neben ihr liege. Sie ist doch noch jung und hat ihre Bedürfnisse. Vielleicht hat sie sogar noch einen Kinderwunsch, nach ihrer Fehlgeburt durchaus verständlich. Sie hatte mir auch gesagt, dass er überhaupt nicht mehr steif wird und sie versucht hatte, ihn oral oder manuell zu befriedigen, aber ohne Erfolg. Sie selbst hat daran verständlicherweise keine Freude – wie auch. Deshalb glaube ich auch nicht, dass für Haralds depressive Stimmung Gabriele schuld ist, sondern dass seine gefühlte Unvollkommenheit, oder besser sein Versagen in so vielen Dingen die Ursache ist. Ihr müsst euch nur mal vorstellen, dass solch ein junger Kerl, dem eigentlich alle Türen offenstanden, genau weiß, dass er sich nie mehr so frei und ungezwungen bewegen kann, wie vorher."

Renate hatte protestierend den Zeigefinger der rechten Hand geschüttelt, dabei schwappte ein Schlückchen Prosecco aus dem Glas, das sie in der gleichen Hand hielt, sie wischte den Weinflecken mit einem Bierdeckel vom Tisch: „Aber eins steht doch fest, wenn er gewusst hatte, was Gabriele so hinter seinem Rücken getrieben hatte, wovon ich ausgehe, muss das doch für ihn so etwas wie eine Hinrichtung gewesen sein. Wahrscheinlich hat er sich dann ihre Lustschreie vor dem geistigen Auge, oder besser Ohr, ablaufen lassen und ist daran verzweifelt. Möglicherweise hat er sogar ihre Lustschreie bei offenem Fenster gehört, das würde ich mir an seiner Stelle als unerträglich vorstellen. Diese Verzweiflung hat dann schließlich zu der Kurzschlussreaktion geführt."

Marinas Kopf drohte zu platzen, ihr Gesicht war vor Ärger rot angelaufen: „Was spinnst du dir da alles zusammen? Du weißt doch gar nicht, was zwischen den beiden gelaufen ist. Mir hat sie mal erzählt, dass sie versucht hat Harald jeden Wunsch zu erfüllen und wie sie gesagt hat, hatte er noch sexuelle Gefühle, wie ein alter Mann hatte er aber absolute Erektionsprobleme. Trotzdem hatte Gabriele alles versucht, um ihn sexuell anzuregen. Sie hatte sogar einen möglichst professionellen Striptease geübt und zu seiner Lieblingsmusik, „Satisfaction" von den Rolling Stones und Joe Cocker´s „You may leave your hat on" nackt getanzt. Einmal hat sie sogar auf seinen Wunsch hin, vor seinen Augen masturbiert, ohne jeglichen Erfolg. Dann hat sie ihn gestreichelt und selbst das hat ihn zu keiner Ejakulation gebracht. Vielleicht hat er aus dieser Unfähigkeit heraus den Entschluss getroffen, er hatte begriffen oder erahnt was aus seiner Zukunft geworden ist."

Renate lehnte sich in ihrem Stuhl zurück und widersprach in ihrer schnippischen vorlauten Art: „Wenn ich einen kranken Mann zu Hause habe, muss ich mich um ihn kümmern, dann kann ich nicht für jeden dahergelaufenen Studenten die Beine spreizen und ihn dranlassen. Ich habe als Partnerin eines Mannes dessen Schicksal zu teilen und kann meinen Egoismus nicht ausleben. In Indien lassen sich Frauen sogar zusammen mit den Leichen ihrer Männer verbrennen, wenn sie gestorben sind, das nenne ich Zusammengehörigkeit."

Martina hatte ihre Empörung über die Vorverurteilung Martinas immer noch nicht abgelegt, trotzdem musste sie lachen: „Das ist doch alles Heuchelei. Wer von euch ist denn noch nicht fremd gegangen, ihr betrachtet das doch als völlig normal mit einem knackigen Mann in die Kiste zu klettern. Insbesondere du Renate, kannst doch keinen Schwanz stehen sehen, ohne ihn dir irgendwo reinzustecken. Wir wissen doch alle von etlichen Affären, die du bereits hattest. Und jetzt spielst du dich als Richterin auf und versuchst das junge Ding zu verurteilen. Für mich wäre es völlig nachvollziehbar, sich eine Abwechslung von ihrem eintönigen Leben, zu verschaffen. Nebenbei bemerkt, von uns weiß keiner, ob sie ein Verhältnis mit dem Studenten hat, wir stützen unser Gespräch lediglich auf die Vermutung einer neugierigen Nachbarin und einem Artikel in einem drittklassigen Revolverblatt. Ich weiß, Gabriele umsorgt ihren Harald vorbildlich, sie hatte sogar ihr Studium unterbrochen, nur um mehr Zeit für ihn zu haben. Sie ist doch nicht Mutter Theresa, die ihr Leben wie eine Heilige nur noch den Armen und Kranken widmet. Soviel ich weiß, opfert sie sich schon genug für ihn auf. Als er akut krank war, hat sie ihm den Hintern abgewischt und vorsichtshalber gewickelt, wie einen Säugling. Das ist zwar jetzt nicht mehr notwendig, aber das musst du erst mal fertigbringen. In meinen Augen hat sie jedenfalls ihre Pflichten und Aufgaben mehr als erfüllt. Sie braucht sich von keinem etwas vorwerfen zu lassen, erst recht nicht von dir Renate."

Die Angesprochene hatte mehrmals versucht, Martina zu unterbrechen, die aber jedes Mal abwehrend ihre Hand gehoben, ganz nach dem Motto, jetzt rede ich. Waltraud schaffte es die Kontrahentinnen zu unterbrechen: „Ich denke, ihr braucht nicht zu streiten, lasst uns die Diskussion bitte versachlichen. Wenn Harald in Lebensgefahr schwebt, empfinde ich Streitereien, warum und wieso das so ist als überflüssig. Wie stehen seine Chancen, fünfzig zu fünfzig, oder besser?"

Renate hatte sich halbwegs beruhigt, man konnte nicht mehr beurteilen, ob sie noch verärgert war, oder ob ihr der vierte Prosecco die Röte ins Gesicht getrieben hatte: „Wenn ich richtig informiert bin, hat man ihm in der Klinik den Magen ausgepumpt und ihm blutbildende Mittel in die Venen gespritzt. Der Blutverlust war wohl nicht so dramatisch. Angeblich hätte die Menge an Schlaftabletten einen Elefanten flachlegen können, aber sie hatten sich nicht komplett im Wasser aufgelöst und er hatte dann wohl nicht mehr die Kraft gehabt die Mineralwasserflasche zu öffnen und den Rest auch noch zu trinken. Man hat ihn wohl nur auf die Intensivstation gelegt, damit er permanent unter Beobachtung steht und seinen Versuch nicht wiederholen kann. Mental war er immer noch äußerst labil. Jedenfalls wird er überleben und auch keinen bleibenden Schaden durch seine Dummheit davontragen. Ich denke, in ein paar Tagen wird er wieder entlassen werden. Aber ich glaube, dass seine Entlassung die Problematik der Partnerschaft nicht verändern wird. Er wird zunächst sicher wieder in die Reha Klinik gehen und nach kurzer Zeit Anstandspause wird Gabriele erneut ihren perversen Bedürfnissen nachgehen und wieder mit den jungen Kerlen rummachen."

Martina wurde wieder wütend, sie war genau so rot im Gesicht wie Renate, aber sie hatte weniger Wein getrunken: „Warum sprichst du immer so abfällig über Gabriele, was hat sie dir denn getan? Bist du etwa neidisch auf sie, weil sie jünger ist, weil sie hübscher ist und weil sie wohlhabender ist als du? Erstens weiß keine der Anwesenden, ob sie wirklich mit dem Nachbarn geschlafen hat – und wenn, wäre das auch nicht schlimm. Zweitens weiß keiner, ob es sie mit zweien getrieben haben sollte – welche Frau hat noch nie davon geträumt? Drittens hat sie ihren Harald nie vernachlässigt und viertens hätte sie sich etwas Ablenkung verdient gehabt. Und Renate, woher willst du das eigentlich alles wissen? Dir persönlich hat sie das garantiert nicht anvertraut. Nun sag mal woher du deine Gerüchte hast, die du hier als Tatsachen verbreitest, was du nämlich hier verlauten lässt ist als üble Nachrede strafbar."

Renate warf beleidigt den Kopf in den Nacken und schnalzte pikiert mit der Zunge, es klang, als hätte sie sich ein Stück Fleisch aus den Zähnen entfernen wollen: „Wenn ihr mir nicht glaubt, so fragt doch einfach die Witwe Neumann, ich kenne sie gut und sie wohnt unmittelbar eine Etage unter den Studenten. Sie hat mir anvertraut, dass Gabriele dort manchmal mehrmals täglich klingelt und stundenlang in der Wohnung bleibt und auf Grund der Geräusche in der Wohnung, weiß sie genau was dort vor sich geht. Sie begrüßt beide jungen Kerle mit Küsschen, oft sogar auf den Mund, das macht man einfach nicht mit Leuten, mit denen man noch nicht intim war."

Diese Wörter waren der Auslöser für aufgeregtes Tuscheln und durcheinander reden der Tischgruppe bis sie Martina wieder Gehör verschaffte.

Martinas Schädel schien zu platzen, auf ihrer Stirn zeigte sich eine dicke senkrecht verlaufende Ader: „Ich glaube, ich bin hier im falschen Film, ich verstehe die Welt nicht mehr. Mich würde brennend interessieren, welche Geräusche bei solcher Entfernung auf sexuelle Aktionen schließen lassen. Hat deine Freundin Frau Neumann mit dem Ohr an der Tür gelegen, oder hat sie sogar eine Wanze installieren lassen? Hilfreich soll auch ein Stethoskop sein, das man unter die Decke hält, es wäre zwar für eine alte Frau recht anstrengend, stundenlang auf der Leiter zu stehen, da wäre eine Wanze sicher praktischer. Ich unterstelle einfach, dass die Witwe aus Langeweile und Sensationslüsternheit solche Gerüchte in die Welt setzt. Was hat sie denn eigentlich für Geräusche gehört? Haben Bettfedern gequietscht, oder hat sie Schmatzlaute gehört, vielleicht hat Gabriele natürlich auch Lustschreie von sich gegeben, wenn sie von zwei kräftigen Schwänzen penetriert wurde."

Renates Stimme wurde laut und durchdringend, sie scherte sich überhaupt nicht um die männlichen Zuhörer an der Theke, die ihre Gespräche zum Großteil eingestellt hatten und der Diskussion am Stammtisch belustigt folgten: „Wenn du es genau wissen willst, muss ich wohl mit der Sprache herausrücken und Tacheles reden. Gabriele hat mir selber mal gestanden, dass sie beim Orgasmus laute Schreie ausstößt, wir wissen ja, wie durchdringend solche Lustschreie sein können, die kannst du im ganzen Haus hören. Dabei brauchst du nicht zu lauschen, die hörst du einfach, auch wenn du bequem in deinem Sessel sitzt und Radio hörst. Jetzt stellt euch mal vor, der Harald, der in seiner Wohnung sitzt und seinen düsteren Gedanken nachhängt, erkennt nun Gabrieles Stimme, kann sich genauestens vorstellen, was sie eine Etage tiefer mit den Jünglingen anstellt. Der arme Kerl hätte ja gerne seine Partnerin befriedigt und hört nun, wie sie es mit anderen treibt. Er erkennt Gabrieles Stimme genau, er hat sie selbst etliche Male in diese Lage versetzt und kennt jeden Piepser und jede Reaktion von ihr. Er grübelt weiter und kann das irgendwann nicht mehr ertragen, wie ich ihn kenne, sagt er sich auch noch, er wolle Gabriele nicht länger im Wege stehen und entschließt sich in seiner Verzweiflung zum Selbstmord."

Für einen Moment herrschte betretenes Schweigen an dem Zickentisch. An der Theke herrschte die einhellige Meinung, dass Frauen im Bett laut sein müssten, das würde die Männer erst recht zu Höchstleistungen anspornen. Eine Frau, die beim Orgasmus keinen Ton von sich gibt, sei eiskalt und damit nicht begehrenswert. Einige Witze wurden dann gerissen, die sich um die Äußerungen der Frauen beim Geschlechtsverkehr drehten. Das dröhnende Männerlachen übertönte erstmals das Geplapper, das vom Zickentisch die Szene beherrschte.

Ein ungepflegter Mann mit fettigen Haaren und einem zerknitterten Parka, der schon geraume Zeit an der Theke gestanden hatte, trat an den Tisch, wandte sich an Renate und fragte sie, ob er sie kurz sprechen könne.

Unerträglichkeiten

Das Unerträgliche wird durch stetige Wiederholungen nicht erträglicher,
auch der Schmerz wird durch ständige Präsenz nicht geringer.

Ein Fotoreporter der Morgendepesche und offenbar noch jemand von einem anderen Boulevardblatt lungerten vor Gabrieles Haus herum. Der Kameraträger machte eine Aufnahme von jeder Frau, die sich dem Haus näherte, in der Hoffnung, einen Schnappschuss von der „Sexbesessenen" machen zu können. Er hatte Glück. Um sicher zu sein, dass die Aufnahmen, die er soeben geschossen hatte, auch wirklich Gabriele zeigten, rief er ihren Namen, „Frau Gabriele Rosenzweig?" und unwillkürlich hatte sie sich an den Rufer gewandt, sich im gleichen Augenblick aber über sich selbst geärgert. Sie hatte sich verraten, wenn sie einfach ohne zu reagieren stur weitergegangen wäre, hätte der Bildreporter ohne Identifizierung die Bilder sicherlich bald wieder gelöscht.
Der andere Mensch, der sich weniger Paparazzo ähnlich verhalten hatte, ein blonder Jüngling mit pockennarbigem Gesicht, er trug einen verwaschenen Jeansanzug, sah aber ganz manierlich vor allem sauber aus, sprach sie an und fragte unverblümt, ohne sich vorzustellen, mit einem unverschämten Grinsen, ob sie mit beiden Nachbarn gleichzeitig geschlafen hatte, oder nur mit dem blonden. Der Schreck über diese Unverschämtheit trieb ihr schlagartig die Zornesröte ins Gesicht, sie drehte sich kommentarlos um und verschwand im Treppenhaus.
In ihrer Wohnung nahm sie Haralds Position am Fenster ein und beobachtete die beiden aufdringlichen Blutsauger. Sie stürzten sich auf jeden, der das Haus betreten wollte oder es verließ, keiner blieb ungeschoren und einige der Angesprochenen gaben bereitwillig einen Kommentar ab, einer der Studenten stieß den neugierigen Zeitungsmenschen vor die Brust, so dass dieser zurücktaumelte und damit drohte handgreiflich zu werden, oder die Polizei zu rufen, Michael kümmerte sich aber nicht weiter um ihn und ging seiner Wege. Frau Neumann jedoch war in ihrem Element, sie beantwortete eine Menge an Fragen, gestikulierte wild mit beiden Händen und zeigte des Öfteren in Richtung der zweiten Etage, es war somit klar, über wen sie sich den Presseleuten gegenüber äußerte.
Nachdem sich die Neumann in ihrer hässlichen hellblauen Blümchenmuster Kittelschürze fast eine viertel Stunde ihrem dankbaren Publikum gegenüber ausgelassen hatte, lud sie die beiden in ihre Wohnung ein, wahrscheinlich wollte sie ihnen einen Kaffee servieren, wann stand die Witwe, genannt „Kölner Rundfunk"

schon mal im Mittelpunkt. Diese Gelegenheit musste unbedingt wahrgenommen werden.
Die Neumann hatte selbst gebackenen Marmorkuchen und Kaffee serviert, eine Flasche Weinbrand rundete ihre Bewirtungskünste ab. Sie wunderte sich, dass der Reporter eines überregionalen Boulevardblattes, Herr Alexander Wallraf fünf Stücke Zucker in seine Tasse versenkte und eine gefühlte halbe Stunde umrührte. Der Fotoreporter der Morgendepesche schoss entweder aus Aktionismus, oder um die alte Dame für sich einzunehmen, eine Unzahl von Fotos ihrer Wohnung, ihrer Person und sogar ihres Wellensittichs. Der Einwurf, sie wolle sich umziehen, die Kittelschürze sei abgetragen und nicht mehr schön, griff der Fotograf nicht auf, er wolle sie so, wie sie täglich aussehe, das einzige Zugeständnis war, sie zum erfolglosen Kämmen im Badezimmer verschwinden zu lassen.
Frau Neumann war den Fragen der Presseleute nicht gewachsen, viele Suggestivfragen wurden gestellt, deren Tücke sie nicht erkannte und so plapperte sie drauflos, an Stellen, an denen sie besser gesagt hätte, das habe sie nicht gesehen, beantwortete sie oftmals mit ja und das Aufzeichnungsgerät auf dem Tisch verewigte ihre phantasierten, zusammengereimten und vermuteten Aussagen brav auf. Ihre Kommentare hätten einige Gerichte mit übler Nachrede Klagen über Monate beschäftigt.
Frau Neumann fühlte sich erstmals im Mittelpunkt und ihr Kreislauf produzierte ihr rote Wangen, was bei ihrem blassen Teint ein seit Langem vermisstes Phänomen war. Sie war mit einem Vermessungsingenieur verheiratet gewesen, der viel zu früh verstorben war, sie hatte keine Kinder, da ihr Mann häufig auf Dienstreisen gewesen war und auch keine Kinder wollte, dafür hatte sie damals immer, wenn er zu Hause war, im Mittelpunkt gestanden und war auch stets wegen ihrer vorbildlichen Haushaltsführung von ihm gelobt worden.
Die Zeitungsmenschen fragten immer das gleiche, so lange beteten sie ihr die Fragen vor, bis die Antworten der Witwe dem gewünschten Ergebnis entsprachen und sogar die Wörter der Antworten von den Fragen nicht mehr abwichen. Aus dem Wangenkuss wurde ein Zungenkuss, aus populärer Musik wurden Lustschreie und aus Vogelgezwitscher wurde in Unkenntnis von nachgiebigen Latex Bettauflagen ohrenbetäubendes Matratzenquietschen. Das Gebäude war recht gut schallisoliert und von einem dezenten Geräuschpegel waren kaum einzelne Störfaktoren wahrzunehmen und erst recht kaum zuzuordnen. Der übliche Straßenlärm einer Hauptverkehrsstraße in einer lebendigen Großstadt wie Köln sorgte zusätzlich für einen ständigen Geräuschpegel, der nur durch außerordentlichen Lärm übertönt werden konnte und nicht durch Matratzengequietsche.
Die Zeitungsleute waren hartnäckig, geduldig hatten sie immer wieder versucht, telefonisch Kontakt zu Gabriele zu bekommen. Gabriele war nicht bereit, ein Interview zu geben oder auch nur einen telefonischen Kurzkommentar abzugeben.

Sie hätte auch gar nicht gewusst, was sie denen erzählen sollte, geglaubt würde ihr ohnehin nichts. Die Reporter hatten ihre festgefahrene Meinung und waren nicht bereit, auch nur ein Jota davon abzuweichen.

Gabriele war absolut genervt, sie legte sich aufs Bett und heulte, sie konnte überhaupt nicht mehr aufhören. Sie war traurig über Harald, weniger über seinen körperlichen als mentalen Zustand. Sie war traurig über die Entwicklung des mittlerweile unerträglichen Umfelds. Sie war traurig, weil sie nicht mehr wusste, wie ihre Zukunft nunmehr aussah. Sie wollte wieder ein Kind sein und sich in die wärmenden tröstenden Arme ihrer Eltern flüchten können. Ihr Schicksal hatte es aus unerfindlichen Gründen nicht sonderlich gut mit ihr gemeint. Es war bereits dämmrig, als die Tränen versiegt waren und sie ein Hungergefühl verspürte. Der Kühlschrank gab nichts her, diese Nahrungsquelle war versiegt, bis auf je ein Glas Cornichons, eine Tube Senf und eine Dose Kondensmilch. Sie wollte lieber hungern als das Haus zu verlassen. Sie fand eine Packung Reis und eine Dose geviertelte Tomaten und entwickelte mit diesen Zutaten ihre kreativen Kochkünste. Sie kochte eine Tasse Reis, ließ ihn abkühlen, schnitt ein paar der Gürkchen klein, gab in das Ganze einige Tomatenstücke, würzte mit Essig und Öl, Pfeffer und Salz und hatte schließlich ein perfektes Essen. Der Hunger gaukelte ihr vor, die Speise sei exzellent und sie vertilgte den Reissalat mit viel Appetit. Hinterher fühlte sie sich etwas besser.

Am nächsten Morgen hatte sich ihre Stimmung aus unerklärlichen Gründen wesentlich aufgehellt, letztlich hatte sich überhaupt nichts geändert, außer dass sie traumlos ausgeschlafen hatte und sich dadurch innerlich beruhigen konnte. Sie musste jetzt versuchen, das Leben wieder in den Griff zu bekommen. Zunächst musste ein vernünftiges Frühstück her. Nachdem sie sich für den Tag fertig angezogen hatte, stieg sie die Treppen herunter, um beim Bäcker Brötchen und Kaffee zu kaufen, selbst der war in ihrem Vorratsschrank nicht mehr vorhanden. Aus dem Briefkasten hing halb eine Zeitung heraus, obwohl sie kein Abonnement hatte. Freundlicherweise war die Seite mit dem Artikel über ihre vermeintlichen Schandtaten von einem netten Nachbarn oder Unbekannten nach oben gefaltet, damit Gabriele auf keinen Fall die Verbalinjurien übersehen konnte. Unter ihrem großformatigen Foto, in dem die Augen gepixelt waren, das aber von jedem Eingeweihten sofort erkannt werden konnte, stand der diskriminierende Artikel, der fast nichts Wahres enthielt, aber von den sensationslüsternen Lesern des Blattes wahrscheinlich gierig verschlungen wurde. Die Bildunterschrift trieb Gabriele die Zornesröte ins Gesicht:

Kölns gefühlskälteste Frau
Selbstmörder aus Koma erwacht!

Feierte seine Frau weiter Orgien?

Kurz vor Redaktionsschluss ist gestern Abend der potentielle Selbstmörder Hartmut W. überraschenderweise aus dem Koma erwacht (Die Morgendepesche berichtete). Gudrun R. (die Namen wurden von der Redaktion geändert) hatte ihren halbseitig gelähmten, völlig hilflosen Mann alleine gelassen, um mit zwei studentischen Nachbarn eine ausschweifende Sexorgie zu feiern. Die jungen Männer lehnten jeglichen Kommentar ab.

Nur mit viel Glück und ärztlichem Geschick konnte der Schwerstbehinderte von einem herbeigerufenen Notarzt gerettet werden. Der Patient befindet sich nicht mehr in Lebensgefahr, liegt aber immer noch auf der Intensivstation unter strengster Beobachtung der Ärzte, sein Zustand sei nach wie vor kritisch, wie die Morgendepesche von den behandelnden Medizinern des Klinikums erfahren konnte.

Aus gut unterrichteten Kreisen wurde berichtet, dass die leichtlebige Frau weiterhin ihre Sexspielchen mit den beiden Studenten trieb, kaum dass ihr Mann im Krankenhaus auf der Intensivstation lag und mit dem Überleben kämpfte. Obwohl die Reporter der Morgendepesche sie vielmals aufforderten, war sie nicht bereit, sich zu den Vorfällen zu äußern. Sie zeigte aber keinerlei Anzeichen von Reue oder Bedauern, stattdessen, ließ sie sich in aller Öffentlichkeit von den männlichen Hausbewohnern küssen und verschwand kommentarlos in der Wohnung der Sexpartner, zwei Studenten aus der unmittelbaren Nachbarschaft. Ihre Lustschreie hielten das ganze Viertel in Atem. Eine Nachbarin erwog sogar, wegen ruhestörenden Lärms die Polizei zu rufen, sah aber des lieben Hausfriedens willen davon ab.

Bereits früher soll es auf ausschweifenden Swinger Partys zu Sexspielen mit verschiedenen Partnern gekommen sein, bei denen Gudrun R. immer im Mittelpunkt gestanden haben soll. Ihr Mann soll an diesen Orgien nie teilgenommen haben, da diese nur immer stattfanden, wenn er sich auf Reisen befand.

Die Morgendepesche wird sie weiterhin über die eiskalte sexbesessene Frau und den Gesundheitszustand des Behinderten informieren. Auf Seite 6 finden Sie eine Auswahl der zahlreichen Leserbriefe zu diesem Thema.   W.H.

Gabriele hatte in ihrem Zorn den Artikel lediglich überflogen, was sie aber mitbekommen hatte, reichte ihr völlig. Sie erwog kurz den Redaktionschef der Morgendepesche anzurufen und sich über die üble Nachrede zu beschweren, verwarf den Gedanken aber gleich wieder. Es hätte garantiert keinen Erfolg, und selbst wenn, dann wäre auf Seite vier oder fünf ein winziger Artikel mit einer Richtigstellung abgedruckt worden. Anschuldigungen sind für die Zeitungen von größerem Interesse als Verteidigungen, schon alleine, weil Anschuldigungen mit einem Fragezeichen versehen werden können, Korrekturen von Aussagen aber mit einem Ausrufezeichen. Gabrieles Stimmung war schlagartig wieder im Keller. Sie überlegte, mit Michael gemeinsam zu frühstücken, verwarf aber auch diesen Gedanken wieder, sie wollte sich dem freundlichen hilfsbereiten Burschen nicht aufdrängen. Die Meinung der Nachbarn war ihr in dieser Beziehung gleichgültig, jedoch, dass ihr gesamter Freundes- und Bekanntenkreis nunmehr die veröffentlichte Meinung einer missgünstigen Nachbarin kannte und möglicherweise auch glaubte, war ihr nicht egal. Aber es wäre sinnlos gewesen, dagegen anzukämpfen, es wäre ein Kampf mit ungleichen Waffen, sie konnte schlecht die Wahrheit plakatieren und damit publik machen. Also beschloss sie, mit diesem unerträglich erscheinenden Makel zu leben. Sie verzichtete auf den Einkauf beim Bäcker und lief wieder die Stufen herauf.

Sie hatte ein paar Kleidungsstücke in eine Reisetasche geworfen, rief ihre Eltern an und verkündete, dass sie ein paar Tage ihr Mädchenzimmer bevölkern wolle. Zu viel erinnerte sie in ihrer Wohnung an Harald und ihre jüngere, wenig erquickliche Geschichte.

Ihre Eltern waren verständnisvoll, wie immer, Vater hatte, als er sah, wie schlecht es seiner Tochter ging, eine Besprechung verschoben und so saßen sie zum verspäteten Frühstück am Esstisch und sie hatte endlich die Gelegenheit sich alle Verzweiflung und Lasten von der Seele zu reden. Die Eltern wussten zwar auch keinen Rat, jedoch tat es ihrer Psyche unendlich gut, alles zu erzählen, was sie bedrückte. Gabriele redete auch offen über die Tröstungen des Studenten Michael und die Wohltat seiner Liebkosungen. Sie saßen stundenlang zusammen und der Kaffeekonsum stieg ins Bluthochdruckgefährdende.

Gabriele wollte möglichst das elterliche Haus nicht verlassen, sie scheute sich vor den Blicken der flüchtigen Bekannten, dem Gerede der besser Bekannten und dem Getuschel hinter ihrem Rücken, das stattfand ohne Details zu kennen. Deren Kenntnisse bezogen sie fast ausschließlich aus der abscheulichen unerträglichen Boulevardpresse. Also bemühte sich Herr Rosenzweig persönlich, Pucki in den Park zu führen, nicht ohne dessen Rückenlage vor dem Verlassen des Hauses geflissentlich zu übersehen.

Sie ließ, jetzt als sie erstmals zur Ruhe gekommen war, die letzten Wochen und Monate Revue passieren, sie erinnerte sich an Haralds Verhaltensänderung, wofür sie ein Gutteil Verständnis aufbrachte. Sie hatte zunächst nach seinem Schlaganfall geglaubt, ihr bisheriges Leben so weiterführen zu können, unterbrochen von den Pflegediensten für den Iktus geschädigten.

Natürlich hatte sich ihre Liebe zu Harald verändert, aber sie war noch nicht erloschen, sie brauchte nur an die gemeinsame Historie zu denken, um wieder Liebe zu empfinden, aber der Alltag war präsent und eben nicht die Historie, als er noch ein scheinbar allwissender unbezwingbarer Kerl war, zu dem sie und nicht nur sie hochsehen konnte.

Und jetzt, man konnte sich nicht mehr mit ihm richtig unterhalten, Streicheleinheiten wurden seinerseits nicht mehr erwidert. Küsse Streicheln und Liebemachen waren gegen dumpfe Stummheit ausgetauscht worden und das bunte menschliche Zwischeneinander war lähmender Stille gewichen.

Harald würde sich nach seiner Entlassung aus der Klinik nicht sofort zu Hause wieder einrichten können, eine Psychiatrische Rehabilitation wartete auf ihn. Er

müsste dort so lange bleiben, bis er moralisch und psychisch gefestigt wäre, er das Wort Suizid als Fremdwort betrachtete und er wieder in der Lage sein würde selbständig zu leben. Seine Eltern hatten ihre Bereitschaft erklärt, sich um ihn zu kümmern, die beiden waren unendlich froh, dass sein Versuch gescheitert war. Den Brief, von Harald an sie adressiert, von Gabriele unterschlagen, hatten sie nie zu Gesicht bekommen, er hätte aber an dem Verhältnis zu seinen Eltern ohnehin nicht viel geändert. Liebe, insbesondere elterliche Liebe kann man nicht durch ein paar Sätze zum Erlöschen bringen, sie wird allerhöchstens gestört und zu einem späteren Zeitpunkt neu belebt.
Gabriele erhielt von ihrem Harald einen Brief, den sie mit Tränen in den Augen kaum lesen konnte. Die Zeilen verschwammen und sie benötigte lange, bis sie ihn entziffert hatte.

Liebe Gabriele,
wenn wir uns unbedingt trennen müssen,
so lass mir doch wenigstens Deinen Schatten.
Ich brauche zum Leben eine Spur von Dir.
Ich will Deinen Geruch einatmen.
Ich will von Dir träumen können, Dich vor meinem geistigen Auge sehen.
Deine Stimme soll mich in den Schlaf singen.
Auch wenn das alles nur noch ein Traum sein wird.
Auf ewig Dein Harald

Walther Rosenzweig hatte seiner Gabriele dringend angeraten, einen Ortswechsel vorzunehmen, zumindest bis sich der ganze Wirbel um die Person seiner Tochter und seines Beinaheschwiegersohns gelegt hätte. Er hatte auch gleich ein Konzept parat, sie solle eine untergeordnete Position in seiner Londoner Firma bekleiden, damit sie das Geschäft kennen lernen könne, das sie später, falls sie Lust darauf hätte, eines Tages übernehmen solle. Sie hätte dann die Chance, das Schneiderhandwerk zu erlernen, oder in der Verwaltung zu arbeiten. Dies zu regeln würde den Vater lediglich einen Anruf kosten. Ihr Studium sei mittlerweile ohnehin verpfuscht und sie könne es auch ganz gut völlig einstellen. Falls sie an einem Verwaltungsjob Spaß finden sollte, könne sie nach einigen Jahren auch zurück nach Köln kommen und in seiner hiesigen Firma eine verantwortungsvolle Position bekleiden.
Das sei aber Zukunftsmusik und er wolle sie zu nichts überreden, ihre Wohnung würde für sie immer bereitstehen und auf sie warten, Harald könne dort auch wieder einziehen, falls er das wünsche.
Er streichelte über ihr seidiges Haar, sagte dass er sie liebe und oft besuchen werde, wenn er sie zu sehr vermisse.

Personenregister

Köln-Lindenthal
Harald Wagener – Jurastudent
Alfred Wagener – Haralds Vater, Postangestellter
Hildegard Wagener – Haralds Mutter, Flickschneiderin
Gabriele Rosenzweig – Haralds Freundin, Studentin der Volkswirtschaft
Walther Rosenzweig – Gabrieles Vater, Unternehmer in der Bauwirtschaft
Roswitha Rosenzweig – Gabrieles Mutter
Bernhard Hubert Rosenzweig – Gabrieles Bruder
Wilhelm Rosenzweig – Gabrieles Großvater, übernahm 1930 von seinem Vater ein etabliertes Herrenmodengeschäft, floh vor den Nazis nach England
Katharina Rosenzweig – Gabrieles Großmutter
Friederich Rosenzweig – Gabrieles Urgroßvater, gründete 1902 in Köln ein Herrenmodengeschäft, von den Nazis deportiert
Janosch Janowski – Betreiber eines Fotoateliers in Köln
Münster
Wolfgang Hansen – Haralds Kommilitone
Waltraut Holbeck – Haralds Zimmerwirtin
Hannelore Preusser – Haralds Chefin, betreibt in Münster das Wirtshaus „Wildes Schwein"
Monika Hardt – Haralds Kollegin im Gasthaus „Wildes Schwein"
Zicken Clique
Inge Krämer – Sekretärin, Ehemann Bertram
Renate Eschweiler – Wirtsfrau. Ehemann Stefan
Ulrike Schrader – Lehrerin, Ehemann Helmut
Waltraut Schmitz – Innenausstatterin, genannt Waldi, Ehemann Hartmut
Barbara Kuhn – Biologisch technische Assistentin, genannt Bärbel, Ehemann Wolfgang
Martina Walber – Sekretärin, genannt Tina, Ehemann Hans-Peter
Monika Schweizer – Boutiquenbesitzerin, genannt Moni, Ehemann Rudolf
Kurt Rademacher – Wirt des Lokals Sachsophonie, Ehefrau Melanie
London
Christopher Peacombe – Exklusiver Herrenausstatter, London
Rebecca Peacombe – seine Ehefrau
Arthur Harpwire – Beamter im britischen Innenministerium
Adrian Oldfield – Inhaber des Fortitude Cottage in Old Portsmouth
James Bowens – Fotograph und Künstler
Detective Ferguson – ermittelnder Polizist
Chief Inspector Brown – Fergusons Vorgesetzter

Köln-Braunsfeld
Michael Breitenbach – Student und Nachbar von Gabriele
Witwe Neumann – Nachbarin von Gabriele, genannt „Kölner Rundfunk"
Wolfgang Hamacher – Reporter der Morgendepesche, einem Boulevardblatt
Alexander Wallraf – Reporter einer überregionalen Boulevardzeitung

Inhaltsverzeichnis

	Seite
Pucki und Schnüffeleien	5
Harald	21
Ist das Liebe?	37
Münster	59
Zicken Clique, die erste	93
Aufbruchstimmung	104
England wir kommen	129
Etablierung	160
Europas Abenddämmerung	180
Noch etwas mehr Dunkelheit	185
Es wird einfach nicht heller	197
War da ein Lichtschein?	207
Relikte der Dunkelheit	214
Aufwärtstrend	237
Lebenswerter Lebenswert	270
Zicken Clique, die Zweite	280
Der Tag danach	285
Zicken Clique, die dritte	302
Alltagssuche	306
Abgesang	318
Pressefreiheit	335
Zicken Clique, die vierte	340
Unerträglichkeiten	346
Personenregister	353
Inhaltsverzeichnis	355